Von Tilman Röhrig sind folgende
BASTEI LÜBBE TASCHENBÜCHER erschienen:

14431   Wie ein Lamm unter Löwen
14826   Der Funke der Freiheit

Über den Autor:

Tilman Röhrig, geboren 1945, lebt in der Nähe von Köln. Als Autor historischer Romane für jugendliche und erwachsene Leser hat er sich ebenso einen Namen gemacht wie für seine Sammlungen von Sagen und Legenden.
Für seinen Roman *In dreihundert Jahren vielleicht* erhielt er 1984 den Jugendliteraturpreis; 1998 wurde er für seine Verdienste um das Rheinland mit dem großen Rheinischen Kulturpreis ausgezeichnet.

TILMAN RÖHRIG

WIE EIN LAMM
UNTER LÖWEN

BASTEI LÜBBE TASCHENBUCH
Band 26223

Vollständige Taschenbuchausgabe
der im Gustav Lübbe Verlag erschienenen Hardcoverausgabe

Bastei Lübbe Taschenbücher und Gustav Lübbe Verlag
sind Imprints der Verlagsgruppe Lübbe

© 1998 by Verlagsgruppe Lübbe GmbH & Co. KG,
Bergisch Gladbach
Umschlaggestaltung: Gisela Kullowatz
Titelbild: Artothek - Heidelberger Liederbuch,
Handschrift: »Heinrich von Veldig«
Satz: Kremerdruck GmbH, Lindlar
Druck und Verarbeitung: Ebner & Spiegel, Ulm
Printed in Germany, Februar 2004
ISBN 3-404-23223-9

Sie finden uns im Internet unter
www.luebbe.de

Der Preis dieses Bandes versteht sich einschließlich
der gesetzlichen Mehrwertsteuer.

Inhalt

Erstes Buch
Die Geburt zu Jesi
6

Zweites Buch
Das Kind von Pülle
140

Drittes Buch
Das Staunen der Welt
388

Viertes Buch
Der falsche Kaiser
644

Anhang

Personen
821
Stammtafel
830
Karte
831

Erstes Buch

Die Geburt zu Jesi

1194–1212

*Der Zauberer Merlin öffnete die Faust.
Krötenknochen fielen auf die schwarze Steinplatte.
Was er von den Gestirnen schon wußte,
las er jetzt wieder aus dem verästelten, beinernen Gebilde:
»Eine unverhoffte und wundersame Geburt.
Unter den Geißen wird das Kind ein Lamm sein.
Es wird von ihnen zerrissen,
aber niemals verschlungen werden. Dann wird es
ein wütender Löwe werden. Und zu jener Zeit wird sich
das Meer vom heiligen Blute röten.«*

chaum flog dem Pferd von Maul und Nüstern. Über die Mähne gebeugt, trieb der Knappe den Hengst von Ancona nach Westen. Keine Rast! Ihm, Lupold, war das Geheimnis anvertraut, und von keinem anderen, nur aus seinem Mund sollte der Kaiser die großartige, wunderbare Nachricht erfahren.

Staub wirbelte unter den Hufen, zog als Fahne hinter dem Reiter zwischen Pinien und Ginstersträuchern her, zeichnete seine Wegspur durch ausgedorrte Hügellandschaften. Zum drittenmal stieg hinter ihm die Augustsonne in den blauleeren italienischen Himmel, verbrannte die Zeit.

Erst am späten Nachmittag erreichte der Kurier das kaiserliche Heerlager. Bunte Wimpel, Wappenstandarten empfingen ihn. Ohne sein Pferd zu zügeln, hetzte Lupold durch die Zeltreihen. Vor dem streng gesicherten Mittelplatz sprang er ab, überließ den Wachen das Halfter und lief zur wabenförmig errichteten, weißblauen Zeltburg hinüber.

Gelassen verwehrte der alte Hofmeister dem blondgelockten Edelknappen aus dem Gefolge der Kaiserin den Zutritt. »Seine Majestät ruht.«

Lupold drängte. Jetzt, sofort! Die Botschaft duldete keinen Aufschub. »Beim heiligen Georg, meldet mich!«

»Was ist es?«

Nein. Er hatte Befehl. Die Hand fuhr zum Dolchgriff. Nur vor dem Fürsten selbst durfte er sprechen. »Und wehe Euch, wenn Ihr mich nicht sofort vorlaßt.«

Sein respektloser Zorn, seine Entschlossenheit verunsicherten den Alten. Mit einem Seufzer verschwand er im Innern der Zeltburg. Wenig später kehrte er zurück, ließ sich die Waffe aushändigen und führte den Knappen durch den Vorraum. Einen Spaltbreit öffnete er die hängenden Leintücher. »Lupold, Sohn des Albertus von Breisach. Der Bote Ihrer Majestät, der Kaiserin Konstanze!«

Hitze, die Luft lastete. Im grauen Untergewand lehnte Heinrich VI., von Kissen gestützt, auf dem Lager. Zwei Pagen fächelten ihm mit abwechselndem Schwung der Pfauenwedel Kühlung zu.

Reglos wartete Lupold. Zum zweitenmal stand er vor dem mächtigsten Fürsten der Welt, dem Gemahl seiner Kaiserin. Im Frühjahr, bevor das Heer von Deutschland aufbrach, waren Lupold und sein Ritter vom Herrscher höchstselbst dem Gefolge Konstanzes zugeteilt worden. Wie damals verspürte der Knappe auch heute beim Anblick des Kaisers wieder einen kalten Schauer, trotz des sommerheißen Tages. Eine hagere, schwächliche Gestalt: das Gesicht bleich, ein dünner Bart, strähnig das blaßrote Haar; unter der hohen Stirn musterten ihn nackte, helle Augen. Lupold wagte kaum zu atmen.

»Nun, was gibt es?« In dem gelangweilten Ton schwang gefährlicher Spott. »Was hat Uns Unsere so geliebte Gemahlin auszurichten, das du meinem Hofmeister nicht anvertrauen willst? Was ist so wichtig, daß du meine Ruhe störst?«

Nach zwei Schritten beugte der Knappe das Knie. »In aller Ergebenheit ...«

Ungehalten wischte Heinrich die Förmlichkeiten beiseite. »Komm zur Sache.«

Lupold schluckte, begann von neuem: »Die Kaiserin läßt Euch sagen, daß sie ein Kind trägt.«

Schweigen. Nur einen Augenblick. Jäh sprang Heinrich vom Lager hoch. Seine Pagen waren zu langsam; er stieß sie samt den Pfauenwedeln beiseite. In kurzen Schritten stürmte er auf und ab. »Bei deinem Leben, Kerl, wenn du lügst ...« Er brach ab, seine Lippen bebten.

Mit allem Mut fuhr Lupold fort: »Ich soll ausrichten, der Leibarzt und die Kaiserin sind sich ganz sicher.«

Heinrich blieb stehen. »Nein, Zwerg, du wagst es nicht. Du sagst die Wahrheit.« Er kehrte zum Lager zurück. Sein Rücken versteifte sich. »Und doch, es kann nur Lüge sein. Diese alte Frau und ein Kind! Niemals.« Der Kaiser schien die Anwesenheit des jungen Kuriers vergessen zu haben. Konstanze, du konntest mich noch nie ertragen. Deshalb quälst du mich jetzt mit dieser Nachricht. Neun Jahre habe ich beim Beischlaf in dein abweisendes Gesicht gestarrt. Kein Laut, nicht ein Seufzer. Glaubst du, mir hat es in deinem welken Fleisch je Lust bereitet?

Von seinem Vater war Heinrich in diese Ehe gezwungen worden. Und nie hätte er gewagt, sich gegen den übermächtigen Barbarossa aufzulehnen. Friedrich I., von Gottes Gnaden immer erhabener Herrscher! Eine Heirat seines zweiten Sohnes mit der Tochter des verstorbenen Königs Roger sollte endlich die Aussöhnung zwischen dem deutschen Kaiserreich und dem normannisch-sizilischen Königshaus bringen. »Allein der Politik habe ich gehorcht«, stöhnte Heinrich. »Jedes junge Weib hätte mir längst einen Sohn geboren.« Mit dem Fuß stieß er gegen die Bettstatt. »Aber du bist zu alt!« Er schnellte herum. »Oder? Sag es mir, Kerl.«

Lupold begriff nichts. Hilflos schwieg er. Unter allen Edelknappen war er von der Kaiserin ausgewählt, zum Lohn für treue Dienste mit dieser ehrenvollen Aufgabe betraut worden. Wie sehr hatte er während des Ritts diesen Moment herbeigesehnt: Freude, Jubel, Lohn für ihn, den Kurier, und am Abend ein Fest.

Das hatte er erwartet.

Sein Zögern schürte das Mißtrauen. Heinrich flüsterte: »Was sollst du mir ausrichten?«

Angst würgte den Knappen.

»Wiederhole es, Zwerg!«

»Ihre Majestät Kaiserin Konstanze trägt ein Kind.«

»Nein, nein. Du lügst nicht.« Sein Blick umklammerte den Jungen, beinah sanft setzte er hinzu: »Vielleicht hat sie dir eine Lüge aufgetragen. Und weil du es nicht besser weißt, bringst du sie als Wahrheit zu mir. Doch das schützt dich nicht. Wenn Uns Unsere geliebte Gemahlin nur täuschen will, dann werden Wir dir die Zunge herausreißen.«

Heinrich schloß die Augen. Kurz vor der Eheschließung hatte er Konstanze das erste Mal gesehen. Es gab keine andere heiratsfähige Prinzessin in Sizilien, nur die einzige Tochter König Rogers, und sie war ledig geblieben. Als Nonne, längst von der eigenen Familie vergessen, wurde sie damals mit zweiunddreißig Jahren für diese Verbindung aus dem Kloster gezerrt und dem einundzwanzigjährigen Kaisersohn vermählt. Aller Hochzeitspomp in Mailand, die unermeßlich reiche Mitgift, die Krönung des Paares mit der eisernen lombardischen Krone gehörten zum Schachzug Barbarossas. Ohne Widerspruch fügten sich Konstanze und Heinrich. Keine Nähe. Bis auf den Zwang, für einen Erbfolger zu sorgen, mieden sie einander. Das eheliche Lager war in den vergangenen neun Jahren stets mit Ekel, Erduldung und schweißtreibender Pflichterfüllung beladen. Der erhoffte Sohn blieb aus.

Gleichzeitig aber ritt der Tod dem Aufstieg Heinrichs voran. 1189 starb der königliche Bruder Konstanzes, kinderlos. Der Thron des Südreiches schien zum Greifen nah, doch der sizilische Adel widersetzte sich dem gefürchteten Staufersohn und wählte einen Gegenkönig, einen Bastard König Rogers. Heinrich wartete. Vor vier Jahren, im Juni 1190, ertrank Friedrich Barbarossa auf dem Kreuzzug. Viel früher als je erträumt wurde Heinrich zum Kaiser gekrönt. »Ich bin die Macht!« Seine Träume wucherten, versetzten ihn in wilden Rausch; er wollte Herrscher über alle christlichen Königreiche werden. So faßte er Pläne, kalt berechnend, und war bereit, sie mit allem Geschick und unbarmherziger Härte durchzusetzen. Zunächst mußte sein Einfluß bis in die Südspitze Italiens ausgedehnt werden. Allein die königliche Verwandtschaft seiner Gemahlin stand noch im Weg. Der erste Feldzug scheiterte kläglich vor Neapel. Heinrich wartete. Da starb im Frühjahr der gewählte König Siziliens, der Bastardbruder Konstanzes.

»Palermo, das Südreich gehört mir, mir allein!« Sofort war der Staufer wieder mit einem großen Heer nach Italien aufgebrochen.

Die verbündeten Truppen in den Häfen von Genua und Pisa warteten nur auf seinen Befehl, die Kriegsschiffe zu besteigen. Und gerade jetzt schickte ihm Konstanze diese Nachricht. Wollte sie ihn damit aufhalten, ihn daran hindern, sich das zu nehmen, was ihm rechtmäßig zustand? »Das wagst du nicht!« stieß Heinrich durch die Zähne heraus. Ein Sohn? Er gab dem Gedanken nach. Ein Erbfolger würde alle Erfolge mit noch größerem Triumph krönen. Nein, keine unnützen Träume; nur Gewißheit zählte.

»Den Mantel«, befahl er seinen Pagen. »Und du«, er schnippte dem Knappen, »verschwinde! Warte draußen.«

Gebückt verließ Lupold den stickigen Zeltsaal. Kaum hatten sich die Leintücher wieder geschlossen, da wurde seine Schulter gepackt. Er warf den Kopf herum.

»Still.« Der Hofmeister schob das Gesicht näher. »Ist es wahr?«

Wortlos nickte Lupold.

Da strahlte der alte Mann. »Guter Junge.« Er schickte ihn zum Küchenzelt: Wein, Brot und Dörrfisch, der Knappe sollte sich satt essen.

Endlich ausatmen. Müde streckte sich Lupold nach der Mahlzeit. Da hörte er Schritte. Schon standen zwei Wachposten vor ihm. »Komm mit.« Sie rissen ihn hoch. »Auf Befehl Seiner Majestät, du bist verhaftet.«

»Warum?« Lupold wehrte sich, stammelte: »Das dürft ihr nicht. Ich bin Kurier ... Ich stehe unter dem Schutz ...«

»Halt's Maul!« Sie schlugen auf ihn ein, fesselten ihm die Hände und warfen den Unglücklichen in ein ausgeschachtetes Loch zwischen den Wachzelten, das sie mit Schilfmatten verschlossen.

Früh am nächsten Morgen brach der kaiserliche Leibarzt Berard nach Ancona auf. Die Abordnung führte der Oberbefehlshaber des Heeres selbst, Markwart von Annweiler, der machthungrige Truchseß, die starke Faust Heinrichs. Vom kleinen Hofbeamten hatte er sich bis zur Spitze der Reichsminister emporgedient.

»Bald, Markwart, werde ich dich in den Stand der Freien erheben. Ich denke daran, dich mit einem Herzogtum und mehr zu beschenken.«

Dieses Versprechen fesselte den stiernackigen Mann noch enger an Heinrich, ließ ihn zum treuergebenen Bluthund werden. Und wie sein Kaiser war Markwart von tiefem Mißtrauen gegen Konstanze erfüllt; er würde sich nicht täuschen lassen.

»Kein Wort! Zu niemandem!« lautete der strikte Befehl. Heinrich VI. wollte sich nicht dem Gespött seiner Truppe aussetzen. »Erst will ich Gewißheit.«

Mit dem Ergebnis der Untersuchung kehrte die Abordnung nach fünf Tagen zurück.

»Jeder Irrtum ist ausgeschlossen«, berichtete der Medicus. »Ihre Majestät die Kaiserin, ist schwanger. Noch in diesem Jahr wird sie niederkommen.«

Ein erstes Lächeln. Ehe es sich ausbreiten konnte, warnte Markwart von Annweiler: »Mein Fürst, es ist wahr. Ihr Bauch ist angeschwollen, das Pendel kreiste, im Urin färbte sich die Eisennadel. Doch vergeßt nicht: Sie ist eine sizilische Normannin und eine alte Frau. Ihr Arzt versteht die geheimen Künste. Vielleicht trügt der Anschein; vielleicht ist ihr Zustand nur eine geschickt vorbereitete Täuschung.«

Heinrich sah von einem zum anderen; langsam schüttelte er den Kopf. »Nein, mein Freund. Nach nichts sehnt sich Unsere geliebte Gemahlin mehr, als mich zukünftig von ihrem Bett fernzuhalten. Ich glaube nicht länger an einen Betrug, und ich befehle dir, über deinen Verdacht zu schweigen. Geh jetzt.«

Zurechtgewiesen, fortgeschickt wie ein Diener! Der Truchseß ertrug die Schmach nicht. »Mein Fürst, die Aussicht auf einen Erben blendet Eure ...«

»Wage es nie mehr!« Jähzorn loderte in den Augen.

Sofort senkte der grobschlächtige Heerführer die Schultern; wortlos wandte er sich ab.

Kaum hatte Markwart von Annweiler das Zelt verlassen, kniete Medicus Berard nieder und drückte die Lippen auf den Fuß seines Herrn. »Endlich. Der Allmächtige ist gnädig mit Euch. Das lange, vergebliche Warten hat ein Ende.«

»Aber wie kann es sein?« flüsterte Heinrich. »Was ist das für ein Kind?« Eine nie gekannte Unruhe erschütterte den sonst so kalten, rücksichtslos klaren Verstand. Noch waren seine Zweifel stärker als die Freude. Er verlangte Antworten – Antworten, die ihm der Arzt nicht geben konnte.

Heinrich rief Joachim von Fiore zu sich. Seit der Zisterzienserabt vor Jahren in Palästina dem Brunnenschacht am Berg Tabor entstiegen war, erfüllte ihn die göttliche Erleuchtung. Wenige Jahre später, zu Pfingsten 1190, hatte sich ihm die Heilige Schrift offenbart.

Seine Arme gekreuzt an die Brust der hellgrauen Kutte gepreßt, stand der hagere Abt in der Zeltburg Heinrichs. Die Ungeduld des Kaisers kümmerte ihn nicht. »Als ich an jenem Pfingstmorgen aus dem Schlaf erwachte, nahm ich zur Meditation die Schrift in die Hand. Da durchfuhr plötzlich eine Helligkeit der Erkenntnis die Augen meines Geistes. Ich sah den Lauf der Menschheitsgeschichte klar vor mir.«

»Schweigt davon! Ihr habt es schon erzählt.« Heinrich bemühte sich um Mäßigung. »Erklärt mir nicht die Welt, ehrwürdiger Vater. Antwortet endlich auf meine Frage.«

Die Falten im schmalen, scharfkantigen Gesicht des Abts vertieften sich. »Papst und Kirche haben mein Wort gehört. Es ist längst an der Zeit, daß auch du begreifst. Erst dann wirst du das furchtbare Gewicht meiner Prophezeiung ermessen können.«

Mit einem Seufzer lehnte sich der Kaiser zurück, stützte den Kopf in die Hand. Unbeirrt nahm Joachim von Fiore den Gedanken wieder auf: »Drei Weltordnungen bauen sich aufeinander. Das erste Reich war das Zeitalter des Vaters, der Knechtschaft; es brachte Wasser. Diese Epoche ging mit Christus zu Ende. Das zweite Reich war das Zeitalter des Sohnes, der Gnade; es brachte uns Wein. Auch diese Epoche ist schon zu Ende. Begreifst du, mein Fürst, nur noch wenige Jahre der Vorbereitung bleiben dem sündigen Menschen, ehe das Reich des Ewigen Evangeliums anbricht, der Freunde und Liebe; es wird ewiges Öl bringen.«

»Spart Euch das für Eure Predigt. Ich will es nicht hören.«

»Auch wenn du dich taub und blind stellst, du hältst den Lauf nicht an.«

Heinrich straffte den Rücken: »Wie redet Ihr mit mir? Ich gestalte die Ordnung der Welt.«

»Du kleiner Mensch! Dein Tod ist nahe. Ich sehe dich sterben. Noch wenige Jahre, und bei Messina wirst du diese Welt verlassen. Was nützt dir also deine Macht?« In den tiefen Augenhöhlen entstand ein Glühen. »Das dritte, das tausendjährige Reich des Heiligen Geistes bricht im Jahre 1260 an. So habe ich es aus der Schrift errechnet. Vorher aber wird der Antichrist versuchen, die Menschheit zu blenden. Er wird gezeugt, wie es geschrieben steht, unter Mitwirkung des Teufels und geboren von einer Nonne.«

»Meine Geduld ...«

Der Finger des Abts schnellte vor. »Höre die Antwort auf deine Frage! Deine Frau ist von einem Dämon beschlafen worden. Ja, die Nonne ist schwanger.«

Nichts regte sich im bleichen Gesicht Heinrichs. »Sagt mir mehr.«

»Sie trägt einen Sohn.«

Der Kaiser nickte und starrte den Propheten an. »Wenn er mein Thronerbe ist, so will ich gern der Dämon sein.«

Joachim von Fiore war längst wieder gegangen, da saß der Herrscher immer noch unbewegt in seinem Zelt. Den geweissagten eigenen Tod verbannte er aus seinem Denken. Ein Sohn! »Durch mich und dann durch ihn wird das Geschlecht der Staufer weiterleben.« Alle Ziele erhielten damit ein zweifaches Gewicht.

Der Hofmeister glitt durch den Spalt der Leintücher. Als Heinrich ihn bemerkte, ihn freundlich näher winkte, glaubte der alte Mann an eine milde Regung seines Herrn und bat um die Freilassung des jungen Knappen. »Seit mehr als einem Monat liegt er nun schon in dem Loch. Hitze und Enge werden ihn töten.«

»Hat er nicht Schatten genug? Vier Wände und ein Schilfdach? Täglich Wasser und Nahrung, ohne dafür arbeiten zu müssen? Das ist mehr, als einem Knappen zusteht. Wir gewährten ihm diese Gunst, weil er Uns die frohe Kunde Unserer Gemahlin überbracht hat. Lassen Wir ihn noch eine Weile den Lohn genießen.«

Ohne den sanften Tonfall zu ändern, ordnete der Kaiser eine Lagebesprechung seiner Heerführer für den nächsten Tag an. Die Ruhe in ihm war zurückgekehrt. Kühl überdachte er seinen Plan. Die bevorstehende Geburt des Sohnes hinderte ihn nicht, Sizilien zu unterwerfen; im Gegenteil, sie förderte sein Vorhaben. Als Schwangere mußte Konstanze in Ancona zurückbleiben.

»Du bringst mir den Erben und gibst mir gleichzeitig freies Spiel auf meinem Weg nach Palermo. Allein werde ich dem Adel und deinen normannischen Verwandten gegenübertreten.« Er strich das blaßrote, strähnige Haar zurück. »Für beides danke ich dir, Konstanze. Mehr als du ahnst, entschädigst du mich für die Abscheu in deinem Gesicht während unserer ehelichen Nachtstunden.«

Noch einmal ließ Heinrich die versammelten deutschen Herzöge, Barone und Ritter in den Plan des Feldzuges einweisen. Seine Astrologen errechneten Tag und Stunde für das Auslaufen der Flotte. Die verbündeten Pisaner und Genuesen sollten von See her den Hauptangriff auf die wichtigsten Städte des Südreiches führen.

Fanfaren und Trommelwirbel rissen die deutschen Kriegsknechte aus ihrer Untätigkeit. Das zermürbende Warten unter der Glutsonne hatte ein Ende. Zelt für Zelt brachen sie das Heerlager ab, banden Stoffe, Stangen und Eßgeschirr auf die Lasttiere. Kuriere jagten von einem Troß zum andern.

Am Tag vor dem Aufbruch rief Heinrich seinen Oberbefehlshaber zu sich. »Wenn ich dich gekränkt habe, verzeih. Ja, dein Mißtrauen ehrt dich, zeigt es doch, wie sehr du nur mir und meiner Sache dienst. Um dir mein Vertrauen zu beweisen, darfst du jetzt Zeuge sein.« Im Beisein des Annweilers diktierte der Kaiser seinem Ersten Notar und Geheimschreiber, Magister Gerhard, den Befehl an Konstanze und siegelte ihn mit seinem Ring. »Sie wird sich zieren, Schamröte wird ihr Gesicht verfärben, aber sie muß gehorchen. Damit ersticke ich jedes falsche Gerücht, und sie wird mir und aller Welt den Beweis liefern.«

Breit grinsend kratzte Truchseß Markwart befriedigt den struppigen Bart.

Vier Tischreihen zum Geviert gestellt. Nach Sonnenuntergang war die Tafel draußen auf dem Platz vor der Zeltburg gedeckt. Der gestampfte Boden noch warm vom Tag. Ein lauer Wind. Zikaden schrillten zu Lautenklängen. Im Innern des Tafelvierecks rollte sich der Hofnarr zur Melodie wie eine bunte Kugel zwischen den Musikanten her und hin; mal quiekte er, mal schnaubte er, dann wieder gab er Hundegebell zum besten.

Heinrich speiste im Kreise seiner engsten Vertrauten. Sklavinnen der Herzöge, Barone und Kleriker oder Huren aus dem Troß waren zu diesem Mahl nicht gebeten worden. Ohnehin verabscheute es Heinrich, mit aufgeputzten Damen bei Tisch zu sitzen; nur wenn es das höfische Protokoll vorschrieb, duldete er ihre Gesellschaft. Heute aber wollte er unter Männern sein.

Nach gespicktem Hasen, scharf gewürztem Gemüse und gefüllten Rebhühnern, ehe der nächste Gang aufgetischt wurde, befahl der Kaiser dem Narren zu schweigen und den Spielleuten, ihre Instrumente beiseitezulegen.

Als aller Augen erwartungsvoll auf ihn gerichtet waren, leckte er die vom Fett triefenden Finger ab und winkte seinem Hofmeister. »Du enttäuschst mich. Ein Gast fehlt bei unserer Feier.«

»Ich bitte um Vergebung« – hastig sah der Alte in die Runde –, »doch alle geladenen Herren sind versammelt.«

»Ich vermisse den Knappen Unserer Gemahlin. Mit einem Trinkspruch wollen Wir ihm für die frohe Nachricht danken. Hat er es gewagt, sich zu entschuldigen?«

»Nein, mein Fürst.« Trotz der Rüge glitt Erleichterung über das Gesicht des Hofmeisters. »Gleich, mein Fürst. Sofort.«

Zwei Knechte stützten Lupold, halb trugen sie ihn zur Tafel. Eine hilflos zitternde Gestalt, das flaumbärtige Gesicht grau von Dreck und Ungeziefer, die grindigen Lippen aufgeplatzt. Heinrich schien den Zustand nicht zu bemerken. Er grüßte den Knappen, als wäre sein Rock nicht kotverschmiert, sondern farbenprächtig, wie das Gewand der übrigen Herren, blau und gelb oder grün und rot. »Endlich, junger Freund. Mit Ungeduld haben Wir dich erwartet.« Sein Fingerschnippen ließ die Vasallen an der Längsseite der Tafel etwas zusammenrücken. Großzügig wies er auf die freigewordene Ecke, seinem Sitz schräg gegenüber. »Gebt ihm diesen Ehrenplatz.«

Die Knechte setzten den Geschwächten auf einen Schemel. Lupold klammerte sich mit den Händen an der Tischplatte fest, versuchte zu danken, doch nur Krächzen entrang sich seiner Kehle.

»Nein, nein, keine Förmlichkeiten. Entspanne dich, genieße den milden Abend.« Heinrich hob den Becher: »Meine Ritter, trinken wir diesen süßen Malvasier auf den Edelknappen Unserer geliebten Gemahlin. Seine frohe Kunde hat Uns Glück beschert.«

Zurufe. Sie ließen den Ehrengast hochleben. Doch keiner trank, sie warteten. Nur gemeinsam mit dem so laut Gepriesenen durften sie die Becher leeren. Unbemerkt war der Narr unter den Tisch gekrochen, jetzt tauchte er dicht neben dem Schemel auf. Er schnüffelte gierig an dem stinkenden Kittel hoch bis zu Lupolds Gesicht, jaulte; schnell streifte er seine Leibhose hinunter, strich und rieb das Glied zur Freude der Gesellschaft lang; hechelnd drehte er sich um, rückte den Hintern nah ans Gesicht des Knappen und hob das Bein.

Lupold bemerkte nichts. Aus verquollenen Lidern starrte er auf den gefüllten Becher. Immer wieder versuchte er danach zu greifen, doch kaum löste er die Hand von der Tischplatte, drohte er das Gleichgewicht zu verlieren. Der Hofmeister sah die Not; entschlossen trat er hinter ihn und stieß den Narrenhintern beiseite.

Mit festem Griff packte er den Haarschopf; behutsam führte er das Tongefäß an die wunden Lippen.

»Er soll hochleben!«

Der erste Schluck gelang Lupold, der zweite aber nahm den Atem. Er hustete, würgte.

»Trink, Junge«, raunte ihm der Alte zu. »Du mußt trinken.«

Lupold rang nach Luft. Barmherzig schüttete ihm der Hofmeister den Wein übers Kinn, setzte den geleerten Becher hart und zugleich mit den anderen Herren zurück.

Voll kaiserlicher Milde wandte sich Heinrich wieder an den Knappen: »Morgen wirst du mit einem versiegelten Schreiben an Unsere geliebte Gemahlin nach Ancona zurückkehren. Nur aus deiner Hand soll sie Unsere Botschaft entgegennehmen. Und als großzügiges Zeichen Unserer Dankbarkeit darfst du die Reise auf einem Karren in Begleitung zweier Eseltreiber genießen.«

Heinrich lachte; der Narr jauchzte, und pflichtschuldig fiel die Tischgesellschaft mit ein.

Ich bin frei. Lupold begriff. Dieser Gedanke nistete sich ein. Von fern, wie vom Ende einer Steinwüste her, hörte er das Gelächter, dann sank er zu Boden.

Sofort war der Hofmeister zur Stelle. »Verzeiht, mein Fürst, seine Jugend. Der Genuß des schweren Weins ist ungewohnt.«

Nur ein kurzer Handschlenker. »Schaffe ihn weg. Sorge dafür, daß er zu Kräften kommt.«

Der dritte Gang wurde aufgetischt: sauer eingelegter Fisch, dazu Wachteln in Schmalz gebacken. Die Krüge kreisten. Als der Mond stieg, wurden lodernde Stockfackeln rund um die Tafel gesteckt.

»Edle Herren, meine tapferen Vasallen.« Zungenschwer verlangte der Kaiser nach Aufmerksamkeit. »Morgen brechen wir auf und werden nicht rasten, bis wir unser Ziel erreicht haben. Doch ehe wir diese Tafelrunde verlassen« – der Ton verlor alle gewohnte Härte, ein wäßriger Glanz schimmerte in den Augen –, »dienen wir der höchsten Tugend eines deutschen Ritters.«

Die versammelten Barone, Herzöge und Kleriker nickten; jeder ahnte, was nun folgte. Selbst der Narr wagte keinen Scherz mehr.

Von einem der Spielleute ließ sich Heinrich die Mandora reichen. Er stand auf; versonnen zupfte er an den Saiten. »Mein Lied soll Eure Herzen erfreuen. Ich habe es für mich und für Euch gedichtet.«

Er hob die Stimme, sprach mehr, als er sang:

»Ich grüß' mit Gesang die Schöne,
die ich nicht missen will und kann.
Seit ich ihr selber brachte meine Grüße,
verrann, o Leid, so mancher Tag.
Wer immer dies Lied nun singt vor ihr,
die ich so unsagbar entbehr',
sei es Mann oder Weib, der bringt ihr Grüße von mir.«

Becher wurden in den schweren Fäusten gedreht. Gedanken verloren sich in der lauen Nacht.

eruch nach salziger Gischt wurde mit der Brise an Land getragen. Pfiffe, Johlen der Gassenjungen weit vorn auf den Felsen der See-Einfahrt von Ancona. Winken ins Innere des Hafenbeckens zu den dicht an dicht geschachtelten Hütten hinüber. Wenig später standen Frauen an der Ufermauer, schirmten die Augen mit der Hand. Jede suchte weiter draußen auf dem Meer und fand das eine unter den vielen Segeln. Große geflochtene Körbe standen bereit. Die Fischer kehrten vom Fang zurück; tief lagen die Boote im Wasser.

Schwach drang der Lärm vom Hafen durchs offene Fenster in den kühlen Saal des Stadtpalastes. Kaiserin Konstanze hielt das Schreiben ihres Gemahls in der Hand. Noch hatte sie das Siegel nicht erbrochen. Auf einen Wink hin entfernte sich der Ratgeber und engste Vertraute, Baron Hermann von Baden, einige Schritte.

Ihre erste Sorge galt dem Überbringer der Botschaft. »Was hat man dir angetan?«

»Nichts, Herrin. Die Reise war beschwerlich.« Lupold versuchte ein zaghaftes Lächeln. Der grindige Schorf auf seinen Lippen platzte auf, und er schmeckte Blut. Gleichgültig. Nein, keine Schwäche, nicht vor ihr.

»Meine Augen täuschen mich nicht. Berichte.«

Einen Moment hielt Lupold dem teilnahmsvollen Blick stand. Wie voll das lange, sorgfältig gescheitelte Haar bis weit über die Schultern fiel; helle Strähnen durchwirkten das Schwarz wie Silberfäden. Er senkte den Kopf. Wie die anderen drei Edelknappen des Gefolges schwärmte auch Lupold heimlich von der Kaiserin. Sie beherrschte zwar das Deutsche, sprach es aber in der weichen Melodie des Französischen. Soweit entfernt von zu Hause linderte ihr Anblick, ihr mütterliches Wesen bei Tag das Heimweh der jungen Männer, und jeder suchte mit einem oft nur vorgeschobenen Grund, den Palast zu betreten. Auch wenn er die Herrin nicht sah, so bedeutete in ihrer Nähe zu sein schon ein kleines Glück. Bei Nacht auf dem Stroh in der gemeinsamen Stallunterkunft wuchs die Sehnsucht der Knappen nach Lust und Zärtlichkeit. Nicht miteinander; sie stillten die heißen Träume an sich selbst, und jeder ließ den Nachbarn gewähren. Auch Lupold gab sich der einsamen Lust hin. Sie, die Unerreichbare, wurde zur Geliebten. Ihre schweren Brüste neigten sich über seine Lippen. Ihre weichen Schenkel schlossen ihn ein. Während seiner qualvollen Haft in der Enge des Erdlochs hatte sich Lupold nur ihr Gesicht herbeigedacht, es in seinen Gedanken ausgemalt, sich nach dem Blick ihrer dunklen Augen gesehnt. Ein Lichtschimmer, wenn die Verzweiflung ihn ganz zu besiegen drohte. Jetzt war er zurück, auferstanden aus dem nach Kot und Urin stinkenden Loch. Jetzt atmete er frei, und er wollte nicht vor seiner Kaiserin klagen wie ein Junge.

»Ich warte.« Konstanze schmunzelte, sie lockte ihn: »Habe ich mich in dir geirrt? Ich hoffte, du wärst nicht solch ein abgestumpfter Deutscher, der selbst den größten Schmerz leugnet. Ja, ich glaubte, du wärst nicht so wie die meisten Herren meines Gefolges. Deshalb nur gab ich dir den Auftrag. Enttäusche mich nicht. Was hat man dir angetan?«

Das sanfte Drängen brach den Widerstand. So beiläufig, wie es ihm möglich war, berichtete Lupold von den vergangenen Wochen im Heerlager; dabei starrte er unverwandt auf die Spitzen seiner zerschlissenen Lederstiefel.

Kaiserin Konstanze schlug das versiegelte Schreiben auf die Lehne des Sessels. »Das also meinte dieser Grobian Markwart von Annweiler, als er mit dem Medicus hier war, um sich von meiner Schwangerschaft zu überzeugen. Ich fragte ihn nach dir, weil mich dein unerlaubtes Fortbleiben verwunderte. ›Euer Knappe genießt das Lagerleben in vollen Zügen.‹ Dabei lachte er. ›Eine gute Vorbereitung, wenn er demnächst in den Ritterstand erhoben wird.‹ Ich glaubte ihm und bereue es heute.«

Sie befahl: »Geh zum Bader, er soll dich mit Salben und Tinkturen behandeln. Ich befreie dich von allen Pflichten, bis du wieder wie ein Mensch aussiehst.«

»In aller Ergebenheit, Herrin, aber ich werde auch ohne ...«

»Das ist ein Befehl, Lupold von Breisach!«

Die Kaiserin wartete, bis der Knappe den Saal verlassen hatte. Kopfschüttelnd sah sie ihm nach. »Wir hätten besser einen Unserer Beichtväter in die Höhle dieses staufischen Raubtieres schicken sollen und nicht einen unschuldigen Knaben.«

Baron Hermann versuchte zu vermitteln: »Der Kerker hat ihn nicht zerbrochen. Und, meine Fürstin, ich versichere Euch, nicht alle Deutschen sind Barbaren, wie es das Gerücht in Apulien und auf der Insel Sizilien verbreitet; nicht allen von uns ist der Mordsinn angeboren. Raubsucht und Zügellosigkeit gehören nicht zu den Haupteigenschaften meines Volkes.«

»Zu wenige haben mich bisher eines Besseren belehrt.« Konstanze preßte mit den Fingern die Schläfen. »Ach, *mon cher ami*, wären alle so wie Ihr und einige, die hier um mich sind. Mich würden keine Angstträume quälen, sooft ich an Sizilien, an die Zukunft meiner Verwandten in Palermo denke.« Sie reichte dem Baron das Schreiben. »Lest Ihr, und tragt mir den Willen meines kaiserlichen Gemahls mit Euren Worten vor. Ganz gleich was es ist, aus Eurem Mund klingt es freundlicher.«

Hermann von Baden erbrach das Siegel. »Wie stets entbietet Heinrich Euch seinen höflichen Gruß. Er wünscht Euch Gesundheit und ein kräftiges Gedeihen des ungeborenen Sohnes. Er verlangt...« Dem besonnenen Mann zitterte die Hand, seine Stimme versagte; stumm las er weiter, studierte die Zeilen. Alle Farbe war aus dem schmalen Gesicht gewichen. »Ich... Nein, meine Fürstin, dieser Befehl beschämt selbst mich. Er läßt sich nicht mit schönen Worten mildern. Wappnet Euch, und lest selbst.«

Zögernd nahm Konstanze das Schreiben zurück. Als sie geendet hatte, erhob sie sich; Tränen standen in ihren Augen. »Das darf er nicht verlangen! So sagt es doch, Hermann. Keine Mutter, auch nicht die geringste Magd, darf so erniedrigt werden.«

»Es ist der unwiderrufliche Befehl des Kaisers. Bedenkt, Euer Gemahl hat heimlich Vorsorge getroffen. Gewisse Herren Eures Gefolges, selbst einige Mönche unterrichten ihn von jedem Eurer Schritte. Auch wenn mir das Herz vor Zorn zerspringt, Ihr werdet Euch fügen müssen.«

Schwer fiel Konstanze der Weg zum Fenster. Sie atmete den Geruch des Hafens. »Was sagtet Ihr gerade noch über die Deutschen? Das Bild sei falsch? Ich stimme Euch zu. Ihr habt die Eigenschaften ›unwürdig‹ und ›entehrend‹ vergessen.« Sie legte ihre Hände über den vorgewölbten Leib. »Mein Sohn, wie soll ich dich nur beschützen vor diesem Vater?« Und nach einer Weile setzte sie bitter hinzu: »Der deutsche Winter erfriert die Sonne. Das, Heinrich, nur das fühlte ich jede Nacht, in der ich dich ertragen mußte.«

Aus dem Tafelbuch der Zeit

SIZILIEN

Blutgierige Riesen

Kaum Widerstand, kaum Gegenwehr. Mit Hilfe der Flotten von Genua und Pisa fallen Heinrich VI. die Städte des Südreiches beinahe kampflos in die Hand.

Markwart von Annweiler, stolzgebläht, zieht an der Spitze des Heeres. Sein Kaiser mißtraut dem Jubel in den Straßen. Er weiß: Nicht aus Hingabe unterwerfen sich ihm die Menschen. Eine Schwäche, eine Nachgiebigkeit, und sie werden den Dolch gegen ihn ziehen. Nur ständige Furcht schützt vor Rebellion.

Doch Markwart ist kein Narr; der Truchseß hat seinen Herrn sehr wohl verstanden.

Salerno geht in Flammen auf. Furchtbar ist die Qual der Bürger. In den folgenden Wochen läßt Markwart auf dem Eroberungszug durch das Festland des Südreiches immer wieder einige der apulischen Dörfer verwüsten, die Männer und das Vieh verstümmeln. An jungen Frauen und Mädchen stillen die Kriegsknechte ihre Wollust, ehe sie ihnen die Kehle durchschneiden. Schreckensmeldungen eilen den deutschen Rittern zur Insel voraus; das Gerücht läßt sie zu blutgierigen Riesen auf schwerfüßigen, mit Kettendecken gesattelten Ungeheuern werden.

Kampf um Palermo

Nach dem Tod König Tankreds im Frühjahr 1194 liegt Sizilien jetzt im Herbst schutzlos da.

Königin Sibylle, die Mutter des siebenjährigen Thronfolgers, versucht den Angreifern die Stirn zu bieten. Sie ist zu schwach. Nur ein zwar im politischen Schachspiel meisterlicher, doch im Kampf unerfahrener Kanzler steht ihr zur Seite.

Heinrich VI. betritt leichten Schrittes den kostbaren, von Normannen, Sarazenen, Juden und Griechen gemeinsam durch Jahrzehnte hindurch buntgewebten Teppich. Er befleckt ihn mit Blut. Schnell ist der Kampf um Palermo entschieden, und über den Mauerzinnen weht die weiße Fahne.

Nahe des Osttores hält der siegreiche Eroberer einen Hoftag ab.

Eskortiert von zwei Bannerträgern ritt der kaiserliche Ausrufer in die Stadt. Bei seinem Anblick huschten die Kinder davon; versteckt hinter Mauern oder im Hausschatten begleiteten sie den Fremden. Vor dem Palast der normannischen Könige stieß er ins Horn. »Bürger Palermos, Edle und Herren!« Lang war die Litanei aller Titel und Kronen, die Kaiser Heinrich VI. auf seinem Haupt vereinte. »Wer die Gnade des mächtigsten Herrschers der christlichen Welt erlangen will, darf sich ihm zu Füßen werfen.«

In Kutschen oder zu Pferd eilten Mitte November 1194 die Würdenträger des geistlichen und weltlichen Adels, die Oberhäupter der einflußreichsten Familien Palermos hinaus ins Heerlager.

»Sind alle gekommen?«

Der Hofmeister überreichte Heinrich die Liste. »Ohne Ausnahme, mein Fürst. Auch Madame Sibylle, die Witwe des verstorbenen Königs. Sie bringt Euch ihre kleinen Töchter und den jungen Erbfolger Wilhelm II., den Neffen Eurer Gemahlin. Soll die Audienz beginnen?«

»Warte noch.«

Der Kaiser studierte die Namen. »Normannen, in den Palästen, in den Kirchen, wie Schlinggewächs durchwuchern sie das Staatsgebilde.« Eine steile Falte furchte die Stirn. Mit der sizilischen Krone erstreckte sich sein Imperium vom hohen Norden bis zur südlichsten Spitze am Mittelmeer. An Machtfülle würde er den ungeliebten Vater Barbarossa übertreffen. Normannen? Für sie gab es keinen Platz in seinem Reich. Nach einer Weile flüsterte er: »Konstanze, meine Liebe, ich höre dich seufzen. Allein, nur mit einem scharfen Messer wird es dem Gärtner gelingen, dieses Paradies vom Wildwuchs zu säubern.«

Sein Entschluß stand fest. Ehe er sich den Vornehmen der Stadt zeigte, befahl er Markwart von Annweiler und seinen Ersten Notar, Magister Gerhard, zu sich. Dem Hofmeister drohte er lächelnd: »Und dir verbiete ich zu lauschen. Nein, ich kenne deine Schwäche; besser, ich lasse dir heißes Wachs in die Ohren gießen.«

Die Vorstellung entsetzte den Alten. »Das wäre der Mühe zuviel, allergnädigster Herr. Bei allen Heiligen, ich entferne mich.«

Während der kurzen Besprechung erhielten Truchseß und Geheimschreiber genaue Anweisung. In seinen Plan weihte Heinrich sie nicht ein.

Der Heerführer verschränkte die Arme. »Mein Fürst, habt Ihr kein Vertrauen?«

»Geduld! Wie oft hast du mich schon auf die Falkenjagd begleitet? Ein vorschnelles Wort verschreckt das Wild. Ich aber will die ganze Beute. Also gedulde dich!«

Draußen nahm der Kaiser unter dem girlandenumrankten Baldachin Platz. Markwart von Annweiler stand breitbeinig neben dem Thronsessel; der Erste Notar hockte in seinem Schatten.

Mit ausgebreiteten Armen begrüßte Heinrich VI. die versammelten Patrizier, Barone und Prälaten, nahm huldvoll ihre Demutsbezeugung an. Jeden, der vor dem hohen Stuhl niederkniete, befragte Markwart nach seiner Stellung und Herkunft; war es ein Normanne, ein Verwandter oder auch nur Freund des sizilischen Königshauses, so erhielt Magister Gerhard einen Wink.

Viel Zeit gewährte Heinrich der Königswitwe Sibylle. »Bringt einen Stuhl, einen Schirm gegen das Sonnenlicht.« Mit keinem Wort erniedrigte er sie; rasch zerstreute er alle Befürchtungen. »Madame, Wir kommen nicht als Sieger in Euer Land, das auch das Unsere ist. Wir wollen nicht vertreiben, sondern erwarten nur, daß Ihr Euren unmündigen Sohn bittet, auf die Krone zu verzichten, die Uns und Unserer Gemahlin Konstanze rechtmäßig zusteht.«

Sibylle war bereit, alle Macht in seine Hände zu übergeben. »Doch laßt meinem Wilhelm die ererbte Grafschaft in Apulien.«

Eine Forderung? Nackt und kalt wurde der Blick. Schon beim nächsten Lidschlag kehrte die Milde zurück, die das Vertrauen aller gewinnen wollte. In väterlicher Güte betrachtete der Kaiser den Siebenjährigen. Aufrecht stand er beschützend vor seinen drei blondlockigen Schwestern. »Ich soll dir Grüße von deiner Tante ausrichten.«

»Meinen Dank«, antwortete der Kleine mit heller Stimme. Seine galante, sichere Art verblüffte die Umstehenden. »Ich hoffe, die Kaiserin befindet sich bei guter Gesundheit.«

»Danke der Fürsorge«, nickte Heinrich. »Es geht ihr den Umständen gemäß«, und versprach der Königswitwe: »Sorgt Euch nicht um die Zukunft, Madame. Euer Sohn soll seine Grafschaft behalten, und obendrein werden Wir ihm noch ein Fürstentum schenken.«

»Willkommen!« riefen die Vornehmen Palermos und priesen den gnädigen Herrscher. Sie erbaten sich noch einige Tage der Vorbereitung, um den Stauferkaiser festlich empfangen zu können, und kehrten hoffnungsvoll in die Stadt zurück.

Den Mantel eng um die schmächtigen Schultern geschlungen, saß Heinrich gleich nach der Audienz mit Markwart von Annweiler und dem Ersten Notar zusammen. Er diktierte vier kurze Briefe; jeder mußte in einer anderen Handschrift abgefaßt werden. Der Inhalt ließ keinen Zweifel. Sorgfältig wählte Heinrich einige Personen aus der angefertigten Liste. »Das erste Schreiben richtest du an diesen normannischen Baron und unterschreibst es mit dem Namen seines sizilischen Schwagers.« So fuhr er fort, ließ die Briefe mit adeligen Empfängern und Absendern versehen.

Jetzt erst durchschaute der Truchseß den Plan seines Kaisers. »Wann soll die Jagd beginnen?«

»Geduld! Den Zeitpunkt teile ich dir mit. Bis dahin wird jeder von euch zwei dieser Briefe bei Tag und Nacht unter dem Rock tragen.« Die Leichtigkeit der Stimme ließ Magister Gerhard das Blut gefrieren, und selbst Markwart erbleichte. »Hütet sie wie euren Augapfel! Wenn man sie bei euch findet, geratet ihr selbst in den Sog, und nichts wird euch retten können. Ich weiß, dies ist eine unnötige Warnung, denn ich bin fest von eurer Treue und Verschwiegenheit überzeugt.« Damit überreichte er ihnen die Schreiben.

Am 20. November war Palermo geschmückt: Teppiche hingen aus den Fenstern. Lampions und Girlanden schaukelten, die Straßen waren mit Palmenzweigen übersät, Wohlgerüche stiegen auf. An den Seitenrändern drängte sich das Volk. Die Vornehmen zogen mit ihren Söhnen dem Herrscher entgegen.

Sarazenische Trommler und Schalmeibläser empfingen die Sieger und tänzelten dem eisenstarrenden Trupp voran. Fahnen flatterten; auf ihrem gelben Grund prangten schwarz die drei staufischen Löwen; Wappenschilde wippten an den Schulterplatten; matt blinkten die Kettenhemden der deutschen Ritter und Kriegsknechte unter den farbenprächtigen Umhängen; Wimpel zierten die Lanzenspitzen.

Hoch zu Roß: Heinrich VI.! Sein bleiches Gesicht zu einer Maske erstarrt, die edelsteinfunkelnde, achteckige Krone auf dem Haupt, der Mantel fiel in schweren Falten bis über den Sattel; so ritt er durch Palermo. Bei seinem Anblick sanken die Bürger furchtsam nieder, huldigten mit erstickter Stimme dem Eroberer Siziliens.

Zäh verstrichen die Tage in Ancona, Tage des Wartens auf die bevorstehende Niederkunft der Kaiserin. Nicht allein für Dienerschaft und Waffenknechte war der Aufenthalt an diesem kriegsfernen Ort längst zur Qual geworden. Von den zehn Rittern waren nur vier mit Titel und Amt bekleidet, waren abgesichert durch riesige Ländereien in der Heimat; ihnen standen ausreichende Geldmittel zur Verfügung. Jeder der kleinen Ritter aber rüttelte bekümmert den abgemagerten Beutel, seufzte und fluchte. Aus verdammter Lehnspflicht war er mitgezogen. Warum hatte gerade ihn das Los getroffen, zum Troß der Fürstin zu gehören? Erst nach Beendigung der Heerfahrt würde er aus der kaiserlichen Kasse einen Anteil erhalten. Wenn er Glück hatte, dann deckte die Summe gerade einmal den eigenen finanziellen Aufwand für Rüstung, Pferde, Soldknechte und Knappen. Bei jeder Erfolgsnachricht vom Feldzug in den Süden wuchs der Neid. Nur wer mit der kämpfenden Truppe zog, wer nach der Eroberung die Stadt plündern durfte und heimlich Beute beiseite schaffte, nur der kehrte wirklich mit Reichtum in die Heimat zurück. Das tatenlose Zusehen hier in Ancona leerte den Beutel, schürte die Unzufriedenheit.

Nach oben hin wagte keiner der armen Ritter eine laute Beschwerde. Ihren Zorn entluden sie über die Dienerschaft. Ohrfeigen, Fußtritte und wahllose Schinderei nahmen zu. Obwohl ihre Rüstungen glänzten, ließen die Edlen täglich Schwert, Helm und Brustplatten putzen und blank reiben. Und wehe dem Knecht, wenn der Herr einen verbogenen oder rostigen Eisenring am Kettenhemd entdeckte!

Auch die vier Edelknappen hatten unter der wachsenden Ungeduld ihrer Barone zu leiden. Vor allem Lupold; er wußte kaum noch ein und aus. Nach seiner Genesung hatte er Morgen für Morgen die erschlafften Muskeln durch Steinstoßen, Laufen und Schwimmen gestählt, hatte mit Lanze und Keule in den Fäusten das Pferd allein mittels Schenkeldruck geführt, aus scharfem Galopp gewendet, vorwärtsgejagt, erneut hart gewendet, und schließlich hatte er den Dienst wieder angetreten. Er fühlte sich kräftig wie zuvor, verrichtete die Arbeiten gewissenhaft, doch nichts genügte; schlimmer noch, sein Herr traktierte ihn obendrein mit Wut und Verachtung. »Salben! Tinkturen! Erst bleibst du einen Monat fort, dann läßt du dich wochenlang wie ein Weib bepinseln und beschmieren. Und warum? Weil der feine Knabe ein paar Tage eingesperrt war.« Nach jeder Schelte griff er zum Stock. »Abhärten werde ich dich! Dreh dich um. Sonst zerschlage ich dir das Gesicht.«

Stumm ertrug Lupold die Hiebe, ließ den Wortschwall über sich ergehen.

»Ein Ritter soll aus dir werden und keine Memme, das habe ich deinem Vater aus Freundschaft versprochen. Jeden anderen faulen Knecht hätte ich längst davongejagt.«

Zerstreuung suchten die Vornehmen beim Schach und beim Würfelspiel; manchmal ritten sie mit der Hundemeute zur Jagd. Im Schutz der Dunkelheit streiften Liebeshungrige durch die engen Hafengassen: Ritter, Soldknechte, auch Mönche waren unterwegs, maskiert oder vermummt. Schon ein Silberstück öffnete die Hinterzimmer der Tavernen und Spelunken. Gut verdienten die stadtbekannten Huren, allein aber konnten sie den Durst nach lüsterner Abwechslung nicht stillen. An mehr und mehr Fischerhütten flackerten nachts schwache Öllichter; hinter den Türen boten Mütter, unterstützt von halbwüchsigen Töchtern, den zahlungskräftigen Gästen ihre Brüste und Schenkel feil. Und oft genug schleppte ein Knappe spät in der Nacht seinen von Wein und Lust entkräfteten Herrn zurück in die Unterkunft des Palazzos.

Die Nachricht von der bedingungslosen Unterwerfung Siziliens erreichte Ancona in den ersten Dezembertagen. Seitdem erschien Kaiserin Konstanze nicht mehr bei dem gemeinsamen Mahl; betreut von der Hebamme, blieb sie in der Obhut ihrer Dienerschaft. Zwei Wochen schon hatte sie die Gemächer nicht mehr verlassen.

»Unsere Fürstin entbietet Ihren Gruß und läßt sich entschuldigen.« Wie an den Abenden zuvor sah Hermann von Baden auch heute in die gespannten Gesichter. Betont heiter gab er Antwort auf die stumme Frage: »Geduld, meine Herren. Auf Anraten des Leibarztes ruht die Fürstin. Noch ist ihr Zustand unverändert.« Es bedurfte keiner geschickten Ausrede; die Schwangerschaft war Grund genug. Nur er wußte von der Verzweiflung, den Tränen Konstanzes, seit Palermo in der Hand des Stauferkaisers war. Schwer trug sie an ihrem Kind.

Ehe er sich setzte, blickte Hermann von Baden zu den Tischen im niederen Bereich des Saales, kurz verharrte er bei einem der Mönche, suchte einen zweiten und dritten, dann kehrte er zur erhöhten, herrschaftlichen Tafel zurück; auch hier blieb sein Blick kurz bei einem der Barone und dessen Tischnachbarn, dem spitzgesichtigen Prälaten Winfried von Heilbronn. Dies war der Kreis der Spitzel. Zwar sprach er zu allen Anwesenden, meinte aber diese heimlichen Zuträger Heinrichs VI. »Das große Ereignis steht unmittelbar bevor. Vielleicht in der nächsten, sicher jedoch in der darauffolgenden Woche. Und ich darf Euch versichern, nichts wird ohne Euer Wissen geschehen.«

Ausgiebig tafelte die Gesellschaft. Jeder Herr wurde vom eigenen Knecht oder Edelknappen bedient. Mit geübtem Auge wählte Lupold das zarteste Stück des Spanferkels; ehe es einer der anderen Diener entdeckt hatte, stach er das Messer hinein und reservierte es seinem Ritter. Geschickt löste er die Lende heraus; auf der mit flachem Brot ausgelegten Zinkscheibe zerschnitt er das duftende Fleisch in mundgerechte Happen. Keiner der Edelknappen übertraf Lupold beim Aufwarten, stets sorgte er für die fettesten Keulen, die knusprigsten Flügelstücke, wählte den besten Fisch, sehr zum Ärger der übrigen Herren.

Der Wein schmeckte. Als die letzten Knochen abgenagt unter den Tisch fielen, die Stimmen lauter wurden, rief einer der Edlen: »Ein Kampfspiel! Wir wollen unsere vier Knappen morgen gegeneinander kämpfen lassen.« Der Vorschlag wurde begierig aufgenommen. Zustimmend nickte auch der Prälat. Eine Abwechslung und gleichzeitig eine gute ritterliche Übung. Nicht zu Pferd mit Lanzen, die wertvollen Tiere mußten geschont werden. Kein Turnier. Zweikämpfe zu Fuß, dennoch in Harnisch und Helm. Schnell waren die Regeln abgesprochen. Dem Baron des siegreichen Knappen zahlten die anderen eine Prämie; außerdem durften bei jedem Kampf zusätzliche Wetten abgeschlossen werden.

Prälat Winfried hob den Finger. »Nur eine Bitte! Nur eine Bitte!« Er wiederholte es, bis die Tafelrunde ihm zuhörte. Jetzt beugte er sich leicht zu Hermann von Baden: »Vielleicht gewährt uns die Fürstin eine Gunst und schaut dem Kampfspiel zu. So lange haben wir ihren Anblick entbehren müssen. Verwendet Euch doch für uns; ihre Anwesenheit würde das Spiel mit Glanz schmücken.«

Beifällig stießen die Barone ihre Becher auf die Tischplatte. Für den Vertrauten der Kaiserin gab es keine glaubwürdige Ausrede, das Begehren abzuschlagen. Er willigte ein.

Im Schlafraum der vornehmen Ritter entkleidete Lupold seinen Herrn, bereitete das Lager, glättete den Leinensack. Ehe er entlassen wurde, packte der Baron das braungelockte Haar und zog den Knappen dicht an sich heran. »Wenn du mir morgen Schande bereitest! Wenn ich auch nur ein Silberstück verliere! Dann ...«

»Sorgt Euch nicht, Herr«, versicherte Lupold. Er blickte zu den drei Freunden hinüber. Sie waren noch mit dem Auskleiden ihrer Ritter beschäftigt. An Kraft und Geschicklichkeit mit Keule oder Stock war er stets jedem überlegen gewesen. »Ich werde gewinnen.«

Auf dem freien Feld vor der Stadtmauer war bei Tagesanbruch die kleine überdachte Holztribüne errichtet worden. Ein breiter Lehnstuhl wurde gebracht, Zofen polsterten ihn mit Kissen aus. Die Fürstin Konstanze hatte ihren Besuch angesagt.

Zu Füßen der Empore reihten sich Hocker für die Vornehmen; mehr Aufwand wurde nicht betrieben. Keine Erregung herrschte wie sonst vor einem großen Turnier. Durchs Los bestimmten die adeligen Herren, welche Paarung, die Reihenfolge der Zweikämpfe. Sie wählten einen der gewöhnlichen Ritter zum Schiedsmann und Ausrufer; ihm händigten sie die Preissumme aus. Wetten wurden verabredet. Keine Rüstung, kein Pferd würden sie verlieren, doch hier im eintönigen Lagerleben verursachten selbst bescheidene Einsätze schon ein Prickeln unter der Haut. Schwatzend und lachend lagerten Mägde, Stallknechte, Mönche und Bürger Anconas rund um den Kampfplatz. Ein klarer Morgen; frisch wehte der Wind von See her.

In den vier Zelten, der Tribüne gegenüber, halfen Knechte den Kämpfern bei den letzten Handgriffen. Lupold betastete an seinem

Hals die Verschlußhaken des knielangen Kettenhemdes. »Was ist mit den Lederriemen?« Gewissenhaft überprüfte sein Helfer die Schlaufen der Schuhe, die Gurte der Metallschienen an den Unterarmen. Lupold streifte sich die mit Eisenringen besetzte Stoffhaube über und schnürte sie unter dem Kinn. Eng saß sie am Kopf, ließ nur das Gesicht frei. »Den Helm befestigst du mir erst kurz vor dem Kampf. Denk an die zweite Keule, falls mir die erste zerbricht.«

Die Businen erschallten, festliche langgezogene Stöße. Lupold trat vors Zelt. Vom Stadttor her näherte sich die geschlossene Sänfte der Fürstin. Gleichmäßig schritten die Träger, setzten ihre Last an der Tribünentreppe ab. Hermann von Baden öffnete selbst den Schlag.

Beim Anblick der Kaiserin ging Flüstern und Staunen durch die kleine Schar der Zuschauer. Neugieriges Hälserecken. Mützen wurden geschwenkt. Konstanze ließ sich von ihrem Ratgeber die wenigen Stufen hinaufführen und nahm im Lehnstuhl Platz.

Mit lauter Stimme forderte der Ausrufer die vier Knappen vor die Tribüne. Gleichzeitig beugten sie das Knie. *Meine Kaiserin!* Lupold spürte den Herzschlag aufsteigen.

»Erhebt euch«, forderte der Schiedsmann.

Ein kurzer Moment blieb Lupold. Ihr Gesicht war müde, die Lider halb geschlossen, das Haar unter der grünen Haube verborgen. Edelsteine funkelten am Kronreif. Der ärmellose Mantel fiel über die vollen Brüste, umhüllte faltig das Kind unter ihrem Herzen. Konstanze sah von einem zum anderen. Keinem der Knappen schenkte sie besondere Aufmerksamkeit. Einen Atemzug lang war Lupold enttäuscht.

»Möge der Tapferste gewinnen ...« Nur leicht hob sie die Hand.

Rasch kehrten die jungen Männer vor ihre Zelte zurück. Der Schiedsmann rief das erste Paar in die Schranken.

Lupold war noch nicht gefordert. »Gut so«, murmelte er. Als zweiter zu kämpfen gab ihm etwas mehr Zeit, die Muskeln an das schwere Gewicht des Kettenhemdes zu gewöhnen. Inzwischen hatte jeder der beiden ersten Streiter seinen Wimpel rechts oder links der Tribüne erreicht. Die geschlossenen Topfhelme verwandelten sie in gesichtslose Eisenpuppen; allein das Wappen ihrer Herren auf dem runden, lederbespannten Holzschild unterschied sie voneinander.

Ein schriller Trompetenstoß beendete den Trommelwirbel. Schon stampften die Knappen über das Kampffeld. Eisenbeschlagene Keulen prallten gegeneinander, dröhnten an den Schilden. Lauernd umkreisten sich die Männer, sprangen vor, zurück, wichen aus und suchten die Deckung zu durchbrechen. Sie nützten ihre klobigen Waffen zum Stoßen und Schlagen. Immer wieder. Tief war der Boden aufgewühlt. Staub wirbelte.

Da ging ein Schrei durch die Zuschauer. An der Schulter verletzt, taumelte einer der Kämpfer. Sein Gegner drängte nach; mit kreisendem Schwung über dem Kopf ließ er die Keule auf den Helm niederkrachen. Schwer brach der Getroffene in die Knie. Zum nächsten Schlag bereit, wartete der Gegner.

Noch war der Knappe nicht besiegt; schwankend stützte er sich hoch, trat einige Schritte zurück, zur Deckung hob er beide Arme. Der Angreifer ließ ihm keine Zeit; sein nächster Schlag zersplitterte den Holzschild, der nächste Hieb fällte den Taumelnden. Reglos lag er im Staub.

Während der Sieger sich vor Kaiserin Konstanze und den Edlen verbeugte, die ersten Wettsummen den Besitzer wechselten, packten zwei Knechte den Verlierer an Armen und Beinen und schleiften ihn zum Zelt.

»Macht euch bereit!« Der Schiedsmann winkte dem zweiten Paar.

Aufrecht stand Lupold neben seinem Wimpel rechts der Tribüne. »So ein Pech«, raunte der Diener, »du hast die Sonne von vorn«, und stülpte ihm den Topfhelm über die Haube.

Enge. Heftig sog Lupold den Atem ein, die Luft fehlte ihm. *Enge.* Das stickige Loch im kaiserlichen Heerlager. »Nicht.« Mit beiden Händen tastete er hinauf zum Helm. »Nicht.«

»Laß nur, ich bind' ihn schon fest.« Von fern hörte er die Stimme seines Helfers, Licht drang grell durch den schmalen Sehschlitz, Lupold spürte wieder diese sengenden Sonnenstreifen, die durch den Schilfdeckel seines Gefängnisses fielen. Tag für Tag hatte er vergeblich versucht, sich vor ihnen zu verkriechen. Er zitterte.

»Geduld«, mahnte der Diener. »Gleich bin ich soweit.« Er streifte dem Knappen die ringbesetzten Fausthandschuhe über und hielt ihm die Keule hin. »Nun nimm sie doch.«

Lupold riß sich aus der Umklammerung. »Danke, Freund.« Fest packte er zu, schüttelte den Schild an seinem linken Arm. Ein Kampf. Nur ein Spiel, wie so oft, mehr nicht.

Trommelwirbel. Der schrill gestoßene Ton des Claro. Durch den Sehschlitz suchte Lupold seinen Gegner und stürmte auf ihn zu. Nach wenigen Schritten keuchte er. Das schwere Kettenhemd schnürte mit einem Mal seine Brust. Atemnot trieb das Blut in die Augen. »Ich ersticke.« Angst lähmte ihn, er blieb stehen, wie Blei wog die Keule in der Faust. Alle Kraft wich, von irgendwo her hörte er Lärm, Rufe der Zuschauer.

Durch einen roten Nebel sah er den Gegner, sah die Keule auf sich zufahren. Er wich aus, zu langsam, der Hieb traf den Halsschutz. Lupold versuchte den Schild zu heben. Ein furchtbarer Knall. Sein Kopf knickte zur Seite, Schmerz, der nächste Schlag warf den Kopf zur anderen Schulter. Das Dröhnen hörte nicht auf. Er spürte den Hieb mitten auf dem Helm, glaubte sein Schädel würde in den Hals geschlagen. Dann fühlte er sich leicht wie ein kreisender Habicht über dem Feld.

Der Gegner ließ den Angeschlagenen eine Weile hin und her torkeln, ehe er ihn mit einem leichten Stoß gegen die Brust zu Fall brachte. Kein begeistertes Klatschen der Zuschauer für den Sieger; sie fühlten sich um ihr Vergnügen betrogen. Pfiffe gellten, Spott und Flüche ertönten, bis der Verlierer weggeschafft war. Mit zornrotem Gesicht drohte ihm sein Herr hinterher.

Als Lupold zu sich kam, lag er ausgestreckt im Zelt. Der Diener hatte ihm den Helm abgenommen und wusch die Wunden an Ohren und Stirn.

»Was war nur?« flüsterte Lupold.

»Ich versteh's auch nicht. Du hast dich einfach schlagen lassen. Nicht gerührt hast du dich, bis du umgefallen bist.«

Von draußen drang das Lärmen des Endkampfes herein. »Es war mir eng, ganz plötzlich.« Lupold betastete seine Augen. »Wie ein Hexenbann.«

»So kann man's auch nennen«, grinste der Helfer. »Für unsern Baron mußt du dir sicher was Besseres einfallen lassen.«

Nach der Entscheidung kniete der siegreiche Edelknappe vor der Tribüne. Schwer gezeichnet nahm er den Beifall der Zuschauer entgegen. Kaiserin Konstanze beschenkte ihn mit einem Lächeln und fand lobende Worte auch für Mut und Geschicklichkeit der Unterlegenen. Als Hermann von Baden sie die hölzernen Stufen hinunterführte, drängte sich Prälat Winfried durch die adeligen Herren.

»Meine fürstliche Tochter!« Unruhige, kleine Augen; immer wieder glitt sein Blick an ihrer Gestalt hinunter, versuchte den faltigen Stoff zu durchdringen. »Die letzten Wochen der Ungewißheit erfüllten mich mit tiefer Sorge um Euer Befinden. Ich bin beglückt, Euch so zu sehen.«

Konstanze wandte sich ihm zu. Zorn stand in ihrem Gesicht, doch höflich erwiderte sie: »Wir wissen Eure Worte wohl einzuschätzen, ehrwürdiger Vater. Eure Fürsorge ist Uns stets eine große Stütze.« In jähem Entschluß öffnete sie den ärmellosen Mantel, raffte die Hälften zum Rücken. »Keine fromme Scham, ehrwürdiger Vater. Überzeugt Euch nur. Ihr seht, noch ist die kaiserliche Kuh hochträchtig.«

Der Prälat fuhr zusammen; schnell faßte er sich wieder. »Aber, Majestät, ich kann Euch versichern, meine Gebete ...«

»Wir danken Euch.« Ohne ihn weiter zu beachten, nahm Konstanze in der Sänfte Platz. Hermann von Baden schloß die Seitentür und gab den Trägern das Zeichen.

Der Graf des siegreichen Knappen stolzierte zum Schiedsmann und strich die Preissumme ein. Außer ihm hatte niemand auf seinen Kämpfer gesetzt, so sammelte er genüßlich von den Edlen alle Wettgelder ein. Nicht der Entscheidungskampf wurde diskutiert, einziger Gesprächsstoff war die Blamage des Favoriten, des bisher so untadeligen Lupold. Beißende Schadenfreude steigerte das Vergnügen. »Diese geschickten Finten! Diese Schlagkraft! Ja, das ist das harte Holz, aus dem unsere kühnen deutschen Recken geschnitzt werden. Hoch lebe sein Lehrmeister!« Ohnmächtig vor Wut mußte der Baron den Spott ertragen, während die übrigen Zuschauer und Edlen in heiterer Stimmung nach Ancona zurückschlenderten.

Kaum hatte sich das Feld vor dem Stadttor geleert, führten die Knechte stämmige Pferde zu den Zelten. Doch nur für den Sieger und die beiden anderen.

»Wo ist mein Gaul?« Lupold sah sich um. Jede Bewegung des Kopfes schmerzte, blaurot wucherte die Schwellung von der Stirn ins Haar, an Ohren und Hals klebte vertrocknetes Blut.

Sein Helfer zuckte die Achsel. »Du sollst laufen, hat unser Baron befohlen.«

»Was hat er noch gesagt?«

»Frag besser nicht.«

»Antworte!«

»Na, fluchen tut er.« In aller Ruhe bepackte sich der Waffenknecht mit Kettenhemd, Helm und Keulen.

»Ich weiß nicht, was mit mir war. Eins weiß ich, ich bin kein Feigling.«

»Schon gut. Wir gehen langsam. Dann schaffst du es auch zu Fuß.«

Lupold straffte den Rücken. Nach wenigen Schritten wurde sein Tritt fester.

Im Hof vor den Ställen des Palastes suhlten sich Schweine, Hühner scharrten im Boden. Mild wärmte die Dezembersonne den

Mittag. Die Türen der Unterkünfte standen offen. Mit Hilfe der Diener untersuchten die drei Edelknappen ihre beschädigten Rüstungen. Hin und wieder warfen sie einen verstohlenen Blick zum dunklen Säulengang der Kapelle hinüber.

Kaum trat Lupold durchs Hoftor, verstummten die Gespräche, emsiger noch beugten sich die Männer über ihre Arbeit. Lupold beachtete sie nicht. Während sein Helfer den zerbeulten Helm und das Kettenhemd ablegte, schlurfte er zur Zisterne. Seine Zunge klebte am Gaumen. Trinken, dann schlafen, das Unglück vergessen; auf dem langen Weg zurück hatte er sich nach nichts anderem gesehnt. Er zog den Schöpfeimer am Strick herauf, trank aus der Kelle und schüttete sich das Wasser über den schmerzenden Kopf.

Aus dem Schatten des Säulengangs trat sein Herr. In riesigen Schritten war er bei dem Knappen. »Wie ein lahmer Straßenköter hast du dich verprügeln lassen!« Das Gebrüll überschlug sich in Flüchen und Drohungen. »Elender Feigling! Schande bringst du über mich und deinen Vater! Aber warte nur, ich werde den Mut in dich hineinprügeln.« Wutschäumend griff der Baron nach dem Holzschöpfer. Lupold sah den Schlag gegen seinen wunden Kopf und wich aus. Zu heftig war der Schwung; die Kelle entglitt seinem Herrn, wirbelte gegen den gemauerten Rand der Zisterne und fiel hinein.

Sofort schwieg der Ritter, ungläubig starrte er Lupold an. Ein Knappe hatte alle Züchtigung aufrecht zu ertragen. Der Jähzorn wandelte sich in gefährliche Ruhe. »Du widersetzt dich? Du verweigerst mir den Gehorsam?«

»Verzeiht, Herr. Es war nur ...«

»Schweig. Du erhältst keinen Lohn mehr. Jedes verlorene Silberstück wirst du abdienen.« Der Ritter wies in die Zisterne. »Bring mir die Kelle wieder.«

Ohne Zögern setzte sich Lupold rittlings auf den Rand. Eiserne Bolzen waren untereinander ins Mauerwerk eingelassen, führten hinunter bis zum tiefliegenden Wasserspiegel. Sein Fuß suchte den ersten Halt; er zog das andere Bein nach und stieg ins Loch. Kaum war der Hof seinem Blick entschwunden, fühlte Lupold wieder die dunkle Gefängnisenge. Unerbittlich griff eine Klaue nach ihm. Er rang nach Luft. Die Brust wurde eingeschnürt. Ihn schwindelte. Du darfst nicht aufgeben. Kämpfe gegen den teuflischen Zauber! Zitternd tastete er sich weiter in die Tiefe. Zweimal noch fand der Fuß den nächsten Steg. Angst lähmte die Muskeln. Unfähig zu jeder Bewegung hing er im Zisternenschacht.

»Wird's bald!« forderte sein Herr von oben.

»Ich ... ich kann nicht«, keuchte Lupold.

Alle Flüche brachten keinen Erfolg. Schließlich hatte der Ritter ein Einsehen. An Stricken hievten die Edelknappen ihren Kameraden herauf und legten ihn behutsam neben den Brunnen. Nach einer Weile wich der Bann von Lupold; gierig sog er die frische Luft ein.

Der Baron schritt um ihn herum, öffnete und schloß die Fäuste; dabei ließ er Lupold nicht aus den Augen. Endlich beugte er sich über ihn, ohne Zorn, beinah besorgt: »Bist du krank?« Eine andere Erklärung konnte es nicht geben.

»Nein, Herr«, flüsterte Lupold. »Ein Hexenfluch. Heute morgen traf er mich auch. Kaum hatte ich den Helm aufgestülpt.«

Die Edelknappen tauschten ungläubige Blicke; auch der Ritter ließ den Zauber nicht gelten. »Also bist du krank. Deshalb hast du beim Zweikampf versagt.« Diese Deutung war ihm als Ausrede vor seinen adeligen Freunden genug. Er schickte Lupold in den Schlafraum. Kopfschüttelnd sah er ihm nach, murmelte: »Weiß nicht, Junge, wie ich es deinem Vater erklären soll. Aber ein Knappe, der Angst vor dem Helm hat, der taugt nicht zum Ritter.«

Früh am nächsten Morgen verließ Hermann von Baden zu Pferd den Palazzo. Ihn begleiteten einheimische Führer und Bogenschützen, Hunde hechelten an den Leinen. Ein gewöhnlicher Jagdausflug, und keiner der Zuträger Heinrichs VI. schöpfte Verdacht.

Zwei Tage später kehrte der Baron zurück, ohne Beute. Sofort wurde er von der Kaiserin in ihren Gemächern empfangen. »Ich habe den geeigneten Ort gefunden, nur drei Wegstunden von Ancona entfernt: Jesi, eine seit alters stark befestigte, doch kleine und ärmliche Stadt in den Bergen. Eure Unterkunft bietet bescheidene Bequemlichkeit, die anderen Quartiere sind eher unwürdig zu nennen. Ich bin sicher, meine Fürstin, kaum einer der Edlen aus Eurem Gefolge wird Lust verspüren, das weiche Lager des Palazzos mit dem gestampften Boden einer Hütte einzutauschen.«

»Wie umsichtig Ihr seid, *mon ami*.« Konstanze griff nach dem Brief ihres Gemahls. »Wir handeln nicht gegen seinen Willen. Der Befehl lautet: In aller Öffentlichkeit auf dem Marktplatz. Von Ancona schrieb Heinrich nichts.« Ihre Gedanken eilten hinaus. »Jesi, ein schöner Name für den Geburtsort meines Sohnes.«

»Wann wird es soweit sein?«

»Ich bin ebenso unerfahren wie eine junge Magd vor ihrer ersten Entbindung. Doch der Knabe beweist jetzt schon die Eigenart eines Thronfolgers, immer häufiger bereitet mir seine Ungeduld heftige Schmerzen.« Hebamme und Medicus sagten die Geburt in der Weihnachtswoche voraus. »Um jede Gefahr zu meiden, sollten wir morgen nach der Messe aufbrechen. Ihr könnt es bekanntgeben.« Konstanze zerknüllte das Pergament in den Händen. Ein Gedanke ließ sie innehalten. »Dieser Knappe, der uns den Befehl überbrachte, Lupold von Breisach, wie ergeht es ihm? So hilflos stand er beim Zweikampf vor seinem Gegner.«

»Meine Fürstin, Ihr solltet Euch jetzt auf das Ereignis vorbereiten und nicht …«

»Ihr kennt mich, *mon ami*. Die Sorge um andere lenkt von den eigenen Sorgen ab.«

»Was ich aus den Gesprächen der Edlen vor meinem Aufbruch bei Tisch entnommen habe, hat ihn sein Erzieher aus dem Dienst entlassen. Wie es scheint, taugt der junge Mann nicht mehr zum Ritter. Er fürchtet dunkle, enge Räume, selbst die Enge eines Helms. Von Feigheit wird geredet, andere sagen, er sei mit einem

Mal krank im Gemüt. Sein Herr plant, den jungen Mann mit dem nächsten Kuriertrupp nach Hause zu schicken.«

»Das darf nicht geschehen!« Konstanze warf das Pergament auf den Boden. »Vielleicht läßt ihn die Kerkerqual nicht los? Und dafür trage ich die Verantwortung. Bringt ihn zu mir, jetzt gleich!«

Wenig später wurde Lupold hereingeführt. Gleich am Eingang blieb er stehen. Seinen farbigen Überrock hatte er bereits vor zwei Tagen ablegen müssen, jetzt trug er den schlichten Kittel eines Stallburschen.

»Komm näher.«

Mit gesenktem Blick gehorchte Lupold. Er beugte das Knie, blieb reglos in dieser Haltung; voller Scham erwartete er den Abschied von seiner Kaiserin. Seit dem Unglückstag entglitt ihm von Stunde zu Stunde ein Stück Hoffnung. Der Gedanke, so unehrenhaft auf die väterliche Burg heimkehren zu müssen, raubte ihm bei Nacht den Schlaf, und tagsüber mieden ihn die Kameraden wie einen Aussätzigen. Die größte Strafe aber war, den frisch ernannten Edelknappen in den Kleidern zu sehen, die bisher ihm gehört hatten. Gestern noch hatte er Lupold beim Wettkampf gedient, und heute mußte Lupold ihm dienen.

Die Welt steht auf dem Kopf. Nein, ich lebe bei den Gegenfüßlern unter der Weltscheibe, dachte er bitter: Der Regen fällt umgekehrt. Meine Füße zeigen nach oben, mein Kopf hängt nach unten.

»Wo bleibt deine Erziehung?«

Die Stimme des Barons schreckte Lupold auf. »Verzeiht, ich, ich ...« Er schwieg.

»Willst du nicht antworten?«

»Laßt nur, *mon ami*. Meine Frage kam zu schnell«, beschwichtigte die Kaiserin. »Solch ein Entschluß will bedacht werden. Lupold von Breisach, sieh mich an«, forderte sie.

Er zwang sich, die Augen zu ihr zu erheben, und blickte in ihr Lächeln.

»Nun? Bist du bereit, auf Ritterwürde, Kriegsgetümmel oder Turnierkämpfe zu verzichten? Willst du statt dessen in Unsern Dienst treten, Unser Page und nach einer Bewährungsfrist Unser Kammerherr werden?«

Langsam wächst Glück in der Dunkelheit, spät blüht es auf. »Ja, Herrin.« Lupold sagte es, bevor er begriff. Dann stammelte er: »Ja, Herrin. Mit aller Kraft, mit meinem Leben. Meine Treue wird …«

»Deine Bezahlung erhältst aus der Hand des Baron von Baden«, unterbrach sie lächelnd die Schwüre. »Nur Uns und ihm bist du Gehorsam schuldig. Und jetzt spute dich! Sabrina, Unsere erste Zofe wird dir angemessene Kleidung geben. Es gibt viel Arbeit. Hilf den Mägden die Truhen packen. Morgen wirst du Uns auf Unserer kleinen Reise begleiten.«

Kaum hatte Lupold das Gemach verlassen, verbeugte sich Hermann von Baden vor der Kaiserin. »Ich bewundere Euch, Fürstin. Trotz der Sorge um Eure Familie in Sizilien, trotz der nahen Geburt findet Ihr noch Zeit, Euch um das kleine Glück eines entlassenen Knappen zu kümmern.«

»Hütet Eure Zunge«, drohte sie ihm lächelnd. »Es ist nicht die Milde meines alten Nonnenherzens; nein, ich habe die Macht, dies zu tun. Oft denke ich, wie leicht es doch dem Mächtigen wäre, auch Glück zu schenken. Er aber nützt die ihm gegebene Macht allein für seinen Vorteil, für Unterdrückung und Schrecken und nennt es Politik.« Sie fühlte ein Stechen in der Seite. »Der Erbfolger meldet sich wieder mit Ungeduld. Vielleicht wird es ihm später vergönnt sein, menschlicher mit seiner Macht umzugehen.« Als der Atem ruhiger wurde, setzte sie gefaßt hinzu: »Jetzt, *mon ami*, laßt mich allein. Überbringt den Herren des Gefolges meinen Gruß, und ladet sie zu Unserm Volksfest nach Jesi ein.«

ürchtet Euch nicht! Kommt nach Palermo. Jede alte Schuld ist erlassen. Friede für jedermann, denn Gnade wird Euch zuteil. Kommt, kommt nach Palermo, und wohnt der Freudenfeier bei! Der Weihnachtstag wird der Tag der Versöhnung und des Neubeginns sein, denn dann wird dem huldreichen Kaiser Heinrich VI. die sizilische Königskrone aufs Haupt gesetzt.

Aus allen Städten und Klöstern des Landes machten sich die Würdenträger auf, fast ohne Ausnahme folgten weltliche und geistliche Herren der Einladung. Keine Rache, sondern Vergebung; selbst die verschworenen Gegner der Deutschen und die Anhänger des normannischen Königshauses vertrauten dem Gnadenversprechen des Staufers. In der Woche vor dem Christfest quollen die Herbergen der Hauptstadt über, und täglich strömten mehr Besucher durch die Tore; wer keinen angemessenen Schlafplatz mehr fand, begnügte sich mit einer schlichten Unterkunft in den Bürgerhäusern.

Am Weihnachtsmorgen stürmten die Glocken der Kathedrale. *»Puer natus est nobis, et filius datus est nobis ...«* Aus den trägen Schwaden, süßlich vom Geruch nach Kerzen und Weihrauch, schwang sich der Choralgesang empor und füllte den hohen, steinernen Gewölbehimmel.

Während der Erzbischof die Messe zu Ehren der Ankunft des Erlösers aller Christen feierte, saß Heinrich, angetan mit dem kostbaren rotseidenen Mantel der sizilisch-normannischen Könige, seitlich des Altars im Thronsessel. Der hohe Stuhl war für die Statur eines Normannen angefertigt; um den Mangel an körperlicher Größe zu verschleiern, mußte der Stauferkaiser die Füße auf einen Schemel stellen. Ungeduldig strichen seine Hände über die kunstvollen Goldstickereien des Krönungsmantels: die Kamele, die reißenden Löwen, umsäumt von arabischen Schriftzeichen. Er wartete auf das Ende der Christmesse, die ihm heute nichts bedeutete; seine heilige Feier, sie sollte zum Höhepunkt dieses Tages werden!

Er hob den Blick über die Köpfe der Gläubigen. Am Ende des

langgestreckten Hauptschiffes schimmerte hell der Morgen durch das weit geöffnete Portal in die Säulenhalle. Ich bin die Macht, mein Wille bestimmt das Geschick der Welt. Noch eine kurze Weile, und mir sind mehr Länder untertan als je einem deutschen Kaiser vor mir. Er spannte die schmalen Lippen. Und zu dieser Stunde führen dort draußen meine Knechte mehr als hundert Lasttiere hinter den Palast. Der Gedanke erheiterte ihn. Am Fuß der Chorstufen war sein Tisch gedeckt, auf den Samtkissen lagen die goldenen Insignien für ihn bereit. Wenige Schritte weiter, umgeben von den ersten Hofbeamten, stand der kleine Wilhelm neben seiner Mutter und den drei Schwestern. Noch war er der König Siziliens. Nur durch die Stoffmütze gehalten, schwebte ihm der schwere Kronreif um den Kopf.

»Ite missa est.«

Ein inbrünstiges »Deo gratias!« beendete die Messe.

Geflüster, begleitet vom leichten Schlagen der Handfächer; erwartungsvolles Raunen wogte durch die Reihen der adeligen und geistlichen Würdenträger und setzte sich bei den Vornehmen Palermos fort. Eilfertig schritten Meßdiener zur Sakristei, kehrten mit dem geweihten Öl zurück; andere entzündeten ein Kerzenmeer, verrichteten die lang geübten Handgriffe. Bald waren alle Vorbereitungen getroffen. Der Erzbischof hob die Hand. Sofort verebbte das Gemurmel. Stille.

Der unmündige Wilhelm II. löste sich von seiner Mutter; aufrecht trat er aus dem Schutz seiner Hofbeamten in den freien Raum. Alle Augen begleiteten ihn die Chorstufen hinauf. Mit beiden Händen faßte der Siebenjährige die Krone, hob sie vom Kopf und legte sie vor den Füßen des Staufers nieder. »Ich, Wilhelm, verzichte.« Hell und klar tönte die Kinderstimme. In wohlgesetzten Worten entsagte er all seinen Ansprüchen auf das Königreich. Heinrich beugte sich vor, für die Adelsgesellschaft unhörbar, sagte er leise: »Das erfüllt Uns, deinen Onkel, und die Kaiserin, deine Tante, mit großer Freude.«

Ohne Antwort wandte sich der Junge ab, stockte, kehrte mit

tränennassen Wangen wieder um, beugte kurz das Knie und stolperte die Stufen hinunter zu seiner Mutter.

Vom Gesang der Mönche begleitet, erhob sich Heinrich. Der Erzbischof salbte Kopf, Arme und Brust mit heiligem Öl.

»So wahr mir Gott helfe«, bekräftigte Heinrich den Eid der Könige.

»Knie nieder.« Im flackernden Schein ungezählter Kerzen empfing der Staufer die Krone Siziliens.

Glocken läuteten den Jubel ein. Auf dem geschmückten Domplatz und in den Gärten ringsum bogen sich die Tische unter der Last köstlicher Speisen. Heinrich lud zum Mahl. Ihm zur Seite saß die sizilische Königsfamilie, unter seinem gütigen Blick aßen und tranken Adel und Kirche.

Zur selben Zeit hatten schwerbewaffnete Fußknechte das weite Gelände hinter dem Palast abgeriegelt. Die Aktion war seit Tagen geplant: Verpackt in Kisten und Truhen, wurde der Normannenschatz – Gold, Silber, Edelsteine, ein unermeßlicher Reichtum – herausgetragen und auf die gut hundertfünfzig Packtiere verladen.

In den Gassen unterhalb der Kathedrale gab es süßes Brot, Würste und gebratenen Fisch. Gaukler und Spielleute entführten das Volk. Aus den Fässern sprudelte der Wein, und Becher für Becher löste sich der Ruf leichter aus den Herzen. »Hoch lebe der König, hoch lebe Heinrich, der Kaiser!«

Schon während der frühen Nachmittagsstunden ertrank Palermo im Jubel. Kaum einer beachtete den Zug der hochbepackten Ochsen und Maultiere, der durchs Westtor hinausgeführt wurde. Hundert ausgesuchte Ritter erwarteten den Treck vor dem Zeltlager des deutschen Heeres.

Der Weihnachtsabend legte sich über die kleine Bergstadt nahe bei Ancona. Es war still in Jesi, doch niemand schlief. Die Frau des Metzgers hob ihren Säugling aus dem Kissen, entblößte die pralle Brust und strich dem Sohn die Warze in den Mund. »Trink. Wir beide wünschen der Kaiserin auch so einen schönen Jungen, wie du es bist. Aber wenn ich dich schon eintauschen muß, dann sollst du auch kräftig sein.«

Zwei Tage vor Heiligabend hatte sie entbunden, den vierten Sohn. Schon am nächsten Morgen war der feine deutsche Herr im Hof der Hütte erschienen. Lange sprach er mit dem Metzger, bevor beide zu ihr kamen.

»Zeig ihm den Jungen, Frau.«

Sie wickelte das Kind aus. Vorsichtig berührte der feine Herr den kleinen Penis und die Hoden, zählte Finger und Zehen und legte vier Silberstücke auf den Tisch. »Das gehört euch, für euer Stillschweigen. Ich bin nie in diesem Haus gewesen. Und jetzt erkläre es ihr, Metzger.«

Halblaut sprach der Vater auf seine Frau ein, deutete auf das Kind, die Münzen. »So viel kann ich im Leben nicht verdienen. Und du bekommst auch noch ein Mädchen obendrauf.«

Die Mutter zögerte. Ruhig wog Hermann von Baden den Lederbeutel in der Hand. »Wenn der Tausch tatsächlich nötig sein sollte, zahle ich für deinen Knaben noch einmal das Zehnfache.«

Das Metzgerpaar sah den Reichtum und war einverstanden. Der Sohn sollte von Stund an bis nach der Niederkunft der Kaiserin in einem großen Kissen liegen. Zeigte sich bei der Geburt ein Mädchen, so käme sofort ein Diener und holte den im Kissen versteckten Jungen ab. Auf gleiche Weise brächte er wenig später die neugeborene Tochter in den Metzgerhof zurück. »Also haltet euch bereit.«

Hermann von Baden war nicht wohl bei dem Handel. Nur eine Vorsichtsmaßnahme, sagte er sich. Falls alle Prophezeiungen irrten, würde seine Kaiserin durch diesen Tausch dennoch endlich den Thronerben Heinrichs VI. zur Welt gebracht haben. Mit diesen Gedanken hatte er vorgestern die Hütte verlassen. Der Mönch, der ihm aus dem Schatten folgte, war ihm nicht aufgefallen.

Von der Unruhe ihrer deutschen Gäste angesteckt, warteten

die Bewohner Jesis am Weihnachtsabend bis in die Nacht hinein auf die Niederkunft der Kaiserin. Wer nah genug wohnte, der beobachtete das große Haus am Markt, in dem sie umsorgt wurde; auch der Metzger stand hinter der halbgeöffneten Tür seiner Hütte. Nicht weit von ihm entfernt loderte ein Feuer; der Schein flackerte gegen das hohe Zelt auf der Marktmitte, überwarf es mit zuckendem Rot. Dicht bei den Flammen wärmten sich, in Mäntel gehüllt, die Edlen aus dem Gefolge der Fürstin. Außer Baron von Baden hatten sich nur zwei Ritter entschlossen, die Unbequemlichkeit auf sich zu nehmen. Konstanzes alter Beichtvater empfand es als seine Pflicht, während der schweren Stunde in ihrer Nähe zu sein. Ansonsten war der Kreis der Kleriker klein geblieben. Direkt vor dem Haus am Markt schritten Prälat Winfried von Heilbronn und seine drei Mönche auf und ab. Hin und wieder warfen sie einen Blick auf die Hütte des Metzgers; nichts durfte den kaiserlichen Zuträgern entgehen.

Die Tür der fürstlichen Herberge wurde aufgestoßen. Im Licht erschien die erste Zofe. Sofort war der spitzgesichtige Kleriker zur Stelle. »Ist es soweit?«

»Die Schmerzen kommen jetzt oft, Hochwürden«, antwortete Sabrina. »Aber das Kind kommt noch nicht, meint unsere Hebamme.« Rasch trat sie beiseite; ehe sie Lupold den Weg freigab, raunte sie: »Laß dich von dem Pfaffen nicht ausfragen.«

An Ketten trug der Kammerdiener ein mit Glut gefülltes Becken hinaus und brachte es hinüber zum Zelt.

Der Prälat blieb dicht neben ihm. »Was hörst du aus dem Gemach der Kaiserin?«

»Nichts, ehrwürdiger Vater.«

»Nichts? Das ist keine Antwort, mein Sohn. Kein Jammern? Oder etwa schon Kindergeschrei?«

»Verzeiht, ich verrichte nur meine Arbeit.« Lupold setzte seine Last vor dem Zelteingang ab. Mit dem Rücken zuerst schob er sich durch den Spalt der Planen und zog den hitzeknisternden Tiegel hinein. Wenig später verließ er das Zelt mit einem erkalteten Glutbecken. Prälat Winfried hatte nicht gewartet, längst war er unterwegs zu den Herren drüben am Feuer. Erleichtert sah ihm Lupold nach und kehrte ins Haus zurück. Er wollte keine Antwort geben. Das Stöhnen aus dem mit Tüchern abgetrennten Teil der Halle erschien ihm zu laut, ängstigte ihn; wenn Zofen eilig hinauskamen und mit Salben und Kräutern wieder hineinhuschten, trieb es ihm Schweiß auf die Stirn. Wie leicht hatte seine Mutter daheim den Bruder und die beiden Schwestern zur Welt gebracht, wie schwer mußte die Kaiserin leiden.

Allein die Arbeit half ihm, das Warten zu ertragen. Stündlich tauschte er das Glutbecken aus. »Nur zur Sicherheit.« So war es ihm vom Leibarzt befohlen worden. »Der Zeitpunkt ist noch nicht gekommen. Erst wenn die Wehen stärker einsetzen, werden wir die Fürstin ins Zelt bringen. Doch deine Pflicht ist es, bis zur Geburt für gleichbleibende Wärme im Zelt zu sorgen. Ganz gleich wie lange wir noch warten müssen.«

Darüber hinaus hatte er sich den geheimen Befehl Baron Hermanns genau eingeprägt. Um seiner Herrin jeglichen Kummer zu ersparen, war er bereit, selbst bei solch ungeheurem Betrug zu helfen.

Lupold hockte sich auf seinen Schemel vor dem Herdfeuer. »Nein, nein, es wird ein Junge, ich weiß es.«

Leise schlüpfte Sabrina durch den Vorhang und ruhte sich neben ihm aus. »Nur einen Moment.«

Seit er vor wenigen Tagen in den Dienst der Fürstin getreten war, suchte die Zofe ganz unverhohlen seine Nähe. Eine junge, leidenschaftliche Sizilianerin, schwarzgekraust das Haar, eine dunkle Stimme; sie stammte aus einem Dorf südlich von Messina. Zorn, Freude und Trauer, was sie auch fühlte, war im Spiegel ihrer großen Augen zu lesen. Lupold genoß ihre Schmeichelei, die kleinen Zärtlichkeiten; mehr von Sabrina zu wollen kam ihm nicht in den Sinn. Auch jetzt strich sie seinen Arm; ihre Finger glitten hinauf zum Nacken, spielten mit dem Haar. In diesen Stunden bangen Wartens empfand er ihre Berührung wie einen Trost.

»Wird es der Thronfolger?« flüsterte sie.

»Ganz sicher.«

Erneutes Aufstöhnen rief die Zofe zurück ans Lager ihrer Herrin. Seufzend drehte Lupold das Stundenglas und sah dem rieselnden Sandfaden zu.

Tief in der Nacht wurde ein Wachposten vor das Steinhaus gestellt. »Gib sofort Alarm.« Übermüdet begaben sich die edlen Herrn in ihre Unterkünfte; auch der Prälat und seine Mönche legten sich schlafen. Still blieb es in Jesi, bis der Morgen grau über die Berge stieg.

Ehe der zweite Weihnachtstag in Palermo erwachte, herrschte bereits rege Geschäftigkeit hinter den Fensterfluchten des Königspalastes. Heinrich speiste kandierte Früchte in Gänsepastete. Die Haut seines bleichen Gesichts, gezeichnet von einem zurückliegenden, nie ganz überstandenen Sumpffieber, wirkte morgens ledern und tot; nur die Pupillen in den blassen Augäpfeln verrieten, welche Ungeduld ihn an diesem 26. Dezember des Jahres 1194 erregte. Markwart von Annweiler und der Erste Notar näherten sich und warteten mit gebeugtem Knie. Heinrich ließ sich von seinem Hofmeister den Saft aus gepreßten Trauben und Feigen nachschenken. »Laß uns allein«, befahl er dem alten Mann.

»Meine Freunde« – er schnippte –, »gebt mir die Briefe zurück, die ihr für mich so treu aufbewahrt habt.«

Beide öffneten den Mantel, griffen ins Unterkleid und nestelten die enggerollten, vom Körperschweiß fettigen Pergamente heraus. »Die Schrift ist noch zu lesen«, versicherte Magister Gerhard, »gottlob.«

Während Heinrich die Zeilen überflog, strich er befriedigt den dünnen Bart. »Diese Schreiben sind meine vier Falken. Mit ihnen auf der Faust wird heute kein Hase, keine Taube, kein Rebhuhn vor Uns sicher sein.«

Der stämmige Reichstruchseß grinste: »Also geht's endlich los?«

»Der Tag der Jagd ist angebrochen. Doch Geduld, mein Freund. Wir dürfen das Wild in Unserm Gehege nicht vorzeitig aufschrecken.«

Heinrich gab Befehl, alle in Palermo weilenden Würdenträger zum Palasthof zu bitten. »Wir wollen gemeinsam die Zukunft Siziliens beraten; Ehrungen und Ämter wollen Wir neu vergeben. Der Höflichkeit wegen gebt den Herren Zeit, ihren Rausch vom gestrigen Krönungsfest auszuschlafen. Bis zur dritten Tagesstunde hat sich die Versammlung vollständig einzufinden; auch die Königsfamilie wollen Wir unter Unseren Gästen begrüßen.«

In Jesi war das Morgenläuten verklungen. Nach langgedehnten Stunden zwischen Schmerz und Schlaf setzten die Wehen jetzt heftiger ein. »Wir dürfen nicht warten.« Arzt und Hebamme traten vom Lager der Kaiserin zurück. Knechte wurden gerufen. Sie hoben das Bett an Stangen auf und trugen die Schwangere behutsam aus dem Haus. Lupold lief vornweg hinüber zum Zelt inmitten des Marktplatzes. Taktvoll hielten die Ritter Abstand, nur Prälat Winfried versuchte mit der Kaiserin zu sprechen. »Fürstliche Tochter, meine Gebete begleiten dich.«

»Jedes ehrliche christliche Gebet wird mir Kraft geben.« Konstanze atmete gegen den Schmerz. »Ihr hingegen, ehrwürdiger Vater, solltet lediglich Eure Augen waschen, damit Ihr das Kalben nicht verpaßt.« Sie drehte den Kopf zur Seite.

Kaum hatten die Träger mit der Stöhnenden das Zelt betreten, schloß Lupold wieder die Planen.

Zornrot wandte sich der Prälat an Hermann von Baden. »Öffentlich! Unter den Blicken aller muß die Geburt stattfinden. So lautete der Befehl des Kaisers.«

»Woher habt Ihr diese genaue Kenntnis? Es war eine geheime Anordnung!« herrschte ihn der Baron an.

Der hagere Mann verkrallte die Hand in seiner Kutte. »Dem allwissenden Gott bleibt nichts verborgen und durch seine Güte auch mir nicht, seinem unwürdigen Diener.«

Hermann von Baden wollte keinen offenen Streit, der nur eine verschärfte Wachsamkeit des kaiserlichen Spions bewirken konnte – heute nicht; zuviel stand auf dem Spiel. »Wie wahr, Hochwürden. Jedoch gönnen wir der Fürstin noch die Wärme, bis der Augenblick wirklich naht. Dann aber, so habe ich angeordnet, wird das Zelt geöffnet. Mit Euch werden das Gefolge und alle Bewohner Jesis an der Geburt des Thronfolgers teilhaben.«

Weiße Wolkenfetzen trieben über Palermo hin, scharf riß der Sonnenschatten des Palastes den weiten Innenhof in zwei Hälften. Im gleißenden Licht standen auf dem erhöhten Podest der leere Thronsessel und die unbesetzten Stühle der kaiserlichen Ratgeber. Vor den Stufen erstreckte sich ein freier Raum bis zur ersten Reihe. Dort saß, gerade noch von der Sonne beschienen, seit einer Stunde schon die Königsmutter Sibylle mit dem kleinen Wilhelm und seinen drei Schwestern. Hinter ihnen drängten sich, nach Würde und Rang geordnet, mehr als hundert der Vornehmen des normannischen Königreiches bis tief ins Schattendunkel hinein. Ihre farbigen Gewänder wirkten blaß; dennoch war die Stimmung heiter. Das Krönungsfest gestern war ein rauschendes Gelage gewesen, und heute erwarteten die ersten Vertreter aus Adel und Kirche, in ihren alten Hofämtern bestätigt oder mit einer neuen Aufgabe betraut zu werden.

»Seine Majestät, Heinrich immer erhabener römischer Kaiser, Lehnsherr Englands, König der Deutschen und König von Sizilien!« Der Ausrufer trat zum Hofmeister und der Leibgarde in den Hintergrund.

Die Versammlung schwieg, neigte sich vor dem mächtigen Fürsten. Mit versteinerter Miene nahm Heinrich auf seinem hohen Stuhl Platz.

Kein Handzeichen erlöste die Herren aus der demütigen Haltung. Verstohlen wurden fragende Blicke getauscht. Reichstruchseß Markwart von Annweiler stieg auf die hölzerne Plattform, näherte sich gewichtigen Schrittes Seiner Majestät und überreichte ihm vier Pergamentrollen. Dabei raunte er: »Die Stadttore sind geschlossen; niemand kann mehr hinaus oder herein. Waffenknechte stehen in Rufweite bereit. Alle Fenster des Palastes sind mit Armbrustschützen besetzt. In den Straßen warten die Elitetruppen Eurer Garde.«

Heinrich hatte eins der Schreiben entrollt. Während er vorgab zu lesen, befahl er leise: »Das Volk muß teilhaben an diesem Tag. Wir werden es heute von der alten normannischen Herrschaft befreien. Laß Folterbänke aus den Kerkern ins Freie tragen, alle Werkzeuge. Unverzüglich sollen die Henkersknechte damit beginnen, auf den Plätzen der Stadt genügend Holzstöße zu errichten. Die Zeit ist da, in wenigen Augenblicken werde ich hier die Jagd auf das vornehme Wild eröffnen. Geh, mein Freund, gib den Befehl weiter, dann kehre mit unsern erwählten Richtern zurück, und sei meine unerbittliche Rechte.«

Die Schultern wiegend, verließ Markwart seinen Herrn. Immer noch verharrte die adelige Gesellschaft in gebeugter Haltung. Zügig öffnete Heinrich die anderen Schreiben, ballte sie zum Strauß in der linken Hand.

»Edle und Würdige meines geliebten Sizilien erhebt Euch.« Er wartete. Mit Trauer in der Stimme fuhr er fort: »Ihr seht Euren König tief betrübt, ja bestürzt. Diese schändlichen Briefe wurden gestern und während der vergangenen Nacht abgefangen.«

Rufe erstickten. Atemloses Schweigen.

»Wir sind in dieses Land gekommen in fester Absicht, die alte Herrschaft auf friedvolle Weise abzulösen. Das Königreich Unserer geliebten Gemahlin Konstanze sollte von Euch, den bisherigen Staatsdienern weitergeführt werden, so wie Wir es gemeinsam beratschlagt hatten.« Heinrich rang um Fassung. »Euch allen sind Wir in den zurückliegenden Wochen mit Güte und Nachsicht begegnet.« Er ließ die Pergamente auf die Knie sinken. »Doch Ihr? Ihr habt Unser Vertrauen mit Füßen getreten. Ruchlose Pläne werden heimlich geschmiedet, so müssen wir hier lesen. Ein Aufruhr gegen Unsere Herrschaft!«

Hinter der königlichen Familie wichen Kanzler, Erzbischof und die Vornehmsten aus der Sonne in den Schatten zurück. Heinrich verfolgte sie mit kühlem Blick. »Meuchelmörder sind gedungen gegen Unsere Person. Doch dank der Fürsorge des allmächtigen Gottes wurde die Verschwörung rechtzeitig ans Licht gebracht.«

In diesem Moment kehrte Markwart von Annweiler zurück; wie ein dunkler Koloß baute er sich neben dem Thron auf. Ihm folgten vier Grafen. Geduldig wartete Heinrich, bis sie sich an seinen Seiten niedergelassen hatten. »Für Uns und Unser Richterkollegium besteht kein Zweifel mehr: Die unheilvollen Fäden durchziehen alle Adelshäuser und Klöster Siziliens.«

Einen Baron hielt es nicht länger. »Nichts davon ist wahr!« Entschlossen trat er aus den Reihen; mit offenen, ausgestreckten Händen näherte er sich dem Podest. »Hört mich an!« Ein Stahlpfeil durchschlug seinen Kopf. Noch einige Schritte taumelte der Normanne weiter, ehe er lautlos zu Boden stürzte.

Markwart hob die Hand. In allen Palastfenstern traten Schützen mit gespannter Armbrust aus der Deckung, gleichzeitig marschierten hinter der Versammlung auch an den Hofseiten kampfbereite Truppen auf.

Entsetzen lähmte die Eingeschlossenen.

Ein Fingerschnippen, und der Erste Notar entrollte die lange Namensliste. Heinrich hob seine Stimme: »Ihr habt den Frieden gebrochen! Deshalb sind Wir, gemäß dem Spruch dieses Tribunals, gezwungen, mit aller Härte gegen die Verräter vorzugehen. Bis zum Abend dieses Tages wird das normannische Übel mit Stumpf und Stiel ausgerottet sein.«

Schreckensrufe! Flüche! Hände fuhren zum Gürtel – vergeblich, niemand war bewaffnet hergekommen. Tumult entstand. Die Adeligen versuchten zu fliehen und rannten in die Speere der Söldner. Wahllos schossen die Schützen von den Fenstern aus ihre Stahlbolzen in den aufgewühlten Kessel; Schreie der Sterbenden übertönten das Brüllen der Verzweifelten. Nur wenigen gelang es, den Eisenring zu durchbrechen, sie stürzten davon. Ehe die heillose Panik im Blut erstickt war, lagen fünfzig Edle leblos da.

»Schafft sie beiseite«, befahl der Reichstruchseß.

Die übrigen warfen sich auf den Boden, beteten zu Gott, flehten den Kaiser um Erbarmen an.

Zur selben Zeit brachen die Elitetruppen der Garde in jedes normannische Patrizierhaus, in jede Herberge ein. Sie trieben die Menschen vor ihren Lanzen durch die Straßen, warfen sie auf die Folterbänke, banden sie auf die Scheiterhaufen. Der Anblick der Flammen entfesselte die grausame Lust der Söldner, ihre Gesichter schuppten sich zu teuflischen Fratzen: Heute war ihnen Macht gegeben! In den Straßen weinte das Volk. Nackte Männer wurden mit dem After auf gespitzte Holzpfähle gepflanzt, zappelten mit Armen und Beinen, während der Tod ihnen ins Gedärm drang. Bald hingen die Söhne der normannischen Adelsfamilien nebeneinander wie Schlachtvieh an Fleischerhaken.

Als das Mittagsläuten von allen Türmen und Kuppeln einsetzte, schrie Palermo.

Im Auf und Ab der schmerzenden Wogen hörte Konstanze das Geläut der Kirchenglocke von Jesi. Hart drangen die Schläge in sie hinein. »Schon Mittag?« Niemals zuvor hatte sie ein Läuten und jedes andere Geräusch um sie herum so laut empfunden wie in diesen Stunden. Sie warf den Kopf hin und her. »Er will nicht auf diese Welt.«

»Laßt nicht nach, Herrin.« Die Hebamme trocknete das Gesicht.

Konstanze lehnte halbsitzend mit aufgestellten Beinen in den Kissen. »Wie lange noch?«

»Bald«, beruhigte die erfahrene Frau. Eine der Zofen hielt ihr den Topf mit gegorenem Fenchel hin. Um die Wehen zu erleichtern, strich sie den Brei auf die Lenden und den Rücken der Gebärenden.

An beiden Seiten des Lagers standen Lupold und der Medicus

bereit: Setzten die Schmerzen ein, hoben sie den Oberkörper an, hielten die Kaiserin, bis das Beben abebbte, der Atem ruhiger ging; hernach legten sie die Geschwächte sanft ins Kissen zurück.

Heute durfte Lupold sie, seine Fürstin, berühren, durfte ihr mit seiner Kraft in der schweren Stunde beistehen. Voller Mitleid sah er das gequälte Gesicht; es entstellte ihr Bild in ihm nicht.

»Bleibt so, Herrin.« Die Hebamme beugte sich zwischen die Schenkel, bestrich die Schamlippen mit warmem Öl und griff behutsam in den aufgeworfenen Schoß. Konstanze atmete tief und ruhig. »Das Wasser kommt.« Die Hebamme zog ihre Hand zurück. »Ich konnte den Kopf fühlen. Alles wird gut werden.« Sie roch an der Nässe, die von Fingern und Unterarm tropfte, kostete und war zufrieden. Auch der Medicus prüfte den Geruch. »Meine Fürstin, es wird ein gesundes Kind.«

»Ein Sohn, so Gott will«, flüsterte Konstanze, ehe die nächste Wehe ihr wieder den Atem nahm.

Name um Name hallte durch den Palasthof von Palermo, und die Aufgerufenen wurden zu den Richtstätten fortgeschleppt. Es gab kein Flehen und Bitten mehr; stumm ergaben sich die Hoffnungslosen ihrem Schlächter. Wenige beschenkte der Stauferkaiser mit seiner Gnade und ließ sie in den tiefsten Kerkern der Stadt anketten.

Zusammengesunken hatte Königin Sibylle neben ihren Kindern dem Blutgericht beigewohnt. Jetzt beugte sich Markwart zum Ohr seines Herrn, wies zu den Trägern hinüber, die sich von der Kathedrale her dem Thron näherten.

Heinrich wandte sich der Witwe zu: »Die Glieder sind beseitigt, Madame, allein der Kopf lebt noch auf dem Rumpf. Indes, nicht nur er kann neuen Verrat anstiften; nein, selbst in den längst abgestorbenen Wurzeln lauert das Gift weiter.«

Die Waffenknechte setzten zwei Bahren ab, graue Tücher wurden zurückgeschlagen. Unfähig zu weinen, sah Sibylle auf die beiden verwesten Körper: Heinrich, der mächtige Verwandte, hatte den Leichnam ihres Gemahls und den ihres ältesten Sohnes aus den Särgen reißen lassen.

»Wir mußten sie in ihrer Ruhe stören, um das Königreich endgültig von ihnen zu befreien.«

Der Henker nahm den Toten die Kronen ab; nicht genug, auf Befehl Seiner Majestät enthauptete er sogar den Leichnam des Erstgeborenen.

Heinrich deutete auf die vier Briefe. »Auch wenn mir das Herz schwer wird, Madame, solange ein männlicher Erbe Eures Gemahls lebt, wird die Glut der Verschwörung nicht erlöschen.«

Sibylle schlug schützend den Arm um ihren kleinen Sohn. »Nicht ihn. Laßt ihn mir. Versündigt Euch nicht an einem Kind.«

»Wir dienen nicht Uns selbst, Madame. Wir dienen der Zukunft Unseres Reiches. Morgen werdet Ihr und Eure Töchter nach Deutschland gebracht. Dort im schönen Elsaß werdet Ihr, verwahrt auf einer Burg, Euren Erinnerungen an Sizilien nachhängen dürfen.«

Die Mutter preßte Wilhelm an sich. »Nehmt mich für ihn!«

»Fürchtet nicht um das Leben Eures Sohnes. Mit Rücksicht auf die, wenn auch durch einen Bastard entstandene, Blutsverwandtschaft zu Unserer Gemahlin will ich Barmherzigkeit üben.«

Der Scharfrichter entriß ihr den Knaben. Mit einem glühenden Dolch blendete er ihn. Ungerührt durch die gellenden Schreie, entblößten zwei Knechte den Unterleib Wilhelms, und der Henker entmannte den letzten Sproß des sizilisch-normannischen Königshauses.

Lupold öffnete die Planen an drei Seiten. Mit dem klaren Licht des Nachmittags, drang Kälte ins Zelt. Auf dem Marktplatz von Jesi, traten die Frauen näher, stumm, wissend; in den Gesichtern lebten die selbstdurchlittenen Geburten. Hermann von Baden und die Ritter des Gefolges hielten Abstand, allein Prälat Winfried mit seinen Mönchen schämte sich nicht; dicht standen sie bei den Zeltstangen.

Lupold sah der Magd entgegen, die einen Korb mit weißen Binden brachte. Aus den Augenwinkeln entdeckte er den Metzger, der mit verschränkten Armen vor seiner Hüttentür stand.

»Laß es einen Sohn werden«, flüsterte Lupold. Das Stöhnen rief ihn zum Kindbett zurück. Kürzer wurden die Abstände der Wehen. Kammerdiener und Medicus stützten die Gebärende. Mit festem Druck strich die Hebamme das Kind nach unten. Eine Kraft, die Tag und Nacht vereinte, ließ den Leib erbeben. Der Kopf glitt in die Hand der Hebamme, dann kleine Schultern; behutsam faßte sie unter die Achseln und zog das Kind ans Licht.

Aller Lärm war durchlitten. Aus der Stille hörte Konstanze: »Es ist ein Sohn, Herrin.« In den ersten Schrei mischte sich leises Lachen der Zeugen; das Fingerchen über dem Hodensack richtete sich auf, und mit einem hellen, kräftigen Strahl begrüßte der Thronerbe die Welt. »Es ist ein stolzer Sohn«, versicherte die Hebamme der Kaiserin.

Konstanze sah nicht, wie das Kind mit Salz abgerieben wurde, um es für das Leben abzuhärten, sah nicht sein erstes Bad. Als der Neugeborene ihr auf den Leib gelegt wurde, flüsterte sie: »Nicht nur ein Sohn ist mir geschenkt«, und lächelte: »Ein Wunder ist mir geschehen.«

Im späten Nachmittag hatte sich der Himmel über Palermo verdunkelt. Kein Auge vermochte das Bild des Grauens zu fassen. Während draußen in den Straßen und auf den Plätzen die Schlächter noch im Blut ihrer Opfer standen, die Bürger schluchzten, saß Heinrich VI. zu dieser Stunde mit seinen Heerführern und Grafen im zweiten Stock des Palastes bei Tisch.

Der Narr öffnete einen Beutel, legte die eingesammelten Ohren vor sich hin. Ehe er sie auf den Lederriemen fädeln konnte, war der Hofmeister über ihm. »Du Ausgeburt der Hölle!« Mit ungeahnter Kraft zerrte der alte Mann den Narren von der Tafel fort. Im Nebenraum schlug er auf ihn ein, dabei dämpfte er die Stimme nicht. »Ist es nicht genug? All das Elend wird auf uns zurückfallen, ich weiß es. Aber du hast immer noch nicht genug, du versündigst dich sogar an den Toten!«

Die Tafelrunde hörte es zwischen den Bissen, und weil Heinrich es nicht zu hören schien, aßen sie getrost weiter. Der Trinkspruch galt dem neuernannten Kanzler Siziliens, Walther von Pagliara, dem Bischof von Troja.

In weinseliger Stimmung ließ sich der Kaiser später eine Laute reichen. »Hört mein Lied, ihr tapferen Vasallen. Lange trage ich es schon in meinem Herzen. Es soll diesen Tag krönen.«

Er zupfte an den Saiten, sprach mehr, als er sang:

»*Mir sind die Reiche und Länder untertan,*
wenn ich bei der Geliebten bin;
und sobald ich scheide von dannen,
sind all meine Gewalt und mein Reichtum dahin;
Sehnsucht ist dann mein einziger Besitz:
Sie zieht mich hinauf in die Freude und stößt mich hinab,
diesen schmerzhaften Wechsel, so glaub' ich,
trägt erst ihre Liebe zu Grab.«

Auf dem Marktplatz von Jesi hatte Lupold die Zeltplanen bis auf eine Bahn wieder geschlossen. Die meisten Bäuerinnen und Mägde waren in ihre Häuser zurückgekehrt. Vornehme und Mönche harrten aus; bisher war es keinem der Herren erlaubt worden, näherzutreten. Sie mußten zusehen, wie dem Neugeborenen von der Hebamme mit einem Wollbausch sorgsam Nase und Ohren gereinigt wurden: etwas Öl für die Augen; Lippen und Mundhöhle salbte sie mit Honig.

Kaiserin Konstanze lächelte: »So weiß er gleich, welch süßes Leben ihn erwartet.« Sie geduldete sich, bis Arme und Beine umwickelt, hernach Glieder und Körper mit weichen Binden ganz eingehüllt waren. »Gebt ihn mir!« Noch ein zarter Blick, dann hob Konstanze den Kopf und befahl Lupold: »Und jetzt darf nähertreten, wer will.«

Hermann von Baden verneigte sich vor dem Lager. »Meine Fürstin.« Dem sonst so beherrschten Mann zitterten die Lippen, alle Sorge der vergangenen Tage fiel von ihm ab. »Gott schütze Euch. Gott schütze den Prinzen, den Erbfolger ...« Beschämt hielt er inne. »Der Name? Habt Ihr einen Namen gewählt?«

Sie zögerte nicht: »Roger, nach seinem Großvater, und Konstantin, weil er mein Sohn ist.«

»Eine gute Wahl.« Hermann von Baden hob die Brauen. »Nur bedenkt, Euer Sohn ist auch ein Deutscher. Sollte er nicht auch den Namen des staufischen Großvaters tragen?«

Zärtlich betrachtete Konstanze den Jungen. »Ist das von Wichtigkeit, *mon ami*? Vom Namen her soll er ganz mir gehören.«

Endlich durften die Edlen und Kleriker ins Zelt. Prälat Winfried stieß Lupold zur Seite: »Meine fürstliche Tochter.« Prüfend sah er auf das Kind, auf die Mutter und wieder auf das Kind. »Alle bösen Zungen sollen von heute an ...«

»Ereifert Euch nicht, ehrwürdiger Vater«, schnitt ihm Konstanze das Wort ab. »Ihr und Eure Freunde, Ihr sollt Euch ganz sicher sein.« Zorn und Verachtung halfen über die Scham hinweg. Sie entblößte ihren prallen Busen; mit der freien Hand knetete sie eine Brust, bis wäßrige Flüssigkeit aus der Warze tropfte. »Mehr an Beweis kann ich Euch heute noch nicht bieten.«

»Meine fürstliche Tochter, Ihr versteht meine Anteilnahme falsch.«

»Falsch?« Sie schloß die Augen, ehe sie weitersprach: »Euer Blick verrät mehr als Eure Worte. Ich habe verstanden. Jeder Zweifel soll ausgeräumt werden. Also kommt in drei Tagen wieder, und überzeugt Euch, wie Milch aus dem Euter schießt. Nur laßt mich jetzt endlich allein. Entfernt Euch. Geht jetzt!«

Draußen stellte sich Prälat Winfried dem Ratgeber in den Weg. »Ihr habt das Herz eines wahren Christen.«

Hermann von Baden hob die Brauen. »Was veranlaßt Euch zu dieser Einschätzung?«

»Nun ja.« Vertraulich nahm der Kleriker den Arm des Barons

und führte ihn vom Zelt weg; seine in Kutten gehüllten Spürhunde folgten in Hörweite. »Eure Fürsorge gilt nicht nur der Kaiserin. Wie mir berichtet wurde, bekümmert Ihr Euch auch um die Sorgen der Bewohner dieser kleinen Stadt. Der Metzger war sicher beglückt über Euren Besuch in seiner Hütte. Habt Ihr zum Weihnachtsfest Geschenke gebracht?«

»Ich bin Euch keine Rechenschaft schuldig.« Wie eine lästige Spinne strich Hermann von Baden die Hand beiseite. Sofort gewann er seine Besonnenheit zurück: »Das Priesteramt entschuldigt Euer Unwissen, was Nahrung und Pflege eines Neugeborenen betrifft. Ihr habt recht, meine Fürsorge hier in Jesi galt und gilt nicht nur der Fürstin, sondern auch dem Wohl des Erbfolgers Seiner Majestät Kaiser Heinrich. Bei meinem Besuch habe ich eine erfahrene, milchstrotzende Amme aufgesucht. Sollte es vonnöten sein, wird sie in den nächsten Tagen das Kind nähren.« Damit ging er ohne Gruß davon.

Umringt von den frommen Helfern, sah Prälat Winfried ihm nach. »Ein schlauer Fuchs.« Er rieb die Spitze seiner Nase. »Die Kaiserin hat einen Knaben geboren, welch ein Glück für die Zukunft des Reiches. Wäre es ein Mädchen geworden, er hätte den Sohn des Schlächters ...« Der Prälat brach ab. »Nicht auszudenken.«

»Der Sohn eines Schlächters«, flüsterte einer der Mönche. »Untergeschoben«, raunte der zweite. Dem dritten quollen die Augen. »Aber wir haben doch gesehen, wie ein Knabe aus ihren Schenkeln gezogen wurde.«

»Still, meine braven Söhne. Wie ich von unserem Gönner aus dem Kreis der Edlen erfahren habe, wird morgen der Eilkurier nach Sizilien aufbrechen. Auch wir werden in wenigen Tagen um die Erlaubnis unserer Abreise bitten und dem Reiter gemächlich folgen.« Der Prälat drohte ihnen mit dem Finger. »Seid gottesfürchtig, und haltet Euch an die Wahrheit, ganz gleich, wem Ihr von dem glücklichen Ereignis berichtet.«

Spät am Abend stillte die Frau des Metzgers ihr Kind. Während es hungrig saugte, spielte sie mit den zarten Locken: »Du bleibst mir. Auch wenn du nie schöne Kleider tragen wirst, bist du mein kleiner Prinz. Nur hier in Jesi kann ich dich beschützen. Denn glaub mir, die Welt da draußen ist böse.« Satt und zufrieden war das Kind an ihrer Brust eingeschlafen.

W ährend draußen der Januarsturm über die Dächer von Jesi fegte und Konstanze im Haus am Markt neben dem prasselnden Herdfeuer saß, übersetzte Hermann von Baden mit seinen Worten für sie den Inhalt der kaiserlichen Botschaft.

»Euer Gemahl dankt Euch aus tiefstem Herzen. Mit der Geburt des Erbfolgers habt Ihr mehr für den Fortbestand des Reiches geleistet, als Seine Majestät es mit all seiner Heeresmacht tun könnte.«

»Doch er verbietet mir, nach Ancona zurückzukehren.«

»Nein, es ist kein Befehl, Heinrich bittet Euch, nach Foligno weiterzureisen. Dort, auf der Burg des Herzogs von Spoleto, will er mit Euch und dem Kind zusammentreffen.«

Konstanze starrte in die Flammen. »Ich muß ihn also wiedersehen.«

»Aber Fürstin«, ermahnte der Baron leise, »Ihr seid die Gemahlin. Ihr seid die Mutter des gemeinsamen Kindes.«

»Schon gut, *mon ami*. Es war nur ...«, langsam schüttelte sie den Kopf, »wie eine bessere Wirklichkeit. Versteht Ihr? Seit dem Augenblick, in dem sich mein Schoß öffnete, schwieg aller Lärm der Vergangenheit. Vom Schrei meines Sohnes geweckt, wachte ich in einer neuen Welt auf, der ich Atem und Leben gegeben hatte. Nie war ich so von Glück erfüllt wie in den vergangenen Wochen. Ich wollte blind sein, weil ich glaubte, es so festhalten zu können, und jetzt greift die eisige Faust nach mir und gefriert das Herz.«

Hermann von Baden glättete das Pergament. »Ihr seid zu streng. Aus diesen Zeilen spricht ein stolzer Vater. Heinrich wird Euch mit Achtung begegnen, Euch mit Geschenken überhäufen. Ihr werdet eine neue Zuneigung ...«

»Bemüht Euch nicht!« unterbrach Konstanze erschreckt. »Von Spoleto? Ein Italiener? Sind Wir ihm schon begegnet?«

»Ja, Fürstin, im Schwabenland. Es ist Konrad von Urslingen. Ihr kennt ihn als treuen Vasallen des Kaisers. Für seine Verdienste hat ihn Heinrich hier in Italien mit dem Herzogtum Spoleto belehnt. Er und seine Frau Margaretha werden Euch auf das Wärmste willkommen heißen.«

»Ich erinnere mich. Ein redlicher deutscher Ritter, der lange auf seine Chance wartete.« Sie wollte nicht weitersprechen und setzte doch spöttisch hinzu: »Neben aller Herrschsucht meines Gemahls gibt es überdies einen wichtigen Grund für ihn, sich neue Länder zu unterwerfen: Schwaben ist zu klein für alle Günstlinge, die nach Titel und Lehen gieren. Was sie zu Hause nie erreichen könnten, wird ihnen in der Fremde endlich zuteil.« Das Blut wich Konstanze aus dem Gesicht. »Unterwerfung?« Sie faltete die Hände, riß sie wieder auseinander. Diesen Gedanken hatte sie tief unter ihrem Glück begraben, nun zerbrach er den Schutz. Alle Angst war wieder wach. »Was hört Ihr aus Palermo?«

Nur mit Mühe gelang es dem hageren Mann, das Zittern der Hand zu unterdrücken. »In diesem Brief steht nichts über den siegreichen Feldzug.«

»Danach fragte ich nicht«, flüsterte Konstanze. »Was berichtet der Bote?«

Inständig hatte Hermann von Baden gehofft, über das Furchtbare schweigen zu dürfen, nicht heute gefragt zu werden. Welche Antwort würde seine Fürstin ertragen können? Nicht alles gleich, beschloß er; langsam, während der Reise nach Foligno sollte sie die ganze Wahrheit erfahren. »Die Nachrichten widersprechen sich noch. Eins ist jedoch sicher, Fürstin: Es hat einen Aufruhr gegeben.«

»Und weiter?«

»Es muß der Tag gewesen sein, an dem Ihr den Sohn geboren habt. Der zweite Weihnachtstag. Er wurde zum Unglück für Palermo. Mehr weiß ich heute nicht zu berichten.«

Konstanze verbarg das Gesicht in den Händen. »Ihr seid ein guter Freund, aber ein schlechter Lügner.«

Festlich war der Empfang auf der Burg zu Foligno. Im Hof standen Mägde und Knechte; sie reichten dem Gefolge der Kaiserin Brot und Wein, in der offenen Küche wurde Hammelbraten am Spieß gedreht. Auf die Höflichkeiten ihrer Gastgeber antwortete Konstanze einsilbig; mit einem erzwungenen Lächeln nahm sie die Bewunderung ihres Sohnes hin. »Konstantin«, sagte sie. »Sein Name ist Konstantin Roger.« In ihren Zügen hatte sich das Blutgericht von Palermo eingegraben; ratlose Verzweiflung höhlte sie aus.

Herzogin Margaretha, eine kräftige Frau mit strohblondem Haar und klaren blauen Augen, führte ihre drei kleinen Töchter vor und scheuchte sie mit Händeklatschen wieder in die Obhut der Erzieherin. Sie stemmte die Arme in die Hüften. »Ihr seht erschöpft aus, liebste Freundin. Kommt, ein Bad wird Euch erfrischen.«

Ohne Widerrede ließ sich Konstanze zum Frauentrakt der Burg hinaufbegleiten.

Lupold folgte mit der Wiege, begleitet von den Zofen. Sabrina schob sich neben ihn, nützte den Moment seiner Wehrlosigkeit; zärtlich bestastete sie die Muskeln seines Oberarms. »Wie stark du bist!«

»Laß mich«, zischte Lupold.

Sie schüttelte den schwarzgekrausten Kopf. »Auch wenn du's nicht glaubst, irgendwann gehören wir zusammen.«

Auf dem Weg zeigte ihnen Herzogin Margaretha das Kinderzimmer, einen großen Raum gleich neben dem Gemach der Kaiserin. »Er ist warm. An nichts wird es dem Prinzen bei uns fehlen.«

Der Himmel blieb grau. Um den kalten Zugwind abzuweisen, waren die schmalen Fensterluken der Burg von innen mit Holzladen verstellt. Selbst bei Tag brannte ein Feuer unten im Saal. Kerzen und Öllampen flackerten; ihr Schein ließ die Feuchtigkeit an den Wänden glänzen. Auf der engen Wendeltreppe, die zur Kemenate führte, roch es modrig. Ein Glutbecken heizte das Zimmer. Hier spielten die Kinder der Gastgeber; hier wurde der kleine Prinz im Bottich gebadet und wieder mit Binden gewickelt, bis nur noch das rote Gesicht zu sehen war; hier saß Konstanze, säugte den Sohn und wartete.

»Liebste Freundin, ich muß Euch noch von der Hochzeit meiner Kusine berichten ...« Ohne Unterlaß bemühte sich die tatkräftige Herzogin, ihr durch Klatschgeschichten und kleine Scherze den Aufenthalt angenehm zu gestalten. Höflich hörte die Kaiserin zu, ihre Gedanken aber beschäftigten sich nur mit einem: Sie fürchtete den Augenblick, ihrem Gemahl gegenüberzutreten.

Die Wächter auf dem Turm meldeten Reiter. Im späten Nachmittag verlangte der kaiserliche Herold unten vor dem Tor nach Einlaß. Aus den Regenschwaden näherte sich der Trupp, Männer in weiten, dunklen Umhängen, die Kapuzen über der Kettenhaube. Pferdehufe schlugen den Takt auf der Brücke, klackten den steinernen Burgweg hinauf; dann wuchs Lärm im Hof.

Herzog Konrad begrüßte den hohen Gast, verstieg sich in immer neuen Schnörkeln des Lobes und Dankes.

»Vor zwei Wochen haben wir uns noch gesehen. Ihr dürft Eure Rede abkürzen«, unterbrach ihn Heinrich. »Es regnet.«

»Verzeiht, Majestät.« Eilfertig führte Konrad den Herrscher und seine adeligen Begleiter zum lodernden Feuer im Saal. »Darf ich die Kaiserin und den Sohn zu Euch bringen?«

Heinrich warf den durchnäßten Umhang von den Schultern und ließ sich von der Kettenhaube befreien. Das blaßrote Haar klebte dünn an seinem Kopf. »Nicht jetzt, mein treuer Konrad.

Zwei Tage habe ich im Sattel gesessen. Es ist spät. Der Ritt vom Hafen bis hier zu Euch nach Foligno war im Regen und bei den aufgeweichten Straßen beschwerlich. Seht mich doch an: Soll der Erbfolger des römisch-deutschen Reiches gleich beim ersten Anblick seines Vaters erschrecken?« Trotz Müdigkeit wirkte der Kaiser gelöst und heiter. »Lassen wir meine Gemahlin und den Sohn noch heute abend in der Obhut der Herzogin. Erst gönnt mir ein heißes Bad, anschließend beim ausgiebigen Mahl ein Gespräch unter Männern. Danach sehnt es mich jetzt. Und morgen in der Frühe will ich erfrischt meinen Sohn und die Mutter begrüßen.«

Lupold brachte den Wunsch der Herren hinauf in die Kemenate. Forschend sah ihn Konstanze an. Sie schwieg; im Beisein ihrer Gastgeberin mochte sie dem Diener keine Fragen stellen. Wie sehr wünschte sie, mit Hermann von Baden zu sprechen. Doch er tafelte unten im Saal gemeinsam mit dem Kaiser und den Höflingen.

Während der Nacht lag sie schlaflos da. So zögernd und behutsam der Ratgeber ihr die Ereignisse in Palermo geschildert hatte, sie reihten sich zu Bildern des Grauens aneinander. Konstanze faltete die Hände: »Heilige Mutter Gottes, gib mir Kraft, meinen Sohn vor diesem Vater zu schützen.«

Am Morgen nahm sie ein Bad, wählte ein rotes hochgeschlossenes Untergewand und ließ sich von Sabrina den blauen ärmellosen Mantel umlegen. Das geflochtene Haar wand ihr die Zofe um den Kopf und verbarg es unter dem Schleiertuch.

»Schön seht Ihr aus, werte Freundin.« Herzogin Margaretha begleitete Konstanze die enge Wendeltreppe hinunter. Ihnen folgte Lupold; auf beiden Armen trug er den Korb mit dem schlafenden Kind.

Weit stieß der Wachposten die Eichentür auf. Kerzen brannten, Fackeln loderten an den Mauern. Bis auf den Gastgeber hatte sich das Gefolge vor die bunten Wandteppiche ans andere Ende der Halle zurückgezogen. Konstanze heftete ihren Blick auf den

Rücken der hageren Gestalt inmitten des Saales. Heinrich erwartete sie, ohne sie anzusehen.

Wortlos wies Herzogin Margaretha zum Tisch; dort setzte Lupold die Wiege ab und entfernte sich.

Konrad von Urslingen blickte ratsuchend seine Frau an. Mit einer schroffen Handbewegung forderte sie ihn auf, endlich zu handeln.

»Seine Majestät, die Kaiserin!« meldete er unbeholfen. »Und Prinz Konstantin.«

Heinrich wandte sich um. »Meine geliebte Gemahlin.« Zwei Schritte ging er ihr entgegen.

Konstanze schien der Weg durch den Saal weit. Bis auf eine Armlänge näherte sie sich. Seinen Blick erwiderte sie nicht, empfand ihn wie Nesselbrand auf der Haut. »Ich grüße Euch, den mächtigen Kaiser, meinen Gemahl und Vater unseres Kindes.«

»Warum so förmlich?« mahnte Heinrich mit leisem Spott. »Wir sind unter Freunden. Heute ist ein Tag der Fröhlichkeit.« Seine Hand zuckte vor und ergriff ihre Hand; fest packte er zu, hob sie ein wenig an und führte Konstanze galant zum Tisch. Er beugte sich über die Wiege. Ohne Schutz traf der Anblick sein Herz; die Stimme schwankte: »Mein Sohn.« Das Kind öffnete die Augen, blinzelte. »Ja, sieh deinen Vater an. Wie sehr habe ich dich erwartet.« Gleich bezwang er die Rührung. »Es ist doch mein Sohn? Und nicht das Kind eines Schlächters, wie das Gerücht verbreitet?«

Konstanze erbleichte, versuchte ihm die Hand zu entziehen, doch er hielt sie fest. »Verzeiht, meine Liebe, den Schandmäulern sollte die Zunge herausgerissen werden. Verzeiht, ich wollte Euch nicht kränken.« Wieder betrachtete er den Sohn. »Ich erkenne nur sein Gesicht. Welche Farbe hat das Haar?«

»Nicht die meine«, preßte Konstanze hervor.

Sofort war Herzogin Margaretha zur Stelle. »Sein Haar ist schön wie die Sonne, Majestät.« Sie hob den Knaben aus den Kissen, streifte die Binden zurück. Auf dem Kopf kräuselten sich kleine rötliche Locken.

Heinrich nickte befriedigt. »Er trägt das Gold der Staufer.«

Während das Kind behutsam von der Herzogin zurückgelegt wurde, fiel die Fessel von Konstanze ab. Sie war Kaiserin und er nur ihr Gemahl. Vom Makel der Kinderlosigkeit war sie befreit, was also hinderte sie noch, ihm die Stirn zu bieten. »Auch Konstantins normannische Vorfahren hatten rotes Haar.« Ihr Blick hielt die nackten Augen fest. »Viele meiner Verwandten und Freunde in Sizilien trugen dieses Gold, ehe Ihr es im Feuer der Scheiterhaufen geschmolzen habt.«

Heinrich ließ ihre Hand. »Weib!« zischte er und befahl Gastgeber und Adeligen: »Laßt uns allein.«

Starr wartete der Kaiser, bis sich die Eichentür geschlossen hatte.

»Ich bin das Reich. Ich bin die Macht. Ich verbiete Euch heute und in aller Zukunft, öffentlich Kritik an meiner Politik zu üben.«

Konstanze fürchtete sich nicht. »Politik nennt Ihr Euer Bad im Blute meines Volkes?«

»Wie konnte ich anders handeln?« Heinrich bemühte sich um Fassung. »Sollte ich die, die nach meinem Leben trachteten, verschonen?«

»Also waren es aberhundert gedungene Meuchelmörder, denen Ihr Schuld nachgewiesen habt, die in einem gerechten Prozeß verurteilt wurden? Und dies gelang Euch an einem einzigen Tag? Wie tüchtig Ihr seid!« Voller Abscheu schloß Konstanze die Lider: »Vor wem fürchtest du dich, Heinrich? Du verstümmelst einen Knaben. Du enthauptest sogar die Toten.«

»Sizilien, die Insel und Apulien, ist unterworfen. Das Südreich gehört zu meinem Imperium. Finde dich damit ab: Die Herrschaft der Normannen ist zu Ende.«

»Du irrst, mein Gemahl«, fuhr Konstanze auf, »ich bin noch da. Nach dem Erbrecht habe ich den Anspruch auf den Thron, du erst mit mir. Und ich bin Normannin!«

»Jetzt endlich, meine Liebe, sprecht Ihr wie eine Kaiserin zu mir.« Beherrscht und kühl musterte er sie. »Ich will Euch mehr geben, als Ihr erhofft. Morgen breche ich mit meinen Männern nach Bari auf. Die Hafenstadt muß ihren neuen Gebieter kennenlernen. Und dort an der Küste Apuliens werde ich im März Euch zu Ehren einen festlichen Hoftag abhalten. Genießt noch einige Wochen die Gastfreundschaft, dann aber folgt mir. Ich werde Euch mit Sehnsucht erwarten.«

Vergeblich bemühte sich Konstanze, seine Gedanken zu lesen. Seine Bitte war Befehl, und so nickte sie. »Ich werde Euch mit Konstantin und dem Gefolge nachreisen.«

Heinrich hob die Brauen. »Mit dem Gefolge ja, nicht aber mit meinem Sohn.«

»Ich bin seine Mutter«, warf Konstanze ein. »Er braucht mich.«

Verwundert ging er auf sie zu. »Schrieb ich es nicht in meinem Brief, meine Liebe?«

Ohne daß er sie berührte, spürte Konstanze den Griff nach ihre Kehle. »Nichts habt Ihr mir mitgeteilt.«

»Wie dumm von mir!« Heinrich schien sich selbst zu zürnen. »Unser Sohn bleibt selbstverständlich in der Obhut der Herzogin Margaretha.«

»Ihr … Ihr wollt ihn mir wegnehmen?«

»Welch ein häßliches Wort. Nein, der Prinz des römisch-deutschen Kaisers muß selbstverständlich auch von einer deutschen Amme genährt und deutsch von ehrbaren Deutschen aufgezogen werden.« Tränen füllten die Augen der Mutter. Ungerührt, als beträfe es eine normale politische Entscheidung, erläuterte er: »Sobald Ihr den zweiten Grund erfahrt, werdet Ihr mit mir einer Meinung sein. Foligno liegt nicht weit von Rom. Wenn der Zeitpunkt gekommen ist, so hoffe ich, daß Papst Coelestin unsern Sohn aus der Taufe hebt.«

Verloren stand Konstanze da.

»Nun laßt unser Kind nicht länger warten«, ermahnte Heinrich mit leisem Spott.

Sie ging zur Tür, und ohne sich umzuwenden, stammelte sie: »Er ist wahrhaftig der Sohn eines Schlächters, weil er Euer Sohn ist.«

»Mäßigt Euch, meine Liebe, sobald Ihr den Saal verlassen habt.«

Über den Steilhängen der Abruzzen kreisten Adler. Der März färbte die Eichenwälder auf den Rücken der abfallenden Hügelketten mit frischem Grün, und in der weiten Ebene dehnte sich schon eine Blumenpracht bis zur Küste. Vor Bari flatterten die Wimpel des deutschen Heerlagers. Die Hafenstadt war geschmückt. Niemand wagte aufzubegehren, allzu drohend reckte sich die Festung am Ufer. Jede Schießscharte der Trutzmauer gegen den Ort hin war besetzt, Scharfschützen beobachteten mit gespannter Armbrust das Treiben der Fischer und Kaufleute.

Im Innern der klobigen Normannenburg hielt Heinrich VI. seinen ersten Reichstag in Apulien ab. Er straffte die Verwaltung der Region und ersetzte einheimische Vögte und Älteste durch ihm ergebene deutsche Höflinge, Beamte und Steuereintreiber.

Unruhe befiel Markwart von Annweiler, während er an der Spitze der Leibgarde den Kaiser und seine Gemahlin beim Ritt hinaus zum Heerlager begleitete. Fast alle Ämter waren vergeben, die Grafschaften Siziliens verteilt. Der Aufbruch zurück nach Deutschland rückte näher; nur zwei Tage blieben, und immer noch hatte Heinrich ihn nicht vor seinen Thron befohlen. Gab es einen ergebeneren Vasallen, einen besseren Freund als ihn? Dennoch ließ bisher kein erlösendes Wort, keine Geste den Reichstruchseß hoffen, nun endlich den wohlverdienten Lohn für seine Treue zu erhalten.

Konstanze hielt den Zügel leicht in der Hand; mit wiegendem Schritt trug sie der braune Zelter neben dem Hengst ihres Gemahls. »Ich weiß um die Stärke Eurer Truppen. Warum besteht Ihr darauf, daß ich Euch begleite?«

»Morgen sollt Ihr zur Regentin Siziliens gekrönt werden und

sollt mich während meiner Abwesenheit vertreten. Ein Blick auf die Macht, die hinter Euch steht, kann nur von Nutzen sein.« Er glättete seinen spärlichen Bart. »Und überdies, liebste Gemahlin, will ich Euch mit der neuerworbenen Fülle unseres Glücks erfreuen.«

Markwart führte das kaiserliche Paar an den Zelten vorbei. Voll gerüstete Ritter erwarteten sie, sanken ins Knie. Verwundert sah Konstanze über die mehr als hundert Lasttiere, sah Knappen, die Wasser und Futter brachten. »Erklärt mir ...«

»Gleich, meine Teure, gleich werdet Ihr verstehen.«

Heinrich half ihr aus dem Sattel und führte sie näher an die hochbeladenen Ochsen und Maultiere heran. »Markwart, mein Freund, laß einige Truhen öffnen.«

Vor der Kaiserin wurden die hölzernen Deckel aufgeschlagen. Gold glitzerte, Edelsteine funkelten. Aus einer Kiste hob der Truchseß den reich mit arabischen Stickereien verzierten Krönungsmantel. Darunter funkelten die Insignien der normannischen Könige.

»Das ist der Mantel meines Vaters Roger«, flüsterte Konstanze. »All das Gold! Ihr habt mein Königreich ausgeraubt.« Angewidert wandte sie sich ab, verlangte, in den Sattel gehoben zu werden, wollte zurück in die Festung. Heinrich schwoll die Zornesader auf der Stirn. Wortlos folgte er ihr.

Erst als beide allein im Saal des Kastells standen, brach sie das Schweigen. »Wie tief wirst du mein Land noch in den Schmutz treten?«

»Was ist dein Land?« brach es aus ihm heraus. »Stehst du an meiner Seite und zu meinem Weltreich, oder schlägt dein Herz nur für Sizilien und deine Vorfahren?«

»Ich bin die Frau des römisch-deutschen Kaisers, aber ich bleibe meiner Heimat tief verbunden. Wir Normannen haben ...«

»Das Rückgrat der Normannen ist zerschmettert! Durch meine Faust! Auch wenn einige Ritter, Adelige, vor allem der doppelzüngige Schwager Eures Bastardbruders davongekommen sind, nichts ist von ihrem Hochmut geblieben. Die Adern sind geöffnet, blutleer werden auch die Letzten deines Volkes hier unter der südlichen Sonne dahinsiechen.«

»Welch rohe Lust klingt aus deinen Worten!« Das Atmen schmerzte sie. »Du hast dein Ziel erreicht, Heinrich. Du bist nun der König Siziliens und Apuliens. Alles gehört dir ...«

»Und morgen wirst du neben mir die Regentin sein«, unterbrach er. »Ist das nicht genug?«

Unbeirrt fuhr sie fort: »Warum, Heinrich, raffst du wie ein Strauchdieb die Schätze aus Palermo fort? Fürchtest du, ich könnte deinen Reichtum verschwenden?«

Heinrich stemmte beide Hände auf den Fenstersims und starrte zum Meer hinaus. Wie verhaßt war ihm die Nähe dieser Frau! Er, der kühl Berechnende, wurde durch sie stets in eine innere Unruhe versetzt. Wäre sie nicht Kaiserin, wäre sie nicht notwendig für die Absicherung seiner politischen Pläne, er wüßte ein tiefes Verlies. »Ich benötige das Gold für unsern Sohn.« Ihr ungläubiges Lachen gefror unter seinem Blick. »Meist verbirgt ein Weib den Verstand in der Grotte ihrer Schenkel. Bisher glaubte ich, Ihr wäret eine Ausnahme, allein, an politischer Klarsicht scheint es auch Euch zu mangeln. Doch ich will aushelfen.« Gönnerhaft fuhr er fort: »Ist Euch nicht klar, meine Liebe, womit der Eroberungszug nach Palermo finanziert wurde? Es war das Lösegeld, welches Eure normannischen Verwandten in England eingesammelt haben, um Richard Löwenherz aus meinem Kerker zu befreien. Damit hat Euer angefaultes Volk mir den entscheidenden Erfolg selbst bezahlt.«

Konstanze wußte nichts zu erwidern, sie mußte ihn anhören, und er genoß es, ihr die genau vorausgeplanten Schachzüge darzulegen. »Und auch jetzt verwerte ich die teuren normannischen Reste. Mit einem Teil werde ich meinen Kreuzzug finanzieren; so gewinne ich das Wohlwollen des alten Papstes Coelestin für unsern Sohn, und gleichzeitig wird sich meine Herrschaft auch auf die östlichen Reiche des Mittelmeeres ausdehnen. Zum zweiten wird der Kronschatz Siziliens die deutschen Fürsten und Erzbischöfe überzeugen; gierig werden sie danach greifen und dafür unseren Sohn zum deutschen König wählen. Dadurch sichere ich die Macht der Staufer und die Zukunft Eures Kindes. Warum also beklagt Ihr Euch?«

Konstanze schwieg. In den Wochen nach der Geburt, in den wenigen Wochen des Glücks hatte sie des Nachts geträumt: Sie sah Konstantin als König Siziliens an ihrer Seite, sie zog ihn auf zum würdigen Nachfolger ihres Vaters. Er sollte nicht in die Fußstapfen dieses Deutschen treten, der ebenso kalt war wie das Land, aus dem er stammte. Doch wie wertlos waren Wünsche, solange Heinrich lebte und die Macht besaß! Seine Pläne waren Befehl und Gesetz; er war der Kaiser und sie nur seine Gemahlin. *Solange Heinrich lebte?* Dieser Gedanke fiel in sie hinein, blendete Konstanze einen Lidschlag lang; noch verwirrt, schüttelte sie den Kopf, murmelte: »Allein Euer Wille geschieht. Warum also, mein Gebieter, sollte ich mich noch länger beklagen?«

Die Barineser säumten schweigend den Platz, bärtige, vom Seewind zerfurchte Gesichter, die Frauen mit stolzer Stirn. Kein Jubel begrüßte Konstanze, als sie nach der Krönung an der Seite ihres Gemahls die Kathedrale verließ. Normannen, Deutsche, ganz gleich – jede Fremdherrschaft war den Bürgern verhaßt; in allen Augen flackerte die Sehnsucht, irgendwann das Joch der Besatzer abzuschütteln. Aus diesem Grund hatte Heinrich nach dem Wechsel der Macht für seinen ersten Hoftag Bari ausgewählt und allgegenwärtige Stärke gezeigt. Beim Anblick seiner eisengerüsteten Garde in den Straßen, dem waffenstarrenden Heerlager vor den Toren sollte jeder Gedanke an Aufruhr gleich im Keim erstickt werden.

Der Festzug, angeführt vom Erzbischof, den Baronen und Herzögen, schob sich aus den engen Gassen über die Zugbrücke durch das doppelt gesicherte Torhaus. Kaum betrat die neueingesetzte Regentin des Königreiches den Innenhof der Festung, wurde sie von Musik empfangen. Gaukler und Sänger boten ihre Künste dar. Über allem lag der Duft nach Braten und Gewürzen.

»Meine fürstliche Tochter ...«

Beim Klang der Stimme stockte Konstanze. Heftig fuhr sie herum und erschrak vor dem blassen, spitznasigen Gesicht. Winfried von Heilbronn verneigte sich tief: »Ich beglückwünsche Euch. Und bin selbst überglücklich, wieder in Eurer Nähe sein zu dürfen.« Er wies auf die drei Mönche hinter sich. »Und seid versichert, ich spreche auch im Namen meiner Brüder.«

»Aus welchem Pfuhl ...« Konstanze unterdrückte den Zorn, suchte mit dem Blick Hermann von Baden, doch dieser hob nur bedauernd die Achseln. »Ich glaubte, ehrwürdiger Vater, Euch hätte das fromme Geschäft zurück in die Heimat geführt.«

»Pflicht befahl mich hierher.«

»In meinem ganzen Hofstaat wüßte ich nicht einen Platz, der ohne Euch leer wäre.«

Prälat Winfried zitterte. »Meine fürstliche Tochter, Ihr verkennt mich zutiefst.«

Ehe Konstanze nachsetzen konnte, kam Heinrich dem Bedrängten zu Hilfe: »Meine geliebte Gemahlin, zeigt Euch gnädig. Es war mein Wunsch, Euch während meiner Abwesenheit mit treuen, zuverlässigen Männern zu umgeben. So wißt Ihr, daß ich Euch stets nahe bin.«

Rasch wandte Konstanze sich ab. Die Musik, das bunte Treiben um sie herum wurden zur häßlichen Maskerade. Die Mauern unüberwindlich, das Tor verriegelt. Mit Wehmut sah sie hoch über sich im ausgeschnittenen Blau des Himmels dem Flug der Möwen nach, hörte die Schreie. Freiheit? Für sie gab es keine Freiheit. Solange Heinrich ... Sie atmete den Gedanken aus. Wo ich auch bin, werde ich eingeschlossen sein, in Palermo ebenso wie hier in diesem Kastell. Das Fest hatte jeden Glanz verloren.

Am frühen Abend ließ sich Heinrich auf dem steingehauenen Thronsessel nieder. Sein Hofmeister verlangte nach Ruhe. Als die adelige Gesellschaft schwieg, bat er Baron Markwart von Annweiler vorzutreten. Hastig schob sich der Reichstruchseß durch die Reihen; sein Blick hing hungrig an den Augen des Kaisers: ein Kettenhund, der Fleischbrocken erhofft. Ohne die Aufforderung abzuwarten, warf er sich zu Boden.

Heinrich weidete sich einen Moment an der bedingungslosen Demut. »Treuer Freund, Wir wollen deinen Gehorsam, deinen Eifer, deine Tapferkeit belohnen und dich aus der Schar Unserer Vasallen in die Freiheit des höchsten Adels zu Uns emporheben. Empfange aus Unserer gütigen Hand die Mark Ancona und das Herzogtum der Romagna als Erblehen.«

Ein Raunen ging durch die Anwesenden; der breite Rücken des Truchseß bebte.

Nur kurz sah Heinrich in die Runde, sofort erstarb das Gemurmel. »Nun erhebe dich, Herzog Markwart.«

Kurz nach Sonnenaufgang betrat Lupold das Schlafgemach der Kaiserin. »Ihr habt mich herbefohlen.« Er stockte. »Verzeiht, Majestät. Ich ahnte nicht ...«

»Nein, bleib«, bestimmte Konstanze. Sie saß neben dem Badezuber. Das weiße, flauschige Tuch war heruntergestreift, bauschte um die Hüften, in Falten fiel es über Schenkel und Beine bis auf die Bodendielen. Sabrina salbte ihr den Rücken mit Öl. Leicht schwangen die vollen Brüste im Rhythmus der sanften Bewegung. Lupold sog das Bild in sich auf.

An Sabrina gewandt, bat Konstanze: »Laß uns für eine Weile allein, mein Kind, doch halte Wache draußen vor der Tür. Sobald sich jemand nähert, kommst du zurück.«

Wortlos lief Sabrina auf Lupold zu; sie strahlte ihn an, doch er hatte keinen Blick für sie. Das Mädchen huschte vorbei.

»Hab keine Scheu, tritt näher.« Ohne Hast zog Konstanze das Tuch über die Schultern, verhüllte nur nachlässig ihre Blöße. »Mit dem heutigen Tag sollst du mein Kammerherr sein. Ich will dich eng an mich binden und dich so von mir fortschicken.«

Lupold preßte die Lippen aufeinander.

»Keine Furcht, du mußt nicht mit dem Heer zurück in dieses kalte Land. Als mein verschwiegener Vertrauter habe ich eine Aufgabe für dich. Du kannst meinem verwundeten Herzen helfen, den Schmerz zu lindern. Die Zeit drängt. Nur hier kann ich sprechen, ohne daß die vielen Ohren meines Gemahls mich belauschen.« Sie beugte sich vor. »Hörst du mir zu?« fragte sie streng.

Er zwang sich, allein ihr Gesicht zu sehen, und nickte.

»Unbemerkt wirst du dem kaiserlichen Troß folgen. Niemand darf dich entdecken. Bleibe dem Heer auf den Fersen. Erst wenn du ganz sicher bist, daß der Kaiser das Gebiet von Spoleto passiert hat, wirst du nach Foligno reiten. Wende dich sofort an Herzogin Margaretha.« Konstanze öffnete das Badetuch und zog neben ihren Hüften eine Pergamentrolle unter dem Stoff heraus. »Dies Schreiben bestätigt dich als Diener meines Sohnes, durch dich will ich Konstantin nahe sein. Eine Mutter wird die Sehnsucht einer Mutter verstehen. Und selbst wenn Margaretha nur eine Deutsche ist, die dem Befehl des Kaisers gehorcht, so wird es dennoch verständlich sein, wenn ich dem Kind einen Mann aus gutem deutschem Hause als Diener schicke.«

Lupold nahm die Rolle entgegen; kaum konnte er seine Enttäuschung verbergen. Die Wärme ihrer Stimme sollte er entbehren, dem Leib, der des Nachts seine Lustträume schmerzhaft bis zur Erlösung trieb, ihm sollte er von nun an entfernt sein. »Meine Gebieterin, ich danke Euch«, sagte er bedrückt.

Konstanze schien seine Not zu erahnen. »Das ist nicht alles. Ich erwarte Nachricht von dir. Falls Konstantin nicht die Pflege und Fürsorge erhält, die ihm zusteht, falls er krank ist, schickst du mir sofort einen Boten. Sonst aber beobachte ihn, selbst die kleinste Unwichtigkeit; alles sollst du in dir festhalten.« Sie deutete auf das Schreiben. »Ich habe angeordnet, daß du zweimal im Jahr vor meinem Thron in Palermo zu erscheinen hast. So wird mir die Trennung von Konstantin nicht leichter, doch erträglicher.«

Stimmen draußen vor dem Schlafgemach. Sofort verbarg Lupold die gesiegelte Pergamentrolle im Ärmel seines Untergewands. Sabrina kehrte eilig zurück: »Herrin, der Hauptmann der Garde. Alle sind schon im Hof. Der Kaiser wartet ungeduldig. Ich hab' gesagt, daß Ihr bald fertig seid. Ich hab' ...«

»Still, mein Kind«, unterbrach Konstanze den ängstlichen Eifer, »eine Kaiserin treibt man nicht aus dem Bad und gleich aufs Pferd. Dies muß selbst der ungehobeltste unter den deutschen Rittern lernen.« Rasch raunte sie ihrem Kammerherrn zu: »Genügend Geld, Ausrüstung und ein Pferd erhältst du von Baron Hermann. Er ist eingeweiht.«

Lupold kniete vor ihr nieder. »Ich bin Euer Diener.« Auch mit den Augen nahm er Abschied.

Sie gewährte es ihm und lächelte. »Vor allem bist du der Diener des Kronprinzen. Gott möge dich schützen! Und nun laß uns allein, ehe die Ungeduld der Herren zu groß wird.«

Ein kühler Morgen. Blasses Rot färbte den Himmel, färbte die Mauern der Festung.

Heinrich schlug den Reisemantel galant zurück und verneigte sich vor Konstanze. »Unsere Wege trennen sich nun, aber seid gewiß, ich bin stets in Eurer Nähe.«

»Eure Spürhunde, mein Gemahl.«

»Ihr seid mir ein teures Gut, das umsorgt sein will. Euer Schiff liegt zur Abfahrt bereit im Hafen, zwei Galeeren mit kampferprobten Männern werden es sicher nach Palermo geleiten. Und wenn ich zurückkehre, werde ich Euch die deutsche Krone für unsern Sohn zu Füßen legen.«

Kühler als der Morgen war der Abschied. Beinah ungeduldig wartete Konstanze im Hof, bis Heinrich durchs Tor hinausgeritten war. Noch in derselben Stunde ging sie an Bord. Sabrina weinte, als sie erfuhr, daß Lupold an Land zurückblieb; für Fragen, Versprechungen, selbst für ein Gott-behüte-dich war ihr keine Zeit geblieben. Die Ruderblätter schlugen ins Wasser. Erst außerhalb der Hafenmauern blähte der Wind das Segel.

Aus dem Tafelbuch der Zeit

DEUTSCHLAND

Rückkehr

Entbehrung und Mühsal auf dem Weg über die Alpen. Im Juli 1195 erreicht Heinrich VI. mit dem Heer wieder deutschen Boden, und Ritter und vornehme Dienstmannen kehren beuteschwer auf ihre Güter zurück. Unter schärfster Bewachung wird der Normannenschatz den Rhein hinunter ins Herzland des Reiches geführt. Auf der Kaiserburg Trifels werden der Krönungsmantel und die Reichsinsignien verwahrt, die Kisten mit Gold, Edelsteinen und Schmuck in der Schatzkammer gehortet.

Königsspiel

Vom Volk wird der Kaiser nicht geliebt, doch das kümmert ihn wenig. Er baut an seiner Welt, in der ihm alle Reiche untertan sind. Der deutsche Adel fürchtet seine wachsende Macht, und gerade diesen muß Heinrich für die Sicherung seiner Herrschaftspläne gewinnen. Mit einem verlockenden Zug eröffnet er das Königsspiel.

»Der Wert des Normannenschatzes beträgt 50000 Silbermark, und in Palermo lagert noch einmal das Doppelte.«

Das ausgestreute Gerücht beeindruckt die deutschen Herrenhöfe. Dennoch weigert sich das Wahlgremium auf dem Reichstag zu Worms, den Sohn des Staufers zum deutschen König auszurufen.

Heinrich VI. steckt nicht zurück und geht zum Angriff über. Während des Hoftages zu Mainz schlägt er vor, durch ein Reichsgesetz das deutsche Wahlkönigtum in eine Erbmonarchie umzuwandeln. Dafür bietet er den Kurfürsten an, auch ihre Reichslehen erblich werden zu lassen. Die Herren zieren sich. Heinrich verstärkt den Druck. Das Gold der Normannen hat große Überzeugungskraft, und einige Monate später willigt das Wahlgremium ein.

Weissagung

Hitze und anhaltender Regen lassen im Spätsommer 1196 die Ernte auf den Feldern verfaulen. Eine furchtbare Hungersnot breitet sich aus. Den Bauern im Moseltal begegnet ein riesiges Menschengerippe auf einem schwarzen Knochengaul. »Fürchtet euch nicht vor mir. Ich bin Dietrich von Bern, zu meiner Zeit König. Ich weissage euch: Wehe euch und euren Kindern! Bald schon wird weit schlimmeres Unglück und Elend über das ganze Römische Reich hereinbrechen.«

ITALIEN

Rückschlag

Noch ist der errungene politische Sieg nicht gefestigt. Heinrich eilt nach Rom. Hier muß er den greisen Papst Coelestin von seinem Erbreichsplan überzeugen. Der Kaiser gibt sich siegesgewiß; er bietet dem Heiligen Vater an, das Grab Christi zu befreien. Die Vorbereitungen sind in vollem Gange, schon sammeln sich Kreuzritterheere in den südlichen Hafenstädten.

Papst Coelestin entscheidet sich gegen die Pläne des Kaisers. Gleichzeitig erreicht Heinrich die Nachricht aus Deutschland, daß auch die Fürsten ihre Zustimmung widerrufen haben.

Kompromiß

Um den Kaiser nicht ganz zu verärgern, wählen die Kurfürsten im Dezember 1196 den gerade zweijährigen Staufersohn Konstantin Roger zum deutschen König.

Heinrich VI. lädt den Papst nach Foligno ein. Von ihm soll das Kind getauft und zum König gesalbt werden. Wieder erhält er eine Absage.

Kaum vermochte der Kronprinz die Augen offenzuhalten. Teilnahmslos lehnte er in dem eigens für diesen Tag angefertigten zierlichen Thronsessel neben dem hohen Stuhl, auf dem sein Vater sich niedergelassen hatte. Am Morgen, während der feierlichen Taufzeremonie, war der Kleine kaum zu halten gewesen: Sein Staunen, mit der ihn das Meer aus Kerzenlichtern erfüllte, seine unbändige kindliche Unruhe hatten selbst einigen der anwesenden Kardinäle und Bischöfe ein Lächeln entlockt. Allein dem festen Griff Herzogin Margarethas war es zu verdanken gewesen, daß der Kaisersohn nicht zwischen den langen brokatbesetzten Gewändern entschlüpft war und auf eigene Faust in der Kirche einen Erkundungsspaziergang unternommen hatte. Jetzt war er müde. Der steife Mantelkragen kratzte, zuviel Stoff behinderte die Bewegung der Arme. Immer wieder versuchte er erfolglos, den Daumen der rechten Hand zum Mund zu führen.

Um ihn herum erstrahlte der Saal in festlichem Glanz; an noch leeren Tischen lauschten die Gäste den Versen und Lobreden. Zum Abschluß wurde die Hymne vorgetragen, die der Dichter Petrus von Ebulo zur Geburt des Kaisersohns verfaßt hatte:

»*Knabe, verheißen der Welt, Erneurer der Zeiten und Reiche,*
bald wirst du Roger uns sein, bald auch Friedrich und wirst
Größer als jeglicher Ahn dank glücklicher Fügung des Schicksals,
da du schon bei der Geburt sie durch den Vater besiegst …«

Von den Namen ›Friedrich‹ und ›Roger‹ fühlte sich der Täufling nicht angesprochen; ungeniert gähnte er, räkelte sich auf dem harten Thronsessel. Mit verschlossener Miene hatte sein Vater Heinrich an der Taufe teilgenommen, und ebenso mürrisch hörte er nun die Huldigung.

»… *Lebe, du strahlender Lichtsohn, und leuchte als ewige*
   Sonne,
der aus der Wiege du schon hellest den düsteren Tag! …«

Flüchtig sah Heinrich zu Markwart von Annweiler hinüber, ließ den Blick weiter schweifen. Er runzelte die Stirn; im Eingang der Halle stand eine hagere Gestalt, die Arme im Kreuz an die Brust der hellgrauen Kutte gepreßt. Er war gekommen! Heinrich hatte nach dem Propheten geschickt, aber keine Antwort erhalten. Und nun hatte sich Abt Joachim von Fiore doch herbemüht. Nur ihn wollte er befragen. Was kümmerten den Kaiser die blumigen Verse seiner Hofschreiber?

»... *Lebe! Dem Vater zum Ruhm, der glücklichen Mutter zur Ehre*
kommst du in die Tage, die voll üppigen Segens dir sind.
Lebe, du Sohn des Glücks, du glücklicher Sprößling der Eltern!
Lebe, erlauchtestes Kind, Liebling der Götter, der Welt!«

Zustimmend nickten Adelige und fromme Würdenträger; den Abgesandten des Heiligen Stuhls gelang ein säuerliches Lächeln. Heinrich dankte knapp für den gelungenen Vortrag; ein Handschlenker wischte den Sprecher zur Seite. Dann rief er mit großer Geste durch den Saal: »Seid Uns willkommen, hochwürdiger Abt! Tretet näher!«

Alle Blicke wandten sich zum Eingang. Staunen und Gemurmel begleiteten Joachim von Fiore bis vor die beiden Thronsessel. Der Prophet neigte nicht den Kopf, fahl spannte sich die Haut über den hohen Wangenknochen. »Gott der Allmächtige sei mit dir und allen, die hier versammelt sind.«

»Wir danken Euch.« Heinrich wählte sorgfältig jedes Wort: »Nicht vergessen haben Wir, was Ihr Uns noch vor der Geburt des Thronfolgers geweissagt habt. Allein, Wir zürnen Euch nicht.«

»Wie kannst du der Wahrheit zürnen, Fürst?« Kaum bewegten sich die Lippen. »Warum hast du mich gerufen, wenn du immer noch zweifelst?«

»Welchen Ton erlaubt Ihr Euch?« fuhr Heinrich auf, gleich hob er versöhnlich die Hand. »Kein Zweifel regt sich in mir.

Allein, selbst was gestern noch als Wahrheit galt, kann heute schon von der Wirklichkeit verändert werden.«

Die Falten im scharfkantigen Gesicht vertieften sich. »Mir ist der zukünftige Lauf der Geschicke durch Gottes Willen offenbart worden.«

»Gut, ehrwürdiger Vater. Wir glauben es.« Leicht neigte sich Heinrich zur Seite und zeigte auf das schlafende Kind im zierlichen Thronsessel hinunter. »Dort schlummert der Erbe des Weltreiches in all seiner Unschuld. Sagt mir, wie wird er sich entwickeln, wie segensreich ist seine Zukunft?«

Kein Laut war in der Burghalle zu hören.

Mit einer eckigen Bewegung beugte sich Joachim von Fiore vor. Rotgolden schimmerten die Locken des Täuflings, seine zarten Wimpern; seine Lippen waren im Schlaf leicht geöffnet. Ruckartig hob der Abt wieder den Kopf, Glut wuchs in den tiefliegenden Augen. »Dein Sohn, o Fürst?« Seine Stimme hallte von den Mauern zurück. »Dein Sohn ist verderbt, dein Sohn und Erbe ist böse, o Fürst!« Er reckte den Finger zur Warnung. »Bei Gott, er wird die Erde verwirren und die Heiligen des Höchsten zertreten!« Damit wandte sich Joachim von Fiore um und verließ steifen Schrittes den geschmückten Saal.

In das entsetzte Schweigen schrie Heinrich nach den Spielleuten: »Musik! Heute ist ein Festtag! Alles Glück dieser Welt wird meinem Sohn beschert sein! Denn ich allein bin von Gottes Gnaden der Lenker aller Geschicke.«

Spät am Abend, nach üppigem Mahl und Trank, als Gaukler und Sänger schwiegen und die Gäste sich zur Ruhe begeben hatten, saß Heinrich mit seinem Truchseß noch allein vor den geleerten Schüsseln und abgenagten Knochen. Markwart schenkte die Becher ein. »Was kümmert, was kümmert Euch«, kaum gehorchte ihm die Zunge, »... was dieser Abt sagt ...«

»Das ist es nicht, mein guter, guter Freund.« Heinrich packte mit der freien Hand den Bart des großen Mannes und zerrte ihn dicht an sich heran. »Etwas geht hier vor.« Von einem Augenblick zum andern wich die Trunkenheit aus seinem Blick. »Meine Spione konnten mir keine Gewißheit geben, aber ich ahne es. Nie hätte der greise Papst mir sonst den Erbreichsplan so schroff abgelehnt, nie hätte er mir so kurz vor dem Kreuzzug meine Bitte, den Sohn zu taufen, verweigert. Er weiß etwas, das ihn zögern läßt.« Heinrich schlug den gefüllten Becher auf die Tischplatte. Wein schwappte beiden Männern ins Gesicht. »Die Zeit drängt. Morgen soll ein Bote zu meinem Bruder reiten. Herzog Philipp muß meinen Sohn hier in Foligno abholen und nach Deutschland bringen. Erst wenn er in Aachen gekrönt ist, bin ich ruhiger. Hörst du, mein Freund, das Böse kriecht aus dem Königreich Sizilien auf mich zu. Hörst du?«

Markwart nickte trunken.

Die Bestätigung genügte dem Kaiser. »Wir haben nicht alle Normannen ausgerottet, einige einflußreiche Barone sind uns entkommen. Noch leben Verwandte meiner Gemahlin. Während meiner Abwesenheit wagten sie sich wieder aus den Löchern hervor; von ihnen droht Gefahr, mein Freund.« Heinrich gab ihn frei und schleuderte mit einer wilden Bewegung Schüsseln und Kannen vom Tisch. »Niemand widersetzt sich mir! Morgen brechen wir auf. Nach Süden. Wir müssen das Land würgen, ehe es uns würgt.«

Anfang März 1197 führte Lupold sein Pferd am Halfter durch die palmengesäumte Allee hinauf zum Königspalast. Zum drittenmal besuchte er Palermo, zum drittenmal sollte er der Kaiserin von den Fortschritten ihres Sohnes berichten. Das Sonnenlicht blendete auf dem behauenen Kalkstein der Häuser und Kirchen, blau und rot rankten Blüten an den weißen Mauern, doch nichts vermochte das Herz des Dieners zu erheitern. Schlechte Nachrichten brachte er. Während des langen Ritts hatte er eine schonende Rede für die Kaiserin geplant, sie verworfen und war wieder so ratlos wie zuvor.

Mit dem Wichtigsten wollte er beginnen: Der Prinz war wohlauf. Doch dann? Wie sollte er fortfahren? Auch wenn sein Bericht der Fürstin neues Leid brachte, er durfte nichts verschweigen, nicht die Ereignisse in Foligno, nichts von dem Schrecklichen auf dem Hoftag des Kaisers zu Capua gegen Ende Dezember und Anfang Januar.

Zögernden Schrittes überquerte Lupold den weiten Platz. Sein Blick glitt an der hochragenden Fassade des Palastes hinauf. Dort hinter den Fenstern des zweiten Stocks befanden sich die königlichen Gemächer.

Für einen Augenblick dachte er daran, zuerst Rat bei dem engsten Vertrauten der Fürstin, bei Hermann von Baden, zu suchen. Gleich gab er den Gedanken wieder auf. Bis er zum Baron vorgelassen würde, wären die Spione mißtrauisch geworden, und von diesem Moment an könnte er nie ohne Lauscher mit der Kaiserin sprechen.

Die Wachen ließen den erschöpften, von der Reise staubbedeckten Diener passieren. Lupold übergab das Pferd dem Stallburschen und meldete sich in der Palastküche.

Schnell war Sabrina, die Zofe der Fürstin, zur Stelle. »Lupold! Endlich bist du wieder hier.« Der Blick umarmte ihn. »Müde siehst du aus.«

Er spürte ihr Glück und strich flüchtig über die schwarzen Locken. »Auch ich freue mich, Sabrina.« Gleich wieder ernst, bat er: »Ich muß zur Fürstin. Geh und sage ihr, daß ich da bin.«

»Heute nicht.« Sie winkte ihm. »Komm mit. Ich erkläre es dir später.« Auf dem Weg die enge Wendeltreppe hinauf hob sie den faltigen Kittelrock höher als nötig; so mußte er, ob er wollte oder nicht, ihren schlanken Beinen, dem nackten Po nachsteigen.

»Du hast Zeit genug, dich bei mir auszuruhen. Erst setzt du dich in den Zuber. Ich sorge für warmes Wasser.« Sie verlangsamte den Schritt. »Und wenn du magst, helf' ich dir gern beim Waschen.«

Der Geruch ihrer Haut verwirrte ihn; beinah ärgerlich wehrte er sich dagegen. »Ach, Sabrina. Du gibst nie auf. Wie oft habe ich dir ...«

»Still, sag es nicht. Ich kann warten.«

»Aber ich darf nicht warten. Warum kann ich die Fürstin nicht sprechen?«

»Still. Nicht hier draußen auf dem Flur.«

Erst als Lupold im Wäschesaal bis zum Hals in warmem Wasser saß, ihre Hände ihm Rücken und Brust rieben, raunte sie: »Vornehmer Besuch ist bei der Fürstin. Niemand darf sie stören, selbst Baron Hermann nicht.« Sie kicherte spöttisch. »Am meisten ärgert sich der Pfaffe. Du kennst ihn doch, dieser Magere, der überall seine spitze Nase reinsteckt.«

»Prälat Winfried?«

Mit dem Waschen beschäftigt, war ihre gründliche Hand von seiner Brust über den Bauch bei den Schenkeln angelangt. Enger zog sie die Kreise, faßte den Schwanz, strich und rieb ihn. »Ja, der. Jedesmal, wenn Graf von Castelgiovanni zu uns nach Palermo kommt, läuft der Pfaffe mit seinen Mönchen wie Hunde durch den Palast.«

Lupold hielt ihre Hand fest, konnte aber das Spiel der Finger nicht verhindern. »Wer ist dieser Graf? Was will er von unserer Fürstin?«

Sabrina schüttelte den Kopf. »Ich darf nichts davon sagen, was ich höre.« Einen Moment lang war sie abgelenkt. Wachsender Erfolg stellte sich unter Wasser ein. Leicht öffnete sie die Lippen, ihre Zungenspitze zeigte sich zwischen den Zähnen. »Verrate mich nicht.« Sie schob den Mund dicht an sein Ohr. »Verliebt. Ich glaube, Graf Giordano liebt unsere Fürstin. Jedesmal bringt er Geschenke mit. Schöne Ketten, Broschen und Ringe. Oder er schickt ihr Diamanten. Und schöne Worte sagt er.«

»Und die Kaiserin?« Lupold wollte sich ihr entziehen, doch sie gab sein hartes Glied nicht frei.

»Unsere Fürstin sieht den Grafen sehr, sehr gern.« So leicht dahingesagt, trafen ihre Worte sein Innerstes; zugleich hoben sie ihn näher zu ihr. Lupold wehrte sich nicht mehr. Mit einem tiefen Blick ins Wasser seufzte Sabrina: »Was für ein stolzer Herr.« Sie ließ sich Zeit, ehe sie das Gespräch fortsetzte: »Natürlich ist er viel älter als du, der Graf Giordano, aber ein schöner Mann. Samt und Seide trägt er. Ja, die Fürstin lacht gerne mit ihm. Nur manchmal sagt er was ganz leise zu ihr, was, weiß ich nicht, dann wird sie ärgerlich. ›Das darf nicht sein‹, sagt sie, und: ›Ich will mich nicht versündigen.‹ Und dann verspricht er, nicht mehr davon zu sprechen, und beide sind wieder freundlich miteinander.«

Bittend lächelte sie. »Denk jetzt nicht an unsere Herrschaft.« Sie zog ihre Hand aus dem Wasser und löste die Brustschlaufen ihres Kittels. »Nun komm, laß uns auch freundlich miteinander sein.«

Zum erstenmal besiegte ihn Sabrinas Nähe. Sein Herz streifte alle Fesseln der einsamen Träume ab. Voller Begierde gab Lupold das Lächeln zurück.

Noch vor dem ersten Taggrauen war die Zofe vom Lager hinter den Wäschestücken aufgestanden, leise, um den Liebsten nicht zu wecken. Jetzt kehrte sie zurück, strich ihm sanft über die Stirn, bis er die Augen öffnete. »Halt dich bereit«, flüsterte sie und legte die einfache Kluft der Palastdiener neben ihn. »Zieh das an. In einer Stunde kommt die Fürstin hinunter zum Morgengebet. Ich begleite sie, wie immer. Warte vor der Kapelle auf uns.« Schon huschte Sabrina wieder davon.

Die Sorge erwachte in Lupold, verdrängte alle Lust und Zärtlichkeit der nächtlichen Stunden. Er streifte den Kittel über und schnürte seine Sandalen. Um keinen Verdacht zu erregen, nahm er einen gefüllten Wasserkrug mit. Lupold kannte den Weg. Über die engen Stiegen der Dienerschaft erreichte er unbemerkt den ersten Stock des Palastes. Nichts regte sich. Obwohl das Sonnenlicht längst durch die Fenster flutete, hatte der Tag für die Höflinge und Gäste noch nicht begonnen, und die übermüdeten Wachposten in den langen Gängen kümmerten sich nicht um das Gesinde. Neben der schweren Bronzetür der Kapelle fand Lupold eine Nische, setzte den Krug ab und wartete.

Wenig später hörte er Schritte, das Knistern von Stoff. Halb trat er aus dem Versteck. Die Fürstin beachtete ihn nicht. Nachdem Sabrina ihr die Tür geöffnet hatte, betrat sie die Kapelle.

Lupold huschte noch vor der Zofe hinein. Für einen Moment erschreckte ihn die Pracht. Im Widerschein der Kerzen schimmerten bunte Malereien, die Mosaike an den Wänden und Bögen, die reichen Schnitzwerke. Sabrina war zurückgeblieben. Während Kaiserin Konstanze vorbei am Königsthron durch den weiten Mittelgang schritt, folgte ihr Lupold durch das linke Seitenschiff. Neben der Säule vor dem Heiligtum kniete sie nieder. »Komm näher, *mon ami*.«

Der Kammerherr glitt um die Marmorsäule herum. Vom Eingang aus war er nicht zu sehen. »Meine Fürstin.« Er wollte knien, ihr seine Demut bezeugen.

»Nein, bleib so.« Sie hob das Gesicht. »Sage mir, wie geht es meinem Sohn? Ist er gesund? Wie groß ist er jetzt?«

Ausführlich beschrieb Lupold das Kind, seine goldenen Locken, die dunkle Haut, wie heftig der Prinz im Zorn schrie, sein Lachen, wenn er spielte und herumtollte. Konstanze nahm alles in sich auf.

»Deine Worte malen Konstantin in mir, wie ihn kein Künstler auf einem Bild darstellen könnte. Aber genug. Berichte von den Neuigkeiten!«

Lupold schwieg.

»Schone mich nicht. Ich weiß längst, daß mein Gemahl die Taufe Konstantins ohne mich hat vollziehen lassen. Ich weiß, daß er auf dem Weg nach Palermo ist.«

Lupold wollte fliehen, wünschte sich weit fort, allein jetzt mußte er sprechen. »Meine Fürstin, sicher wißt Ihr auch die Namen, auf die Euer Sohn getauft wurde?«

Sie sah zum goldstrahlenden Heiligtum hinüber.

»Meine Fürstin, der Kaiser gab ihm den Namen Friedrich.«

»Nicht Konstantin?«

»Friedrich und Roger, nur diese Namen.«

Sie bewegte sich nicht; ihr Blick floh zur Pietà neben dem Altar.

Erst stockend, dann hastig sprach Lupold weiter. »Schon in den nächsten Monaten wird Herzog Philipp den Prinzen aus Foligno abholen und zur Krönung nach Deutschland bringen.«

Verloren schüttelte Konstanze den Kopf. »Gibt es denn kein Erbarmen für mich? Er nimmt dem Sohn meinen Namen, er schleppt ihn fort von mir. Darf ich mein Kind nie mehr sehen?« Nach einer Weile flüsterte sie: »Was bringst du noch?«

Beim Anblick ihres Schmerzes kämpfte Lupold gegen die Tränen. »Herrin, auf dem Hoftag zu Capua hat der Kaiser den Grafen Richard von Acerra hinrichten lassen.«

Bei diesem Namen fuhr Konstanze zusammen. »Wie starb er? Ich muß es wissen!«

Vor den Augen aller Bürger hatte Heinrich zur Abschreckung den Schwager des verstorbenen Königs Tankred durch Capua schleifen lassen. Hernach hing er nackt, an den Füßen hochgezogen, am Galgenbaum. Zwei Tage und Nächte kämpfte er gegen das Ende. Blut floß ihm aus Nase und Mund. Während dieser Stunden trieb der Hofnarr des Kaisers seine rohen Spiele mit dem Gequälten, bis er ihm schließlich ein Gewicht um den Hals hängte. »Unter Beifall der Richter hat ihn dieser Kerl dann kichernd und grunzend wie ein Schwein langsam erwürgt.«

Schwer erhob sich Konstanze, stützte sich an der Säule. »Ich danke dir nicht, Lupold, und danke dir dennoch.« Die Stimme war brüchig. »Eile zurück zu meinem Kind. Morgen schon. Bleibe bei ihm, ganz gleich, wohin Konstantin ...« Sie seufzte. »Wohin Friedrich gebracht wird. Wenn du kannst, schicke mir Nachricht. Doch was jetzt auch in nächster Zukunft hier in Sizilien geschehen mag, sei meinem Sohn ein treuer Diener.«

Lupold warf sich zu Boden. »Meine Fürstin, ich schwöre ...«

»Still. Keinen Schwur. Ich vertraue dir, mein junger Freund.« Eine fremde Kraft schien sie zu beleben. »Und nun laß mich allein. Ich habe das Morgengebet noch nicht verrichtet.«

Im frühen Vormittag verließ ein Bote die Gemächer der Kaiserin. Ehe er die Palastwache unten am Tor passierte, vertrat ihm einer der kuttengewandeten Spürhunde den Weg. Kurz war die Frage, kurz nur das Zögern; für eine kleine Münze erhielt er bereitwillig Auskunft. Die Fürstin schickte den Diener hinüber zum Lustschloß. Ehe Graf Giordano und sein Gefolge abreisten, bat sie den Freund noch einmal zur privaten Audienz.

Sofort verständigte der Mönch seinen Herrn. Prälat Winfried schlug ihm mit der flachen Hand ins Gesicht. »Du Hohlkopf! Warum bist du ihm nicht nachgegangen?«

»Aber wir wissen doch, wo die Gäste der Fürstin untergebracht sind!«

»Schon gut, Bruder«, zischte der hagere Mann. Gereizt rieb er seine Stirn. »In der vergangenen Woche hat sie den aufgeputzten normannischen Hahn täglich allein empfangen. Gegen jedes Protokoll! Gestern beim Festmahl hat sie ihn in aller Form verabschiedet. Und heute? Was ist so wichtig, daß sie nun sogar den äußeren Anschein des Anstands außer acht läßt?« War es nur eine unbedeutende Liebschaft, ein Zeitvertreib? Oder mehr? Trotz größter Wachsamkeit besaß er nichts als Vermutungen, dafür zahlte ihm Kaiser Heinrich nicht ein Goldstück. Klare Beweise, die mußten beschafft werden. Vielleicht bot sich jetzt endlich eine Gelegenheit. Vom Jagdfieber gepackt, teilte Prälat Winfried seine Kuttenkittel ein. »Du wartest am Palasttor. Sobald der Graf von der Fürstin zurückkommt, folgst du ihm.« Den zweiten schickte er hinüber zum Lustschloß. »Halte dich in der Nähe seiner Männer auf.«

Als einfacher Kaufmann verkleidet, sollte der dritte außerhalb der Stadt den gräflichen Geleitschutz bitten, unter seiner Obhut mitreiten zu dürfen. Nichts Ungewöhnliches, denn der Weg hinauf ins Gebirge war unsicher und gefährlich. Wenn nötig, sollte er dem Trupp bis nach Castelgiovanni folgen.

Winfried von Heilbronn sah von einem zum anderen. »Sperrt eure Ohren auf. Ich will wissen, worüber die Knechte reden. Jedes Wort des Grafen, ganz gleich zu wem, prägt euch ein.«

Er selbst suchte den engsten Vertrauten der Kaiserin auf, begrüßte ihn mit schleimigen Höflichkeiten und bat: »Ist es nicht an der Zeit, verehrter Freund, daß Ihr mich ins Bild setzt?«

Zu plump war die Falle für den erfahrenen Mann, leicht hob Hermann von Baden die Brauen. »In welches Bild? Euer Kompliment beschämt mich, Hochwürden. Zum Maler fehlt mir leider jede Begabung. Und wäre ich ein Künstler, ich wüßte kein Bild, in dem Ihr einen angemessenen Platz finden könntet.«

Jäh blickte sich der Prälat um; kein Zeuge war in der Nähe. Sein Ton verlor jede Verbindlichkeit: »Treibt es nicht zu weit, Baron! Mit scheint, Ihr wollt mich kränken und behindert mit Absicht meine Arbeit. Doch wartet nur, bei passender Gelegenheit werde ich mich daran erinnern. Ich werde ...«

»Eine Drohung? Ich lasse Euch unter Arrest setzen.« Ehe Hermann von Baden nach der Wache rufen konnte, warnte der Prälat sanft: »Das wagt Ihr nicht, bester Freund. Bedenkt, Ihr dient nur der Fürstin und befindet Euch damit auf schwankendem Boden. Ich aber stehe fest in der Gunst meines Kaisers.«

Betroffen schwieg Hermann von Baden. So offen hatte sich der sonst katzbuckelnde Kleriker noch nie zu seinem Spitzeldienst bekannt. Welche geheime Vollmacht war ihm von Heinrich gegeben worden? Der Ratgeber wußte es nicht, doch eines war ihm klar: Dieser Mann bedeutete eine größere Gefahr für die Fürstin und alle, die ihr dienten, als er es bisher wahrhaben wollte. »Verzeiht, wenn ich mich ungeschickt ausdrückte«, lenkte er ein. Zu gefährlich schien es ihm, diesen Mann ganz offen zum Feind zu haben. »Ihr fragt nach Graf Giordano?« Bekümmert hob er die Achseln. »Selbst mich läßt die Fürstin im ungewissen. Ich bedaure, Euch keine nähere Auskunft geben zu können.«

»Bei der Hölle ...« Winfried von Heilbronn verschluckte den Fluch. »Sobald Ihr Näheres erfahrt, laßt es mich umgehend wissen. Habt Ihr mich verstanden?«

Eher soll mir die Zunge verdorren, dachte der Baron und versicherte: »Ihr habt mein Wort, Hochwürden.«

Im Sturmschritt eilte Graf Giordano nach der kurzen Unterredung über den Innenhof des Palastes. Den Federhut schwenkte er in der Hand. Sein silbergraues Haar wallte über den Kragen. Kaum sah er den Mönch in der Nähe des Tores, nestelte er einen Beutel aus dem silberbeschlagenen Gürtel. »Hier, Vater, das ist für Eure Kirche. Betet für mich und unsere Sache.«

Er wartete den Dank nicht ab, sondern eilte weiter.

Vor dem Lustschloß erwartete ihn sein Gefolge. Kinder, Bettler und Neugierige umringten die Reiter und beladenen Saumtiere. Zwei der Junker sahen ihrem Herrn gespannt entgegen. Fest legte Giordano ihnen die Hand auf die Schulter und nickte ihnen zu. Sein Gesicht erglühte; in seiner Freude dämpfte er kaum die Stimme: »Das Glück ist auf unserer Seite! Nichts und niemand wird uns nun noch zurückhalten.« Der hellblaue Mantel bauschte sich, während er schwungvoll in den Sattel stieg. »Auf nach Castelgiovanni.«

Die Gruppe der Schaulustigen folgte den Reitern. Zurück blieb ein Mönch, die Kapuze tief in der Stirn.

Vor den Toren Palermos durften zwei Ölhändler und ein Kaufmann sich, mit Erlaubnis des Grafen, dem Trupp anschließen. »Ihr seid die ersten«, lachte Giordano großmütig. »Und bald wird das ganze Volk unter meinem Schutz stehen.«

Von rechts und links rückten die Gebirgshänge näher; die steinige Straße wurde eng. Rechtzeitig vor Anbruch der Dunkelheit erreichte der Troß eine Herberge. »Trinkt und eßt! Seid meine Gäste!« lud Graf Giordano die Mitreisenden ein.

Bald brodelte eine Suppe über dem offenen Feuer des Schankraums. Und der Wirt tischte auf; später reichte er Käse und Wein, viel Wein.

Abgesondert von den einfachen Leuten, saß der Herr von Castelgiovanni mit seinen beiden Vertrauten zusammen. Kerzen erhellten die Gesichter. Von Krug zu Krug hoben sich die Stimmen der Junker. »Bald werden wir unser Land von der deutschen

Knechtschaft befreien.« – »Ja, nieder mit den Barbaren!« – »Gott schütze unseren König!«

»Schweigt davon!« Graf Giordano strich mit beiden Händen das volle graue Haar zurück. »Ehrt mich nicht, ehe mir die Ehre zuteil wird.« Sein Blick verließ den rauchigen Schankraum. »Alle Vorzeichen stehen gut. Danken wir dem Heiligen Vater in Rom, der unserer Sache seinen Segen gab. Danken wir der Fürstin Konstanze, die heute, wie durch ein Wunder, unserem Plan zustimmte. Und mehr noch – dies bewahrt aber noch in euren Herzen –, sie will, wenn sie frei ist …, nein, sie gab mir das Versprechen, als meine geliebte Gemahlin …« Er setzte neu an: »Mit ihr an meiner Seite werde ich die Krone des Südreiches entgegennehmen.« Von den eigenen Worten tiefbewegt, hob er den Becher. »Ein Hoch auf unsere Königin Konstanze!« Über den flackernden Flammen stießen sie mit den Bechern an.

Am nächsten Morgen fehlte der Kaufmann. Früh sei er davongeritten, berichtete der Wirt. Nur ein gleichgültiges Achselzucken, und der Troß ritt weiter nach Castelgiovanni.

»Die Hölle hat sich geöffnet, endlich. O ja, ich sehe das Gewürm, wie es versucht, aus dem Pfuhl herauszukriechen.« Winfried von Heilbronn genoß das Bild. »Welch ein Gestank breitet sich aus!«

Auch der dritte Spürhund war in die karg eingerichteten Kammern im Untergeschoß des Palastes von der Jagd zurückgekehrt. Gerade hatte er seinen Bericht beendet. Gemeinsam mit den beiden Brüdern stand er da und staunte. Niemals zuvor hatten sie ihren strengen Herrn in so ausgelassener Stimmung erlebt.

Der Prälat rieb die Spitze seiner Nase. »Eins paßt zu zwei, und drei ist die Lösung des Rätsels.« Er bemerkte die ratlosen Gesichter. »Kommt zu mir, meine tüchtigen Söhne.«

Fest kniff er ins Ohr des ersten. »Der Graf sagte: ›Bete für mich und unsere Sache.‹« Schon griff er nach dem Ohr des zweiten: »Und zu dir: ›Niemand wird uns jetzt noch aufhalten können.‹« Den dritten zog er am Ohr hin und her: »Seinen Spießgesellen versprach er: ›Wenn die Fürstin frei ist, wird sie meine Gemahlin. Und ich werde an ihrer Seite den Thron besteigen.‹«

Mit großem Ernst faltete er die Hände vor der braunen Kutte. »Unfaßliches geschieht.« Flüsternd, wie im Gebet fuhr er fort: »Eine Verschwörung, mit Billigung des Heiligen Stuhls. ›Wenn die Fürstin frei ist‹, das bedeutet, ein Anschlag auf das Leben Seiner Majestät ist geplant. Und sie weiß davon. Ja, sie hat ihre Hand dem normannischen Mörder versprochen.«

Die kleinen Augen wurden feucht. »Mein Kaiser ist in Gefahr. Und ich, ich allein kann ihn vor Schaden bewahren. Gottes Fügung hat mich zum Retter des Reiches bestimmt.« Nach einer Pause schwelgte er: »Dafür gebührt mir Lohn. Etwa ein Bischofshut in Schwaben und einträgliche Pfründe. Außerdem werden wir diese unwürdige Behausung verlassen dürfen. Wie die Hofbeamten will ich im ersten Stock des Palastes wohnen.«

Diese Aussicht begeisterte auch seine Kuttenkittel.

Keine wertvolle Zeit durfte jetzt vergeudet werden. Die Abreise sollte bald und ohne Aufsehen geschehen. Nur den durch Heinrich VI. selbst eingesetzten Kanzler, Walter von Pagliara, unterrichtete der Prälat; als Grund nannte er einen Besuch bei deutschen Klosterbrüdern in Messina, die dort mit Kreuzrittern eingetroffen waren.

Nach dem Mittagsläuten verließen der Spion und seine drei Spürhunde, wie es dem Stand frommer Männer entsprach, auf Eseln reitend das westliche Tor von Palermo.

Sabrina weinte. Sie saß neben Lupold im Versteck hinter den Kitteln und weißen Tüchern, ihr Kopf lag auf den angezogenen Knien. »Geh nicht fort.«

»Versteh doch, ich habe Befehl«, wiederholte er. Gestern hatten ihn ihre Tränen überredet, er war noch eine Nacht geblieben. Stunden ohne Schlaf, ausgefüllt vom Überfluß ihrer Leidenschaft, in der Lupold versank und selbst durstig wünschte, die Stunden dürften nie den Morgen erreichen.

Abschied kennt keinen Trost. »Wir werden uns wiedersehen«, versicherte Lupold und wußte, daß er log: »Bald, Sabrina. Bald schon komme ich zurück.«

Langsam hob sie das tränennasse Gesicht. »Monate sind es, vielleicht auch mehr als ein ... ein Jahr.« Ihre Stimme erstickte bei dem Gedanken. »Und ... und ich weiß, du wirst den Prinzen zur Krönung begleiten. Das weiß ich doch! So weit fort von mir ...«

Noch vor drei Tagen gehörten seine Wünsche, sein innerstes Fühlen der Fürstin allein. Zum erstenmal erfüllte ihn nicht nur die Trennung von ihr mit Trauer.

Er nahm Sabrina in den Arm, barg ihren Kopf an seiner Schulter. »Mein Herz gehört dir, auch wenn ich fort bin.«

Sanft löste er sich, nahm seine Kappe und verließ das Versteck. Ihr Schluchzen folgte ihm durch den Wäscheraum. Lupold glaubte es noch zu hören, als er in den Sattel stieg. Es begleitete ihn durch die Straßen von Palermo, und er nahm es mit auf den langen Ritt nach Foligno.

W enige Tage vor Ostern war Heinrich VI. an der Spitze seiner engsten Berater und Vertrauten in Palermo eingezogen. Die Ankunft des Stauferkaisers riß die kaum vernarbten Wunden wieder auf. Mit ihm und seiner eisenstarrenden Elitetruppe kehrten alle Schreckensbilder jenes Weihnachtstages zurück. Ob Normanne, Jude, Grieche oder Sarazene, ob reich oder arm, die Furcht vor dem unbarmherzig grausamen Deutschen war in allen Gesichtern zu lesen. Das sonst so bunte, aufgeregte Treiben in den Straßen erlahmte; stiller wurde es auf den Märkten, ängstlich mieden die Menschen die Umgebung des Palastes.

In den königlichen Zimmerfluchten oben im zweiten Stock herrschte Kälte. Wortkarg hatte Heinrich seine Gemahlin begrüßt und sie unverzüglich von allen Regierungsgeschäften entbunden.

Bis auf den gemeinsamen, prunkvollen Besuch der Ostermesse im Dom verzichtete er auf ihre Gesellschaft. Wenn nötig, bediente er sich des Ratgebers der Kaiserin. Hermann von Baden überbrachte Befehle und Anordnungen in die Frauengemächer, trug sie der Fürstin, mit seinen Worten gemildert, als Bitten vor.

Heinrich würgte das Land. War es in Capua die Erhebung einer allgemeinen Steuer, die den sizilischen Adel bis an den Rand des Ruins trieb, so befahl er jetzt von Palermo aus: »Alle alten Urkunden über Landbesitz und gewährte Rechte sind unverzüglich der Hofkanzlei zur Überprüfung vorzulegen.« Angst um den Verlust der Privilegien schürte jetzt auch den Haß selbst der gemäßigten Bischöfe des Landes.

Konstanze war erleichtert, dem Gemahl nicht zu begegnen. Morgen für Morgen lag sie in der Palastkapelle auf den Knien. »Vergib mir, o Herr.« Sie fürchtete jeden neuen Tag und wünschte nichts sehnlicher, als Baron Hermann ins Vertrauen zu ziehen; indes, sie wollte sein aufrechtes Herz nicht anfechten. Wenn es geschehen, wenn sie frei war, dann erst sollte der Freund ihre Beichte hören: Freiheit, erlangt durch Giftmord und Rebellion! Sie hatte dem Plan zugestimmt, wußte weder Tag noch Stunde, und nichts konnte den Lauf mehr aufhalten. Ungeduldig warteten normannische Barone und Gutsherren unter der Führung Graf Giordanos auf das Signal aus Palermo.

»Freiheit, gewonnen durch Todsünde und Verrat«, flüsterte sie. »Wer wird mich von dieser Schuld befreien?« Gleich versuchte sie die aufgewühlten Gedanken zu ersticken: Es geschieht mit Billigung des Papstes; es geschieht zum Wohle meines Landes! Sie zögerte. Die Wahrheit ist: Es geschieht auch, weil ich es will. Inständig flehte Konstanze: »O allmächtiger Gott, vergib mir.«

Der alte Hofmeister war bekümmert. Hatte er das Vertrauen seines Herrn verloren? Seit der Ankunft in Palermo war ihm verboten worden, die Zubereitung der Speisen und Getränke gleich an Ort und Stelle unten in der Palastküche zu überwachen. Nur er allein wußte, was dem Kaiser mundete: wieviel Rosenwasser zur gekochten Schlange gehörte, wie scharf gepfeffert die gebratenen Eichhörnchen sein mußten; nur er kannte die genaue Mischung der Früchte, aus denen der morgendliche Saft gepreßt wurde.

Überdies war ihm nicht mehr erlaubt, die Diener auf den Treppen und Fluren zu begleiten, während sie die gefüllten Schüsseln und Kannen hinauf in den Saal trugen. Erst wenn aufgetischt war, durfte er vorkosten, und selbst dieses Vorrecht genoß er nicht mehr allein.

Wie stets schnüffelte der Hofnarr an den Speisen herum, jaulte jämmerlich wie ein Hund und bettelte den Fürsten an: »Ich auch. Ich auch. Laßt mich kosten; soll denn nur der Alte satt werden?«

Nie hatte er Gehör gefunden. Doch schon am zweiten Tag war dieser Kerl erfolgreich. Leise beriet sich der Kaiser mit Herzog Markwart und entschied in ungewohnt mildem Ton: »Wir wollen gerecht sein. Weil es den Narren gierig zu Höherem drängt, so darf er, für die Zeit, die Wir in dieser Stadt weilen, einen Tag über den anderen die Pflicht Unseres Mundschenks übernehmen.« Ohne jede Regung blickte er in die Tischrunde, verharrte bei Prälat Winfried. »Ein kleines Spiel, das Uns Abwechslung verspricht.«

Der Spion senkte den Kopf. Markwart von Annweiler und Kanzler Walther blickten mürrisch, die übrigen Gäste nahmen es als Laune des Kaisers hin.

Vor einer Woche hatte sich der Hofmeister ein Herz gefaßt: »Warum zürnt Ihr mir, mein Fürst?«

»Was meinst du, Alter?«

»Verzeiht, aber warum darf ich nicht länger alle Pflichten um Eurer leibliches Wohl verrichten? Und muß sie sogar ...«, er atmete schwer, »muß sie jetzt auch noch mit diesem Hanswurst teilen.«

»Der Zustand wird bald beendet, mein Alter. So oder so. Und sei gewiß, du bist nicht in der Gunst deines Herrn gesunken.«

Zur allmorgendlichen Besprechung fanden sich Magister Gerhard und Kanzler Walther im Schlafgemach des Kaisers ein. Noch waren die Vorhänge um das Bett geschlossen. Angespannt wartete der Hofmeister auf den Boten des Kochs. Ehe nicht der Saft, gepreßt aus Feigen und Trauben, bereitstand, durfte er den Herrscher nicht wecken. Heute achtete der alte Mann selbst auf das Wohlergehen des Kaisers, heute würde ihm der Narr keine Nase drehen, ihn nicht behindern. Umsichtig war der Tagesablauf geplant, und ausgerechnet jetzt diese Verspätung!

Er trat vor die Tür. Endlich, im Laufschritt näherte sich der Diener. Ein fremdes, dunkles Gesicht? Für einen Augenblick stutzte der Hofmeister; es war keine Zeit für Fragen. »Zur Hölle mit dir«, schimpfte er, nahm Krug und Becher an sich; eilfertig kehrte er ins Schlafgemach zurück.

Weit öffnete der Alte die Bettvorhänge und raffte sie an den Pfosten zusammen. »Mein Fürst, möge die Sonne dieses Tages Euch Freude und Erfolg bescheren.« Heinrich lag, halb sitzend, in den Kissen; er hielt die Lider geschlossen, schnippte nur mit den Fingern.

»Gleich, mein Fürst.« Der Hofmeister rührte im kupfernen Krug, sorgsam schöpfte er den Saft, prüfte den Geruch, setzte die Kelle an den Mund und kostete.

Mischte sich in die Süße ein bitterer Geschmack? Noch einmal tauchte er den Schöpfer ein, verquirlte gründlich die Fruchtstücke.

»Was trödelst du?« Heftiger schnippte der Kaiser.

»Verzeiht, Herr. Sofort, Herr.« Der Hofmeister nahm einen zweiten, größeren Schluck. Seine Zunge quoll auf, Glut verbrannte die Kehle, brannte den Schlund hinunter, das Feuer loderte in seinem Leib. »Nicht ... nicht trinken, mein Fürst«, stammelte er.

Der Alte torkelte zurück; mit größter Anstrengung erreichte er wieder den Krug und stieß ihn um. Jetzt gehorchten die Glieder nicht mehr, seine Augen traten aus den Höhlen. Von Krämpfen geschüttelt, stürzte er zu Boden, lag zuckend da, die Schöpfkelle in der weißen Faust, röchelte er, rang verzweifelt nach Atem.

Der Erste Notar wollte dem Sterbenden zur Hilfe eilen, doch Kanzler Walther hielt ihn zurück: »Jetzt gibt es Wichtigeres«, und wandte sich zur Bettstatt. »Ihr seid in Gefahr, Majestät. In größter Gefahr.«

Ohne Hast setzte sich Heinrich auf; in dem blaßledernen Gesicht schienen nur Augen und Lippen zu leben. »Demnach entspricht alles der Wahrheit. Eine Empörung steht unmittelbar bevor. Die Anzeichen haben Wir schon auf Unserm Weg von Messina nach Palermo bemerkt. Allein, Wir wollten Unserm tüchtigen Prälaten nicht in allem Glauben schenken.« Kurz deutete er auf den zuckenden Körper am Boden. »Dort aber liegt der Beweis. Die Verschwörer haben Mitwisser hier im Palast; vielleicht wird ihnen tatsächlich eine Hand aus Unserer unmittelbaren Nähe gereicht.«

Heinrich erhob sich, riß die Bettmütze vom Kopf: »Laßt die Wache verdoppeln, Walther! Benachrichtigt sofort Herzog Markwart und den Hauptmann der Garde! Ich erwarte Euch mit den Herren im Nebenzimmer.« Schon an der Tür beauftragte er seinen Ersten Notar: »Sorge erst, daß der Raum gesäubert wird.«

Ein Anschlag auf das Leben des Kaisers! Schneller als jeder Befehl erreichte das Gerücht die Palastküche. Ehe Verstärkung aufmarschierte, schlüpfte ein Diener noch an den Torposten vorbei. Draußen beschleunigte er den Schritt; kaum hatte er den weiten Platz überquert, rannte er. In einer engen Gasse traten ihm zwei vermummte Gestalten in den Weg. »Er lebt«, keuchte der Diener und hetzte weiter.

Oben im zweiten Stock des Palastes war die Stimmung gespannt. Markwart von Annweiler ballte die Fäuste: »Leichtsinn. Verdammter Leichtsinn!« In seiner Sorge vergaß er den Respekt. »Aber ich hab' davor gewarnt. Nur in Begleitung einer schlagkräftigen Einheit hätten wir herkommen dürfen. Ein verdammter Fehler war's!«

»Hüte dich!« fuhr ihn Heinrich an. »Wage es nicht, deinen Herrn zu tadeln.«

»Verzeiht, mein Fürst.« Mit mühsam unterdrücktem Grimm nickte der Herzog. Nichts änderte mehr die Lage, jetzt hatten er und der Hauptmann der Garde für die Sicherheit des Kaisers zu sorgen; allein das zählte. »Hier in Palermo ist nur Verlaß auf unsere Elitetruppe. Wir sind zu wenige.«

Nach kurzem Abwägen blieb ein einziger Ausweg: Sie mußten mit Seiner Majestät so schnell wie möglich entlang der Küstenstraßen nach Osten reiten. Erst die Mauern von Messina boten wirklichen Schutz, dort wartete Marschall von Kalden, dort standen gut gerüstete Kreuzfahrer zur Verfügung. Ein weiter, gefahrvoller Weg, denn niemand wußte, wo die Aufständischen lauerten, wann sie losschlagen würden.

»Wir müssen aufbrechen. Noch in dieser Stunde«, mahnte der Hauptmann. »Ohne die Herren Notare und bequemen Bischöfe und wer sonst nicht gut im Sattel sitzt. Eure Berater können später nachkommen.«

Heinrich war einverstanden. Schon im Kettenhemd, das Schwert gegürtet, wandte er sich an den Kanzler: »Unsere Gemahlin darf ihre Gemächer nicht mehr verlassen, nur in Eurer Begleitung darf sie zum Gebet die Kapelle aufsuchen. Zu ihrem und zu Unserm Schutz sollen bei Tag und bei Nacht Bewaffnete vor ihrer Tür stehen.«

Die Wappenfahne wurde nicht entrollt, Markwart bestand darauf. Ohne den weithin erkennbaren kaiserlichen Mantel, angetan mit dem schlichten Umhang eines Reisigen, ritt Heinrich inmitten seiner Elitetruppe aus Palermo.

Noch vor den Mägden huschte der Narr ins Schlafgemach. Er fand den Hofmeister – das Gesicht zur Seite gedreht im Brei seines Erbrochenen, würgte er stoßweise blasigen Schaum aus. »Am Gestank erkenn' ich dich«, feixte der Possenreißer. Mit einem Mal runzelte er die Stirn: »Ein Dieb bist du«, und riß den Holzschöpfer aus der verkrampften Hand, »nein, du darfst hier nichts mitnehmen.« Hart schlug er ihm auf die Finger, dann stockte er: »Oder hast du noch Durst?« Er hob den Krug vom Boden, schüttelte ihn und stülpte ihn neben dem Kopf um. »Leer, wie schade, alles hast du ausgetrunken.«

Das Würgen brach ab, die Krämpfe lösten sich. Der Hofmeister war tot.

Auf einem Bein drehte sich der Narr im Kreis, dabei schlug er die Kelle an den Bauch des Gefäßes. »Das nenn' ich Glück. Nicht ich, sondern er. Was hab' ich nur für ein Glück!« So tanzte er, bis ihn empörte Mägde aus dem Schlafgemach jagten.

Auch am zweiten Tag kam die Eskorte ohne jeden Zwischenfall gut voran. Gegen Mittag ritt sie unbemerkt an Patti vorbei. Im späten Nachmittag wichen die Berge von der Küste zurück und gaben den Blick frei; ein weites, saftig grünendes Tal dehnte sich in der Maisonne bis zu den bewaldeten Hügeln hinauf. Trotz der Anspannung richtete sich Heinrich im Sattel auf. »Welch ein Land! Von Gott geschaffen für die Jagd.«

Seinem Reichstruchseß war das Vergnügen mit Falken, Hunden und Jagdbogen im Augenblick gleichgültig. »Wie geschaffen für Strauchdiebe und Verräter, mein Kaiser. Wär' froh, wir hätten das verdammte Flußgebiet schon hinter uns.«

»Die Sorge um mein Leben ehrt dich«, spottete Heinrich und zügelte den Rappen. »Ohnehin müssen wir bald das Lager aufschlagen. Warum also nicht gleich und hier? So kann ich dieses Geschenk der Natur im letzten Tageslicht genießen.«

Markwart unterdrückte den Zorn. »Laßt uns noch weiterreiten; bis zur Dunkelheit haben wir die Brücke erreicht. Wie soll ich Euch in diesem unübersichtlichen Gelände schützen?«

»Wir verlassen Uns auf Euch, Herzog.« Der gefährlich sanfte Ton erlaubte keine Widerrede.

Während nahe eines Tümpels das kaiserliche Zelt aufgeschlagen wurde, erkundeten Späher die Gegend. Bald kehrten sie zurück. Im weiten Umkreis gab es weder Hütten noch eine Siedlung.

Erleichtert nahm Markwart ihre Meldung entgegen. Dennoch blieb er auf der Hut, kein Feuer durfte entfacht werden, und rund um das Lager ließ er eine doppelte Postenkette aufstellen. Der Gardehauptmann schärfte die Wachsamkeit der übrigen Männer: Niemandem war es erlaubt, den Waffenrock abzulegen; voll gerüstet, das Schwert in der Faust, so mußte jeder neben seinem gesattelten Pferd die Nacht unter freiem Himmel verbringen. Wie ein schwarzer Koloß hockte Markwart auf einem Stein vor dem Zelt, Lanze und Schild griffbereit.

Gut ausgeruht trat der Kaiser am nächsten Morgen ins Freie. Er breitete die Arme über das blühende Land. »Sobald ich Zeit finde, mein treuer Freund, will ich hierher zurückkehren. Hier will ich jagen und das Herz ausruhen.«

Rufe! Flüche! Waffengeklirr schallte von einem der äußeren Wachposten her, über den Lärm schrie das Horn. »Überfall!« Sofort formierte der Hauptmann seine kampferprobte Truppe. »Vier bleiben zur Deckung! Die anderen mit mir!« Zu Fuß und zu Pferd stürmten sie den Bedrängten zu Hilfe.

Ohne Zögern packte Markwart seinen schmächtigen Kaiser, riß ihn wie ein Kind hoch und warf ihn auf den Rappen, war selbst im Sattel, griff nach dem Zügel des Fürsten und hieb die Sporen. Wiehernd stieg das Pferd, preschte davon, zerrte das andere mit sich in Richtung Osten. Dichtauf ritten die vier Bewaffneten; sie blickten sich immer wieder um, aber keiner setzte ihnen nach.

»Könnt Ihr Euch halten, mein Fürst?«

»Laß den Zügel los!« Tief über die Mähne gebeugt, galoppierte Heinrich jetzt ohne Hilfe neben dem Truchseß her.

Sie erreichten die Küstenstraße. Erst nachdem sie die Brücke überquert hatten, wagte Markwart das scharfe Tempo zu verringern. Durfte er auf der Küstenstraße bleiben? Sollte er auf die Elitetruppe warten? War es nicht klüger, den Kaiser, allein mit den vier Bewaffneten, durchs Gebirge nach Messina zu bringen?

Der Blick zur Seite enthob ihn jeder Frage: Heinrich saß gekrümmt im Sattel, das Gesicht nur eine bleiche Maske, Speichel verklebte den dünnen Bart. Nie war sein Herr von dem furchtbaren Sumpffieber ganz genesen, jede große Anstrengung würde den Körper weiter auszehren!

»Reiten wir langsam, mein Fürst. Die Gäule müssen sich erholen«, entschied Markwart.

Ehe die Sonne hoch im Mittag stand, holte der Trupp sie wieder ein, den Kampf noch in den Augen. Knapp war der Bericht des Hauptmanns: Zehn schlecht bewaffnete Sarazenen hatten sich herangeschlichen. »Sind uns wohl von Palermo aus gefolgt. Alle sind tot, bis auf diesen Kerl.« Hinter ihm lag, festverschnürt quer über der Kruppe seines Pferdes, ein dunkelhäutiger Mann. »Wollte ihn aushorchen, doch er versteht mich nicht. Dachte mir, Ihr kennt Euch besser mit der Sprache aus.«

»Für die Wahrheit reicht es.«

Bis jetzt war Heinrich stumm neben den Männern hergeritten. Sein Fingerschnippen befahl Markwart näher. »Nur auf vier Fragen will ich Antwort. Wer außer Graf Giordano führt die Verschwörung? Wie stark sind die Truppen? Wo sammeln sie sich? Wann schlagen sie los?«

Abseits der Straße ließ der Truchseß den Gefangenen an einen Baum binden. Der Sarazene schwieg. Stolz und Haß brannten in seinem Blick.

»Prügelt ihn.« Harte Faustschläge lösten die Zunge nicht. »So vertrödeln wir nur wertvolle Zeit«, brummte Markwart. »Geht beiseite.« Er zückte das Schwert. Grell blitzte die Klinge auf; mit einem gewaltigen Streich hieb er dem Sarazenen beide Füße ab. Gellend schrie der Mann.

»Antworte!« Markwart holte zum zweitenmal aus. Angst und Schmerz brachen den Widerstand; unter Tränen gestand der Sarazene alles, was er wußte. Als er schwieg, nur noch wimmerte, schlug ihm der Truchseß den Kopf vom Rumpf.

Während des Weiterritts saß Markwart voller Unruhe im Sattel. Aus den Augenwinkeln beobachtete er seinen Herrscher, wagte es nicht, ihn anzusprechen.

Heinrich hielt den Zügel in geballten Fäusten. Zehntausend Männer standen an der Ostküste bei Catania unter Waffen, und täglich wurden es mehr. Noch in diesem Monat sollte der Aufruhr beginnen. Nicht das allein trieb ihm die Zornader auf die Stirn, es war vor allem der Name eines der Anführer: Bischof Roger von Catania. Bis vor wenigen Stunden hatte Heinrich in ihm noch einen ergebenen Anhänger und Freund gesehen. Er also war einer der Köpfe der Verschwörer, ein Judas.

»Schneller, Markwart«, befahl der Kaiser, »schneller!«, und spornte das Pferd an. »Mit Feuer und Schwert werden wir den Aufruhr im Keim ersticken. Jeden Tropfen Bluts will ich aus meinen Feinden herauspressen.«

Ohne weitere Zwischenfälle erreichte der kleine Trupp am vierten Tag Messina. Gerüchte erfüllten die Stadt. Von Süden zogen Truppen der Aufständischen die Küste herauf. Die Messiner Bürger standen fest auf der Seite des Stauferkaisers; sie boten ihm Unterstützung an. Gemeinsam mit Feldhauptmann von Kalden scharte Markwart die Kreuzfahrer um sich. »Kämpft für unsere heilige Sache. Heute Sizilien, morgen erst Jerusalem!« Und das Versprechen von Gold und reicher Beute entflammte die Ritter.

Bei Sonnenaufgang wälzte sich ein eisengeschuppter Drache aus dem Tor von Messina. Der Schlachtruf: »Heute Sizilien! Morgen Jerusalem!« schlug den aufständischen Truppen entgegen, warf sie zurück. Unerbittlich folgte das Reptil den Fliehenden, vor Catania zerbrach es den letzten Widerstand. Die Überlebenden suchten Schutz in den Mauern, konnten aber die Tore nicht schließen, und der Drache fraß sich an Beute satt; ohne Erbarmen zermalmte er die Stadt und ihre Bewohner, spie Feuer in jedes Haus, den Dom und jeden Palast.

Der Bischof von Catania fiel mit einigen normannischen Adeligen den Kreuzfahrern in die Hände. »Niemand rührt sie an«, befahl Markwart und ließ ein Netz über die Gefesselten werfen. »Schafft sie auf einem Karren nach Palermo. Am großen Gerichtstag werden sie ihre Schuld büßen.«

Das Haupt der Verschwörung, Graf Giordano, war mit wenigen Getreuen entkommen. Verschanzt auf seiner Felsenburg, sah er furchtsam den deutschen Lindwurm durchs Tal heraufkriechen. Wurfmaschinen schleuderten Steine und lodernde Pechkugeln. Nach sechs Wochen Belagerung brachen die Mauern von Castelgiovanni. Ende Juni ergab sich Graf Giordano samt seinen Edlen und Junkern der Übermacht.

Feldmarschall von Kalden genoß den Triumph. »Du bist der fetteste Hase. Warte nur, bist du zubereitet auf der Tafel meines Kaisers liegst.« Er schnürte den selbsternannten König in einen roten Mantel, hängte ihm zwei gerupfte Raben um den Hals und stülpte einen mit Kot gefüllten Topf über das graue Haar. So band er den gebrochenen Mann aufs Pferd und eskortierte ihn unter Gespött und Schmährufen nach Palermo.

Julihitze flimmerte auf den Dächern, Türmen und Kuppeln der Stadt, stand in den Gassen und Straßen. Auch die Nacht brachte keine Kühle. Bei Tagesanbruch lag eine verkrümmte Gestalt am Fuß der Steintreppe, die in den ersten Stock des Palastes führte. Baron Hermann von Baden war tot.

Kein Lärm, kein Bote hatten Prälat Winfried und seine Mönche herbeigerufen, und doch waren sie die ersten. »Bedauernswert«, flüsterte der Prälat. Mit der Fußspitze schob er das Gesicht des Toten zum Licht. »Von nun an wird die Fürstin auf ihn verzichten müssen.«

Zwei Mägde näherten sich. Ehe sie heran waren, kniete der spitznasige Kleriker mit den drei Brüdern neben dem Leichnam, die Hände gefaltet. »*In nomine Patris, et Filii, et Spiritus Sancti.*« Er ließ sich von den erschreckten Rufen in seiner Fürbitte nicht stören. »*Requiem aeternam dona ei, Domine. Et lux perpetua luceat ei.*«

Schluchzend schoben sich die Dienerinnen vorbei und trugen die furchtbare Nachricht hinauf in den Palast.

Morgensonne flutete durch die geöffneten Fenster. Mit dem Gesicht zur Wand warteten die Kammerdiener. Heinrich war noch im Schlafrock und nagte an einer Fasanenbrust. Neben dem Tisch kauerte der Hofnarr; die Arme angewinkelt, wippte er die Hände wie Hundepfoten vor der Brust. Hin und wieder riß sein Herr kleine Fleischfetzen ab und warf sie ihm zu. Genüßlich schmatzte der Possenreißer. »Mein Fürst, Ihr seid ein guter Vorkoster.«

Der Scherz erreichte den Kaiser nicht.

»Wie schade. Unserer Fürstin hat es den Appetit verschlagen. Dabei hat der schöne Gerichtstag noch gar nicht begonnen.«

»Was sagt du, Kerl? Was ist mit meiner Gemahlin?«

»Zufällig, ganz zufällig stand ich an der Tür ihres Schlafgemachs, als die Zofe ihr vom gebrochenen Genick des guten Hermann berichtete. Welch ein Gejammer! Wer so weint, der hat keinen Hunger mehr.«

Heinrich ließ die Fasanenbrust sinken. »Konstanzes Ratgeber? Also hat der Baron es vorgezogen, sich meiner Faust zu entziehen?«

»O nein, nicht aus eigenem Entschluß«, wehrte der Narr entrüstet ab. »Eine reines Herz schneidet sich nicht selbst den Lebensfaden ab.« Mit Daumen und Zeigefinger spitzte er übertrieben die Nase. »Und weil's sonst niemand gesehen hat, sagt Euer frommer Spürhund: Es war ein Unfall.« Er schob sich näher. »Aber grämt Euch nicht, mein Fürst. Nur einer weniger, das verdirbt uns nicht das Fest. Die Liste ist lang. Heute werden Euch zur Freude noch viele Köpfe rollen.«

In jähem Zorn schlug ihm Heinrich den Knochen aufs Maul. »Hüte deine Zunge, sonst lass' ich sie dir herausreißen!« Wild trat er nach ihm. »Glaubst du, mir bereitet es Freude? Ich beantworte nur hinterhältigen Verrat mit Strenge. Unrecht, schändliches Verbrechen sühne ich mit gerechter Strafe.«

Heulend kroch der Hofnarr außer Reichweite. Die halb verzehrte Fasanenbrust nahm er mit.

Heinrich kämpfte seine Erregung nieder. War er müde, so geschwächt, daß ihn ein simpler Possenreißer außer Fassung bringen konnte?

»Kleidet mich an!« befahl er den Kammerdienern. Erst der lange Mantel gab ihm wieder unnahbare Sicherheit.

Alles war vorbereitet. In der prallen Sonne lag die fußhoch aus Holzbohlen gezimmerte Blutbühne, dahinter reihten sich sorgfältig geordnet große Requisitenkörbe, rauchende Feuertiegel, Seilwinden, Wasserfässer und ein Stuhl aus Eisen. Auf der Plattform hockte der Scharfrichter mit seinen Folterknechten neben dem Streckgerüst; sie kauten am Fladenbrot und tranken Wein.

Nahe der Palastfassade war die dreistufige Ehrentribüne errichtet. Noch stand sie im Schatten; später würde das große übergespannte Leinensegel etwas Kühle spenden.

Auf Befehl des Kaisers waren reiche Kaufleute und Patrizier der Stadt gewaltsam von der kaiserlichen Garde herbeigeführt worden. Ungeschützt vor der Sonnenhitze, hatten sie stellvertretend für das sizilische Volk einen Halbkreis um die Hinrichtungsstätte bilden müssen.

Mit dem ersten Fanfarenstoß trat die Gefolgschaft des Kaisers aus dem Tor. Kanzler Walther führte den Zug der Herzöge, Grafen und Bischöfe an, ein farbenprächtiges Bild; hinter ihnen, in gebührendem Abstand schritten die gewöhnlichen Ministerialen und Höflinge. Nach Würde und Rang nahmen die vornehmen Herren ihre Lehnstühle auf den unteren Stufen ein. Sehr zum Ärger von Prälat Winfried gab es dort nicht ausreichend Platz für ihn und seine drei Kuttenkittel; sie mußten sich mit Schemeln neben der Tribüne begnügen.

Vier Bläser setzten ihre langen, fahnengeschmückten Businen an und begrüßten das Herrscherpaar. Heinrich VI., die Krone Siziliens auf dem Haupt, das Zepter in der Hand, geleitete die Kaiserin zur obersten Stufe. Sie trug ein schlichtes, dunkelblaues Kleid, der Kronschleier verhüllte ihr Gesicht.

Gemessenen Schrittes folgten Markwart von Annweiler und der Erste Notar. Hinter dem Herrscherthron nahmen sie Aufstellung. Sabrina huschte als letzte die Empore hinauf und hockte sich neben ihrer Herrin auf die Holzbretter.

Leicht neigte Heinrich den Kopf zur Seite. »Ihr enttäuscht mich, meine Liebe. Warum nicht ein festlicheres Gewand? Ich habe die Rebellion siegreich niedergeschlagen. Unser Erfolg ist, so hoffe ich, auch der Eure.«

»Verzeiht, mein Gebieter. Der plötzliche Verlust meines treuesten Ratgebers erfüllt mich mit Trauer.«

Heinrich nickte mitfühlend. »Dennoch gewährt mir heute das Vergnügen, für die gesamte Dauer des Schauspiels Euer Antlitz sehen zu dürfen. Streift den Schleier zurück.«

Mit fahrigen Händen gehorchte Konstanze. Fest schloß das Haubenband ihr Gesicht ein; Elend stand in den dunklen Augen, nistete tief in den Falten um ihren Mund.

Er sah es voller Genugtuung. »Ich hatte fast vergessen, wie schön Ihr seid, mein Liebe.«

Heinrich VI., römischer Kaiser, deutscher König und König des Südreiches gab das Handzeichen. Mit weit hallenden Fanfarenstößen eröffneten die Bläser den Tag seiner Rache.

Alle Blicke wandten sich in eine Richtung. Dem Zug der Verurteilten voran tänzelte der Hofnarr, ein Strumpf in Gelb, der andere in Grün, violett und mit roten Vögeln bestickt sein kurzer Rock. Das weißgetünchte Haar klebte am Schädel, in dem gekälkten Gesicht klafften dunkle Höhlen, er hatte Augen und Mund schwarz umrandet.

Zu viert in einer Reihe, die Hände gefesselt und durch Ketten an Hals- und Fußspangen miteinander verbunden, schleppten sich die Gefangenen quer über den Platz. Bewaffnete eskortierten sie.

Nach rechts und links kratzfußte der Possenreißer vor der Tribüne, noch gebückt hob er den Rock und grüßte mit seinem nackten Hintern zu den stumm dastehenden Bürger Palermos hinüber, elegant richtete er sich wieder auf und klatschte über dem Totenschädel in die Hände.

Während Folterknechte die ersten acht Männer von den Ketten lösten und sie auf die Blutbühne zerrten, raunte Heinrich seiner Gemahlin zu: »Das Schauspiel ist genau geplant. Darf ich Euch den Ablauf erläutern?«

Konstanze starrte zu den Unglücklichen hinunter. Für einen Augenblick wagte sie nach Graf Giordano zu suchen und fand den Freund in der letzten Reihe; aufrecht wartete er neben dem Bischof von Catania.

»Meine Liebe, ich danke Euch.« Belehrend hob Heinrich den Finger. »Die Verschwörer planten ein neues Königreich, jedes Hofamt war im voraus schon vergeben. Allein nach Gottes Fügung durfte es auf dieser Welt nicht errichtet werden. Sollte die lange Vorbereitung, die Mühe umsonst gewesen sein?« Er ließ eine Pause und gab selbst die Antwort. »Meine Teure, bei Hofe verzichtet kaum jemand gern auf eine versprochene Würde, deshalb erfülle ich nun den Verrätern ihre kühnsten Hoffnungen. In der Hölle werden sie genügend Raum für ihr Königreich finden. Während der letzten Wochen habe ich bereits ungezähltes Fußvolk dorthin entsandt. Heute nun darf der gesamte Hofstaat folgen. Wir beginnen mit den niederen Amtsträgern.«

Kaum öffnete Konstanze die Lippen. »Welches Gift hat Euer Herz so abgrundtief ...«

»Zu Eurem Besten sollten wir nicht über Gift sprechen«, zischte Heinrich; gleich wieder sanft ermahnte er: »Doch still. Seht nur, Junker und Kammerherren sind zum Aufbruch bereit.«

Den Unterleib entblößt lagen die Gefangenen rücklings auf dem Podest, ihre auseinandergerissenen Beine waren mit den Füßen an Pflöcke gebunden.

Die Folterknechte wogen Eisenklötze in den Fäusten, auf Zeichen des Narren hin zerschmetterten sie den acht Männern gleichzeitig die Geschlechtsteile. Schreie gellten, übertönten das entsetzte Aufstöhnen der Bürger Palermos. Ungerührt griffen die Schinder nach spitzen Eisenstangen und rammten sie durch die Kehlen ihrer Opfer. Der Narr nützte das jähe Schweigen, hüpfte auf die Bühne und winkte der vornehmen Gesellschaft; dabei lief er weiter und stolperte tolpatschig immer wieder über einen der Leiber; an der anderen Seite angekommen, drehte er sich auf einem Bein und klatschte in die Hände.

Zusammengekrümmt saß Sabrina neben dem Sessel der Kaiserin, das Gesicht in der Armbeuge verborgen.

Aus den Augenwinkeln beobachtete Heinrich seine Gemahlin; nichts regte sich in ihrer Miene. »Der Schalk spielt den Zeremonienmeister vortrefflich. Seid Ihr auch meiner Meinung?«

Konstanze schwieg.

»Kein Applaus? Allein, Ihr habt recht, meine Liebe. Kein vorschnelles Urteil. Wartet nur, bis Unsere Komödie den Höhepunkt erreicht. Zunächst folgen jetzt die Barone und Ministerialen.«

Einigen wurden Seile um die Köpfe gewickelt und mit dem Holzknebel enger gedreht, bis die Augäpfel aus den Höhlen fielen, die Schädel platzten. Andere ließ der Henker entkleiden, steckte sie zu giftigen Schlangen in Leinensäcke und ersäufte die Zappelnden langsam in den Wasserfässern.

Immer neue Folterrequisiten schleppte der Hofnarr auf die Bühne, und Gruppe nach Gruppe starb einen schrecklicheren Tod.

»Dies sind die engsten Berater und Notare«, stellte Heinrich seiner Gemahlin die nächsten Opfer vor. »Auf ihren Schultern wird die Verwaltung des Hofstaates liegen.«

Mittagshitze stülpte sich über die Schlachtstätte. Vom Anblick des Grauens und vom süßlichen Geruch des Bluts geschwächt, sanken einige der Patrizier und Kaufleute Palermos zu Boden.

Im Schatten der Zeltplane saß das kaiserliche Gefolge; in den Mienen spiegelte sich keine Lust, doch jedem Edlen war anzusehen, hier wurde nach Fug und Recht die verdiente Strafe für Verrat, Rebellion und versuchten Meuchelmord vollstreckt.

Als nur zwei Gefangene übrig waren, straffte sich Heinrich.

»Schenkt nun dem Geschehen Eure ganze Aufmerksamkeit, meine Liebe.«

Unten geleitete der Narr mit höfischer Grazie den Bischof von Catania zur Bühne.

»Weil der fromme Herr sich im Leben weder durch Treue noch durch Freundschaft ausgezeichnet hat, wird er dem Königreich der Verräter als Kanzler vorstehen. Genießen wir nun gemeinsam seine Amtseinführung.«

Die Knechte zerrten dem Bischof die Kleider vom Leib, nackt mußte er niederknien, und feierlich überreichte der Possenreißer dem Scharfrichter ein Messer. Die Klinge fuhr um den Schädel; mit geübtem Griff wurden dem Bischof Haare samt Haut abgezogen. Nicht genug, die Blutknechte banden ihn ans hochgerichtete Gestell, durch zwei Schnitte öffnete ihm der Henker den Bauch und riß die Gedärme heraus.

Oben auf der Tribüne kämpfte Konstanze gegen das Beben ihrer Lippen. Nach dem Bischof blieb nur noch er. Welche Qual würde Giordano erleiden? O Gott, laß mich keine Schwäche zeigen, flehte sie inständig, obwohl das Herz zu zerspringen drohte. Neben ihr keuchte Sabrina, würgte und erbrach sich.

Gnädig hatte der Tod den Bischof von seinen Peinigern erlöst, mit einem glühenden Eisen war ihm ein Loch durch die Brust gestoßen worden, vornübergesunken hing er an dem Gestell.

»Wir nähern uns dem Höhepunkt, teure Gemahlin. Habt eine Weile Geduld, der Thron des Königs muß erst hergerichtet werden.« Heinrichs Stimme verlor den salbungsvollen Ton; mit dem Zepter drohte er zur Blutstätte hinunter. »Dieser normannische Emporkömmling hat es gewagt, mich anzutasten. Nichts wird von ihm übrigbleiben.«

Verzweifelt schloß Konstanze die Augen; sofort beugte sich Heinrich vor. »Was fehlt Euch, Teuerste?«

Halb öffnete sie ihre Lider. »Nichts, mein Gemahl«, flüsterte sie, »sorgt Euch nicht. Es war nur die Hitze, ein Anflug von Müdigkeit, sonst nichts.«

»Sehr gut. Und merkt Euch, ich allein bestimme heute, wann dieser Tag für Euch zur Neige geht.«

Der Eisenstuhl war dicht vor die Tribüne ins Angesicht der Hofgesellschaft gestellt worden. Unter den Sitz hatten Knechte einen Feuerkessel geschoben, zwei quetschten Blasebälge und entfachten die Flammen. Neben ihnen stand der Narr, stocherte mit einer Zange in der Glut; sein weißer Schädel wackelte hin und her. Endlich trat er zurück und war mit dem rotglühenden Stuhl zufrieden. Er klatschte den Businebläsern.

Kaum war die Fanfare verklungen, führten zwei Bewaffnete den letzten Gefangenen heran.

Tief verneigte sich der Zeremonienmeister vor Graf Giordano, schlüpfte gebückt um ihn herum und schnitt ihm den Stoff vom Gesäß.

Die Schmach schürte den letzten Rest des Stolzes; aufbrausend hieb Giordano dem Possenreißer die gefesselten Fäuste ins Genick.

Für einige Augenblicke lag der Hofnarr wie eine weggeworfene, häßliche Puppe mit dem Gesicht im Staub, dann kroch er auf allen vieren davon. Nur mühsam gelang es ihm, wieder aufzustehen. Seine Totenfratze war verschmiert.

Empörte Rufe hoben sich aus den Reihen des kaiserlichen Gefolges. Trotz der Speerspitzen an seinem Hals warf Giordano den Kopf zurück. Sein Blick nahm Abschied von der Kaiserin.

Bleich saß Konstanze da und preßte die gefalteten Hände in den Schoß.

»Fangt an!« befahl Heinrich.

Der Henker packte den Anführer der Verschwörung und drückte ihn auf den glühenden Thron. Rauch stieg auf; schnell verbreitete sich der Gestank nach verkohltem Fleisch. Giordano brüllte seinen Schmerz den Zuschauern entgegen.

Im Tänzelschritt näherte sich der Narr mit einer Eisenkrone, feierlich setzte er sie dem Grafen auf. Der Henker trat hinter den Stuhl, zog einen Hammer und lange Stifte aus seinem Gürtel und nagelte die Krone dem Gepeinigten aufs Haupt.

Stille lähmte die Zeit, bis Fanfarenklänge das Ende des furchtbaren Schauspiels verkündeten.

Voller Grauen schluchzten die Patrizier und Kaufleute Palermos. Einer stützte den anderen, als sie sich über den Platz schleppten und sich in den engen Gassen der Stadt verbargen.

Noch spät am Abend saß Konstanze verloren auf der Kante ihrer Bettstatt. Sabrina hatte neue Kerzen aufgesteckt; aus leergeweinten Augen sahen die Frauen dem flackernden Licht zu.

Harte Schläge an der Tür schreckten sie hoch. Ohne Aufforderung betrat der kaiserliche Kammerherr das Gemach. »Seine Majestät«, meldete er.

Konstanze raffte den Ausschnitt ihres Nachtgewandes zusammen. Mehr Zeit fand sie nicht.

»Meine geliebte Gemahlin.« Bekleidet mit einem Seidenmantel, näherte sich Heinrich dem Lager.

»Was ...« Sie erkannte das Mienenspiel in seinem bleichen Gesicht, sah die Schweißperlen auf der Stirn, dennoch fragte sie: »Was führt Euch her?«

»Habt Ihr es schon vergessen? Was verlangt ein Mann, der des Nachts zu seinem angetrauten Weibe kommt?«

Verzweifelt versuchte Konstanze ein Gespräch zu beginnen. »Mein Gebieter, der Tag war schwer, sicher auch für Euch. Laßt mich ausruhen.«

»Heute bestimme ich das Ende Eures Tages. Und wagt es nicht, Euch mir zu verweigern.« Er schnippte Sabrina. »Hilf deiner Herrin aufs Kissen. Streife ihr das Hemd hoch.«

Nichts linderte die Scham, kraftlos lag Konstanze da.

Heinrich betrachtete sie voll Ekel. »Bei alten Kühen muß dem Bullen geholfen werden.« Wieder schnippte er der Zofe. »Entkleide dich.«

Sabrina gehorchte zitternd.

Er befahl ihr, sich rücklings neben dem Kopf der Kaiserin hinzuhocken. So angespornt, ließ er sich vom Kammerherrn den

Mantel abnehmen und warf sich zwischen die Schenkel seiner Gemahlin.

Der erste Stoß zerriß ihr das Herz; todwund ertrug sie seine Lust. Als er schweißtriefend von ihr ließ und der Diener ihm den Mantel umlegte, flüsterte sie: »Warum tötet Ihr mich nicht?«

»Weil Ihr jede Gnade verwirkt habt.« Aus seiner Höhe sah er kalt auf Konstanze hinunter. »Auch weiterhin sollt Ihr als Kaiserin an meiner Seite leben. Leben werdet Ihr, und doch, sooft ich will, täglich sterben. Nur so könnt Ihr Euren Verrat sühnen. War ich bis jetzt Euer Fegefeuer, werde ich von nun an Eure Hölle sein.«

Im Triumph verließ Heinrich VI. das Schlafgemach.

Nach einer Weile bat Sabrina mit erstickter Stimme: »Herrin, darf ich mein Hemd wieder anziehen?«

Konstanze hielt die Lider geschlossen.

Vorsichtig beugte sich die Zofe über sie. »Wollt Ihr trinken?«

»Nein, mein Kind, laß mich jetzt nicht allein.« Aus tiefer Trostlosigkeit tastete Konstanze nach der Hand Sabrinas. »Lege dich nah zu mir. Mich sehnt es nur danach, einen Menschen zu spüren.«

ie Hafenstädte quollen über; kaum faßten sie noch den Ansturm der Kreuzfahrer. »Wann endlich stechen wir in See?« Ungeduldig warteten die Ritter auf ihren obersten Kriegsherrn. Schließlich setzte die Hauptmacht ohne den Stauferkaiser das Segel; von Bari, Tarent und Messina liefen die Flotten mit Kurs nach Palästina aus.

»Wir folgen später«, bestimmte Heinrich. Er war erschöpft, suchte Ruhe und Entspannung.

Markwart von Annweiler erinnerte ihn an das Sumpfgelände bei Patti.

Mit den Fingerkuppen rieb Heinrich die stechenden Schläfen und strich das blaßrote Haar zurück. »Ja, mein Freund. Dorthin sehnt es mich jetzt. Nur in Begleitung meiner engsten Vertrauten will ich dort zu Atem kommen. Laß eine Beizjagd vorbereiten.«

Anfang August schreckte das Gebell der Hundemeute im hohen Schilf den Reiher und das Sumpfhuhn auf. Schwerfällig hoben sich die Vögel aus ihrem sicheren Versteck, und vom Blau des Himmels stießen die Falken hinunter. Es gab kein Entkommen.

Trotz der drückend feuchten Hitze genoß Heinrich die Jagd im ausgedehnten Sumpfgelände. Er ritt allen voran, ließ seinen Rappen über Sträucher setzen, hetzte ihn weit hinauf zu den bewaldeten Hügeln.

»Schont Euch, mein Fürst«, mahnte Markwart den Kaiser.

Doch Heinrich gönnte sich keine Ruhe. Zurück beim Zeltlager, beugte er sich erhitzt und durstig über einen Tümpel und trank das Wasser aus der Mulde seiner Hände.

In der Nacht befiel Schüttelfrost den Kaiser, Hände und Füße zuckten, haltlos schlugen seine Zähne. Unter furchtbaren Schmerzen quoll die linke Bauchdecke, gleichzeitig dörrte Hitze den schmächtigen Körper aus.

Besorgt wickelte der Leibarzt den Kranken in eine Decke. »Es ist wieder das Sumpffieber.« Zur Linderung flößte er Heinrich einen Sud aus Wurzeln und Kräutern ein; beim Schein der Öllampe ließ er den Kaiser zur Ader, und erst gegen Morgen ebbte das Zittern ab. Bleich und teilnahmslos lag der Kranke im Zelt.

»Wir bringen Euch nach Messina, mein Fürst.« Markwart wiederholte den Satz, bis der Ermattete durch eine Handbewegung sein Einverständnis gab.

Nur langsam kam das Gefolge voran. Immer wieder wurde der holpernde Karren auf Befehl des Leibarztes angehalten. Zweimal noch wüteten unterwegs Frost und Fieber und zehrten an den schwachen Kräften des Kaisers.

Im Palast von Messina wurde Heinrich VI. durch eine schnell herbeigerufene Gruppe angesehener Ärzte betreut. Bald aber gärte das faulige Tümpelwasser und trieb jetzt zusätzlich den Leib des

Patienten auf. In nicht einzudämmenden Stößen erbrach sich Heinrich; zugleich spritzte dünnbreiiger Kot aus seinem After, er wurde wäßrig, blutdurchsetzt.

Alle Kunst schien vergebens. Tag und Nacht umstanden der Leibarzt und die gelehrten Doktoren das Lager. Sie verabreichten Heilgetränke aus zerstoßenen Maulwurfsklauen und Schlangenherzen, ließen zur Ader, um das Fieber zu senken. Nach Wochen endlich wurden die Anfälle schwächer, und Mitte September dann stellte sich leichte Besserung ein.

Hohlwangig, bis auf das Skelett abgezehrt, blieb Heinrich ans Bett gefesselt; allein in den Augen schimmerte neuer Wille. »Meine Kraft ist stärker als der Tod.«

Er ließ sich vom Fortgang des Kreuzzuges unterrichten, plante mit seinen Beratern und gab Befehl, die Kaiserin sofort nach Messina zu bringen. »Unsere geliebte Gemahlin soll sich mit eigenen Augen von meiner Genesung überzeugen. Gewiß wird es sie mit großer Freude erfüllen.«

Noch ehe Konstanze in der Küstenstadt eintraf, riß das Sumpffieber den Kaiser wieder zurück. Schlimmer denn je erschütterte ihn der Frost, verbrannten ihn die Hitzewellen.

Heinrich bäumte sich gegen den Schmerz auf. Mit blutverkrusteten Lippen diktierte er Markwart von Annweiler seinen Letzten Willen und siegelte das Pergament mit Gold. »Bewahre es auf. Nur wenn ich nicht obsiege, gibst du meine Verfügungen aller Welt bekannt.«

Der Herzog war entsetzt vom Inhalt des Testaments. Sollte alle Mühe vergebens gewesen sein? Vorsichtig blickte sich Markwart um; es gab keine Zeugen. »Ich werde Euern Willen wie einen Schatz hüten, mein Fürst.«

Am Morgen des 28. September betrat die Kaiserin das Schlafgemach. Heinrich nahm sie nicht wahr. Gründlich rieb der Leibarzt den ausgemergelten Körper mit Duftwasser ab und wickelte ihn in frische Tücher.

Von ihrem Sessel am Fußende des Krankenlagers sah Konstanze

reglos den Bemühungen des Medicus zu. Stöhnte Heinrich vor Schmerz, erbrach er weißlichen Schaum, nichts erreichte ihr Herz.

Spät am Nachmittag richtete sich der Leibarzt auf und trat erschöpft zum Sessel am Fußende des Bettes. »Meine Fürstin«, die Stimme war voller Trauer. »Seine Majestät lebt nicht mehr.«

»Seid Ihr sicher?«

»Der Kaiser ist tot.«

Konstanze hob den Blick. »Zögert nicht. Geht hinaus und unterrichtet die Wartenden.«

Während der Medicus das kaiserliche Gemach verließ, öffnete sie das Fenster. Der laue Abend strömte herein; vom Wasser her drang das Geschrei der Möwen zu ihr hinauf.

»Der Kaiser ist tot!« Die Kuriere hetzten ihre Pferde nach Norden. »Der Kaiser ist tot!«

Wie Regen auf ausgedorrtes Land fiel die Nachricht in die geknechteten Städte und Dörfer. Aus den Wurzeln des Hasses wucherten Zorn und Empörung gegen die Gewaltherrschaft der Deutschen. »Schüttelt das Joch ab!« Die Bürger Mittelitaliens griffen zu den Waffen, bald fackelte Aufruhr im ganzen Land.

Fürst Philipp von Schwaben war auf dem Weg ins Herzogtum Spoleto, um seinen Neffen, den kleinen Friedrich Roger zur Krönungsfeier abzuholen. Nur wenige Tagesritte von Foligno entfernt sprengten ihm die Kuriere entgegen.

»Euer Bruder, Seine Majestät Heinrich VI., ist tot!« Die schweißnassen Männer zeigten nach Süden. »Kein Durchkommen mehr. Kehrt um, rettet Euch selbst.«

Ohne Zögern wendete der junge Staufer das Pferd und floh mit seiner Gefolgschaft zurück durch die Lombardei. Unter großen Verlusten mußte er sich den Weg über die Alpen erkämpfen. Noch vor ihm erreichte die Todesnachricht die Burgen der deutschen Fürsten und Bischöfe. Auch dort zerbrach der scheinbare Friede des Weltreiches.

Wer sollte jetzt König sein: ein Staufer oder ein Welfe?

Konstanze lehnte gekrümmt an der Wand ihres Gemaches und griff sich ans Herz.

»Was ist Euch, Fürstin?« Voll Sorge reichte Sabrina ihrer Herrin die Hand. »Kommt, Ihr müßt Euch ausruhen.«

»Nein, laß nur, mein Kind. Es geht gleich vorbei.« Sie versuchte, den Schmerz mit einem Lächeln zu überspielen: »Wenn du so schaust, erinnerst du mich an meine Mutter Oberin, damals im Kloster. Stets wachte sie wie eine Glucke über meine Gesundheit. Ach, Sabrina, du bist ein gutes Kind. Gib mir etwas Wasser, dann wird mir gleich besser.«

Die Zofe gehorchte, doch ihre Sorge blieb. Seit jener furchtbaren Nacht, die dem Tag des Blutgerichts folgte, war die Fürstin hin und wieder von jähem Stolpern des Herzens und dieser einschnürenden Enge in der Brust heimgesucht worden. Und nun, kaum war sie zurück in Palermo, traten die Anfälle häufiger auf! Gegen die schwarze Trauerkleidung wirkte ihr bleiches Gesicht noch elender.

Sabrina ertrug den Anblick nicht: »Besser aber wär's, wenn ich doch Eurem Arzt Bescheid gäbe.«

»Ich verbiete es dir. Jetzt, da ich uneingeschränkte Königin meines Landes bin, will ich das Volk nicht gleich durch Kränkelei erschrecken. Sabrina, ich weiß ja, wer mir fehlt.«

Konstanze wartete; von einem Tag zum nächsten wuchs ihre Ungeduld. Sofort nach Heinrichs Tod hatte sie die Herrschaft über das Südreich ergriffen. Ehe sie aber erste politische Entscheidungen fällte, hatte sie zwei apulische Grafen beauftragt, ihren Sohn nach Hause, nach Palermo zu bringen; wenn nötig, sollten sie ihn mit Gewalt aus Foligno entführen. »An meiner Seite wird Friedrich Roger der König von Sizilien.« Erst mit Erfüllung dieses Traums begann ihre Freiheit.

Allein die Nachrichten aus Mittelitalien versetzten Konstanze in Angst: Aufständische kämpften gegen deutsche Ritter; schlimmer noch, überall lauerten Plünderer und Räuber an den Straßen. Was wäre, wenn Friedrich in die Hände …?

»Heilige Mutter Gottes, beschütze mein Kind«, so begann ihr Gebet des Morgens in der Palastkapelle, so endete ihr Gebet.

Konstanze versicherte sich der sizilischen Truppen, wußte die Gutsherren und Patrizier auf ihrer Seite und säuberte ihren Hofstaat von allen Deutschen und deren Parteigängern: Den Kanzler Walther ließ sie einkerkern. An Händen und Füßen gekettet, wurde der Hofnarr im tiefsten Verlies mit einem Halsring an die Wand geschmiedet. Prälat Winfried entzog sich mit seinen Mönchen noch rechtzeitig dem Zugriff der Wache. Deutsche Notare und Steuereintreiber wurden von der Insel gejagt.

Ehe Friedrich nicht sicher in Palermo angelangt war, wagte es Konstanze nicht, auch Markwart von Annweiler, Konrad von Urslingen und die anderen Heerführer anzutasten, deren starke Truppenverbände entlang der Festlandküste lagerten. Wie leicht war es für sie, ein Schiff an der Fahrt über die Meerenge zu hindern!

»Heilige Mutter Gottes, du Mutter aller Kinder, bewahre meinen Sohn vor Unglück und Gefangenschaft!«

Wenige Tage nach seinem Hinscheiden hatte Konstanze den Kaiser im Dom von Messina vorläufig beisetzen lassen.

»Gibt es ein Testament meines Gemahls?«

Weder der Leibarzt noch die Berater wußten von einem Letzten Willen, und Markwart von Annweiler teilte der Kaiserin mit: »Es gibt keine schriftliche Verfügung. Mein Fürst war schon zu schwach. Dennoch hat er mich bestimmt, ehe seine schwersten Stunden anbrachen, Euch als rechte Hand beizustehen und die Sache des Reiches weiterzuführen.«

Konstanze unterdrückte den aufwallenden Zorn. »Wir werden darüber nachdenken, Herzog. Faßt Euch in Geduld.«

Ein christliches Begräbnis wurde dem Staufer verwehrt; seit der Gefangennahme des Normannenkönigs Richard Löwenherz lag er unter dem Bann der Kirche. Konstanze wollte ihre Pflicht als Kaiserin in Würde zu Ende führen und bat den Heiligen Vater um Milde für den Verstorbenen, aber Papst Coelestin lehnte ab.

Ein junger Sizilianer trieb das Pferd durch die Straßen von Palermo hinauf zum Palast. »Die Grafen sind aus Foligno zurück. Heute mittag erreichen sie mit dem bewaffneten Trupp die Stadt.« Sofort wurde er zur Regentin vorgelassen.

»Ist der Kronprinz bei ihnen?«

Da stockte der Bote, zuckte die Achseln: »Das weiß ich nicht. Die Herren haben mich an der Küstenstraße angehalten und mich geschickt. Das sollte ich sagen.«

Die Fürstin wandte sich von ihm ab; ihr Atem ging schwer. In das Schweigen beteuerte er: »Mehr haben sie mir nicht gesagt. Und bezahlt haben sie mich. Mehr weiß ich nicht.«

»Wir danken dir«, murmelte die Kaiserin. »Du darfst dich entfernen.«

An der Tür zog Sabrina den Boten beiseite. »Und ein schöner Mann? Blond ist er. Einer mit schönen blauen Augen. Ist der bei dem Gefolge?«

»Weiß ich nicht.«

Aus dem Handgelenk heraus gab ihm die Zofe eine Ohrfeige. »Denk nach, Kerl. Sonst ...«

Er duckte sich. »Nichts hab' ich getan. So glaub mir doch, ich weiß sonst gar nichts.«

»Du Bastard! Du Straßenköter!« Heftig schlug Sabrina nach dem Jungen, bis er ihr entwischte.

Vom geöffneten Fenster aus beobachtete die Kaiserin das Eintreffen der Grafen. Hoch zu Pferd führten sie den Trupp über den weiten Platz. Hufschlag hallte. Höflich grüßten die Herren zum zweiten Stock des Palastes hinauf und näherten sich der Torwache.

»Was ist nur geschehen?« flüsterte Konstanze. »Wo ist mein Kind?«

Halb von ihr verdeckt, reckte Sabrina den Kopf, schirmte die Augen mit der Hand. Aus dem Schatten der Gassen holperte ein Obstkarren über den Platz. Gemächlich trottete das Maultier im Geschirr. Vorn auf der Kutschbank saß der Bauer, den geflochtenen Hut tief in die Stirn gezogen. Hinter ihm auf dem Berg gelber

Melonen hockte sein Kind. Der riesige Strohhut bedeckte Kopf und Schultern, nur der ausgefranste Rand seines Lumpenkittelchens und die nackten Füße waren zu erkennen.

»Herrin, so seht doch.«

Verloren ließ Konstanze den Blick über den Platz gleiten bis hin zu den Gärten und Häusern.

»Nein, Herrin, da unten.« Sabrinas Herz sah mehr als die Augen. »Der Bauer dort.«

»Was ist mit ihm?«

Ohne Eile rollte der Karren auf das Palasttor zu.

Beide Hände preßte die Zofe vor den Mund. »O Madonna. Er ist es.«

»Von wem sprichst du?«

»Lupold!« Sofort verbesserte Sabrina. »Nein, ich meine der Prinz. Ach, verzeiht, Herrin. Alle beide. Unten auf dem Karren. Da kommen sie, ich weiß es. Ich weiß es.«

»Mäßige dich.« Konstanze wollte das Glück nicht wahrhaben.

Vom Fenster aus sah sie den Obstkarren bei der Wache anhalten. Erst als die beiden Grafen hinzutraten und das Kind über den Melonenberg in ihre ausgebreiteten Arme kletterte, flüsterte Konstanze: »Mit dir beginnt mein Leben zum zweitenmal.«

»Herrin«, kaum hielt es Sabrina. »Darf ich? Jetzt gleich, bitte.«

Ein Lächeln erhellte das Gesicht der Kaiserin: »Ja, lauf. Bring mir meinen Sohn. Und bitte die Grafen zu mir.« Schon war Sabrina auf dem Weg. Konstanze lachte ihr nach: »Lauf, Mädchen, laß Lupold nicht warten. Bringe auch ihn zu mir!«

Weit waren die Flügeltüren geöffnet. Im Saal des Palastes hatte sich die Regentin auf dem Thronsessel niedergelassen; sonst keine Zeremonie. Sofort wollte sie den Prinzen und seine Begleiter empfangen.

Noch im Kettenhemd und Reisemantel, so wie sie vom Pferd gestiegen waren, führten die apulischen Ritter den Jungen herein.

Ihnen folgte Lupold, als einfacher Obstbauer verkleidet. Der Prinz trug noch den großen Strohhut und das Lumpenkittelchen, seine Füße waren nackt. Nach einigen Schritten knieten die Grafen nieder und erboten der Kaiserin ihren Gruß.

»Wir danken Euch. Voller Unruhe haben Wir auf Eure Ankunft gewartet. Erhebt Euch.«

Vorsichtig berührte einer der Herren die Schulter des Prinzen und zeigte zum Thron. Reglos blieb Friedrich stehen.

Sabrina huschte näher, kauerte sich zu ihm. »Nun komm, kleiner Lumpenkönig«, raunte sie, »da vorn wartet deine Mutter auf dich.« Hilfsbereit wollte sie ihm den Hut abnehmen.

»Laß mich«, schimpfte er mit heller Stimme. »Ich kann allein.« Umständlich hob und zerrte er am Strohrand, endlich hatte er sich der Kopfbedeckung entledigt. Sein goldrotes Haar war von der langen Reise stumpf und strähnig geworden.

»Nun komm.« Die Zofe faßte seine Hand.

Zorn blitzte in den blauen Augen. »Ich kann allein.« Damit riß er sich los und rannte auf den Thronsessel zu.

Vergessen war alle höfische Würde; schnell verließ Konstanze den hohen Stuhl, kam dem Sohn entgegen, streckte ihm beide Arme hin. »Mein Friedrich!«

Der Kleine blieb stehen, mit dem Zeigefinger drückte er seine Unterlippe hinunter; so betrachtete er sie. Nach einer Weile schien er sich an etwas zu erinnern und beugte den Kopf. »Guten Tag, Frau Mutter.«

Tränen näßten ihre Wangen; sie erwiderte den höflichen Gruß: »Sei willkommen, mein liebster Herr Sohn. Ihr dürft näher treten, ganz nah zu mir.«

Unentschlossen setzte Friedrich den nackten Fuß vor, nahm ihn gleich wieder zurück und wandte den Kopf. »Lupold!« krähte er durch den Saal. Rasch war der Diener neben ihm. »Geh mit.« Freiwillig faßte er nach der Hand. Lupold brachte der Mutter ihren Sohn.

Sie kniete nieder und umschloß das Kind voller Zärtlichkeit.

»Du Licht meiner Augen.« Sie lehnte ihr Gesicht an seins, küßte das verschwitzte Haar.

Für einen Augenblick sank Friedrich weich an sie, schon reckte er wieder den Kopf. »Durst.«

Lächelnd gab Konstanze ihn frei, ohne ihn ganz aus den Armen zu lassen. »Du wirst trinken und essen, mein Sohn, was dein Herz auch begehrt.«

»Wasser will ich.«

Sabrina brachte einen Krug, füllte den Becher und beugte sich vor. Schalk blitzte in ihren dunklen Augen; einen Atemzug lang hielt sie das Tongefäß zu weit entfernt. Ungeduldig streckte Friedrich die Hand danach aus, schon öffnete er den Mund. Sabrina kam ihm zuvor: »Ich weiß, mein Prinz, das könnt Ihr allein«, und reichte ihm den Becher.

Die Grafen berichteten von ihrer Reise. Ohne Zögern hatte Margaretha ihnen den Kronprinzen überlassen; sie sorgte sich jetzt mehr um die Sicherheit ihrer eigenen Kinder. Im ganzen Herzogtum Spoleto gärte Unruhe. Auf Anraten des Dieners Lupold wurde ein zweispänniges Fuhrwerk besorgt. Stets blieben die Bewaffneten in Blickweite – weit genug, um keinen Verdacht zu erwecken, nah genug, um bei Gefahr sofort eingreifen zu können. Als zerlumpter Bauer, der mit seinem Sohn mal Holz, dann wieder Früchte beförderte, gelangte Lupold unbehelligt durch die Kampfgebiete und weiter im Süden an den Zeltburgen der deutschen Ritter vorbei. Auf dem Festland war das Fuhrwerk zurückgelassen worden; gleich nach der Überfahrt dann hatten die Grafen den Obstkarren gekauft. Und nie hatte Friedrich geklagt.

»Ich danke Euch, meine Herren. Wer einem Kind hilft, dem lohnt es die Mutter zehnfach. Scheut Euch nicht, Uns zu bitten. So tief Wir in Eurer Schuld stehen, so hoch seid Ihr in Unsrer Gunst.« Bewegt blickte sie auf Lupold. »Wie gut, daß dir damals der Helm zu eng war, mein junger Freund.«

Hastig nahm er die strohgeflochtene Kopfbedeckung ab. »Verzeiht, meine Fürstin.«

»Halte diesen Hut in Ehren, als Zeichen der Erinnerung. Auch in Zukunft sollst du meinem Sohn der erste Diener sein, doch nicht nur als einfacher Junker.« Konstanze hob die Stimme für alle, die im Saal anwesend waren. »Gerade weil Wir um deine deutsche Herkunft wissen, Lupold von Breisach, beweist Unser Dank, wie tief Wir dir verbunden sind. Auf Unserm nächsten Hoftag werden Wir dich in den Stand eines sizilischen Barons erheben.«

Das Glück war ausgeteilt. Die Stunden bis zum Festmahl wollte die Mutter allein mit ihrem Kind verbringen.

Obwohl Lupold vom Hofmeister eine eigene Kammer zugeteilt war, zog ihn Sabrina spät abends zum Versteck hinter den Wäschestücken. »Hier hast du mich verlassen. Hier sollst du zu mir zurückkehren.«

Schweigsam und hastig ist die erste Lust nach langer Entbehrung, seufzend das Atemholen. Dann, tief in der Nacht, erwachte ein Spiel mit Mund und Händen. Lupold trank aus ihrem Schoß, grub sich in ihren Geruch. Sabrinas Lippen erforschten seine Haut; zwischen den Schenkeln hielt sie inne. »Endlich hab' ich Euch gefunden, mein Prinz.« Leise drohte sie: »Doch sagt jetzt nicht: Das kann ich allein.«

Keine Rücksicht mehr; entschlossen trat Konstanze den deutschen Heerführern entgegen. In aller Schärfe waren die Befehle abgefaßt. »Markwart von Annweiler, Ihr bedeutet eine Gefahr für den Frieden Siziliens und Apuliens. Deshalb verbannen Wir Euch auf ewig aus Unserm Königreich.«

»Konrad von Urslingen, Ihr seid eine Gefahr...«

»Diepold von Schweinspoint...«

»Otto von Barkenstein...«

Verbannung! Nie wieder durften sie und andere Adelsherren den Fuß über die Grenze des Südreiches setzen? Der grobgeschlachte Reichstruchseß schäumte vor Wut. »Was wagt dieses normannische Weib! Diese betrügerische Hexe! Niemals hat sie einen Sohn geboren. Dieser Friedrich ist der Sohn eines Schlächters. Mich hat der Kaiser zum Verweser Siziliens ernannt. Ich erhebe Anspruch auf die Mitregentschaft, und nie werde ich darauf verzichten.«

Doch die Kaiserin hatte den Augenblick gut gewählt. Kein Angriff erfolgte. Unter Drohungen und Flüchen mußten die Heerführer unverzüglich mit den Truppen nach Mittelitalien aufbrechen. In ihren Herzogtümern loderten Aufruhr und Empörung. Konrad von Urslingen bangte um seine Familie in Spoleto, Markwart wollte die Mark Ancona nicht verlieren.

Konstanze nützte die Zeit, ihr Königreich neu zu ordnen. In den wenigen Mußestunden hörte sie dem Lachen ihres Sohnes zu, erfüllte ihm jeden Wunsch. Sie liebte den Tag und fürchtete die Nacht. Furchtbare Bilder zogen durch ihre Träume, weckten sie auf und blieben:

Ihre Schenkel waren weit auseinandergerissen. Im Zelt auf dem Marktplatz von Jesi begaffte der spitzgesichtige Prälat ihren Schoß. Das Kind wurde ihr entrissen. Grölende Reiter warfen es sich wie einen Ball zu.

Konstanze vermochte sich nicht gegen die Bilder zu wehren, und das Pochen in ihrer Brust verlor den Gleichschlag, stolperte. Enge griff nach ihr, schnürte sie ein. Sie rang nach Luft, lag verkrümmt da, bis das Herz den Takt in rasenden Stößen wiederfand, sich endlich beruhigte.

Erschöpft, in Schweiß gebadet stammelte Konstanze: »O Gott, o allmächtiger Gott, ich flehe nicht um mein Leben. Erbarme dich. Laß mir noch Zeit, bis ich meinem Sohn den Weg bereitet habe.«

Jetzt erst vertraute sie sich ihrem Leibarzt an und gehorchte den Anordnungen. Sie trank bittere Kräutersäfte, täglich bereitete ihr Sabrina lauwarme Beinbäder, des Abends füllte die Zofe kaltes Wasser in kleine Flaschen. Sie sollten das aufgeregte Herz kühlen.

Im Januar 1198 legte der Tod seinen Mantel um den greisen Papst Coelestin III. Noch am selben Tag hoben die Kardinäle den siebenunddreißigjährigen Lothar, Graf von Segni, als Papst Innozenz III. auf den Heiligen Stuhl.

Ein kluger, feinsinniger Aristokrat, ein scharfdenkender Jurist, ein machtbewußter Prediger: »Ich bin über das Haus Gottes gesetzt, damit mein Verdienst wie meine Stellung alles überrage. Mir ist geweissagt vom Propheten: Ich will dich über Völker und Königreiche setzen. Der Nachfolger Petri ist in die Mitte gestellt, zwischen Gott und die Menschen, geringer als Gott, aber größer als jeder Mensch, und er urteilt über alle, während niemand über ihn ein Urteil fällt ...«

Auf diesen Papst setzte Konstanze ihre ganze Hoffnung. Und der kühl rechnende Heilige Vater ließ sich seine Güte mit hohen Zugeständnissen aufwiegen. Was Coelestin noch strikt verweigert hatte, gewährte jetzt Innozenz: Er löste den Kirchenbann von Heinrich VI. Und der Leichnam des Kaisers wurde nach Palermo überführt. Nach der Totenmesse ließ ihn Konstanze in einem Porphyrsarg neben ihrem Vater König Roger beisetzen. Keine Milde regte sich in ihr; sie wollte Tradition wahren, nicht gegen den Brauch verstoßen. Vielleicht durfte sie dann vergessen.

Doch das Nachtdunkel blieb erfüllt von grellen Erinnerungen. Die Gequälten schrien, und der Narr lachte aus seiner Totenfratze.

Das Ziel erschien so weit. Immer neue Bedingungen stellte der Papst. Gegen ihr innerstes Wollen mußte Konstanze den eingekerkerten Kanzler Walther von Pagliara freilassen; mehr noch, sie mußte ihn in seinem alten Amt wieder bestätigen.

Ohne ihr Wissen ließ Kanzler Walther als erste Maßnahme den Hofnarren Heinrichs auf freien Fuß setzen.

Innozenz rang der nach außen hin so selbstbewußten Frau den Lehnseid für Sizilien ab. Von nun an stand das Südreich unter der Oberherrschaft des Heiligen Stuhls. Als Gegenleistung durften endlich die Glocken zum großen Fest rufen.

Am Pfingstsonntag war Palermo mit Rosen und Girlanden wie eine Braut geschmückt. Über einen Blütenteppich führte Kaiserin Konstanze, Königin Siziliens, den dreijährigen Friedrich Roger zur Krönungsfeier in die Kathedrale.

Die Bürger warfen sich dem jungen König zu Füßen, jubelten und huldigten ihm nach sizilischem Brauch: »Christ ist Sieger! Christ ist König! Christ ist Kaiser!«

Ehe die Sonne versank, zeigte sich Konstanze mit ihrem Sohn noch einmal am Fenster des zweiten Stockwerkes. Unten auf dem weiten Platz hielt die Musik inne; die Menschen winkten hinauf zu den königlichen Gemächern, klatschten.

Friedrich wedelte begeistert mit beiden Händen, bis die Mutter ihn sanft wegführte.

»Morgen wieder?« fragte er.

»Nein, mein Sohn.«

Nachdenklich drückte er mit dem Zeigefinger die Unterlippe hinunter. »Kann ich jetzt auch Kaiser?«

»Was redest du da?« fuhr ihn Konstanze an; gleich sah sie die erschrockenen Augen. »Verzeih. Nein, ich zürne dir nicht. Komm, setz dich zu mir.« Sie wartete, bis er auf die Bank geklettert war. »Friedrich. Von heute an bist du der König über das schönste Land der Welt.« Gespannt hörte er ihr zu. »Du bist der König aller Kinder, aller Männer und Frauen in Sizilien.« Sie sprach nicht weiter. Kaiser des römisch-deutschen Imperiums sollst du nie werden, mein Kind, dachte sie, nur hier gibt es Sicherheit für dich. Hier ist deine Heimat.

Friedrich schlug die kleinen Fäuste zusammen. »Mehr König«, verlangte er.

»Dann bist du noch der König über alle Vögel.«

»Mehr König.«

»Über alle Fische, über die Schafe.«

Beide Arme reckte der kleine König, winkte seinen Untertanen zu. Immer neue mußte die Mutter für ihn erfinden.

In den qualvollen Träumen geleitete der Narr den letzten Gefangenen vor die Tribüne. Graf Giordano sah zur Kaiserin auf. Sein Blick brannte sich in ihre Augen. Der Thron glühte.

Vergeblich wehrte sich Konstanze gegen die Angst. Ein eiserner Fuß senkte sich auf ihre Brust, drückte die Kehle zu.

Im Namen ihres Sohnes verzichtete Konstanze auf die deutsche Königswürde. Nichts sollte ihn an das kalte Land jenseits der Alpen binden.

Sie fühlte, daß ihr nicht mehr viel Zeit blieb. Nach Absprache mit den päpstlichen Legaten diktierte sie ihren Letzten Willen: »Wenn Gott mich abberuft ...«

Das Familiarenkolleg, vier Erzbischöfe unter Führung des Kanzlers Walther, sollte die Regierungsgeschäfte von Palermo aus leiten. Dem Heiligen Vater selbst übertrug sie die oberste Regentschaft des Südreiches. Seiner Vormundschaft vertraute sie ihren Sohn Friedrich an.

In gesondertem Schreiben sicherte sie Sabrina und allen, die ihr stets treu gedient hatten, ein Auskommen.

Heinrich trat ins Zimmer. Sie sah die Schweißperlen auf seiner Stirn. Der Seidenmantel hing ihm lose von den Schultern. »Leben werdet Ihr, und doch, sooft ich will, täglich sterben.«

Der Stoß zerriß ihr das Herz.

Nach quälendem Kampf lag Konstanze am Morgen des 28. November 1198 ermattet auf ihrem Lager; Schmerz lähmte den linken Arm und griff auf den rechten Arm über. Jede Hilfe lehnte die Fürstin ab.

»Ich danke Euch«, flüsterte sie dem Medicus zu. »Wartet mit mir auf das Ende.«

Sie verlangte nach ihrem Beichtvater, flehte um Vergebung aller Sünden und empfing die Letzte Ölung.

»Jetzt führe den Jungen zu mir«, bat sie Sabrina.

Als Friedrich neben ihrem Lager stand, drehte sie ihm mühsam den Kopf zu und schob ihr Gesicht mit letzter Kraft dichter an den Rand der Bettstatt. »Komm du auch näher.«

Lange sah er verwundert in die dunklen Augen. Mit einem Mal streckte er die Finger aus und streichelte behutsam ihre Wange. »Mutter.«

Ihre Lippen suchten die kleine Hand. »Kaum hast du das Wort gelernt, mußt du es schon wieder lassen.« Sie atmete gegen das Herzstolpern. »Mein Friedrich, welch einer grausamen Welt liefere ich dich aus!«

Der eiserne Fuß lastete auf ihrer Brust, der Druck wurde stärker. »Bringe ihn hinaus, Sabrina.« Sie keuchte die Worte. »Er ... er soll mich nicht so sehen.« Sie rang nach Atem. »Sabrina, kehre nicht zurück. Bitte, tröste ihn. Bitte.«

Haltlos rollten Tränen der Zofe über die Wangen. »Komm, kleiner König«, schluchzte sie. »Deine Mutter will schlafen. Komm.«

Friedrich nickte, und so leise er es vermochte, huschte er vor Sabrina her.

In die Atemnot setzte das harte Rasen des Herzens ein, donnernd brandete das Blut hinauf, überspülte die Augen. Das Bewußtsein ertrank.

Draußen auf dem langen Flur sang Sabrina das Lied von den Möwen im Wind, vom Salz des Meeres. Aufmerksam hörte Friedrich ihr zu; wußte er eine Zeile, so sang er sie mit.

DEUTSCHLAND

Welfe oder Staufer

Der Streit um den Thron spaltet die deutschen Lande.

Im Juni 1198 salbt Erzbischof Adolf von Köln einen Welfen in der Krönungsstadt Aachen zum deutschen König; allein, es stehen am Festtag für den baumlangen, zwanzigjährigen Otto von Braunschweig nur die falschen Reichsinsignien zur Verfügung.

Die echte Krone, samt Zepter, Mantel, Reichsapfel und Schwert, befindet sich im Besitz der Gegenpartei und lagert gut verwahrt auf Burg Trifels.

Im September 1198 salbt Erzbischof von Tarantaise einen Staufer in Mainz zum deutschen König. Zwar erhält der jüngste Bruder Heinrichs VI., der feingliedrige, zwanzigjährige Philipp von Schwaben, am Festtag die echten Reichsinsignien, jedoch wird er vom falschen Erzbischof in der falschen Stadt gekrönt.

Wer ist der wahre König?

Beide Parteien rüsten. Erste Horden verwüsten das Land. Ehe die großen Heere aufeinanderprallen, soll der Papst entscheiden.

Innozenz III. läßt sich Zeit. Der kühle Rechner spielt seine neue Macht aus: »Also sind drei zum König berufen worden«, und erinnert an den einzigen von allen deutschen Kurfürsten gewählten König, an sein Mündel, den kaum vierjährigen Friedrich Roger.

Otto von Braunschweig und Philipp von Schwaben wissen: Nur wer sich der Politik des Heiligen Stuhls in allem unterwirft, wird den Segen des Papstes erringen.

Das Urteil ergeht im Jahre 1201. Am 3. Juli verkündet der päpstliche Legat im Dom zu Köln: Otto von Braunschweig ist der vom Papst bestätigte rechtmäßige König. »Es lebe Otto IV.! Wer dich segnet, soll gesegnet sein, wer dir flucht, soll verflucht sein.«

Zur gleichen Stunde werden König Philipp von Schwaben und seine staufischen Anhänger mit dem Kirchenbann belegt.

»Wir beugen uns nicht!«

Krieg, Hunger und Tod zerreißen die Städte und Dörfer.

Klagend sitzt der Sänger Walther von der Vogelweide auf einem Stein.

> »Untreue lauert im Hinterhalt,
> Gewalt beherrscht die Straße,
> Friede und Recht sind schwer verwundet ...«

SIZILIEN

Der gesalbte Herrscher

»Dieser Friedrich ist der Sohn eines Schlächters.« Markwart von Annweiler will die Regentschaft über Sizilien. Keine Niederlage schreckt ihn. Im Oktober 1201 muß Kanzler Walther der Übermacht weichen, und lärmend ziehen die Truppen Markwarts in Palermo ein.

Der sechsjährige König Friedrich hält sich unter dem Schutz eines Grafen in der Hafenfestung versteckt. Sein Aufenthalt wird verraten, die Wache bestochen, und kampflos wird das Tor geöffnet.

Baron Lupold und Magister Wilhelm Francisius flüchten mit Friedrich in die innersten Gemächer. Wenig später splittert die Tür. Die Söldner halten den Kammerherrn und den Lehrer des kleinen Königs in Schach. Lachend nähert sich Markwart dem Kind. Die Ohnmacht treibt Friedrich helle Zornestränen in die Augen; mit einem Schrei stürzt er sich auf den Riesen, schlägt wild nach der ausgestreckten Hand, klammert sich an den Arm. Markwart schüttelt den kleinen König ab wie eine lästige Katze. Da jede Gegenwehr vergebens ist, reckt Friedrich das Kinn: »Ich bin der gesalbte Herrscher.«

Er öffnet den Königsmantel, zerreißt sein Untergewand, mit den Fingernägeln zerkratzt er die entblößte Brust; so liefert er sich dem Deutschen aus.

Befreit den Sohn des Kaisers!

An der Seite Markwarts zieht auch der Narr wieder in den Palast von Palermo ein. Annweiler und mit ihm die Heerführer Diepold von Schweinspoint und Wilhelm von Capparone beuten das reiche Sizilien aus, die Verwaltung versinkt im Chaos.

Im folgenden Jahr leidet der Reichstruchseß an Harnstau. Die Steinoperation mißlingt. Markwart von Annweiler erliegt seiner Krankheit.

Wilhelm von Capparone übernimmt die Herrschaft. Und schlimmer noch wird das Land ausgeplündert.

Auf Bitten des kleinen Königs schreibt sein Lehrer Wilhelm Francisius einen Hilferuf: »Allen Königen des Erdenrunds und den Fürsten der Welt wünscht der noch unschuldige König Siziliens namens Friedrich Heil im Herrn ...«

Er beklagt, daß ihm sein tägliches Brot nach Gewicht, der Trank ihm becherweise zugeteilt wird. Er beklagt, daß nicht er regiert, sondern Plünderer regieren, und fleht die Fürsten des Erdenrunds an: »... Befreit den Sohn des Kaisers, helft mir, die Krone des Königs wieder zu erheben!«

Ein Mittagstisch für den König

Den Söldnerführern im Palast ist das Schicksal Friedrichs gleichgültig. Sabrina versorgt den Jungen mit Nahrung und Kleidung. Sie erbettelt für ihn bei den Vornehmen Palermos einen täglichen Mittagstisch. Baron Lupold bleibt stets an der Seite seines Schutzbefohlenen. Er zeigt ihm den ersten Umgang mit den Waffen, er schult ihn in der Kunst des Reitens, und bald schon ist Friedrich in seiner Wildheit dem Diener überlegen.

Tag für Tag sitzt der junge König wißbegierig vor Magister Wilhelm; jede Lektion saugt er in sich auf. Lupold begleitet den Neunjährigen auf seinen Streifzügen durch die Straßen und Gassen Palermos. Voll Neugierde lernt Friedrich von Normannen, Sarazenen, Deutschen, Juden und Griechen. Nichts bleibt ihm fremd, nicht der harte Kampf der Straßenjungen, die rohen Späße der Seeleute und Huren in den stinkenden Spelunken, nicht die geschickte Taschenspielerei der Betrüger, die Schlangentöpfe und die aus Blut und Haaren gebrauten Zaubertränke der Wahrsagerinnen.

DEUTSCHLAND

Die Kaiserkrone zum Greifen nahe

Unfaßlich wächst das Leid in Stadt und Land.

Das Schlachtenglück bleibt auf der Seite des Welfenkönigs Otto IV. In allem unterstützt Innozenz den Sieger: Durch Erpressung und Drohung hat er die gegnerischen Erzbischöfe auf die Seite des Welfen gezwungen.

»Ich bin König von Papstes Gnaden«, gesteht Otto demutsvoll. Im Jahre 1204 scheint die Kaiserkrone zum Greifen nahe.

Da entsteht Unfrieden im Hause der Welfen. Die Familie kündigt Otto ihre Gefolgschaft und reicht dem gebannten König Philipp die Hand. Die Großen des Reiches folgen, selbst der Erzbischof von Köln tritt zur Stauferpartei über.

»Wäre dieser Mensch nie geboren worden!« So sehr Innozenz auch schäumt, er kann den Wechsel nicht aufhalten.

Das Findelkind

Bei Freiburg hatten durchziehende Söldner eine Magd vergewaltigt. Als im Dezember 1204 die Geburt naht, verläßt die Hochschwangere ihre Herrschaft. Unweit von Breisach schleppt sie sich in einen Ziegenstall. Am Weihnachtsabend bringt sie heimlich ihr Kind zur Welt. Aus Scham und Angst vor Strafe läßt sie den Sohn zurück, lärmt, bis die Höfler wach werden und flieht. Die Bauersfrau findet das Neugeborene bei den Ziegen, und aus Barmherzigkeit nimmt sie es zu sich. Der Junge ist gesund; rötlich schimmern die kleinen Locken. »Tile sollst du heißen«, bestimmt die Bäuerin. Bleiben darf Tile nur, bis er für sich selbst sorgen kann; denn auf dem Hof gibt es Esser genug.

Das Netz zerreißt

Im Januar 1205 versammeln sich die weltlichen und geistlichen Fürsten in Aachen. Bei festlichem Geläut wird der Staufer Philipp vom Kölner Erzbischof unter der Reichskrone zum zweitenmal gesalbt, diesmal in der richtigen Stadt, vom richtigen Krönungsbischof.

Nahe Wassenberg vernichtet Philipp das Heer des Welfen.

Sogleich schenkt auch Papst Innozenz dem Sieger seine Gunst, und gegen großzügige Steuergeschenke löst er Philipp aus dem Bann. Der Kaiserwürde steht nichts im Wege.

Da ermordet Pfalzgraf Otto von Wittelsbach in Bamberg den Stauferkönig Philipp. Eifersucht und gekränkter Stolz zerstören das von geistlichen und weltlichen Machthabern so klug gewebte Netz.

»Ein Gottesurteil hat die unselige Zwietracht im Reich beseitigt«, läßt Papst Innozenz im Reich verbreiten. Und der Welfenkönig Otto sieht erneut die Kaiserkrone über seinem Haupt schweben.

Voll Unmut greift der Sänger Walther zur Laute:

> »O wie christlich der Papst jetzt lacht ...
> Ich hab' zwei Deutsche unter eine Kron' gebracht,
> damit sie das Reich verwirren und verwüsten
> und füllen mir dabei die goldnen Kasten ...«

SIZILIEN

Zu jung — zu alt

In Palermo hat sich das Blatt gewendet. Wilhelm von Capparone ist vertrieben, Kanzler Walther hat die Verwaltung wieder an sich gerissen und Friedrich aus seiner unwürdigen Lage befreit. Der Kanzler staunt: Die zurückliegenden fünf Jahre haben aus dem Kind einen willensstarken jungen Mann werden lassen, der sich ungestüm Freiheiten nimmt, die selbst einem König nicht geziemen.

Mehr denn je stillt Friedrich seinen Wissensdurst. Neben dem Unterricht bei seinem Hauslehrer läßt er sich von arabischen Gelehrten in die Geheimnisse des Islams einweisen.

Magister Wilhelm schreibt über den Dreizehnjährigen: »Der König hat an Wissen und Kraft sein eigenes Alter weit übertroffen. Er besitzt jetzt schon die Reife und das Wissen eines vollkommenen Mannes ... Mit untrüglicher Sicherheit unterscheidet er zwischen den Guten und Schlechten, zwischen den Getreuen und Ungetreuen ... Sein Auftreten fordert Respekt, an Majestät ist er ein Herrscher.«

Huldvoll wendet sich nun der Papst seinem Mündel zu und lockert die Zügel, ohne sie jedoch aus der Hand zu geben. Mit politischem Weitblick und zum Vorteil des Heiligen Stuhls hat er für Friedrich eine Braut ausgewählt: die gerade verwitwete fünfundzwanzigjährige Konstanze von Aragon.

Sie weist empört den Vorschlag zurück. »Ich will kein Kind heiraten.«

Innozenz versüßt seinen Druck auf das aragonesische Königshaus mit dem Trost: »Eines Cäsaren Mannbarkeit tritt vor der Zeit ein.«

Auch Friedrich sträubt sich gegen den Plan: »Ich will keine alte Frau zur Gemahlin.«

Ohne auf die Vorzüge der Braut einzugehen, weist ihn der Papst auf die zu erwartende Morgengabe hin: Konstanze wird fünfhundert spanische Ritter mit in die Ehe bringen. Eine Streitmacht, die es dem Bräutigam ermöglichen wird, im zerrütteten Königreich aus eigener Kraft wieder Ordnung und Recht herzustellen.

Jetzt willigt Friedrich ein. Die Trauung wird vollzogen, ohne daß sich die Brautleute gesehen haben.

Am 26. Dezember 1208 erklärt Innozenz den Vierzehnjährigen für volljährig, und Friedrich übernimmt selbst die Regentschaft über Sizilien. Er entmachtet Kanzler Walther, besetzt das Familiarenkolleg neu und erkämpft verschleuderte Krongüter zurück.

Eines Morgens hängt der Hofnarr seines Vaters mit Lanzen gekreuzigt an der Tür des königlichen Pferdestalls.

Voll Ungeduld wartet Friedrich auf die fünfhundert Panzerreiter; mit ihnen plant er die Herrschaft auf dem Festland zurückzuerobern. In weit größerer Gelassenheit erwartet er seine Braut.

Am 15. August 1209 landet das Schiff seiner Gemahlin im Hafen von Palermo.

Ehe die fünfhundert Ritter mit dem jungen König in Apulien einreiten, sterben sie alle am Sumpffieber.

Das ungleiche Paar findet zueinander. Friedrich liebt und verehrt die kluge, mütterliche Frau. Bald schon trägt sie ein Kind unter dem Herzen.

KIRCHENSTAAT

Der falsche Kaiser von Papstes Gnaden

Im Oktober steht der Welfenkönig Otto mit einem großen Heer vor Rom. Demütig nimmt er die Kaiserwürde aus der Hand des Heiligen Vaters.

Kaum ist die lang ersehnte Krönung vollzogen, streift er jede Unterwürfigkeit ab. Vergessen sind alle Versprechungen. Zürnend muß Innozenz zusehen, wie der Welfe sich gegen ihn wendet und 1210 mit seinen Truppen nach Süden zieht.

»In Sizilien darf nur der Träger einer Kaiserkrone herrschen!«
Otto höhnt: »Ich werde das Königlein von der Insel jagen!«

Erbittert schleudert Papst Innozenz den Bannfluch gegen den Kaiser, doch der Welfe läßt weitermarschieren. Der Heilige Vater ringt die Hände. »Das Schwert, das Wir uns schmiedeten, schlägt Uns schwere Wunden. Ihr Christen alle, es reut Uns, diesen Menschen geschaffen zu haben.«

Überhastet reiten päpstlichen Legaten nach Deutschland und Frankreich. Nur ein Ausweg bleibt! Geheime Verhandlungen und Geschenke erreichen das Einverständnis des französischen Königs und die Zustimmung der deutschen Kurfürsten. Im September 1211 wird Friedrich zum Kaiser des römisch-deutschen Imperiums ausgerufen.

Der Sänger seufzt:

»Gott gibt zu Königen, wen er will.
Des Wortes wundert mich nicht viel,
uns Laien wundert nur des Pfaffen Lehre ...
Nun saget uns bei eurer Treu:
An welchem Wort sind wir betrogen?
Uns dünket eines sei gelogen.
Zwei Zungen stehen schlecht in einem Mund.«

SIZILIEN

Traum und Alptraum

Der gebannte Kaiser Otto hat das Festland des Südreiches überrannt und wartet nur auf die Flotte der Pisaner; der Angriff auf die Insel steht unmittelbar bevor. Nichts hat der junge Staufer dieser Übermacht entgegenzusetzen. Ein Schiff liegt im Hafen bereit, ihn mit Konstanze und dem jetzt einjährigen Sohn Heinrich nach Afrika zu bringen.

Da erreicht die Nachricht von der Kaiserwahl Friedrichs das welfische Lager.

In der Nacht zuvor träumte Otto: Ein junger Bär bestieg sein Bett, wuchs und wuchs; schließlich verdrängte er den Welfen von seinem Lager.

Kopflos bricht Otto den Feldzug ab und wendet sich nach Norden, will in Deutschland retten, was von seiner Macht übrig ist.

Armer Zaunkönig, reicher Papst

Kaum sind die kaiserlichen Truppen abgezogen, reitet der Schwabe Anselm von Justingen in Palermo ein und überbringt Friedrich den Ruf der Kurfürsten.

Die Ratgeber und Freunde warnen: »Der Weg nach Norden ist von den Anhängern Ottos versperrt.«

Konstanze versucht ihren Gemahl zurückzuhalten, jedoch der Siebzehnjährige reckt das Kinn. »Ich will und kann!«

Den kleinen Sohn Heinrich läßt er zum König von Sizilien krönen; ihm wird die Mutter als Regentin zur Seite stehen. Mitte März bricht Friedrich auf, nur begleitet von einer kleinen Schar Getreuer.

In Rom empfängt der Heilige Vater zum erstenmal den jungen König. Zunächst verlangt er den Lehnseid für Sizilien, zwei Grafschaften als Pfand, dann schenkt er dem Mittellosen etwas Reisegeld, versorgt ihn mit Empfehlungsschreiben an die deutschen Bischöfe und beauftragt den päpstlichen Legaten Berard von Castacca, Bischof von Bari, ihn zu begleiten.

Per Schiff gelangt Friedrich ins befreundete Genua und zu Pferd über Umwege nach Pavia. Von dort aus bleibt nur der Ritt durch Feindesland. Mit List oder mit Waffengewalt wollen ihn die Leute von Pavia in Sicherheit bringen. Doch die Nachrichten sind schlecht, die mächtigen Mailänder haben dem Welfenkaiser geschworen: »Wir werden den Zaunkönig für dich einfangen.«

Alle Straßen sind scharf bewacht, und erst jenseits des Flusses Lambro warten die Truppen der staufertreuen Stadt Cremona.

Zweites Buch

Das Kind von Pülle

1212–1235

*Der Zauberer Merlin
atmete schwer, vergeblich schützte er die Augen.
Brennende Bilder stürzten auf ihn ein:
»Sein Bett wird schwellen und Frucht tragen unter den Nachbarn ...
Dann wird er in sein eigenes Blut tauchen.
Er schlägt Wurzeln in ihm ...
Rom wird er grimmigen Auges anschauen und es entvölkern ...
Sein eigen Fleisch und Blut wird er gegen sich gerichtet sehen ...
Furchtbar ist seine Rache.
Wehe denen, die dann keine Zuflucht haben ...
Und bei seinem Ende werden die über ihn frohlocken,
die ihm geflucht haben.«*

Von irgendwo her schrie ein Fischreiher. Das Ufer konnte nicht mehr weit sein. Am Zügel führte der Späher sein Pferd durch den dichten Nebel, tastete sich auf dem Weg vorwärts. Ihm folgten die Bewaffneten aus Pavia; in ihrer Mitte ritt der junge König, nur begleitet von drei seiner engsten Getreuen.

Vor dem Aufbruch gestern abend hatte Friedrich das kleine Gefolge um sich geschart. »Mich jagen sie, nicht euch, meine Freunde.« Härte stand in seinem Blick, und keiner wagte zu widersprechen. Erst wenn die Nachricht von der geglückten Flußüberquerung Pavia erreichte, durften sie nachkommen. »Morgen ist Sonntag«, leicht waren die Worte des Königs, »also verschlaft getrost die frühen Messen. Später dann beeilt euch, oder bleibt und zündet Totenkerzen für mich an.« Sein jungenhaftes Lächeln vertrieb die Sorge der Männer nicht.

Ohne Rast war der Geleitschutz mit Friedrich und seinem Leibdiener Baron Lupold, dem Schwaben Anselm von Justingen und dem päpstlichen Legaten Berard von Castacca, Bischof von Bari, die Nacht hindurch geritten. Jetzt im Morgengrauen war Nebel über die weite Flußniederung gefallen.

Sie mußten die Straße verlassen. Rotten der Mailänder überwachten das Gebiet bis zum westlichen Ufer des Lambro; in jedem Gehölz rechts und links des Fahrweges konnte ein feindlicher Trupp lauern.

Langsamer kamen sie voran, gefahrvoll wurde der schmale Weg, und die Sicht war schlecht. Der Späher hielt den Zug an, durch Handzeichen verlangte er, die Hufe der Pferde zu umwickeln. Friedrich und seine drei Getreuen blieben im Sattel; lautlos huschten Bewaffnete mit Tüchern von Tier zu Tier. Weiter! Niemand sprach, allein das gedämpfte Schaben und Klirren der Rüstung an den Panzerdecken der Pferde konnte sie verraten.

Lupold wischte sein kaltfeuchtes Gesicht. Er war nur durch Brustharnisch und Kettenhaube geschützt; seit damals, seit den Wochen im Erdloch, ertrug er die Enge eines Helms nicht mehr.

Dicht an seiner Seite sah er den König, doch schon der voraus reitende Anselm war nur im Umriß zu erkennen. Dann und wann wuchs unvermittelt ein Busch oder Baum schwarz und drohend aus dem Nebel. Weit über ihnen kreischten Krähen.

Noch war der Zeitplan nicht in Gefahr. Eine starke Einheit der Cremoneser sollte jenseits des Lambro den König erwarten; erst nach Sonnenaufgang würde sie auf Zuruf ihre Deckung verlassen und an der Furt Stellung beziehen.

Stetiges Fließen, das Ufer war erreicht, Wellen leckten und glucksten im Schilf. Einer gab das Zeichen an den nächsten weiter, schweigend stiegen die Männer ab. Leichter Wind kam auf.

Der Späher trat zu Friedrich und raunte: »Majestät, die Straße zur Furt liegt einen Steinwurf flußabwärts.« Er zeigte über das Wasser. »Bald lichtet sich der Nebel.«

»Du bist ein tüchtiger Mann. Wir warten hier.« Friedrich reichte ihm die Hand. »Mehr Lohn kann ich dir jetzt nicht geben.« Offen sah er den Späher an: »Später aber wird dein Kaiser dich nicht vergessen.«

Der Wind wurde stärker, öffnete den dichten Schleier und trieb die Schwaden nach oben. Am anderen Ufer zeigte sich die Morgensonne über dem Wald als silbrig matte Scheibe.

Einige aus dem Geleitschutz bekreuzigten sich, andere ballten nur ihre Fäuste. »Dort sind wir in Sicherheit«, flüsterte Lupold.

Der Späher trat ans Ufer; durch den Trichter seiner Hände rief er über den Lambro: »Hier Pavia!« Wiederholte es: »Hier Pavia!«

Nach einer kurzen Weile kam die Antwort. »Hier Cremona!« Aus dem Schutz der Bäume lösten sich Reiter; ein Stück flußabwärts bezogen Bogenschützen an der Furt ihre Stellung.

Jäh verflüchtigte sich auch der Nebel am diesseitigen Ufer.

Hornruf erschallte. »Hier Mailand!« Nur einen Steinwurf vom Geleitschutz entfernt brüllten und grölten Bewaffnete. »Hier Mailand!« Eine Übermacht hielt den einzigen Weg durch den Lambro besetzt. »Gebt uns den Zaunkönig! Und wir lassen euch laufen!«

»Niemals!« Die Paveser formierten sich zum Angriff. Die Mailänder zückten ihre Schwerter. Schwerfällig stampften die Ritter aufeinander zu.

Sofort stellten sich Lupold und die beiden Gefolgsleute mit erhobenen Schilden vor den König. »Keine Deckung«, befahl Friedrich und schleuderte den Helm beiseite. »Ich schwimme. Helft mir.« Wild zerrte er die Kettenhaube vom Kopf. »So helft mir doch.« Die Freunde umringten ihn. Er ließ sich den Harnisch abnehmen, die Beinschienen fielen. Während Lupold ihn von den Kettenstrümpfen befreite, entbrannte der Kampflärm. Eisen schlug auf Eisen, Schreie, Flüche.

Nur im Lendenschurz, auf bloßen Füßen, stürzte Friedrich zu seinem Pferd, riß an der schweren Panzerdecke. »Lupold!« Mit vereinter Kraft entrüsteten sie den Schimmel. Aus federnden Knien heraus schwang sich der junge König auf den Rücken des Tieres und griff nach dem Zügel. »Wir treffen uns drüben, Freunde!« Er schlug die Fersen in die Flanken. Ungestüm sprang das Pferd vorwärts und galoppierte zum Ufer, setzte ab; weit flog es über die Böschung. Wasser spritzte im Schilf. Friedrich trieb den Schimmel weiter in den Lambro hinein; als das Tier den Grund unter den Hufen verlor, löste er sich vom Rücken. In der einen Hand hielt er den Zügel, den anderen Arm schlang er um den Hals des Schimmels.

»Da. Der Zaunkönig!« Mit dem Ruf erlahmte das Gefecht, Schwerter und Schilde sanken, schwer atmend starrten Mailänder und Paveser übers Wasser: Im Sonnenlicht schimmerte die weiße Mähne des Pferdes, daneben das goldrote lockige Haar des Königs.

Ein Mailänder spuckte aus. »Für den Kampf ist er zu feig. Da wäscht er sich lieber die Hose im Lambro!«

Ein Paveser höhnte: »Entwischt ist euch der Zaunkönig!«

Wutentbrannt spaltete ihm der Mailänder den Schädel. Sofort griffen alle wieder zu den Waffen, voller Haß schlugen sie aufeinander ein.

Nahe dem anderen Ufer fand das Pferd wieder Grund, und Friedrich zog sich auf seinen Rücken. Langsam entstieg der Schimmel dem Wasser. Die Haut des Reiters glänzte. Mit Jubel begrüßten die Cremoneser den jungen König und hüllten ihn in einen Mantel.

Gebannt hatten seine drei Gefolgsleute nur die Flucht beobachtet. Ihr König war in Sicherheit; jetzt galt es, das eigene Leben zu retten.

Vor der Furt wälzten sich Bewaffnete in ihrem Blut. Trotz tapferer Gegenwehr mußten die Paveser der Übermacht weichen; schwerverletzt versuchten einige wenige landeinwärts zu fliehen, mit ihnen der Späher. Rasch wurden sie von der Meute eingeholt, zu Boden geschlagen. Je drei hieben und stachen auf einen Ritter aus Pavia ein. Den Späher zerstückelten sie bei lebendigem Leib.

Lupold, Anselm und Bischof Berard nützten den Augenblick und bestiegen ihre Pferde. Zugleich gaben sie die Sporen, ritten über die Erschlagenen in den Fluß. Ohne Bedrängnis erreichten sie durch die Furt das gegenüberliegende Ufer des Lambro.

Weit war das Tor von Cremona geöffnet. Kinder schwenkten Blumensträuße. Alle Glocken läuteten zum Empfang des jungen Königs. Die Nachricht von seiner Rettung war ihm vorausgeeilt, war längst in eine entrückte Legende verwoben. Frauen und Männer falteten die Hände; einige drängten sich bis zu dem Schimmel vor, berührten ehrfürchtig den Fuß des Königs. Friedrich grüßte das Volk; seine Jugend, die vollen Lippen, sein Lachen, das Strahlen der blauen Augen, dieses Gesicht, umrahmt vom Rotgold des langen Haares, verzückte die Menschen in den Straßen.

Endlich allein im Kreise der drei Getreuen, sah Friedrich von einem zum andern. So leichthin, wie sie es von ihm gewöhnt waren, sagte er: »Das hier in Cremona ziehe ich dem Lambro vor.« Der Klang seiner Stimme aber verriet den Freunden, mit welchem Stolz, mit welcher Lust ihn der begeisterte Empfang erfüllte.

Nach und nach traf das Gefolge aus Pavia ein. Drei Wochen

beköstigten und feierten die Cremoneser den jungen König und seine Männer. Dafür schenkte Friedrich der Stadt großzügige Privilegien: »Wenn Wir Kaiser sind ...« Aus Vorsicht ließen sich die nüchternen Geschäftsleute vor einem Notar die gewährten Rechte beurkunden.

In der letzten Augustwoche brach Friedrich mit seiner Schar auf. Ohne Schwierigkeiten gelangte er über Verona durchs Etschtal nach Trient.

Die Stadtväter schüttelten bedauernd den Kopf. »Majestät, hier ist Eure Reise zu Ende.« Die Hauptstrecke über den Brenner war von den welfentreuen Truppen der Herzöge von Bozen und Meran versperrt, an jedem Nebenpaß lauerten sie, gierten danach, Kaiser Otto den Kopf des Bettelkönigs als Geschenk zu übersenden. »Ihr seid noch fast ein Kind. Und obendrein, Gott sei es geklagt, ein mittelloses Kind. Nur mit einem schlagkräftigen Heer gelingt es Euch vielleicht, den Paß zu überschreiten.«

Friedrich sprang auf und schleuderte den Stuhl beiseite. »Nichts und niemand kann mich, den gewählten Kaiser des römischen Imperiums aufhalten.« Er stürmte vor den ratlosen Herren auf und ab.

Der Bischof von Trient, ein kraftvoller Mann, vom Wetter gegerbt, der nur notdürftig das Priesteramt versah – denn seine Leidenschaft gehörte der Jagd auf Gemse und Steinbock –, betrachtete zweifelnd den jungen König und seine Begleiter. »Wenn Ihr und Euer Gefolge gut zu Fuß seid, wenn Ihr keine Mühsal scheut, dann könnte ich Euch weiter westlich über das Gebirge nach Chur führen. Dort weiß ich steile Wildpfade ...«

»Wir sind gut zu Fuß, ehrwürdiger Vater! Und wer's nicht ist, der bleibt hier zurück.« Friedrich ballte die Faust. »Nicht: Gott sei es geklagt. Nein: Gott sei gepriesen! Denn er hat mich ausersehen.«

Seit Sizilien hatte das Gefolge den König begleitet, jede Gefahr mit ihm bestanden; längst hielt die Männer mehr zusammen als nur Pflichterfüllung. Niemand wollte ihn jetzt im Stich lassen.

Aus Furcht vor Verrat gab es keinen festlichen Abschied von den Bürgern Trients. Heimlich verließ die Schar unter Führung des Bischofs im Morgengrauen die Stadt.

Nach zwei Tagen wurde der Weg für die Pferde unpassierbar. Bei einem Bergbauern stellten sie die Tiere unter. Lupold lud sich das Eisenzeug seines Herrn auf den Rücken.

»Helm und Harnisch werden euch in den Steilhängen nur zur Gefahr«, warnte der Bischof ihn und die Freunde. »Bogen und Schwert genügen. Nehmt Zeltplanen mit, Mäntel, Decken und ausreichend Proviant. Dort oben erwartet uns kein Feind.« Still, ohne jede Übertreibung, setzte er hinzu: »Dort oben begegnen wir Gottes Schöpfung. Sie ist rauh, wild und dennoch rein.«

»Wie arm soll mein König noch werden?« schimpfte Lupold. »Nichts besitzt er, nicht einmal mehr ein Pferd. Wer wird ihn drüben in Schwaben achten, wenn er nun auch ohne Rüstung daherkommt, abgerissen wie ein Bettler? Gelächter und Spott werden ihn empfangen.«

Ehe der Bischof erneut mahnen konnte, war Friedrich bei seinem Diener. »Wir danken unserm ehrwürdigen Vater für seine schöne Predigt.« In den Augenwinkeln stand ein Lächeln. »Und vergiß nicht, Freund, es gab einen König, der mit noch weniger in die Stadt einritt.« Ruhig nahm er Lupold die Last ab. »Wirf das Eisen weg, mein Freund. Du wirst mich noch in einer gold- und silberbeschlagenen Rüstung sehen.«

Steil wurde der Pfad, bis zum Abend erreichten sie die Baumgrenze. Sie hockten um kleine Feuer, übernachteten im Schutz niedriger Sträucher. Der Morgen begann mit Nebel, erst spät fraß ihn die Sonne. Mittagshitze dörrte die Kehlen aus, es gab keinen Schatten mehr. Der Bischof von Trient nahm auf die bergungewohnte Schar Rücksicht, führte die Männer langsam und stetig durch Steinwüsten und über schroffe Gratwege zum nächsten Anstieg.

Die fünfte Nacht war erfüllt von Blitzen und furchtbarem Donnergrollen. Eingehüllt in eine Decke, saß Friedrich schweigend mit Lupold im niedrigen Zelt. Regen peitschte gegen die Plane; in Strömen floß Wasser durch die zugige Unterkunft. Besorgt nahm Lupold seine Decke von der Schulter und wollte sie dem jungen König umlegen. Doch Friedrich lehnte ab. Er zog den Diener näher an sich heran; so gab der eine dem anderen etwas von seiner Wärme.

Der nächste Morgen entschädigte für die Nacht. Strahlend hob sich die Sonne über die Gipfel. Im späten Vormittag wartete der Bischof, bis alle Nachzügler bei ihm eingetroffen waren, und zeigte zum Sattel zwischen zwei Felsspitzen hinauf. »Dort haben wir den höchsten Punkt unserer Wanderung erreicht.« Er versprach den Erschöpften: »Dort lagern wir. Morgen beginnen wir mit dem Abstieg.«

Für alle Männer stellte der päpstliche Legat die einzig wichtige Frage. »Wann werden wir Chur erreichen?«

Schmunzelnd beschrieb der Bischof von Trient mit seinem Stock einen weiten Kreis. »Dies sind nicht die Hügel von Rom, lieber Bruder, doch es wird keine sieben Tage dauern. Wenn das Wetter uns gnädig ist, erreichen wir Chur in vier Tagesmärschen.«

Nach Stunden gelangte die Schar sicher auf den Sattel. Während das Lager aufgeschlagen wurde, bat Friedrich den Führer: »Bringe mich bis zur Felsspitze. Dort oben will ich atmen.«

Lupold bestand darauf, seinen Herrn und den Bischof zu begleiten. Zu dritt kletterten und hangelten sich die Männer hinauf. Unterhalb des höchsten Steinbrockens befahl der Siebzehnjährige: »Nun bleibt zurück.«

Stumm sahen Lupold und der Bischof, wie Friedrich ohne jede Mühe die Plattform des Steins erklomm. Breitbeinig, die Fäuste in den Seiten, stand er dort. Der Blick schweifte weit über die Gipfel nach Norden; langsam wandte sich Friedrich zum Osten, drehte sich gen Süden und sah im Westen der Abendsonne zu, bis sie den Horizont erreichte.

Leichtfüßig kehrte er zu seinen Begleitern zurück. »Gerade fragte ich mich, wie weit ein Adler sieht.«

Der Bischof von Trient hob den Arm. »Wenn er über der Felsspitze kreist, so erkennt er eine Maus dort unten in unserm Lager.«

»Also sieht er nur sein Beuterevier.« Friedrich nickte ernst: »Obwohl mein Auge schlechter ist, sehe ich doch weit mehr als er.«

Der Weg wurde leichter; wärmer waren die Nächte auf den Waldlichtungen. Bäche sprudelten hinab in die Täler des Engadin. Am fünften Tag erreichte das Gefolge die Mauern von Chur.

Die Wachen vor der bischöflichen Feste kreuzten ihre Lanzen. Anselm von Justingen forderte Einlaß. »Hier kommt Friedrich der Staufer, König von Sizilien, gewählter König der Deutschen, gewählter Kaiser des römisch-deutschen Reiches.«

Erstaunt beäugten die Posten den abgerissenen Haufen, sahen sich an und feixten: »Wer von euch soll denn dieser König und Kaiser sein?«

Friedrich trat vor ihn. »Wir sind es.«

Da lachte der Mann. »Ein Kind will König sein!« Als er sich ausgeschüttet hatte, wurde er gönnerhaft: »Aber warte. Der Spaß gefällt mir. Ich werde in der Küche Bescheid geben. Damit du und deine Freunde was zu beißen bekommen.«

Das Schwert sprang Friedrich in die Hand, schon setzte er die Spitze an den Hals des Spötters. »Rühr dich nicht, Kerl.« Den andern rief er zu: »Wir kommen in Frieden. Wenn euch sein Leben etwas wert ist, ihr Leute, dann geht und bringt euren Herrn zu Uns.«

Erst als der rundgenährte Bischof Arnold von Chur durchs Tor trat, ließ Friedrich das Schwert sinken. Aus der Reisetasche zog Lupold das päpstliche Empfehlungsschreiben und gab es seinem König.

»Wir, Friedrich, sind der Sohn des großen Heinrich, der Neffe des großen Philipp, der Erbe des Stauferreiches. Und Chur gehört zu Unserm Herzogtum Schwaben.« Der Siebzehnjährige überreichte ihm das Schreiben. »Wir sollen Euch Grüße des Heiligen Vaters ausrichten.«

Als Bischof Arnold die Pergamentrolle sinken ließ, strahlte sein Gesicht. »Ihr seid es wirklich. Ich habe nicht mehr gewagt zu hoffen. Die Gerüchte sagten, daß Ihr gefangen seid; andere, daß Ihr von den Anhängern des Welfen in der Lombardei getötet worden seid. So jung seid Ihr, daß es mein Herz nicht glauben wollte. Willkommen Euch und euch allen. Willkommen in meinem Haus.«

Zornig blieb Arnold von Chur bei dem Wachposten stehen und ohrfeigte ihn, bis Friedrich bat: »Genug, laßt es genug sein. Jetzt übt Milde mit ihm; denn sonst gewährt er aus Angst jedem Bettlerkind, das behauptet, es sei ein König, den Zutritt in Eure Burg.«

Arnold lachte; seine Fröhlichkeit beim Festgelage ließ die erschöpfte Schar noch einmal aufleben, bis Essen und Wein die Männer endgültig besiegte. Die meisten schliefen gleich an der Tafel ein. Lupold brachte seinen übermüdeten König zu Bett und deckte ihn zu. Erst dann sank er selbst an der Tür auf ein Strohlager.

Am nächsten Tag spazierte Arnold von Chur, den Stock schwingend, mit Friedrich im spätsommerlich blühenden Garten seiner Residenz. »War es gestern die Freude über Euer Ankommen, so beschäftigt sich nun mein ganzes Denken mit Eurem Fortkommen.« Gesten und Worte verrieten, welche Begeisterung den beleibten Bischof erfüllte, welche Hoffnung er in diesen jungen Herrscher setzte. Stumm, doch mit wachem Blick hörte Friedrich seinem Plan zu.

»Eure nächste Station wird St. Gallen sein. Der Abt des Klosters ist mein Freund und ein treuer Verbündeter des staufischen Hauses.« Die üppigen Lippen gerundet, riß der Bischof den Lauf des Rheins in die weiche Erde; mit Kreuzstrichen markierte er Chur und weiter unten St. Gallen. »Diese beiden Städte sind Euch sicher, leider nur diese beiden. Bruder Ulrich und ich genießen zwar hohes Ansehen, sind aber zu schwach und zu weit abgelegen, um wirklich Einfluß auf die Politik im Reich zu üben.«

»Jeder neue Freund an meiner Seite stärkt mich«, warf Friedrich ein. »Ich bin dankbar für jede Unterstützung.«

»Und die sollt Ihr, soweit es in meiner Macht steht, haben.« Einen Augenblick lang genoß Bischof Arnold den Anblick des Siebzehnjährigen. »Von ganzem Herzen«, setzte er hinzu, ehe er rasch den Lauf des Rheins weiterführte und in die Umrisse des Bodensees münden ließ. Am westlichen Ende steckte er seinen Stock in die Erde. »Konstanz. Dort müßt Ihr Fuß fassen. Habt Ihr Bischof Konrad auf Eurer Seite, so habt Ihr das erste wichtige Tor zur Macht durchschritten. Dann folgt Basel.« Er ließ sich von seiner eigenen Begeisterung mitreißen: »Ich sehe Euch vor mir, wie Ihr durch das Herzland des Reiches reitet. Der Weg zur deutschen Krone wird Euch zwar den Rhein hinab, dennoch zum Thron hinauf führen. Und dann ...«

»Wäre ich nur schon in Konstanz«, unterbrach Friedrich.

»Verzeiht, verzeiht. Seht es einem älteren Mann nach, wenn er bei Eurer Jugend in Schwärmerei gerät. Ihr habt recht. Was nützt der Traum vom weit entfernten Ziel, wenn wir den Fuß nicht zum ersten Schritt erheben?« Großzügig fuhr er fort: »Die Boten nach St. Gallen sind schon unterwegs. Ich statte Euch und Eure Männer mit Pferden und notdürftiger Rüstung aus. Überdies biete ich Euch zehn Ritter nebst Knappen aus meinem Gefolge.« Er war bemüht, die Brust zu wölben, dabei umfaßte er den elfenbeinernen Knauf seines Stockes. »Erlaubt mir, junger König, Euch zu begleiten, und wo ich es vermag, Euer Fürsprecher zu sein.«

Friedrich legte seine Hand auf die beringte Hand. »Ich bin tief in Eurer Schuld. Was führt Euch dazu, dieses gefahrvolle Unterfangen mit mir zu wagen?«

»Zwei Gründe.« Nur kurz hielt Arnold dem Blick stand. »Erlaubt mir, über den ersten zu schweigen, doch der zweite ist: Nach all der Unruhe, die uns der jahrelange Streit um die Krone gebracht hat, der Meuchelmord an Eurem Onkel Philipp, dann dieser unselige Welfenkaiser Otto, hoffe ich, nein, glaube ich fest, daß Ihr es sein werdet, der Frieden bringt.« Er wehrte sich gegen die

Rührung. »Dieser Glaube läßt einen behäbigen Mann wie mich wieder aufs Pferd steigen.«

Friedrich lachte: »Und irgendwann werde ich Euch silberne Sporen anfertigen lassen.«

Den Rest des Tages verbrachte das Gefolge in der Rüstkammer. Mit sicherem Auge wählte Lupold für seinen Herrn die besten Stücke aus, paßte sie Friedrich an und prüfte Scharniere und Lederschlaufen.

Der Bischof von Trient trat zu ihnen. »Majestät?«

Hilfsbereit wollte der Diener dem König den Helm abnehmen. Friedrich wehrte ab. »Laß nur, Lupold. Das kann ich allein.« Er befreite sich von der Eisenhaube. »Auch Euch, ehrwürdiger Vater, schulde ich Dank. Ohne Eure Führung wäre ich nicht hier.« Mit einem Mal schlug er heftig den Helm an den Brustharnisch. »Was bin ich nur für ein König! Auf meinem Weg bis hierher habe ich eine Lektion wohl gelernt: das Danksagen. Aber den Freunden meine Dankbarkeit zu zeigen und zu beweisen, dafür bin ich zu arm.« Offen sah er in das wettergegerbte Gesicht. »Allein, glaubt mir, das Lebewohl von Euch fällt mir besonders schwer.«

»Majestät, kein Abschied, wenn Ihr es wollt. Mein Trient ist gut von Hirten behütet, bis ich zurückkehre. Ich biete Euch meinen Arm, ich will an Eurer Seite weiter reiten.«

Friedrich nickte und schwieg; die Freude stand in den Augen. Nach einer Weile spottete er über sich selbst: »Und wieder bleibt dem Bettelkönig nichts, als Dank zu sagen.«

Am Abend saß der Siebzehnjährige auf seiner Bettstatt, hielt die Knie mit den Armen umschlungen. »Sag, Lupold, weißt du noch, damals in Palermo? Nur du hast mich gegen die Gassenjungen verteidigt, später konnte ich mich an deiner Seite selbst mit den Fäusten wehren. Damals waren wir allein. Und jetzt? All diese Männer, die zu mir stehen. Sie tun es nicht nur, weil ich der gewählte Kaiser bin, das fühle ich. Da ich sonst nichts habe, was habe ich, daß sie mit mir ziehen wollen?«

Sorgfältig legte Lupold die Beinkleider Friedrichs über den Hocker, glättete den Stoff des Mantels. Mich bindet mehr, dachte er, seit ich deine Mutter bei der Geburt halten durfte; als du endlich da warst und sie von den Schmerzen befreit hattest, da liebte ich dich schon.

»So antworte. Ist es Freundschaft?«

Noch in Gedanken sagte Lupold: »Die andern? Ich glaube nicht. Ihr seid König, und später vielleicht werdet Ihr Kaiser sein. Verzeiht, Friedrich, Ihr seid klug genug und wißt, daß Euch wahre Freunde auf diesem Weg kaum begegnen werden. Doch es ist etwas in Eurem Blick, in Eurem Wesen, das die Menschen anzieht und an Euch bindet.«

Friedrich legte sich zurück und starrte zu den Balken. »Deine Ehrlichkeit schmerzt«, murmelte er. »Ich möchte sie nie missen.«

Dem Trupp voran flatterten die schwarzen Löwen der Staufer, auf goldfarbenem Tuch flatterten sie neben dem roten Wimpel des Bischofs von Chur. Leicht war die Stimmung; nach Mühsal und Entbehrung der letzten Wochen schien es wie ein Geschenk, ausgeruht im Sattel zu sitzen, und weit griffen die Pferde aus. Die Männer folgten dem Rheinlauf, genossen die Wärme der ersten Septembertage, bogen nach Westen ab, nächtigten zum zweitenmal und erreichten das Kloster St. Gallen nach dem Morgenläuten.

Abt Ulrich wollte das Empfehlungsschreiben des Papstes nicht lesen. »Die Anwesenheit meines Bruders Arnold ist mir Empfehlung genug.«

Er lud die Gäste nicht zum Willkommenstrunk ins Refektorium. Ulrich schien in Eile zu sein und wirkte beinah abweisend. Noch im Hof unterrichtete er Friedrich und seine Männer von den Neuigkeiten, die St. Gallen während der letzten Wochen erreicht hatten, die nicht bis nach Chur vorgedrungen waren.

Anfang August schon hatten die Mailänder ihre Boten zu Kaiser Otto geschickt. Forschend blickte der sehnige Abt den Siebzehnjährigen an: »Die Furcht vor Euch ist groß. Kaum hörte der Welfe von Eurer geglückten Flucht, brach er die Belagerung von Weißensee ab. In Eilmärschen zog er mit einem starken Heer von Thüringen zum Bodensee. Jetzt liegt er am Nordufer in Überlingen und verhandelt mit dem Bischof von Konstanz. Otto will Euch dort um jeden Preis den Zutritt ins Reich verwehren. Jede Stunde kann die Entscheidung bringen, und wird der Welfe in Konstanz empfangen, so ist Euch, Gott sei es geklagt, der Weg zur Macht versperrt, und Euer junges Leben ist in höchster Gefahr.«

Anselm von Justingen sanken die Schultern. »Wir sind zu spät.« Berard von Castacca wischte seine Augen. »Vorbei. Alle Mühe war vergebens.«

»Nichts ist verloren!« Friedrich ballte die Fäuste. »Noch ist der Welfe nicht in Konstanz.« Seine Augen glühten; in wildem Spott rief er den Getreuen zu: »Wer ist der Adler, wer die Maus? Wenn wir es nicht versuchen, wird die Antwort nie gefunden werden. Also reiten wir! Und fordern das Glück! Wir reiten nach Konstanz!«

»Aus Euch spricht der Mut eines echten Staufers.« Die Anspannung wich. Abt Ulrich nickte erleichtert. »Auf diese Worte habe ich gehofft. Ich wollte Euch nicht bedrängen; nun aber, da Ihr bereit seid, alles in eine Waagschale zu werfen, will ich Euch mit meiner ganzen Kraft zur Seite stehen. Kommt, die Sache duldet keinen Aufschub.«

Schnellen Schrittes führte er Friedrich und seine Begleiter an den langgestreckten Wirtschaftsgebäuden vorbei. Auf dem freien Feld nahe der Klostermauer warteten mehr als zweihundert Reiter unter Waffen, zum Aufbruch bereit. »Ich werde Euch begleiten. Sold und Verpflegung der Mannen gehen zu Last meines Säckels. Mehr Reisige für Euer Gefolge vermochte ich in der kurzen Zeit nicht aufzubieten.«

Im Überschwang des Gefühls wollte der Siebzehnjährige den

Abt umarmen, besann sich rechtzeitig und verneigte sich. »Danke, Vater, Ihr seht mich tief berührt.« Mit einem Lächeln blickte er auf. »In diesen Tagen erfüllt sich an mir das Gleichnis der wundersamen Vermehrung: Vom obersten Hirten in Rom erhielt ich den Segen und etwas Reisegeld. Seitdem wandere ich von einem Hirten der Kirche zum nächsten, und jeder beschenkt mich mehr, meine Anhängerschar wird von Mal zu Mal größer.« Er zeigte das jungenhafte Lächeln: »Warum sich also sorgen? Zögern wir nicht. Reiten wir zum Hirten von Konstanz.«

Noch in derselben Stunde brach das kleine Heer auf. »Vorwärts!« Hufe stampften den Boden. In scharfem Galopp erreichten die Reiter den See. »Vorwärts! Vorwärts!« Sie hieben die Sporen. Vornweg die Fahne der Staufer. Fluchend lenkten Bauern ihre Karren in die Böschung der Uferstraße; schon war der wilde Spuk vorbei. Und weiter sprengte der Trupp nach Westen; Galopp, nur kurz gönnten sie den Pferden den Trab, und schon wieder trieben sie an. Nach kaum mehr als drei Stunden hob sich in der Ferne der mächtige Turm des Münsters über der Wehrmauer. In Kreuzlingen war viel Volk auf der Straße; die Leute wanderten zur Stadt, versperrten den Reitern das Durchkommen. Vom Sattel aus schrie Abt Ulrich: »Aus dem Weg!«

Ein weißbärtiger Greis hob zitternd die Hände. »So habt Geduld, hochwürdiger Herr. Noch ist er nicht da.«

Friedrich trieb sein Pferd näher. »Wen meinst du, Alter?«

»Das wißt Ihr nicht, Herr?«

»Gib Antwort.«

»Der Kaiser. Wie er heißt, weiß ich nicht. In die Stadt lassen sie uns nicht rein, da sind schon die Köche und Diener. Alle laufen jetzt um die Mauer. Aber ich schaffe es auch, trotz meines Beins. Drüben am Rheintor, da empfängt ihn unser Bischof.« Er zeigte seinen langen Bart. »Alt bin ich geworden und hab' noch nie einen Kaiser gesehen.«

Friedrich richtete sich im Sattel auf. »Schon dein Bein, Alter. Sieh mich an. Ich bin der Kaiser.«

Stumm öffnete der Greis den Mund, schloß ihn; er hatte verstanden. »Ihr seid sehr freundlich, junger Herr. Aber ich schaff' es schon, den Kaiser werd' ich heute sehen.« Er humpelte weiter und ließ sich von der Menge mittreiben.

Abt Ulrich zeigte nach vorn. »Wir werden uns bis zu diesem Tor den Weg bahnen.«

Vier gepanzerte Reiter trabten an, drängten die Leute beiseite, schafften Raum für den jungen König und seine Getreuen. Dicht auf dicht folgten die Reisigen. Vor der Mauer bildeten sie mit ihren Pferden ein Halbrund.

Das Südtor war verschlossen, das schwere Fallgitter herabgelassen.

»Laßt den Bläser vortreten!«

Die Fanfare hallte von den klobigen Steinen wider. Ein Gesicht erschien im hohen Fenster unter den Torzinnen. »Wer kommt da? Was ist Euer Begehr?«

Anselm von Justingen übernahm die Ankündigung. »Hier kommt Friedrich der Staufer, König von Sizilien, gewählter König der Deutschen und gewählter Kaiser des Imperiums.«

»Zwei Kaiser an einem Tag? Wir erwarten nicht Euch, sondern einen anderen.«

Ratlos sah Anselm die Gefährten an.

Abt Ulrich rief durch den Trichter der Hände hinauf: »So melde dem Bischof, sein Bruder, der Abt von St. Gallen, und sein Bruder, der Bischof von Chur, erbitten Einlaß. Spute dich, Kerl, sonst wird dir dein Herr die Ohren abschneiden!«

Die Drohung zeigte Erfolg. Bald erschien Konrad, Bischof von Konstanz auf den Zinnen, schon angetan mit dem Festmantel. Das Gesicht zornrot unter der weißen Mitra, schüttelte er den gekrümmten Hirtenstab in der Faust. »Was soll die Unruhe? Was sollen die Bewaffneten? Dieser Tag bringt meiner Stadt schon Aufregung genug.«

Unten schob sich der rundliche Arnold vor den Abt von St. Gallen. »Laßt mir das Wort, lieber Ulrich.« Beide Arme reckte er hinauf. »Wir kommen friedvollen Herzens, mein Bruder im Herrn! Öffnet dieses Tor dem rechtmäßigen Kaiser, und verschließt dem falschen Kaiser das Rheintor.« In großer Geste deutete er zum Pferd, auf dem Friedrich saß, seine Hände formten die Gestalt des jungen Königs. »Seht ihn an. Er ist Friedrich der Staufer, der Zukünftige, ein Jüngling, stark und von solch einer Anmut.«

»Ich achte Euch, Bruder Arnold. Dennoch seid Ihr und Abt Ulrich nichts als Träumer. Warum sollte ich diesem machtlosen Kind die Hintertür meiner Stadt öffnen, wenn drüben an die Hauptpforte der Welfenkaiser klopft?«

Berard von Castacca löste sich aus der Kette und trieb sein Pferd ins Halbrund. »Weil es der Wille unseres Heiligen Vaters in Rom ist!« Er zog eine Pergamentrolle aus dem Wams.

»Wer seid nun wieder Ihr?«

»Ich bin der Legat seiner Heiligkeit Innozenz III., versehen mit allen nötigen Vollmachten.«

»So seht Ihr nicht aus. Ihr kommt daher wie ein gewöhnlicher Ritter.«

»Für Purpurdecke und den Schmuck päpstlicher Würde war keine Zeit, die führe ich im Kasten mit mir. Bei meiner Ehre, ich bin Berard von Castacca, der Bischof von Bari, und verlange gehört zu werden.«

Verwirrt rieb der fromme Herr auf den Zinnen die Stirn. »Wie viele geistliche Würdenträger hat dieses Bettelkind noch im Gepäck?«

Aus der Reiterschar hob sich eine Stimme. »Hier wartet der Bischof von Trient. Auch er bittet um Einlaß.«

»Bei allen Heiligen«, entfuhr es Konrad, »hat sich denn die gesamte Kirche auf den Weg in meine Stadt gemacht?«

»So hört mich an«, rief Berard von Castacca, »ehe Ihr einen Fehler begeht, den Ihr nie werdet auslöschen können, der Euch Stellung und Amt kosten wird. Der Welfe, den Ihr in Euren Mauern empfangen wollt, ist vom Tisch des Herrn ausgeschlossen.«

Die Röte im Gesicht Konrads wich einer fahlen Blässe. »Rom ist weit ...«

»Rom ist hier, vor Eurer Mauer!« Berard entrollte das Pergament und las: »Wir, Innozenz III., exkommunizieren und anathematisieren aus der Machtvollkommenheit des Vaters, des Sohnes und des Heiligen Geistes, der Apostel Petrus und Paulus und Unserer eigenen Otto IV., den man Kaiser nennt, weil er sich gegen die Würde und Ehre des Apostolischen Stuhls gewendet hat.

Wir exkommunizieren und anathematisieren ihn ferner ...«

Während der langen Liste aller Anklagen mußte sich Bischof Konrad mit beiden Händen am Hirtenstab aufrecht halten.

Gegen Ende des Bannspruchs hob Berard drohend die Stimme: »... Alle, die ihm durch Treue verpflichtet sind, lösen Wir von diesem Eide. Wir verbieten kraft Unserer apostolischen Vollmacht strengstens, ihm, solange er mit der Exkommunikation belegt ist, die Treue zu bewahren. Jeder, der diesem Urteilsspruch zuwiderhandelt, den trifft selbst der Bannstrahl der Heiligen Kirche.«

Oben auf der Zinne klagte Konrad zum Himmel. »O Herr, welch einer Prüfung unterwirfst du mich?« Immer noch zweifelnd, wollte er das Siegel des Papstes sehen. Schnell wurde die Pergamentrolle in eine Holzspange gesteckt und an der Spitze einer Lanze befestigt. Der Wächter im unteren Fenster des Tores nahm das Schreiben entgegen.

Der Bischof von Konstanz starrte auf das Siegel, hielt es gegen die Sonne und blickte hinunter. »Was steht mir jetzt bevor? Drüben am Rheintor erwartet das Volk das Fährschiff des Welfen. In meinem Palast ist das Mahl für ihn längst zubereitet. Die Suppen dampfen, der Braten dreht sich am Spieß.«

»Zögert nicht länger, gepriesener Bruder im Herrn«, drängte Arnold von Chur und leckte die Lippen. »Alles ist für den Empfang des wahren Kaisers vorbereitet.«

Mit fahriger Hand winkte der Bischof dem jungen König zu. »So heiße ich Euch, Friedrich den Staufer, und Euer Gefolge in

Gottes Namen willkommen«, und er befahl den Wächtern: »Öffnet das Tor!« Den Rest seiner Unsicherheit übertönte er mit Gebrüll: »Alle Mannen zum Rheintor! Laßt das Fallgitter hinunter! Die Querbäume ans Tor! Alle Schützen auf die Wehrgänge der Nordmauer!«

Noch vom schwer erstrittenen Erfolg gezeichnet, kehrten die drei Fürsprecher zu ihren Pferden zurück. Abt Ulrich faßte sich als erster. Während er nach dem Zügel griff, rief er: »Majestät, Ihr habt einen wichtigen Sieg errungen!«

»Nicht ich, ehrwürdiger Vater.« Friedrich neigte glückstrahlend den Kopf. »Ihr, meine Schutzherren, Ihr wart es, die mir den Weg bereitet habt.«

Das Südtor wurde geöffnet. Der stämmige Bischof von Konstanz wartete unter dem Steinbogen, bis Friedrich abgestiegen war. In knappen Worten begrüßte er den jungen König, ließ sich die beringte Hand küssen und forderte zur Eile auf. »Erst wenn das Tor wieder geschlossen ist, atme ich auf. Und das auch nur, bis mir die Ankunft des Welfen erneut den Atem nimmt.« Das Heer der Reisigen sollte unter Führung Anselms von Justingen und der weltlichen Begleiter um den Stadtring reiten, erst die Rheinbrücke verschanzen, dann als Entsatz jenseits des Flusses im Hinterhalt auf das Signal warten.

Die enge Straße war menschenleer, die Fenster verschlossen. »Meine Konstanzer haben sich nahe des Rheintors aufgestellt; dort sind Gassen und Häuser mit Girlanden geschmückt.« Bekümmert scherzte Konrad: »Bis noch vor einer Stunde konnte niemand ahnen, daß der hohe Besucher ein anderer sein würde und daß er von Süden die Stadt betritt und nicht mit dem Fährschiff im Norden vor Anker geht.«

Noch ehe sie den Platz vor dem Münster erreichten, blieb Bischof Konrad stehen. »Auf ein Wort.« Von der Seite musterte er den Siebzehnjährigen, zögerte, endlich sagte er: »Ehe ich Euch den Honoratioren der Stadt vorstelle, muß ich wissen, kommt Ihr ganz mit leeren Händen?«

Friedrich zeigte ihm die Handflächen. »Solange niemand etwas hineinlegt, wie sollen sie gefüllt sein?«

»Das befürchtete ich. Vom Welfen wäre Konstanz reich beschenkt worden.«

»Und mit dem Interdikt belegt«, schlug der Siebzehnjährige kurz zurück.

»Gott sei es geklagt, der Schaden wäre größer. Dennoch, wenn Ihr wenigstens einige Privilegien ...«

»Gewährt. Legt sie mir morgen vor.« Entwaffnend lächelte Friedrich. »Wenn Wir der gesalbte König des deutschen Reiches sind, werden Wir Unsere Versprechungen einhalten.«

Das mächtige Münster überragte den Platz. Vor der Residenz des Bischofs deckten Mägde die zum Geviert gestellte Tafel. Herausgeputzte Damen und Herren spazierten auf und ab oder standen in kleinen Gruppen beieinander. »Sie sind zum Festmahl geladen und warten nur auf den Kaiser.«

»Was zitierte mein gelehrter Magister aus dem Psalm, wenn ich als Kind hungrig war?« Friedrich strich mit dem Zeigefinger die Unterlippe. »›Der Hirte bereitet vor dir einen Tisch im Angesicht deiner Feinde.‹ Damals schien es mir nur ein leeres Versprechen. Heute wird es Wahrheit.« Er straffte den Rücken. »Eminenz, so kündet den Leuten meine Ankunft. Denn ihr wahrer König und Kaiser weilt unter ihnen. Sagt es vernehmlich, und wenn dieser Tag für uns glückhaft zu Ende geht, dann sagt es lauter. Über die Mauern Eurer Stadt hinweg soll der Ruf weit in die deutschen Lande schallen.«

Leicht neigte Konrad den Kopf. »Ihr erstaunt mich. Nach dem Aussehen seid Ihr ein Knabe, doch aus Euren Worten spricht ein Herrscher.«

»Der Hunger ist beiden gleich. Laßt endlich auftischen. Vorkosten soll mein Kammerherr Baron Lupold. Was für Otto gekocht wurde, wird Friedrich nun doppelt munden.«

In würdevollen Schritten ging Bischof Konrad voran und unterrichtete die Patrizier seiner Stadt. Nur kurz dauerte ihre Verwunderung; ob Welfe oder Staufer, das Festmahl fand statt, das allein schien ihnen wichtig, wichtiger noch als die drohende Gefahr. Sie beugten ihr Knie und warteten, bis Friedrich der Ehrenplatz zugewiesen war und sich Konrad von Konstanz inmitten der Kirchenherren niedergelassen hatte.

»Alles ist in Unordnung«, klagte der Hofmeister, »setzt euch, ihr Leute, wo ihr noch Platz findet.«

Die Damen schoben sich, drängelten; jede wollte in der Nähe des goldlockigen Gastes sitzen. Die Kaufherren und Meister begnügten sich mit dem unteren Ende der Tafel. Wassernäpfe und Tücher wurden gebracht; zu zweit bedienten Mägde die Gäste.

Friedrich wusch seine Hände in der Schale, dabei betrachtete er prüfend das Mädchen. Ohne den Blick zu heben, trat es zurück. Lupold schob die andere Magd neben seinen Herrn, eine feste Gestalt, rosige Wangen. Mit dem Tuch bedeckte sie die Finger und rieb; Friedrich schloß und öffnete leicht die Fäuste. Mehr fragend als überrascht sah ihn das Mädchen an.

»Sie sind noch nicht ganz trocken«, ermahnte er, seine Stimme lockte: »Reibe noch ein wenig.«

Sie wagte ein Augenzwinkern. »Gern, hoher Herr.« Während ihr Blick dunkler wurde, melkte sie kundig jeden seiner Finger.

»Eine lange Reise liegt hinter mir. Wie heißt du?«

»Barbara. Ich bin die Erste Magd Seiner Hochwürden.«

»Also hast du das Bett für mich hergerichtet?«

Ungeniert spielte sie mit. »Nein, für den Kaiser.«

»Also für mich.«

»Wer sich später da reinlegt, werd' ich schon sehen.« Barbara knickste und huschte davon.

Die Musikanten spielten auf. Mit Nelken gewürzter Wein wurde eingeschenkt. Vom ersten Gang ließ sich Friedrich nur den sauergesottenen Fisch auf das flache runde Brot legen. Lupold kostete das gepfefferte Kalbfleisch, ehe er es in mundgerechte Happen zerkleinerte.

Sein Herr trank und aß, genüßlich leckte er die Finger ab und runzelte die Stirn. Kurz winkte er seinem Diener. »Komm noch näher.« Lupold beugte sich vor. »Sieh dich nach einer verschwiegenen Ecke im Haus des Bischofs um«, murmelte der Siebzehnjährige hinter vorgehaltener Hand. »Diese dralle Magd. Sprich mit ihr. Allein vom Essen und Trinken werde ich heute nicht satt.«

Lupold schluckte. »Jetzt sofort? Das Mahl ist noch nicht zu Ende!«

»Sobald sich die Gelegenheit bietet. Und frage, was sie für ein Geschenk erwartet. Handele mit ihr.«

Nachdem Lupold ein knuspriges, nach Knoblauch und Anis duftendes Huhn vor Friedrich hingelegt hatte, entfernte er sich.

Bischof Konrad hob den Kelch. »Eine glückliche Zukunft möge dem jungen Friedrich, dem Sohn des großen Kaisers Heinrich, beschieden sein.«

In großen Schlucken leerte die Gesellschaft ihre silbernen Becher, und befreiendes Rülpsen schaffte Platz für den neu aufgetischten Gang.

»Majestät, verzeiht«, wandte sich eine Kaufmannsfrau an Friedrich. »Wo kommt Ihr her? Man sagt, aus dem Süden. Und dort sind alle Menschen schwarz, weil die Sonne sie verbrannt hat.«

»Nicht alle, schöne Frau. Es gibt Häuser und Schatten; wer sich dort aufhält, dessen Haut bleibt so leicht gebräunt wie die meine.« Er riß einen Schenkel vom Huhn und biß hinein; schmatzend erläuterte er: »Apulien heißt das Festland meines Südreiches, Puglia.«

Apulien? Puglia? Diese Worte fielen ihr schwer. »Ihr seid also ein Kind von Pülle.«

»Wenn es Euch leichter von den Lippen kommt. Ja.«

»Und gibt es dort wirklich Pferde mit Flügeln? Und Berge, aus denen Feuer kommt?«

Ein langgezogenes Hornsignal tönte von der Nordmauer herüber. Alle hielten den Atem an. In die Stille hinein entglitt Bischof Konrad der Kelch.

»Das Fährschiff kommt«, stammelte er. »Gott steh uns bei. Der Welfe.« Laut schrie er nach seinem Schwert, befahl den Knechten, die weißen Röcke und Hüte aus den Truhen der Kirchenherren herbeizuschaffen. »Otto soll gleich sehen, welche vereinte Macht ihm entgegensteht.« Sein Gesicht erbebte. »Ihr, meine Brüder, Ihr laßt mich doch nicht allein?«

»Wir stehen Euch bei«, versicherte Arnold von Chur kurzatmig. »In dieser schweren Stunde.«

Auch aus dem Kreis der Kaufleute wollte keiner nachstehen.

Die Diener kehrten mit den Kleidungsstücken zurück, und überhastet schlangen sie den vier frommen Begleitern des Königs die Gewänder lose über Brustharnisch und Schwert, setzten ihnen die gesteiften, schildförmigen weißen Mützen auf.

Nur halb erhob sich Friedrich von seinem Platz. »Wenn Ihr es wünscht, zeige ich mich dem Welfen.«

»Nein! Bei allen Heiligen!« Allein die Vorstellung erschreckte Abt Ulrich. »Ihr seid der Schatz, den es zu verteidigen gilt. Bleibt hier bei den Damen. Wenn nötig, verschanzt Euch mit ihnen im Haus.«

Drei schnelle Hornsignale tönten herüber. »Das Schiff nähert sich der Mole!«

Plötzliche Notdurft bedrängte Konrad; er schürzte das Gewand, griff in die Hosen und erleichterte sich mit einem weiten Strahl. Davon angesteckt, folgten die anderen Kirchenhirten seinem Beispiel und schlugen gemeinsam neben der Tafel ihr Wasser ab.

»Mutig voran!« rief Konrad. Seine Linke lag auf dem Schwertknauf, in der Rechten hielt er den Krummstab. »Treten wir dem Welfen entgegen.« Er führte den Zug an, hinter ihm schritten die Kleriker, erst in gebührendem Abstand folgten die Patrizier.

An der Tafel blieben ihre Frauen mit dem jungen König zurück. Einige preßten die gefalteten Hände in den Schoß, andere nestelten an ihrem Haubenschleier. Kein gemeinsames Gespräch kam mehr auf, nur Geflüster mit der Nachbarin. Friedrich sah in die verschreckte Runde, blickte sich nach Lupold um, nickte ihm zu und erhob sich.

»Was auch dort draußen in Kürze geschehen mag, ich kann nicht tatenlos abwarten. Zu Eurer und meiner Sicherheit scheint es mir angebracht, die Räumlichkeiten des Hauses unseres Gastgebers zu inspizieren. Entschuldigt mich für eine kurze Weile.« Er lächelte und entschwand mit Lupold im bischöflichen Palast.

»Er sorgt sich um uns«, seufzte die Kaufmannsfrau. »Ja, das Kind von Pülle hat das Herz auf dem rechten Fleck.«

Bischof Konrad und seine Begleiter standen oben in der Wehrstube des Rheintors und beobachteten durch die schmalhohen Scharten, wie das Fährschiff am Ufer jenseits der Brücke vor Anker ging. In der Mitte stand Otto in glänzendem Harnisch und pelzverbrämtem Purpurmantel; um Kopfeslänge überragte er seine Höflinge. Zwei Boote mit Bewaffneten und Pferden schoben sich hinter seinem Schiff längsseits an die Mole.

Als erster ging der Ausrufer an Land, ihm folgten die kaiserlichen Hornisten. In würdevoller Haltung schritten sie hinauf, doch kaum hatten sie die Straße zur Brücke erreicht, stockte ihr Fuß. Durch Fässer, Balken und quergestellte Karren war der Weg versperrt. Der Ausrufer beschattete die Augen. Keine Kinder schwenkten Blumensträuße. Weit vom Tor entfernt kauerte das Volk schweigend rechts und links auf der Uferböschung.

»Mein Fürst!« Hastig kehrte er mit den Hornisten um; sie rannten und stolperten wieder zur Anlegestelle hinunter. Otto und sein Gefolge hatten bereits das Schiff verlassen. Weil das Haupt des Welfen sonst unerreichbar war, stand sein Kammerherr auf der Insignientruhe und befestigte ihm die Krone für den feierlichen Einzug.

»Mein Fürst!« Der Ausrufer sprach auf den Kaiser ein, zeigte zur Brücke, zur Stadtmauer und rang die Hände.

Oben in der Wehrstube nickte Bischof Konrad grimmig. »Nun beginnt der erste Akt.«

Lupold hatte seinen König über die Holzstiege, den Flur entlang zum verschwiegenen Erker geführt.

»Wo bist du?« raunte Friedrich.

»Hier.« Aus dem Halbdunkel trat die Magd ins Licht des Fensters. Sie hatte das Kittelhemd geöffnet. Die Warzen hochgerichtet, prangten ihre Brüste vor Friedrich. Mit beiden Händen faßte er danach und knetete das feste, warme Fleisch.

»Ihr habt's eilig, hat mir Euer Diener gesagt.«

»Zeit genug.«

Barbaras Finger glitten an ihm hinunter, hoben das Kettenhemd und betasteten den dicken Stoff zwischen seinen Lenden. Sie sank vor Friedrich auf die Knie, ein erfahrener Griff befreite ihn von der Enge. »O, schöner Herr«, gurrte sie. »Was tragt Ihr für eine mächtige Lanze.« Barbara umschloß den Schaft und führte die Kuppe zum Mund. Ein flüchtiger Gruß mit der Zungenspitze, dann saugten sich die Lippen fest.

»Nicht weiter.« Friedrich entzog sich ihr.

»Dacht' nur, weil's bequemer für Euch ist. So will es mein Bischof auch.«

»Ich will das und mehr.«

Barbara lachte leise. Schnell erhob sie sich, drehte ihm den Rücken zu; während sie sich bückte, warf sie mit gleichem Schwung den Kittel hoch. »Dann setzt Eure Lanze an, junger Herr.«

Friedrich trat hinter sie und strich sich in die festen Backen.

Der Welfenkaiser hatte seinen Ausrufer und die Hornisten auf die Straße zurückgeschickt. Bis vor die quergestellten Karren traten sie vor. Fanfarenstöße forderten Aufmerksamkeit.

»Wer verschließt dem deutschen König und römischen Kaiser das Tor dieser Stadt?«

Konrad ließ sich von seinen eigenen Bläsern ankündigen und zeigte sich im mittleren Fenster der Wehrstube. »Ich, der Bischof von Konstanz, habe es befohlen!«

»Mein Kaiser läßt Euch durch mich erinnern, daß Ihr seine Herrlichkeit eingeladen und schon erste Geschenke empfangen habt.«

Konrad trat zurück, wandte sich an seine Brüder. »Wie stehe ich jetzt da? Essen und Unterkunft hab' ich mir von Otto gut bezahlen lassen. Was antworte ich jetzt?«

Abt Ulrich stieß seine Faust in die linke Hand. »So sagt dem Welf, er soll sich zum Teufel scheren.«

Seufzend zwängte der Bischof wieder Mitra und Gesicht in die eckige Öffnung. »Was gestern galt, gilt heute nicht mehr!«

»So seid Ihr wortbrüchig? Und entlarvt Euch vor meinem Kaiser als ein Betrüger?«

»Du Wurm!« schrie Konrad aufgebracht. »Dich lasse ich den Fischen vorwerfen!«

»Besinnt Euch auf Euer Treueversprechen, und öffnet das Tor«, forderte der Ausrufer und warnte: »Noch ist mein Kaiser der Stadt friedvoll gesinnt.«

»Weg mit dir! Verschwinde! Nur mit dem Welfen selbst verhandele ich weiter.« Konrad blieb am Fenster, bis Ausrufer und Hornisten den Rückweg zum Landungssteg einschlugen. »So gewinnen wir etwas Zeit« Er blickte die Herren hilfesuchend an. »Wenn Otto zur Brücke kommt, muß ich selbst hinausgehen.«

»Nicht allein«, versicherte der Bischof von Trient auch für die anderen Tapferen.

Auf dem Weg hinunter gab Konrad dem Hauptmann der Stadtwache letzte Order. Die Schützen sollten sich versteckt auf dem Wehrgang bereithalten und auf sein Handzeichen warten. »Dann zeigt ihr euch. Doch bei deinem Leben, kein Pfeil wird abgeschossen ohne meinen Befehl, ehe wir nicht wieder wohlbehalten zurück sind.«

Im Erker der bischöflichen Residenz hatte Barbara den jungen König zu immer schnelleren Stößen angespornt. Das Gefecht um das höchste Ziel war von beiden hemmungslos laut geführt und vereint gewonnen worden. Während des Tumults bis zum Sieg hatte Lupold voll Sorge den Flur beobachtet. Gottlob, niemand war durch die wollüstigen Schreie angelockt worden. Jetzt mahnte er: »Mein König, Ihr müßt zur Tafel zurück.«

»Ich komme.« Noch atemlos löste sich Friedrich von der Magd.

»Nein, bleibt, junger Herr.« Barbaras Hand fing seinen Schwanz ein. Nach einer Weile flüsterte sie. »Seht nur, welch ein Glück. Eure Lanze ist schon wieder stolz und hart.« Ohne den Schaft loszulassen, zog sie den Siebzehnjährigen zur Wand; leicht hob sie ein Bein und führte ihn an ihr nasses Tor. »Stoßt hinein. So schön besorgt es mir sonst keiner.«

Und Friedrich ließ sich nicht länger bitten.

Vernehmlich hüstelte Lupold. »Mein König. Bedenkt, wo Ihr seid.«

»Ich weiß es, mein Freund. Ich weiß es.«

Kaum hatte Otto mit seinem Gefolge die Straße zur Brücke erreicht, wurde am Rheintor das Fallgitter hochgezogen. Aus der Seitenpforte traten Konrad und die vier Mitstreiter. Gemessenen Schrittes näherten sie sich der aufgetürmten Wegsperre und bestiegen die Schanze; jeder Kirchenfürst sorgte für einen sicheren Stand. Bischof Konrad nahm in ihrer Mitte und etwas erhöht von den anderen Aufstellung. Fünf goldgestickte Kreuze auf gesteiften weißen Hüten leuchteten der Krone des Welfen entgegen!

Keine Begrüßung; fordernd starrten sich die Herren an, führten einen stummen Machtkampf. Schließlich brach Otto als erster das Schweigen. »Warum haltet Ihr den geschlossenen Vertrag nicht ein? Wollt Ihr mich herausfordern, oder ist es nur Dummheit? Auch Ihr seid meiner Krone durch den Treueid verpflichtet.«

»Nichts bindet mich und meine Stadt länger an Euch. Denn Ihr habt mich schamlos getäuscht, deshalb ist unser Vertrag null und nichtig.«

»Woher nehmt Ihr die Stirn ...?«

»Nicht mich solltet Ihr das fragen, sondern Euch selbst.« Kaum gelang es Bischof Konrad, seinen Zorn zu mäßigen. »Mir war zwar bekannt, daß sich die Kurfürsten von Euch abgewendet haben und Friedrich, den jungen Staufer, zum Kaiser wählten ...«

»Diese Ochsen!« Der baumlange Welfe lachte aus vollem Hals. »Mal wählen sie den, dann wieder einen anderen. Was allein zählt: Ich bin der von Rom gesalbte Kaiser.«

»Und der Papst hat Euch verdammt!« schrie Konrad. »Das habt Ihr mir verschwiegen. Rom ist nicht weit, Rom steht hier.« Er zeigte auf den Bischof von Bari. »Dies ist der Gesandte des Heiligen Stuhls. Er brachte das Schreiben von Eurer Verdammung zu mir. Ihr seid exkommuniziert, anathematisiert, die Macht ist Euch von Innozenz entzogen worden. Ihr befindet Euch in Sünde, und ich bewahre mich und meine Stadt vor dem Abgrund, in den Ihr gestürzt seid.«

Der Welfe war einige Schritte zurückgewichen, jetzt ballte er beide Fäuste. »Schluß mit der Plänkelei! Ich befehle dir zum letztenmal: Öffne das Tor!«

»Niemals!«

Kurz beugte sich Otto zu einem seiner Begleiter, der zückte das Schwert. Auf dieses Zeichen hin trabten unten beim Landungssteg die Berittenen an.

Konrad riß die Hand hoch. Schon zeigten sich Bogen- und Armbrustschützen auf der Nordmauer, ihre Pfeilspitzen zielten auf die Reiter am anderen Ufer.

»Laßt anhalten!« Bischof Konrad drohte: »Kaum einer wird die Straße lebend erreichen.«

Die zwanzig Fußknechte formierten sich und marschierten den Pferden nach. Unterhalb der Mauer nahmen Frauen ihre Kinder, stützten junge Männer die Alten; hastig verließ das Volk den Schauplatz. Zwischen den Zinnen wurden die Pfeilschäfte bis zum Ohr gezogen; mit Bogen oder Armbrust folgten die Stadtschützen jeder Bewegung am anderen Ufer.

»Laßt anhalten! Oder das Blut Eurer Männer wird den Rhein rot färben.«

Der Welfe blickte zur Übermacht hinauf, zu seinem bewaffneten Haufen hinunter und gab Befehl. Der Begleiter ließ das Schwert sinken, und der Trupp blieb stehen.

Vor Erleichterung trat Bischof Arnold einen Schritt zur Seite. Beinahe rutschte sein Fuß ab; nur mit Mühe gewann er das Gleichgewicht zurück.

Der Welfe blies sich erneut auf. »Von euch Pfaffenhüten lass' ich mich nicht hindern! Ich will und muß diesen frechen Zaunkönig abfangen und ihm den Schnabel zerdrücken. Er wird sein Lied nicht im Reich singen.«

»Zu spät!« Jetzt zahlte ihm Konrad das Hohngelächter zurück. »Um drei Stunden hast du dein Glück verpaßt. Der zukünftige König und Kaiser des Reiches weilt längst schon in meinen Mauern!«

Der welfische Baum wankte, und Konrad schlug nach: »Höre, Otto! Der junge Staufer sitzt an deiner Tafel. Er speist und trinkt, was für dich zubereitet war.«

Da krümmte sich Otto, dumpfes Brüllen entstieg seiner Brust, wuchs in ein Wutgeheul. »Zur Hölle mit dir, du falscher Pfaffe. Du Hundsfott! Warte nur, ich werde dir deinen Krummstab in den Arsch stoßen!« Er schlug nach dem Begleiter. »Laß angreifen!« Wieder etwas gefaßt, drohte er mit der Faust über die Barrikade. »Gib den Staufer heraus, Bischof! Oder ich lege deine Stadt in Schutt und Asche!«

Die kaiserliche Rotte bewegte sich zur Straße hinauf.

Konrad streckte den Finger zum Himmel. Von der Wehrstube riefen drei Hornsignale weit über den Rhein. Die Antwort schallte zurück. Hufe dröhnten; mehr als hundert Reisige verließen den Hinterhalt. Anselm von Justingen ritt vornweg. Sie trieben ihre Pferde näher, warteten auf der Böschung mit Lanzen und gezückten Schwertern. Ohne Befehl stockte der kleine kaiserliche Trupp.

»Mein Fürst«, rief entsetzt der Begleiter Ottos. »Wenn wir angreifen, sind wir verloren.«

Von seinem erhöhten Platz auf der Schanze kostete Bischof Konrad seinen Triumph aus: »Das Blatt hat sich gegen Euch gewendet. In Konstanz hat Friedrich der Staufer bereits Euren Platz eingenommen, und ich prophezeie, dieser junge Bär wird Euch bald schon im ganzen Reich verdrängen. So fahrt nun, und kehrt nicht wieder. Ich gewähre Euch freien Abzug.«

Wortlos wandte sich Otto um. Die Ritter gaben eine Gasse für ihn und sein Gefolge frei. Mit riesigen Schritten stürmte der Welfe hinunter zur Anlegestelle und betrat das Fährschiff. Als es vom Ufer abstieß, stand er inmitten der Begleiter, sie um Kopfeslänge überragend.

»Bruder Konrad«, seufzte der rundliche Bischof von Chur. »Ihr habt ein Wunder bewirkt. Ihr seid ein Meister der Zunge. Ohne Blutvergießen habt Ihr uns und die Stadt vor dem Welfen bewahrt.« Die überstandene Angst ließ ihn immer neues Lob finden, und die Mitbrüder stimmten ein.

»Dankt nicht mir«, wehrte Konrad geschmeichelt ab. »Danket Gott, denn er war auf unserer Seite. Kehren wir zurück an die Tafel. Dort wartet der unschuldige junge König im Kreise der Damen auf uns. Laßt uns den glücklichen Ausgang dieses Tages mit Wein und Musik feiern.«

N och hob sich der mächtige Turm des Münsters schwarz gegen den frühen Morgenhimmel. Kuriere verließen das schlafende Konstanz; vor den Toren gaben sie ihren Pferden die Sporen, um in alle Himmelsrichtungen des Schwabenlandes die Botschaft zu tragen: »Friedrich der Staufer, der junge König ist gekommen, um die Krone des Reiches zu gewinnen.«

In jedem Dorf, jeder Stadt berichteten sie von seiner glücklichen Ankunft, vom schmachvollen Abzug des Welfenkaisers. Auf den Marktplätzen hörten es die Leute, sagten die Geschichte weiter, schmückten sie aus und gaben ihr Märchenflügel: »Barfuß kam das Kind aus dem fernen Pülle und klopfte ans Tor. Es wurde eingelassen und setzte sich an den gedeckten Tisch. Als das der Welfe hörte, floh er mit seinem Heer; denn er fürchtete sich vor dem goldlockigen Bettelprinzen.« Das Wunder von Konstanz nahm alle Herzen im Flug.

Die Vornehmen rechts und links des Oberrheins zögerten nicht; nur wer rechtzeitig das Feld bestellt, darf auf reiche Ernte hoffen. Ottos Stern schien zu verblassen; jetzt galt es, noch ehe die Sonne Friedrichs voll aufging, dem jungen König entgegenzueilen und ihm den starken Arm zu bieten.

Schon in den Nachmittagsstunden traf der Abt vom nahen Kloster Reichenau mit einem gerüsteten Fähnlein vor den Mauern der Stadt ein. »Laßt mich als treuen Weggefährten an Eurer Seite reiten.«

Friedrich zeigte ihm die leeren Hände: »Wenn Euch mein Dank und die Hoffnung auf späteren Lohn genügen, so seid willkommen im Kreise meiner guten Hirten.«

Am nächsten Tag drängten die Konstanzer zum Münsterplatz und bestaunten den feierlichen Auszug des Kindes von Pülle. Auch Bischof Konrad hatte beschlossen, seinen Gast nach Basel zu begleiten. Da er selbst nicht auf gutes Essen und Trinken während des Ritts verzichten mochte, war es ihm gelungen, die Köche und Diener des Welfenkaisers zu überreden, von nun an dem jungen Staufer die Reiseküche zu führen. Dank des bischöflichen Säckels waren die Vorratskisten vom Besten gefüllt und auf die Zelter gebunden worden. Hoch zu Roß führte Konrad die Schar der Kirchenherren an. Lupold bot das gebeugte Knie als Steighilfe, so schwang sich Friedrich leicht in den Sattel.

Kinder streuten Blumen, aus den Fenstern warfen Mädchen dem jungen König ihre Kränze zu, Glocken läuteten, und Friedrich ritt lachend und winkend langsam durchs Spalier der Menge.

Draußen vor dem Südtor wartete Barbara. »Schöner Herr!« Der Siebzehnjährige hörte ihre Stimme aus dem Rufen der anderen; als sein Blick Barbara fand, rief sie: »Kommt wieder, schöner Herr!«

Friedrich schenkte ihr eine Kußhand. Jede Bürgerin rechts und links der Magd nahm den Gruß für sich, mit Jubel warfen sie Kußhände zurück. Kaum trabten die Pferde an, seufzte Barbara: »Kommt nur bald wieder, schöner Herr.«

Die Bauern und Knechte auf den Feldern, das Volk in Dörfern und Städten links des Oberrheins – ob arm oder reich, die Menschen begrüßten den königlichen Zug, liefen neben ihm her und winkten dem jungen König lange nach.

Im Zürichgau erwartete der Graf von Kyburg mit wehenden Fahnen den Trupp.

Kurz ließ sich Friedrich von Bischof Konrad über Herkunft und Macht des Kyburgers unterrichten: »Im Reich sicher kein einflußreicher Mann, und doch wichtig genug; denn durch ihn stehen Euch die Gebiete östlich des Zürichsees offen. Er wird Euch in Zukunft ein treuer Vasall sein.«

»Das genügt.« Der Siebzehnjährige nickte ernst. »Zunächst ist Uns jeder willkommen, der Uns nicht gleich morgen in den Rücken fällt.« Er ging dem Grafen einige Schritte entgegen: »Ihr seid der erste weltliche Herr, der mir Ritter stellt und Geleit bietet.«

Vor der Furt durch die Aare lagerten sie. Boten meldeten das Nahen des Grafen Rudolf von Habsburg.

»Sein Herrschaftsbereich erstreckt sich bis vor die Tore Basels. Ein staufertreuer Mann.« Bischof Konrad zögerte, verschränkte die Arme. »Ich will es Euch nicht vorenthalten, mein Fürst. Der alte Habsburger hielt früher mit dem Welfen. Dann, als Euer Onkel Philipp zum König ausgerufen wurde, hielt er es mit ihm. Nach dem Mord stand er wieder zum Welfen. Jetzt entscheidet selbst.«

Höflich war der Empfang. Zwei Knechte halfen dem alten Mann vom Pferd. »Ich komme, Euch, Friedrich, des Stauferkaisers Heinrich Sohn, Herz und Hand zu bieten.« Trotz der schweren Rüstung wollte er gleich das Knie vor dem jungen König beugen.

Friedrich hielt ihn davon ab: »So wartet. Das hat Zeit, bis Ihr aus dem Eisen seid.«

»Mein Haar ist zwar grau, dennoch besitze ich genug Kraft im Leib.«

»Daran zweifeln Wir nicht.« Gewinnend lächelte der König: »Nehmt es als Respekt des Jüngeren. Laßt Euch entrüsten, und sitzt mit Uns zu Tisch.«

Graf Rudolf zog die gebuschten Brauen zusammen; nach einer Weile nickte er.

Während die Tafel aufgebaut wurde, gab Friedrich seinem Kammerherrn einen unauffälligen Wink: »Prüfe ohne Aufsehen, wie viele Reiter der Alte mitgebracht hat.«

Bald darauf raunte ihm Lupold zu: »Fünfmal zehn. Dazu genügend Packpferde.«

Mit Genuß verspeiste Friedrich das Rebhuhn, erzählte der Tischgesellschaft von Sizilien, dem kleinen Sohn Heinrich und wie er selbst aus Furcht vor dem Angriff des Welfen bereit gewesen war, mit seiner Familie per Schiff nach Afrika zu fliehen. Kein Mienenspiel des alten Rudolf entging ihm. »Sogar in meinem Königreich Sizilien steht meine Herrschaft nur auf schwachen Füßen.« Er wischte sich mit einem Stück Brot das Fett von Lippen und Kinn und aß es auf; dabei sah er in die Runde seiner ersten Weggefährten: »Ihr habt mich seit Palermo begleitet und jede Entbehrung mit mir geteilt.« Er nickte den Bischöfen und Äbten zu: »Ihr habt mich diesseits der Alpen wie einen verlorenen Sohn aufgenommen. Sicher nicht allein aus Großherzigkeit.« Ehe sie abwehrten, setzte er jungenhaft hinzu: »Allein, auch nicht nur mit kühlem Verstand, denn der hätte Euch fragen müssen: Was hat der Knabe aus Pülle dem Riesen aus Sachsen entgegenzusetzen? Wie lange währt es, bis Otto ihn wieder verjagt?« Unvermittelt richtete er das Wort an den Habsburger: »Wißt Ihr Antwort?«

Graf Rudolf reinigte sein Messer umständlich mit dem Tischtuch und schwieg.

Hart musterten ihn die blauen Augen; der Ton Friedrichs blieb sanft. »Oft habt Ihr Euch in der Vergangenheit gewendet, wurde mir gesagt.«

Alle Herren an der Tafel ließen die Hände sinken.

Im Gesicht des Grafen stritten Zorn und Bestürzung. »Ja, es ist die Wahrheit. Groß war die Verwirrung im Reich, deshalb habe ich stets dem Mächtigen meinen Arm geboten. Und ich schäme mich nicht.«

»Und warum kommt Ihr jetzt zu Uns? Ist das nicht ein zu gewagtes Spiel?«

Mit einem Mal ruhig, blickte Rudolf ihn an. »Ihr seid der Staufer, bald König, bald Kaiser. Ihr seid die Zukunft, daran glaube ich.«

Friedrich sprang auf. »Willkommen.« Erst als er vor dem Grafen stand, besann er sich. »Wir sind hocherfreut und danken Euch, Graf Habsburg, für das freimütige Bekenntnis, Unsere Sache zu der Euren zu machen.«

Der grauhaarige Mann erhob sich und beugte das Knie.

Weniger fürsorglich als sonst bereitete Lupold an diesem Abend seinem König das Lager. Friedrich sah ihm eine Weile zu; nachdem Kissen und Decken ausgebreitet waren, bat er: »Gib mir zu trinken.«

Wortlos goß der Kammerherr ein; das Wasser schwappte über den Becherrand.

»Was ärgert dich, mein Freund?«

»Verzeiht«, Lupold stellte den Krug hart auf den Boden. »Ihr wißt, meine Liebe und Sorge gilt nur Euch, deshalb erlaubt mir ein offenes Wort. Wo bleibt Eure Wachsamkeit? Hat Euch der kleine Erfolg in den letzten Tagen schon geblendet?«

Der König schleuderte den Lederbecher zur Seite. »Komm zur Sache, Leibdiener.«

»Die Pfaffen folgen Euch, weil der Papst es ihnen befohlen hat. Bei den Grafen ist es anders, Friedrich. Ihr wißt genau, der alte Habsburger ist eine Wetterfahne, und der Kyburger ist nicht besser. Ihr seid gewählt, doch lange noch nicht gekrönt, und auf dem Weg zum Thron benötigt Ihr zuverlässige Verbündete. Wie könnt Ihr Euch freiwillig solche Elstern ins Nest holen?«

Friedrich packte den Diener an beiden Schultern. »Weil ich sie angesehen habe. Deshalb weiß ich mehr über diese Männer, als du ahnst.« Er ließ ihn los. »Das Gefühl sagt mir, nach all dem Hin und Her der letzten Jahre suchen die beiden Grafen einen Herrscher, an den sie endlich wieder glauben können. Und ich bin dieser König.«

»Reicht das aus, Friedrich?«

»Nein, dies allein genügt nicht.« Das Gesicht hellte sich auf. »Mein Verstand sagt mir, diese Männer wissen, daß ich weiß, wer sie sind. Und zukünftig wird gerade der alte Rudolf einen Treuebruch mit seiner Ehre nicht mehr vereinbaren können.«

Die klare Sicherheit seines Schützlings beeindruckte Lupold, dennoch blieb er vorsichtig. »Ich werde sie im Auge behalten, so gut ich kann. Auch alle, die in nächster Zeit zu Euch kommen.«

»Gut, mein besorgter Freund.« Der Siebzehnjährige breitete die Arme weit aus. »Es werden aber so viele sein, fürchte ich, daß deine und meine Augen irgendwann nicht mehr ausreichen werden.«

Nach einer Reisewoche durch den leuchtenden Spätsommer näherte sich der junge König mit einem stattlich gewachsenen Gefolge den Mauern von Basel. Hoch auf dem Bergsporn thronte in steinerner Pracht die Kathedrale; ihr untergeben bildeten kleinere Kirchen einen Kranz aus Glockentürmen.

Berard von Castacca hatte diesmal rechtzeitig die päpstlichen Gewänder angelegt, und über dem Sattel seines Pferdes lag die Purpurdecke. Schon von weitem konnten die Wächter erkennen, daß dort im Kreise der Bischöfe und Äbte ein Gesandter des Heiligen Stuhls nahte.

Eine Abordnung der vornehmen Bürger ritt dem Zug entgegen und hieß den Staufer willkommen. Seit Tagen waren Mauern, Kirchen und Häuser zum Empfang geschmückt, und sobald Friedrich das Tor durchschritten hatte, galten alle Blicke nur noch ihm. Der Bischof von Basel führte den König zu Fuß durch die engen Gassen und die Treppen hinauf zur Kathedrale.

Still trat Friedrich bis an den Rand des schroffen Felsberges. Unter ihm die Rheinkehre, von Nordosten neigten sich die Hänge des Schwarzwaldes bis zum Ufer, und weiter nach Westen und Norden dehnte sich flußabwärts die hügelige Ebene bis zum Horizont.

Leise mahnte der Bischof: »So folgt mir. Mein Haus ist das Eure, solange Ihr in meiner Stadt weilt.«

Der Siebzehnjährige überspielte die Rührung. »Zum erstenmal sehe ich wenigstens ein Stück meines Erblandes.«

Niemand wollte zu spät kommen. Neben Bischöfen und Äbten huldigten die Grafen des schwäbischen Hochadels feierlich dem jungen König. Zum Lohn für den Treueschwur erwarteten sie Geschenke. Friedrich überstrahlte den glanzvollen Hoftag; freizügig unterzeichnete er Privilegien, gab Lehnsgüter aus dem Reichsbesitz her und versprach reiche Gaben: »... sobald Uns mit Gottes Hilfe auch Geldmittel zur Verfügung stehen.«

Selbst Gesandte des Böhmenkönigs eilten nach Basel und baten vorsorglich um die Anerkennung der Krone ihres Herrn.

Neues Glück nahte mit dem Bischof von Straßburg. Er führte Friedrich ein Aufgebot mit fünfhundert Reisigen zu.

»Nun sind Wir stark genug, um den Weg ins Reich zu wagen!«

Die Abreise von Basel war beschlossen. Im Triumph und begleitet von den reich beschenkten Herren ritt der Staufer an der Spitze seines Heeres den Rhein hinab. Bunte Fahnen grüßten ihn bei Tag von den Burgzinnen, bei Anbruch der Dämmerung wurden ihm zur Ehre die Herrschaftssitze festlich beleuchtet.

Boten eilten voraus, sie sorgten für Quartier und Verpflegung. »Das Kind von Pülle kommt!« Aufregung und Freude versetzte das Rheintal in Taumel.

Am zweiten Morgen brachten Kundschafter schlechte Nachricht: Der Welfenkaiser hatte sich mit einer Heeresmacht weiter flußabwärts in der Stadt und auf der Burg Breisach eingenistet. Dort erwartete er den Zaunkönig, dort wollte er dem staufischen Gaukelspiel ein Ende bereiten.

Friedrich sah die besorgten Mienen seiner Begleiter. Wer Breisach hielt, der konnte mit nur wenigen Männern das Rheintal und den Flußübergang sperren. »Und Otto verfügt über mehr als genug, uns das Fürchten zu lehren«, erklärte der Bischof von Straßburg. »Ohne die Feste Breisach gibt es für Euch kein Weiterkommen.«

»Ich bin bereit, meinem Feind die Stirn zu bieten.« Der König sprang auf. »Was ist mit Euch, Ihr ehrwürdigen Väter, und Ihr, meine Vasallen?«

»Übereilt nichts«, mahnte der Hirte aus Straßburg. »Gebt uns eine Woche und mehr. Nur wenn wir die Belagerung gut vorbereiten, haben wir vielleicht eine Chance, und selbst dann wird das Glück mit hohem Blutzoll bezahlt.«

Ehe der jähe Zorn ihn zu unbedachten Worten hinreißen konnte, verließ Friedrich das Beratungszelt. In großen Schritten stürmte er durch die Wiesen, und Lupold hatte Mühe zu folgen.

»Warum dieses Zaudern und Bedenken?« rief der Siebzehnjährige. »Jeder Aufschub arbeitet für den Welfen. Noch begünstigt uns das Wetter. Schon im Oktober kann es zu spät sein.«

»Habt Geduld, Friedrich. Burg Breisach liegt hoch über dem Rheinufer und ist nach allen Seiten gut zu verteidigen.« Beschwörend setzte er hinzu: »Ich kenne die Lage. Erinnert Euch, in Breisach steht das Haus meines Vaters, dort bin ich geboren.«

»Und ich will, daß du bald deine Familie in die Arme schließen kannst. Sehr bald, mein Freund.« Mit beiden Händen strich Friedrich die rotgoldenen Locken zurück. »Ich fühle mich wie auf einem Schiff des Glücks. Bis hierher hat der Wind mich durch alle Gefahren sicher getrieben. Vor dem Ziel darf die stürmische Fahrt nicht unterbrochen werden. Verstehst du, Lupold? Die Begeisterung der Menschen, sie bläht das Segel, und sie darf nicht abflauen.«

»Glaubt Ihr denn wirklich, daß Ihr ohne Rückschläge, daß Ihr wie in einem fortwährenden Rausch die Krone erlangen werdet?«

»Ja, mein Freund! Ja, ich glaube es nicht nur, ich *weiß* es.« Er stieß ihm leicht an die Brust; der jugendliche Spott über sich selbst gewann wieder die Oberhand. »Meinst du, ich wüßte nicht, wer ich bin? Nur dir, niemals mehr meinem Gefolge, bekenne ich es freimütig: Vor dir immer noch nur ein Zaunkönig. Drüben in Breisach wartet der riesige Welfe auf mich, und nichts außer meinem Glück habe ich ihm entgegenzusetzen.«

»Das ist wahrhaftig unsere Lage«, nickte Lupold. »Ich hatte schon Sorge, daß Ihr sie nicht erkennt.«

Friedrich schwang eine unsichtbare Schleuder in der rechten Hand. »Du erinnerst dich, wie der Kampf zwischen David und Goliath ausging? Laß uns daran fest glauben.« Er schnellte den Stein hoch in die Luft.

Bis spät in den Abend wurden die nötigen Vorbereitungen für einen Angriff auf Breisach geplant. Wurfmaschinen mußten herbeigeschafft werden, ausreichend Proviant für Reisige und Fußknechte sollte in der umliegenden Gegend besorgt werden. Während des nächsten Vormittags inspizierten Bischöfe und Grafen die Schlagkraft ihrer Truppen.

In wildem Galopp preschten wieder Kundschafter ins Zeltlager, sprangen von den Gäulen, ihre Gesichter glühten: »Breisach ist frei! Der Welfe ist abgezogen!«

Erst ein strenger Befehl brachte die Männer dazu, ihre Nachricht im ganzen und für die erstaunten Herren folgerichtig zu überbringen: Weil die Horden Ottos seit Tagen wie Wölfe in den Stadthäusern und Gehöften rings um Breisach gewütet, Frauen, Mägde geschändet hatten und selbst junge Mädchen nicht vor ihrer rohen Lust verschont geblieben waren, hatten die Bürger das Ungeheuerliche gewagt.

»Die Nachricht von Eurer Ankunft gab ihnen den Mut.« Der Späher fiel vor Friedrich nieder. »Euer Name allein genügte.« In der Nacht waren sie mit Spießen, Hacken und Schlachtmessern über die betrunkenen Waffenknechte hergefallen, wenig später hatten ihnen Breisacher Wächter mit Wissen des Vogts oben auf dem Berg das Burgtor geöffnet, und unterstützt vom jähen Lärm der Sturmglocke waren sie eingedrungen. Die Überraschung half beim Sieg. Als der Morgen graute, war Otto verschwunden. »Der Kaiser hat sich durch eine Seitenpforte davongeschlichen. Nur noch wenige konnten ihn begleiten«, beendete der Kundschafter seinen Bericht.

»Erhebe dich.« Friedrich betrachtete die Ringe an seinen Fingern, entschloß sich anders und bat Bischof Arnold von Chur, ihm eine Münze zu leihen. »Hier, mein Glücksbote, deine Nachricht ist sicher ein Vielfaches wert, aber nimm dies als meinen Dank.« Er rief in die Runde der Vornehmen: »Wir gewinnen Breisach, ohne selbst einen Schwertstreich auszuteilen; denn dies haben die tapferen Bürger für ihren König besorgt! Ihr seht, edle Herren, durch Gottes Fügung ist Unser Weg vorbestimmt. Morgen werden Wir Breisach Unseren Besuch abstatten und der Stadt Unsere Verbundenheit zusichern.« Sein triumphierender Blick verharrte bei dem Leibdiener. Kurz ließ der Siebzehnjährige die unsichtbare Schleuder um die rechte Hand kreisen. Lupold verstand und lächelte.

L ag auch mildes Septemberlicht über den sanften Hügeln, den Wiesen und Feldern, nahe der Stadt wurde das friedvolle Bild jäh zerrissen. Der Zug trabte an erschlagenen Bauern vorbei; vom Sattel wies der Straßburger Bischof stumm zu verwüsteten Gehöften hinüber: Rauch schwelte aus den Trümmern, aus den verkohlten Scheunen. Die Spuren der sächsischen Rotten hatten sich in das Land eingebrannt.

Dicht vor dem Stadttor drängte sich das Volk, gezeichnete Frauen und Mädchen mit wehem Blick, Männer, den Zorn noch in den Augen; aus allen Gesichtern sprach die Not und Verzweiflung der vergangenen Wochen. Nur die Kinder liefen herum, schoben sich zwischen Bürgern, Bettlern, Unfreien und Hausierern nach vorn; jedes suchte einen guten Platz am Straßenrand. Für Blumen und Girlanden schien keine Zeit gewesen zu sein. Schweigend erwarteten die Breisacher den jungen Fürsten.

Rudolf von Habsburg trieb sein Pferd neben Friedrich. »Verzeiht, mein König. Ich schäme mich für diese ungehobelten Leute«, schimpfte er. »Wo bleibt der Burgvogt? Kein Jubel! Nein, wahrhaftig, so begrüßt man keinen Herrscher.«

»Seht doch genau hin, Graf«, ermahnte Friedrich leise. »Sie tragen bunte Sträuße in den leeren Händen. Hört Ihr? Sie rufen und lachen Uns aus verschlossenen Lippen zu.«

Der Habsburger hob die buschigen Brauen. »Alt bin ich, doch nicht blind und taub.«

»Seid nachsichtig. Diese Leute haben mich längst begrüßt, gestern nacht und in den Wochen vorher. Sie wanden mir Kränze aus ihrer Qual und Not, schmückten sie mit Tapferkeit und besteckten sie mit Blüten von ihrem Blut. Das ist mehr Festlichkeit, als mir bisher entgegengebracht wurde.«

»Gott schütze Euch, Friedrich.« Bewegt setzte der Graf hinzu: »Ihr seid es, Ihr seid der König, dem ich dienen möchte.«

Spät aber dennoch rechtzeitig ritt der Vogt mit einigen Ältesten dem Zug entgegen, hieß den Gast willkommen und bot ausreichend Gelände für das Zeltlager der Truppen an. In aller Form lud er Friedrich mit dem vornehmen Gefolge auf seine Burg ein.

Als sie das wartende Volk vor dem Tor erreichten, zügelte der Staufer sein Pferd. »Ihr Leute von Breisach!« Offen zeigte er seine Zuneigung und dankte für den bewiesenen Mut, versprach Geldgeschenke, um den Schaden und die erlittenen Schmerzen zu lindern. Wenige Worte, ernst und voller Anteilnahme, genügten; sie öffneten Friedrich die Herzen, und viele Hände streckten sich ihm entgegen, Rufe hießen ihn willkommen.

Der junge Fürst nahm sich Zeit; freundlich beantwortete er Fragen, lächelte nach rechts und links. Da fiel sein Blick auf eine weiß und dunkel gebänderte Adlerfeder, die zum Greifen nah direkt neben ihm schwankte. Friedrich sah hinunter. Ein zerlumpter Junge hatte den Kiel in einen geschnitzten Holzschaft gesteckt, hoch über dem Kopf ließ er die Feder hin und her schaukeln. Breitbeinig, auf nackten Füßen, stand der Kleine am Straßenrand, feuerrot leuchtete sein wirrer Haarschopf.

Friedrich hielt das Pferd an. »Ein Geschenk für mich?« Sofort brachte der Junge seinen Schatz außer Reichweite und streckte ihm die geöffnete Hand hin. Welch ein fordernder Blick stand in diesen seltsam blauen Augen? Einen Moment lang runzelte Friedrich die Stirn, dann wandte er sich lebhaft an seine Begleiter: »Beinah hätten Wir es vergessen: Die Zeit des Bettelns ist vorbei. Für die Erlangung des kaiserlichen Adlerwappens, selbst wenn es nur eine einzige Feder ist, muß ein König bezahlen.«

Schamröte stieg dem Burgvogt ins Gesicht. »Diese Bande! Nichts ist vor diesen herumstreunenden Plagegeistern sicher.« Er winkte der Stadtwache. »Wenn Ihr erlaubt, lasse ich Euch die Feder bringen.«

»Bemüht Euch nicht«, wies ihn Friedrich erheitert zurück. »Erst war es nur eine Laune, nun aber will ich es. Der Junge besitzt etwas, das ich haben möchte, und er bettelt nicht, nein, er bietet mir ein Geschäft an. Ob im großen oder im kleinen, halten wir es nicht alle so?« Er zog einen Ring vom Finger. »Lupold, handele mit ihm.«

Der Burgvogt traute seinen Augen nicht; wer es von den Umstehenden sah, dem blieb der Mund offen. Behutsam lenkte der Diener das Pferd dicht an den Jungen heran und reichte ihm die Kostbarkeit hinunter. Die kleine Hand schnappte zu, sofort verschwand der Ring in der tiefen Kitteltasche.

»Gib mir die Feder.«

Ohne den Blick vom König abzuwenden, schüttelte der Junge den Kopf; wieder streckte er die geöffnete Hand aus.

Friedrich nickte anerkennend. »Ihr solltet handeln, Baron Lupold. Nun bestimmt er den Preis. Biete ihm eine Münze zusätzlich.«

Gespielt streng fragte der Kammerherr: »Genügt das?«

Der Rotschopf nickte; geschickt fing er den Silberpfennig auf, und im Gegenzug überließ er dem Diener seine Adlerfeder.

»Sag mir deinen Namen«, verlangte Lupold; da der Kleine zögerte und die Nase krauste, setzte er vorsorglich hinzu: »Allerdings nur, wenn es nichts kostet.«

»Tile.« Der Junge duckte sich, tauchte unter dem Bauch des Pferdes her, drängte durch die Reihen der Leute am anderen Straßenrand und lief davon.

Lupold drehte den geschnitzten Holzschaft in der Hand, betrachtete die Zeichnung der Feder; halb im Scherz fragte er: »Darf ich das teuer erworbene Königsgut für Euch aufbewahren?«

»Hüte dich, es zu verlieren.« Der Siebzehnjährige sah ihn von der Seite an und murmelte: »Ganz unvermittelt wurde ich an unsere Zeit damals in Palermo erinnert.«

Lupold richtete sich im Sattel auf. »Dann war der Preis nicht zu hoch, mein Fürst.«

Vom Lachen Friedrichs ließen sich die vornehmen Begleiter anstecken. In heiterer Stimmung zog der junge König mit seinem Gefolge durchs Stadttor von Breisach.

Tile rannte. Immer wieder blickte er sich um; noch verfolgte ihn niemand, noch waren die anderen bei den Leuten am Straßenrand. Vater Jakob hatte seinen Bettelkindern befohlen, dem Zug bis hinauf zur Burg zu folgen. Jeder Ungehorsam wurde streng bestraft, das wußte Tile, aber jetzt besaß er einen Schatz, den er nicht hergeben wollte. Von außen tastete er nach der Kitteltasche, fühlte die Münze und den Ring.

Der Siebenjährige hastete zwischen den Karren und Pferden der Bewaffneten her und lief übers freie Feld auf ein Gestrüpp zu; erst hinter einem Busch blieb er stehen und spähte atemlos durch die Blätter zurück. Kein Verfolger war in Sicht.

Tile griff in die Tasche. Zuerst nahm er den Ring, betrachtete ihn, strich über das Falkenbild und nagte vorsichtig am Gold. »Du gehörst mir«, flüsterte er. Auch den Silberpfennig unterzog er der Bißprobe. In jeder Hand hielt er ein Glitzerstück, lachte beide an und küßte sie.

Erschreckt schloß er die Fäuste. Wo sollte er den Schatz verbergen? Es konnte nicht mehr lange dauern, bis Vater Jakob die andern hinter ihm her schickte. Eins der Kinder hatte bestimmt gesehen, in welche Richtung er gelaufen war, und alle würden sie ihn jagen, bis sie ihn gestellt hatten. Selbst wenn Tile ihnen jetzt entwischte, am Abend mußte er zurück in die Scheune. Seit ihn die Bauersleute vor zwei Jahren vom Hof getrieben hatten, war der verfallene Heustadel sein Zuhause; dort lebte er zusammen mit acht weiteren Kindern. Eltern besaß keines von ihnen, sie gehörten dem Bettler Jakob. »Ich bin eure Familie. Haltet wie Bruder und Schwester zusammen.« Er hatte die Waisen aufgelesen und für seine Dienste abgerichtet. Angstvoll nannten sie ihn Vater. Trotz Schlägen und Fußtritten blieben die Kinder bei dem Alten; er versorgte sie täglich mit Suppe und gab jedem eine Decke.

Entfernte Pfiffe und Rufe! Tile versteckte die Hände hinter dem Rücken. Von Breisach her kamen sie, weit auseinandergezogen, wie eine Hundemeute, waren am Zeltlager schon vorbei; noch hatten sie das Feld nicht erreicht. Sie durchstöberten die vereinzelten Büsche in den Wiesen, kletterten auf Obstbäume, sprangen zurück und suchten weiter.

Jähe Not zwang Tile, sich hinzuhocken. Ehe er sein Kittelhemd ganz über den Hintern heben konnte, entleerte sich schon der Darm. Er kroch wieder zum Buschrand. Bis zur Hälfte hatten die Verfolger den Acker überquert. Ring und Münze brannten. Wohin mit dem Schatz? Weder die Geschwister noch ein Tier durften ihn finden. Angestrengt krauste er die Nase, wog die Kostbarkeiten in den Händen; ein Stück mußte er opfern, um das andere vielleicht für sich zu behalten. Tile hatte sich entschieden; rasch kehrte er zu seinem Haufen zurück und drückte den Ring tief hinein, das kleine Loch strich er mit Kot wieder zu. Dreimal spuckte er darauf. Die Silbermünze verbarg er im Kittel.

Nicht weit von der Stelle entfernt verließ Tile das Gestrüpp und blieb nach wenigen Schritten, die Lippen fest zusammengepreßt, im Feld stehen.

Sein leuchtendes Haar verriet ihn sofort, mit Pfiffen verständigte sich die Meute, wildes Wettrennen entbrannte. Ein Mädchen erreichte Tile als erstes. Aus dem Lauf heraus stieß die Halbwüchsige den Jüngeren um und wälzte ihn auf den Rücken; ihre Hand fuhr unter den Kittel, packte Hoden und Schwanz, mit der anderen umschloß sie seine Kehle. »Du rote Ratte!« Sie schrie den Geschwistern entgegen: »Ich war's! Ich hab' ihn gefangen!« Die Narbe quer über ihrer linken Wange glühte. »Ihr habt's alle gesehen!« Neid wuchs in den verdreckten Gesichtern; keuchend umstanden drei Jungen und vier Mädchen die Jägerin mit ihrer Beute. »Schwört es!«

Die Kinder sahen sich an, ein Junge gab widerstrebend zu: »Ja, Elsa, du hast ihn erwischt.«

Fester drückte sie die Hand unter dem Kittel, daß Tile wimmerte. »Sag du's auch«, verlangte sie. Nur gequält konnte er nicken.

Elsa lockerte den Griff, sie drohte in die Runde: »Und wehe, ihr sagt es nachher nicht Vater Jakob.« Heute abend würde sie für ihren Fang ein Stück Käse und vielleicht sogar ein Weißbrot zum Lohn erhalten. An den Haaren zog sie Tile hoch und schüttelte ihn: »Deine Familie betrügen wolltest du!«

»Nicht wahr«, weinte er. »Nicht wahr.«

Die Zwölfjährige riß seinen Kopf zurück. »Was hast du hier gemacht?«

»Gekackt hab' ich, nur gekackt.«

Sofort verlangte die Anführerin den Beweis. Bereitwillig zeigte Tile ihr die Stelle hinter dem Busch, kein Wimpernzucken, mit nichts verriet er sich.

Elsa stieß die Zehspitze in den weichen Kot, und ihr Zorn legte sich etwas: »Aber faulenzen wolltest du, uns die Arbeit überlassen? Dafür zieht dir der Vater zehnmal die Rute über.«

»Ich war fleißig«, beteuerte Tile. »Mehr als ihr hab' ich heut' erwischt.« Er zog die Münze aus dem Kittel.

Andächtig bestaunten die Zerlumpten das Silberstück. Niemand wagte es zu berühren, selbst Elsa nicht. Vater Jakob hatte ihnen bei Strafe eingebleut: Kein Diebstahl unter den Geschwistern. Keiner rührt die Beute des andern an. Und jeder mußte seinen Bettelertrag persönlich bei ihm abliefern.

Sorgsam steckte Tile den Pfennig zurück. Sein Ring war in Sicherheit; und was ihn auch noch erwartete, nie wollte er das Versteck verraten. Die offene Bewunderung der Geschwister ließ ihn die Schmerzen zwischen den Beinen vergessen, und kühn rief er: »Deswegen krieg' ich heute Käse und Brot und Suppe! Ich allein!«

»Dann fress' ich dich«, knurrte die Anführerin. Grob stieß sie ihn vor sich her.

Nicht weit von der Stadt entfernt, versteckt hinter Bäumen, lag der halbverfallene Heuschober am Hang eines Hügels, das Dach notdürftig mit Stroh und Steinen abgedichtet. Vater Jakob saß draußen auf einem Holzklotz: hager, groß; ein Schafpelz hing ihm von den Schultern. In seiner Nähe brodelte Suppe über dem Feuer. Nacheinander traten die Kinder vor ihn hin und leerten ihre Beutel. Käse, Würste und Brotkanten – heute waren die Bürger freigiebig gewesen. Obendrein hatten ihnen die kleinen Diebe im Gedränge des Königsbesuches noch Spangen, Schultertücher, sogar einen Gürtel abgenommen.

Ehe Tile an der Reihe war, lobte Jakob die anderen: »Ihr meine tüchtigen Kinderchen«, sprach er in näselnd gütigem Singsang, »wie gut ihr zu eurem alten Vater seid!« Gewöhnlich war dieser Satz das Signal, nun endlich die Suppe essen zu dürfen. Heute hielt er die Hungrigen zurück. »Wartet, meine Sterne, wartet. Wir wollen doch sehen, ob euer jüngster Bruder sich heute auch das köstliche Mahl verdient hat.«

Die kleinen Augen musterten den Siebenjährigen. »Jungchen, nun komm zu mir.«

Mit zitternden Lippen blieb Tile vor ihm stehen.

»Du warst ungehorsam, bist einfach weggelaufen. Dein Vater hat es gesehen und wurde sehr traurig. Hast du Strafe verdient?«

Tile ließ den Kopf sinken, unaufgefordert drehte er sich um. Die Hand des Bettlers fuhr zum Gürtel, schon riß er die Gerte heraus und peitschte den kleinen Rücken von rechts und links. Bei jedem Schlag schrie das Kind auf.

»So, Jungchen, nun guck deinem Vater wieder in die Augen.«

Tile schluchzte.

»Denn vorher hat dein Vater noch was gesehen, und das hat ihn stolz gemacht.« Er schnippte fordernd mit den Fingern.

Sofort nestelte Tile den Silberpfennig aus der Kitteltasche und gab ihn her.

»Du bist ein gutes Jungchen.« Wieder schnippte Vater Jakob.

»Mehr hab' ich nicht«, stammelte Tile; zum Beweis stülpte er die Tasche um.

»Aber, aber, mein kleiner Sohn.« Der Singsang wurde leiser. »Zweimal hat dir der König was für deine Feder geben lassen. Also mußt du deinem Vater auch zweimal was geben. Die Leute haben was von einem Ringlein erzählt. Nun schenk es mir.«

Fest ballte Tile die Fäuste. »Nur den Pfennig. Mehr hab' ich nicht gekriegt.«

Vater Jakob seufzte bekümmert. »Dann werden wir nachsehen, Jungchen.« Er winkte Elsa. »Hilf deinem Bruder. Er soll den Kittel ausziehen.«

Ehe das Mädchen bei ihm war, hatte Tile selbst das Lumpenhemd abgestreift.

Gründlich befühlte der Alte den Stoff, warf ihn beiseite und deutete auf das Amulett am Halsriemen des Jungen. »Her damit.« Er prüfte den Inhalt des kleinen Lederbeutels: Ein Dachszahn, drei kleine Kiesel. Mehr nicht. »Häng es dir wieder um, Jungchen, damit du nicht krank wirst.«

Kaum hatte Tile das Amulett angelegt, schnellten die dürren Arme vor. Vater Jakob riß das Kind zu sich, drückte es zu Boden und klemmte den Kopf zwischen die Knie. Mit den Fingern wühlte er im Haar, bohrte in die Ohren. »Mach dein Maul auf, Jungchen.« Weil Tile nicht rasch genug gehorchte, preßte er ihm die Nasenlöcher zu; zwei Finger durchsuchten den Mund, auch in den Achselhöhlen fand er nichts. Schnell drehte Jakob das Kind um, hieb ihm die Faust auf den Rücken. »Bück dich, Jungchen, bück dich.« Elsa erhielt den Befehl, Tiles Kopf nach unten zu drücken. Er selbst riß die kleinen Hinterbacken auseinander und stieß ihm den Finger tief in den Darm. Vor Schmerz wimmerte Tile.

Die erfolglose Suche steigerte die Wut des Alten. »Wo hast du den Ring?« Während das Mädchen den Jungen festhielt, schlug er mit der Gerte auf den nackten Rücken. Mit einem Mal hielt er inne. »Laß dein Brüderchen los, mein Kind.«

Tile fiel zu Boden, blieb so liegen und schluchzte.

»Nun, Jungchen.« Er spreizte den Singsang. »Du hast deinen Vater sehr traurig gemacht. So traurig, daß er dich fortjagen muß. Von nun an gibt es nie mehr eine Suppe für dich, keine warme Decke. Ganz allein wirst du in der Nacht sein. Oh, ich höre schon die Wölfe.«

Bei seinen Worten drängten sich die Geschwister zueinander. Verstoßen werden, das war die schlimmste Strafe.

»Weg mit dir. Verschwinde aus meinen Augen.«

Der Siebenjährige kroch zu seinem Kittel, streifte ihn über den wunden Rücken, mühsam stand er auf.

»Wenn du mir aber den Ring bringst«, vielversprechend breitete der hagere Bettler die Arme, »dann, Jungchen, darfst du zu deiner Familie heimkehren. Und das willst du doch, mein Jungchen? Wir warten auf dich.«

Unsicher auf den Beinen, stolperte Tile in die Dämmerung davon. »Nie komm' ich wieder her«, flüsterte er. »Nie, nie mehr. Ich brauch' keinen.« Je weiter er sich entfernte, um so lauter schimpfte er gegen Schmerz und Unglück an: »Ich hasse dich, Vater Jakob. Ich hasse dich, Elsa! Alle hasse ich!«

Aus Furcht, daß der Bettler ihm Elsa nachschickte, schlug der Siebenjährige nicht die Richtung übers Feld ein; sein Schatz war sicher verwahrt. Diesmal wanderte er am Zeltlager der königlichen Truppen vorbei zur Stadt.

Oben auf dem Burgberg wurden Fackeln entzündet. Schwach drang Musik herüber. Am Fuß der Stadtmauer kroch Tile zwischen den Abfall. Sollen mich doch die Wölfe fressen, dachte er, meinetwegen auch die Bären, ist mir gleich.

Ein Hund schlug an, andere fielen heiser ein.

Fest preßte Tile die Hände auf die Ohren. »Es gibt keine Wölfe«, tröstete er sich. Als das Gebell verstummte, nickte er: »Die kommen ja nur im Winter, ich weiß es.«

Den Kopf auf den Knien, horchte er ängstlich in die Nacht, bis ihn der Schlaf übermannte.

Früh wachte er auf. Ihm war kalt, und die Striemen auf seinem Rücken schmerzten. Der Ring! War er noch da? Oder hatte ihn ein Tier gefunden?

»Nein, in Kacke wühlt keins rum«, sagte er laut. »Auch Ratten nicht.«

Drüben im Heerlager war es still. Tile blickte zum blassen Himmel, auch die Geschwister schliefen sicher noch; Vater Jakob weckte sie erst, wenn die Sonne aufging.

Er lief übers Feld; hinter dem Busch fand er seinen Haufen wieder, unberührt, und griff hinein, suchte und zog den Ring aus dem Kot. Erleichtert rieb er den Schatz an seinem Kittel sauber; im ersten Glück wollte er ihn zur Probe auf einen Finger stecken, wagte es dann doch nicht.

Wie das Gold blinkte! »Bestimmt bist du ein Zauberring, weil ich dich jetzt hab'.« So mußte es sein, Tile war sich ganz sicher. Er griff nach dem Halsriemen, öffnete seinen kleinen Lederbeutel und legte sorgsam die Kostbarkeit zu den drei Kieseln und dem Dachszahn. »Und jetzt beschützt du mich.«

Tile verließ das Gesträuch. Drüben hinter den vielen Zeltdächern lag Breisach in der Morgensonne. Zum Backhaus wollte er; immer schenkten die Frauen ihm etwas von den krustigen Brotnasen. Während er lief, kreisten seine Gedanken um den Ring, seinen Schatz, den Glückszauber.

Erschreckt blieb er stehen. In der Stadt würden ihn die Geschwister bald entdecken, und dann schleppte ihn Elsa wieder zu Vater Jakob. Und jetzt trug er den Ring im Amulett bei sich! Niemals durfte er nach Breisach zurück. Doch er kannte nur diese Stadt, den Rhein und die Umgebung, soweit er sie zu Fuß am Tag durchstreifen konnte.

Hilfesuchend blickte sich der Junge um. Er war allein und mußte fort. Tränen stiegen. Und wenn er den Ring zu Vater Jakob brachte? Dann durfte er wieder zu Hause bei der Familie sein. Heftig schüttelte er den Kopf.

Zu Hause? Tile krauste die Nase. Vor Vater Jakob war er bei den Bauersleuten zu Hause gewesen. Die hatten ihn fortgeschickt, weil er ein nutzloser Esser war. »Aber jetzt bin ich groß. Ich kann arbeiten.« Vielleicht durfte er bleiben, und essen wollte er auch nicht viel.

Vorsorglich stillte er unter einem Apfelbaum seinen Hunger. Er umging das große Heerlager und näherte sich, als das Mittagsläuten einsetzte, dem Gehöft.

Dort wo Scheune und Haus gestanden hatten, lagen verkohlte Balken und eingestürzte Lehmwände. Allein der Verschlag für die Ziegen war unversehrt. Tile irrte zwischen den Trümmern umher, rief nach den Leuten, aber erhielt keine Antwort. Er lief zum Ziegenstall; kaum hatte er die Brettertür geöffnet, schlug ihm ein süßlicher Geruch entgegen. Fliegenschwärme surrten.

Der Anblick würgte Tile. Auf dem Boden lag die Bäuerin, ihre Schenkel waren weit auseinandergerissen, Leib und Brüste zerschnitten.

»Mutter«, stammelte er.

Sie lag dort, wo sie das Neugeborene damals gefunden hatte. Nie war sie herzlich zu ihm gewesen, doch sie hatte das Findelkind bis zum fünften Jahr genährt und notdürftig gekleidet, und Tile hatte sie Mutter nennen dürfen. Leise drückte er die Tür wieder zu.

Den Bauern und den Knecht fand er beim Brunnen; beiden steckten Mistgabeln in der Brust.

Verloren hockte sich Tile hin, umschlang die Knie und wiegte den Körper vor und zurück.

Er hatte den Hund nicht kommen hören. Ein junges Tier, das hellbraune Fell grauverdreckt und zottig, starke Pfoten; unverwandt sahen ihn die dunklen Augen an.

Vorsichtig rückte Tile ein Stück zur Seite. »Ich hab' keine Angst vor dir.« Der Hund lief um ihn herum, bellte zu den Ruinen hinüber; schließlich hockte er sich ganz nah neben ihn hin und wedelte mit dem Schwanz. Langsam streckte Tile die Hand aus, kraulte das Nackenfell. Gleich rieb der Hund seine Schnauze an dem nackten Arm und leckte die Haut.

Tile seufzte. »Bist du auch allein?« Das Tier legte sich über seine Füße. »Kannst bei mir bleiben«, versicherte er ernst. »Ich jag' dich nicht weg.«

Neuer Mut erfüllte ihn. Er suchte nach einem Schlafplatz, und stets blieb der Hund an seiner Seite. Außerhalb des Hofgeländes, in sicherer Entfernung von den Toten, fand Tile eine Mulde. »Hier bau' ich uns ein Haus«, entschied er. »Wirst schon sehen.«

Aus den verkohlten Trümmern wählte er noch brauchbare Bretter und Balkenreste und legte sie über das Erdloch, daß nur ein schmaler Einstieg freiblieb. Zum Schutz tarnte er das Dach mit Grasbüscheln und Zweigen. Als weiche Unterlage sammelte er Strohhalme und Blätter.

Umsichtig arbeitete Tile bis in den späten Nachmittag; immer wieder fragte er den Hund und gab selbst die Antwort. Endlich zufrieden, krochen die beiden nacheinander ins fertige Haus.

»Gefällt es dir?« Sitzend stieß er mit dem Kopf an die Bretter, ausgestreckt aber konnte er liegen, und der neue Freund schob sich eng an seine Seite. Nach einer Weile flüsterte Tile: »Du armer Hund weißt gar nicht, wie du heißt. Aber sei nicht traurig.« Er überlegte angestrengt, kein Name gefiel ihm, schließlich suchte er bei den Heiligen, die er kannte. »Nikolaus, so heißt du jetzt. Weil der uns hilft. Und ich heiße Tile.« Eine Hand kraulte das struppige Fell, die andere streichelte sein Amulett; halb schon im Schlaf murmelte er: »Weißt du, bei den Geschwistern ist es überhaupt nicht so schön.«

Fanfaren und Glockengeläut weckten Tile am nächsten Morgen. Rasch kroch er aus dem Unterschlupf. Das Zeltlager war abgeschlagen. Auf der Straße zum Rhein blitzten Helme und Lanzen, Reiter durchquerten den Fluß. Das Heer des Königs brach auf.

Kein Überlegen, der Siebenjährige zögerte nicht. »Komm, Nikolaus.« Er lief quer über die Wiesen, und ausgelassen sprang der Hund um ihn herum.

Am Ufer wartete Tile, bis die Truppen vorbeigezogen waren. Jetzt folgten die hochbeladenen Gespanne. Knechte wateten neben den Pferden her; vom Bock aus lenkten die Kutscher, schrien und fluchten.

Niemand hatte Augen für den Jungen. Er schlüpfte unter einen Karren, ging gebückt zwischen den hohen Rädern in die Furt. Sobald das Wasser zu tief für ihn wurde, kletterte er an der Rückklappe hoch und klammerte sich fest. Ganz in seiner Nähe schwamm der Hund, wurde von der Strömung abgetrieben, kehrte zurück. Gemeinsam erreichten sie glücklich das andere Ufer.

»Runter da!« Ein Kutscherknecht packte Tile am Kragen und zog ihn von der Rückklappe. »Hier wird nichts gestohlen!« Er schüttelte ihn. »Was willst du hier? Mach's Maul auf. Sonst ...«

»Mitgehen.« Flehend sah der Rothaarige zu ihm auf. »Bitte, Herr, wir wollen jetzt immer beim König bleiben.«

Der Mann ließ ihn los. »Wir? Ist da etwa noch einer?« Er schlug gegen die Rückwand des Karrens.

Vorsichtig zeigte Tile auf den nassen, mageren Hund. »Das ist Nikolaus, er will auch mit.«

»So zwei wie ihr haben uns gerade noch gefehlt«, brummte der Knecht. Fest hielt Tile den Blick auf ihn gerichtet. Die Not in den seltsam blauen Augen stimmte den Mann um. »Also, mir soll's gleich sein.«

»Danke, Herr«, sagte Tile eifrig. »Und arbeiten kann ich gut.«

»Langsam, langsam. Laßt euch nur nicht vom Koch erwischen, damit habt ihr Arbeit genug.« Schmunzelnd drohte ihm der Knecht. »Und sag nicht, daß ich gesagt habt, ihr dürft mit. Nichts hab' ich gesagt. Hast du verstanden?« Er wandte sich ab und ließ die beiden allein.

»Komm, Nikolaus. Wir gehen jetzt immer dem König nach.«

Über dem Heiligen Wald dämmerte der Morgen herauf. Fischreiher verließen ihre Schlafplätze hoch in den Kronen der mächtigen Eichen. Träge war der Flügelschlag. Ehe sich die ruhig fließende Moder vor Hagenau teilte, landeten sie im Uferschilf. Den langen Hals tief eingezogen, watete jeder bedächtig durchs seichte Wasser. Jäh schoß der Kopf hinunter, wie eine Lanze durchbohrte der Schnabel den Fisch.

Umschlossen von den Armen der Moder, gesichert durch eine Ringmauer aus Buckelquadern und Türmen, lag die Kaiserpfalz noch in tiefem Schlaf. Dunstschleier zogen über die weitläufige Anlage, über Stallungen, Wirtschaftsgebäude und Unterkünfte für die Burgmannen; sie erstreckte sich über die ganze Insel. Zum inneren Hof der Pfalz führte eine Durchfahrt unter der zweigeschossigen Kapelle. Hier hatte sich der Nebel schon verflüchtigt. Dunkel überragte der Bergfried das Wohnhaus. Oben im dritten Stockwerk des Palas ruhte Kaiser Otto mit seinem Gefolge.

Noch waren alle Fallbrücken hochgezogen, die Übergänge unterbrochen, und bis zu den fest im Fluß stehenden Brückenteilen klaffte eine unüberwindbare Lücke. Erst nach Herunterlassen der Torplatten war die Insel wieder mit dem anderen Ufer verbunden.

Hauptleute der Burgbesatzung erschienen auf der Ringmauer und nahmen ihren ersten allmorgendlichen Kontrollgang auf. Durch Handzeichen verständigten sie sich mit den Doppelposten jenseits der Moderarme. Keine besonderen Vorkommnisse während der Nachtstunden auf den Straßen, die aus dem düsteren Wald zu den drei Brücken führten. Alles schien friedvoll. Auch die beiden Wachen am Aufgang der Stadtbrücke meldeten nichts Verdächtiges.

Bei Sonnenaufgang wurden die schlichten Holztore von Hagenau aufgestoßen. Wartende Händler und Bäuerinnen drängten in die Stadt zum Marktplatz. Der Schmied entfachte das Feuer, bald schlug er das rotglühende Eisen. Mägde trugen Krüge zum Brunnen, schwatzten und lachten. Nach und nach öffneten sich auch die Häuser. Kinder zankten sich um einen Holzball. Nichts Ungewöhnliches; der Morgen des letzten Donnerstags im September hatte begonnen wie jeder Tag.

Niemand beachtete den Mönch im grauen Reiseumhang. Zielstrebig betrat er das Stadthaus, wo er sich als Bote des Herzogs von Lothringen zu erkennen gab. Seine Nachricht trieb dem Schultheiß helle Schweißperlen auf die Stirn.

Hagenau, Stadt und Wasserburg waren eingeschlossen. Draußen am Waldrand, verteilt auf alle Zuwege warteten mehr als zweihundert Ritter. Unbemerkt hatten sie im Morgengrauen den Ring geschlossen, noch hielten sie sich in der Deckung, jederzeit aber bereit zum Angriff.

Die nur durch Wall und Palisaden geschützte Stadt konnte von den Bürgern allein nicht gehalten werden, das wußte der Schultheiß, und wenn die Kaiserpfalz auf der Insel selbst bedroht war, würde kein Trupp der Burgmannen ihnen zu Hilfe eilen. Stets waren es die Wehrlosen, die dem Feind zuerst ausgeliefert wurden.

»Ist denn schon wieder Krieg im Land?« Verzweifelt stand der Stadtälteste vor dem Boten.

»Kein Krieg, nur ein politischer Akt«, beschwichtigte der

Mönch. »Mein Herzog will seinem Vetter, dem gewählten Stauferkönig Friedrich, den Weg bereiten.«

»Welch ein schlechter Trost, ehrwürdiger Vater. Was kümmert uns Arme das Geschäft der Großen? Krieg ist, wenn mit Euch und den Rittern der Tod über die Stadt kommt.«

»Schweig. Um dich und deine Leute zu retten, bin ich hier.« Kühl unterbreitete ihm der Unterhändler den Plan, wie Not und Zerstörung von Hagenau abzuwenden wären.

»Das bedeutet Verrat«, flüsterte der Schultheiß.

»Und sonst den sicheren Tod.« Scheinbar gleichgültig wandte sich der Mönch zum Ausgang. »Aber wie du willst! Es liegt in deiner Hand.«

»So wartet. Ich ... ich darf nicht allein entscheiden.«

Gleich kehrte der Unterhändler zurück. »Gut, mein Sohn. Du hast eine Stunde Zeit. Und wehe dir: Gibst du Alarm oder warnst die Wachen drüben an der Brücke, so kennt der Herzog keine Gnade.«

Eilig und ohne Aufsehen bestellte der Schultheiß seine Ratsherren ins Stadthaus. Kaum erfuhren sie von ihrer Lage, rangen sie bestürzt die Hände. Vor einer Woche war der Welfenkaiser mit nur kleinem Gefolge in die Reichspfalz eingezogen. Es war seine Burg, er hatte das Recht auf seiner Seite, und die Stadt war verpflichtet, ihm Beistand zu leisten. Wenn nicht, verlor sie Steuerfreiheit und wertvolle Privilegien.

»Hört auf mit dem sinnlosen Geschwätz!« befahl der Mönch. »Euch bleibt ohnehin keine Zeit. Wir sind gekommen, den Welfen zu verjagen und dem wahren Herrscher die Pfalz zu öffnen. Und dies wird geschehen, mit oder ohne euch. Otto ist vom Papst gebannt, von den Fürsten abgewählt. Er ist nicht länger der rechtmäßige Kaiser; euch bindet nichts mehr. Also vergießt nicht unnütz das Blut eurer Kinder und Frauen, werft nicht selbst den Brand.«

Sie hatten keine Wahl. Furchtsam entschieden sich die Ältesten für Hagenau und gegen den Welfen und seine Sachsen.

»Ihr braucht nichts zu tun, verhaltet euch still, bis alles vorüber ist.«

Während der Bote die Stadt verließ, Zeichen zum Waldrand hinüber gab, liefen die Ratsherren selbst durch Gassen und Straßen. »Gefahr droht. Geht ins Haus, verschließt eure Fenster und Türen. Sagt es weiter.« Auf dem Markt befahlen sie: »Zur Kirche. Alle verstecken sich sofort in der Kirche. Laßt eure Körbe stehen. Fragt nicht, schreit nicht, lauft, nehmt die Kinder mit.«

Leidgeprüft durch immer wiederkehrende neue Not und Bedrängnis, gehorchten die Bürger ohne Zögern. In Hagenau wurde es still.

Wenig später holperte ein Pferdekarren durch die leeren Straßen. Nahe dem Kirchhof von St. Georg hielt der Kutscher an und öffnete die Rücklade. Unter der Plane schlüpften vier Armbrustschützen ins Freie. Zwei Bewaffnete folgten, mit Schild, Kurzschwert und Kettenhemd; beim ersten Blick unterschied sie nichts von den Burgmannen der Kaiserpfalz. Lautlos näherte sich die Gruppe dem Ufer. Aus dem Schatten der Häuser spähten die Angreifer zur Brücke.

Rechts und links vor dem Zugang hockten Wächter auf einem Stein; übermüdet stützten sich die beiden am Schaft der Lanze. Erst wenn die Zugbrücken heruntergelassen würden, kam ihre Ablösung.

In der Deckung legten die Schützen an und schossen gleichzeitig. Jedem der Posten schlug ein Bolzen zwischen die Augen, durchbohrte ein Stahlpfeil den Hals unter der Kettenhaube. Lautlos kippten sie zur Seite. Schon waren die zwei als Burgwachen verkleideten Feinde über ihnen, nahmen die Lanzen und hockten auf den Steinen, wie zwei übernächtigte Posten; zur selben Zeit hatten die Schützen bereits ihre Opfer aus dem Blickfeld gezerrt.

Als Hauptleute während des Rundgangs von der Wehrmauer hinüberblickten, schien nichts verändert. Auch vor den drei anderen Brücken bot sich ihnen das gleiche gewohnte Bild.

Inzwischen waren Lothringer Ritter in Hagenau. Knappen schlangen Stricke um die Füße der beiden Getöteten, verknoteten die Seilenden am Sattel eines Pferdes. Kein Wort wurde gesprochen. Warten.

Endlich neigte sich die Zugbrücke, legte sich auf das Ende des Bohlenstegs und verband die Insel mit der Stadt.

Ohne Eile verließ die Wachablösung das Torhaus, ihre Schritte klackten über die Rundhölzer.

»Was ist los mit euch?« rief einer nach vorn.

»Ihr verschlaft noch die Ablösung!« spottete der andere. Sie hatten das Brückenende erreicht und griffen nach den Schultern der Übermüdeten. Da fuhren die Männer herum; aus der Drehung stießen sie den Ahnungslosen ihre Klingen unter das Kettenhemd in den Leib. Aufschreiend stürzten die Verletzten zu Boden, wälzten sich und starben, von Lanzen durchbohrt.

Hornsignal! Lärm wuchs in Hagenau. Ein herrenloses Pferd galoppierte auf den Steg, schleifte am langen Seil zwei leblose Körper hinter sich her. Die Leichen schlugen gegen das Geländer, drehten sich umeinander, wurden hochgeschleudert und krachten zurück.

Hufe donnerten über die Fallbrücke. Schon hatte der Gaul das Tor erreicht, stürmte weiter. Entsetzt wichen die Wachen zur Seite.

Der Augenblick war da! Drei Angreifer sprangen über die Brücke, blanke Schwerter in den Fäusten. Nach kurzem Kampf waren Tor und Turm eingenommen. Weiter drangen die Ritter nicht vor.

Jetzt erst wurde in der Kaiserpfalz Alarm geblasen. Burgmannen stürzten aus ihren Unterkünften. »Zum Südtor!«

Vom Nordtor gellte es: »Der Feind steht hier!«

Schon schrien Wachleute von den anderen Toren. »Hierher! Hierher!«

Atemlos meldete ein Hauptmann dem Burgvogt: »Wir sind eingeschlossen. Eine Übermacht. Vor jeder Brücke stehen mehr

Ritter und Schützen, als wir Männer haben. Das Torhaus zur Stadt ist schon in ihrer Hand.«

»Wer sind sie? Was wollen sie?«

»Ich weiß es nicht.«

Fanfaren ertönten von Hagenau her. Entschlossen stieg der Vogt die Leiter zur Wehrmauer hinauf. Lanzen, Schilde, gepanzerte Pferde, über den mattglänzenden Helmen wehte das Banner des Herzogs Friedrich von Lothringen.

Durch den Trichter seiner Hände brüllte der Burgverwalter: »Verdammt soll jeder sein, der unsern Frieden stört!«

»Wir stehen hier nicht als eure Feinde!« Am gegenüber liegenden Ufer trieb der Ausrufer sein Pferd zum Brückenaufgang. »Kommt heraus, und hört die Bedingungen meines Herrn.«

Im Torhaus mußte der Vogt sein Schwert zurücklassen, selbst Dolch und Kettenhaube nahmen ihm die feindlichen Ritter ab. Ohne Schutz schritt er dem Herold entgegen. Mitten auf der Brücke standen sich die Männer gegenüber. Heftig schien das Gespräch. Zu verstehen war nichts, nur Gebrüll und Fluchen drangen bis an beide Ufer der Moder. Immer häufiger hob und senkte der Burgverwalter die Schultern; schließlich breitete er gottergeben die Arme, dann stapfte er zurück.

Im zweiten Stock des Palas empfing ihn der Welfenkaiser, barfuß, die Schlafmütze noch auf dem Kopf. Über das Nachtgewand hatte er einen Seidenmantel geschlungen. »Rede, Kerl!« Bisher war Otto nur von irgendeiner drohenden Gefahr unterrichtet; sie hatte ihn aus dem Bett getrieben. »Was bedeutet der Tumult da draußen?«

»Er gilt nicht der Burg, er gilt allein Euch, Majestät.« Vorsorglich trat der Vogt einige Schritte zurück; den Jähzorn des Welfen hatte er in den vergangenen Tagen schon zur Genüge schmerzhaft erleiden müssen. Außer Reichweite der langen Arme überbrachte er die Forderung des Lothringers: Wenn der Kaiser noch heute mit seinem Gefolge aufbreche, so gewähre ihm der Herzog ohne jede weitere Bedingung freien Abzug. »Nur dann entgehen meine Burg und Hagenau der Belagerung.«

»Deine Burg? Du Arschgeburt!« Aufbrausend stürzte der riesige Welfe vor, packte den Mann, hob ihn von den Füßen. »Wozu bist du da, Kerl? Nur um mich zu verteidigen! Warum kämpfst du nicht für deinen Kaiser?«

»Verzeiht, Majestät.« Obwohl er hin und her geschüttelt wurde, sprach der Verwalter tapfer weiter. »Ihr ... Ihr seid ohne starkes Heer in die Pfalz gekommen. Allein mit meinen Männern halte ich einer Belagerung nicht lange stand.«

»Du willst nicht! Du feiger Hund!« Otto schleuderte ihn von sich. Unvermittelt wich der Zorn. Mit tiefem Bedauern beklagte er sein Schicksal. »Das ist es! Alle verlassen mich hier im Süden und fallen mir in den Rücken.«

Vorsichtig fragte der Burgvogt: »Welche Antwort darf ich dem Lothringer übermitteln?«

»Wir gehen auf seine Forderungen ein. Und nun verschwinde. Bereite alles zum Aufbruch vor. Verschwinde, aus meinen Augen, Kerl!«

Kaum war Otto allein, riß er die Mütze vom Kopf und zerrte sie in den Fäusten. »Oh, dieser verdammte Zaunkönig«, stöhnte er. »Niemals ist er der Sohn Heinrichs, dessen Hodensack war vertrocknet. Nein, irgendein Pfaffe hat in Rom seine Mutter bestiegen. Doch das will keiner wahrhaben. Meine Feinde wollen einen Staufer, ganz gleich wen. Von überallher kommt diesem Habenichts Hilfe zu. Und er – nichts muß sich der Pfaffenbastard selbst erkämpfen. Ja, dieses elende Land ist befallen von der Stauferseuche.«

Voll Ohnmacht starrte er zur farbenprächtigen Deckenmalerei des Saales. »Ja, Wir weichen Verrat und Untreue. Doch Wir sind nicht besiegt. Der Norden Unseres Reiches steht noch fest hinter Uns.« Er hob die Hand und stärkte sich selbst mit dem Schwur: »So wahr Wir der rechtmäßig Gesalbte sind, römisch-deutscher Kaiser des ganzen Imperiums: Den Dom zu Aachen wird das falsche Königlein nie betreten.«

Wenige Tage später tanzten die Bürger von Hagenau auf dem Marktplatz, tranken und ließen den jungen König hochleben. Nur kurz hatten sie einen Blick auf den goldlockigen Staufer inmitten der Bischöfe und Adelsherren erhaschen können, während er in die Kaiserpfalz eingezogen war. Unermüdlich entfachte der Schultheiß den Jubel immer wieder aufs neue: »Dankt ihm! Er hat das Wunder vollbracht. Das Kind von Pülle hat uns vor der Belagerung bewahrt.«

Niemand kannte die wahren Gründe; für sie galt nur, das feindliche Ritterheer war abgezogen. Jetzt errichteten draußen am Waldrand neue Truppen ihre Zeltlager. Sie dienten zum Schutz der Stadt und Pfalz, und bald würde das Geschäft der Handwerker und Kaufleute erblühen. »Gott schütze das Kind von Pülle!« Wie gern glaubten die Menschen beim Anblick des schönen, so geheimnisvollen Knaben, daß er allein ihr Retter war.

Weinlaub und leuchtende Reben schmückten den Brückensteg, Ährenkränze grüßten am Tor. Auf Zinnen und Türmen der Ringmauer wehten die staufischen Löwen neben den zahlreichen Wappenfahnen der hohen Gäste.

In der Küche dampften Tiegel. »Bringt die Gewürzbeutel.« – »Wer rupft das Geflügel?« In aller Eile richteten sich die Köche ein. Nichts durfte beim abendlichen Festmahl fehlen.

Draußen hingen angestochene Schweine vom Balkenreck. Drei Mägde hatten das Blut im Kessel aufgefangen; derweil sie es über dem Feuer köchelten, nach und nach Hirse beimengten und den quellenden Brei vereint mit einem großen Holzlöffel zur Blutgrütze rührten, lachten sie. Blicke wurden getauscht. Sobald sie sich unbeobachtet fühlten, kreiste ihr Gespräch nur um den schönen König. »Groß ist er nicht ... Aber wie breit seine Schultern sind ... Und habt ihr die dunkle Haut gesehen, wie weich muß sie sein!« Ein allgemeines Seufzen folgte. Fester umfaßten sie den Holzstiel und rührten im Kessel, noch war die Grütze nicht steif genug. »Seine Augen, die sind es. So blau wie der Himmel ...«

Neue Gäste trafen ein, vornehme Damen und Ritter von den benachbarten Burgen, Äbte aus den Klöstern rings um den Heiligen Wald. War es bei den einen nur erregte Neugierde, so waren es bei den anderen die Witterung guter Geschäfte und der Wunsch, rechtzeitig die Gunst des jungen Herrschers zu erlangen.

»Unsere Wohnhäuser sind überfüllt«, klagte der Quartiermeister vor dem Burgvogt. »Wo soll ich denn jetzt noch die Leute unterbringen?«

»Laß neue Decken in die Schlafsäle schaffen. Sollen sie doch mit dem Hintern enger zusammenrücken! Und wenn's gar nicht mehr geht, dann errichten wir Zelte vor den Stallungen.« Mit dem Ärmel wischte sich der Vogt über die Stirn. »Ich hab' ganz andere Sorgen.« Er nickte zum Palas hinüber. »Bei den Vornehmen wird's auch bald eng. Bibliothek und Kanzlei muß ich dem Mainzer und dem Wormser freihalten, die kommen Gott sei Dank erst zum Hoftag. Aber gerade haben Kuriere mir für morgen schon die Ankunft des Bischofs von Speyer gemeldet. Beim heiligen Salvator, der läßt nicht mit sich reden. Als Reichskanzler steht ihm Unterkunft oben im Fürstenstockwerk zu. Da werden einige von den anderen geistliche Herren das Bett räumen müssen.« Heftig klatschte er die Faust gegen seine offene Linke. »Verdammt, ich muß zum Rentmeister. Die Mannen warten noch auf Lohn, das hätt' ich bei dem Trubel heut fast vergessen. Wo steckt der Wölfflin, dieser fette Halsabschneider?«

Im engen Saal der Schatzkammer über der Kapelle herrschte Schweigen. Herzog Friedrich von Lothringen, die engsten Vertrauten des jungen Königs und die Schar der geistlichen und weltlichen Begleiter auf seinem Weg, seit er die Alpen überquert hatte, bildeten das Spalier. Lupold blieb an der Tür zurück. Leichten Schrittes ging Friedrich zwischen den Männern her, und ohne Zögern ließ er sich auf dem steingehauenen Thron an der Stirnseite nieder.

Bald nach der feierlichen Begrüßung hatte der Lothringer

gedrängt: »Wir sollten zunächst das Geschäftliche regeln, lieber Vetter.«

»Aber gern.« Scharf hatte Friedrich den blaß und kränklich wirkenden Herzog angesehen. »Doch nicht hier vor aller Ohren, lieber Cousin.«

Nacheinander waren die Herren, selbst der beleibte Arnold von Chur, die schmalstufige, steile Außentreppe vom Innenhof über die Durchfahrt an den Kapellenfenstern vorbei zur Schatzkammer hinaufgestiegen.

»Wir sind Euch zu tiefem Dank verpflichtet, verehrter Cousin«, begann Friedrich mit weicher Stimme. »Ihr habt Euer Versprechen von Straßburg gehalten. Nicht nur vertrieben habt Ihr Otto, Ihr habt ihn wahrlich davongejagt wie einen streunenden Hund.« Friedrich klatschte ihm zu, und voller Respekt folgten die Anwesenden seinem Beispiel. »Überdies danken Wir für das Versprechen, Euch mit Uns hier in Hagenau durch den Treueschwur zu verbinden. Wir schätzen Eure Bereitschaft hoch, wissen Wir doch, daß Euer Eid bei den übrigen Landesherren im Reich seine Wirkung nicht verfehlen wird.«

Beunruhigt trat der Lothringer einen Schritt vor. »Mein Fürst und hochwohlgeborener Vetter, ist Euch entgangen, daß Ihr zunächst noch den vereinbarten Preis für die geleistete Unterstützung schuldig seid?«

Wie so oft in den vergangenen Wochen erprobt, lächelte Friedrich jungenhaft und zeigte die offenen Hände. »Seid gewiß, Cousin, sobald Wir der gesalbte König sind, werden Wir Unsere Schuld begleichen.«

Die Blässe in dem kränklichen Gesicht nahm zu. »Ich will und kann nicht warten. Dreitausend Silbermark habt Ihr mir zugesagt. Verzeiht, Vetter, Euch gehört mein Herz, allein bedenkt, noch seid Ihr nicht der Sieger im Streit gegen den Welfen.«

»Ich danke Euch, liebster Cousin, für die Belehrung.« Scheinbar unbekümmert wies der Siebzehnjährige auf die geöffneten Truhen. »Sie sind leer. Otto hat den ganzen Inhalt mitgenommen.«

Halb im Scherz setzte er hinzu: »Ich kann Euch nicht einmal den Reichsapfel zum Pfand überlassen.«

»Meine Waffenhilfe und der Treueid haben ihren Preis, der jetzt und hier bezahlt werden muß.«

Friedrich richtete sich auf, das Blau seiner Augen wurde kalt; starr sah er über den Lothringer hinweg.

An der Tür hielt Lupold den Atem an. Diesen Augenblick hatte er gefürchtet. Bis hierher war das Schiff des Glücks mit geblähtem Segel, ohne zu stranden, durch die Klippen getrieben worden. Jetzt stand dort ein leicht nach vorn gebeugter, von Krankheit gezeichneter Mann, der sich nicht vom Sturm der Begeisterung mitreißen ließ. Sollte er das erste wirkliche Hindernis werden? Es darf nicht sein, flehte Lupold tonlos.

Unbeweglich saß Friedrich auf dem Thron; aus seiner Haltung sprachen königliche Würde und Forderung zugleich.

Rudolf von Habsburg löste sich aus dem schweigenden Spalier. »Mein Fürst, erlaubt mir, Eurem Vasall, Euch als Garant zu dienen. Ich bürge mit meinen Ländereien für siebenhundert Silbermark.«

Ein Raunen ging durch die Reihen. Nach kurzem Zögern überboten zwei Grafen den Alten. »Im Vertrauen auf Euer Glück und Eure Dankbarkeit stehen wir gemeinsam für achthundert Mark in Silber ein.«

Immer noch blieb Friedrichs Gesicht eine starre Maske.

»Ich glaube an den zukünftigen König und Kaiser«, rief der bärtige Werner von Bolanden. »Für Euch bin ich bereit, Leib und Leben zu opfern. Was schert mich noch mein Besitz. Für hundert stehe ich gerade.«

Jetzt trat Anselm von Justingen vor: »Mit Reichtümern ist mein Lehnsgut nicht gesegnet. Doch um unserer Freundschaft willen bitte ich Euch, nehmt alles, was ich entbehren kann, ohne selbst zu hungern. Ich verpfände meine Burg für hundert Silbermark.«

Ein Lächeln stahl sich in die Mundwinkel, lebhaft wurden die Augen, und Friedrich beugte sich nach vorn. »Mag Euch auch, lieber Cousin, das Vertrauen dieser Männer als ein gewagtes Spiel erscheinen, der Einsatz als verloren. Jedoch sie sind jetzt schon Gewinner, weil sie fest an mich glauben. Denn ich bin der Zukünftige. Wer mir jetzt gibt, dem werde ich es vielfach lohnen.«

Ruhig erwiderte der Herzog den Blick. »Verzeiht einem nüchternen Mann, der nur glaubt, was er sieht, dann aber voll zu seinem Wort steht. Liebe und Politik sind wie zwei Hände: Jede allein vermag viel, verschränkt aber dienen sie meist nur zum Gebet.«

»Wie recht Ihr habt. Mit nichts will ich Euren sicheren Standpunkt erschüttern.« Friedrich lehnte sich zurück, drückte leicht den Finger auf die Unterlippe; nach einer Weile schnippte er kurz. »Wir müssen das Geschäft gemeinsam zum befriedigenden Abschluß bringen. Wißt Ihr einen Rat?«

Nachdem er sich von dem überraschenden Vorstoß gefaßt hatte, schlug der Lothringer eine elsässische Grafschaft an der Grenze seines Landes vor. Die Übereignung aus dem Stauferbesitz war ihm weitere tausend Silbermark wert.

»Damit ist meine Schuld getilgt.« Friedrich streckte sich, und hörbar atmeten die geistlichen Herren auf. Nur der Herzog schüttelte den Kopf. »Es verbleiben noch fünfhundert, mein Fürst.«

Kein Erschrecken, kein Zorn; der Siebzehnjährige lächelte. »Wie gut Ihr rechnet, lieber Cousin. Gebt mir Zeit, bis der Hoftag beginnt. Übermorgen erwarte ich mächtige Kirchenherren, denen sicher daran gelegen sein wird, mir aus dieser kleinen Verlegenheit zu helfen.«

Mit dieser Frist gab sich der Lothringer zufrieden, nicht ohne die Bitte, daß die Urkunden vom Notar am nächsten Tag ausgefertigt und von den Bürgen gesiegelt werden müßten.

»Versprochen, lieber Cousin, versprochen.« Friedrich erhob sich, ging auf den gebeugten Mann zu. »Und nun kommt. Ich geleite Euch. Der Abstieg über die steile Treppe scheint mir für Euch schwieriger, als von einem mittellosen Verwandten berechtigte Schulden einzutreiben.« Die anderen Herren, insbesondere Arnold von Chur, warnte er im Scherz: »Blickt nicht von außen durch die Kapellenfenster zum Altar. Wer Hunger und Durst stillen möchte, der sollte sorgsam auf jeden Schritt achten.« Damit vertrieb er die Spannung der letzten Stunde.

Während er mit dem Lothringer zur Tür schritt, heftete er siegessicher den Blick auf Lupold; kurz schwang er die unsichtbare Schleuder um die rechte Hand.

Befreit seufzte der Diener. »Laßt mich vorgehen, mein König.«

»Gut, Baron Lupold. Die stete Sorge um mich ehrt Euch.«

Noch war das Gesinde damit beschäftigt, im ersten Stock des Palas die Tafel herzurichten, Bänke, Tücher und Gefäße hinaufzutragen. Der Innenhof war durchflutet vom milden Licht der Nachmittagssonne. Nicht allein um der höfischen Zeremonie zu genügen, saß Friedrich draußen auf einem erhöhten Stuhl; er hatte die Hauptleute der Burgbesatzung, die ständig in der Pfalz tätigen Notare und Ministerialen, wie auch alle neu angekommenen vornehmen Gäste zur Begrüßung gebeten. »Ehe Wir Uns zu Tisch setzen, wollen Wir jeden sehen und von jedem gesehen werden. Der erste Eindruck ist Uns wichtig«, hatte er dem Burgvogt sagen lassen.

Die Schlange schob sich aus der Kapellendurchfahrt an dem jungen König vorbei; ein Kniefall, der Name, ein freundliches Kopfnicken, dann gesellte sich jeder zu seiner Gruppe.

»Wölfflin von Hagenau, Rentmeister der Hofkammer Eures schwäbischen Herzogtums.«

Friedrich nickte nicht, prüfend studierte er das rote Gesicht. Kaum vermochte der fettleibige Mann kniend das Gleichgewicht zu halten. »Nun, wie ist es bestellt in Unserm herzoglichen Säckel?« fragte er und lächelte aufmunternd. »Erwartet Uns Reichtum?«

»Nicht gut, hoher Herr, gar nicht gut«, schnaufte der Rentmeister. »Der Krieg Eures Onkels mit dem Welf. Dann der Welf als König. Weil lange kein Herr im Herzogtum war, da hat kaum noch einer an Abgaben gedacht.« Unruhig schwammen die Augen in den Fettwulsten.

»Sorge Er sich nicht länger. Nun ist ein Herr da.« Friedrich entließ ihn mit einem Handschlenker.

Den Notaren schlossen sich die Äbte, Barone und Grafen an. Ihnen folgte eine noch schillerndere Farbenpracht, das Knistern feingewebter Gewänder, an der Taille geschnürt; von den Schultern fielen ärmellose Umhänge und streiften den Boden. Friedrich geleitete jede Dame mit dem Blick, bis sie vor ihm leicht das Knie beugte, lauschte dem Klang ihrer Stimme; von mancher Anmut schien er sich gar nicht lösen zu wollen, mußte es dennoch und wandte den Kopf.

Sein Lächeln stockte. Die Haut ihrer Wangen schimmerte weiß, die Lippen wie frisches Blut, der schlanke Nasenrücken stieg sanft hinauf zu den feingeschwungenen Brauen.

»Adelheid von Urslingen, Tochter des Konrad von Urslingen.«

»Verzeiht Unsere Zerstreutheit.« Friedrich wollte zu ihr, besann sich, hob sie mit einem Handzeichen aus der gebeugten Haltung; ohne königlichen Anstand fragte er: »Wie war der Name?«

Sie überging die Unhöflichkeit; ein Anflug von Spott stahl sich in die grauen Augen. »Schon als Kind konntet Ihr meinen Namen nicht aussprechen. Adelei nanntet Ihr mich, und stets mußte ich meine Zöpfe vor Euren rastlosen kleinen Fingern in Sicherheit bringen.«

»Welch eine schöne Vorstellung.« Friedrich betrachtete seine beringten Hände; kurz streifte sein Blick über ihre schlanke Gestalt. »Doch helft mir. Laßt mich an der Erinnerung teilhaben.«

»Mein Vater war ein treuer Vasall Eures Vaters und wurde mit dem Herzogtum Spoleto beliehen. Gleich nach Eurer Geburt ...«

»Foligno!« fiel ihr Friedrich erleichtert ins Wort. »Dort verlebte ich meine ersten Jahre.« Er dehnte die Stimme: »Und dort habt Ihr mit mir ...«

»Bei allem Respekt, meine Schwestern und ich durften Euch als kleinen jähzornigen Tyrannen kennenlernen.«

Mit gespieltem Ernst ging er darauf ein. »Erlaubt mir, dieses Bild in Euch zu zerstören. Ich will sofort ... nein, noch bin ich an diesen Stuhl gebunden. Gleich aber, beim Festmahl, sollten wir beginnen. Schenkt mir die Gunst, den Platz an meiner Seite einzunehmen.«

»Dürfte ich diese Ehre ablehnen?«

»Wäre ich noch der Tyrann von einst, hätte ich es befohlen.«

Huldvoll neigte Adelheid den Kopf. »Mit großer Freude, Majestät.«

Der Siebzehnjährige sah ihren geschmeidigen Gang, leicht wiegten sich die Hüften; es kostete ihn Mühe, die nachfolgenden Damen gebührend und mit aller Höflichkeit zu begrüßen.

Ehe aufgetischt wurde, reichten Mägde Wasserschalen und Tücher.

Friedrich wusch seine Hände. Durch nichts verriet er den kühnen Gedanken, nahm entschlossen der Magd das Leintuch vom Arm und bot es Adelheid von Urslingen an. »Helft mir, noch eine Erinnerung aufzufrischen.«

Sie faßte sich schnell. »Zwar wurde ich früher von der Mutter angehalten, Euch nach dem Bad die Haare zu trocknen. Gleichwohl war ich nie Eure Dienerin.«

»Ihr habt recht. Das vermag ich heute sogar allein.« Gründlich trocknete er Finger für Finger und gab das Tuch der Magd zurück.

»Nur das Haar?« fragte er.

Jetzt lachte Adelheid, schüttelte den Kopf: »Nein, Friedrich, sicher auch den Rücken und den Hintern und was an Euch sonst noch fremd für mich und meine Schwestern war. Das allerdings entzieht sich meiner Erinnerung. Bedenkt, Ihr wart drei und ich nur ein Jahr älter.«

Nach der Eiersuppe mit Safran, Pfefferkörnern und Honig nahm er das Thema wieder auf. »Wir sollten es wagen, die Geheimnisse unserer gemeinsamen Jugend ohne Scham zu überprüfen, und sie dank unseres heutigen Alters weiter erforschen und vor allem vertiefen.«

Adelheid wählte ein Stück vom sauer eingelegten Fisch. Im Plauderton, jedoch vernehmlich für alle Tischnachbarn, bat sie: »Berichtet mir von Eurer Gemahlin, mein König. Eine Spanierin?« Schmunzelnd bemerkte sie das Stirnrunzeln. »Und Ihr habt einen Sohn? Wie alt ist er jetzt?«

Die Neugierde, insbesondere die der Damen, war geweckt; erwartungsvoll sahen sie herüber.

Schnell raunte Friedrich: »Bitte bedenkt, Adelei, Sizilien ist weit.«

Ebenso leise gab sie zurück: »Und ich bin keine Festung, die im Sturm genommen werden kann. Doch weiß ich, die Winter hier sind sehr, sehr lang.«

Friedrich durfte nichts mehr erwidern; dem Zwang gehorchend, hob er seinen Becher und brachte einen Trinkspruch auf Königin Konstanze und den kleinen Heinrich aus. Dann erzählte er vom fernen Palermo, den Palästen, der Blumenpracht und von den Normannen und Deutschen, auch von den Griechen, Juden und Arabern, die dort gemeinsam mit den Sizilianern lebten.

Zweifelnd wiegte der Herzog von Lothringen den Kopf. »Dieses fatale Völkergemisch! Mein Vetter, stellt es Euch nicht vor große Schwierigkeiten? Allein der Sprache wegen? Auch befremdet mich der Gedanke, daß Christen und Nichtchristen miteinander auskommen sollten. Sicher werdet Ihr von Grund auf Ordnung schaffen?«

»Es liegt mir fern, diesen heiteren Abend in Gesellschaft solch edler Frauen mit einer tiefsinnigen Disputation zu verdunkeln. Doch will ich Euch gern Antwort geben – zwar nicht erschöpfend, wenn Ihr erlaubt, mein kritischer Vetter, sondern als Beitrag zur Unterhaltung, bis der nächste Gang aufgetischt wird.«

Friedrich strich die Locken aus der Stirn und begann in arabischer Sprache: »Der weise Mansur al-Halladsch sagt: ›Glaube und Unglaube unterscheiden sich im Hinblick auf den Namen; aber im Hinblick auf die Wirklichkeit gibt es keinen Unterschied.‹«

Als die Tischgesellschaft ihn verständnislos anblickte, nützte er die Gelegenheit und wandte sich Adelheid zu: »Und Ainul-Qudat Hamadani schreibt:

»Wenn du dich zur Welt der Liebe neigst,
Den Namen du im Buch der Liebe zeigst,
Steigbügelhalter wird dir Gabriel,
Sobald du auf das Reittier ›Liebe‹ steigst.«

Angeregt von der Melodie seiner Stimme, legte sich ein Schimmer auf ihre grauen Augen.

Zufrieden wechselte er die Sprache, antwortete seinem Vetter auf hebräisch: »Was weißt du kühler Kopf von der bunten Vielfalt? Ich will von jeder Kultur lernen und sie in mir vereinen.«

Beim Lateinischen horchten die Kleriker und einige Adelsherren auf: »Wenn Wir römischer Kaiser von Gottes Gnaden sind, werden Wir, wie mein Vater einst, der Herrscher über viele Völker sein.« Er ging zum Griechischen über. »Und Wir werden mit starker Hand in Unserm Reich alte und neue, auch fremde Lehren zu fördern wissen.« Auf französisch betonte er: »Ganz gleich, welchem Glauben die Weisen anhängen.«

In deutscher Sprache schloß er: »Versteht Ihr, werter Vetter? Schon als Kind trieb mich Wissensdurst zu dem Fremden, mir Unbekannten. So lernte ich und werde weiter lernen. Selbst die Lektion, die Ihr mir heute nachmittag erteilt habt.«

Voller Bewunderung lehnte sich der Lothringer stumm zurück. Die Kenntnisse des Siebzehnjährigen hatten auch die übrigen Gäste in sprachloses Staunen versetzt.

Adelheid von Urslingen brach das Schweigen. »Sind Euch die Lieder unseres deutschen Sängers Walther bekannt?«

Gleich erwachte das jungenhafte Lächeln: »Bisher nicht. Doch seit wir uns begegnet sind, erweckt gerade Ihr meine unbezähmbare Neugierde. Seid meine Lehrmeisterin, weiht mich in alle Künste ein. So wird der lange Winter rasch vergehen.«

Die Türen wurden aufgestoßen. Pfeifen und Trommeln; Spielleute gingen dem Zug der Köche voran. Duft nach gebratenen Wachteln und Tauben versprach der Tischgesellschaft den nächsten Genuß. Adelheid öffnete leicht die Lippen, sagte jedoch nichts; der freudige Lärm enthob sie einer Antwort.

V or ihrem Haus an der Torstraße hatte die Frau des Metzgers den Stand aufgebaut: frisches und gepökeltes Fleisch, einen Berg Suppenknochen, und darüber hingen an einer Schnur geräucherte Leber- und Blutwürste. Früh war es, und ihr Kittel war noch fleckenlos; der Stoff wölbte sich über den ausladenden Brüsten, im Hüftstrick steckte das geschliffene Messer. Sie war für den Ansturm gerüstet. Zuerst würden Mägde der Ratsherren oder die wählerischen Hausfrauen selbst kommen; für sie hielt die Metzgerin die besten Stücke bereit. Später aber würden Knappen und Fußknechte aus dem Zeltlager vor Hagenau zum erstenmal in die Stadt drängen, und jeder mußte an ihrer üppigen Auslage vorbei. »Bis Mittag bin ich leergekauft. Endlich gibt's wieder ein gutes Geschäft.« Sie griff nach einem Tuch und wedelte die Fliegen von den Schweinerippen.

Als sie den Kopf hob, hockte auf der anderen Straßenseite ein Junge: wirre rote Locken, die Füße mit Lumpen umwickelt, und neben den dünnen nackten Beinen kauerte ein Hund.

»Scher dich weg.« Kein Befehl; wie gerade noch über die lästigen Fliegen wedelte sie zu ihm hinüber. »Bei mir wird nicht gebettelt.« Weiter kümmerte sie sich nicht um die beiden.

Mägde kamen, wählten markige Knochen zum Auslassen, Fleisch für den Eintopf und blieben noch auf einen Schwatz. Nachbarinnen kauften ein Stück von der Wurst, frische Nieren, ein Stück vom Nacken. Gewissenhaft und freundlich bediente die Metzgerin; zwischendurch wischte sie ihre Hände am Stoff über dem Busen. Maria sei's gepriesen, das Geschäft blühte. Hin und wieder fiel ihr Blick auf den Jungen. Sie runzelte die Stirn. Aus seltsam blauen Augen starrte er unverwandt zu ihr herüber; schließlich fühlte sie sich unbehaglich und mußte zweimal nach dem Wunsch einer Kundin fragen. »Also den Schweinskopf, meinst du? Oder was ...«, sie brach ab. »Gleich, Klara, wart einen Moment.« Seufzend reckte sie sich zur Blutwurst und schnitt ein Stück vom Ring ab, damit winkte sie dem Rothaarigen.

Der Kleine sprang auf, drängelte sich zwischen den Hausfrauen durch und sah stumm zur Meisterin hoch.

»Aber nur wenn du dich mit deinem Köter da wegscherst.«

Eifrig nickte er. Sie warf ihm die Köstlichkeit zu. Geschickt fing er sie mit einer Hand auf; gleichzeitig griff er mit der anderen Hand einen Knochen vom Tisch und ließ ihn in seiner Kitteltasche verschwinden. Weder die Metzgerin noch ihre Kundinnen hatten es bemerkt. »Danke«, rief er und huschte davon; sein Hund lief neben ihm her.

Weit genug entfernt, in einer Gasse, kroch er hinter leere Weinfässer. Er schnupperte an der Wurst. »Siehst du, Nikolaus«, sagte er, »hier gibt es gute Menschen.« Und während er die Wurst mit dem Messer teilte, setzte ihm der Hund erwartungsvoll eine Pfote aufs Knie. »Erst essen wir uns satt. Dann besuchen wir unsern König, wie ich's dir versprochen hab'.«

Nikolaus bleckte die scharfen Zähne; behutsam nahm er das Wurststück aus den kleinen Fingern. »Friß langsam«, ermahnte ihn Tile, »den Knochen gibt's erst heute abend.«

Die Posten am Brückenaufgang schüttelten den Kopf. »Hier darfst du nicht durch, Kleiner.«

Er ließ sich nicht abweisen. »Niko und ich wollen ja nur sehen, wo unser König wohnt. Bitte. Nur mal gucken, dann gehen wir gleich wieder.«

Verblüfft sahen die Wachen zu ihm hinunter und grinsten sich an. Einer forderte im Scherz: »Von welchem Fürstenhof kommt Ihr, Fremder? Zeigt mir Euer Empfehlungsschreiben. Ich muß das

Siegel prüfen. Vorher dürfen wir Euch den Weg über die Brücke nicht freigeben.«

Tile krauste die Nase. Langsam wandte er sich um, nach einigen Schritten blieb er stehen. Hinter ihm lachten die Männer. Als er zurückkehrte, hielt er hoch über dem Kopf den glitzernden Ring. »Daran wird mich der König bestimmt erkennen.«

Das Gold stach den Wächtern in die Augen. »Komm näher, Kleiner. Noch näher.« Einer schnappte nach dem Ring, doch Tile war schneller, versteckte seinen Schatz hinter dem Rücken. »Der gehört mir.«

»Her damit.« Der Mann griff nach dem Kittelchen. Im selben Moment fiel ihn Niko an, biß in die Hand, sprang wieder hoch, schnappte erneut zu.

Aufheulend trat der Kerl nach dem zottigen Tier. Ehe der zweite Wachposten begriff, konnte Tile fliehen. Nikolaus knurrte, bellte, wich den Fußtritten aus; vergeblich stachen die Männer mit den Speeren nach ihm. Unvermittelt wandte der Hund sich ab und jagte hinter seinem Freund her.

Tile rannte bis zum Stadttor, erst draußen vor Hagenau fühlte er sich etwas sicherer. Heftig pochte das Herz; beinah hätten sie ihm seinen Schatz weggenommen. Er wählte nicht den direkten Weg durch die Zeltstadt hinüber zum Waldrand, aus Vorsicht schlug er einen weiten Bogen um das Heerlager.

Gestern, gleich nach der Ankunft, hatte er für sich und den Hund im dichten Gehölz einen Unterschlupf gesucht. »Hier bau' ich uns ein Nest.« In der Nacht war es kalt geworden, und frierend hatte er seine Arme um Nikolaus geschlungen. »Ich find' schon ein paar Lumpen für uns, und Holz gibt's genug. Wirst schon sehen. Bald haben wir ein Dach.«

Jetzt kehrte er zurück, ohne Lumpen; nichts Wärmendes hatte er besorgen können. In der Nähe des Verstecks legte er sich unter eine hohe Eiche. Nachdenklich betrachtete er seinen Ring. »Wenn du so glänzt, dann wollen dich alle haben. Aber mir gehörst du, mir ganz allein.« Der Entschluß fiel ihm nicht leicht, aber morgen wollte er bei den Troßwagen nach Pech suchen. »Damit schmier' ich dich ein, dann bist du schwarz.« Er leckte über das Falkenbild. »Aber ich weiß ja, daß du innen schön bist.« Sorgsam verbarg er seinen Schatz wieder im Lederbeutel, drückte ihn an die Brust. »Du beschützt mich und Niko. Außen Pech und innen Glück. So wird alles gut.«

Tile sprang auf; ausgiebig kratzte er im Haarschopf, schüttelte sich und dehnte den Rücken. Das hatte er seinem Hund abgeguckt: Kratzen, Schütteln und Strecken halfen, sich von Traurigkeit, Furcht oder einfach nur Müdigkeit zu befreien.

»Komm, Niko, wir müssen arbeiten.« Rasch sammelte er Moos, trockene Blätter und Reisig und legte es vor das efeuüberwucherte Gehölz. »Für heut nacht reicht uns das, und morgen bau' ich uns dann da ganz tief drinnen im Busch eine richtige Hütte«, versprach er. »Aber erst brauchen wir Waffen, damit ich was zum Kämpfen hab', wenn uns einer überfällt.«

Zum erstenmal beschäftigte ihn dieser Gedanke. Auf dem weiten Weg von Breisach bis hierher war Tile mit seinem Hund bei Tag dem Troß nachgelaufen und bei Nacht unter einen Wagen gekrochen. Die Fuhrknechte kannten ihren heimlichen Schlafgast; manchmal ließen sie für ihn einen Brotkanten, manchmal sogar einen Rest Brei im Tiegel an der Feuerstelle zurück. Bisher hatte den Jungen nichts geängstigt. Doch jetzt durchlebte er immer wieder den Augenblick der Gefahr an der Brücke.

Lange suchte er nach geeigneten Hölzern; aus Esche wollte er sich Pfeil und Bogen fertigen, die Sehne würde er schon im Zeltlager finden. Mit dem Messer spitzte er einen Eichenstab, stach ihn zur Probe in den Waldboden und stieß dabei wilde Schreie aus. Schließlich schleuderte er den Speer auf einen unsichtbaren Gegner.

Niko glaubte an ein Spiel und versuchte den langen Stock quer im Maul zurückzubringen; er scheiterte an Sträuchern und jungen Bäumen, gab aber nicht auf und jaulte.

Sofort war Tile bei ihm. »Das kannst du nicht, ich mach' das schon.« Als er den Blick sah, kauerte er sich neben den Freund und wühlte zärtlich im braunen Fell. »Du hilfst mir, und ich helf' dir. Was meinst du?« Der Hund legte sich mit angewinkelten Pfoten auf den Rücken und ließ sich den Bauch kraulen.

Gleich nach seiner Ankunft in der Kaiserpfalz hatte Konrad von Scharfenberg, Bischof zu Speyer und Reichskanzler Ottos IV., den jungen Staufer um eine private Unterredung gebeten. Die Bibliothek erschien beiden als der geeignete Ort. Draußen vor der Tür stand ein Wachposten mit strengstem Befehl, jedem, ohne Ansehen der Person, den Zutritt zu verwehren.

Nur schwach drang Sonnenlicht durch die milchigen, bleigefaßten Glasstücke der Fenster. Wortlos musterten sich die ungleichen Männer. Friedrich nahm die Prüfung lächelnd hin; dabei studierte er den hochgewachsenen Kanzler: Konrad von Scharfenberg, kantige Schultern, das spärliche graue Haar vom Hinterkopf in sorgfältigen Strähnen zur Stirn gekämmt; wachsame Augen beherrschten das schmale Gesicht. »Seid noch einmal willkommen, ehrwürdiger Vater.«

»Ich danke Euch, Friedrich, des Heinrichs Sohn.« Kurz neigte der Kanzler den Kopf. »Zwar hörte ich es längst aus aller Munde, dennoch hätte ich in dem zukünftigen König und Kaiser nie solch einen strahlenden Jüngling erwartet.«

Friedrich wies auf die bereitgestellten Sessel. Bedauernd lehnte Konrad von Scharfenberg ab: »Laßt uns auf und ab gehen. Der Ritt war strapaziös, das Sitzfleisch eines alten Mannes bedarf dringend einer Erholung.«

Nebeneinander schritten sie an den langen Regalen, an dicken, verstaubten Büchern und Pergamentrollen vorbei. »Wir sollten gleich zur Sache kommen«, begann der Bischof. »Wie Ihr sicher wißt, Friedrich, war ich schon Kanzler Eures Onkels Philipp; seit seinem Tod nun bekleide ich dasselbe Amt unter dem Welfenkaiser Otto. Und wenn Ihr es wünscht, werde ich künftig Euch mit all meiner Kraft und Erfahrung zur Verfügung stehen.«

»Warum? Ist es für solch einen Schritt nicht zu früh?« fragte der Siebzehnjährige, sah den schnellen Seitenblick und setzte hinzu: »Wollt Ihr nicht mit Eurem großherzigen Angebot warten, bis der Welfe wirklich gescheitert ist?«

Konrad schwieg eine Weile; schließlich blieb er kopfschüttelnd stehen. »Erlaubt, junger König: Hörte ich Ablehnung aus Euren Worten?«

»Das Gegenteil erhoffe ich, ehrwürdiger Vater.« Wahllos nahm Friedrich ein Buch aus dem Regal. »Allein, ehe ich den Autor schätze, muß ich seine Gedanken kennenlernen.«

»Ihr überrascht mich.« Ohne Zögern wechselte der geschickte Diplomat den Ton. »Ich will offen zu Euch sein und in aller Nüchternheit Euch meine Beweggründe darlegen.« Seine Leidenschaft gehöre der Macht und der Politik, dann erst dem Herrscher. So habe er Philipp und Otto gedient. Wie bei einem Schachspiel sich nur der Vorausschauende eine Chance auf den Sieg errechnen könne, habe er den Niedergang des Welfen längst kommen sehen, als Otto ihn selbst noch nicht ahnte. Für Friedrich aber sehe er eine strahlende Zukunft voraus. »Und ich bin in der Lage, Euch jede Tür zu öffnen, ich kenne die Gedanken Eurer Feinde, wie die Eurer Steigbügelhalter. Meine Verbindungen reichen hinauf zu allen Höfen des christlichen Abendlandes.«

»Ich bin tief beeindruckt.« Friedrich stellte das Buch zurück. »Was kostet mich Euer politischer Wechsel?«

»Nun, neben meinem bischöflichen Sprengel in Speyer gefiele mir noch das vakante Bistum von Metz; Ihr könntet es mir ohne eigenen Besitzverlust übertragen. Überdies bestätigt Ihr mich morgen auf dem Hoftag als Euren Reichskanzler, auch daraus erwachsen Euch keine Kosten. Im Gegenteil.«

Leise lachte der junge König vor sich hin. »Mehr hätte ich Euch auch nicht zu bieten. Ja, im Gegenteil, ich bin es, der dringend Geldmittel benötigt.« Ernst fuhr er fort: »Ihr habt mich in allem überzeugt, Eminenz. Gern nehme ich das Angebot an.«

Zufrieden mit seinem Erfolg, gelang auch dem alten und neuen Reichskanzler ein dünnes Lächeln. Sofort unterrichtete er seinen König von den Plänen, die er längst schon geschmiedet hatte. Sein Übertritt zu dem Staufer sollte durch Kuriere in jeden Winkel der deutschen Lande getragen werden. Diese Nachricht würde den Welfen weiter an den Rand des Abgrunds drängen und auch die bisher noch wankelmütigen Fürsten auf die Seite Friedrichs ziehen. Außerdem wollte Konrad gleich nach der offiziellen Bestätigung seine guten Kontakte zum französischen König nützen. »Ihr werdet sehen, bald sind die Geldnöte von Euch genommen.«

Friedrich nützte den Moment: »Zunächst benötige ich fünfhundert Silbermark, um meine Schuld bei dem Lothringer zu begleichen. Könnt Ihr dafür bürgen?«

Da zuckte der tüchtige Mann zurück. Die sorgfältigen Haarsträhnen gerieten in Unordnung, gleich aber fand er seine Sicherheit wieder. »Mir selbst wird es nicht möglich sein. Wartet nur bis morgen, dann werde ich die Summe für Euch eintreiben.«

Ohne Spott sagte Friedrich: »Das eine dachte ich mir schon, und vom anderen bin ich fest überzeugt.«

Der erste deutsche Hoftag des jungen Königs geriet zum Triumph. Vor zwei Monaten war er wie ein Bettler in Chur angelangt, nun thronte er im Festsaal der Reichspfalz zu Hagenau, einem Ort, den schon sein Großvater Barbarossa bevorzugte, und es feierten ihn neben Baronen und Grafen vor allem die Bischöfe der südlichen Länder des Reiches. Friedrich zeigte sich freigebig, wie schon in Basel erfolgreich erprobt: Weil immer noch Geldmittel fehlten, verschenkte er für Gefolgschaft oder Anerkennung staufischen Hausbesitz und Privilegien. Die Notare spitzten ihre Federkiele, die Beschenkten strichen zufrieden über ihre Bäuche und priesen das Kind aus Pülle.

Mit gleichbleibendem Lächeln sah der Siebzehnjährige zu. Nur Lupold bemerkte den harten Glanz in seinen Augen. Wie auf einem Bazar bedienten sich die Herren, jedoch dem Trubel und geheuchelter oder echter Begeisterung schien Friedrich nicht einen Moment zu erliegen. Er bestätigte den Kanzler, der ihm sofort vom Mainzer Erzbischof und dem Bischof von Worms die noch fehlenden 500 Silbermark besorgte. Dafür verzichtete der König auf seine Kronlehen in ihren Sprengeln. Zum Erstaunen aller berief er die ärmsten seiner Bürgen in hohe Ämter. Den selbstlosen Werner von Bolanden ernannte er zum künftigen Reichstruchseß und den treuen Gefährten Anselm von Justingen zu seinem Hofmarschall.

Spät abends, das Fest war verklungen, die Gäste hatten sich satt und voll des Weins zu Bett begeben, stand der Siebzehnjährige in seinem Schlafgemach nackt auf der niedrigen Holzbank vor dem Badezuber. »Und Ihr, Lupold von Breisach, Baron von Collino? Was verlangt Ihr von mir, daß Ihr mich als deutschen König anerkennt? Eine Burg? Oder vielleicht einen Wald?« Er äffte die gierigen Herren nach: »Majestät, es ist nur ein kleiner Forst, kaum Bäume, und Wild gibt es dort überhaupt nicht. Nun gut, ein geübter Reiter benötigt drei Tage, um ihn zu durchqueren, allein das ist nicht der Rede wert.«

Lupold betrachtete seine Gestalt; die sanftbraune Haut erinnerte ihn flüchtig an Friedrichs Mutter. »Euch wohl zu sehen ist mir Lohn genug.«

»Und ich glaube dir sogar. Deine Worte müssen von mir nicht erst gewogen werden, und dafür liebe ich dich.« Er stieg in den hohen Zuber, stützte seine Arme auf den Rand und ließ sich hineinfallen. Das Naß schwappte über dem Kopf zusammen. Erst nach einer Weile tauchte er wieder auf, spie Wasser durch die gespitzten Lippen und schüttelte seine nassen Locken. »O wie habe ich mich heute nach diesem Bad gesehnt! Dieses eitle Gerede, dieses Geschwänzel! Ich fühlte, wie es mir durch den Rock die Haut beschmutzte.«

»Doch nur die Haut«, ergänzte Lupold leise.

Offen sah Friedrich zu ihm hoch. »Du hast es bemerkt? Ja, mein Freund, nicht tiefer. So kann ich all das von mir abwaschen. Du darfst stolz auf mich sein, viel habe ich in den letzten Wochen dazugelernt.« Mit der Mulde seiner Hände schöpfte er Wasser, wohlig ließ er es sich von der Stirn übers Gesicht laufen. »In Zukunft, mein geplagter Kammerherr, werde ich täglich nach einem Bad verlangen, auch wenn es dir oft Umstände bereitet.«

»Ich beglückwünsche Euch zu diesem Entschluß, mein König.« Trocken setzte Lupold hinzu: »Ein wohlriechender Leib dient nicht allein der Gesundheit, er beeindruckt sicher auch die Menschen, die um Euch sind.«

»Hüte deine Zunge!« Ehe der Kammerherr ausweichen konnte, traf ihn ein Wasserschwall. »Du denkst an einen bestimmten Menschen.« Friedrich lehnte sich zurück. »Ja, sie geht mir nicht aus dem Sinn. Ich will Adelheid an mich binden, selbst wenn ich dafür täglich zweimal baden müßte.«

Ungeduldig hörte der junge König am nächsten Vormittag den weitschweifigen Ausführungen seines Kanzlers zu. Immer wieder blickte er durch den Saal zur Flügeltür.

Das Abschiedszeremoniell war längst vorüber. Wer von den Gästen nah genug wohnte, kehrte auf seine Burg oder in seine Bischofsstadt zurück. Sobald Ort und Datum für die Krönung feststanden, wollte sich ein jeder dort rechtzeitig wieder einfinden. Seinen wichtigsten Gast aber hatte Friedrich heute morgen nicht entdecken können und wartete jetzt auf Lupold; ihm hatte er befohlen, Adelheid von Urslingen aufzusuchen. Sie sollte bleiben oder wenigstens nicht abreisen, ehe er sie noch einmal gesprochen hatte.

»Ihr scheint zerstreut zu sein, mein König«, mahnte Konrad von Scharfenberg. »Wenn Euch auch der gestrige Tag ermüdet hat, so wünschte ich doch, daß Ihr Euch mit diesem wichtigen Plan vertraut macht und ihm zustimmt.« Er legte ihm das Schreiben vor. »Den Text habe ich sorgfältig abgewägt. Daraufhin wird König Philipp von Frankreich nicht zögern, mit Euch in Verhandlungen zu treten. Bedenkt, dies ist Euer erster, vielleicht entscheidender Schritt auf die politische Bühne Europas.«

Seine beschwörenden Worte verfehlten nicht ihr Ziel; endlich studierte Friedrich genau die Zeilen. »Und Ihr glaubt, dem Pariser Hof ist meine Person jetzt schon so wichtig?«

»Wichtig?« Konrad von Scharfenberg strich die spärlichen Strähnen fest zur Stirn. »Mehr als das, Majestät. Ihr seid vom Papst gemeinsam mit dem französischen König zum Trumpf gegen den Welfen aufgebaut worden. Sie haben bisher viel in Euch investiert. Und nun, so kurz vor dem Ziel, werden Eure Gönner ...«

»Ich vertraue Euch«, unterbrach Friedrich. Sein Kammerherr war zurück und wartete still an der Flügeltür.

Ehe der Kanzler erneut jeden politischen Schritt in die Zukunft vorauszeichnete, setzte Friedrich seine Unterschrift, malte kunstvoll das liegende Kreuz, rechts und links gestützt von senkrechten Strichen, und versah die Balken mit den Buchstaben seines Namens. »Wenn es gelingt, hochwürdiger Vater, so habt Ihr ein erstes Meisterstück vollbracht.«

Sofort schränkte der kluge Diplomat ein. »Die Höhe der Summe wird allein von Eurem Geschick bei den Verhandlungen abhängen.«

»Zerbrecht Euch um meinen Part nicht jetzt schon den Kopf.« Damit entließ ihn der junge König.

Sichtlich beunruhigt nahm Konrad von Scharfenberg den Brief an sich. Gab es denn Wichtigeres als das Spinnen politischer Fäden? Allein, er war erfahren genug in den Launen seiner Herrscher und stellte die Frage nicht. Nach einer knappen Verbeugung verließ er steifen Schrittes den Saal.

»Was bringst du?« Der Siebzehnjährige sprang auf und eilte Lupold entgegen. Mit Absicht war Adelheid nicht bei der Zeremonie erschienen. Auch sie wollte nicht scheiden, ohne noch einmal mit dem König allein zu sprechen.

»Bleiben muß sie!« rief Friedrich aufgebracht.

»Ich glaube, Ihr dürft unbesorgt sein«, beschwichtigte Lupold, »dazu bedarf es keiner großen Überredungskunst.«

Und Adelheid von Urslingen blieb, gab auch der Bitte nach, oben im dritten Stock des Palas mit ihrer Zofe Hildegard eins der königlichen Gemächer zu beziehen.

Friedrich glaubte nun an ein leichtes Spiel. Die Antwort aus Paris mußte abgewartet werden; bis auf wenige Morgenstunden, die er seiner Amtspflicht widmete, war Zeit genug, sich ganz der Muße und den Freuden hinzugeben.

Indes, Adelheid ließ den raschen Sieg nicht zu. Tagsüber gewährte sie ihm einen Spaziergang entlang des Moderufers, manchmal einen Ausritt, und stets waren beide in Begleitung einiger Kirchenherren. Zur Tafel erschien sie in weichen, enganliegenden Gewändern, war jedem Gespräch aufgeschlossen; bald hatte sie die Zuneigung aller gewonnen.

Des Abends dann unterwies die Lehrmeisterin den ungeduldigen Schüler in den Versen des weitberühmten Sängers Walther von der Vogelweide. »Dieser Poet begnügt sich nicht allein mit dem Minnesang, Friedrich.« Immer wieder versuchte sie seinen unverhohlenen Blick von ihren Rundungen abzulenken. »Er scheut keine Gefahr, schonungslos geißelt er die Zustände im Reich. Hört Ihr, Friedrich?« Sie wartete, bis er die Augen hob. »Über Otto den Welfen sagt er ...«

»Dieser Sänger sollte sich viel mehr mit handfester Minne beschäftigen.« Friedrich nahm ihre Hände. »Sein Tandaradei im Liebesnest auf Blumen und Gras, daran sollten wir uns ein Beispiel nehmen. Adelei, was nützt uns sonst trockene Dichterei und Gesinge? Komm, vergeuden wir nicht unsere wertvolle Zeit! Wir sollten hinaufgehen, über alte Erinnerungen lachen und neue schaffen.« Sanft entzog sie sich der Berührung.

So sehr er auch drängte, klopfte, des Nachts blieb ihre Tür für ihn verschlossen.

Nach dem Bad saß Friedrich auf seinem Lager und starrte düster vor sich hin. »Du bist ein Schwätzer, Kammerherr, nichts, gar nichts bewirkt ein wohlriechender Leib.«

Bei jeder Gefahr, jedem drohenden Unglück würde Lupold für ihn eintreten, die Sucht Friedrichs nach Liebeshändeln außerhalb der Ehe aber bereitete ihm Kummer. Vielleicht weil er selbst nie den Wunsch verspürte, seiner Sabrina untreu zu werden. Schon als Junge war Friedrich von unstillbarer Gier nach allem Neuen erfüllt gewesen, jetzt als Mann schien sich seine Sucht auch auf die Damen auszuweiten. Nie würde Lupold es verhindern, doch nur mit halbem Herzen unterstützte er den Siebzehnjährigen darin, so war es schon in Palermo, dann in Konstanz gewesen.

»Auch wenn es Euch nicht besänftigt. Zweifach habe ich geirrt. Euer Weg zur deutschen Krone scheint, Gott sei gepriesen, auf wundersame Weise geebnet. Der Erfolg bei diesem Edelfräulein hingegen scheint Euch nicht in den Schoß zu fallen.« Er wollte es nicht, sagte dennoch: »Träume. Könntet Ihr Euch nicht mit Träumen begnügen?«

»Laß den Spott.« Der junge König riß an den Bettvorhängen. »Träume! Ich will endlich in ihren Schoß fallen. Allein davon träume ich, sehe ihn, schmecke ihn und ertrage kaum den Druck, den mir dieser Traum zwischen den Lenden verursacht.«

Lupold sah die Not. Vielleicht würde eine der Mägde für Ablenkung sorgen, schlug er wenig begeistert vor.

»Das ist es, mein Freund! Ja, eine Abwechslung wird helfen. Diesmal aber im Wald.« Als Friedrich das entrüstete Stirnrunzeln sah, dehnte er die Pause, dann fuhr er begierig fort: »Die Hundemeute soll um uns herumspringen. Ja, das wird eine Lustbarkeit! Gib den Knechten Bescheid, sie sollen sich bereithalten.«

Immer noch hatte Lupold nicht verstanden.

Friedrich genoß das Spiel. »Eure Gedanken, Baron, kreisen nur um das Eine, Wir sind äußerst befremdet.« Jungenhaft klatschte er. »Gleich morgen in aller Frühe gehen wir auf die Jagd.«

Bogen und Köcher geschultert, das leichte Schwert gegürtet und den Speer im Leder neben dem Sattel, so trabte der junge König über die Brücke. Ihm folgten der päpstliche Legat Erzbischof Berard, Anselm von Justingen und Lupold. Nur seine engsten Weggefährten hatte er zu diesem Ausflug gebeten. Tief atmete er den frischen Morgen ein. Heute wollte er ungezwungen, frei vom höfischen Anstand und ohne neugierige Blicke einen Tag auf der Jagd verbringen. Selbst Wind und leichter Nieselregen konnten seine Stimmung nicht trüben.

Auf der Uferwiese, nahe dem Heerlager, warteten schon die Treiber. Knüppel und Netze lagen bereit, Hunde zerrten aufgeregt an den Halsketten, ihr helles Jaulen begrüßte die Herren.

»Einen Silberpfennig für den, der mir das schönste Stück Wild aufscheucht«, versprach Friedrich seinen Meuteführern und richtete sich im Sattel auf. Ein letzter, prüfender Blick, dann setzte er das Hifthorn an, und mit schnellen Stößen eröffnete er die Jagd.

Lauter kläfften die Hunde, erst tief im Wald durften sie von den Ketten gelöst werden. Ihre Führer ließen sich mitziehen. Weiter drüben, zwischen den hohen Eichen, begann der Pfad; über ihn sollten Friedrich und seine Begleiter direkt ins Jagdgebiet geleitet werden. Bereits vor dem Wald aber nahm die Meute eine Witterung auf. Jäh zerrten sie die fluchenden Männer nach rechts an Büschen vorbei bis zu einem mit Efeu überwucherten Gehölz. Bellen, Knurren; die Hunde sprangen gegen ihre Halsketten.

Ungeduldig warteten die Herren am Pfad zwischen den Eichen, doch den Jagdknechten gelang es nicht, die Meute von der Stelle wegzuziehen.

»Laßt uns nachsehen«, schlug Anselm vor. »Vielleicht liegt dort ein kranker Hirsch.«

»Nein, mein Freund. So verbellen sie kein Wild.« Friedrich hob die Hand. »Kommt, es muß etwas anderes sein.« Sie trieben ihre Pferde vor das Gehölz. Die Tiere waren mit Gerten zur Ruhe gebracht worden und kauerten hechelnd da, jederzeit zum Sprung bereit.

»Was sollen wir tun, Herr?« keuchte einer der Hundeführer. »Losketten? Oder selbst nachsehen?«

»Wartet.« Schnell stiegen Friedrich und die Begleiter ab. Erst als jeder seinen Speer wurfbereit in der Faust hielt, befahl er: »Vorwärts. Schickt die Hunde hinein.«

Schon beugten sich die Knechte zu den Halsbändern, da stieg ein durchdringender Schrei aus dem Gehölz auf! Überrascht hielten sie inne.

Wieder ein Schrei. Kurz darauf rief eine Kinderstimme: »Wir ergeben uns.«

Zweige raschelten; dicht über dem Boden teilten sich Efeuranken. Zuerst erschien ein scharfgespitzter Stock, es folgte ein roter Haarschopf, dann eine Hundeschnauze, die gleich wieder verschwand.

Tile kroch ganz ins Freie. Beinah feierlich legte er seine Waffe zur Seite, drehte sich um und zog Niko aus dem Versteck. Schützend umschlang er den Kopf seines Freundes; so blieben sie im nassen Gras hocken. Ohne aufzusehen, wiederholte der Junge: »Wir ergeben uns.«

Friedrich ließ den Speer sinken und schwang sich wieder in den Sattel. »Um ein Haar hätten wir ein Eichhörnchen erlegt«, lachte er. »Kommt, Freunde, der Tag ist noch jung. Wir wollen ihn nicht vergeuden.«

Ehe Lupold aufstieg, drehte er sich nach dem Jungen um; mit einem Mal wußte er es: »Mein König, erinnert Ihr Euch an dieses Kind?«

Friedrich winkte ab. »Was verlangst du? Ich habe Mühe genug, mir all die wichtigen und weniger wichtigen Persönlichkeiten einzuprägen. Genügt dir das nicht?«

Scherzhaft streckte Lupold den Arm über seinen Kopf und schwenkte ihn langsam hin und her. »Es war vor Breisach. Wißt Ihr noch? Wir erwarben ein Stück aus dem Kaiserwappen und mußten es teuer bezahlen.«

»Die Adlerfeder?« Friedrich schnippte. »Ja, ich entsinne mich gut. Da war dieser geschäftstüchtige kleine Kerl.« Angeregt sah er zu dem Rothaarigen hinüber. »Er könnte es sein. Allein, was treibt ihn nach Hagenau? Wieso haust er in einem Gebüsch?« Aus einer Laune heraus bat er: »Geh und überprüfe es. Wenn er tatsächlich unser Federverkäufer ist, dann sorge für ihn. Der Winter hier ist lang, hörte ich.« Er ritt an, zügelte gleich wieder das Pferd, und Spott zuckte in seinen Mundwinkeln. »Aber ich warne Euch, Baron, laßt Euch nicht wieder übertölpeln.«

Derweil die Herren zum Pfad und in den Wald ritten, die Führer mit der Meute folgten, sah Lupold auf den Jungen hinunter. »Zeige mir dein Gesicht.«

Der Haarschopf beugte sich tiefer über den Hund.

»Niemand will dir und deinem Freund etwas tun.«

Vorsichtig wagte Tile aufzublicken. Gleich preßte er die Hand vor den Mund. Der feine Herr war in Breisach neben dem König gewesen. Von ihm hatte er seinen großen Schatz erhalten.

Lupold erkannte in dem schmutzverklebten Gesicht diese seltsam blauen Augen wieder. »Ich weiß sogar noch deinen Namen, weil du ihn mir kostenlos verraten hast. Besitzt du den Ring noch, Tile?«

Voller Mißtrauen schwieg der Junge.

Lupold streckte ruhig die Hand aus und wartete.

Schließlich krauste Tile die Nase. »Aber nur gucken. Bitte, Herr, weil er mir gehört.«

»Ich verspreche es.«

Behutsam nahm Tile den Ring aus seinem Amulettbeutel, zwischen den Fingern hielt er ihn hoch.

Ehe sich Lupold vorbeugte, versteckte er als Zeichen seiner Ehrlichkeit beide Hände auf dem Rücken und fragte erstaunt: »Schwarz? Warum hast du ihn so beschmiert?«

»Weil ihn sonst jeder haben will.«

»Klug bist du, sehr klug.«

Mit diesem Lob gewann er das Vertrauen des Jungen. Bereitwillig antwortete Tile auf seine Fragen und berichtete ohne Klage von Vater Jakob, den Bettelgeschwistern, auch daß er und Niko sich entschlossen hatten, immer in der Nähe des Königs zu bleiben. Dabei strich er liebevoll seinen pechbeschmierten Schatz, seinen Glücksbringer.

Lupold hörte mit wachsender Bewunderung zu. Welche Kraft, welch ein Mut wohnte in diesem verwahrlosten Kind! Für einen Moment wurde er an die gefahrvolle Reise von Foligno nach Palermo erinnert. Damals hatte er den kleinen Friedrich als Bettelkind verkleidet durch alle feindlichen Linien gebracht, damals saß der König ebenso abgerissen auf dem Obstkarren wie dieser Junge jetzt vor ihm. »Hier kannst du nicht bleiben«, sagte er streng.

Sofort verschwand der Schatz wieder im Lederbeutel.

»Nein, fürchte nichts. Dein Ring soll dir wirklich Glück bringen.« Er bot dem Jungen an, das Versteck mit einer Unterkunft in der Reichspfalz zu tauschen.

»Beim König?« fragte Tile ungläubig; schon einen Atemzug später gefiel ihm der Gedanke. »Und wirklich ganz dicht beim König?« vergewisserte er sich.

»Nicht direkt in seinen Zimmern, da wohne ich schon. Aber wir werden einen trockenen Platz für dich finden.«

»Und für Niko auch«, forderte er.

»Abgemacht, du kleiner Geschäftsmann.«

Im Nu war der Junge aufgesprungen. »Gut, wir gehen mit.«

»Nicht gleich«, dämpfte Lupold den Eifer, denn zunächst müsse er mit seinem Freund zum Fluß. Der strikte Befehl lautete: Waschen und noch einmal waschen, den ganzen Körper, auch das Haar. »Laß den Hund schwimmen. Und wenn ihr beide sauber seid, meldest du dich bei der Brückenwache. Merke dir nur meinen Namen: Baron Lupold. Dort bleibst du, bis ich von der Jagd zurück bin und dich abhole.« Damit setzte er seinen Fuß in den Steigbügel.

»Aber das geht nicht.« Bekümmert hob Tile die Achseln. »Wenn die mich kriegen, nehmen sie mir gleich den Ring ab. Das haben sie schon mal versucht.«

Vom Sattel aus entschied Lupold: »Also gut, dann warte in der Nähe der Stadtbrücke auf mich.« Ehe ein nächstes Problem auftauchen konnte, spornte er das Pferd an.

Tile starrte dem Reiter nach, bis er im Heiligen Wald verschwunden war. Eine Weile noch stand der Junge still da, schließlich flüsterte er: »Nein, Niko. Er hat nicht gelogen.« Und laut vertrieb er den letzten Zweifel: »Ganz bestimmt nicht.« Ausgiebig kratzte Tile im roten Haarschopf, schüttelte sich und dehnte den Rücken. »Komm, wir machen uns jetzt für den König sauber.«

Seit Stunden schon kauerten die beiden frierend hinter einem Zaun. Fell und Haar waren noch naß; längst hatte der Nieselregen auch das Kittelhemd Tiles aufgeweicht, es klebte an dem schmächtigen Körper. Sehnsüchtig beobachtete der Junge den Torturm am anderen Ufer.

Endlich, im späten Nachmittag kam Baron Lupold, noch in Jagdkleidung, über die Brücke. Kaum hatte er die Wachposten erreicht, war Tile mit seinem Hund zur Stelle, hielt sich aber in sicherer Entfernung.

Der Kammerherr winkte ihn näher.

Tile schüttelte den Kopf; mit dem Daumen wies er auf die Bewaffneten.

Es dauerte; schließlich erinnerte sich Lupold und mußte ein Schmunzeln unterdrücken. Laut wies er die Wachen an, sich den Jungen einzuprägen. »Ab heute arbeitet er in der Küche. Auf Befehl des Königs steht er unter meinem persönlichen Schutz. Und wehe euch, ihr krümmt ihm auch nur ein Haar.«

Der strenge Ton überraschte. »Was schert uns der Kleine und sein Köter?« fragte einer der Posten. »Den seh' ich heute zum erstenmal.«

»Ihr sollt nicht fragen, sondern gehorchen.«

Gleichmütig nickten die Bewaffneten.

Jetzt erst fühlte sich Tile sicher. Eng an der Seite seines Beschützers betrat er die Brücke, und Niko lief neben ihm her. Fast hatten sie das Torhaus erreicht, da streifte der Junge sein Hemd ab und warf es in den Fluß.

»Was soll das?« fuhr ihn Lupold an.

»Aber Ihr habt doch gesagt, ich muß sauber für den König sein«, erklärte Tile ernsthaft. »Jetzt bin ich ganz sauber.«

Seine Logik verblüffte Lupold. Was bist du nur für ein Kind, dachte er? Klein, abgemagerte Schultern, so dünn die Arme und Beine, und dann dieses seltsam dunkle Licht in den Augen. »Du hast recht, weg mit dem dünnen Lumpen. Für den Winter benötigst du Strümpfe und einen warmen Kittel.«

Durchs Torhaus gelangten sie in das Hofgelände. Weit hinten lagen verstreut Stallungen, Wirtschaftsgebäude, Gästehäuser und die Unterkünfte der Burgmannen.

»Wo ist der König?« Tile blickte sich um.

Lupold wies zum abgegrenzten Bereich des Palas hinüber. »Dort wohnt König Friedrich.« Einer inneren Warnung folgend, faßte er den Kleinen an beiden Schultern. »Laß dich dort nie sehen! Hast du gehört, niemals! Es sei denn, dir wird es befohlen.«

Tile krauste die Nase. Nach einer Weile erklärte er sich einverstanden. »Ich will meinen König ja gar nicht stören. Niko und ich wollen ja nur in seiner Nähe sein.«

»Das darfst du«, seufzte Lupold erleichtert, »aber nur das.« Und rasch brachte er die beiden zur Küche.

Von einer Magd wurde Tile mit Tüchern trockengerieben. Um das nasse Fell seines Freundes kümmerte er sich selbst. Bald saß der Junge im warmen Kittel vor dem offenen Feuer und kraulte Niko mit den Zehen.

Nachdem der königliche Kammerherr alle Anweisungen für Unterkunft und Verpflegung der beiden gegeben hatte, kehrte er zum Feuer zurück. »Von nun an gehorchst du dem Koch und den Mägden.«

»Arbeiten kann ich gut.«

»Davon bin ich überzeugt.« Leicht strich ihm Lupold über den lockigen Haarschopf. »Hin und wieder sehe ich nach dir«, murmelte er und verließ die Küche.

Später lag Tile in einer Ecke des Schweinestalls auf frischem Stroh. Wohlig sog er den Geruch der Tiere ein. Und niemand durfte ihn und den Hund wegjagen! »Jetzt haben wir das schönste Zuhause, was meinst du, Niko?« Langsam faßte Tile nach dem Amulettbeutel an seinem Hals, fühlte den Schatz und küßte ihn durch das Leder. »Ich wußte es, du bist wirklich mein Zauberring.«

Anfang November ritten französische Kuriere in der Pfalzburg zu Hagenau ein. Längst erwartet, wurden sie sofort dem Kanzler gemeldet. Konrad von Scharfenberg nahm die Pergamentrolle entgegen, erbrach das Siegel, überflog die Zeilen und strich sich befriedigt seine spärlichen Haarsträhnen zur Stirn, dann stutzte er. Rasch ging er näher zum Fenster, studierte den Brief genauer. »Ausgefertigt am 27. im Oktober«, murmelte er und rechnete: »Heute schreiben wir bereits den 8. November.« Die Nachricht vom Pariser Hof entsprach voll seinen Erwartungen, eine gute Nachricht, die ihn mit Stolz erfüllte. Dennoch, Diplomatie war sein Instrument; wer es selbst meisterlich beherrschte, der achtete auf jeden Mißton seiner Mitspieler. Er wandte sich an die beiden Kuriere: »Warum erst heute? Gewöhnlich benötigt ihr für den Ritt gut eine Woche. Ihr wart zwölf Tage unterwegs?«

Die Männer fürchteten um ihren zusätzlichen Lohn, den sie nur bei pünktlicher und erfolgreicher Beendigung eines Auftrags erwarten durften. Sie seien am 27. Oktober losgeschickt worden, beteuerten sie, und trotz des schlechten Wetters hätten sie keine Zeit vergeudet. Aus Sicherheit und in Anbetracht der Dringlichkeit seien je zwei Kuriere mit dem gleichen Schreiben auf unterschiedlichen Routen von Paris nach Hagenau entsandt worden. »Wir mußten den Umweg über Metz nehmen.«

»Eure Kameraden sind bis heute nicht eingetroffen.«

Vielleicht war das Wetter schuld? Regen und Sturm hatten in den vergangenen Wochen die Flüsse anschwellen lassen. Vielleicht war eine Furt unpassierbar gewesen; vielleicht waren sie ertrunken oder in den Wäldern umgekommen?

»Genug.« Konrad von Scharfenberg wollte keine weiteren Gründe hören; ihm war nur eins wichtig: Der französische Hof hatte die Antwort nicht bewußt hinausgezögert, um Friedrichs Verhandlungsposition zu schwächen. Das späte Eintreffen zwang den König und ihn zwar zur höchsten Eile, war aber nicht die Folge eines diplomatischen Schachzuges.

»Ich danke euch.« Da die Kuriere mit gesenkten Köpfen stehen blieben, setzte er freundlich hinzu: »Meldet euch bei unserm Rentmeister Wölfflin. Ihr habt eure Prämie zu Recht verdient.«

Er selbst suchte umgehend den König auf, und voller Genugtuung unterbreitete er ihm die Botschaft: »Welch ein Erfolg für Euch, Majestät! Europa erwartet Euren ersten Auftritt. Mit Verlaub, Ihr solltet den Hof gleich davon in Kenntnis setzen.«

Ruhig glättete Friedrich das Schreiben. »Nicht ich, sondern Ihr werdet es bei der Tafel bekanntgeben. Es ist Euer erster Triumph, den ich nicht schmälern will, Eminenz. Jeder darf und muß hören, welch ein umsichtiger Kanzler an der Seite des zukünftigen römisch-deutschen Königs steht.«

Seine betont salbungsvollen Worte zeigten Erfolg, Friedrich sah es mit unmerklichem Spott.

Leicht spreizte der Bischof die Hände. »Zwar entspricht es nicht meiner Bescheidenheit, jedoch, da Ihr es wünscht, werde ich Eurer Bitte gern Folge leisten.«

»Ich danke Euch.« Jungenhaft ahmte er die dem Kanzler eigene Geste nach und strich seine Locken in die Stirn. »Mein Triumph wird erst nach Abschluß der Verhandlungen erreicht sein.«

»Ich werde Euch nach Kräften dabei unterstützen«, versprach Konrad von Scharfenberg in feierlichem Ernst.

Die Hofgesellschaft hatte sich zum Mahl eingefunden. Zwei große Feuer prasselten an den Längsseiten der Halle. Bläulich dicker Rauch stieg auf und zog in Schwaden über die Tische. Noch gingen die adeligen Damen auf und ab, in Gruppen standen Barone und

Herzöge. Um den Kanzler hatten sich die geistlichen Herren geschart; längst war das Gerücht durchgesickert, und mit geschickten Fragen versuchten sie ihrem Amtsbruder Näheres zu entlocken. Sichtlich genoß Bischof Konrad das Spiel, antwortete und gab dennoch keine Auskunft.

Bläser kündigten den König an. Sogleich verstummten die Gespräche, und alle Augen wandten sich dem Eingang zu.

Friedrich führte Adelheid, ihre Hand berührte kaum seinen Arm. Beide trugen über dem engen Untergewand einen ärmellosen Mantel mit pelzbesetztem Kragen. Während sie mit leicht wiegendem Gang und stillem Blick durch die Halle ging, lächelte er freundlich nach allen Seiten. An der Stirnseite des Tafelvierecks wartete er, bis Adelheid neben ihm ihren Mantel leicht anhob. Schnell setzte er sich, und ehe sie Platz genommen hatte, schlüpfte seine offene Hand auf ihre Stuhlfläche. Sie bemerkte die Hinterlist erst, als es zu spät war, und ohne den sanften Blick zu verlieren, raunte sie: »Wie früher sind es immer noch diese rastlosen Finger, vor denen ich mich hüten muß.« Fest drückte sie sich nach unten und lähmte die Unruhegeister. »Was nun, Friedrich? Mit einer Hand läßt es sich schlecht den Braten zerteilen.«

Friedrich sah alle Blicke der Tischgesellschaft erwartungsvoll auf sich gerichtet. Rasch flüsterte er: »Wie recht Ihr habt! Um diesem wohlgeformten Fleisch gerecht zu werden, benötige ich beide Hände.«

Mit unbewegter Miene gab sie seine Finger frei. Im Nu war Friedrich wieder der junge König, nahm als galanter Gastgeber seine Pflichten wahr. »Seid willkommen, Ihr schönen Damen, und Ihr, meine hochwohlgeborenen und ehrwürdigen Herren. Jeder Tag in Eurer Gesellschaft erfüllt Uns mit tiefer Freude; allein« – er ließ eine Pause –, »dieser Tag bringt Uns Hoffnung auf noch größeres Glück. Und Unser Dank gebührt dem Bischof zu Speyer, Unserem Kanzler, Konrad von Scharfenberg.« Friedrich hob den Kelch: »Ehe er das Wort ergreift, wollen wir ihn gemeinsam mit diesem Schlucke ehren.«

Fäuste schlugen auf die Tische, Zurufe, und bis zum Grund leerte jeder den Becher.

Der Kanzler erhob sich, weitschweifig begann er: »Wie jeder aus der Vergangenheit weiß, versehe ich mein Amt gewissenhaft.« Es dauerte, bis er seine Vorzüge genügend ausgebreitet hatte; immer wieder hüstelte er, vom beißenden Rauch geplagt, und endlich kam er zur Sache: »Dank meiner Verbindungen wird nun ein Treffen zwischen König Friedrich und dem französischen Hof stattfinden.« Er pries diese glückhafte Fügung: ein Vertrag mit den Franzosen gegen Kaiser Otto und dessen stärkste Bündnismacht, die Engländer. Ja, dieser Vertrag würde Friedrich fraglos zur deutschen Krone verhelfen, ehe noch das Jahr zu Ende ging. »In aller Bescheidenheit darf ich bekanntgeben: Der französischen Gesandtschaft wird kein Geringerer als der Thronfolger selbst, König Ludwig, der Achte seines Namens, vorstehen.«

Die Nachricht wurde mit Applaus aufgenommen, und geschickt wußte Konrad von Scharfenberg die Begeisterung noch zu heben: »Morgen brechen wir nach Vaucouleurs auf.« Mit einer Verbeugung zu Friedrich fuhr er fort: »Überdies, ich habe die deutsche Kurfürstenversammlung in Eurem Namen, mein König, für den 5. Dezember zum Hoftag nach Frankfurt gebeten. Die Boten sind unterwegs!«

Freudiges Stimmengewirr wogte durch den Saal.

Bis vor wenigen Augenblicken war Adelheid ruhig den Ausführungen gefolgt, nun drehte sie den Becher in der Hand. »Morgen schon? Das habt Ihr mir nicht gesagt.«

Friedrich nahm gerade die Glückwünsche der Bischöfe von Konstanz und Chur entgegen. Mit halbem Ohr hatte er ihre Worte vernommen, kurz beugte er sich zu ihr: »Dazu war keine Zeit.« Seine Augen glänzten. »Freut Euch mit mir, Adelheid. Bald hab' ich das erste Ziel zur Macht erreicht.«

Sie sah ihn an. »Morgen werdet Ihr Hagenau verlassen?«

»Ja, die Zeit drängt.« Allein seine Pläne schienen ihn noch zu beschäftigen. »Nach dem Treffen ziehe ich gleich weiter nach

Frankfurt. Kein Zweifel, die Fürsten werden mich noch einmal bestätigen, und so Gott will, kehre ich als der gesalbte König zurück.«

»Ich freue mich für Euch, mehr noch als alle hier im Saal.« Sie preßte den Handrücken an die Stirn. »Erlaubt, Friedrich, daß ich mich zurückziehe. Der Rauch nimmt mir den Atem.«

Nein, Lupold durfte sie nicht hinaufführen, sie würde mit ihrer Zofe den Weg allein finden.

»Das Mahl hat noch nicht begonnen. Es ist der letzte Abend.«
»Ich weiß, Friedrich.«

Vor seinem Aufbruch morgen wollte er sie sehen und genügend Zeit für den Abschied haben.

»Das verspreche ich, Friedrich. Und nichts wird mich davon abhalten.« Sie winkte ihrer Zofe und verließ den Saal.

Das Festessen war längst vorüber, Pläne waren geschmiedet worden, und mit jedem neuen Krug hatte der Kanzler weiter in die Zukunft gebaut; dieser Abend war nur der Politik gewidmet gewesen. Auch nach seinem Bad saß Friedrich auf dem Bett und beschrieb Lupold die Fahrt des Glücksschiffes: »Die Krönung hier in Deutschland wird nur der erste Hafen sein, dann nehmen wir Kurs auf Rom. Gehe ich erst unter der Kaiserkrone, so werde ich mit geblähtem Segel die nächsten Gestade ansteuern. Jerusalem oder vielleicht Byzanz.«

»Noch sind wir hier in Hagenau«, versuchte Lupold die Begeisterung zu dämpfen.

Friedrich lachte. »Mein besorgter Freund. Auch in Zukunft werde ich nicht lossegeln, ohne den Anker zu lichten.«

Leises Pochen an der Tür.

Fragend blickten sich die Männer an. Der Siebzehnjährige straffte den Rücken und zeigte auf das Schwert. Wieder klopfte es, dieses Mal heftiger. »Waren Wachen auf dem Flur?«

»Wie gewöhnlich. Jedes Gesicht war mir bekannt.«

»Dann öffne.«

Vorsorglich nahm Lupold das Schwert, zog es halb aus der Scheide und ging zur Tür. »Wer wagt es, den König zu stören?«

»Ich. Ich bin es, Hildegard, die Zofe meiner Herrin.«

Lupold legte die Waffe beiseite und schob den Riegel zurück.

Scheu trat die Magd ein; ihr dünnes Hemd fiel bis auf die Fellpantoffeln, um die Schultern hatte sie ein Tuch geschlungen. Den Blick fest auf die brennende Kerze in ihrer Hand geheftet, sagte Hildegard: »Verzeiht, Majestät. Meine Herrin fühlt sich nicht wohl. Sie ist so unruhig.«

Sofort bot der Kammerherr an, den Arzt zu holen. Friedrich sprang aus dem Bett. Jede Hilfe sollte Adelheid zuteil werden. »Vorwärts, Lupold. Wecke die Leute.«

»Nur das nicht«, wehrte die Zofe bekümmert ab. »Meine Herrin hat's verboten. Sie möchte keinen Umstand.« Leicht errötend hob sie die Augen. »Bitte, Majestät. Ihr seid klug und erfahren. Wenn Ihr nach meiner Herrin sehen könntet und selbst entscheiden, ob der Doktor nötig ist?«

Friedrich griff nach einem Leuchter, und im Sturmschritt eilte er durch den kalten Flur, barfuß, ohne Mantel. Kaum hielt Lupold mit der Zofe Schritt. Überrascht rappelten sich die verschlafenen Posten auf, erkannten das Gesicht des Königs und nahmen Haltung an. Schon waren die weißen Gestalten vorbei, ihre Schatten zuckten ihnen nach.

Vor Adelheids Gemach stockte Friedrich unschlüssig.

»Geht nur hinein, Majestät«, bat die Magd. »In ihrem Zustand hört meine Herrin das Klopfen sicher nicht.«

Behutsam drückte er die Tür einen Spaltbreit auf und spähte ins Zimmer. Keinen Schritt ging er weiter, blieb eine Weile so, und schließlich wandte er sich um. Die Kerzenflammen spiegelten sich in seinen Augen. »Es ist wahr«, flüsterte er. »Der Zustand scheint mir sehr ernst. Ich muß allein zu ihr.« Schnell überließ er Lupold den Leuchter. »Begleite die tüchtige Zofe in mein Gemach. Tröste sie, so gut du kannst, mein Freund. Dort wartet ihr geduldig ab, bis ich euch rufe.«

Ehe Lupold nachfragen konnte, glitt Friedrich hinein. Die Tür schloß sich, der Riegel schnappte.

»Und das kann dauern«, sagte die Zofe erleichtert. Ihr besorgter Ton war verschwunden. »Das hoffe ich wenigstens.«

»Ich verstehe nicht.« Lupold starrte sie an.

»Nun kommt, Baron«, forderte Hildegard ihn auf. »Hier ist es mir zu kalt. Ich erkläre es Euch gern, wenn wir im Warmen sind.«

Friedrich war an der Tür stehengeblieben. Duft nach Moschus und Fichte empfing ihn. Leise knisterte Glut im Feuerbecken. Nur schwach brannten einige Öllampen, genug, um das hohe Bett bis hinauf zum Baldachin in schimmerndes Licht zu tauchen. An den Pfosten bauschten sich die zurückgeschlagenen Vorhänge.

Adelheid lag auf dem Bauch, hingebreitet, das rechte Bein leicht angezogen; wie nachlässig drapiert, verhüllte ein Seidenschal kaum ihre Rundungen, weiß dehnte sich der Rücken, und das gelöste Haar bedeckte die Schultern bis zu den schlanken Armen.

»Wie schön du bist, Adelei.« Hingezogen näherte er sich dem Bild.

Ohne den Kopf zu heben, bat sie: »Gib uns Zeit, Friedrich. Langsam wollen wir uns kennenlernen.«

Dicht vor dem Bett stehend, beugte er sich über ihren linken Fuß, hauchte den Atem über die Sohle und schloß einen Zeh mit den Lippen ein. Sanft saugte er, wechselte zum nächsten und weiter zum nächsten; nachdem er die fünf Herren gebührend begrüßt hatte, hielt er inne. »Jedes kleinste Stück an dir will ich erforschen.« Das Hemd gerafft, stieg er ins Bett und kniete zwischen ihren Beinen. Seine Zunge zog die Bahn hinauf zur Kniekehle, verharrte kreisend, glitt über den Schenkel, tief nahm er den Duft ihres Schoßes auf, als er das Tuch wegzog, bewegte Adelheid die Hüften. Beide Hände legte Friedrich auf die Backen, streichelte und knetete das feste Fleisch. »Es ist wahr, Adelei. Eine Hand kann dieser Schönheit nicht gerecht werden.«

Ihr Seufzen war Antwort genug.

Mit Sorgfalt wanderte seine Zunge das andere Bein hinab; nach Begrüßung des zweiten Fußes rutschte er an ihrer Seite bis zur Körpermitte, dort setzte er die zarte Erkundung über den weißen Rückensamt bis zum Haar fort.

Wohlig drehte sie sich um, und seine Lippen schlossen ihre Augen. Sie griff in die Locken, wollte den Kopf näher ziehen, doch er ließ es nicht zu. »Warte, Adelei.« Aus dem Tal ihres Halses gelangte er über die warme Ebene zu den Hügeln. Für einen Augenblick genoß er, wie sich die Brüste bei jedem Atemzug hoben und senkten. Seine Zungenspitze kreiste um die rosafarbenen Höfe, behutsam nagte er an den harten Knospen.

Adelheid nahm das Kosen nicht mehr still hin. Ihre Hände tasteten nach seinen Schultern. »Du trägst noch dein Hemd.« Sie zerrte den Stoff hinauf, bis ihre Finger die Haut berühren, über den Rücken streicheln konnten.

Um sich gebührend mit ihrem Nabel zu beschäftigen, verlagerte Friedrich langsam seine kniende Haltung. Während er die Nase über den Bauch rieb, mit dem Oberkörper folgte und beinah das Haarvlies erreicht hatte, glitt ihre Hand vom Rücken unter seinen Bauch. Erst tastende Finger, dann schlossen sie sich um den harten Schaft. Halb richtete sich Adelheid zur Seite auf, zog ihn näher an ihre Lippen. Sie erreichte die Kuppe nicht, weil Friedrich weiter zu ihrem Schoß drängte. »Leg dich hin, Liebster«, forderte sie.

Der Siebzehnjährige warf sich auf den Rücken, hastig streifte er das Hemd endgültig ab. Sie war schon rittlings aufgestiegen, weit schob sie ihren Schoß über sein Gesicht, bot ihn seiner Zunge; sie selbst beugte sich vor und umfaßte die Kerze mit beiden Händen. Behutsam strich sie die Haut auf und nieder. »O mein Friedrich, mein lieber, zärtlicher Friedrich.«

Dann kosteten sie schweigend voneinander.

Als ihre Hüften bebten, er sich heftiger in ihrem Mund zu winden begann, ließ sich Adelheid zur Seite fallen. »Komm zu mir.« Weit öffnete sie ihm die Schenkel.

Friedrich kniete sich aufrecht vor ihren Schoß.

»Du nicht, Liebster. Ich will ihm selbst den Weg zeigen.«

Ohne ihren Körper zu berühren, stützte er die Arme neben den Brüsten auf, und Adelheid führte den Schaft an ihre Mitte. »Bitte sei sanft zu mir.«

Friedrich sank in sie hinein, langsam deckte er sie mit sich selbst zu. Im Auf und Ab fanden sie rasch den Rhythmus, flüsterten ihre Namen, vergaßen sie keuchend, und schneller trieben sie hinauf.

Im königlichen Schlafgemach angekommen, hatte Lupold die Zofe eingeladen, sich neben ihn auf den Bettrand zu setzen. Anfänglich hatte sie, mit den Füßen baumelnd, von den Vorbereitungen ihrer Herrin berichtet, vom Bad und den Duftölen bis hin zur List, die Seine Majestät in das Zimmer gelockt hatte. Doch im Eifer des Erzählens war sie näher an den Kammerherrn herangerückt, und Lupold war Stück für Stück zur Seite gerutscht. Nun saß er mit dem Rücken am Bettpfosten und konnte weiter nicht ausweichen.

»Jetzt hocken wir hier und müssen warten.« Hildegard seufzte, als wäre das Schicksal kaum zu ertragen. Ihre prallen Brüste spannten den Hemdstoff.

»Die Zeit wird vergehen, ganz sicher«, sagte Lupold hastig und verschränkte seine Arme.

»Aber wie?« Scheinbar gelangweilt wippte sie die Fellschuhe von den Füßen, zog ihre Knie seitlich aufs Bett, dabei rückte sie wieder ein Stück näher. Langsam schlug sie die Wimpern auf.

Der Blick aus den grünen Augen war Lupold eine Warnung. Nur um abzulenken, fragte er, wie lange sie schon bei Adelheid von Urslingen in Diensten stand.

»Vier Jahre.« Unbeirrt verfolgte sie weiter ihr Ziel. »Ich wüßte schon, wie wir die Zeit gut verbringen könnten.« Da Lupold schwieg, zupfte sie an den Halsschlaufen ihres Hemdes. Hildegard beobachtete ihn genau, während sie in den Ausschnitt griff, erst einen Busen heraushob, dann den zweiten. Leicht ließ sie die vollen Brüste vor seinen verschränkten Armen schaukeln.

Lupold sah nicht hin, sah doch hin und wieder weg.

»Nur keine Scheu. Greift zu, Baron.«

Er rührte sich nicht.

Verwundert betrachtete Hildegard ihren Busen, zupfte an den Warzen und wog die Bälle spielerisch in den Händen. »Oder gefallen wir Euch nicht?«

»Doch, sehr sogar«, Lupold räusperte sich, »du bist eine schöne Frau. Nur ...«

»Ach, das meinst du.« Sie tätschelte seinen Arm. »Nein, fürchtet nichts. Meine Herrin hat's erlaubt.«

»Ich verstehe nicht.«

Eifrig nickte sie. »Doch. Weil sie es gut hat, meinte sie, soll ich es auch gut haben.« Wieder hob sie langsam die seidigen Wimpern und gurrte: »Glaub mir, Baron, ich versteh's schon, dir Spaß zu bereiten.«

Einen Atemzug lang ließ sich Lupold von ihren Augen gefangennehmen. Sie nützte den Moment; ihre Finger tasteten nach unten und fanden sogleich, was sie suchten.

Energisch befreite sich Lupold aus dem Griff und stand auf. »Ich will nicht.« Er sah ihren gekränkten Blick. Um sie nicht zu verletzen, suchte er nach Entschuldigungen: »Mir liegt nichts an einem Abenteuer. Ja, vielleicht ist es auch das Alter. Nun sieh mich nicht so an.«

»Alte Männer können es oft besser als die jungen«, versicherte Hildegard. Mit neuer Hoffnung zeigte sie auf die Ausbuchtung des Hemdes zwischen seinen Lenden: »Laß mich nur helfen. Er wächst bestimmt.«

Ausflüchte nützten nichts mehr. Lupold erzählte der Zofe von seiner Sabrina und wie lange er schon mit ihr glücklich verbunden war.

»Ist das wahr? Seit fünfzehn Jahren hältst du ihr die Treue?«

Er nickte.

Ungläubig schürzte sie die Lippen. »Und du willst wirklich nichts zwischendurch? Ich mein', wohin denn mit der Lust, bis du sie wiedersiehst?«

Von ihren Fragen in die Enge getrieben, schwieg er.

»Na, sag schon, Baron«, lockte sie.

»Ich diene meinem König.«

Das genügte ihr nicht.

Verlegen zuckte Lupold die Achseln. »Und sonst habe ich meine Träume.«

»Jetzt verstehe ich endlich.« Die Zofe zog ihr Hemd bis zu den Schenkeln hoch und hockte sich auf die Fersen. »Dann laß uns wenigstens gemeinsam träumen. Ich zeige dir, wie ich es mache, und du zeigst es mir.«

Ohne sein Einverständnis abzuwarten, streifte sie das Hemd über den Kopf.

»Das hättest du mir auch gleich sagen können, daß du so einer bist.« Sie stützte ihre Brüste mit dem Arm höher, befeuchtete einen Finger und strich ihn über die Warzen. »Wenn ich es schön haben will, dann fange ich immer damit an.«

Lupold konnte und wollte seinen Blick nicht abwenden.

»Gefällt es dir?« Sie sah prüfend an ihm hinunter. »Ich wußte es.« Langsam legte sie sich zurück, die Beine angewinkelt, ihre Finger spielten sich tiefer und erreichten den offenen Schoß. Allmählich schien sie die Anwesenheit des Kammerherrn zu vergessen, atmete tief, begleitete sich selbst mit Seufzern.

Lupold riß sich los und ging zu seinem einfachen Strohlager nahe der Tür. Auf dem Rücken liegend, dachte er an Sabrina; auch die Zofe im Bett des Königs schloß er in sein Träumen mit ein.

Moschus und Fichte hatten sich mit dem Geruch ihres Schweißes vereint. Nach Lust und Aufbäumen, nach wilder Zärtlichkeit, Lachen und Weinen zugleich, lag Adelheid eng an Friedrich geschmiegt. Lange schon schwiegen sie, lauschten der knisternden Glut im Eisentiegel.

Sie fuhr mit der Fingerkuppe über seine hohe Stirn, den Nasenrücken entlang, zeichnete seinen Mund und drückte zart die volle Unterlippe. Sie lächelte: »Das tust du, wenn du nachdenkst, Liebster. Oft habe ich es beobachtet.«

»Viel anderes blieb mir ja in den vergangenen Wochen nicht.« Mit Spott über sich selbst fuhr er fort: »Da habe ich gegrübelt und überlegt; allein, was ich auch plante, nichts brachte mich näher zu dir.« Er sah sie an. »Als kühner Ritter müßte ich mich schämen, Adelei. Wenn ich nun darüber nachdenke, so hast du in Wahrheit mich erobert.«

»Falsch, mein stolzer König. Ich habe dir freiwillig das Tor geöffnet und dich eingelassen.« Sie rollte sich auf den Rücken und sah zum Baldachin. »Schon bei unserer ersten Begegnung wünschte ich es mir. Aber ich wollte mehr, nicht nur ein flüchtiges Mal.« Seufzend preßte Adelheid die Faust an ihre Stirn. »Es war richtig und doch falsch. Ich habe zu lange gewartet. Morgen schon ist unser Glück vorbei. Du gehst fort, um dir die Krone zu erobern. Und ich werde abreisen und zur Mutter auf unsere Güter heimkehren.«

»Abreisen?« Schnell beugte sich Friedrich über sie. In seinen Augen glitzerte Härte. »Ich erlaube es nicht, hörst du!« Gleich verbesserte er mit sanfter Stimme: »Ich bitte dich, Adelei, bleibe in meiner Nähe.«

Auf dem Ritt nach Vaucouleurs konnte sie ihn nicht begleiten, auch mußte er ohne sie zum Hoftag. »Was also soll ich anderes, Friedrich, als nach Hause reisen?«

»Du darfst nicht von mir weggehen, jetzt nicht mehr. Warte hier in Hagenau auf mich.« Er reckte sich, löste die Schlaufen an den Bettpfosten und schloß rundum die weißen, leicht fallenden Vorhänge. »Hier bist du behütet, Adelei.«

Nur eine Gespielin des Königs zu sein, von allen milde belächelt, das war ihr zu wenig.

Ernst nahm Friedrich ihre Hand. »Ich könnte dir ein Amt übertragen.«

In der kaiserlichen Pfalz herrschte, wie ihm schien, seit mehr als zehn Jahren ein grober Schlendrian. Ohnehin hatte er vor, die Verwaltung des Herzogtums Schwaben zu überprüfen und neu zu ordnen. »Diesen Rentmeister Wölfflin werde ich mir bei Gelegenheit selbst vornehmen. Dich aber, Adelei, setze ich über das Gesinde. Von morgen an unterstehen dir alle Mägde und Knechte der Burg.« Er küßte ihre Fingerkuppen. »Du beschenkst mich reich. Mir wäre die Geliebte genug. Um so glücklicher bin ich, überdies eine umsichtige, strenge Wirtschafterin gefunden zu haben.« Er hielt inne, schalt sich selbst: »Wie ungehobelt von mir, verzeih, Liebste. Bist du bereit, mir dieses Geschenk zu geben?«

»Darin hast du dich seit Foligno nicht geändert«, neckte sie ihn und willigte von Herzen ein: »Ach, Friedrich, nie will ich von dir fort. Die Aufgabe wird mir das Warten erleichtern. Und kommst du zurück«, sie zog ihn sanft über ihre Brüste, »dann wird das Tor weit für dich geöffnet sein.«

V ier Tage gegen den Regen. Auch am fünften Morgen hatte sich das Wetter nicht gebessert; auf freiem Feld peitschte der Westwind den Reitern ins Gesicht, und im Wald bürstete er über ihnen die letzten Blätter aus den Baumkronen.

Langsamer als erhofft kam der königliche Zug voran. »Bis zum Abend werden wir das Moselufer erreicht haben«, schätzte der Späher. »Dann Toul. Spätestens in drei Tagen, Majestät, sind wir in Vaucouleurs.«

Mit Rücksicht auf Alter oder Leibesfülle hatten Barone, Bischöfe und der Kanzler es vorgezogen, beim Troß und dem einhundert Mannen starken Geleit zu bleiben. Sie hielten sich dicht im Windschatten der Planwagen; viel Schutz bot er nicht, und selbst den frommen Herren entglitt hin und wieder ein Fluch.

Weit voraus, nur einen Steinwurf hinter den zehn Bewaffneten der Vorhut, ritt Friedrich mit Lupold, begleitet von seinem bärtigen Truchseß Werner und Hofmeister Anselm von Justingen.

Wie stets trug der Kammerherr nur eine leichte Eisenkappe mit Nasensteg über der Kettenhaube, den anderen prasselte der Regen auf die Helme. Schwer hingen den Männern ihre Mäntel auf dem Eisenzeug, gestern notdürftig am Zeltlager getrocknet, jetzt schon wieder durchnäßt. Weil die Radfurchen mit groben Steinen aufgeschüttet waren, hielt jeder sein Pferd auf der leicht gewölbten Wegmitte. Kalt war es, und seit Stunden hatte niemand gesprochen.

In einer weiten Kehre führte die Straße zwischen Gestrüpp und kahlen Bäumen das letzte Stück zur Anhöhe hinauf und senkte sich in einen dichten Tannenwald.

Gerade noch sah Lupold die letzten beiden Gäule der Vorhut, dann waren sie hinter der Biegung verschwunden, und nach der nächsten scharfen Kurve wieder das gleiche. Wir sollten dichter aufschließen, ging es ihm flüchtig durch den Kopf, doch Friedrich und die Gefährten hielten den gleichmäßigen Trab bei, und Lupold unterließ es zu mahnen. Seine Gedanken kehrten zur letzten Nacht in Hagenau zurück. Welch eine Unruhe hatte die Zofe in ihm geweckt! Wie sehr sehnte er sich seit diesen Stunden nach Sabrina. Wann würde er sie wiedersehen, sie in die Arme schließen dürfen?

Die Fahrstraße tauchte in eine tief eingeschnittene Schlucht; längst war der Spähtrupp hinter der nächsten Wende verschwunden, und rechts und links wuchsen steinige Böschungen schroff an. Die Pferde wateten durch Wasser und Schlamm. Über den Reitern ächzte der Sturm in den Tannen.

Da neigten sich zwei riesige Bäume; von beiden Seitenhängen schlugen sie hinunter, krachten vor Friedrich und seinen Begleitern auf den Weg. Wiehernd stiegen die Gäule, nur mit Mühe hielten sich die Männer im Sattel. Erneutes Krachen und Splittern! Auch hinter ihnen stürzten zwei Tannen nieder. »Eine Falle!«

schrie Lupold. Der Weg nach vorn, der Weg zurück, es gab kein Durchkommen mehr. Im Abstand von kaum zehn Pferdelängen türmten sich Berge aus verkeilten Ästen und Stämmen. Noch war jeder bemüht, seinen Gaul zu beruhigen. Über ihnen erschienen dunkle Gestalten an den Böschungsrändern, drei hier, drei da. »Es lebe Kaiser Otto!« Sie wuchteten schwere Steine hoch. »Nieder mit dem Staufer!«

Allein dem Truchseß gelang es, seinen Schild zu packen. Anselm traf ein Fels an der Schulter, Friedrich konnte ausweichen, im letzten Moment riß auch Lupold den Oberkörper zurück. Der kantige Brocken krachte auf den Schädel seines Gauls, und das Tier brach in die Vorderhufe; Lupold stürzte vornüber, klatschte mit dem Rücken in den Schlamm und wälzte sich sofort herum. Seine Linke suchte nach den Lederschlaufen des Schildes, mit der Rechten wischte er sich den breiigen Dreck aus den Augen. Eine zweite Steinsalve prasselte nieder. Erneut wurde sein Pferd getroffen; es wieherte schrill, kippte zur Seite und rollte sich im Todeskampf. Hastig kroch Lupold außer Reichweite der wild schlagenden Hufe; endlich gelang es ihm, sich aufzurichten, und den Schild schützend über dem Kopf, suchte er seinen König, wollte zu ihm.

»Bleib da!« schrie Friedrich, wehrte einen Brocken ab und befahl: »Auseinander! Verteilt euch auf die Länge, Freunde. Wir müssen Zeit gewinnen.«

Sofort trieben Werner von Bolanden und Anselm ihre Pferde auf die Wegsperren zu. Grölen, wildes Gelächter oben auf den Böschungen. Ein Netz streckte sich in der Luft und fiel über den König und sein Pferd. Gleichzeitig hangelten sich die Kerle an Stricken in den Hohlweg hinunter. Fluchend kämpfte Friedrich gegen die Maschen, versuchte sich aus dem Netz zu befreien. Anselm und Werner erkannten die Gefahr, wendeten mühsam und kehrten zurück. Je zwei der Feinde stellten sich ihnen in den Weg; die Enge war ihr Vorteil, sie sprangen vor, ihre langen Dolche stichelten nach den Pferdehälsen. Vom Sattel aus wehrten die Ritter sie mit Schwertschlägen ab. Kurz wichen die Kerle zurück; jetzt schwangen sie Stachelkugeln an langen Ketten und bemühten sich, die Klingen zu umwickeln, sie den Reitern zu entreißen. Das Gebrüll schrie gegen den Sturm!

Wie zwei hungrige Wölfe umkreisten die beiden anderen Feinde das Pferd des Königs, zerrten am Netz, und gleichzeitig versuchten sie das Tier abzustechen. Verzweifelt trat Friedrich nach ihnen; Schwert- und Schildarm waren in den Maschen verstrickt. Mit gezückter Waffe stampfte Lupold auf die Männer los. »Hier bin ich!« schrie er, um sie abzulenken. »Wehrt euch!«

Doch nur einer ließ das Netz los; geduckt erwartete er den Kammerherrn. Unter dem ersten Hieb tauchte er zur Seite und schwang seinen Morgenstern, ehe Lupold erneut ausholen konnte. Die Stachelkugel krachte auf den Schild und zersplitterte ihn. Durch die Wucht des Aufpralls rutschte Lupold im Schlamm aus, torkelte und stürzte auf ein Knie. »Zur Hölle mit dir!« brüllte der Kerl, und mit erhobenem Dolch warf er sich über sein Opfer. Im letzten Moment gelang es Lupold, sein Schwert aufzurichten; bis zum Heft durchbohrte der Stahl den Leib des Gegners. Schreie; todwund zuckte der Mann.

Auch Lupold stöhnte; die schmale Dolchklinge war ihm durchs Kettenhemd in den linken Oberarm gedrungen. Keine Zeit für Schmerz. Er packte den Schwertgriff mit beiden Händen, warf den erschlafften Körper in den Schlamm und zog das Blatt heraus.

Hornstöße jenseits der vorderen Wegsperre. Der Spähtrupp war zurückgekommen. Über den Kampflärm im Hohlweg hinweg schallten die Alarmsignale und wurden vom Troß weiter oben auf der Anhöhe beantwortet. Kaum nahm Lupold sie wahr; entsetzt sah er, wie sein König, im Sattel schon halb zur Seite geneigt, sich gegen den Sturz wehrte und doch langsam tiefer sank. Und der Gegner zerrte am Netz, lachte und lachte, zog eine Masche nach der anderen näher zu sich heran. »Für Otto, den einzig wahren Kaiser!« Den Sieg vor Augen, achtete er nicht auf die Gefahr. Schon war Lupold hinter ihm, riß das Schwert mit beiden Händen hoch und spaltete den Schädel, spaltete den Rumpf bis zur Brust.

243

Das Lachen brach ab, Blut spritzte, allein der Mann blieb, die Finger ins Netz verkrallt, stehen. Jetzt verlor der König den Halt und stürzte vom Pferd; langsam kippte der Tote über ihn.

»Friedrich!« In fliegender Hast zog Lupold die Leiche zur Seite. Unter dem Maschengewirr sah er den blutbesudelten Helm und durchs geöffnete Visier in das blutige Gesicht seines Königs. »Friedrich! O mein Gott, Friedrich!«

»Nichts ist mit mir«, keuchte er, »befreie mich endlich.«

Immer noch kämpften ihre beiden Gefährten vom Pferd aus gegen die vor- und zurückspringenden, ausweichenden und wieder angreifenden Gegner; um sie zu treffen, waren die Schwerthiebe der Ritter zu langsam.

Oben auf beiden Böschungen erschienen endlich die Bewaffneten der königlichen Vorhut und spannten ihre Bogen. Das Ziel war unsicher, sie wagten nicht zu schießen.

»Runter mit euch!« brüllte Friedrich hinauf. Er war vom Netz befreit; das blanke Schwert in der Faust, lief er mit Lupold los. Erst wollten sie Anselm entlasten, und gemeinsam fielen sie die Kerle an. Dolch und Morgenstern gegen hart geführte Schwerter. Friedrich trennte einem Gegner den Arm ab, mit dem nächsten Hieb den zweiten Arm, riß das Blatt seitlich zurück und schlug den Kopf vom Rumpf. Lupold geriet in Gefahr; seiner Linken fehlte Kraft, so kämpfte er nur mit der Rechten, und ohne Schild mußte er immer wieder der Stachelkugel ausweichen. Heftig bedrängt, stand er bereits mit dem Rücken an der steinigen Wand. Anselm rutschte aus dem Sattel, kam zu Hilfe und stach den Gegner nieder.

»Danke, mein Freund.« Keuchend lehnte sich Lupold zurück. Der Lärm war verebbt. Auch die beiden letzten Feinde waren von den Männern der Vorhut getötet worden.

Friedrich zog seinen Helm ab. In dem beschmierten Gesicht loderte Zorn. »Wer hat uns verraten?« Nur diese Frage schien ihm wichtig; er zeigte keine Erleichterung, keinen Dank an seine Retter. Woher wußten die Anhänger des Welfen von seiner Reise nach Vaucouleurs?

Während Stämme und Äste weggeräumt wurden, wusch ihm Lupold nur mit der Rechten mühsam das Blut von Wangen, Nase und Kinn. »Kein Verrat, ganz sicher nicht«, murmelte er.

»Woher willst du das wissen, Kammerherr?« blaffte ihn Friedrich an. Mit einem Mal veränderte sich seine Miene. »Du bist verletzt?« Er zeigte auf Lupolds linke Hand. Blut quoll aus dem Ärmel und tropfte von den Fingern. »Verzeih, mein Freund. Was bin ich nur für ein Mensch? Nicht du solltest mir helfen, sondern ich sollte für dich sorgen.«

»Es ist kaum der Rede wert.« Lupold wollte der Schwäche nicht nachgeben, aber Friedrich gab schon Befehl.

Der Arzt band die Ader ab, reinigte die Wunde, versorgte sie mit Spießkraut und wickelte einen festen Verband. »Der Stich ist tief. Doch der Knochen scheint unversehrt zu sein«, meldete er dem König. »Wenn kein Brand dazukommt, ist der Arm bald geheilt.«

Früher als geplant wurde das Lager aufgeschlagen, und Friedrich hatte alle Herren des Gefolges in sein Zelt befohlen. Die Frage war gestellt. Stumm saß er da. Sein Blick forschte in jedem Gesicht nach Antwort. Graf Kyburg? Rudolf von Habsburg? Stets hielten sie es mit dem Stärkeren. Die Bischöfe? Obwohl sie alle den Treueschwur abgelegt hatten, spielte doch vielleicht einer ein doppeltes Spiel? Nicht zu vergessen: der Kanzler? Lange hielt sich der junge König bei ihm auf. Der hochgewachsene, kantige Mann rühmte sich stets, ein Meister des politischen Schachspiels zu sein. Seine Leidenschaft gehörte der Macht, dann erst dem Herrscher.

Friedrich wartete.

Kaum ertrugen die Herren das angespannte Schweigen.

Mit einem Mal schlug sich der Kanzler gegen die Stirn. »Zwölf Tage waren sie unterwegs! Wie konnte ich es vergessen?« Gleich glättete er die in Unordnung gebrachten Haarsträhnen und trat vor. »Majestät, seid versichert, jeder Verdacht eines Verrates scheint mir unbegründet.« Knapp berichtete er von den auf zwei

Routen abgesandten Botschaften. Lediglich *ein* Schreiben des französischen Hofes hatte Hagenau erreicht. »Die Kuriere, die auf dem direkten Weg ritten, sind nicht angekommen.« Zwar hatte sich Otto in den Norden zurückgezogen, um neue Streitkräfte zu sammeln. Allein, Konrad von Scharfenberg kannte den gekränkten Stolz des Welfen gut genug. Bis zuletzt würde Otto versuchen, den Aufstieg Friedrichs zu verhindern, und dazu war ihm jedes Mittel recht, selbst wenn es ein Mord aus dem Hinterhalt wäre. »Seine Spione und Häscher sind überall. Sie werden die Kuriere abgefangen haben. Daher wußten sie, daß wir ohne Zögern nach Vaucouleurs aufbrechen würden.«

Der harte Zug löste sich, lebhaft wandte sich Friedrich an die Herren. »Wir sind gemeinsam auf einem Schiff, und wie wir heute schmerzhaft erfahren mußten, ist es so kurz vor dem Hafen auf das Höchste gefährdet. Jeder von Euch ist nun aufgerufen. Nur durch geschärfte Wachsamkeit werden wir die kommenden Wochen überstehen.« Seine nächsten Worte galten Anselm, Lupold und Werner von Bolanden: »Bisher fand ich noch keine Zeit: Ich danke euch.« Er gewann den jungenhaften Ton zurück. »Habt ihr nun mich für die Krone gerettet oder das Reich vor dem Welfen bewahrt?« Leicht fragte er weiter: »Oder kämpftet ihr allein für unsere Freundschaft?«

Bis auf den Kammerherrn nahmen die Gefährten seine Frage als Scherz. Natürlich hatten sie sich in erster Linie für den Freund geschlagen, beteuerten sie erleichtert vom glücklichen Ausgang, dann auch für Krone und Reich.

Trotz seiner Schwäche setzte Lupold so heiter, wie er es vermochte, hinzu: »Außerdem, mein König, blieb uns im Hohlweg keine andere Wahl.«

Mit einem schnellen Seitenblick nahm Friedrich die Antwort hin. Er verlangte nach Wein. »Trinken wir gegen den Schmerz und auf das große Ziel.«

Schon mit dem ersten Satz überraschte Ludwig, der Sohn des französischen Königs, während des Frühstücks seinen Gast und das deutsche Gefolge: »Mich langweilt nichts mehr als dieses Gerangel um Verträge. Dieses stundenlange Hin und Her bringt mich stets zum Gähnen. Wie ergeht es Euch in solchen Angelegenheiten?«

Um Zeit zu gewinnen, nahm Friedrich ein zu großes Stück von der Gänsepastete. Während er kaute und schluckte und weiter kaute, vergewisserte er sich aus den Augenwinkeln bei seinem Kanzler. Konrad von Scharfenberg schürzte die Lippen, seine Augen blieben starr auf die knusprigen Wachteln gerichtet. Er war keine Hilfe.

»Nun, verehrter Ludwig«, begann Friedrich tastend, »wir sind beide als Könige an die Grenze unserer Reiche gekommen, um miteinander zu verhandeln. Dieser Aufgabe will ich mich gern stellen.«

»O pfui! Wie pflichtbewußt ...« Ludwig streckte ungeniert die Zunge heraus, dabei verzog er das weiche, leicht dickliche Gesicht. »Ihr seid jünger als ich – sieben Jahre, sagte man mir –, und doch redet Ihr schon wie mein Herr Papa.« Er schüttelte die schwarzen Locken. »Und falsch ist es obendrein. Ich bin zwar gekrönt, und doch ist mein Herr Papa der wahre Regent. Und Ihr seid zwar deutscher König, aber noch nicht gekrönt.« Selbst überrascht von seiner Beweisführung schlug er vor: »Also könnten wir beide die mühsame Pflicht anderen überlassen.« Er neigte sich zu Friedrich und deutete verstohlen mit der Messerspitze auf den deutschen Kanzler, dann auf den in Gelb und Grün gewandeten Herzog, seinen ersten Unterhändler. »Seht doch, verehrter Freund. Sie gieren danach, für uns ihre Zungen zu kreuzen.« Die Augen verdreht, leierte er: »Gibst du mir das, geb' ich dir das. Wenn du dein Wort hältst, halte ich meins auch. Aber, wenn du diese Klausel so siehst, sehe ich sie anders. O pfui, wie mich das anekelt.«

»Bisher war ich festen Glaubens, weittragende Vereinbarungen müssen von mir selbst Punkt für Punkt erarbeitet werden.«

Milde lächelte Ludwig. »Ihr verzeiht, aber in Reichsangelegenheiten scheint Ihr noch ungeübt. Wir beide sind die Könige. Unsere Knechte verhandeln, und wir warten ab, was diese Schlauköpfe uns als Ergebnis unterbreiten. Und wenn es uns genehm ist, dann unterzeichnen wir, oder wenn nicht, dann müssen sie weiter schwitzen. Selbst erarbeiten! Für Staatsgeschäfte reichen Tag und Nacht nicht aus, bei all dem, was da bedacht werden muß. Ich sehe es doch an meinem Herrn Papa. Und wo bleibt die Jagd, die Liebe, das Vergnügen?«

Mit zögerlichem Kopfnicken pflichtete Friedrich bei und ergänzte doch: »In jüngster Vergangenheit nahm ich mir von allem etwas, ohne die notwendigen Aufgaben als Mühe zu empfinden.«

»Bei mir verhält es sich anders.« Ludwig warf das Messer auf den Tisch. »Und ich wäre überglücklich, wenn Ihr heute ein wenig Rücksicht auf mich nehmen würdet.«

So gründlich hatte der Kanzler seinen jungen Herrscher auf Taktik, Standpunkte und Forderungen vorbereitet; das erste Erscheinen auf der politischen Bühne Europas war Schritt für Schritt durchgesprochen worden. Längst hatte jede Partei einen Bündnisvertrag entworfen, und bis auf einige Klauseln waren sich die erfahrenen Unterhändler über das Ziel einig. Allein die Höhe der Summe sollte vom Geschick Friedrichs abhängen. Und nun zeigte Ludwig kein Interesse an den Verhandlungen? Konrad von Scharfenberg wägte ab: Bestand sein König darauf, so mußte auch Ludwig anwesend sein, sicher schlecht aufgelegt und wenig freigiebig. Blieben beide fern, so fehlte der Glanz, mit dem er selbst nicht uneigennützig den Erfolg schmücken wollte.

Friedrich enthob ihn einer Entscheidung. »Wie recht Ihr doch habt, verehrter Ludwig. Viel kann ich von Euch lernen.« Kühl war der Blick, um so gewinnender sein Lächeln. »Lassen wir die Herren ihre Grauköpfe aneinanderreiben.« Er klatschte in die Hände. »Was schlagt Ihr vor? Einen Ausritt?«

Ludwig schüttelte sich. »Bei diesem widerwärtigen Wetter?« Den Sattel hatte er schon zur Genüge auf dem Weg nach Vaucouleurs erleiden müssen. Er lud Friedrich zu einem Schachspiel ein. Nahe beim Kamin, mit kandierten Früchten und honigsüßer Milch. »Seid Ihr ein geübter Spieler?«

Der Siebzehnjährige winkte ab. »Als Kind hatte ich hin und wieder in Palermo Gelegenheit, mich in dieser Kunst zu üben. Zu mehr fand ich keine Zeit.«

»Das ist fein. So kommt, kommt nur und folgt mir.«

Weiße und schwarze Felder, die weißen aus Elfenbein, die schwarzen aus Ebenholz, und geschnitzte Schlangenleiber wanden sich als Ränder um das Schachbrett; an den Ecken hoben sie die Köpfe und züngelten gegeneinander. Ludwig strich den Pelzkragen seines Samtmantels. »Welcher Preis? Laßt Euch etwas Wertvolles einfallen, verehrter Freund.«

Wie so oft zeigte Friedrich seine offenen Hände. »Noch bin ich ein mittelloser Bittsteller.«

Der Sohn Philipp Augusts verdrehte die Augen. »Kein Geld. Diese kalten Stücke aus Gold oder Silber sind zwar nützlich, aber häßlich anzusehen. Nein, laßt uns um etwas Schönes kämpfen, um etwas, das unser Herz erfreut.«

Nach kurzem Nachdenken bot Friedrich einen weißen Falken an. »Allerdings führe ich solch eine Kostbarkeit nicht mit mir. Ich könnte ihn aus Palermo bringen lassen, wenn Euch mein Versprechen genügt?«

Eifrig stimmte der Franzose zu. Ein Falke und dazu noch den Falkner. »Das ist eine wahre Siegprämie. Und das gegebene Wort eines Fürsten ist Garantie genug.« Er plusterte sich. »Schließlich sind wir Könige, wir beide.« Zwei Spiele wurden vereinbart, ein drittes nur, wenn der Sieger bis dahin nicht feststand. Wer beginnen durfte, sollte durchs Los entschieden werden. Großzügig beauftragte er den Kammerherrn Friedrichs mit dieser Aufgabe, sah Lupolds verletzten Arm in der Schlinge und reichte seinem eigenen Pagen einen weißen und schwarzen Handschuh.

Der Staufer gewann den ersten Zug. Kurz verdüsterte sich die Miene Ludwigs. Während er den schwarzen Seidenhandschuh über die Rechte streifte und seine Figuren aufbaute, warnte er: »Gebt nur acht. Ich bin ein gefährlicher Gegner.«

Die Regenten saßen bequem; die beiden aus Fischbein geschnitzten Könige standen sich jeweils in der Mitte der letzten Feldreihe gegenüber. Begleitet wurde jeder Herrscher des Spiels von seiner Dame, und schlanke Schützen flankierten das Paar. Rechts und links von ihnen stand je ein Rukh auf seinem Platz. Es waren wilde Elefanten, die Rüssel erhoben; Edelsteine glitzerten in ihren Augenhöhlen, und auf dem Rücken trugen sie Türme, bestückt mit Schleuderern und Speerwerfern.

Genau achtete Ludwig auf die Schlachtordnung seines Gegners. Das Tabas schrieb eine Grundstellung nach zwölf festgelegten Zügen vor und befahl beide weißen Reiter vor zur dritten Reihe zwischen die Fußkrieger; so deckte jeder von ihnen den eigenen König oder Wesir.

Laut schlürfte der schwarzlockige Franzose an seiner Milch, während Friedrich einen Ritter weiter vorspringen ließ. Der Kampf war eröffnet.

War Ludwig am Zug, so herrschte Schweigen in dem mit Wandteppichen ausgeschmückten Kaminzimmer, hatte er jedoch seine Figur gesetzt, nahm er zur Belohnung eine kandierte Frucht, kaute und plapperte vom Hofleben in Paris. Friedrich runzelte nur die Stirn, er bat nicht um Ruhe.

Die erste Partie ging an Frankreich.

»Wie unhöflich von mir«, schalt sich Ludwig; kaum vermochte er die Freude zu dämpfen. »Ich hätte Euch den Sieg überlassen sollen. Schließlich seid Ihr mein Gast.«

Höflich applaudierte ihm der Verlierer. »Ruhm gebührt nur dem meisterlichen Könner.«

»Wie wahr, wie wahr.« Ludwig stürzte die Honigmilch in sich hinein, bäuerte vernehmlich und streifte den schwarzen Handschuh ab.

Die Plätze und Farben wurden getauscht, und beflügelt von seinem ersten Erfolg, schlug er gleich einen Krieger. Friedrich griff nicht an, sondern wich aus. Nach zwei weiteren überhasteten Zügen des Gegners setzte der Siebzehnjährige auf dem linken Flügel seinen Elefanten in Marsch, sorgfältig deckte er ihn mit einem Reiter. Zug um Zug mähte Ludwig die Fußknechte der linken Flanke nieder, sprach von der Kunst seiner Köche und achtete derweil nicht auf die Gefahr. Trotz des geschwätzigen Ablenkungsmanövers gelang es Friedrich, unbemerkt mit einem Läufer in die feindlichen Linien einzudringen, und das Feld war bereitet. »Schach«, sagte er leise.

Ein Ruck ging durch den französischen Thronfolger. »Das darf nicht sein, verehrter Freund.« Mit dem weißbehandschuhten Finger probte er die Züge, um seinen König zu schützen. Nur die Dame konnte ihm noch Aufschub gewähren.

Friedrich schlug sie mit dem Läufer und drehte den erhobenen Rüssel seines Elefanten in die Angriffsrichtung. »Schach.« Dann tippte er auf den sprungbereiten Reiter. »Es ist aussichtslos. Ein Matt läßt sich nicht mehr verhindern.«

Ludwig zerdrückte eine kandierte Frucht zwischen den Fingern. »Für gewöhnlich verliere ich nie«, schmollte er. »Niemals. Es sei denn, ich spiele gegen den Herrn Papa, dann manchmal auch öfters. Aber sonst besiege ich sie alle am Hof; selbst mein Beichtvater ist nicht so geschickt wie ich.«

»Es war nur Glück«, besänftigte Friedrich und überspielte den Anflug von Spott. »Ich hatte den Eindruck, daß Ihr mir eine Chance geben wolltet. Nur so kann ich mir meinen Sieg erklären.«

Da seufzte Ludwig erleichtert: »Ihr habt es doch gemerkt, verehrter Freund.« Er wischte die zuckrigen Finger am Pelzkragen ab. »Nun aber gibt es kein Pardon.« Sein Page versteckte die beiden Handschuhe hinter dem Rücken. »Als mein Gast dürft Ihr wählen.« Friedrich entschied sich für die linke Seite. Nach kurzem Zögern brachte der Diener die Hände wieder zum Vorschein und überreichte dem Siebzehnjährigen den schwarzen Seidenhandschuh.

In zwei Schritten war Lupold neben ihm. »Mein König!«

Ein warnender Blick Friedrichs brachte ihn zum Schweigen. Lupold preßte die Lippen aufeinander; genau hatte er den Betrug beobachtet. Auch wenn es nur ein Spiel war, sein Herr sollte nicht auf diese Weise verlieren.

Friedrich zeigte auf den Becher: »Ja, schenke mir noch von der Milch ein.«

Die dritte Partie wurde zum Schlachtfeld, eine Figur nach der anderen fiel, und bald neigte sich das Glück auf die Seite des Deutschen. Ludwig vergaß seine geschwätzige Störtaktik, er schnaubte, seufzte und kratzte im Haar. Mit einem Mal sprang er auf. »Bring den Eimer!« befahl er dem Pagen. Schon raffte er seinen Rock und fingerte den Schwanz heraus. Während er das Wasser abschlug, forderte er Friedrich in scharfem Ton über die Schulter auf: »Ihr solltet Euch auch erleichtern! Die Entscheidung naht.«

Fast war es ein Befehl. Friedrich hob die Brauen und fügte sich. Mit einer Hand hielt ihm Lupold das Gefäß hin. Sein Herr stand vom Tisch abgewandt, er selbst aber sah das Spielbrett, und seine Augen weiteten sich. »Herr, gebt acht«, raunte er. »Seine Majestät verschiebt die Figuren.«

Im Rauschen des Strahls flüsterte Friedrich: »Ich werde es nicht bemerken. Und du schweigst.« Kaum hatte er wieder seinen Platz eingenommen, als die Tür aufgestoßen wurde. Die Unterhändler kehrten zurück.

»Verschwindet!« schrie Ludwig. »Weg mit Euch. Wartet draußen, bis Wir Euch rufen.« Sofort ließ er seinen weißen Ritter vorspringen und schlug den gefährlichen schwarzen Elefanten.

Friedrich betrachtete die Schlachtordnung. Viel zu weit vom König entfernt standen jetzt seine Bauern im Feld, selbst der einzige schwarze Läufer war aus der Kampflinie gerückt. »Es sieht mit einem Mal schlecht für mich aus«, murmelte er und ließ die Dame einen Schritt tun. Es war ihr Opfergang.

»Schade. Wie schade für Euch, verehrter Freund.« Ludwig verschlang zwei der süßen Stücke. »Nur eine einzige Unachtsamkeit kann das Königsspiel entscheiden.«

»Das ist wohl wahr.«

Vor sich hin summend, ging der Franzose den schwarzen Bauern zu Leibe. Friedrich ließ sie ziellos fliehen, und keinem blieb eine Chance. Sobald der letzte Streiter gefallen war, klatschte Ludwig und jubelte: »Ihr seid beraubt. Ein Sieg durch vollständige Beraubung!«

Der Staufer streifte den schwarzen Handschuh ab. »Meine Anerkennung! Ihr seid ein großartiger Spieler. Gleich mit dem nächsten Kurier nach Palermo werde ich meine Gemahlin bitten, Euch den Preis zu schicken.«

»Und Ihr seid ein hochherziger Verlierer.«

Friedrich wehrte bescheiden ab.

»Doch, glaubt mir, verehrter Freund. Wahrhaft königlich ertragt Ihr die vollständige Niederlage.« Ludwig senkte die Stimme. »Im Vertrauen, mir würde es schier das Herz zerreißen.« Er lehnte sich im Sessel zurück. »Und nun zur lästigen Pflicht. Laßt uns hören, was unsere Ministerialen ausgeklügelt haben.«

Der Herzog in Grün und Gelb überließ dem deutschen Kanzler das Wort.

Konrad von Scharfenberg entrollte das Pergament. »Die Könige von Gottes Gnaden ...«

»Nein, nein!« Ludwig wühlte im Pelzkragen. »Nicht den ganzen Text. Nur das Wichtigste.«

Hilfesuchend blickte Konrad auf seinen Fürsten. Ein Fingerschnippen befahl ihm zu gehorchen, und widerstrebend fügte er sich. Bei Unterzeichnung würde König Friedrich ein enges Bündnis mit dem französischen Hof eingehen. Er verpflichtete sich, weder mit Otto dem Welfen noch mit dessen Neffen, dem normannischen König von England, Johann Ohneland, einen Frieden zu schließen, ohne vorher die Zustimmung des französischen Königs einzuholen. »Als Treuedank«, jetzt straffte sich Konrad von Scharfenberg, »wird Friedrich die Summe von fünfzehntausend Silbermark ausgehändigt«, er wiederholte genüßlich: »Fünfzehntausend Kölnermark in Silber werden meinem Fürsten gleich heute übergeben. Der Betrag muß noch in beide Ausfertigungen eingesetzt werden.«

Ludwig nickte. »Kurz und gehaltvoll. Das klingt mir vernünftig.« Jetzt erst sah er seinen Gast an und stockte. Friedrich saß zusammengesunken im Sessel, die Stirn umwölkt, die Augen niedergeschlagen.

»Was ist mit Euch, verehrter Freund? Quält Euch doch das verlorene Spiel?«

»Nein, das ist es nicht. Dem Besseren beugte ich mich gern.«

Ludwig drängte. Schließlich seufzte der Siebzehnjährige. »In den wenigen Stunden unserer Bekanntschaft glaubte ich in Euch einen gebildeten, freizügigen Mann gefunden zu haben, mit Sinn für das Schöne, der die wahren Werte schätzt.«

»Natürlich. Wie treffend Ihr mich schildert.«

Wieder seufzte Friedrich. »Und nun dies. Mit dem Vertrag biete ich meine Bündnistreue. Im Anbetracht unserer jungen Freundschaft, scheint mir allerdings Nehmen und Geben nicht ausgewogen.«

Konrad von Scharfenberg hielt den Atem an. Das Pergament zitterte in seiner Hand.

Röte stieg Ludwig ins Gesicht. »Wie recht Ihr habt. O pfui, wie schändlich. Die Summe ist viel zu gering.« Er drohte seinem Unterhändler. »Ihr werdet noch an Eurem Geiz ersticken.«

Der Herzog trat einen Schritt vor. »Majestät, verzeiht.« Immer wieder stieß er den Finger auf sein Vertragsformular. »Aber die ausgehandelte Summe ist ungeheuerlich. Damit könnten alle Heere Europas mehr als ein Jahr unterhalten werden.«

»Geiziges Geschwätz, mehr nicht. Wir geben noch fünftausend obendrein.«

Das Blatt entglitt dem deutschen Kanzler. Gleich war Lupold zur Stelle und hob es auf.

Ludwig nahm es nicht wahr. Er beugte sich über das Schachbrett und drehte den einsamen schwarzen König zu Friedrich. »Seid Ihr versöhnt?«

Ein erstes Lächeln antwortete, dann sagte der Siebzehnjährige: »Diese Summe scheint mir angemessen.«

»Wie schön.« Ludwig nahm ein kandiertes Stück, schmatzend fuhr er fort: »Zwanzigtausend hat mein Herr Papa mir auch mitgegeben. Aber dieser«, mit dem Daumen deutete er auf seinen Unterhändler, »dieser Geldfuchser wollte an falscher Stelle sparen.« Er lutschte die Finger ab und wischte die Schachfiguren achtlos beiseite. »Bringt uns Feder und Tinte und erhitzt das Siegelwachs!«

Nachdem die Summe von den Unterhändlern eingetragen war, unterzeichneten und siegelten die Könige das Bündnis.

Friedrich erhob sich. »Das Spiel hat mich etwas ermüdet. Erlaubt mir, verehrter Freund, daß ich mich für eine Weile zurückziehe.«

Als vollkommener Gastgeber stimmte Ludwig zu. »Ich fühle mich frisch wie vor der Partie.« Er plusterte sich. »Aber es ist schon wahr, eine ungewohnt geistige Anstrengung kann schnell ermüden. Mit Ungeduld erwarte ich Euch zurück. Zum Festschmaus habe ich einige Überraschungen vorbereiten lassen.«

Kaum war Friedrich mit dem Kanzler und Lupold in seinem Gemach angelangt, warf er sich aufs Lager, preßte das Gesicht ins Kissen und lachte, lachte und schlug dabei mit den Fäusten auf die Decken.

An der Wand stehend, betastete Lupold seinen verletzten Arm. Dieser Erfolg, dachte er, entschädigt mich für die Wunde.

»Majestät?« Konrad von Scharfenberg hatte schnell seine Fassung zurückgewonnen; er hüstelte vernehmlich, bis sich Friedrich auf den Rücken wälzte und die hellen Tränen aus den Augen wischte: »Nun? Seid Ihr zufrieden mit Eurem Schüler?«

»Mehr als das. Nie hätte ich zu hoffen gewagt, daß es Euch,

nachdem ich bereits eine stattliche Summe erstritten hatte, überdies gelingen würde, noch den Pfandwert eines reichen Bistums zu erhalten.«

»Euch aber gebührt der größere Dank«, gab Friedrich zurück.

Der Kanzler widersprach nicht, schritt zum Fenster und blickte eine Weile in den Hof. Der Regen peitschte. Unten standen reglos schwerbewaffnete Knechte. »Dort im Pferdestall warten die Silberkisten. Eure Armut hat nun ein Ende, Majestät. Wir werden schon morgen nach Frankfurt aufbrechen müssen. Es wäre nicht gut, wenn wir verspätet den Hoftag erreichen würden. Wir sollten Zeit haben, auch die noch wankelmütigen Fürsten im Wahlgremium für uns zu gewinnen.« Ein Gedanke schien ihn zu erschrecken; mit eckigen Schritten kehrte er zum Bett zurück. »Diesen Schatz, Majestät, werden wir mit uns führen. Gut, er wird von unsern Bewaffneten geschützt, vielleicht aber sollten wir trotz der Eile den Umweg nach Annweiler auf uns nehmen; erst dort auf der Kaiserburg Trifels wäre er sicher. Wo sonst könntet Ihr ihn verwahren?«

Friedrich setzte sich auf; leichthin antwortete er: »Bei den Fürsten.«

»Verzeiht?« Konrad von Scharfenberg glättete die Strähnen über der gerunzelten Stirn.

»Wo sonst, mein kluger Kanzler, wäre das Geld besser aufgehoben als bei den Fürsten?«

»Das wäre …, ja, in der Tat, das wäre ein Schachzug, dessen Ihr würdig seid.«

Friedrich hob die Hand. Kein Schachzug. Die Vernunft riet ihm zu diesem Schritt. »Ich habe über meinen Gegner Otto nachgedacht. Er hat sich durch sein Verhalten die Feindschaft der Menschen zugezogen, sogar die Ungnade Gottes. Also werde ich genau das Gegenteil tun. Wenn sein Geiz beklagt wird, so soll meine Freigebigkeit gerühmt werden.«

Tief verneigte sich der erfahrene Diplomat. »Ihr seid der wahre Herrscher. Ich bin glücklich, Euch dienen zu dürfen.«

Wenig später wurde im deutschen Gefolge hinter vorgehaltener Hand der Aufbewahrungsort von Mund zu Mund weitergeflüstert. »Bei den Fürsten!« Die einen verstanden es gleich, die anderen benötigten Zeit. Der Herzog von Lothringen wischte das bleiche Gesicht. »Gestern noch plagte den jungen König eine Schuld von dreitausend. Und heute ist er bereit, mehr als das Sechsfache zu verschenken. Handelt er aus Leichtsinn oder Klugheit?«

Als Friedrich am späten Nachmittag in Begleitung Lupolds die Halle vor dem Festsaal betrat, schlugen ihm Ehrfurcht und offene Bewunderung entgegen. Kirchenherren und weltlicher Adel seines Gefolges waren sich einig: Dieser vom Anblick so jugendliche und doch weitsichtige Herrscher wird die würdige Nachfolge seines Großvaters Barbarossa antreten. Und mehr noch, er wird ihn an Großzügigkeit noch übertreffen.

Ein Gesicht! Ein fremdes Gesicht inmitten der wartenden Gäste; kaum hatte es Lupold entdeckt, fühlte er einen eisigen Stich in der Brust, gleich war ihm die Sicht von Rücken und Köpfen versperrt. Er trat zur Seite, ließ den Blick verstohlen schweifen und sah den Mann in der Nähe des Kanzlers wieder. Ein ungewöhnliches, bis zur Nase spitz zulaufendes Gesicht, Augenpunkte, die Haut blaß und ledern! Lupold erkannte ihn sofort: seine schwarze Kutte, den jetzt grauen Haarkranz um den kleinen Kopf, die leicht gebeugte Haltung brauchte es nicht, um ganz sicher zu sein; nie würde er den Pfaffen vergessen können. Nach so vielen Jahren war er jäh aus dem elenden Dunkel der Vergangenheit heraufgespült worden: Prälat Winfried von Heilbronn. Wieviel Schmerz hatte er Friedrichs Mutter zugefügt? Er, der Spion Kaiser Heinrichs. Wie viele gute Männer mußten seinetwegen sterben? Und jetzt war er hier in Vaucouleurs?

Gerade neigte sich Prälat Winfried vor dem Kanzler, sprach auf ihn ein, faltete die Hände vor der Kutte und erreichte eine gönnerhafte Geste. Der Kanzler führte ihn durch die Gästeschar vor Friedrich. »Majestät, hier bringe ich Euch einen Bruder im Herrn, Prälat Winfried von Heilbronn. Nach langen Irrwegen will er nun, wie so viele in jüngster Zeit, bei Euch eine neue Heimat finden.«

Der Kleriker beugte das Knie. »Mein König, nehmt mich in Gnaden auf.«

Friedrich schien die Begegnung unwichtig. »Erhebt Euch, ehrwürdiger Vater. Wenn Unser Kanzler der Fürsprecher ist, warum sollten Wir Euch Unsere Gunst verweigern?«

Winfried hob den Kopf; seine ruhelosen Augen hielten dem Blick Friedrichs nicht stand, kurz streiften sie Lupold, ohne den Diener wiederzuerkennen, kehrten zurück, und demütig schlug er sie nieder. »Eure Güte erfüllt mich mit Glück.«

Der Siebzehnjährige runzelte die Stirn. »Allein, befriedigt Unsere Neugierde.« Mit einem Mal schien sein Interesse geweckt. »Noch warten wir auf Unsern Gastgeber. Bis dahin, berichtet von Euch.«

Winfried faltete die Hände vor der Brust. »Wie soll ich beginnen, ohne mich zu rühmen?«

Kalt lächelte Friedrich. »Nur Mut. Wir sind umgeben von Bescheidenheit, eine Abwechslung ist Uns willkommen.«

Dennoch wählte der Prälat einen zaghaften Tonfall: »Ich hatte den Vorzug, Eurem ruhmreichen Vater dienen zu dürfen. Wenn ich es so ausdrücken darf: Meine Fähigkeiten waren Kaiser Heinrich und dem Reich von unschätzbarem Wert. Meiner Wachsamkeit war es zu verdanken, daß eine Verschwörung in Sizilien niedergeschlagen werden konnte.« Er rang die Hände. »Der viel zu frühe Tod Eures Vaters erschütterte mich und trieb mich ruhelos und mittellos umher. So kehrte ich nach Heilbronn zurück.«

»Gut, gut. Ohne Euch kränken zu wollen: Ihr wart also einer der Spürhunde meines Vaters.«

Winfried fuhr bei diesem Wort zusammen. »Ich forschte nach Zusammenhängen und benachrichtigte den Hof. Das gehörte zu meinen Pflichten.«

»Ein erstaunlicher Dienst für einen Mann Eures Standes. Fahrt fort.«

In der unseligen Zeit des Thronstreites hatte Prälat Winfried die gleichen Aufgaben dann für den Welfenkaiser verrichtet. »Bei Gott, nur widerwillig, mein König; ja, fast bin ich dazu gezwungen worden, denn mein Herz schlägt allein für das Haus der Staufer.« Seine Stimme schwankte ergriffen: »Da hörte ich von Eurer glückhaften Ankunft im Reich, und nichts hielt mich länger bei Otto; zu Euch wollte ich. Nur Euch zu dienen, danach sehnt es mich.«

»Welch eine beeindruckende Rede«, bemerkte Friedrich trocken. »Wir schätzen Aufrichtigkeit, Vater. Zunächst dürft Ihr meinem Troß folgen. Spätestens in Frankfurt werde ich entscheiden, ob es für Euch einen Platz an meinem Hof geben kann.«

Der Dank des Prälaten ging im auflebenden Stimmengewirr unter. König Ludwig war in der Vorhalle erschienen und mit ihm drei Flötenspieler. Fast vergaß er den würdevollen Schritt, so hastig eilte er auf seinen Gast zu. »Verehrter Freund, willkommen zu meinem Festmahl. Eine Überraschung erwartet Euch. Ich hoffe sehr – aber nein –, ich weiß, daß Ihr dieses Kunstwerk schätzen werdet.« Leicht strich er über den Arm Friedrichs. »Nur noch einen kleinen Moment Geduld. Ich will mich selbst um die letzten Vorbereitungen sorgen.« In beinah kindlicher Eile flatterte er zur Saaltür hinüber.

Lupold trat neben Friedrich und murmelte: »Bitte, Herr, schenkt mir Gehör. Bitte.«

Kurz blickte ihn der Siebzehnjährige an. »Du erziehst mich zur Eitelkeit, Kammerherr. Nun gut, richte mir den Mantel.« Mit dieser Ausrede entfernte er sich ein Stück von seinem Kanzler, den Bischöfen und Prälat Winfried.

Sein Diener zog und zupfte mit der unverletzten rechten Hand an den Rückenfalten. »Verzeiht, Friedrich. Dieser Pfaffe ist ein Verräter. Er hat Eure Mutter bespitzelt. Er trägt Mitschuld an ihrem Leid.«

»Willst du mich bevormunden?« zischte der Siebzehnjährige. »Glaubst du, ich wäre blind?« Heftig drehte er sich herum, dabei stieß er gegen Lupolds Wunde. Sein Kammerherr stöhnte auf.

»Wie unvorsichtig von mir, mein Freund.«

»Der Schmerz vergeht rasch. Bitte, Friedrich. Ich muß Euch vor diesem Menschen warnen, hört auf mich.«

»Schweig jetzt.«

Ein Gedanke erschreckte Lupold; er durfte ihn nicht verschweigen, jeder war zu erhöhter Wachsamkeit aufgerufen. »Vaucouleurs. Woher wußte der Prälat, wo wir zu finden sind? Woher?«

Friedrich schloß die Augen; nach einem Atemzug raunte er: »Von den Kurieren, die nicht ankamen. Mein kluger Freund, du hast recht: Der Überfall war sein Werk. Das ist es. Der Pfaffe steht noch im Dienste Ottos.«

Von der Saaltür aus forderte Ludwig durch Händeklatschen die Aufmerksamkeit aller Anwesenden. »König Friedrich, hochverehrte Damen und hochwürdige Geistlichkeit, edle Herren und Ihr meine Gäste alle, findet Euch paarweise zusammen. Mit Musik wollen wir einziehen.«

Er wartete, bis Friedrich neben ihm stand, gab das Zeichen, und beide Flügeltüren wurden aufgestoßen. Die Flötenspieler setzten an, und erwartungsvoll gespannt schritt die Festgesellschaft hinter den jungen Königen her.

Staunen, Rufe und Kichern hoben sich über die Musik. Während die Plätze eingenommen wurden, bewunderten die Damen und Herren das Bild im inneren Raum des Tafelvierecks: Dunkelgrünes Moos bedeckte den Boden. Hier und da verteilt, dampften Bratäpfel aus flachen Schüsseln. Auf dem Weg von den Tischecken zur Mitte standen vier goldbraun gebratene Ferkel, um sie herum lagen geröstete Kastanien. Möhren zeigten den fetttropfenden Jungtieren die Richtung. Auf einem Baumstamm ruhte halb liegend ihre Hüterin. Sie war nackt, bis auf den Kranz im blonden Haar. Ihr Gesicht mit rosiger Farbe geschminkt, rosa ihre ausladenden Brüste, und die tief rot gefärbten Warzen hoben sich über dem festen Bauch. Ein Bein leicht angezogen schien die Schöne zu träumen; gedankenverloren strich sie mit einer langen Gerte über eins der Ferkel.

Ludwig neigte sich zu seinem Gast. »Was sagt Ihr? Ist es nicht ein appetitanregendes Kunstwerk?«

»Ihr habt nicht zuviel versprochen.« Die Mundwinkel zuckten. »An dieser Fülle kann ich mich nicht satt sehen.«

Ludwig klatschte. Sofort erschienen Diener, als Hütejungen verkleidet. Sie schnitten den Ferkeln duftende Fleischstücke aus den Rücken und brachten sie den Gästen. Lupold beaufsichtigte den Pagen, der heute an seiner Statt für Friedrich den Braten zerkleinern mußte; nur den Wein schenkte er selbst ein.

Der Siebzehnjährige nahm ihm den Becher aus der Hand; ohne sein Lächeln zu verlieren, flüsterte er: »Sorge dich nicht, mein Freund. Bis wir in Frankfurt sind, wird dieses Pfaffenübel beseitigt sein. Die Flüsse sind zur Zeit tief und reißend.«

Aus dem Tafelbuch der Zeit

DEUTSCHLAND

Endgültige Absetzung, falsche Krönung

Das Wetter bleibt schlecht. Gegen Sturm und Regen kämpfen sich Friedrich und sein Gefolge von Vaucouleurs nach Frankfurt. Die Silberkisten werden scharf bewacht.

Bei der Durchquerung der Mosel löst sich das Sattelzeug des Prälaten Winfried von Heilbronn. Er wird von den Fluten mitgerissen und ertrinkt.

Auf dem Hoftag in Frankfurt bestätigt die Fürstenversammlung noch einmal die endgültige Absetzung des Welfenkaisers Otto, und im Silberglanz der Geldgeschenke bekräftigt sie einmütig die Wahl Friedrichs zum deutschen König und römischen Kaiser.

Vier Tage später, am 9. Dezember 1212 wird dem jungen Staufer im Dom zu Mainz von Erzbischof Siegfried I. die Krone aufs Haupt gesetzt. Der Festakt ist ein Tag der Fehler: Mainz, weil die eigentliche Krönungsstadt Aachen noch von Otto gehalten wird; der Mainzer Erzbischof, weil der Kölner Krönungsbischof zur Zeit in Rom weilt, um Abbitte für seine unbotmäßig lange Welfentreue zu leisten; überdies sind Krone, Zepter, Schwert und Mantel eilig nachgemacht, weil die echten deutschen Krönungsinsignien auf Befehl Ottos in Aachen aufbewahrt werden.

»Ich weiß, wer ich bin!« ruft Friedrich den Festgästen und der Welt zu. Bei erster Gelegenheit soll die Krönung in Aachen, in der Stadt Karls des Großen wiederholt werden.

Landauf, landab wird die Freigebigkeit des Staufers gepriesen. Nicht ohne Eigennutz geht der Sänger Walther dem Jubelzug voran:

Herrn Ottos Milde wollt' ich nach seiner Länge messen;
Doch hatt' ich mich im Maß wohl sehr vergessen:

Wär' er so mild als lang, er hätt' an Tugend viel besessen.
Dann maß ich den Leib nach seinem innern Wert
da wurd' er kurz, wie ein zerbrochnes Schwert,
an mildem Sinn zum winz'gen Zwerg verkehrt;
nun ist er doch zu alt und wächst nicht mehr.
Da legte ich das Maß dem König an: Seht, wie er schoß empor!
Sein junger Leib wurd' stark und groß.
Seht nur, er wächst und wächst. Schon ist er den Riesen ein Genoß.

Die Frucht des langen Winters

Ende Januar 1213 gesteht Adelheid von Urslingen dem Geliebten: »Ich trage ein Kind.«

Friedrich wischt ihre Tränen fort. »Es wird ein Königskind.«

Die Schwangere darf nicht zur Mutter reisen; in Hagenau soll sie niederkommen.

In den Briefen nach Palermo berichtet der jetzt Achtzehnjährige seiner Gemahlin Konstanze nur von der Krönung und den politischen Erfolgen.

Reisezeit

Kaum ist der Schnee geschmolzen, verläßt Friedrich die Kaiserpfalz und reist in der Südhälfte Deutschlands von Hoftag zu Hoftag. Die Macht zu teilen ist ihm von Herzen zuwider; er will allmächtig sein, ganz nach dem Vorbild der römischen Imperatoren. Sein kühler Verstand aber rät ihm fürs erste noch zu Kompromissen, vor allem der Kirche gegenüber.

Auf dem Reichstag im böhmischen Eger leistet er Papst Innozenz den schuldigen Dank: »Unserem Beschützer und Wohltäter!« In der Goldenen Bulle verzichtet er auf alle Gebietsansprüche in Mittelitalien. Nun erstreckt sich der Kirchenstaat von Küste zu Küste und trennt das römisch-deutsche Nordreich vom Südreich. Damit hat

Innozenz ein wichtiges Ziel erreicht, und er ist mit seinem Günstling zufrieden.

Auch die deutschen Kirchenfürsten preisen den jungen König: In der Goldenen Bulle von Eger verzichtet er auf jeden Einfluß bei der Bischofswahl, und damit unterstehen die Kleriker allein dem Heiligen Stuhl. Es ist das erste weitreichende Gesetz Friedrichs auf deutschem Boden, und zur Bekräftigung läßt er es als Reichsprivileg verkünden.

Derselbe Name für ein anderes Königskind

Am 15. August 1213 schenkt Adelheid von Urslingen einem Sohn das Licht der Welt. »Welchen Namen soll er tragen?« fragt die Mutter.

Friedrich steht am Lager der Wöchnerin und zeigt ihr die geöffneten Hände. »Wähle du.«

Adelheid will den Sohn nahe ans Herz des Königs legen. Sie denkt an Heinrich, weiß aber, daß dieser Name dem ehelichen Sohn Friedrichs gegeben wurde. Sie nennt ihr Kind Heinz, und weil der Vater das Italienische liebt, läßt sie den Neugeborenen in der Kapelle der Kaiserpfalz auf den Namen Enzio taufen.

»Ich wußte es«, innig küßt Friedrich die kluge Frau, »du würdest mich überraschen.« Und so oft es seine Zeit erlaubt, duftet es wieder in ihrem Gemach nach Moschus und Fichte.

Ehre dem Toten, Ruhm dem Lebenden.

Es gibt nur ein Königsgeschlecht, das der Staufer! Um die *regia stirps* zu dokumentieren, läßt Friedrich Anfang Dezember 1213 die Gebeine seines ermordeten Oheims Philipp von Bamberg nach Speyer überführen und bereitet ihm neben den salischen Herrschern die letzte Ruhestätte.

FLANDERN

Ein Sieg ohne Einsatz

Im Frühjahr 1214 landen englische Truppen in La Rochelle. Zur gleichen Zeit marschiert ein welfisches Heer durch die Gebiete des Niederrheins, sammelt weitere Verbände und vereinigt sich mit den Flamen und Brabantern. Der englische König Johann Ohneland plant mit dem abgesetzten Welfenkaiser eine Zangenschlacht, um Philipp August von Frankreich endgültig zu vernichten.

In höchster Bedrängnis ruft der französische König nach seinem Verbündeten: »Erfüllt Eure Beistandspflicht!« Friedrich ist auf die Unterstützung der deutschen Fürsten angewiesen; sie zögern. Schließlich kann er mit einem kleinen, schlecht gerüsteten Trupp von Koblenz aufbrechen.

Die Entscheidung aber fällt ohne seine Hilfe: Im Süden erscheint Thronfolger Ludwig mit einem Heer, ohne Kampf zieht sich Johann Ohneland eilig auf seine Galeeren zurück, und die bedrohliche Zange ist aufgebrochen.

Am 27. Juli 1214 kommt es bei Bouvines zur Schlacht. Philipp August und Otto kämpfen in den vordersten Linien gegeneinander. Der französische König entgeht knapp dem Tod. Ein Lanzenstoß wirft Otto aus dem Sattel, und er flieht entsetzt auf dem Pferd eines Knappen. Von den abertausend Streitern unter Befehl des Welfen können sich nur siebenhundert Männer retten.

Der vergoldete Kaiseradler ist mit gebrochenem Flügel dem siegreichen Franzosen in die Hände gefallen. Philipp läßt die Schwinge wieder herrichten und übersendet den Adler dem jungen Staufer.

Friedrich lacht: »Er hat mich weniger gekostet als die eine Feder, die ich schon bei Breisach erworben habe.«

Nach dem geschenkten Sieg richtet der Achtzehnjährige nun den Blick auf die Krönungsstadt Aachen.

DEUTSCHLAND

Verlorenes Spiel

Im Frühjahr 1215 fallen auch die letzten sächsischen Adelsherren von Otto ab. Auf einer Fürstenversammlung in Andernach beschließt Friedrich, den Welfen mit Waffengewalt aus den zwei einzigen Städten zu vertreiben, die ihm am Niederrhein noch ergeben sind: Köln und Aachen. Ehe das Heer gerüstet ist, verjagen die Aachener selbst den ungeliebten Vogt des Welfen und öffnen dem Staufer die Tore.

Seit einem Jahr schon hält sich Otto mit seiner neuen Gemahlin in Köln auf. Das Paar lebt dort auf Kosten des Stadtsäckels, sehr zum Ärger der kühl rechnenden Kaufleute. Den heiligen kölnischen Zorn aber löst die junge und schöne Frau Ottos aus: Um dem selbstquälerischen Lamento ihres Gemahls zu entfliehen, besucht Maria Tag für Tag die Spielhöllen der Stadt. Sie würfelt und würfelt, verliert und verliert, jedoch bezahlt sie ihre Spielschulden nicht. Das Maß ist voll. Die Kölner Bürgerschaft stellt dem zu teuren Paar etwas Reisegeld zur Verfügung. Als Pilger verkleidet muß Otto mit seiner Maria heimlich die Stadt verlassen und flieht gen Braunschweig.

Sofort waschen die Kölner alles Welfische von den Händen und jubeln dem Staufer zu.

Der Sänger Walther erwartet Lohn für seine Lobeshymnen, vernehmlicher schlägt er nun die Laute:

> Ich hatt' Herrn Ottos Wort, reich wollt' er mich beschenken.
> Wie nahm er meinen Dienst so trügerlich?
> Warum sollt' mich nun lohnen König Friederich?
> Meine Forderung an ihn ist kleiner als eine Bohne.
> Es sei denn, er wäre mit dem alten Spruche froh:
> Ein Vater lehrte weiland seinen Sprößling so:
> »Sohn, diene dem schlechtesten Mann, damit der beste Mann
> dir's lohne.« ...

Hohe Hoffnung, hohes Ziel

Der Frühling atmet durch die Flure und Säle der Kaiserpfalz.

Friedrich ist zurückgekehrt. Einige Wochen der Muße bleiben ihm: Zeit für die Jagd, Zeit für das Lesen alter Bücher und Zeit für den kleinen Enzio.

Oben im Gemach des Palas schmiegt sich Adelheid inniger noch an den Geliebten. Sie trägt ihr zweites Kind. »Würdest du doch mir allein gehören.«

Der Neunzehnjährige küßt sie flüchtig. »Sei es zufrieden, Adelei. Jeder Augenblick, den ich mit dir verbringe, der gehört ganz dir.«

Friedrich schreibt nach Palermo und berichtet seiner Gemahlin vom glückhaften Ausgang der Schlacht bei Bouvines. Der offiziellen Krönung in Aachen steht jetzt nichts mehr im Wege, das erste große Ziel ist erreicht. Er schreibt von Plänen für den Thronfolger Heinrich, auch schreibt er von einem baldigen Wiedersehen.

Auf den Schwingen des Adlers

»Kommt in Frieden, denn wir werden Euch als unsern Herrn aufnehmen.« So lädt die Aachener Bürgerschaft Friedrich den Staufer zur Krönung ein.

»Mit Freude ziehen Wir in die Hauptstadt des deutschen Königtums, da zuerst in dieser Stadt, die nach Rom alle Städte an Würde und Ehre überragt, die Könige der Römer geweiht wurden.«

Am 25. Juli 1215 brausen die Glocken. Im Mariendom steigt Friedrich die Stufen zum Marmorthron Karls des Großen hinauf. Weil der Kölner Bischofsstuhl verwaist ist, krönt und salbt wieder der Mainzer Erzbischof den jungen König, diesmal mit den echten Insignien.

Gleich nach der Messe nimmt Friedrich zum Staunen aller das Zeichen des lebenspendenden Kreuzes und legt das Gelübde ab, einen Kreuzzug nach Jerusalem zu unternehmen.

Bei Anbruch des nächsten Tages läßt Friedrich die Gebeine Kaiser Karls in einen Silberschrein umbetten und bedeckt sie selbst mit einem kostbaren arabischen Tuch, auf dem ein endloser Reigen hüpfender Hasen eingewebt ist. Er entledigt sich seines Krönungsmantels, nimmt einen Hammer und nagelt gemeinsam mit dem Werkmeister den schweren Deckel fest.

Noch im Rausch der frommen Feierlichkeiten bittet Friedrich die Äbte des Zisterzienserordens, ihn in ihre Gebetsgemeinschaft aufzunehmen. »... Da Wir, wenn Wir auch Sünder sind, durch die unsägliche Barmherzigkeit Gottes die Herrschaft des Römischen Reiches übergeben bekamen, so möge er selbst Uns durch Eure fromme Vermittlung den Geist der Gerechtigkeit und Wahrheit verleihen ...«

Längst hat Friedrich das Schreiben als seine neue Leidenschaft entdeckt, und er weiß um die vielfältige Macht des geschriebenen Wortes.

ITALIEN

Leib und Blut

Papst Innozenz rief, und alle kamen: Am 11. November 1215 versammeln sich siebzig Erzbischöfe und Patriarchen, über vierhundert Bischöfe, mehr als achthundert Äbte und Prioren, überdies ein Gesandtenheer der Könige und Fürsten, sowie ungezählte Gelehrte im Lateranpalast zu Rom. Vor den Vertretern der gesamten Christenheit eröffnet Papst Innozenz das größte Konzil seit Bestehen der Kirche. Dekrete werden erlassen ...

»Christus ist bei der Eucharistie gegenwärtig. Das Brot verwandelt sich in seinen Leib, der Wein in sein Blut.«

»Kampf den Ketzern!«

»Die Juden müssen sich durch ihre Kleidung kennzeichnen! Sie sollen fortan spitze Hüte tragen oder zumindest einen gelben Stofffetzen an ihren Umhang heften.«

Die Frage nach dem deutschen Kaisertum wird erneut aufgeworfen. Berard von Castacca, kurz zuvor zum Erzbischof von Palermo berufen, vertritt Friedrich; ein Mailänder Advokat den Welfenkaiser. Hitzig wird die Debatte geführt und mündet in Tumult und Schlägerei. Der Papst beendet den Streit endgültig: »... Friedrich der Staufer besitzt das alleinige Recht auf die Kaiserkrone.«

Innozenz ruft selbst zum Kreuzzug auf und erwähnt das Kreuzgelübde seines ehemaligen Mündels mit keinem Wort.

DEUTSCHLAND

Lohn der Bewunderung

Mitte Juni des Jahres 1216 wird in der Pfalzkapelle zu Hagenau ein Mädchen über das Taufbecken gehalten: Katharina. Friedrich betrachtet seine Tochter: »Bisher war ich nur ein Bewunderer; mit dir, mein Kind, habe ich nun selbst solch ein bewundernswertes Geschöpf gezeugt.«

Nach dem Festmahl nützt Adelheid seine weiche Stimmung und erinnert ihn an den Sänger Walther von der Vogelweide. Auch er sei ein Bewunderer, reich an Worten, doch arm und angewiesen auf Brotkanten, die ihm vom Tisch der Fürstenhöfe zugeworfen werden. Friedrich läßt dem Sänger eine jährliche Rente von dreißig Silbermark ausschreiben.

Ohne Adelheids Wissen hat er längst entschieden und den treuen Weggefährten Berard, jetzt Erzbischof in Palermo, beauftragt, die Übersiedlung seiner Gemahlin Konstanze mit dem Thronfolger Heinrich nach Deutschland in die Wege zu leiten. Die Antwort erreicht ihn kurz nach der Taufe Katharinas: Noch in diesem Jahr wird seine Familie in Hagenau eintreffen.

ITALIEN

Mächtiger Papst, nackter Mensch

Innozenz schickt seinen Legaten zu Friedrich. Der Einundzwanzigjährige muß versprechen, daß er gleich nach der Kaiserkrönung seinem Sohn Heinrich das Königreich Sizilien ganz überlassen und selbst auf diesen Königstitel verzichten werde.

Nie soll der Kirchenstaat wieder von Norden und Süden umklammert werden. Der Heilige Vater vertraut dem Wort des Staufers.

Innozenz begibt sich in die Lombardei, um für seinen Kreuzzug zu werben. Ein jähes Fieber befällt ihn, und am 16. Juli 1216 stirbt der mächtige Papst. Er wird, angetan mit all seinen prunkvollen Gewändern, in der Basilika aufgebahrt.

Am Morgen finden die Leute den Leichnam des Papstes auf der Straße, nackt und beraubt.

Alt und gütig

Zwei Tage später heben die Kardinäle den greisen Censius Savelli auf den Heiligen Stuhl, und als Papst Honorius III. spricht er voll Güte: »Ich will lieber in Milde verfahren als in Strenge.«

Die Wahl des gebrechlichen Mannes kommt Friedrichs Plänen gelegen. Schier überschwenglich fällt seine Gratulation aus: »Als die Ohren Unserer Majestät wiederholt das Gerücht traf, daß Du durch die einmütige Wahl der Kardinäle auf den apostolischen Stuhl berufen wurdest, freute sich Unsere Seele sehr ...« Zum Zeichen seiner Ergebenheit sendet er dem Papst zwölf Pfund Gold und zwei edle Rosse.

er August bescherte Hagenau einen milden Sommertag. Nur vereinzelt zogen weiße Wolkenballen über die Kaiserpfalz hinweg und trieben weiter über den Heiligen Wald. Vor dem Gebäude der Hofkammer hatten vier Bewaffnete Posten bezogen. Ihre Wachsamkeit galt nicht nur der Tür. Abgeschirmt von neugierigen Blicken stand eine eisenbeschlagene Eichentruhe in ihrer Mitte, die fünf Schlösser waren aufgebrochen.

In den Kanzleiräumen kniete Rentmeister Wölfflin zwischen Schreibpulten auf dem gestampften Lehmboden. Schweiß floß ihm vom hochroten Gesicht über den Hals. Sein fetter Leib dünstete und schien zu schmelzen; längst war der Rock durchweicht, ungehindert sickerte der Schweiß aus dem Stoff.

Noch am Morgen, als ihm Baron Lupold den Besuch des Königs ankündigte, hatte er sich in Sicherheit gewiegt. Seit nun vier Jahren waren seine Abrechnungen drüben in der Bibliothek überprüft worden, und stets hatte er die Bücher ohne Beschwerde zurückerhalten. Wer konnte ihm schon einen Fehler nachweisen? Niemand verstand es so wie er, mit Zahlen zu spielen. Zins, Zoll und alle Erträge der Lehngüter kamen bei ihm zusammen. Er war der heimliche Herr über den Säckel des schwäbischen Herzogtums, und was er niederschrieb, war durch nichts anzufechten.

Doch kaum hatte der König mit Truchseß Werner von Bolanden die Kanzlei betreten, war Wölfflin befohlen worden: »Auf den Boden, schamloser Betrüger.«

Dann hatte Friedrich selbst die Bücher aufgeschlagen und wahllos einige der Seiten studiert; ohne Hilfe des Rechenbretts, nur im Kopf zählte er zusammen, verglich und fand Unstimmigkeiten. Schnell war Wölfflins kunstvoll gewobenes Zahlennetz zerrissen.

Mit beherrschter Stimme kam der König jetzt zum Abschluß seiner Prüfung: »Also muß Er Holz, Tuche, Wein und Ernten auf eigene Rechnung verkauft haben. Und der großen Menge wegen sogar Handelsschiffe damit beladen und die Waren außerhalb Unseres Herzogtums auf den Märkten angeboten haben. Der Verdacht seiner Untreue erhärtet sich: Zwar sind die Abgaben der

Städte und Gutsbesitzer, wie es befohlen, ordnungsgemäß gezahlt, jedoch nicht in vollständiger Höhe in seinen Büchern aufgeführt worden.« Nach einer zähen, den Schweiß heftiger treibenden Pause bot Friedrich an: »Er darf etwas zu seiner Verteidigung sagen.«

»Majestät, mein gnädiger König. Unrecht geschieht mir.« Bei jedem Atemstoß drohten die Augen aus den Fettwülsten zu schwappen. »Zu Unrecht erhebt Ihr solchen Vorwurf gegen mich. Bitte, bedenkt, bevor Ihr die Regentschaft übernahmt, war alles verwahrlost, das ganze Herzogtum. Die Städte, ja, die haben schuld; sie haben Euch betrogen.« Wölfflin schnappte nach Luft, faltete die Hände und sang beinah von seiner Unschuld: »Ich nahm alles entgegen, was mir die Eintreiber brachten. Alles schrieb ich auf, gewissenhaft, ganz gewissenhaft, mein König. Wenn Fehler in den Rechnungen auftauchen, so haben mir die Hofbeamten falsche Preise genannt.«

Friedrich ging auf seinen Tonfall ein. »Demnach ist Er Unser untadeliger Diener und das Opfer Unseres Irrtums. Will Er das Uns sagen?«

»Allergnädigster Fürst, bei meinem Augenlicht, nie habe ich mich zu Unrecht bereichert. Und wer Euch hinterbrachte, ich hätte Waren auf fremden Märkten verkaufen lassen, dem soll die Zunge verdorren. Ja, die wahren Unehrlichen findet Ihr in den Städten oder in den Reihen der Zinseintreiber.«

»Wir sollen also mit aller Strenge den Betrug rächen? Will Er das seinem König raten?«

Wölfflin schöpfte neue Hoffnung: »Wenn mir ein Rat erlaubt ist, Majestät, so möchte ich dies empfehlen.«

Die scharfen Falten um Friedrichs Mundwinkel vertieften sich. »Damit hat Er selbst sein Urteil gesprochen.« Er schnippte dem Truchseß. »Laß den wertvollen Fund hereinschaffen.«

Kaum sah Wölfflin die eisenbeschlagene Truhe, die aufgebrochenen Schlösser, verlor er das Gleichgewicht, sein Körper sank vornüber, und auf Knien und Händen kroch er vor dem König hin und her.

»Nun, Rentmeister? Dieser Schatz wurde heute morgen im Keller seines prächtigen Stadthauses gefunden.« Jäh trat Friedrich gegen den hängenden Bauch. Mit einem Grunzen kippte Wölfflin zur Seite und blieb wimmernd liegen.

»Auf jedem Hoftag haben Wir die Stadtkämmerer befragen lassen. Unser Truchseß selbst hat bei den Fernhändlern Erkundigungen eingezogen, und seine Zunge wird nicht verdorren. Längst wußten wir, daß Er, mein Rentmeister, die Abrechnungen gefälscht, den Zins veruntreut hat.« Friedrich blickte zornbebend auf ihn hinunter. »In Unserer Milde gaben Wir ihm eine letzte Möglichkeit, seinen Betrug einzugestehen. Doch Er? Vor wenigen Augenblicken hat Er erneut versucht, Uns zu täuschen.« Heftiger trat er nach ihm. »Wer Uns wagt zu betrügen, der versündigt sich nicht nur am Reich, sondern auch an Gott! Der hat jede Gnade verwirkt!« Die Wut wechselte in kalten Spott. »Gern folgen Wir seinem Rat. Mit aller Härte werden Wir sein Vergehen rächen. Noch heute, in der ersten Mittagsstunde wird die Strafe auf dem Marktplatz vor seinem Haus vollzogen werden. In Anwesenheit aller Bürger, zur Warnung und Abschreckung.« Hocherhobenen Hauptes wandte sich der König ab und verließ mit dem Truchseß die Rentkammer des schwäbischen Herzogtums.

Wölfflin blieb zwischen den Schreibpulten wimmernd und stöhnend liegen: »Gnade, Herr! Erbarmen, Herr!«

Vergeblich war Tile vor der Magd in eine dunkle Ecke der Küche geflohen. »Nicht wieder«, bettelte er und wehrte ihre Finger ab. Näher und näher krabbelten sie durch die Luft auf ihn zu.

»Strafe hast du immer verdient«, drohte sie, dabei lachten ihre Augen.

Irmhild, eine füllige Gestalt mit kraftvollen Armen und großem Herzen; zu ihren Pflichten gehörte das Melken der Kühe sowie das Ausmisten des Schweinestalls. Irmhild, ihr Mann war zu den Söldnern gegangen und nicht wiedergekommen, einen Liebsten hatte sie nicht mehr gefunden, und Mutter wäre sie so gern geworden. Jetzt griff sie den Elfjährigen, kitzelte ihn, bis er kicherte und sich hin und her wand. Mit einem Mal nahm sie ihn fest an ihren Busen und fuhr durch den rotlockigen Haarschopf. »Ach, Bub, wärst du nur ein bißchen älter, dann wärst du mein Goldfasan.«

»Sag das nicht.« Tile befreite sich. »Ich bin schon groß.«

Schnell streckte sie ihren kleinen Finger. »So groß ist er, und das ist noch zu klein.«

»Du sollst das nicht sagen!« schimpfte Tile. »Weil ich das nicht will!« Er krauste die Nase. »Sonst komm' ich nicht mehr. Dann kannst du rufen, dann bleiben ich und Nico lieber im Stall.«

Sofort lenkte sie ein. »Sei nicht böse, mein Bub. Ich will ja nur gut zu dir sein.«

Damals vor vier Jahren hatte Baron Lupold den Jungen in die Pfalzküche gebracht, und bald schon war er zum Liebling des weiblichen Gesindes geworden: Seine ausgezehrte Gestalt rührte das Mitleid, seine Offenheit setzte alle in Erstaunen oder gab Anlaß zu lachen, und stets war dieser rätselhafte Ernst in seinen Augen. Die Mägde steckten ihm süßes Brot zu, nach dem Melken durfte er vom Rahm kosten, und blieb gebratenes Huhn übrig, wurde er mit einem Schenkel oder weißem Brustfleisch gefüttert. Kräftig sollte ihr Prinz werden, ansetzen sollte er, und der Erfolg war nicht ausgeblieben.

Die Frauen hätschelten Tile weiter; er war ihr Spielzeug im harten, düsteren Alltag. Weil nicht alle ihn zugleich umsorgen konnten, bereiteten sie häufig sogar zweimal in der Woche das Badewasser, wuschen und trockneten den Jungen.

Während des ersten Winters hatte Tile den Überfluß an Zärtlichkeit und Fürsorge dankbar, beinah ungläubig hingenommen. Oft saß er in seiner Ecke des Schweinestalls auf dem Strohlager und kraulte den Hund: »Hier ist es schön, Nico, so schön. Ich glaub', hier ist unser Zauberland. Was meinst du?«

Später entzog er sich mehr und mehr der übereifrigen, fast erdrückenden Zuneigung und wählte selbst zwischen den Wohltaten der Mägde. Nicht grob; er verstand es, sanft seinen Willen durchzusetzen.

Ließ Tile unachtsam einen Topf fallen oder brachte dem Koch nicht schnell genug die verlangten Kräuter, gab es zwar harte Worte, wohl auch mal eine Ohrfeige, doch kein Ärger dauerte an. Dem Blick dieser seltsam blauen Augen schien sich niemand in der Küche lange entziehen zu können.

Allein Irmhild hatte es verstanden, den Jungen enger an sich zu binden. Nach jedem Stallausmisten brachte sie nicht nur den Schweinen, sondern auch ihm und dem Hund frisches Stroh in die Schlafecke. Stets hatte sie befriedigt ihre Arme verschränkt: »So habt ihr es gut, heut nacht.« Jedoch eines Winterabends verschränkte sie ihre Arme nicht: »Komm nachher rüber zu mir. Kannst mich was wärmen. Mein Bauch ist immer so kalt. Und wenn du lieb bist, dann darfst du dir was wünschen, und das schenke ich dir dann.«

Ohne Zögern hatte Tile zugestimmt.

Dieser Winternacht waren manche Nächte gefolgt. Selbst im Sommer klagte Irmhild hin und wieder über Kälte, und Tile kroch zu ihr. Der Geruch, die Nähe des fülligen Körpers gaben ihm Geborgenheit, nach der er sich bald selbst sehnte. Sie drückte sein Gesicht an die Brüste, legte ihn quer über ihren Bauch, kitzelte ihn, grub die Zähne zart in den Hintern und rieb sein Schwänzchen, bis es sich zwischen ihren Fingern aufreckte. »Das wird mal ein schöner Hahn, aber noch ist er zu klein.«

»Sag das nicht immer«, murmelte er, wühlte übermüdet seinen Kopf unter ihren Busen und schlief ein.

Tile hatte sich ein Messer gewünscht. Seitdem schnitzte er frühmorgens und nach der Arbeit in der Küche, solange das Licht es erlaubte. Erst waren es glatte, angespitzte Stöcke für den Zaun rund um den Kräutergarten und kleine Flöten aus Schilfrohr, doch das genügte ihm bald nicht mehr, und er bat um ein Stecheisen, später um eine Raspel. Irmhild besorgte ihm das Werkzeug aus der Hofzimmerei. Glatte Holzbälle entstanden und gemusterte Kegel.

In der letzten Woche hatte der Koch eine Weile den geschickten Fingern des Jungen zugesehen und das Kinn gekratzt: »Was willst du mit dem nutzlosen Zeug? Wenn du so was schon kannst, dann mach mir eine große Schöpfkelle für die Suppe. Dafür geb' ich dir auch was.«

Ein Auftrag! Begeistert hatte Tile ihn angenommen und sich als Dank fürs Bauchwärmen der vergangenen Nacht von Irmhild ein nicht zu dickes, nicht zu langes Lindenholz gewünscht. Vorhin aber war sie mit leeren Händen in die Küche gekommen, statt dessen hatte sie gekitzelt und den kleinen Finger gestreckt. Fordernd stemmte er die Fäuste in die Seiten: »Und wann bekomme ich das Holz? Du hast es mir versprochen.«

»Heut abend hol' ich es dir aus der Werkstatt.« Irmhild straffte den Kittel. »Beim Mittagsläuten müssen wir alle rüber zum Marktplatz. Du gehst mit mir. Unser Herr König hält Gericht.« Sie sah über die Schulter zur Küchentür hinaus und schlug hastig das Kreuz. »Ich glaub', dem fetten Wölfflin geht's heut an den Hals.«

Länger als gewöhnlich tönte an diesem Mittag die Glocke von St. Georg. Der Amtsdiener eilte durch die Gassen und Winkel Hagenaus, mit lauter Stimme rief er das Volk zum Marktplatz; und Frauen, Männer und Kinder folgten dem Befehl des Königs. Von der Insel drängte sich das Gesinde zwischen den Vornehmen durchs Tor der Kaiserpfalz hinaus über die Stadtbrücke. In einigen Gesichtern lebte Vorfreude auf das Schauspiel, andere zeigten Ernst und gaben sich würdevoll. Alle hatten das gleiche Ziel.

Für den Bau einer Blutbühne war keine Zeit gewesen. Als notdürftiger Ersatz stand der Schinderkarren vor dem Haus des Rentmeisters; die Seiten waren abgenommen, zwei Leitern führten zur Ladefläche hinauf, und neben einem Holzklotz lagen Axt, Messer, Zangen – das Henkerswerkzeug – bereit.

Mit dem Verstummen der Glocke verebbten Gespräch und Lachen zu halblautem Gemurmel.

»Soll ich dich hochnehmen?« fragte Irmhild.

»Ich bin kein Kind«, wehrte Tile empört ab.

Kurz entschlossen faßte sie den Jungen an der Schulter und schob sich mit ihm durch die Leute näher auf den Karren zu, bis er freie Sicht hatte.

Beide Türflügel des freskenverzierten Eingangs waren geöffnet. Gleich links an der Hauswand stand der Herrscherstuhl auf einem stufenhohen Podest, daneben zur ebenen Erde reihten sich schlichte Bänke für den Hofstaat.

»Was hat der Rentmeister denn verbrochen?« fragte Tile.

»Weiß nicht.« Irmhild beugte sich zu ihm hinunter und flüsterte: »Aber schlecht war er immer zu den Leuten.«

Langgezogene Businenstöße ließen das Volk den Kopf wenden. Hoch zu Roß, begleitet vom Kanzler, dem Diener Baron Lupold und wenigen Beratern, ritt der König bis vor das Haus des Rentmeisters. Mit leichtem Schwung saß er ab, nahm den Kniefall der Bürger entgegen und ließ sich ohne Zögern auf dem erhöhten Stuhl nieder. Sein Gesicht zeigte keine Regung; kalt war der Blick. Dicht hinter ihm blieb Baron Lupold am Fuß des Podestes stehen, und die übrigen Herren nahmen rasch ihre Plätze ein. Nach einem Moment der Stille nickte Friedrich.

Hofmeister Anselm von Justingen erhob sich und trat vor das Eingangsportal. »Führt den Beklagten heraus!«

Der Scharfrichter verließ als erster das Haus. Hinter ihm zerrten vier Bewaffnete den Rentmeister an einem Halsstrick ins Freie. Die Leute von Hagenau stießen sich an; da und dort wurden staunende Rufe laut. Bis auf die dünnen Hüfthosen war Wölfflin unbekleidet; sein faßförmiger Bauch, die weibischen Brüste und Schultern glänzten im Schweiß. Keiner aus der Bürgerschaft hatte den hartherzigen Mann je so gesehen. Wohlstand, Würde und Macht schienen ihm mit den Kleidern genommen; jetzt war er nur nackt, brabbelte unverständliche Worte, und Speichel klebte an seinem Kinn. Mit Mühe zogen und hievten ihn die Bewaffneten über die Sprossen zum Schinderkarren hinauf. Wölfflin vermochte nicht zu stehen, neben dem Klotz sank er nieder.

Der Henker ruckte am Halsstrick und richtete das Gesicht des Rentmeisters auf. »Ist dieser Mann zu Recht verurteilt?« fragte er, wie es die Regel vorschrieb.

Für alle vernehmlich verlas Anselm von Justingen die Anklage: Diebstahl, fortwährender Betrug, Lüge, Mißbrauch des Amtes und immer wieder Betrug. »Vor Gott und dem Gesetz ist er schuldig gesprochen, all sein Hab und Gut, sein ganzer Besitz fällt der Krone anheim. Er ist dem Scharfrichter zur zweifachen Bestrafung ausgeliefert worden: erst an Haut und Haar, sodann an Hand, Ohr und Zunge. Hernach dann ist er für vogelfrei erklärt und wird samt seinem Weibe aus der Stadt gejagt. Dieses Urteil soll landauf, landab bekannt gemacht werden, den Ehrlichen zur Genugtuung, den Bösen zur Mahnung. Im Namen des Königs, fang an!«

Zwei Knechte zogen Wölfflin die Arme auseinander, und der Henker trat mit einer vielschwänzigen, bleibeschwerten Lederpeitsche hinter ihn. Erst flüsternd, dann, als der Rentmeister schrie, etwas lauter zählten die Leute von Hagenau mit. Die Haut platzte, Blut floß über den Rücken.

Eng an den Kittel der Magd gedrückt sah Tile den Schlägen zu. »Vater Jakob«, hauchte er und fühlte wieder die Gerte, mit der ihn damals der alte Bettler gezüchtigt hatte.

»Was sagst du, Bub?«

Tile hörte sie nicht. Mit offenem Mund sah er zum Schinderkarren hinauf.

Nach fünfzig Hieben warf der Henker die Peitsche beiseite. Seine Hände griffen ins Haar des Rentmeisters und rissen es büschelweise aus, bald bedeckten nur noch blutrote Flecken den gerupften Kopf. Keine Schreie mehr, kraftlos stöhnte Wölfflin und wimmerte.

Tile sah am Karren vorbei. Sein König saß dort unbeweglich. Der sonst so freundliche Herr Baron Lupold guckte einfach zu, auch die anderen feinen Herren. Niemand sagte: Aufhören. Tile blickte in die Gesichter rechts und links neben sich. Alle finden das richtig, dachte er. Furchtsam sah er zu Irmhild auf; die Lippen fest zusammengepreßt, starrte sie gebannt dem Grauen zu. Mit den Händen schützte Tile die Augen und spähte durch einen Spalt seiner Finger zum Karren.

Knechte bogen den rechten Arm des Rentmeisters über den Klotz, und mit einem Axthieb trennte der Scharfrichter die Hand ab. Blut spritzte.

Sofort schloß Tile den Fingerspalt. In seiner Brust wuchs ein Klumpen, wucherte.

Erneut stieg qualvolles Röcheln auf.

Vorsichtig wagte Tile den Spalt zu öffnen. Die Zunge des dicken Mannes wurde an einer Zange aus dem Mund gezogen. Der Henker hob das blitzende Messer.

In diesem Moment zerplatzte die Not in der Brust des Jungen. »Nein!« Ein Schrei! Gellend übertönte er die Qual des Gepeinigten.

Der Scharfrichter hielt inne und warf den Kopf herum. Die Nahestehenden blickten erschreckt auf den Jungen; vor dem Haus erhoben sich Kanzler und Edle halb von den Plätzen; schon packten Bewaffnete ihre Spieße fester.

Irmhild wollte Tile an sich pressen, sein Schreien dämpfen, doch der Junge riß sich los. »Nein!« Er stolperte aus dem Halbrund der Bürger, rannte am Schinderkarren vorbei und war in der engen Gasse neben dem Haus des Rentmeisters verschwunden.

Nur ein Kind; keine ernsthafte Störung, die mit Strafe geahndet werden mußte. Beruhigt setzten sich die Herren zurück. Der König schien den Vorfall nicht wahrgenommen zu haben. Allein Baron Lupold runzelte die Stirn.

Erleichtert wandte sich das Volk wieder dem Scharfrichter zu.

»Zögere nicht!« befahl ihm Anselm von Justingen. »Erst die Zunge, hernach das Ohr.«

Und gewissenhaft verrichtete der Blutschinder sein Amt.

Längst war das Schauspiel vorüber. Unter den Augen der Büttel hatte die Frau des Rentmeisters notdürftig den Armstumpf abbinden, blutstillende Kräuter in den Mund stopfen und über die Wunden legen dürfen. Der Ohnmächtige war auf einen Handkarren gelegt worden. Sie hatte sich den Strick um Leib und Schultern geschlungen und den Karren hinter sich her durchs Stadttor hinausgezogen.

Tief stand die Sonne im Westen, ihre letzten Strahlen glühten auf den Dächern der Kaiserpfalz. Ohne Eile verließ Baron Lupold die Durchfahrt unter der Kapelle und schritt zur Hofküche hinüber. An der geöffneten Tür fragte er: »Wo ist der Junge?«

Niemand hörte ihn. Mägde zerstießen Mais im großen Mörser, aus den Tiegeln dampfte es, Geruch nach Gewürzen und gebratenem Fisch schlug ihm entgegen. Und der Koch schrie nach Öl, beschimpfte einen Knecht; alle waren beschäftigt, das Mahl mußte zur rechten Zeit bereitet sein.

»Wo ist Tile!?«

Endlich bemerkte ihn der Koch. »Wen meint Ihr, Herr?«

»Den Rothaarigen. Ist er nicht hier?«

Kopfschütteln und Achselzucken waren die Antwort.

»Was wollt Ihr von dem Bub?«

Schnell wandte sich Lupold um und blickte in entschlossene Augen. Unbemerkt war sie herangekommen. Er kannte die kräftige Magd von früheren Besuchen, wenn er hin und wieder nach seinem Schützling gesehen hatte. »Ich suche den Jungen.«

Irmhild verschränkte die Arme vor dem Busen. »Der Bub kann nichts dafür, Herr. Glaubt mir, er hat so was nur noch nicht gesehen. Erschreckt hat er sich vor dem Blut.«

Leicht verengte Lupold die Brauen, dann schmunzelte er. »Nein, nein, du verstehst mich falsch. Ich bin nicht gekommen, um ihn zu bestrafen. Reden muß ich mit ihm, das ist alles.«

»Wirklich, Herr?« Sofort senkte sie den Kopf. »Verzeiht. Ich sag' das nur, weil er noch so klein ist.«

»So klein scheint er mir nicht mehr zu sein. Ihr habt ihn alle gut gepflegt, beinah zu gut.« Lupold brach ab. »Und nun, führe mich zu ihm, meine Zeit ist knapp.«

Die Magd brachte den Kammerherrn zum Schweinestall. Wortlos wies sie an den Tieren vorbei zur Ecke unter der Fensterluke.

»Warte hier«, bestimmte Lupold.

Während er durch den Stall ging, griff Irmhild nach einer Mistgabel und stellte sie aufrecht vor sich hin.

Tile schälte die Rinde von einem nicht zu dicken, nicht zu langen Stück eines Lindenstamms; er sah kurz auf, »Guten Abend, Herr«, und arbeitete weiter. Ausgelassen begrüßte Nico den Besucher, sprang an ihm hoch und ließ sich den Nacken kraulen. »Groß ist er, aber ein Wachhund ist er nicht geworden.«

»Nico kann aufpassen, wenn er will, aber jetzt will er nicht.«

»Sieh mich an.«

Langsam hob Tile den Kopf. Tränen füllten die Augen. »Warum hat mein König das erlaubt?«

Der Kammerherr war hergekommen, um den Jungen zu ermahnen; die Frage überraschte ihn. »Weil der Rentmeister ihn bestohlen hat.«

Tile strich mit dem Messerblatt über das Holz. »Dafür hat der Henker ihn gepeitscht, das war die Strafe.«

»Für sein Vergehen reichte sie nicht aus.«

»Aber wenn es so schlimm war, dann hätte er ihm gleich den Kopf abschlagen müssen und nicht«, heftig schluckte Tile, »und nicht, und nicht ...« Er weinte: »Bei einem Schwein wird auch nicht der Fuß abgeschnitten, wenn es noch lebt.«

Vergessen war die Eile. Lupold trat nah an den Jungen heran, ließ aber die Hand sinken, ehe sie die schmächtige Schulter berührte.

Zwischen Schluchzern stieß Tile hervor: »Mein schöner König darf doch nur schöne Dinge machen.«

»Was sagst du da?« Lupold hielt inne. Bilder des Schreckens stiegen in ihm auf: das Erdloch, in dem er selbst gesessen hatte; die unsagbaren Qualen, die Friedrichs Vater den Verurteilten vor der Hinrichtung hatte zufügen lassen. Wie sehr verstand er die Not des

Jungen. »Ich habe mich auch nie daran gewöhnt, aber ich mußte es lernen, so wie du es lernen mußt.« Der ratlos traurige Blick hielt ihn fest. »Dein König ist auch meiner. Niemand kennt ihn so gut wie ich. Und glaub mir, er muß mehr sein als nur ein gewöhnlicher Mensch. Wenn er Friedrich ist, dann lacht er, ist zornig, hat Hunger oder ist müde, so wie du und ich. Wenn er aber *König* Friedrich ist, dann muß er allein das tun, was für den Staat das Beste ist, selbst wenn er ganz anders fühlt. Begreifst du, was ich sage?«

Tile schüttelte den Kopf. »So ist mein König nicht.«

»Du wirst es lernen – nicht heute, vielleicht später.«

»Aber warum hat er dem dicken Mann nicht gleich den Kopf abschlagen lassen?«

Ernst faßte Lupold die Schulter des Jungen. »Weil der Rentmeister soviel Gnade nicht verdient hat. Er muß weiterleben. Und alle, die ihn sehen, sollen sich erschrecken und wissen: So ergeht es jedem Mann, der unsern König betrügt.«

Lupold verstärkte den Griff: »Aber nun zu dir. Wage es nie mehr, den Scharfrichter bei seiner Arbeit zu stören. Hörst du? Nie mehr. Denn sonst wirst du selbst bestraft.«

Tile nickte und schabte mit der Klinge am Lindenholz. »Ich geh' da einfach nicht mehr hin, das ist besser.«

Der klare Entschluß ließ Lupold schmunzeln: »Nicht jeder kann so für sich entscheiden.« Eine Weile sah er ihm zu. »Was hast du mit dem Holz vor?«

»Das wird eine Schöpfkelle für den Koch. Er hat sie bei mir bestellt.«

»Und du traust dir solch eine Arbeit zu?«

Wortlos legte Tile das Messer beiseite, wühlte im Stroh und zeigte dem Kammerherrn seine geschnitzten Schätze. Mit einem Mal krauste er die Nase, wählte einen besonders schön verzierten Ball und streckte ihn Lupold hin.

»Was kostet er?«

»Ist ein Geschenk.« Offen sah Tile zu ihm auf. »Weil Ihr so freundlich seid.«

Lupold strich über die eingekerbten, zarten Ranken und Blüten. »Du hast wirklich Talent. Bald wird meine Frau im Gefolge der Königin hier eintreffen. Diesen Ball soll Sabrina als Willkommen erhalten.«

Kaum spürte Tile die Anerkennung, bot er alle Flöten, Kegel, kleine Kreuze und Bälle zum Verkauf an. »Für die Königin und die feinen Damen. Und teuer sind sie auch nicht.«

Lupold wehrte den Eifer ab: »Genug, für heute genug. Handeln kannst du, das wußte ich, doch daß du so geschickt mit Holz arbeiten kannst, das weiß ich erst jetzt. Also warte ab, vielleicht kann ich dir hin und wieder einen kleinen Auftrag verschaffen.« Halb war er schon auf dem Weg, als er über die Schulter gewandt sagte: »Zum Schnitzen ist es hier zu eng. Ich werde dir einen Platz in der Zimmerei besorgen.« Damit ließ er Tile bei seinem Hund zurück und eilte durch den Stall.

Immer noch wachte Irmhild am Ausgang. Lupold ahnte, warum die Magd sich auf die Mistgabel stützte, und im Vorbeigehen tippte er an den Holzschaft. »Deine Sorge war unbegründet. Wir lieben den Jungen beide, wenn auch jeder auf seine Weise.«

Irmhild senkte den Blick.

er Brief des Grafen Albert von Everstein erreichte Hagenau gegen Ende August. Gleich wurde das Siegel in der Kanzlei erbrochen.

»... Als Euer königlicher Sendbote und auserwählter Reisebegleiter Eurer Gemahlin vermelde ich heute mit Stolz, daß Ihre Majestät Königin Konstanze mit Seiner Majestät König Heinrich von Sizilien sicher die Alpen überquert hat ...«

Das Schreiben blieb nicht geheim. Ein Notar besprach es auf der Treppe mit dem Hofmeister, Mägde verlangsamten den Schritt, hörten die Neuigkeit, und schnell drang die Kunde hinauf in den dritten Stock des Palas.

Bisher hatte Friedrich der Geliebten von seiner Einladung an Konstanze und Heinrich nichts erzählt; allein, das Gerücht war Adelheid nicht verborgen geblieben, und seit Wochen hatte sie sich auf diesen Moment vorbereitet. Gefaßt und stark wollte sie ihm begegnen, doch alle Vorsätze zerrannen nun, und tränennaß setzte sie sich zu ihren schlafenden Kindern. Katharina war zehn Monate alt; erst in der letzten Woche hatte die Amme beschlossen, den kleinen Körper, Arme und Beine aus dem Kokon der Wollbinden zu befreien. Und Enzio hatte gerade seinen dritten Geburtstag gefeiert. »Wo gibt es denn nun einen Platz für uns?«

Friedrich erfuhr von der Nachricht, als er zwei Tage später aus Speyer zurückkehrte. Sofort zog er sich mit Kanzler Konrad von Scharfenberg in die Bibliothek zurück.

Bei Tisch gab er sich heiter, lobte die Spielleute und sprach dem Wein zu.

Spät abends kam er ins Schlafgemach. Lupold und Hildegard schlossen gemeinsam die Vorhänge um das hohe Bett und zogen sich einige Schritte zurück.

»Adelei, nur wenige Tage waren wir getrennt.« Friedrich berührte sie sanft. »Wie habe ich dich vermißt.«

Seine Zärtlichkeit erschreckte sie beinah. Ihn jetzt zu fragen würde mehr zerstören. Adelheid kannte die jähe Härte des Geliebten, und einen im Zorn herbeigeführten Bruch mußte sie allein schon der Kinder wegen vermeiden. Nachher, nach dem gemeinsamen Augenblick, wollte sie in Ruhe seine Wärme nützen.

Er war nur Hand, nur Mund, und bald fühlte sich Adelheid aus der Enge befreit. Sie schmeckte seine Haut, saugte an ihm wie ein durstiges Fohlen, bis er vor lustvollem Schmerz aufschrie. Friedrich konnte sich ihr nicht entwinden; ohne Druck hielt Adelheid den Hodensack umschlossen, kostete weiter an seiner Macht, endlich warf sie sich atemlos auf den Rücken und weitete ihre Schenkel. »Komm, du kühner Ritter. Das Tor ist geöffnet. Erobere mich.«

Sobald sie erschöpft nebeneinander lagen, spürte Adelheid, wie der fremde harte Schlag in ihrer Brust wieder erwachte. Vorsichtig blickte sie zur Seite. Den Körper hingeräkelt, hielt er die Lider geschlossen; seine vollen Lippen waren leicht geöffnet.

»Friedrich?«

Ein müdes Brummeln bewies, daß er zuhörte.

»Was wird nun werden? Aus mir und den Kindern?«

Unvermittelt setzte er sich auf. »Kümmere dich nicht ...«, gleich brach er den schroffen Ton ab. Mit beiden Händen strich er die zerwühlten Haarsträhnen zum Hinterkopf, und etwas sanfter, dennoch schon von ihr weggerückt, bat er: »Nicht jetzt, Adelei.«

»Aber der Tag kommt bald.«

»Nicht jetzt!« befahl er, schlug den Vorhang zur Seite – »Lupold. Meinen Mantel!« – und sprang auf. Nach wenigen Schritten kehrte er um. Sie lag da und starrte zum seidenen Himmel hinauf. »Ich bestimme, was und wann es geschieht, Adelei. Also sorge dich nicht unnötig.« Einen Augenblick lang wartete er auf eine Antwort, aber Adelheid schwieg; grußlos wandte er sich ab und verließ mit seinem Leibdiener das Gemach.

Früh, noch vor Tagesanbruch, brach das königliche Gefolge wieder auf. Ein Streit um Privilegien schwelte zwischen Kloster Weißenburg und der Hofkanzlei.

Ohne den Ruf der Großzügigkeit zu gefährden, war Friedrich insgeheim bemüht, nach und nach die bei seinem Einzug ins Reich vorschnell den Städten gewährten Sonderrechte zu überprüfen, wenn möglich aufzuheben, und auch die hergeschenkten Ländereien wieder dem Reichsbesitz einzuverleiben. Seine Notare suchten nach Fehlern in den Urkunden und forderten zurück. Nur im Notfall trat Friedrich selbst, als der scheinbar unparteiische Richter, auf den Plan. Insbesondere bei den mächtigen Kirchenherren war sein Verhandlungsgeschick vonnöten. In keinem Fall wollte der König sie verärgern; ihr Wohlwollen mußte ihm erhalten bleiben, das Gelingen seines heimlich eingeleiteten, großen politischen Schachzuges hing davon ab. Und dennoch versuchte er, da und dort einige der Geschenke anzumahnen.

»... Als Euer königlicher Sendbote und erwählter Reisebegleiter Eurer Gemahlin vermelde ich heute mit großer Freude ...«

Keine Verschwiegenheit mehr, die Nachricht wurde von Hofmeister Anselm im Saal des Palas allen Edlen kundgetan: Königin Konstanze wird nach einigen Tagen der Rast in Basel das Schiff besteigen und mit ihrem Sohn die Reise flußabwärts fortsetzen. »Ende September ist der Brief abgesandt worden. Demnach dürfen wir die Majestäten schon nächste Woche hier in diesen Mauern willkommen heißen.«

Kurz darauf erhielten Burgvogt, Wachmannschaften und das Gesinde erste Anweisungen: Die Gästehäuser mußten für das königliche Gefolge gereinigt, die Vorratskammern gefüllt, die Wege in der Kaiserpfalz frisch geharkt und mit weißen Kieseln bestreut werden.

Unten im Innenhof des Palas eilte Hildegard hinter Lupold her. »So warte doch, Baron.« Gegen seinen Vorsatz blieb er stehen. Mit wiegenden Hüften näherte sich die Zofe. Wie stets, wenn sie ihn traf, hob sie erst die langen Wimpern, ein Blick aus den grünen Augen, dann begann sie: »Jetzt ist es bald vorbei, Baron.«

»Ich verstehe nicht.«

Sie trat dicht neben ihn und rieb, scheinbar unbeabsichtigt, die Brüste an seinem Arm. »Na, das Träumen.«

»Bitte, kein Wort mehr davon.« Lupold sorgte für sicheren Abstand. »Mußt du immer wieder davon anfangen? Diese Nacht ist lange her, und ich möchte sie vergessen.«

»Keine Angst, Baron, von mir erfährt deine Sabrina nichts. Denn wenn sie kommt, bin ich schon weg.«

Gott sei gepriesen, dachte er, gleich darauf warnte ihn ein Gedanke. Behutsam tastete er sich vor: »Heißt das, deine Herrin hat dich aus dem Dienst entlassen?«

Hildegard winkte ab. »Ach was, Frau Adelheid weiß, was sie an mir hat. Eine bessere Zofe als mich findet sie nicht.« Wieder kam sie näher, und diesmal ließ Lupold den Druck an seinem Arm zu. »Dir will ich's jetzt schon verraten: Wir reisen mit den beiden Kleinen ab, zurück an den Neckar. Ich bin gerad' dabei, alles in die Truhen zu packen, und dann geht's heim aufs Gut der Mutter. Morgen oder übermorgen.«

»Und der König? Weiß er von dem Entschluß?«

»Noch nicht. Erst wenn die Kutsche beladen ist und die Gäule eingespannt sind, dann sagt meine Herrin es ihm. Sie will's nicht noch schwerer machen, als es schon ist.« Hildegard sah zu ihm auf. »Ich wollte dir allein Lebewohl sagen, Baron, deshalb hab' ich dich gesucht.« Sie seufzte: »So schade, daß mit uns nichts Richtiges war. Einen wie dich treff' ich bestimmt nicht noch mal.«

Trocken erwiderte Lupold: »Kein Lebewohl, Hildegard. Ich ahne, daß wir uns noch oft begegnen.«

»Wirklich?« Schon deutete sie durch eine Bewegung des Oberkörpers an, welche Hoffnung sie damit verband.

Lupold trat zurück. »Ganz gleich, wie es nun wird; zwischen uns ändert sich nichts.«

»Warte ab, Baron. Bis wir uns wiedersehen ...« Sie warf ihm einen Kuß zu und lief zurück in den Palas.

Voller Unruhe sah Lupold zum Stockwerk über der Kapelle hinauf. Die kleinen Fenster standen offen. Sein König hatte sich mit Kanzler Konrad zu einer geheimen Besprechung nach oben in die Schatzkammer begeben. Wachposten sicherten den Zugang der steilen Außenstiege.

Kaum näherte sich Lupold den Bewaffneten, kreuzten sie die aufgestellten Lanzen, also setzte er sich in der Nähe auf einen Mauervorsprung und wartete. Sabrina ... Vier Jahre hatte er sie nicht mehr gesehen, vier lange Jahre ohne ihr Lachen, ohne ihre Augen. Wie oft hatte er ihre Nähe des Nachts herbeigewünscht! Sogar ein Lied an Sabrina hatte er versucht zu dichten, damals in Vaucouleurs, während die Armwunde ihn nicht schlafen ließ. Lupold schmunzelte, über die erste Strophe war er nicht hinausgekommen, weil der Dolchstich schneller heilte, als ihm Reime einfielen. Die Zofe hatte recht; bald, in wenigen Tagen würde Sabrina seine Träume einlösen.

Schritte klackten hoch oben auf der Holzstiege. Sofort nahmen die Wachposten Haltung an. Friedrich lief leichten Fußes vornweg und hatte schnell den Hof erreicht, während der Kanzler sich Stufe für Stufe eng an der Außenmauer hinunter tastete.

Mit einem raschen Seitenblick nahm der König die beiden gestreckten Finger seines Dieners wahr. Dieses Zeichen hatte sich zwischen ihnen bewährt, bei höfischen Zeremonien oder in Anwesenheit hochgestellter Gäste signalisierte der gestreckte Zeige- und Mittelfinger eine Warnung oder Beobachtung, die Lupold seinem Herrn so rasch wie möglich mitteilen mußte.

»Was gibt es?«

»Adelheid von Urslingen, mein König; sie ist im Begriff abzureisen.«

Jäh flackerte Zorn in den Augen auf. »Ich verbiete es! Niemand verläßt mich gegen meinen Willen. Sorge dafür, daß sie bleibt und wie befohlen in eins der Gästehäuser zieht.« Fast hatte der Kanzler die unterste Stufe erreicht, und Friedrich wollte sich ihm wieder zuwenden.

»Verzeiht«, wagte Lupold seinen Herrn aufzuhalten. »Verzeiht, so scheint mir das Problem nicht lösbar. Ihr solltet selbst ein Gespräch mit ihr suchen.«

»Schweig. Dafür ist jetzt keine Zeit. Entscheidungen stehen bevor. Wichtige Briefe müssen geschrieben werden.« In der Körperdrehung verschwand die steile Falte von seiner Stirn, lächelnd empfing er den sichtlich angestrengten Konrad von Scharfenberg. »Es ist wie in der Politik, Eminenz. Der Aufstieg bereitet Mühe, und vor einem Fall schützt nur größte Sorgfalt.«

»Mit Eurem jungen, so ungewöhnlichen Verstand messe ich mich gerne, Majestät«, bemühte sich der Bischof zu parieren, »doch einen Vergleich mit Eurer jugendlichen Frische strebe ich nicht an.« Hocherhobenen Hauptes ging er auf den Palas zu.

Friedrich blieb einen Schritt zurück und schnippte seinem

Diener. »Halte sie auf, mein Freund«, raunte er. »Laß ihr einen Blumengruß bringen und den Kindern ein Spielzeug. Sobald ich kann, werde ich sie aufsuchen.«

Katharina lag inmitten der Decke auf einem Kissen. Vor ihr saß Enzio und pustete in die geschnitzte Flöte; so sehr er auch seine Wangen blähte, entlockte er dem neuen Spielzeug doch nur schrilles Fiepen.

Um die Kinder herum war Adelheid mit Hildegard und der Amme beschäftigt, die letzten Kleider, Hauben und Mäntel sorgsam geordnet zu verstauen. Leise arbeiteten die Dienerinnen; keine wagte die Herrin anzusehen.

Nach kurzem Klopfen trat Lupold ins Schlafgemach. Ehe er den König ankündigen konnte, eilte Friedrich an ihm vorbei. »Verzeih mein Eindringen, Adelei. Diesen grauen Kanzleigesichtern mußte ich für eine Weile entfliehen und will mich beim Anblick einer schönen Frau erholen.« Galant verneigte er sich vor ihr. Sein zweiter Blick galt dem Sohn. »Du wirst deinem Vater sehr ähnlich. Das Haar. Die Augen. Deine Mutter hat mir ein Spiegelbild geboren.«

Enzio streckte ihm die Flöte hin. Ohne Zögern nahm Friedrich sie und ließ helle Töne durch den Raum tanzen. Staunend patschte der Junge in die Hände. Abrupt brach die Melodie ab; jetzt erst schien Friedrich die Reisevorbereitungen zu bemerken und gab das Spielzeug dem Kind zurück. »Warum diese Mühe? Das hätten deine Mägde allein hinübertragen können.«

Adelheid lehnte die Stirn an einen der Pfosten, die den Betthimmel trugen. »Wir werden morgen Hagenau verlassen, auch wenn es mir das Herz bricht.«

»Eine Frau sollte bei ihrem Mann bleiben«, mahnte Friedrich leise.

»Kein Gesetz zwingt mich. Nichts bindet eine Geliebte an den Liebsten, außer die Liebe selbst, mein König. Sie darf über ihre Wege frei entscheiden.«

Mit einer schnellen Geste befahl Friedrich den Frauen und Lupold, sich zu entfernen. Behutsam nahm die Amme das Mädchen auf, an der Hand führte Hildegard den kleinen Enzio hinaus.

Sobald sie allein waren, sagte Adelheid: »Ich habe mit mir gerungen, Friedrich, aber ich ertrage es nicht.« Sie umklammerte den Bettpfosten. »Hier haben wir so glückliche Stunden erlebt. Und in wenigen Tagen wird sie dort auf dem Lager vor dir liegen. Ich weiß, sie ist deine Gemahlin, die Königin, sicher auch bald Kaiserin. Und ohne Frage, ich muß ihr den Platz räumen.« Sie rang um Fassung. »Mein Verstand lacht über die anmaßenden Wünsche meines Herzens, doch mein Herz schlägt lauter. Ich spüre Eifersucht, Friedrich, und kann es nicht ertragen, mit Konstanze unter einem Dach zu leben, dich täglich mit ihr zu sehen und darauf zu warten, daß du des Nachts hin und wieder zu mir kommst. Es mag viele Frauen geben, die sich voller Freude mit dem Stand einer königlichen Mätresse begnügen. Mir ist es zu wenig, und du weißt es.«

Friedrich trat zu ihr. »Adelei, ich habe beschlossen ...«

»Nein, bitte sage noch nichts, du hast zu lange geschwiegen.« Sie gewann ihre Mitte wieder. »Ich will nicht als eine törichte, klagende Frau vor dir stehen, deren Gejammer dich bald abstößt. Auch wußte ich stets, daß dein Weg zum Gipfel der Macht notgedrungen an mir vorbeiführt. Ich will den Zeitpunkt der Trennung selbst entscheiden. Wir haben zwei Kinder, Friedrich. Für sie erwarte ich deine Gunst; nein, ich verlange sie. Schwöre mir, daß du ihre Zukunft sicherst.«

»So kenne ich dich, und so liebe ich dich.« Beinah erleichtert zeigte Friedrich auf die leere Decke am Boden. »Ich gebe dir mein Wort: Enzio wird mir stets so nahe sein wie ein geliebter Sohn und Prinz. Unserer Tochter soll es an nichts mangeln, und später wird sie ihrer Abstammung gemäß verheiratet werden.« Er wagte sein jungenhaftes Lächeln. »Vergiß den Tyrann in mir, Adelei.«

»Wie kann ich das, Friedrich?«

»Mein Liebe gehört dir. Meine Hände sind leer ohne dich.«
»Du bist längst kein Bettler mehr.«
»Darin irrst du, Adelei. Darf ich wünschen? Bitten? Und du gewährst es mir?«

Sie war bemüht dem Blick zu widerstehen. »Ich kenne dich gut genug. Ein blindes Versprechen gebe ich dir nicht.«

»Ein blindes Versprechen?« Er hatte Konstanze von Aragon damals auf Drängen des Papstes heiraten müssen, ohne sie je vorher gesehen zu haben. »Blind nimmt ein König seine Gemahlin, wenn nur die Verbindung dem Reich Nutzen bringt. Das Herz wird nicht befragt. Dich aber sah ich mit wachen Augen, und meine Ruhe war dahin. Du hast mich als meine Lehrmeisterin mit Versen gequält, und sittsam mußte ich warten, ehe du mich erhörtest.« Seine Schmeichelei entlockte ihr ein Lächeln; schnell fuhr er fort: »Adelei, keine Trennung, nicht jetzt schon. Reise nicht ab. Bleibe in meiner Nähe. Nein, nicht hier in den Mauern der Pfalz. Nie mußt du meiner Gemahlin begegnen.« Friedrich bot ihr das Haus des Rentmeisters Wölfflin als Wohnsitz an. »Dort kannst du mit den Kindern leben, und es wird euch an nichts fehlen.«

Das war ihr nicht genug. »Die Aufsicht über das Gesinde? Muß ich sie aufgeben?«

»Nicht aufgeben. Dein Amt ruht, bis Konstanze mit mir nach Italien abreist. Ich werde zurückkommen. Und wenn du einwilligst ...«, aus ihrem Blick las er den Sieg; zur Erheiterung legte er wie ein Minnesänger die Hand auf seine Brust, »dann wird auch in Zukunft meinem Herzen nichts fehlen.«

Adelheid sah ihn lange an. Keine Trennung für immer; ein Abschied irgendwann, verbunden mit der Hoffnung auf ein Wiedersehen. »Du darfst den Knechten Bescheid geben. Sie sollen das Gepäck in die Stadt schaffen.« Leicht hob sie die Brauen: »Als Friedrich liebe ich dich, der König in dir bereitet mir manchmal Furcht, aber den Troubadour, den glaube ich dir nie.«

Lachend verneigte er sich. »Schöne Dame, der Friedrich wird Euch bald im neuen Heim gut gewappnet seine Aufwartung machen. Erlaubt mir, daß ich mich als König zurückziehe, sonst glaubt mein Kanzler, er dürfe die Politik allein bestimmen.«

Draußen vor dem Schlafgemach winkte Friedrich seinem Diener, und während sie die Treppen hinuntereilten, seufzte er: »Es scheint mir leichter, den Papst wegen des Kreuzzuges hin- als eine Frau festzuhalten.« Ehe er wieder in der Kanzlei entschwand, ließ er die unsichtbare Schleuder um die Hand kreisen. »Den Sieg, mein Freund, verdanke ich auch dir. Das Haus dieses Rentmeisters war ein kluger Vorschlag.«

Unberührt dehnte sich die Lichtung, Morgentau perlte in den Spinngeweben über dem Gras, von weit, aus der Tiefe des Heiligen Waldes, näherte sich das »Ho! Ho!« der Treiber, unterstützt von Hundegekläff, und wurde stetig lauter. Friedrich wartete in gespannter Ruhe; jederzeit zum Schuß bereit, hielt er Pfeil und Bogen gesenkt vor dem Körper. Aug' und Ohr bewachten das Unterholz jenseits der Lichtung. In Blickweite voneinander entfernt bildeten Lupold, Anselm und Truchseß Werner von Bolanden die Jagdkette.

Heute war der Tag der Ankunft; heute würde Konstanze mit dem Sohn Hagenau erreichen.

Gestern abend hatte Friedrich im Kreis der engsten Gefährten beschlossen: »Keine Politik. Keine Gerichtsstunde. Morgen will ich losgelöst sein von allen Pflichten. Wir werden jagen, und zur rechten Zeit gleich von dort aus meiner Gemahlin entgegenreiten.« Ohne steifes Zeremoniell, im schlichten grünen Lederkoller wollte er sie überraschen. Beim glanzvollen Fest am Abend würde er Konstanze dann in aller Form willkommen heißen.

Die Wünsche des Königs waren vom Hofmeister vorbereitet und weitergegeben worden. Mit Rücksicht auf die Windrichtung hatte der Jagdführer die günstige Lichtung ausgewählt; dorthin würden Treiber und Meute das Wild treiben. Und Späher des ausgesandten Geleitschutzes hatten Befehl, das Nahen des Trosses unverzüglich der Jagdgesellschaft zu melden.

Heller kläfften die Hunde. Aus dem Gehölz brach eine starke Hirschkuh und floh über die Wiese direkt auf die Jäger zu. Spät nahm sie Witterung, warf sich herum; die Hunde sprangen näher und ließen ihr keinen Fluchtweg. Sie drehte sich auf der Stelle, wehrte sich. In diesem Moment zog Friedrich die Sehne bis zum Ohr, der Pfeil schnellte ab und traf. Von Todesangst getrieben, setzte die Hirschkuh zum Sprung an; da schlugen gleichzeitig drei Pfeile in ihre Flanke. Die Läufe knickten ein, und lautlos sank sie ins Gras.

Beim Schall des Horns wich die Meute zurück. Wenig später brachte der Jagdführer die Pfeile den wartenden Herren. Einen wählte er aus. »Mein König, ich beglückwünsche Euch. Dieser Pfeil durchbohrte das Herz.«

»Du lobst den Falschen, guter Mann.« Über sich selbst spottend, erklärte Friedrich: »Entgegen aller Erwartung ist ein König nicht immer erfolgreich. Ich schoß den Pfeil mit dem weißen Federschaft ab.« Fragend blickte er die Gefährten an. »Mir hat der Jagdgott seine Gunst entzogen, wem gewährte er sie?«

»Mir, gnädiger Herr. Allein, es war nicht nur Glück.« Lupold nahm seinen graugefiederten Pfeil an sich und nützte die heitere Laune: »Wie Ihr schon sagtet: Eine hohe Abstammung bedingt nicht gleichzeitig hohes Können.«

»Wieder ein Treffer; bravo, mein Freund!«

Gegen Mittag meldeten langgezogene Signale das Nahen der Königin.

Sofort saßen Friedrich und die Gefährten auf, trafen bald auf den Spähtrupp, und unter seiner Führung erreichten sie ohne Umweg die Fahrstraße. Das leicht gewölbte, steinig staubige Band erstreckte sich durch den hohen Wald bis zum Hügel hinauf, ehe es dem Blick entschwand. Nichts war vom Geleitschutz und den Kutschen zu sehen. Friedrich ließ traben; erst wenn der Troß auftauchte, sollte das Tempo verschärft werden.

Eine Weile beobachtete er seinen Diener. Lupold saß leicht vorgebeugt im Sattel und spähte unentwegt auf den entfernten

Punkt, an dem die Fahrstraße sich der Sicht entzog. »Nun weiß ich den Grund, mein Freund.«

»Verzeiht, Herr?«

»Nicht das Können, Entbehrung ließ deinen Pfeil so zielsicher die Hirschkuh treffen.«

Lupold verstand nicht, ahnte aber den Spott: »Erklärt es mir.«

»Durch deine lange Enthaltsamkeit bist du gut gewappnet. Und ein anderer Pfeil wird sicher heute auch sein Ziel finden.«

Sabrina. Wieviel mehr verbindet mich mit ihr, dachte Lupold. Und du, mein Friedrich, reitest du nur der Königin entgegen und nicht deiner Frau? Empfängst du sie als Teil deines Besitzes, als Mutter des Erbfolgers? Oder ist es mehr? Vorsichtig fragte er: »Werdet Ihr heute abend ein Bad nehmen?«

»Du bist ein geschickter Diplomat, mein Freund.« Friedrich ließ die unsichtbare Schleuder um die Hand kreisen. »Mit Rosenöl sollst du mich nach dem Bade einreiben. Du hast es mich gelehrt: Ein wohlriechender Leib dient nicht allein der Gesundheit, er beeindruckt auch die Menschen, denen ich nahe sein will.«

Wimpel und Reiter erschienen auf der Waldkuppe, Kutschen und Planwagen folgten!

»Es ist soweit, meine Freunde!« Friedrich gab seinem Pferd die Sporen. Hinter den Kundschaftern galoppierten die Herren in einer Staubwolke Mähne neben Mähne dem Troß entgegen.

Die Bewaffneten des Geleitschutzes griffen zu den Lanzen. Zwar waren sie durch einen Kurier genau unterrichtet worden, doch vergeblich suchten sie nach Fahnen und Schildwappen. Erst die schnell näherkommenden Späher brachten Entwarnung. »Der König! Es ist der König!«

Kaum war die Vorhut erreicht, zügelten Kundschafter, Hofmeister und Truchseß ihre Gäule und reihten sich in den Geleitschutz ein. Friedrich wartete mit seinem Kammerherrn am Wegrand.

Langsam rollte die wappenverzierte, kastenförmige Kutsche vorbei. Stofflappen verschlossen die schmalen Fenster der Seitentüren. Im Schatten des Wagens folgte hoch zu Roß der königliche Reisebegleiter.

Sobald Graf Everstein die fremden Jäger entdeckte, fuhr seine Hand zum Schwert. Erst beim zweiten Blick erkannte er seinen König. Ein Wink befahl ihm zu schweigen. Ehe auch die Planwagen des Trosses heran waren, wendeten Friedrich und Lupold die Pferde und schlossen zum Grafen auf.

»Majestät.« Der Eversteiner neigte den Helmbusch. »Mir war nicht bekannt, daß Ihr Euch herbemühen wolltet. Sind wir in Gefahr?«

»Alles hat seine Richtigkeit, Graf«, beschwichtigte Friedrich. »Gönnt mir den Moment der Überraschung. An welchem Fenster sitzt die Königin?«

Verständnislos deutete der Ritter zur rechten Seite des Kastenwagens. »Dort, und Euer Sohn hat seinen Platz in der Mitte, die Zofe am linken Fenster.«

Mit Schwung warf Friedrich die wirren Haarlocken zurück und trieb sein Pferd längs der Wagenseite.

Obwohl Lupold die Ungeduld kaum noch ertrug, wartete er ab.

Der König beugte sich aus dem Sattel zum verhängten Fenster: »Verzeiht die Störung.« Nichts regte sich. Auf französisch drängte er: »So öffnet den Vorhang, Madame.« Lockend wiederholte er die Bitte in spanischer Sprache.

Erst nur ein Spalt, dann wurden die Stofflappen ganz zur Seite geschoben. »Friederico?« fragte sie mit weicher, dunkler Stimme. Konstanze sah die Augen, den Mund. »Friederico.« Nach einem Seufzer reichte sie die Hand hinaus. Er berührte ihre Finger sanft, und weil sie des Deutschen nicht mächtig war, sprach er weiter ihre Muttersprache. »*Mia Donna*, seid willkommen, von Herzen willkommen.«

Sie lächelte. »Welch eine Begrüßung! Als Ihr mich in Palermo verlassen habt, hoffte ich, aus dem ungezähmten Knaben einen Mann mit Würde und Anstand geformt zu haben. Und nun, nach vier Jahren, treffe ich Euch vom Wind zerzaust im Rock eines Jägers wieder.«

»Der Schein trügt, *mia Donna*. An höfischer Sitte lernte ich sogar dazu.« Jungenhaft gab er das Lächeln zurück. »Allein das von Euch zu gewissen Stunden so geschätzte Ungestüme konnte und kann ich nicht ablegen.«

Aus dem Innern der Kutsche drang leises Jammern.

»Euer Sohn leidet.« Konstanze wandte sich dem Kind zu. Der Fünfjährige lag gekrümmt zwischen den Frauen. Seit sie das Schiff verlassen hatten, war Heinrich von Übelkeit geplagt. Immer wieder, doch meist zu spät, hatte ihm die Zofe Sabrina eine Pfanne untergeschoben, sein Wams und die Beine, selbst der Sitz waren beschmiert. Dieses Mal gelang es ihr, rechtzeitig den Kot aufzufangen.

Vom Sattel aus beobachtete es Friedrich und rümpfte die Nase: »Mein Thronerbe scheint kein angenehmer Gesellschafter zu sein.«

»Er ist auch mein Kind«, der Blick der samtschwarzen Augen bat um Verständnis, »deshalb zürnt ihm nicht. Er plagt nicht Euch, Ihr seid außerhalb dieses rollenden Kastens. Sabrina und ich mußten wählen, und wir entschieden uns gegen den aufwirbelnden Staub der Straße; so ließen wir die Vorhänge geschlossen.«

»Und Heinrich, König von Sizilien, quält Euch mit seinem Gestank.« Friedrich glättete die Mähne seines Pferdes. »Wohl dem, der Euch zur Mutter hat.«

Rasch beugte sich Konstanze vor. Für einen Augenblick verhärteten sich ihre Züge. »Geduld, Friederico. Wie oft habe ich Euch gegenüber in vielen Dingen Nachsicht bewiesen? Und werde sie sicher auch weiterhin üben müssen.«

Er ging nicht darauf ein, sagte nur: »Ich freue mich, Euch bald die gute, frische Luft meiner Pfalz bieten zu dürfen.«

In der Kutsche wischte Sabrina den Hintern des Jungen mit einem Lappen ab. »So, kleiner König. Bald muß der Bauch aber leer sein. Du wirst sehen, sobald wir da sind, bekommst du Tee und

Kräuter, und morgen geht's dir dann wieder besser.« Sie schob die Stofftücher zur Seite und kippte den Kot aus dem Fenster.

In diesem Moment trieb Lupold das Pferd neben sie. »Das hab' ich nicht verdient, schöne Frau.«

»Lupold! Mein Lupold!« Sabrina zwängte den Kopf hinaus, streckte ihm die Pfanne entgegen, für den anderen Arm war kein Platz; mit ihrem Lachen stiegen Tränen in die Augen. »Grau bist du geworden«, stammelte sie, nur um irgend etwas zu sagen. »Ach was, so schlimm ist es nicht.«

»Endlich bist du da, mein Herz.«

Sabrina wollte ihn berühren, rechtzeitig bemerkte sie die Pfanne in ihrer Hand. »Unser Heinrich kackt schon den ganzen Tag. Warte, bleib.« Kopf und Geschirr verschwanden in der Kutsche, gleich erschienen die kurzen, krausen Locken wieder. »Komm, Liebster, komm.«

Enger drängte Lupold das Pferd an den fahrenden Wagen und beugte sich weit aus dem Sattel. Für einen Moment verschränkten sie die Finger ineinander.

Aus dem Innern der Kutsche stieg von neuem das Jammern des Thronerben auf. Sabrina wollte es überhören, gehorchte schließlich doch der Pflicht. »Später, Liebster.«

»Ja, Sabrina. Später ist bald«, rief er. »Ganz bald!«

Kein Duft nach Moschus und Fichte erinnerte an die vergangenen Monate. Das Schlafgemach oben im Palas war hell erleuchtet; Konstanze hatte ihre Zofe gebeten, außer den Öllichtern noch Kerzen anzuzünden. Die Vorhänge des hohen Betts waren geschlossen. Einen breiten Wollschal um die Schultern geschlungen, saß die Königin im Lehnstuhl und sah dem flackernden Schein des Feuers zu. Sabrina brachte einen zweiten Stuhl.

»Nein, nicht direkt neben mich, rücke ihn so, daß wir uns ansehen können.«

»Es ist kalt in diesem Land, Herrin. Soll ich Euch eine Decke über die Füße legen?«

»Meine Wärme wird sicher ausreichen.«

Leise trat Sabrina zurück. Gestern noch, selbst heute in der Kutsche, war ihr Herz nur von dem Gedanken an Lupold erfüllt gewesen, kaum aber hatte sie ihre Königin nach der prunkvollen Begrüßungsfeier hinauf in die Gemächer begleitet, wurde die Sehnsucht nach dem Liebsten von der Sorge um ihre Herrin gedämpft. Nie war zwischen ihnen darüber gesprochen worden, jedoch ahnte sie, welche Gefühle Konstanze jetzt vor dem Besuch ihres Gemahls beunruhigten.

Als es klopfte, fuhr Sabrina zusammen.

»Warte das zweite Mal ab, ehe du öffnest.«

In aller Form kündigte Lupold den König an, nach der Verbeugung sah er verstohlen zu Sabrina hinüber. Sie schloß die Augen, dann erst gab sie den Blick zurück.

Friedrich, wohlriechend nach Ölen und gehüllt in einen mit den staufischen Löwen bestickten Seidenmantel, betrat das Gemach. Die Helligkeit, das verschlossene Bett bremsten den Schwung seines Schrittes: »Verzeiht mein ungestümes Eindringen. Wie ich feststelle, komme ich zu früh.« In gespieltem Ernst setzte er hinzu: »Verzeiht, ich werde mich sofort zurückziehen und später wieder anklopfen.«

»Bleibt, Friederico«, bat Konstanze, »alles in mir ist für Euren Besuch vorbereitet.« Sie lud ihn ein, sich zu ihr zu setzen. »Nach all den Jahren der Trennung gönnt uns hier vor dem Feuer eine kleine Weile, in der wir uns aufs neue kennenlernen.«

Unbekümmert legte er die Hand auf seine Brust. »Ihr wart mir gleich wieder so vertraut, als wären wir nie getrennt gewesen.« Mit dem nächsten Atemzug wechselte er den Ton: »Wie selbstsüchtig von mir. Ihr seid angestrengt von der Reise, und das Befinden unseres Sohnes beschäftigt Euch.«

Konstanze wehrte lächelnd ab. Dem Kind gehe es wieder besser. Es schlafe im Nebenraum. Auch sei sie selbst nicht so erschöpft, wie Friedrich vermute. Sie richtete sich auf und sah zu Lupold und Sabrina hinüber. Sofort lösten beide die gefaßten Hände.

»Ich möchte allein mit Euch sein, mein Gemahl, und denke, dort sind noch zwei, die sich nach diesen vier Jahren viel zu erzählen haben. Mit Eurer Erlaubnis sollten wir heute nacht auf ihre Hilfe verzichten.« Sie wartete die Zustimmung nicht ab. »Geht nur.«

»Danke, Herrin.« Sabrina seufzte auf, faßte Lupold und zog ihn zur Tür.

In die Stille des knisternden Feuers fragte Konstanze: »Warum, Friederico, hast du mich herkommen lassen?«

»Weil ich nicht länger ohne dich sein wollte. Eine Frau, auch eine Königin, gehört an die Seite ihres Gemahls.«

»Warum, Friederico?«

»Wollt Ihr hier und jetzt mit mir über Politik disputieren?«

»Zürnt nicht. Ich muß es wissen, für mich selbst.«

Die Falten um seine Mundwinkel verschärften sich. Schon bald wollte er den unmündigen Heinrich in den Stand des Herzogs von Schwaben erheben, und sein nächstes, viel wichtigeres Ziel war es, den Sohn durch das Gremium der Kurfürsten zum römisch-deutschen König wählen zu lassen.

»Hart bist du geworden, Friederico. Und kühn, daß du es wagst, gegen den Willen des Papstes zu handeln. Nein, nicht weiter! Ich glaube fest an dich, und wenn du meinen Rat wünschst, wirst du mich bereit finden.« Konstanze lehnte sich zurück. »Deine Worte beruhigen mich, weiß ich doch jetzt, wie unverrückt du zu mir und Heinrich stehst. All das andere kann ich nun ertragen.«

»*Mia Donna.*« Er rückte den Stuhl näher, faßte ihre Hand und küßte sie. »Ihr seid nicht nur Königin, sondern auch die Königin meines Herzens. Und große Pläne hege ich für meinen einzigen Sohn.«

Sanft strich sie seinen Kopf. »Wie schön du schmeichelst, selbst wenn du lügst.« Sie zog ihn an den Locken. »Ich bringe dir Nachricht aus Palermo. Gerade warst du fort, da wurde dir ein zweiter Sohn geboren. Allein, nicht von mir. Die schöne Gräfin ließ ihn nach dir benennen. Auch für diesen kleinen Friedrich solltest du Pläne schmieden.«

Ein kurzes Abenteuer. Nichts Bleibendes. Fast hatte er diese Frau schon vergessen. Konstanze sollte es seiner damaligen Jugend nachsehen.

»Nichts anderes bleibt mir.« Sie wies zum Bett hinüber. »Das Laken ist frisch, die Decken sind gelüftet.«

»*Mia Donna*, für uns! Komm, ich sehne mich danach, endlich in deinen Armen zu liegen.«

Ihr Blick wurde kühl. »Wohin hast du sie bringen lassen? Adelheid, den Sohn Enzio und die Tochter Katharina? Diese Auskunft erhielt ich in Straßburg nicht. Sag es mir!«

Nach Hagenau, sie wohnten jetzt in der Stadt. Er sei nun mal ein Mann, der die Lust nicht lange entbehren könnte.

»Das hast du bewiesen, *mio caro*. Zähle ich zusammen, so mußt du bereits für vier Kinder Pläne schmieden.«

Friedrich sank vor ihr nieder und legte die Stirn auf ihre Knie: »Du siehst mich voller Reue. Hebe mich auf. Verzeih mir.«

Sie beugte sich über ihn, wiegte leicht seinen Kopf; ihr Blick war in die Flammen gerichtet. »Als deine Gemahlin muß ich dein Handeln hinnehmen, Friederico. Ich vergesse nicht, wieviel älter ich bin. Unsere Ehe wurde damals vom Papst erzwungen, weil sie in seine Pläne paßte. Es war ein politischer Handel, und ich fügte mich, wie du auch. Doch dann ... Du warst so unbehütet, wie ein Gassenjunge, mißtrautest jedem Wort, jeder Geste und lehntest dich gegen die Bräuche am Hof auf. Ich nahm dich behutsam an die Hand, und dabei erobertest du mein Herz. Es gehört dir auch heute noch.« Sie hob sein Gesicht auf. »Deshalb, gib mir als deine Frau etwas Zeit. Und versprich mir, ganz gleich zu welcher Buhlin es dich noch ziehen wird, kränke nicht meine Würde und nimm unserm Sohn nie das Recht, dein Thronerbe zu sein.«

Friedrich versprach es, wiederholte es, ehe er aufstand. »Wohl dem König, der Euch zur Gemahlin hat.«

Sie lächelten einander an, und Konstanze wünschte ihm eine gute Nacht. Kurz vor der Tür hielt sie ihn noch einmal auf; mit Blick zum Bett sagte sie: »Allein dort zu schlafen, ertrage ich gerade noch. Jedoch mit dir dort zu liegen, sicher nie.«

Das Jungenhafte stahl sich in sein Gesicht: »Dieses Hindernis wird beseitigt, *mia Donna*. Schon morgen.«

In der Kammer am Ende des langen Flurs war die Kerze fast heruntergebrannt; der Wachssee vor dem Fuß des Leuchters überzog sich mit einer milchigen Haut.

Sie hatten die vergangenen Jahre nicht nachgeholt, nicht an ihre letzte Nacht in Palermo angeknüpft. Sabrina und Lupold hatten sich neu entdeckt, den Geruch, die wachsende Lust, den salzigen Geschmack. Gemeinsam waren sie der Bogen gewesen, bis Pfeil und Ziel sich zugleich besiegt hatten.

Sabrina lag mit dem Kopf auf seiner Brust, hörte dem Herzschlag zu und ließ die Fingerkuppen durch das naßweiche Haar über seine Haut wandern; aus der Achselhöhle hinauf setzte sie den Weg fort und fand die Narbe an seinem Arm. »Du warst verletzt?«

»Nur ein Stich.«

Damit gab sich Sabrina nicht zufrieden. Sofort mußte er den Arm zum Kerzenschein drehen. »Woher stammt die Narbe?« Sie gab keine Ruhe, bis er von dem Überfall im Hohlweg vor Vaucouleurs erzählte. Obwohl Lupold den blutigen Kampf harmlos wie ein Geplänkel darstellte, preßte Sabrina die gefalteten Hände an die Lippen. »Davon habe ich geträumt, Liebster, immer wieder: Du lagst irgendwo in der Fremde, und ich konnte dir nicht helfen. Wie oft stand ich mitten in der Nacht auf, weil mich dieses Bild in Angst versetzte.«

»Still. Alles ist gut, mein Herz.«

»Ja, endlich, Lupold, endlich hab' ich dich wieder.« Eng schmiegte sie sich an ihn. Nach einer Weile fragte sie: »Wie ist sie, diese Adelheid von Urslingen?«

»Was?« Stellvertretend für seinen König fühlte er sich ertappt. »Du kennst diesen Namen?«

»Sollte er etwa ein Geheimnis sein?« Da Lupold nicht antwortete, knuffte sie leicht seine Seite. »Ich bin nicht taub, Baron, und meine Herrin leider auch nicht. Die Vögel zwitschern den Namen von jeder Burgzinne.« Noch ehe der Bischof die Königin und ihr Gefolge in Straßburg begrüßen konnte, war ihnen das Gerücht zugetragen worden: Der schöne Knabe aus Pülle und seine Buhlin! Und jede der scheinbar tiefbesorgten Damen wußte Näheres beizusteuern.

Lupold rieb die Stirn. »Mein armer Friedrich! Welche Nacht steht dir bevor?«

»Du bedauerst ihn?« empörte sich Sabrina. »Ihr selbstsüchtigen Männer. Meine Herrin verdient dein Mitleid, nicht er.« Sie hielt erschreckt den Atem an, zögerte, dann schüttelte sie den Kopf. »Nein, du hast gewartet, ich fühle es.«

Hildegard und die Nacht im Schlafgemach des Königs glitten durch Lupolds Gedanken. Ja, auch wenn es nicht immer leicht war, dachte er und drückte Sabrina fest an sich.

E rst mit dem einsetzenden Frost wurde die Reise bequemer. Vor drei Wochen war der Königliche Troß von Hagenau aufgebrochen, durch Matsch und regengefüllte Straßenfurchen hatten sich Mensch und Tier gequält, und Nürnberg war weit. Dann klarte der Dezemberhimmel auf; bitterkalt wurden die Nächte, und am Tag blendete das Sonnenlicht. Schneller kamen Kutschen und Gespanne auf der hartgefrorenen Handelsstraße quer durch das schwäbische Herzogtum voran, und mühelos griffen die Pferde aus.

Während der Stunden im Sattel wollte Friedrich allein sein, und bei Strafe hatten die Leibwächter vor und hinter ihm für genügend Raum zu sorgen. Abends in einer seiner Pfalzen oder auf der Burg eines adeligen Gastgebers ließ der König noch, ehe aufgetischt wurde, den Kanzler zu sich kommen. »Nichts dürfen wir in Nürnberg dem Zufall überlassen, Eminenz.«

Längst waren die Rollen vertauscht. Konrad von Scharfenberg führte nicht mehr den jungen Herrscher an der Hand, sondern Friedrich wies ihm stets höflich, doch bestimmt die Richtung des politischen Weges, und dem erfahrenen Kanzler schwindelte oft, dachte er an den schmalen Grat, der vor ihnen lag. Das Für und Wider war ausdiskutiert. Feste Verträge mit dem Papst sollten dem Schein nach eingehalten, in Wahrheit aber bis zur Wertlosigkeit ausgehöhlt werden. Nicht allein Friedrichs unbeirrter Wille zur Macht beeindruckte Konrad, der kühl und scharf auslotende Verstand dieses kaum Zweiundzwanzigjährigen erfüllte ihn mit Furcht und Bewunderung.

Auf dem Hoftag in Nürnberg wollte Friedrich den Kurfürsten seinen Sohn als zukünftigen Herzog von Schwaben vorstellen. Losgelöst betrachtet, kein ungewöhnlicher Schritt; wer würde es dem Staufer verdenken, den Fortbestand seiner schwäbischen Hausmacht zu sichern?

Konrad von Scharfenberg strich das spärliche Haar zur Stirn. Damit hatte das Spiel auf dem Schachbrett der Diplomatie begonnen, und zum erstenmal war er froh, nicht selbst die Züge zu bestimmen, sondern nur Berater sein zu dürfen.

An den fünf vergangenen Abenden hatte sich Friedrich von seinem Kanzler über die Wichtigsten aus dem Kreis der erwarteten Großfürsten und Adelsherren berichten lassen, vor allem deren Schwächen, Neigungen und Stärken. Gestern war es Hermann von Salza, der Hochmeister des Deutschherrenordens, gewesen. Das vorbehaltlose Lob seines Kanzlers hatte Friedrich erstaunt und mehr noch der scheinbar unerschütterliche Vorsatz des Ordensmeisters, sich für die Ehre von Kirche und Reich gleichermaßen zu verwenden.

»Was wißt Ihr über den neuen Erzbischof von Köln? Auf Euren Rat hin habe ich die Ernennung unterstützt. Als er in Würzburg aus meiner Hand die Regalien empfing, blieb keine Zeit, ihn näher kennenzulernen.«

Konrad von Scharfenberg stellte sich in Positur, und gespreizt hob er die Stimme: »Majestät, dieser Mann verdient Eure Beachtung. Ein Mann von dreißig Jahren, wird er heute gerühmt wegen seiner Rechtschaffenheit und Frömmigkeit. Jedoch welch ein Lebensweg! So voller Widersprüche. Er ist ein Sohn aus dem Hause Berg. Mit vierzehn ...«

»Ich flehe Euch an«, Friedrich hob die Hände, »wir werden bei Tisch erwartet. Nach den Strapazen des heutigen Tages sollten wir Rücksicht auf den Hunger meines Gefolges nehmen.« Ehe sich das Gesicht des Kanzlers versteinerte, setzte Friedrich hinzu: »Wie stets bewundere ich Eure umfassende Kenntnis und bitte, mir alles Wissenswerte in einem schriftlichen Bericht niederzulegen. Jetzt aber gebt mir nur einen knappen Überblick.«

Nach Räuspern und Hüsteln beschränkte sich Konrad: Schon als Domprobst von Köln habe Engelbert gegen alle Widerstände zur staufischen Partei gehört und sei heute, als mächtigster aller Fürsten in deutschen Landen, ein zuverlässiger Verbündeter.

»Was sind seine wahren Schwächen?«

»Früher wurde er als kühn, rücksichtslos und gewalttätig bezeichnet. Verzeiht das offene Wort: Er war ein Raufbold, unternahm Raubzüge und Plünderungen. Erst mit dem Kreuzzug gegen die Ketzer im Süden Frankreichs läuterte sich sein Charakter.«

»Das sehe ich nicht als Schwäche an. Wo ist er verwundbar?«

»Er liebt den Prunk und hat Geldsorgen. Papst Honorius verweigert ihm so lange die endgültige Bestätigung und das Pallium, bis er alle Schulden seiner Vorgänger an den Heiligen Stuhl aufgebracht und getilgt hat.«

»Danke, Eminenz. Näheres lese ich dann in Eurem Bericht. Geldnot gepaart mit dem Hang zu Glanz und Pomp scheint mir eine gute Basis.« Friedrich drückte leicht die Unterlippe. »So sorgt in Nürnberg für den Zufall, daß ich ohne Protokoll mit dem Erzbischof einige Worte allein sprechen kann.«

Wie jeden Abend war von Lupold das Bad gerichtet worden. Nach dem Auskleiden hatte er seinem Herrn mit einem trockenen Hanflappen den Frost aus Rücken, Armen und Beinen gerieben, bis die Haut sich rötete. Jetzt saß der König im dampfenden Wasser; den Kopf an den Rand des Zubers gelehnt. Friedrich schien den fragenden Blick zu spüren. »Nun sag, was dich beschäftigt.«

»Oft denke ich an Euch und Euern Sohn, an Heinrich. Seit er bei uns ist, habt Ihr kaum ein Wort an ihn gerichtet.«

»Warum störst du mich damit? Mich beschäftigen wichtigere Probleme.« Langsam schlug Friedrich die Augen auf: »Dieser Knabe ist mir fremd, mein Freund. Als ich ihn verließ, war er ein schreiendes, nach Kot stinkendes Bündel; kaum sehe ich ihn wieder, schreit er und stinkt wie damals. Betrat ich in Hagenau das Zimmer, versteckte er sich hinter seiner Mutter. Auch jetzt während der Reise hängt er nur an ihren Rockschößen.«

»Heinrich hat nie Gelegenheit gehabt, seinen Vater kennenzulernen. Ihr solltet nicht so streng urteilen.«

»Du ermahnst mich und bist selbst kein Vater.«

Lupold ertrug die Kränkung mit Geduld. »Auch wenn Sabrina und mir eigene Kinder versagt blieben, so hatten wir doch einen Sohn, den wir umsorgten und heute noch lieben.«

Leise und ernst nahm Friedrich den Spott zurück. »Niemals werde ich es vergessen, mein Freund. Und um dieser Liebe willen darfst nur du so zu mir sprechen.« Mit den Händen schöpfte er Wasser und ließ es über das Gesicht laufen. »Nein, fürchte nichts. Heinrich ist mein Thronerbe. Auch wenn ich ihm nicht viel als Vater entgegenbringe, so werde ich als König alles für seine Zukunft ordnen.« Bis dahin solle der Knabe in der deutschen Sprache unterwiesen und für sein späteres Amt von Lehrmeistern aufs beste vorbereitet werden.

Lupold drängte nicht weiter. Also bedeutet dir dieses Kind nur ein wertvolles Unterpfand, um deine Pläne durchzusetzen, dachte er. Wie kühl, Friedrich, kannst du Mensch und König in dir voneinander trennen?

Schneebedeckt waren Mauern, Dächer und Zinnen; in vorweihnachtlichem Frieden hob sich die Kaiserburg Nürnberg auf dem steilen Felsen über der Stadt. Die Versammlung der Fürsten und Ritter war gestern mit einem Festmahl erfolgreich beendet und von Sängern, Gauklern und dem Tanz eines Braunbären gekrönt worden. Kein Widerstand hatte sich gegen die Ernennung Heinrichs zum Herzog von Schwaben gebildet.

Früh war der König von Lupold geweckt worden. In einen dicken Wollmantel gehüllt, den Pelzkragen hochgeschlagen, stand er im Obergeschoß der Kapelle und sah hinunter. Zwischen den schlanken Säulen kniete Engelbert von Köln ins Morgengebet versunken vor dem Altar. Die Gewohnheit des Erzbischofs, allein den Tag zu beginnen, war vom Kanzler für ein zufälliges Treffen ausersehen worden. Draußen am Portal wachte der alte Habsburger; kein Mönch oder Gast des Hoftages durfte die Kapelle betreten, ehe das Gespräch beendet war.

Ruhig erhob sich Engelbert und schritt durch die Säulenhalle. Sein Blick glitt an den Rundbögen hinauf zur Fürstenempore. Ohne ein Zeichen der Überraschung fragte er: »Warum, mein königlicher Sohn, betet Ihr nicht mit mir?«

»Es schien mir zu vermessen, die Andacht eines Mannes zu stören, den ich noch so wenig kenne.«

Der Erzbischof verstand die Aufforderung. »Beide sind wir durch Gottes Fügung erhöht worden, mein Sohn.« Seine volle Stimme schwang in den Rundgewölben. »Wie sollen wir zueinander finden?«

Friedrich lachte leise. »Auf halber Höhe, Vater, dort kommen wir uns entgegen.«

Erste Leichtigkeit war gewonnen, ohne steifes Zeremoniell trafen sie sich im unteren Bereich der Fürstenempore. Engelbert überragte Friedrich. Ein kantiger Kopf, weit auseinander stehende Augen über den breiten Wangenknochen. »Ich bewundere Euch, mein Sohn, mit welchem Geschick Ihr während des Hoftages Euren wirklichen Plan verschleiert habt.«

Der direkte Angriff schien Friedrich zu beeindrucken. »Da ich viele Pläne hege, sagt mir, auf welchen Ihr abzielt.«

»Noch sind die Geschicke des Reiches getrennt. Zwei Kronen: In Sizilien trägt sie Heinrich, und Euch wurde sie in Aachen für die deutschen Lande aufs Haupt gesetzt. Nach dem Willen des Papstes dürfen Süd- und Nordreich nie wieder vereint von einem Herrscher regiert werden. Dafür kämpft Honorius wie schon sein Vorgänger.« Engelbert bekräftigte das Bild, indem er zwischen seinen Fäusten nur einen schmalen Spalt ließ. »Der Kirchenstaat will sich auf Dauer von der Gefahr befreien, wie eine überreife Nuß zerquetscht werden zu können. Ihr wißt es so gut wie ich: Dieser Machtverzicht half Euch auf den deutschen Thron und ist Vorbedingung zur Erlangung der Kaiserwürde.« Erwartungsvoll schwieg Engelbert von Köln.

»Nur weiter, hochwürdiger Vater. Ihr habt meine Neugierde geweckt.«

Durch das frühe Erbe des schwäbischen Herzogtums war Heinrich zum deutschen Reichsfürsten geworden, und damit war die erste Vereinigung der beiden Mächte angebahnt. »Natürlich werdet Ihr für das unmündige Kind die Regentschaft übernehmen. Hier im Herzogtum wie auch im Süden. Und ich ahne, daß Ihr uns Heinrich bald als den zukünftigen deutschen König zur Wahl empfehlen werdet. Wann weiß ich nicht, doch sicher, ehe Ihr die Kaiserkrone empfangt.« Langsam führte Engelbert seine Fäuste zusammen. »Mein königlicher Sohn, wie wollt Ihr entgegen geleisteter Eide und Schwüre und ohne den Zorn des Papstes herauszufordern ans Ziel kommen?«

»Nie werde ich den Heiligen Stuhl antasten. Nach diesem Thron gelüstet es mich nicht.« Der Scherz vermochte die Härte in Friedrichs Blick nicht zu mildern: »Ich bin Herrscher allein von Gottes Gnaden. Wenn die Zeit reif ist, wird sich Honorius meinen Plänen beugen müssen. Bis dahin benötige ich Eure Unterstützung. Ihr habt recht, Heinrich muß zum König gewählt werden.« Unvermittelt änderte er den Ton: »Wie ich hörte, seit Ihr in Geldnöten? Auf bald sechzehntausend Silbermark beläuft sich die Summe, die Ihr dem Heiligen Stuhl schuldet. Ich könnte Euch meine Hilfe anbieten.«

Der Erzbischof stieß hörbar den Atem aus. »Meine Treue ist nicht käuflich; darin unterscheide ich mich sicher von vielen und will mir diese Würde bewahren.« Sichtlich erregt ging er auf und ab, erst nach einer Weile kehrte er zu Friedrich zurück. »Ihr habt mein Vertrauen und meine Liebe. Nehmt das Versprechen: Ich werde mich für Heinrichs Wahl einsetzen, und dankt es mir nach Eurem Herzen.« Er schmunzelte über sich selbst. »Ihr ahnt, dies ist mehr als nur ein Handel mit Euch, mein königlicher Sohn.«

Einem jähem Drang gehorchend, wollte Friedrich den Erzbischof umarmen, stockte sofort: »Verzeiht den Übermut, hochwürdiger Vater. Noch vor wenigen Jahren konnte ich mich nur auf diese Weise für Zuneigung und Hilfe bedanken.«

»Meine Stimme allein wird im Wahlgremium nicht genügen.«

Friedrich nickte. »Unermüdliche Verhandlungen, Geld und Machtzugeständnisse sollten die Kurfürsten überzeugen.«

»Auch das allein wird nur zäh zum Erfolg führen. Zu den sieben Stimmen des fürstliches Chores benötigt Ihr noch eine Stimme.« Der Erzbischof richtete sich auf. »Nein, nein, ich plane nicht, das Gefüge des Reiches ins Wanken zu bringen. Mein königlicher Sohn, gewiß habt Ihr viel über mich in Erfahrung gebracht: meine wilden Jahre, auch wie aus dem Saulus ein Paulus wurde. Doch wißt Ihr darüber hinaus auch von meinem Hang zur Poesie? Heute dürfte ich nicht wagen, Euch eine Kostprobe zu bieten.« Früher hingegen sei er dem Gesang und der Dichtkunst ergeben gewesen, und sooft es ihm möglich gewesen sei, habe er die Studierstube verlassen. Mit keinem Geringeren als Walther von der Vogelweide sei er vor schönen Damen und edlen Herrschaften aufgetreten. Die Freundschaft mit dem weitberühmten Poeten dauere noch an. »Seine Stimme wird im Land gehört. Er sollte sie in Eurem Sinne erheben, und dafür will ich mich gern einsetzen.«

»Kaum war ich diesseits der Alpen, mußte ich mich fast einen langen Winter hindurch mit Wesen und der Kunst dieses Dichters beschäftigen«, pflichtete Friedrich trocken bei. »Ihm meine Dankbarkeit zu zeigen wird ein Leichtes sein.«

Engelbert von Köln hob die Schultern. »Je größer das zu erwartende Brot, um so schöner der Gesang. Wer will es einem Poeten in dieser Zeit verdenken?«

König und Erzbischof reichten sich die Hände, und wortlos besiegelten sie ihr Bündnis.

Friedrich wartete, bis sich das Portal geschlossen hatte, dann stieg er leichtfüßig zur Empore hinauf und verweilte an der steinernen Thronbank. Hier sitzend hatte schon sein Großvater Barbarossa die Messe gehört.

Zwei Namen waren es; sie allein hatten während des Hoftages in Friedrich wirklich Gestalt angenommen: Engelbert, Erzbischof von Köln, und neben ihm Hermann von Salza, dieser alte, kluge und bedachte Ordensmeister. »So wird es in Zukunft sein. Nur die Besten will ich um mich versammeln«, flüsterte Friedrich. »Sie werden die Schultern meiner Macht sein.« Er schlug den Pelzkragen zurück und verließ die Kapelle durch den schmalen Gang zum Palas der Kaiserburg hinüber.

efreit das Grab Christi! Vertreibt die Ungläubigen von den Heiligen Stätten der Christenheit. Erobert das Königreich Jerusalem zurück!« Der Papst hatte gerufen, geworben, bei Weigerung mit Fluch und Bann gedroht, den Gehorsam aber versüßt durch vollständige Absolution und Wahrung des Besitzstandes während der Abwesenheit.

Wie bei den vier Kreuzfahrten zuvor war auch diesmal der christliche Glaubenseifer meist nur Vorwand: Den einfachen Ritter trieb die Aussicht auf unermeßliche Beute und den reichen Fürsten die Sicherung oder Eroberung wichtiger Handelsstützpunkte an Palästinas Küste.

Rote Kreuze prangten auf den weißen Umhängen der Reitertrupps, Kreuzfahnen flatterten neben den Wappenstandarten des ungarischen Königs und des Herzogs von Österreich. Im August des Jahres 1217 zog ihr vereinigtes Heer nach Split; dort im Hafen lagen die Schiffe, und jenseits des Meeres war Akkon das erste Ziel. Der Kreuzzug hatte begonnen, zum fünftenmal wollten eisengepanzerte Christen das ›Gelobte Land‹ mit Feuer und Schwert zurückgewinnen und behaupteten: »Gott will es!«

Kein Legat der Kurie war zu Friedrich gesandt worden, kein Schreiben hatte ihn zur Teilnahme gedrängt. Papst Honorius selbst führte von Rom aus den Oberbefehl. An die Kreuznahme des römisch-deutschen Königs während der Krönungsfeierlichkeiten in Aachen schien er sich nicht erinnern zu wollen.

»Majestät, Ihr müßt Euch gegen diese Mißachtung zur Wehr setzen!« drängte der Kanzler seinen Herrn. Federkiel, Tinte und Pergament lagen bereit.

»Aus welchem Grund? Ich bin auf das Höchste beglückt. Erinnert Euch, Eminenz: Wir hatten uns die Köpfe zerbrochen, wie wir diesen Kreuzzug im Hinblick auf unsere Pläne hinauszögern könnten. Und nun werde ich erst gar nicht in die Pflicht genommen. Ich danke Fortuna für dieses Geschenk.«

Konrad von Scharfenberg faßte den Gleichmut nicht. »Euer Ansehen wurde geschmälert. Diese Tatsache dürft Ihr nicht hinnehmen!«

»Aber sie nützt mir.« Friedrich nahm die Schreibfeder und wischte sie über das leere Blatt. »Soll ich nur aus Eitelkeit lärmen? Das Haus vor der Zeit aufwecken? Ihr solltet mich besser kennen. Nein, Kanzler, solange es uns vergönnt ist, werden wir die Ruhe nützen, und jeder Monat ohne Geschrei bringt uns rascher zum Ziel.«

Niemals zuvor hatte Konrad solch einem Herrscher gedient. Täglich mußte er umdenken, und selbst das Ehrgefühl Friedrichs war nicht im voraus zu berechnen. Hüstelnd glättete er das Haar zur Stirn. »Ich bin Euer ergebener Diener, mein König.«

Von Stadt zu Stadt zog der königliche Troß. Friedrich hielt Hof, saß zu Gericht, prüfte Verträge. Kaum mehr als zwei Tage hielt es ihn an einem Ort. Ehe der neue Morgen graute, brachen Köche, Stallmeister und Schreiber wieder auf, um vor dem König zum nächsten Aufenthalt zu gelangen; bei seiner Ankunft mußte für alle Bequemlichkeit gesorgt sein.

Erst im Dezember kehrte Friedrich nach Hagenau zurück. Mit Rücksicht auf die Gemahlin besuchte er Adelheid nur, wenn sein Kammerherr das nächtliche Treffen umsichtig vorbereitet hatte.

»Du genießt dein Glück, Liebster«, flüsterte sie in seinen Armen, »weil ich bereit bin zu teilen.«

»Teilen? Ich bin der König.« Und gleich wieder zärtlich bat er: »Gräme dich nicht, Adelei.«

Nur um unserer Kinder willen belüge ich mein Herz, dachte sie. Deshalb, Friedrich, habe ich aufgehört, mehr von dir zu verlangen.

Mit dem Aufblühen der frühen Märzblumen trafen die Bischöfe und Adelsherren wieder in der Kaiserpfalz ein, die den Winter auf ihrem angestammten Sitz verbracht hatten. Auch Graf Rudolf kehrte von der Habsburg zurück nach Hagenau. Um den gebrechlichen Rücken zu schonen, war er auf dem Schiff die Aare und den Rhein hinunter gefahren und erst bei Straßburg in den Sattel gestiegen.

»Wir haben Euch vermißt.« In aufrichtiger Freude begrüßte Friedrich den treuen Vasallen.

Zwei Tage war Rudolf unschlüssig, dann nützte er einen gemeinsamen Ausritt: »Verzeiht, mein König. Seht es einem alten Mann nach, wenn er eigensüchtig auch an seine Familie denkt.«

Mit einem schnellen Seitenblick fragte Friedrich: »Wollt Ihr die siebenhundert Silbermark zurückfordern, die Ihr mir damals geliehen habt?«

Entschieden wehrte der Habsburger ab. Das sei ein Pfand und Beweis seiner unverbrüchlichen Zuneigung. Er berichtete von der

Heirat seines Sohnes, und bald, in zwei Monaten, sehe das Paar zum erstenmal Elternfreuden entgegen. »Mein Fürst, Ihr würdet mich, den Großvater, beschenken, wenn Ihr die Patenschaft für das Kind übernehmen würdet.«

Friedrich zügelte sein Pferd. »Welch ein bescheidener Lohn für Treue und unermüdliche Gefolgschaft.« Wärme ließ das Blau der Augen leuchten: »Selbst wenn es eine Tochter ist, werde ich das Kind aus der Taufe heben.« Sofort plante er weiter: Rechtzeitig vor der Geburt, solange die Mutter noch reisen konnte, solle sie nach Hagenau übersiedeln und in der Kaiserpfalz niederkommen. »Ihr habt mein Versprechen, lieber Freund: Diese Taufe wird ein Festtag und allein zum Ruhme Eures habsburgischen Hauses gefeiert werden.«

Am 1. Mai 1218, um die Mittagsstunde, hob die Hebamme das Kind aus dem Schoß der Mutter. Ein Sohn. Ehe die erfahrene Frau mit einem Klaps nachhalf, tönte sein kräftiges Geschrei durch die Kemenate. Behutsam strich sie ihre Fingerkuppe über Augen, Nase und Mund, dann betrachtete sie den blut- und fettbeschmierten Körper und prüfte Arme und Beine, Finger und Zehen. Erst jetzt zeigte sie der Erschöpften das Kind. »Danket Gott, Frau Gräfin. Ihr habt einen gesunden Sohn geboren.«

Der Großvater schämte sich seiner Tränen nicht. Die Erbfolge des Hauses Habsburg war durch den Stammhalter gesichert; und Rudolf, sein eigener Name, würde auf den Enkel übergehen. In den Stolz aber mischte sich sofort neue Sorge: Friedrich hatte Hagenau verlassen; vor wenigen Tagen war der königliche Troß nach Mainz aufgebrochen.

»Ich vertraue dem Wort meines Herrschers.« Wie ein Fels stand Graf Rudolf in der Kanzlei. »Setzt den Brief auf, so wie ich ihn vorgesagt habe.« Zornig wischte er alle höfischen Bedenken beiseite, und eine halbe Silbermark trieb den Kurier zur Eile an. Nach einer Woche kehrte der Bote in die Kaiserpfalz zurück.

Mit zittrigen Fingern erbrach der alte Mann das königliche

Siegel; weil er sich nie mit der Kunst des Schreibens und Lesens abgegeben hatte, reichte er das Pergament einem Notar. »Wort für Wort will ich hören«, und drohte: »Wehe, du läßt auch nur eines aus.«

»Dem hochwerten Grafen Rudolf von Habsburg entbietet Friedrich, durch Gottes Gnaden immer erhabener König der Römer und König Siziliens, seinen Gruß ...«

Während ihm vorgelesen wurde, erhellte sich nach und nach seine Miene. Zum Schluß wischte Rudolf verstohlen mit dem Handrücken über die gebuschten Brauen: »Schmückt die Kapelle ... Bereitet das Festmahl ...«, wiederholte er und dehnte die Brust. »Ja, das ist mein König.«

Nur um die Patenschaft zu übernehmen, würde Friedrich am 11. Mai nach Hagenau zurückkommen. Die Taufe sollte für den folgenden Tag ausgerichtet werden.

Bunte Wimpel flatterten über den Mauerzinnen. Die Steintreppe zur Kapelle hinauf war von Blumengirlanden gesäumt. Margeriten leuchteten, und Duft nach Veilchen und blühendem Holunder schwang im Innenhof der Herrschaftsgebäude.

Schreiber und Notare, Hauptleute der Burgbesatzung, Knappen und Zofen, das Gesinde, sie alle waren vom Hofmeister aufgefordert, sich rechtzeitig einzufinden. Nach der Taufe sollte Jubel die Festgesellschaft begrüßen.

Tile thronte weit oben auf einer Stufe der hölzernen Mauerstiege, die außen an den Kapellenfenstern vorbei hinauf zur Schatzkammer führte. »Ich hab's dir versprochen, Irmhild«, strahlte er, »hier ist der beste Platz. Von hier sehen wir alles.«

»Schon recht, Bub. Wenn's nur nicht so hoch wär' ...«

Gleich unter ihm kauerte die Magd. Mit einer Hand tastete sie über die Holzsandale des Jungen und umschloß seinen Knöchel, die andere krallte sie in einen Mauerspalt neben dem Fenster. Tile streichelte ihre breiten Schultern. »Hab keine Angst, ich halte dich schon.«

»Du? Bei meinem Gewicht. Das erleb' ich nicht.« Verzagt wies sie auf die jungen Burschen und Mägde hinab, die sich ebenfalls einen Sitz auf der engen Stiege gesucht hatten. »Wenn ich falle, dann nehm' ich all die Leute gleich mit.«

»Ich schaff' das schon«, tröstete er. Weil kein Gesang mehr zu hören war, blickte er von oben durchs Fenster ins Kirchenschiff. »Jetzt geht es los, Irmhild.«

Auch sie schob ihr Gesicht näher an das durchsichtige Glas. Kronen blinkten über Königin Konstanze, dem König und dem jungen Heinrich. Die Gewänder der Vornehmen leuchteten in bunten Farben. Friedrich verließ seinen Stuhl. Vor dem Taufbecken wurde ihm das nackte Kind übergeben. Während er es auf den Händen hielt und den Worten des Bischofs lauschte, weinte der Säugling. Lauter wurde sein Jammern, als ihm das Taufhäubchen abgenommen wurde; auch das Eintauchen ins Wasser begleitete er mit herzerweichendem Geschrei.

»Rudolf!« rief ihn der Bischof beim Namen und schien bei dem Gezeter nicht sicher, daß ihn die Taufgemeinde verstanden hatte. »Rudolf!« wiederholte er.

Leises Schluchzen lenkte Tile von der Zeremonie ab. Beinah erschrocken beugte er sich hinunter. »Warum weinst du denn?«

»Ach, laß nur, Bub. Ich muß immer heulen, wenn ich so was Schönes seh'.« Irmhild schneuzte in die Hand und wischte sie an der Schürze ab. »So ein kleiner nackter Wurm«, sie schluckte heftig. »Und die schöne Taufe. Und all die schönen Menschen sind fröhlich ...« Von ihren eigenen Worten überwältigt, schluchzte sie wieder.

»Ich will nicht, daß du traurig bist.« Ratlos sah Tile den Tränen zu. »Wenn ich dir nur helfen könnt', ich würde es tun, glaub mir.«

»Ist gleich vorbei.« Irmhild trocknete die Augen, und der Blick in sein sommersprossiges Gesicht wärmte sie. »Du bist mein guter Bub.« Unvermittelt schien ihre Rührung einen neuen Gedanken zu wecken, langsam strich sie an Tiles Bein auf und ab. »Und gewachsen bist du in den letzten Monaten.«

»Ja, jetzt bin ich endlich groß«, sagte er voller Eifer. »Ich hab' viel geschnitzt; und mein Baron, der Herr Lupold, hat mir fünf Silberpfennige bezahlt.« Von seiner Höhe aus zeigte Tile zum Palas hinüber. »Und nachher wird der König und auch die Königin mit meinen Löffeln essen.«

»Ach, Bub, was träumst du«, schmunzelte Irmhild. »Meinst du, die hätten davon nicht genug.«

»Du sollst das nicht sagen! Meine sind schöner.«

An Stelle eines gewöhnlichen, glatten Stiels hatte er in wochenlanger Mühe einen Falken geschnitzt. Selbst einzelne Federn waren mit der Fingerkuppe zu unterscheiden. Als Vorlage hatte Tile das Abbild auf dem Ring gedient, den er bei Breisach von Friedrich erhalten hatte. »So einen Löffel hat mein König nicht.« Stolz leuchtete in den seltsam blauen Augen auf. »Und ich darf vor dem Festmahl an der Tür warten, hat Baron Lupold gesagt, weil er meinem König zeigen will, wer die Löffel geschnitzt hat.«

»Ja, tüchtig bist du«, lenkte Irmhild ein. Sie deutete auf seine Sandalen. »Aber davon solltest du mehr machen, mein' ich, die kann jeder gebrauchen.« Eine geschnitzte Sohle, aufgenagelte Lederschlaufen und Riemen für den Halt; seit ihr Tile ein Paar geschenkt hatte, trug sie die Holzschuhe bei der Arbeit im Stall. »Damit kannst du mehr Geld verdienen.«

»Mein König trägt Schuhe aus weichem Leder und goldene Sporen.« Tile hob die Schultern. »Und deshalb verkaufe ich ihm Löffel.«

Unten im Hof setzte Jubel ein. Friedrich, an seiner Seite der alte Habsburger, verließ als erster die Kapelle. In ein weiches Kissen gebettet, wurde der kleine Graf Rudolf von seiner Amme herausgetragen, dahinter folgten die Eltern und Königin Konstanze mit ihrem Sohn. Heinrich stolperte von der ersten Stufe. Ein Aufschrei! Im letzten Moment rechtzeitig gelang es Sabrina, den neunjährigen Erbfolger vor einem Sturz zu bewahren. Die Leute klatschten der Zofe zu, und mit Blumenschwenken und Hochrufen wurde der farbenprächtige Zug zum Palas begleitet.

Viel zu lange dauerte es, bis Tile und Irmhild nach den Burschen und Mägden die engen Stufen an der Außenmauer hinabgestiegen waren. Die Taufgesellschaft hatte den Hof längst verlassen.

Irmhild hielt den Jungen am Arm fest. »Geh da nicht rein«, bat sie. »Das darfst du nicht.«

Unbeirrt sah Tile zum Portal des Herrenhauses. »Mein Baron hat es erlaubt, also gehe ich.«

»Ach, du störrischer Kerl. Nicht, daß die Wachen dich einsperren.« Für einen Augenblick zog sie ihn nah an ihren Busen und versuchte, die wirren roten Locken zu ordnen. »Dann lauf.« Tile war schon unterwegs; seine Sandalen klackten auf den Steinen. »Und komm nur gleich wieder, hörst du!«

Während Irmhild durch die Unterfahrt der Kapelle zu den Ställen hinüberging, nestelte sie am Halssaum ihres Kittels und seufzte: »Ich weiß auch nicht. So eine Taufe geht mir ans Herz.«

Die beiden Wachen hatten nur Augen für das höfische Treiben in der Vorhalle. Unbemerkt schlüpfte Tile an ihnen vorbei und mußte sich gleich atemlos an die Wand pressen: Obwohl es Tag war, loderten Fackeln. Ritter und Bischöfe umringten den König. Einige der Damen beugten sich über das Taufkind, andere wandelten umher und plauderten. Gelächter, das Rascheln der Kleider und die fremden wohlriechenden Düfte erschreckten Tile. Niemals war er den vornehmen Menschen so nah gewesen. Größer erschienen sie dem Dreizehnjährigen jetzt, größer und mächtiger. Riesenwesen sind es, stellte er verzagt fest. Wie sollte er durch diese Pracht hinüber zur Saaltür gelangen? Besser, ich geh'.

Aber Baron Lupold hatte es erlaubt; dieser Gedanke hielt ihn auf. Zur Stärkung kratzte er im Haarschopf, schüttelte die Furcht ab und drückte sich an den Wandteppichen entlang, bis er die weit geöffnete Flügeltür erreicht hatte. Elend wurde ihm; bei jedem flüchtigen Kopfwenden eines der Adeligen in seine Richtung glaubte er sich entdeckt. Aber wenn ich mich verstecke, dann findet mich mein Baron nicht! Und für eine Flucht war es zu spät.

Tile stellte sich starr vor einen der Eichenflügel und verengte die Lider zu einem Spalt; so rückte das adelige Gedränge von ihm weg, selbst die Stimmen schienen nicht mehr laut und nah.

»Ich habe dich nicht vergessen.«

Tile riß die Augen auf. Lächelnd stand Baron Lupold vor ihm. »Gleich wird der König die Gesellschaft zur Tafel führen.« Genau wies der Kammerherr den Jungen ein. Sobald der König die Schwelle zum großen Saal erreicht hatte, sollte er niederknien und sich erst, wenn Lupold das Zeichen gab, wieder erheben.

Tile nickte.

An die Geschäftstüchtigkeit seines Schützlings erinnert, mahnte ihn der Kammerherr eindringlich: »Und wehe dir, wenn du einen Handel versuchst. Ich habe dich bezahlt, gut bezahlt.« Er wartete das Versprechen nicht ab und ließ ihn allein.

Vier Businenbläser riefen zu Tisch. Im Nu ordnete sich das bunte Durcheinander; mit Flötenklängen und Schellenrasseln tanzten die Spielleute an Tile vorbei in den geschmückten Saal.

Der König stellte sich an die Spitze und rief Graf Rudolf an seine Seite. »Es ist Euer Festtag, werter Freund.« Die anderen forderte er heiter gestimmt auf: »Laßt uns sehen, was staufische Köche einem Habsburger zu bieten haben.«

Sobald sich der Zug in Bewegung setzte, warf sich Tile nach vorn, stürzte auf beide Knie und senkte seinen Kopf tief über den gestampften Boden. Inmitten des Durchgangs kniete er und versperrte den Weg.

Friedrich blieb stehen. »Ein Komödiantenspiel, noch ehe wir an der Tafel sitzen? Wem haben wir diese Überraschung zu verdanken?«

Sein Kammerherr trat neben ihn; voller Schreck sah er den Jungen dort liegen. Auf diese Weise hatte er die Begegnung nicht geplant; unauffällig, im Vorbeigehen, sollte sie stattfinden und nicht das Mahl hinauszögern.

Hofmeister Anselm von Justingen eilte nach vorn. »Majestät, solch eine Darbietung ist im Protokoll nicht vorgesehen.« Sichtlich rang er um Fassung. »Sofort werde ich diese Peinlichkeit beseitigen.«

»Wartet noch, Hofmeister«, bat Lupold. »Ich trage hierfür die Verantwortung.« Für langes Überlegen blieb keine Zeit. »Mein König!«, galant verneigte sich der Kammerherr und suchte nach wohlgesetzten Worten: »Kein Komödiantenspiel, wohl aber eine kleine Überraschung erwartet Euch. Lange schon war es der Wunsch des Gesindes dieser von Euch so geliebten Pfalz, Euch durch ein Geschenk seine dankbare Demut zu bezeugen. Nur wußten Mägde und Knechte nicht, was Euer Herz erfreuen könnte. In ihrer Not wandten sich die ratlosen Leute an mich, Euren Diener.«

Beifällig nickte der alte Habsburger.

Allein Friedrich schien die Unsicherheit seines Kammerherrn zu spüren; mit einem schnellen Augenzwinkern raunte er: »Verzichte auf das Wortgeschnörkel, mein Freund, es bricht dir sonst die Zunge.« Und vernehmlich für alle rief er: »Wir sind auf das Höchste gespannt!«

Lupold wußte den König auf seiner Seite; befreit spielte er die ungewohnte Rolle weiter: »Mein König, seht diesen Küchenjungen. Ihn wählte ich aus. Zwar mag er der Geringste an Eurem Hofe sein, aber er verfügt über ein erstaunliches Talent.« Feierlich zog er die beiden Löffel aus der Innentasche seines Umhangs und überreichte sie.

Friedrich hob die Brauen, nicht ganz gelang es ihm, den Spott zu unterdrücken: »Welch eine Überraschung, Baron Lupold von Collino! Dankt dem Jungen und mit ihm Unserm Gesinde. Selbst die schlichten Dinge erfreuen das Herz Ihres Herrschers.« Er wandte sich zum Habsburger. »Und nun zu Tisch.«

»Verzeiht, mein König«, hielt der Kammerherr ihn auf. »Bitte beachtet die kunstvoll geschnitzten Stiele. Diese Arbeit stellt das Geschenk dar.«

»Genug jetzt«, zischte Friedrich, »überspannne den Bogen nicht.« Gelangweilt drehte er die Löffel in der Hand. Mit einem Mal stutzte er und betrachtete die Vogelstiele. Bewundernd strich er über die hakigen Schnäbel und das Gefieder. »Kleinode aus Holz«, murmelte er. »Diese Falken erinnern mich an einen Ring, den ich besaß. Von wem hast du sie arbeiten lassen?«

Lupold atmete auf. »Dort kniet der Künstler vor Euch. Ihr selbst habt ihn meiner Obhut anvertraut.« Leise wagte Lupold einen Scherz. »Er verhalf Euch zur ersten Feder der kaiserlichen Adlerstandarte.«

Vergessen schien die wartende Hofgesellschaft. In jugendlichem Übermut schwenkte Friedrich die Löffel über der Krone. »Du meinst unsern kleinen Geschäftsmann? Laß ihn zu mir kommen.« Das erstaunte Gesicht des Habsburgers brachte sofort den höfischen Ernst zurück. »Ich bitte Euch, werter Graf, habt noch einen Augenblick Geduld.«

»Majestät, Ihr seid der König«, beeilte sich der alte Mann zu versichern.

Von Lupold fast geschoben, näherte sich Tile dem König bis auf drei Schritte. Gleich wollte er wieder niederknien.

»Nein, sieh mich an.« Friedrich wog die Löffel in der Hand. »Sie sind schön. Eine gute Arbeit. Wie kann ich dir danken?«

Für einen Moment zögerte Tile, dann schüttelte er den Kopf. »Bist du stumm?«

Die Lippen zitterten, kein Wort brachte er heraus; wieder konnte Tile nur den Kopf schütteln.

»Übe dich weiter in dieser Kunst.«

Jetzt vergaß Tile sogar das Nicken, unverwandt sah er den König an.

Friedrich neigte sich Rudolf von Habsburg zu: »Ich wünschte, einige meiner Kanzleibeamten würden sich auch dieser vornehmen Zurückhaltung befleißigen. Und nun aber kein Zögern mehr!«

Weil das Händeklatschen des Hofmeisters den Jungen nicht davonscheuchte, nahm ihn Lupold beim Arm und schob ihn zur Seite. »Warte, bis alle im Saal sind«, befahl er. »Dann verschwindest du.«

Tile hörte es, wie aus weiter Ferne. Die Riesenwesen zogen an ihm vorbei, ihre Kleider raschelten, zurück blieb der wunderbare Duft. Benommen schlurfte er aus der Halle, erst im hellen Licht des Innenhofes wachte er auf.

Vor dem Schweinestall hob Nico die Schnauze, bellte dem Freund entgegen, lief hin und her; seine Leine hielt ihn zurück. Kaum war Tile nah genug, sprang der Hund an ihm hoch und setzte seine breiten Pfoten gegen die Brust des Jungen. »Du freust dich«, lachte Tile, »dabei weißt du gar nicht, wie schön es wirklich war.« Fest packte er ins wuschelige Fell und tanzte mit Nico auf der Stelle. »Bestimmt essen der König und die Königin jetzt Suppe. Und weißt du womit?« Er umschlang den Hals des Hundes. »Mit meinen Löffeln. Jawohl, da staunst du, damit essen sie jetzt immer!«

Nico löste sich von ihm, bellte und wedelte mit dem Schwanz. Die Antwort war Tile zu wenig. Sein Herz sprudelte über! Wohin mit dem Glück? Er mußte es teilen, und ein Lob wollte er hören. Das Gebell allein genügte nicht. »Sei still, Nico, und paß gut auf die Schweine auf.«

In der Küche fragte er nach Irmhild. »Die ist beim Melken«, antwortete eins der Mädchen. »Besser, du störst sie dabei nicht.« Und lockte ihn: »Wenn du mit mir den Teig knetest, bekommst du nachher auch was ab.«

Tile krauste die Nase: »Morgen.« Heute hätte er keinen Hunger auf süßes Brot. »Morgen, vielleicht.«

»Bleib doch, Kleiner!« rief sie ihm nach und klatschte den Teig aufs Brett. »Was findest du bloß an der dicken Irmhild?«

Tile hörte sie nicht mehr. So rasch es seine Holzsandalen erlaubten, rannte er zum Kuhstall hinüber. Wenige Schritte nach dem Eingang führte eine offene Treppe hinauf zu den Schlafplätzen der Mägde. Tile ging weiter. Warmer Dunst strömte von den Tieren aus. Nur das unentwegte Kauen war zu hören.

»Irmhild?«

Träge baumelten die langen Kuhschwänze. Er bückte sich und

entdeckte weit hinten den Schwanz, der einem Tier ans Hinterbein gebunden war. »Irmhild!« rief er.

Den Kittel bis über die Knie hochgerafft, saß sie vor dem prallen Euter. Zwischen ihren nackten Schenkeln klemmte der Holzeimer, und im gleichbleibenden Rhythmus strich sie den Milchstrahl aus den Zitzen. Kurz blickte sie zur Seite. »Na, mein Bub? Hat aber lange gedauert.«

»Irmhild! Ich ... ich hab' mit dem König geredet. Er hat mir ...«

»Leise. Erschreck mir die Kuh nicht. Ich bin gleich fertig. Und erzähl von vorne an, alles will ich wissen.«

Tile fiel es schwer, seine Stimme zu dämpfen. »Ich bin einfach an den Wachen vorbei. Und dann bin ich mitten durch die feine Herrschaft gegangen.« In seiner Erinnerung verklärte sich das Erlebnis: Wie ein mutiger Knappe hatte er an der Saaltür gewartet. Einige der vornehmen Damen hätten ihm sogar zugelächelt.

»Was haben die?« Irmhild melkte weiter, und die Milch schäumte im Eimer. »Das sind auch nur Weibsleute«, brummte sie vor sich hin.

»Aber freundlich genickt haben sie bestimmt, glaub's mir.« Tile konnte nicht stillstehen, begeistert schmückte er die Vorhalle aus und kleidete die adelige Gesellschaft. »Guck doch, Irmhild.« Er trippelte vor dem Hintern der Kuh auf und ab, so gingen die Frauen daher; feierlich langsam hob und streckte er seine Arme, griff sich mit großer Geste an die Stirn, so sprachen die Bischöfe und Ritter miteinander.

Ein Milchstrahl traf sein Gesicht. »Verrückter Kerl«, schmunzelte Irmhild und brachte Schemel und Eimer in den Gang. Während sie sich zum Hinterbein der Kuh beugte und den Schwanz losband, schwärmte Tile vom Duft, der die feinen Menschen umgab.

»Wir riechen auch gut.« Schnell faßte sie beide Enden des kurzen Stricks; ehe der Junge begriff, hatte sie ihn eingefangen und zog ihn langsam an sich. »Ach, Bub«, seufzte Irmhild. »Du bist mein Goldfasan.«

»Das weiß ich.« Einen Augenblick lang schmiegte er das Gesicht an ihren Hals; dann stemmte er beide Hände gegen die ausladenden Brüste. »Aber du weißt doch noch gar nicht alles.«

Fester umschlang sie ihn: »Nachher zeig' ich dir's.«

Von ihrer Fülle halb erstickt, schimpfte Tile: »Laß mich los.«

Sie gab ihn frei und wuschelte ihm durchs Haar. »Erst bringst du die Milch nach draußen. Aber verschütte nichts.« Irmhild sah sich um. »Hier zwischen den Kühen kann ich nicht gut zuhören. Besser ist, wir gehen rauf zu mir. Da machen wir es uns ein bißchen schön. Na, was meinst du?«

Beim dunklen Klang ihrer Stimme zögerte Tile. »Aber vom König erzähl' ich dir auch«, warnte er.

»Mir recht. Erzähl, von was du willst, dem König, deinen Löffeln, von dem kleinen Wurm.«

Tile war einverstanden und nahm den Holzeimer. An der Treppe sagte sie: »Beeil dich, Bub. Der Knecht kommt gleich mit dem Karren. Ich wart' oben auf dich.«

Nachdem er draußen die Milch ins bereit stehende Faß geschüttet hatte, rannte er zurück und hastete die Stiege hinauf. Stickige Luft staute sich unter dem niedrigen Holzdach. Die Schlafplätze der Mägde waren durch dünne Bretterwände notdürftig voneinander getrennt, nur wenige besaßen eine Tür. Er kannte den Weg von vielen Nächten her, wenn Irmhild ihn zum Bauchwärmen geholt hatte. Er schlüpfte in ihren Verschlag. Das Bett stand an der Wand, ein kniehoher, breit gezimmerter Kasten, eine Strohmatte als Unterlage. Den Heusack im Rücken, lehnte Irmhild halbsitzend da, ohne Kittel erwartete sie den Jungen. Tile wollte gleich zu ihr.

»Schließ die Tür richtig!«

Während er den Riegel vorschob, verbarg sie ein Leinensäckchen unter dem Leib.

»Nun komm her, mein Bub.«

Tile kniete neben ihr auf der Strohmatte, knetete mit beiden Händen die Brüste, und endlich durfte er weitererzählen: »Also, mein Baron Lupold ist zu mir gekommen und hat gesagt, ich soll warten. Ja, und dann, Irmhild, kamen endlich die Fanfaren.«

Inzwischen hatte sie ihm den Kittel ausgezogen.

Er ließ sich nicht ablenken. »Da haben sie sich alle aufgestellt. Mein König stand ganz vorne.«

Ihre Hand strich die Schultern, spielte mit dem Amulettbeutel an der Brust und streichelte hinunter zu den schmalen Hüften. »Und weiter?« fragte sie als aufmerksame Zuhörerin. Scheinbar ganz bei der Geschichte, zupfte und rieb sie sein Glied.

»Ich hab' mich hingekniet. So ganz vornehm, weißt du. Und, und mein Baron hat eine lange Rede gehalten. Und ... « Sein Erzählfluß geriet ins Stocken, König und Löffel wurden unwichtig. Voller Lust streckte und wand er sich in Irmhilds Hand.

»Ja, Bub. So gefällt mir der Hahn«, lobte sie. »Und wie der Kamm schwillt. Komm, sitz auf.«

Stets erfand Irmhild ein neues Spiel, und nur zu gerne ließ sich Tile von ihr einweisen. Schnell hockte er sich er über den Bauch. Sein Schwanz schwebte im Tal zwischen ihren Brüsten. »Warte noch.« Mit Speichel befeuchtete sie Kuppe und Schaft, erst dann preßte sie ihren mächtigen Busen zusammen. »Jetzt, Bub, jetzt laß den Hahn krähen.«

Heftig stieß Tile ins Fleisch. Ein Riese bin ich, dachte er, nein noch viel stärker. Seine Lenden zitterten.

»Schneller, Bub, schneller«, forderte die Magd, bis Tile aufstöhnte. Genußvoll sah sie zu, wie er zurücksank und sich quer über ihren Schenkel ausstreckte.

Irmhild verrieb seinen Samen am Hals. »Gefällt es dir?«

»Schön ist das«, grinste er und ließ frech den Schwanz hin und her schaukeln: »So schön.«

»Ich seh's. Unser Hahn ist noch lange nicht müde.«

Sie kräuselte mit dem Finger seinen roten Flaum und schnappte den Übermütigen. Unvermittelt setzte sie sich auf. »Weißt du, Bub, heute will ich es richtig.«

»Aber die Kinder?« Mit sanftem Stoß brachte er den Busen

zum Schwingen. »Du hast doch gesagt, wir dürfen es nicht richtig, weil sie dich sonst fortschicken.«

»Keine Angst, Bub.« Geheimnisvoll schmunzelnd zog Irmhild das Leinensäckchen unter ihrem Körper vor und öffnete es. »Du wirst staunen.«

Ein neues Spiel. Ehe sich Tile aufrichten konnte, befahl sie: »Bleib so liegen.« Sie nahm eine helle, braungeäderte Haut aus dem Beutel. »Das ist eine Schweinsblase«, flüsterte sie. »Beim letzten Schlachten hab' ich sie für uns besorgt.«

Tile staunte und begriff nichts.

»Laß mich nur machen.« Schnell arbeiteten ihre Finger, und als der Hahn sich wieder reckte, blies sie kurz in den Hautsack, drückte Speichel hinein, weitete zwischen ihren Daumen die Öffnung und stülpte sie über den geschwollenen Kamm. Bis zu den Hoden zog Irmhild die Schweinsblase hinunter.

Ihr Atem ging rasch. »Leg dich auf mich.« Kein Spiel mehr. Voller Ungeduld spreizte sie ihre Schenkel. »Komm, Bub.«

Erst fühlte sich Tile durch die fremde harte Haut behindert, doch seine Erregung war stärker; hastig stieß er zu, suchte im haarigen Wald nach dem Versteck und fand die Höhle nicht. »Das geht so nicht, Irmhild«, stammelte er unglücklich.

»Gleich, gleich.« Wie Berge wuchsen ihre Schenkel rechts und links von ihm auf, mit der Hand führte sie ihn vor die Grotte. »Jetzt laß dir Zeit, Bub.«

Tile tauchte in weiche feuchte Wärme, zog sich zurück, glitt hinein, immer wieder. Eine wundersame neue Geborgenheit umgab ihn. »Irmhild.« Mit den Lippen suchte er nach einer Brustwarze und saugte sich hungrig fest.

Sie strich seine Locken. »Was hab' ich drauf gewartet, mein Goldfasan, mein kleiner Goldfasan.« Ein Zittern, stärker wurde es, sie krallte die Hand ins Haar des Jungen. »Nicht aufhören, Bub. Schneller.« Irmhild bestimmte nun selbst den Rhythmus. Keuchend hob und senkte sie das Becken, warf den Kopf zurück, und mit einem tiefen Seufzer ergoß sie sich ins Ziel.

Einen Atemzug später erstarrte Tile, seine Augen blickten verwundert und erschreckt, dann sank er auf das weiche Bett ihres Körpers.

Heftig atmend lagen sie da. Nach einer Weile rieb Tile die Nase an ihrer Haut. Meine Irmhild riecht doch besser als die feinen Damen, dachte er und murmelte: »So eine Taufe ist schön.«

»Ja, Bub, und wie der kleine Wurm sich vor dem Wasser gefürchtet hat ...« Die eigenen Worte weckten sie aus dem Träumen. »Beweg dich nicht.« Irmhild griff nach unten und zog den Hahn samt Hülle vorsichtig aus ihrem Schoß. »Siehst du, nichts haben wir verschüttet«, stellte sie befriedigt fest.

Hornsignale ertönten. Schnell erhob sich Irmhild. Der Burgvogt begann seinen Kontrollgang durch die Wirtschaftsgebäude der Kaiserpfalz. Wenn er sie nicht bei der Arbeit antraf, gab es Stockhiebe.

Tile hatte sich den Kittel übergestreift. Nachdenklich ging er vor ihr her die Stiege hinunter.

»Lauf jetzt«, schickte sie ihn fort. »Sonst fragt dich der Koch, wo du so lange geblieben bist.«

Tile lief einige Schritte und kehrte zurück. »Aber jetzt sag nie mehr, ich bin klein. Schwör es.«

»Ein Mann bist du.« Irmhild nickte ernst. »Ein richtiger Kerl.«

»Das finde ich auch.« Stolz reckte Tile die Brust und schritt davon.

Das Lob beschäftigte ihn bis zum Abend. Als Irmhild zu Bett gehen wollte, erwartete Tile sie an der Treppe.

»Laß mich dir noch mal zeigen, was ich für ein Kerl bin«, flüsterte er.

Und leise stiegen sie hinauf.

Nicht Jerusalem, erst Damiette, hernach Kairo! Das Nildelta sollte den Muselmanen entrissen werden, und war dies erst einmal gelungen, dann konnten die Heiligen Stätten in schnellem Zangenangriff befreit werden. Von diesem schier aussichtslosen Plan konnte den päpstlichen Legaten und Befehlshaber Pelagius nichts abbringen, keine verlustreiche Belagerung noch Fieber und Dürre, selbst ein großzügiges Friedensangebot des Sultans nicht.

»Zieht Euch aus Ägypten zurück«, schlug der weise Malik al-Kamil dem Eindringling vor, »und ich schenke Euch das wahre Kreuz, an dem Euer Christus starb. Außerdem überlasse ich Euch Jerusalem, Galilea und große Gebiete Palästinas.«

Damit wären mehr als alle gesteckten Ziele erreicht gewesen, unter Vermeidung von Krieg, Blutvergießen und Elend; aber Pelagius lehnte höhnisch ab, wollte seinen Erfolg auf dem Schlachtfeld, er wollte die Ungläubigen vernichten.

Im Herbst 1219 geriet das durch Eitelkeiten, Hochmut und Glaubenswut zerstrittene Kreuzfahrerheer endgültig in schier rettungslose Bedrängnis: Ohne Truppennachschub und eine starke Führung gab es im ausgetrockneten Nebenarm des Nils kein Fortkommen mehr. Und Papst Honorius sah bekümmert, daß sein höchstes Lebensziel zu scheitern drohte; deshalb erinnerte er sich an die Kreuznahme des römisch-deutschen Königs und bat, nun endlich das heilige Versprechen einzulösen.

»Erinnerst du dich an unser Glücksschiff, mein Freund?« Nach dem Bad saß Friedrich warm eingehüllt im Zelt auf einem Hocker. »Jetzt weht uns endlich wieder ein günstiger Wind.«

»Verzeiht, Herr, haltet den Kopf ruhig.« Lupold stand hinter ihm und bemühte sich, so schmerzfrei wie möglich Zotteln und Getier aus dem feuchten Haar zu kämmen.

Nur langsam war der königliche Troß im Novembernebel vorwärts gekommen und hatte schließlich nahe Würzburg auf einer Wiese das Lager aufschlagen müssen. Morgen sollte die Reise fortgesetzt werden. Lupold nützte die frühe Rast und unterzog seinen Herrn einer längst fälligen gründlichen Körperpflege. Tagealt war der Bartwuchs, die Haut geplagt von blutgeblähten Zecken, in den Schamhaaren nisteten Läuse, und viel zu lang waren Finger- und Zehennägel, nicht ansehbar mehr die Locken. Seit einer Woche hatte er jeden Abend vergeblich gedrängt: »Laßt mich einen neuen Menschen aus Euch machen.«

»Nein, Kammerherr. Nur ein kurzes Bad, und dann laß mich allein.«

Heute morgen dann hatte der Brief des Papstes den Troß erreicht, und nach der Lektüre war Friedrich wie verwandelt. Als Lupold erneut seine Bitte vortrug, hatte er sich im Spiegel betrachtet und über seinen Anblick den Kopf geschüttelt: »Es scheint mir wahrlich an der Zeit.« Ja, warmes Wasser und Pflege wären nötig. »Außerdem sehne ich mich danach, endlich wieder ein vertrautes Gespräch mit einem Freund zu führen.«

Und Friedrich erzählte; sein Triumph ließ ihn kaum still sitzen: »Der Papst fordert nicht. Er bittet und schmeichelt! Nennt mich den siegreichen König. Mein Anblick allein würde die Ungläubigen in die Flucht jagen.«

»Davon bin ich fest überzeugt«, bemerkte Lupold trocken und griff nach dem Schermesser. »Zumindest wenn sie Euch während der letzten Tage begegnet wären. Euer Aussehen drohte selbst standhafte Christen das Fürchten zu lehren.«

»Hüte dich, Kammerherr. Meine Zunge ist schärfer als dein Messer.«

»Sie vermag sicher viel; um das Haar zu schneiden aber scheint sie mir denkbar ungeeignet.« Und beide lachten. Friedrich teilt nicht nur aus, stellte Lupold erleichtert fest, wie früher nimmt er es hin, daß ich mit gleicher Münze zurückzahle. Zum erstenmal seit langer Zeit glaubte er sich dem Herzen seines Königs wieder nah. »Majestät, nun seid Ihr meiner Hand ausgeliefert.« Unterhalb des linken Ohrs setzte er an und begann die Mähne auf Schulterlänge zu kürzen.

»Weil er meine Hilfe benötigt, drängt mich Honorius, nach Rom zu kommen. Nicht ich muß bitten; nein, er bietet mir die Kaiserkrone an.« In seiner Begeisterung wandte Friedrich den Kopf.

Rechtzeitig konnte der Kammerherr das Schermesser zur Seite reißen, dabei blieb eine viel zu lange Locke in seiner linken Hand. »So wird mir nie ein gleichmäßig runder Schnitt gelingen.«

»Wen kümmerte es, mein Freund? Wer außer dir darf sich um mein Äußeres scheren? Ich bin der König.« Langsam ballte er eine Faust. »Und jetzt endlich bin ich mehr als nur römisch-deutscher König. Ich führe den Papst am Zügel. Mit dem Kreuzzug hat er sich selbst das Geschirr angelegt. Wie er sich auch windet, er wird mir folgen müssen.«

Lupold horchte nach draußen und hoffte inständig, daß sich kein Lauscher vor dem Zelteingang herumtrieb.

Verschwunden war die Leichtigkeit; in Friedrichs Augen wuchs ein gefährliches Feuer. »Und die Fürsten? Bald werden auch die letzten von ihnen der Wahl meines Sohnes zustimmen. Ich werde sie mit Geld und Zugeständnissen vollstopfen, bis sie wie gespickte Hasen vor meinen Füßen liegen.«

»Ich flehe Euch an, sprecht leise.«

»Gut, gut, mein ängstlicher Kammerherr.« Er dämpfte die Stimme: »Aber du hast recht. So kurz vor dem Ziel ist noch Vorsicht geboten.«

Tief betroffen schnitt Lupold weiter. Auf unserm langen gemeinsamen Weg hast du dich verändert, Friedrich, dachte er, und ich konnte es nicht verhindern. Wie viele Masken trägst du? Von deinem strahlenden Lächeln fühlt sich jeder Mensch angezogen. Wohl dem, der sich deiner Gunst erfreuen kann, und wehe dem, der dich enttäuscht. Vor dem Raubtier in dir wird es keine Rettung geben. Aber ich liebe dich, ganz gleich hinter welch anderen Masken du dich noch verbergen wirst; denn ich hoffe dein wahres Gesicht zu kennen. Und selbst wenn ich irgendwann entsetzt davor zurückschrecke, nie könnte ich dich im Stich lassen.

Das Haar war gekürzt; aufs neue schärfte er die Klinge und widmete sich den roten Bartstoppeln. »Glaubt Ihr wirklich, Friedrich, alle würden sich Eurem Willen beugen? Ohne heftigen Widerstand?«

»Was soll das ammenhafte Gejammer?« spottete er. »Wie lange fährst du schon mit mir auf dem Glücksschiff?«

»Glück, mein König; es war nur Glück, nicht mehr.« Lupold ließ das Schermesser sinken. »Und ich schäme mich meiner Sorge nicht. Was geschieht, wenn Ihr Euch jetzt sogar offen gegen den Willen des Heiligen Vaters stellt? Rom hat Euer Glück damals ermöglicht, habt Ihr das vergessen?«

»Wage es nicht, Kerl!« Zornentbrannt wollte Friedrich nach ihm treten und hieb sich dann selbst nur die Faust auf den Schenkel. »Ich werde Kaiser von Gottes Gnaden sein und nicht von Gnaden eines greisen Mannes!« Nach einem tiefen Atemzug wurde sein Ton weich: »Du wirst dich nie vor mir fürchten müssen. Du nicht.« Er betastete sein Gesicht und grinste: »Eine Hälfte ist glatt, die andere nicht. Also sorge du dich um mein Aussehen und ich mich um mein Ansehen. So sind die Rollen gut verteilt.«

Ehe Lupold wieder ansetzen konnte, umschloß Friedrich das Handgelenk: »Schon in wenigen Monaten werden wir den Anker lichten, Baron von Collino. So wie ich es dir vorausgesagt habe. Unser nächster Hafen wird Rom sein. Und dann ...« Er führte den Gedanken nicht weiter. »Sag es mir, mein Freund.«

»Ach, Friedrich, ich hoffe so sehr, daß all Eure Pläne sich erfüllen.«

»Einige werde ich sofort verwirklichen. Gehe ich erst unter der Kaiserkrone, hat unser kleines Schiff ausgedient, da stimme ich dir zu. Wir werden es in unseren Herzen bewahren, und als Ersatz muß ich eine Kriegsflotte bauen lassen, schnell und gut bestückt. Außerdem werde ich Trutzburgen errichten und Heere aufstellen ...« Friedrich schien plötzlich zu frieren. »Denn auf mein Glück allein werde ich mich nie mehr verlassen können.«

»Das fürchte ich auch, mein König«, sagte Lupold und zog ihm die Decke enger um die Schultern.

Als sichtbares Zeichen seines guten Willens warb Friedrich im Januar 1220 einige tausend deutsche Ritter an und entsandte sie als Vorausheer den Kreuzfahrern zu Hilfe. Indes, Honorius bestand darauf, daß der Staufer selbst unverzüglich nach Damiette aufbrechen sollte.

»Majestät, auf ein Wort«, Kanzler von Scharfenberg bat um eine dringende Unterredung; allein mußte er mit dem König sprechen, nicht vor den Ohren der Notare und Schreiber. Steif, die Schultern hochgezogen verließ er die Hagenauer Hofkanzlei. Friedrich folgte ihm schlendernd hinüber in die Bibliothek.

»Majestät, zerreißt nicht das Seil, das Euch hält. Unser Heiliger Vater wird sich nicht länger hinhalten lassen. Noch ist es Zeit, die gegebenen Versprechen einzulösen. Ich flehe Euch an, hört auf den Rat eines erfahrenen Diplomaten, laßt ab von Eurem Plan. Jetzt schon schwankt der Boden unter Euren Füßen.«

»Scharfenberg, mein alter Scharfenberg«, sagte Friedrich sanft, »wie kleinmütig Ihr doch in Wahrheit seid.« Jäh sprang der Fünfundzwanzigjährige auf einen Schemel und ließ ihn mit federnden Knien unter seinen Füßen hin und her schaukeln. »Seht Ihr? Es ist nur eine Frage des Könnens. Solange ich in mir das Gleichgewicht halte, falle ich nicht.« Er brachte den Hocker zur Ruhe und blieb auf ihm stehen. »Wäre ich Friedrich, der Staufer, wenn ich jetzt den Schwanz einziehe wie ein Köter? Ihr solltet mich besser kennen. Doch zur Sache! Ich will Euch eine Essenz meiner Antwort an Honorius bieten; die kunstvollen Formulierungen diktiere ich später. Gebt acht.« Er zuckte die Achsel und begann in bekümmerter Unschuld: »Mein Reich ist in Unordnung, Heiliger Vater, wie kann ich ihm vorzeitig den Rücken kehren? Kein verantwortungsvoller Hüter verläßt das Haus, wenn der Stuhl nicht beim Tisch steht, solange der Vorratskeller nicht für seine Rückkehr gefüllt ist.« Er hob die offenen Hände. »Ich bitte Euch, unterstützt mich dabei.«

Der erwartete Beifall blieb aus. Sein Spiel hatte die Miene des Kanzlers nicht aufhellen können. Friedrich stieg zu ihm hinab, kühl beendete er die Unterredung: »Es geht um meine Kopfbedeckung, Eminenz; Eure Mitra ist nicht in Gefahr. Also verliert jetzt nicht den Mut.«

»Ihr seid der König. Ich bin nur Euer treudienender Kanzler.« Konrad von Scharfenberg, Bischof zu Speyer und Metz, neigte den Kopf; ein Lächeln wollte ihm nicht gelingen.

»Dem Heiligsten Vater und Herrn Honorius, durch Gottes Gnade höchster Priester der hochheiligen römischen Kirche, entbietet Friedrich, durch die gleiche Gnade immer erhabener König der Römer und König Siziliens seine gebührende, wie ergebene Empfehlung und Verehrung ... Daß Wir Unsere Fahrt bis heute aufgeschoben haben, geschah ...« Friedrich fand Gründe, wußte Entschuldigungen und zögerte den Termin hinaus.

Erbost antwortete Papst Honorius, und heftiger wurde der Briefwechsel.

Unbeeindruckt verfolgte Friedrich seinen Plan: Erst die Wahl seines Sohnes, hernach die Kaiserkrone und dann ...

Im Februar teilte er dem Heiligen Stuhl mit: »... Es ist Unser Verlangen, die Herrschaft über das Königreich Sizilien Unser Leben lang in Händen halten zu dürfen.«

Konrad von Scharfenberg schwindelte es. »Majestät, damit gebt Ihr, noch ehe Heinrich gewählt ist, offen zu, daß Ihr die Macht über beide Reiche auf Euch vereinigen wollt.«

Gelassen setzte Friedrich sein kunstvolles Zeichen unter das Pergament. »Wie lange wird der Kurier unterwegs sein?«

Für gewöhnlich dauerte es vierzehn Tage, bis ein Schreiben aus Hagenau nach Rom gelangte.

»Es kann durch widrige Umstände auch Verzögerungen geben. Stimmt Ihr mir zu?«

Der Kanzler begriff. Um seine Unruhe zu bekämpfen, ordnete er die Lage der Haarsträhnen auf seiner Stirn. Das Datum auf dem Brief war wichtig, und der Bote dieses Schreibens sollte unterwegs aufgehalten werden.

»Drei Monate«, befahl Friedrich. »Ihr persönlich werdet es in die Wege leiten.« Seine Mundwinkel zuckten. »Bis Honorius das Siegel erbricht, wird mein Sohn zum deutschen König ausgerufen sein. Und der greise Mann wird mich nicht der Täuschung bezichtigen können. Denn ich habe ihm mit Datum des heutigen Tages lange vorher und in pflichtschuldiger Demut meinen Anspruch auf Sizilien kundgetan.«

Die Märzwochen waren ausgefüllt mit Verhandlungen, und in den Kanzleiräumen brannten die Kerzen bis zum Morgen. Friedrich verzichtete auf alte deutsche Kronrechte und sicherte den Geistlichen Fürsten die beinah uneingeschränkte Landeshoheit in ihren Sprengeln zu. Dieses verlockende Angebot ließ die Herren in den Sattel steigen. Wählten sie einen unmündigen König, geführt durch einen Kronrat aus ihren Reihen, und wäre der zukünftige Kaiser weit fort im Heiligen Land, dann bestimmten sie auf lange Zeit allein die Geschicke im Reich diesseits der Alpen. Wünsche wuchsen, und auf dem Weg zum Hoftag nach Frankfurt stärkten sie sich an dem Rat des Sängers Walther: Sie sollten Friedrich seinen Willen geben, ihn endlich ziehen lassen. Vielleicht kehre er ja, was Gott verhüten möge, nie wieder.

Und am 23. April 1220 wählten die Kurfürsten einstimmig den achtjährigen Heinrich zum deutschen König!

Just an diesem Tag war der Thronsessel des Staufers leergeblieben. »Uns sehnt es nach frischer Luft und Ruhe.« Friedrich hatte einen Jagdausflug in die nahen Taunuswälder dem Höhepunkt des Reichstages vorgezogen.

Bei seiner Rückkehr zeigte er sich im Prunksaal des Königshofes vor allen Anwesenden überrascht, ja bestürzt: »Wie konntet Ihr, Unsere geliebten Herzöge und Grafen, und Ihr, Unsere hochgeschätzten Fürstbischöfe, diesen Schritt wagen, ohne die Zustimmung Unseres geheiligten Vaters einzuholen?«

Verwundert sahen sich die meisten der Edlen und Ritter an. Sie waren aus Vasallenpflicht wegen der Kreuzzugsverhandlungen und der bevorstehenden Abreise des Königs nach Frankfurt gekommen und wußten nichts von dem monatelangen Ringen und Feilschen. Die Fürsten aber lauschten der Rede geduldig, und keiner von ihnen zeigte Betroffenheit.

»Nun da es Euer unwiderruflicher Beschluß und Wille ist«, tiefbewegt legte Friedrich die rechte Hand auf sein Herz, »dürfen Wir nicht leugnen, daß Wir die Erhöhung Unseres Sohnes, den nicht zu lieben Uns, dem Vater, ganz unmöglich ist, stets mit allen Kräften betrieben haben. Indes gaben Wir Uns zu keiner Zeit der Hoffnung hin, dieses Ziel so unerwartet schnell zu erreichen.«

Von seiner Offenheit und so unverhohlenen Vaterliebe angerührt, brachen alle Unwissenden in Hochrufe aus. Ein Festgottesdienst beendete den Hoftag.

Nicht allein aus Höflichkeit begleitete Friedrich den Erzbischof von Köln hinunter zum Mainufer. Geschrei, Befehle und Fluchen schlugen ihnen entgegen. Letzte Vorbereitungen für die Heimfahrt Engelberts waren im Gang. Knechte rollten Wasser- und Weinfässer über die schwankenden Bretter an Bord des Wohnschiffes; Diener und Köche stritten um den Vortritt: Die einen brachten Kleidertruhen, die anderen Holzkäfige mit gackernden Hühnern.

Nahe der Landungsbrücke und abgeschirmt durch den Lärm, der sie umgab, bot sich für die Herren endlich Gelegenheit zu einem vertraulichen Gespräch.

»Ihr habt Wort gehalten, hochwürdiger Vater. Ohne Eure Unterstützung ...«

»Der Dank ehrt mich«, unterbrach der Kölner, »jedoch Ihr, mein königlicher Sohn, habt das Spiel geleitet.« Er zögerte und senkte die Stimme: »Erlaubt, ich weiß nicht, ob ich Euer unglaubliches Geschick bewundern oder fürchten soll.«

»Furcht hegt nur der Kleinmütige. Unser beider Verstand aber sieht voraus und erkennt die Gefahr, ehe sie zur Bedrohung wird.«

Engelbert sah die harten blauen Augen. »Ein Unwetter droht Euch. Von Rom wird es der Sturm Euch entgegentreiben. Hier durfte ich Euch aus dem Hintergrunde helfen, den nächsten Weg aber müßt Ihr allein gehen.«

»Ich habe mich für jedes Wetter gewappnet.«

»Das ist mir nicht entgangen.« In Erinnerung an die vergangenen Tage schmunzelte der ernste Mann: »Ich weiß, warum Ihr der Wahl ferngeblieben seid, auch habe ich gestern den Sinn Eurer Worte wohl verstanden. Mein geliebter königlicher Sohn, ich bete für Euch, daß Ihr Euer Ziel unbeschadet erreichen werdet.«

Friedrich streckte ihm beide Hände entgegen: »Ihr seid ein Freund. Als Beweis meines großen Vertrauens möchte ich Euch die Erziehung meines Sohnes Heinrich übertragen und überdies ...« Er führte den Satz nicht zu Ende, und betont sachlich stellte er fest: »Ihr werdet dem Kronrat angehören. Zwar wird Konrad von Scharfenberg, Bischof zu Speyer und Metz, weiterhin das Kanzleramt bekleiden, allein, es beschäftigt mich der Gedanke, ob nicht die Obergewalt für das Reich einem fähigeren Mann übertragen werden muß.«

»Genug, mein königlicher Sohn«, Engelbert umschloß die dargebotenen Hände. »Übereilt nichts, Ihr würdet sonst Neid säen, ehe der Kronrat seine Arbeit aufnimmt. Auf meine Rückreise nehme ich die Gewißheit mit, daß Ihr mich wirklich nach Eurem Herzen bedenken werdet. Möge Gott Euch schützen und geleiten.«

Herzlich war das Lebewohl. Ehe Engelbert den Steg zum Schiff betrat, schien er sich an etwas zu erinnern und wandte sich um: »Die achte Stimme. Bitte vergeßt sie nicht. Sie unterstützte den Chor der Fürsten. Wenn Euch das Lied des Sängers gefallen hat, so solltet Ihr es ihm lohnen.«

Friedrich winkte, heiter rief er dem Kölner nach: »Er wird nicht länger für Brosamen dichten müssen, sondern Weißbrot und Kuchen erhalten. Genug für sein Lebtag.«

Schon wenige Wochen später jubilierte Walther nahe bei Würzburg vom Söller seines Hofgutes:

»Ich hab' ein Lehen, all die Welt, ich hab' mein Lehen!
Nun fürcht' ich nicht länger den Winter an meinen Zehen.
Brauch' nicht länger die geiz'gen Herren anzuflehen.
... Ich war so lange arm an meinem Dank
Ich war so voll des Scheltens, daß mein Atem stank.
Den hat mein König rein gemacht und obendrein auch meinen
Sang.«

Auch ohne offizielle Botschaft aus Deutschland gelangte die Nachricht von der Königswahl in Frankfurt schnell vor den Heiligen Stuhl.

Kanzler Scharfenberg hatte es aufgeben, den König zu warnen. Diese immer gewagteren Winkelzüge, diese Gratwanderungen brachten den sonst so standfesten Diplomaten nahezu aus dem Gleichgewicht. Doch wollte er den Halt nicht verlieren, mußte er Friedrich folgen; daher stand er schweigend in der Hagenauer Kanzlei und betrachtete seinen Herrn. Welchen Schachzug unternahm der kühne Fürst jetzt? Warum erbrach er das Siegel des päpstlichen Schreibens nicht?

Der Staufer schien die stummen Fragen zu hören und reichte dem Kanzler die Pergamentrolle ungeöffnet zurück. »Ich glaube den Inhalt zu kennen. Weil mir jede Lüge verhaßt ist, will ich die Vorwürfe zurückweisen, ehe ich sie lese. Könnt Ihr mir folgen?«

Scharfenberg hüstelte, und sein Stolz befahl ihm, mit dem Kopf zu nicken.

»Ich wußte es, mein kluger Kanzler.« Friedrich ging vor den Schreibpulten auf und ab, während er seinen Notaren diktierte: »... Wir erfuhren, zwar nicht durch ein Schreiben von Euch, jedoch aus Berichten, daß Unsere Mutter, die Kirche, über die Erhöhung Unseres geliebten Sohnes in nicht geringem Maße beunruhigt ist ...« Er schilderte die turbulenten Ereignisse des letzten Hoftages, versprach, daß er jetzt, dem Wunsch des Heiligen Vaters gemäß, nach Rom eilen und sodann die Kreuzfahrt unternehmen wolle, und teilte mit, daß er bei der Wahl gar nicht zugegen gewesen sei.»... Als Uns dann die Erhöhung Unseres Sohnes eröffnet wurde, weigerten Wir Uns, sie anzuerkennen, da sie ja ohne Euren Auftrag, ohne den Wir nichts planen und nichts unternehmen wollen, erfolgt war. Im Gegenteil, Wir bestanden sogar darauf, daß die Fürsten, wenn sie Unsere Zustimmung haben wollten, ein jeder seinen Beschluß in einem mit seinem eigenen Siegel versehenen Brief niederlegen sollte...«

Nach Ende des Diktats wandte er sich seinem Kanzler zu. »Jetzt habt Ihr sicher verstanden: So bleibe ich der redliche Sohn, der unaufgefordert von einem Ereignis berichtet, das den Vater erregt.«

Oben im dritten Stock des Palas nahm Friedrich seinem Kammerherrn das Badetuch ab. »Der letzte Brief vor unserer Abreise ist abgeschickt, mein Freund.« Er faßte beide Enden und ließ das Tuch wie eine Schleuder um die Hand kreisen. »Der Stein trifft die Stirn des Riesen und fällt den Koloß – vielleicht. Das geschriebene Wort aber, wird es als Geschoß benützt, trifft sein Ziel mit weitaus größerer Wirkung.«

Später bat er Lupold: »Setze dich zu mir ans Bett. Jetzt ist Zeit, auch die kleinen Dinge zu bedenken.« Er sprach von Pferden und Proviant, erwägte, wer ihn und Konstanze auf der Romfahrt begleiten sollte, selbst die ausreichende Menge an Hacken und Grabeschaufeln, um verschüttete Paßstraßen auszubessern, schienen ihm wichtig.

Eine Weile hörte Lupold verwundert zu, dann fragte er: »Verzeiht, mein König? Worüber wollt Ihr wirklich mit mir sprechen?«

»Du kennst mich gut.« Beinah erleichtert setzte sich Friedrich auf. »Die Wahrheit ist, mich bedrängt der Gedanke an Adelheid von Urslingen.« Er wollte sich nicht persönlich von ihr verabschieden. Keine unnützen Tränen, keine pflichtschuldigen Versprechungen und Schwüre. Ohnehin sei für Adelheid, den Sohn und die Tochter aufs beste gesorgt. Friedrich faßte Lupold an der Schulter. »In dir sehe ich meinen einzig aufrichtigen Freund. Deshalb bitte ich dich um einen Liebesdienst. Geh du, wenn es an der Zeit ist, hinüber zum Haus des verjagten Rentmeisters, und sage ihr in meinem Namen Lebewohl.«

Lupold schloß die Augen. O Friedrich, wie hast du um das Herz dieser stolzen Frau gebuhlt, dich mit Duftölen beschmiert und gebalzt wie ein Auerhahn. Und jetzt, nachdem sie dich erhört, dir Liebe und sogar ihre Würde anvertraut hat, willst du dich feige davonschleichen? Nein, so darfst du sie nicht verlassen. »Ihr verlangt einen schweren Gang von mir.«

»Wen sollte ich sonst schicken«, schmeichelte Friedrich, »wenn nicht dich, meinen Freund?«

Nachdenklich sah Lupold den König an. »Ich werde zu Adelheid gehen. Indes, Ihr selbst könntet mir diese Pflicht erleichtern. Laßt mich nicht der Stein in Eurer Schleuder sein.« Er ließ eine Pause, ehe er fortfuhr: »Was sagtet Ihr über die Macht des geschriebenen Wortes? Wenn es als Geschoß vernichtet, kann es dann nicht sanft eingesetzt auch heilende Linderung bewirken?«

»Mein Lupold, mit dem weichen, aufrechten Herzen«, sagte Friedrich leise. »Du beschämst mich, ohne mich anzuklagen. Ja, ich werde Adelei zum Abschied schreiben und, glaube mir, Worte finden, die ihrer Liebe gerecht werden.«

»Danke, mein König.«

»Nein, ich muß dir danken. Wie so oft in kleinen Dingen siehst du genauer hin. Und das möchte ich nie missen.« Ausgiebig räkelte er die Arme, gähnte und ließ sich ins Kissen zurücksinken. Als Lupold ihn nicht zudeckte, sondern mit dem Daunenbett in der Hand zögerte, ermunterte er seinen Kammerherrn, frei zu sprechen.

»In der Tat, ich bekümmere mich um die Menschen, die Euch umgeben. Zürnt nicht, selbst einem der Geringsten gilt meine Sorge.«

»Nur zu. Was gibt es?«

Behutsam suchte Lupold nach geeigneten Worten. Zunächst rief er Friedrich den rothaarigen Jungen ins Gedächtnis, nannte

Namen und Alter, erinnerte an die Adlerfeder, an das Gebüsch, aus dem er damals während der Hatzjagd gekrochen war. »Vor zwei Jahren hat er Euch, zwar etwas unbeholfen, die von ihm selbst geschnitzten Löffel überreicht.«

»Eine gute Arbeit. Aber komm zur Sache.«

»Dieser Tile fleht, bittet und gibt nicht auf: Er will unsern Troß nach Rom begleiten.«

»Übertreibe es nicht, mein Freund«, spottete Friedrich heiter. »Da bestürmt mich die deutsche Ritterschaft, ihre gut ausgebildeten Söhne als Knappen mitzunehmen, und du erwartest, daß ich einem hergelaufenen Bauernlümmel den Vorrang gebe? Mag er noch so fingerfertig das Holz bearbeiten, aber sonst ist sein Kopf leer.«

»Ihr wißt, daß ich sein Anliegen nicht unterstützt habe.« Lupold deckte die Daunen über die Brust seines Königs, mehr zu sich selbst sagte er: »Und dennoch habe ich eine Bitte.«

Schnell griff Friedrich nach dem Handgelenk des Kammerherrn und hielt ihn fest. »Was kümmert dich das Schicksal dieses Jungen?«

Lupold antwortete schlicht: »Schon damals vor dem Breisacher Tor erinnerte er mich an einen Knaben, für den ich früher sorgte. Heute ist Tile fünfzehn Jahre alt, und immer noch fühle ich mich erinnert. Und dies nicht allein wegen seiner roten Locken.« Sie lächelten beide, und Lupold wagte, den vertrauten Moment zu nützen: »Meine Bitte ist mehr als nur eine Laune, Friedrich. Nein, der Junge soll nicht mit uns ziehen, jedoch schenkt ihm etwas Glück. Euch selbst halfen auf dem Weg vom Gassenjungen in Palermo bis heute so viele glückliche Umstände. Für das Leben Tiles wäre es schon ein Wunder, wenn Ihr ihn zur Schule schicktet, daß er lernt und seine Fähigkeiten gefördert werden.«

»Diese Adlerfeder scheint mich mehr und mehr zu kosten«, seufzte Friedrich. »Jetzt auch noch ein Wunder. Du bist ein geschickter Fürsprecher, mein Freund. Sorge, daß der Junge im Kloster Weißenburg Aufnahme findet. Der Abt ist mir für die gewährten Privilegien noch Dank schuldig. Verpflegung und gründliche Ausbildung gehen zu Kosten der Rentkammer.« Friedrich spielte mit seiner Unterlippe. »Im übrigen wäre es ein Experiment, das meine Neugierde reizt: Wie entwickelt sich ein Knabe ohne jede Herkunft, wenn ihm alle Möglichkeiten der Bildung geboten werden? Bei einem streunenden jungen Hundebastard scheint mir solch ein Versuch von vornherein zwecklos.« Er schnippte die Finger. »Gut, mein Baron del Collino, wir wagen es«, und ordnete an: »Ganz gleich zu welchem Erfolg die Erziehung führt, dieser Tile gehört vom heutigen Tag an zu meinem besonderen Besitz.« Aus freien Stücken sei ihm nicht erlaubt, die Studien abzubrechen, über Fortschritte oder Versagen müsse die Kanzlei von den Lehrern unterrichtet werden, mehr noch, in regelmäßigen Abständen habe sich Tile beim Burgvogt der Kaiserpfalz vorzustellen. »Und wann auch immer ich nach Hagenau zurückkehre, will ich über den Stand des Experiments informiert werden.«

»Euer Wunsch, Friedrich, ist mir ein willkommener Befehl.« Kaum vermochte Lupold das siegreiche Lächeln zu verbergen. Viel mehr war erreicht, als er für seinen Schützling erhofft hatte.

»Was hat mein König gesagt? Habt Ihr gefragt, Herr?« Die Stimme gehorchte Tile nicht; in seiner Aufregung stieg sie aus der endlich erreichten und seitdem stolz geübten männlichen Tiefe wieder hinauf in kindliche Höhe. »Darf ich mit nach Rom ziehen?«

»Mäßige dich«, ermahnte Baron Lupold. Jeder Lärm war im Flur vor der Kanzlei verboten. »Begleite mich hinüber zur Stadt. Auf dem Weg wirst du alles erfahren.«

»So sagt es mir doch, Herr«, flüsterte Tile und eilte neben ihm her. Wochenlang hatte er diesen Moment herbeigesehnt. Seit Anfang Juli waren die Vorbereitungen zur Abreise der Königin im Gange, Kisten und Truhen längst in den Planwagen verstaut. Voller Sorge war Tile gestern auf die Wehrmauer gestiegen und hatte der Kutsche nachgeschaut, die den jungen König Heinrich nach Köln zu seinem Vormund bringen sollte. »Bald sind alle weg, und ich bin noch hier.« Endlich, heute morgen war ein Diener zur Küche gekommen: Tile habe sich unverzüglich im Flur vor den Schreibstuben einzufinden.

Schweigend durchquerte Lupold mit dem Fünfzehnjährigen das Torhaus. Mitten auf der Holzbrücke blieb er stehen. »Als ich dich damals herbrachte, warst du klein, so mager und in nassen Lumpen. Heute kann ich dir in die Augen sehen, ohne mich hinunterbeugen zu müssen. Ein schlanker, kräftiger junger Mann ist aus dir geworden.«

Nichts von dem wollte Tile jetzt hören. Gequält nickte er und versteckte die unruhigen Hände hinter dem Rücken.

»Deshalb wirst du mir jetzt zuhören, ohne Protest oder kindisches Gezeter.« Genug der Vorbereitung; leise, doch klar und unmißverständlich fuhr Lupold fort: »Der König hat entschieden: Im Troß gibt es keinen Platz für dich. Du darfst nicht mit nach Rom ziehen.«

Schmerz und Enttäuschung füllten die seltsam blauen Augen. Tile bewegte sich nicht.

Der väterliche Freund wollte ihm Zeit lassen und wandte sich ab; beide Hände aufs Brückengeländer gestützt, sah er der ruhig fließenden Moder zu. Schließlich bat er: »Nun komm, stell dich neben mich.«

Tile legte die gekreuzten Arme über das glatte Holz und verbarg sein Gesicht.

»Nichts ist verloren, Junge«, versuchte Lupold ihn aufzumuntern. »Weißt du noch, damals hast du an dieser Stelle deinen Kittel ausgezogen und ins Wasser geworfen, nur weil ich befohlen hatte, daß du sauber in der Kaiserpfalz erscheinen solltest.«

»Weiß ich«, stammelte Tile und trat gegen das Geländer. »Alles war schön, und jetzt ist alles vorbei.«

»Nicht wenn du mir zuhörst. Der König hat noch etwas für dich entschieden.«

»Ach, Herr, Ihr seid fort …« Tile hob langsam den Kopf. »Was sagt Ihr? Ich mein', was hat der König gesagt?«

»Nur weil du zu dumm bist, darfst du nicht mit«, reizte Lupold ihn.

Der Erfolg blieb nicht aus; sofort wachte der Junge auf und schüttelte empört die roten Locken. »Das stimmt nicht. Er kann sich ja überzeugen, wie gescheit ich bin. Aber er will ja nicht. Dumm? Rechnen kann ich gut, jawohl. Ich weiß alles, was ich weiß.«

»Und das genügt unserm König eben nicht. Wenn du eine gute Stellung in seiner Nähe haben möchtest, dann mußt du lernen, viel dazulernen.« An den Fingern zählte Lupold auf: »Zunächst einmal: Höflichkeit und eine Sprache, die sich geziemt. Vor allem: Tischmanieren. Natürlich auch Reiten und den sichern Umgang mit Schwert und Lanze.«

Tile hob entrüstet die Achseln: »Ach, Herr. Ich bin arm, das wißt Ihr genau. Ihr wollt Euch nur lustig machen!«

»Unterbrich mich nicht«, befahl Lupold und fuhr fort: »Aber Knappen gibt es bei Hofe schon genug. Mit diesem Können allein wirst du nie vor unsern König treten dürfen.« Nach und nach streckte er die Finger der anderen Hand: »Lesen, Schreiben, und weil die meisten Bücher lateinisch abgefaßt sind, wirst du dich obendrein auch in dieser Sprache üben müssen.«

»Jetzt weiß ich Herr, warum Ihr mir das sagt.« Die Stimme hielt die tiefe Lage. »Ich soll endlich aufhören zu träumen.« Bitter lachte der Junge. »Den Schild hätte ich mir selbst schnitzen können, auch eine Lanze. Und von den Knappen hätte ich mir alles abgeguckt. Das schaff' ich bestimmt. Aber wer bringt schon so einem wie mir das Schreiben und Bücherlesen bei?« Tile hielt inne; nur eins wollte er noch genau wissen: »Und erst wenn ich das alles studiert hab', darf ich zum König?«

Der Baron zuckte die Achsel und nickte.

»Schon gut. Ich hab' verstanden.« Tile löste sich vom Geländer, war unschlüssig, dann dienerte er. »Danke für alles, Herr. Ihr seid immer sehr gut zu mir gewesen.«

»Nichts hast du verstanden, mein Junge.« Einen Augenblick

lang war Lupold versucht, den Unglücklichen zu umarmen, bezwang aber die Rührung und nahm eine gesiegelte Pergamentrolle aus der Tasche. »Ehe ich dir verrate, was dieses Schreiben bedeutet, beantworte mir eine Frage: Wenn nun die Hindernisse aus dem Weg geräumt würden, hättest du wirklich den Mut zu lernen, ohne daß du aufgibst?«

»Ich schaff' alles, was ich will.«

»Und ich glaube es dir.« Lupold reichte ihm die Rolle. »Da, nimm. Es gibt kein Hindernis mehr.« Ohne jede Erklärung ging er weiter.

Tile blieb zurück, erkannte das Siegel, und am Ende der Brücke holte er den Baron wieder ein. »Was ist das, Herr?«

»Dein Empfehlungsschreiben.« Während Lupold zielstrebig die Straße zum Markt einschlug, beobachtete er Tile aus den Augenwinkeln. »Du hältst den Neubeginn deines Lebens in der Hand, also gehe sorgsam damit um und verliere es nicht.«

»Herr!« Tile überholte den Baron, versuchte sich ihm in den Weg zu stellen; da er nicht anhielt, lief Tile rückwärts vor ihm her. »Herr. Bitte, Herr! Gleich platzt mir der Kopf. Weil ich nicht weiß, was Ihr meint.«

»Stürzen wirst du, wenn du weiter so vor mir her turnst. Also begleite mich, wie es sich für einen zukünftigen Studiosus gehört.«

Sofort gehorchte Tile, paßte sogar seinen Schritt dem des Kammerherrn an. »Studiosus? Ich? Das Wort kenn' ich nicht.«

»Die bittersüße Bedeutung wird dir schon in wenigen Monaten klarwerden«, versicherte Lupold trocken. Es ist geschafft, dachte er, du hast den Köder samt Haken verschluckt. Die Gefahr war gebannt, sein eigensinniger Schützling würde nicht heimlich, wie aus Erfahrung zu befürchten war, hinter dem königlichen Troß herlaufen, sondern ohne Zögern dem Befehl Friedrichs Folge leisten. »Der König hält große Stücke auf dich, Junge.« Am Rand des Marktes blieb Lupold stehen und suchte nach einem ruhigen Platz. Er führte Tile, abseits von Geschrei und Gedränge, hinter den Stand des Fischhändlers zu einer Feuertonne. Qualm stieg aus der

Glut und mischte sich mit dem Geruch nach gebratenem Aal.

»Deshalb vertraue mir, und, bitte, höre erst, und frage nicht gleich. Es ist der Wunsch unseres Fürsten, daß du eine gute Ausbildung erhältst. Nicht nur im Knappendienst; mehr noch, König Friedrich will dich als Schüler zu gelehrten Mönchen schicken.«

Alles Blut war aus dem sommersprossigen Gesicht gewichen. »Aber warum soll ich ...?« Der strenge Blick befahl ihm zu schweigen. Von einem Fuß auf den andern, die Hand fest in die Locken gekrallt, so gelang Tile der Gehorsam.

»Du wirst in den nächsten Tagen mit einem Weintransport zum Kloster Weißenburg fahren. Das ist nicht weit von hier, höchstens eine Tagereise entfernt, drüben am Nordrand des Heiligen Waldes.« Und Punkt für Punkt eröffnete der Kammerherr dem Fünfzehnjährigen dessen zukünftigen Lebensweg. Der Abt war von der Kanzlei unterrichtet, und die Fahrt mit dem Weinhändler abgesprochen. »Du siehst, das Geschenk des Königs ist groß«, schloß Baron Lupold und deutete auf die gesiegelte Pergamentrolle. »Nun liegt es in deiner Hand. Überreiche am Klostertor dieses Empfehlungsschreiben«, er lächelte warm, »und, mein Junge, du wirst eine neue Welt betreten.«

Tile wußte keine Fragen mehr. Tränen rollten; ohne den Blick abzuwenden, tastete er nach dem Amulett unter seinem Kittel. Die Finger berührten den Schatz. »Glück«, flüsterte er, »du bist doch mein Zauberring.«

»Wir müssen uns jetzt hier Lebewohl sagen.«

Mit einem Mal sprudelten die Fragen doch. Durfte er Niko mitnehmen? Und wenn er gelernt hatte, was war dann? Wo sollte er hingehen? »Wann kommt der König zurück, Herr?«

Wahrheit oder Lüge? Lupold mußte sich entscheiden. Ohne Ziel würde Tile nie genügend Kraft aufbringen, die Erwartungen zu erfüllen. »Gleich nach dem Kreuzzug kehren wir nach Hagenau zurück. Aber dann heißt es nicht länger König, sondern Kaiser Friedrich. Vergiß das nicht.«

Tile nickte, das Blau in den Augen wurde dunkel: »Und der

Kaiser will mich, wenn er wieder hier ist? Ist das wirklich wahr, Herr?«

Nach kurzem Zögern hob Lupold die Hand. »Du hast mein Wort.«

Da sprang Tile mit beiden Beinen gleichzeitig hoch, kauerte auf dem Boden und riß die Holzsandalen von den Füßen.

»Unterstehe dich!«

Zu spät. Ehe der Kammerherr es verhindern konnte, lagen die Pantinen schon in der Feuertonne unter den Aalen.

»Ihr habt doch gesagt, ich soll eine neue Welt betreten«, erklärte Tile ernsthaft. »Also ziehe ich auch neue Schuhe an. Vorrat hab' ich genug.«

»Du bist nicht mehr das Kind ...« Lupold unterbrach sich. »Nein, nein, keine Ermahnungen mehr. Davon wirst du in Zukunft genug hören. Wenn wir uns wiedersehen, weißt du, was ein Studiosus ist.«

»Danke, Herr. Ihr ... ihr seid ein guter, ein großer, ein ...« Tile wußte nicht weiter.

»Es ist alles gut, mein Junge. Lebe wohl.« Lupold wies in Richtung Kaiserpfalz. »Und jetzt lauf!«

Kaum war sein Schützling aus dem Blickfeld entschwunden, verlor sich auch das Lächeln. Durch den Stoff fühlte der Kammerherr nach der zweiten Pergamentrolle in seinem Mantel. »Diesen Abschied wird kein Glück erleichtern«, seufzte er und schritt zum Haus des Rentmeisters. Schwer war ihm die Pflicht, Adelheid von Urslingen den Brief Friedrichs zu überreichen.

Der Nachmittag war warm und windig. Die Magd hatte den Handkarren mit Futtertrögen beladen und war zum Wäscheplatz außerhalb der Wehrmauer ans Ufer gezogen.

Schon von weitem winkte Tile: »Irmhild!« Er pfiff Niko. Eine Zeitlang jagten sie nebeneinander her, schließlich war der alte Hund doch schneller und gewann das Wettrennen. Außer Atem warf sich Tile auf einen der großen, buckelrunden Waschkiesel.

»Irmhild. Ich ... ich darf nicht mit nach Rom«, keuchte er. »Der König hat's verboten.«

»Mußt nicht traurig sein, Bub.« Sie stand wadentief im seichten Wasser, hatte den schräg aufgestellten Trog gegen ihren Bauch gedrückt und schabte klebrigen Futterschmier aus der Mulde. »Wär' auch zu gefährlich, so weit weg. Besser du bleibst bei mir.«

»Das ist es ja, Irmhild! Ich darf weggehen.« Überglücklich zauste er durch seine Locken: »Stimmt auch nicht! Nein, ich muß weggehen, weil mein König es befohlen hat.«

»Wer hat dir ...?« Sie fuhr herum und drohte mit dem Eisenkratzer. »Lüg mich nicht an, Bub.« In ihrer Bestürzung achtete sie einen Augenblick nicht auf den Trog. Er schwappte aufs Wasser und treiselte wie ein Boot davon. »Jesses Maria!« Irmhild versuchte ihn noch zu erreichen. »O Jesses Maria! Bleib hier, du verfluchtes Ding!«

Tile sprang auf. »Ich fang' ihn ab!« Er rannte am Moderufer entlang; die Strömung war träge, schnell hatte er die schaukelnde Holzwanne überholt und warf sich ins Wasser. Kein seichtes Ufer wie an der Waschstelle, sofort verlor er den Grund. Und Tile konnte nicht schwimmen! Er tauchte unter, kam wieder an die Oberfläche, rief, schluckte Wasser; wild schlug und ruderte er mit den Armen.

Irmhild war ihm nachgelaufen. »Der Kübel! Da kommt er! Halt dich dran fest.« Niko glaubte an ein Spiel, sprang laut bellend ins Wasser und schwamm auf den Freund zu.

Im Auf und Ab sah Tile den Trog; immer wieder schlug seine Hand daneben, endlich traf sie den Holzrand, und er konnte sich anklammern. Husten und Spucken; erst nahe am Ufer wurde das Atemholen leichter.

»Streck die Hand aus, Bub.« Irmhild packte fest zu und zog ihn samt Futterwanne ins Trockene. »Dummer Kerl!« schimpfte sie. »Was springst du auch rein, wenn du nicht schwimmen kannst?«

»Ich ... ich wollt' dir doch ...«, er hustete und würgte, »helfen wollt' ich dir doch, helfen.«

»Ach, du bist ein dummer, lieber Kerl.«

Während Niko neben ihnen das Fell schüttelte, klopfte Irmhild dem Jungen auf den gebeugten Rücken, bis auch das letzte Wasser ausgespuckt war. »Wird schon wieder, Bub.«

Nachdem sie den Waschplatz wieder erreicht hatten, Tile nackt auf einem der Kiesel saß und sein Kittel über der Karrendeichsel zum Trocknen hing, forderte Irmhild: »So, Bub. Jetzt sag's noch mal. Das von eben, mein' ich.«

Das überschäumende Glück war vom Wasser abgekühlt, und seine Stimme hielt die tiefe Lage. »Es ist so: Ich soll lernen, sagt mein Baron. Weil der König das will. Verstehst du? Alles, Lesen und Schreiben und so, was eben ein kluger Mann wissen muß.«

»Schwimmen wär' besser.« Mißtrauisch sah die Magd auf ihn hinunter. »Du und deine Flausen. Manchmal bist du wirklich verrückt.«

»Sag das nicht immer!« schimpfte er. »Wahr ist es! Übermorgen geh' ich mit Niko weg nach Weißenburg. Ich hab' einen Empfehlungsbrief vom König, sein Siegel ist drauf. Den zeige ich am Klostertor, und dann lassen die Mönche uns rein.«

Irmhild schwieg. Langsam ging sie zum Handkarren, wollte den nächsten Trog herunternehmen, und ließ ihn doch liegen. »Aber du bist mein Bub, mein Goldfasan …« Ihre Schultern zitterten. »Sie dürfen dich mir nicht einfach wegnehmen. Das dürfen sie doch nicht!«

Betroffen eilte Tile zu ihr. »Nicht weinen! Du bist meine Irmhild. Ich will nicht, daß du traurig bist.«

»Aber was mach' ich denn jetzt nur? Ohne dich, Bub?«

Er streichelte ihre Hand. »Weißt du, in Wirklichkeit bin ich gar nicht weg.« Unter Tränen sah sie ihn an. Schnell hielt er die kleine Hoffnung in ihrem Blick fest. »Das ist so. Ich muß ja alle zwei Monate wieder herkommen und mich den Notaren zeigen. Und dann bleib' ich bestimmt ein paar Tage.«

»Bestimmt? Und du kommst zu mir, auch wenn du so gescheite Sachen gelernt hast?«

Als Antwort drückte er das Gesicht an einen ihrer üppigen Busenberge und rief dem anderen zu: »Hola! Hörst du mich? Ich versprech' es.«

»Gewartet hab' ich schon mal auf einen. Der Feigling kam nicht wieder. Aber du, Bub, bist noch so jung.« Sie seufzte tief und strich über seinen Kopf. »Nein, gehören tust du mir nicht. Schon recht. Glück sollst du haben.« An den Haaren zog sie ihn zurück. »Und verrückt bist du doch!«

Gründlich schneuzte Irmhild in die Hand, wischte sie am Holz ab, dann trug sie den Futtertrog zum Wasser.

Tile lief auf und ab. Sein Schnitzwerkzeug wollte er mitnehmen, auch schön gemaserte Stücke vom Linden- und Erlenholz; nein, besser, er besorgte sich in der Zimmerei gleich einige Baumklötze.

»Wenn du bepackt wie ein Maulesel daherkommst«, spottete die Magd, »schicken sie dich gleich wieder weg.« Sie brachte den gereinigten Trog zurück. Vor dem Handkarren lag Niko und leckte das Fell. »Und ihn hier solltest du auch nicht mitnehmen.«

»Sag das nicht!« Sofort war Tile bei seinem Hund.

Irmhild stemmte die Hände in ihre Seiten. »Alt ist er, wie ich. Und klug wird er auch nicht mehr. Was soll er in der Fremde? Du sitzt da und mußt schreiben, und der arme Hund langweilt sich.«

»Sag das doch nicht«, bat Tile. Seit er heute morgen seinen Baron gefragt hatte, versuchte er den Gedanken wegzuschieben, aber er kehrte wieder. Tile sah sich mit Niko vor dem Klostertor stehen. Und der Abt sagte: ›Du darfst eintreten. Der Hund bleibt draußen.‹ Immer hatte Niko ihn begleitet, und jetzt? In die neue Welt durfte er den Freund nicht mitnehmen.

»Bub, ich mein', hier muß er auf den Schweinestall aufpassen. Und wenn ich warte«, Irmhild lächelte bekümmert, »dann kann er wenigstens mit mir warten. Und wir sind beide nicht allein.«

Darüber hatte Tile bisher nicht nachgedacht. Er wühlte die Hand ins Fell; auch Niko versprach er: »Ich geh' ja nicht weg, weil ich wiederkomm'.« Und tröstete sich selbst damit. Nachdem alle

Futterwannen gereinigt auf dem Karren lagen, war auch sein Kittel im Wind getrocknet. Irmhild gab ihn nicht her. Sie sah an Tile hinunter: »Erst wenn du versprichst, mir heut nacht den Empfehlungsbrief vom König zu zeigen.«

»Aber nur angucken, weil das Siegel drauf ist«, grinste er frech und schnappte ihr den Kittel weg.

Zwei Stunden nach der Abfahrt, tief im Heiligen Wald, überraschte ein heftiges Juligewitter den Weintransport. Fluchend sprang der Kutscher des ersten Planwagens vom Bock. Über die Schulter schrie er Tile zu: »Runter mit dir. Bring die Decken mit!«

Regenfluten, Blitze blendeten, Knallen, Poltern, hell reißendes Krachen bis zum nächsten furchtbaren Schlag; der schwarze Himmel drohte über den Gespannen auseinanderzubrechen. In wilder Hast gelang es dem Fuhrmann und Tile, die Rücken der beiden Zugochsen mit Lederdecken zu schützen. Jetzt schlugen Hagelbrocken durch die Baumkronen nieder. »Halt das Vieh! Du mußt es halten!« brüllte der Kutscher.

Breitbeinig stellte sich der Fünfzehnjährige neben ihn vor die aufgeschreckten Ochsen, wich den spitzen Hörnern aus und packte schließlich einen Nasenring. Hagel wie Geschosse! Durch die Mütze, auf den Schultern, den Armen spürte er Schmerz, doch keinen Schritt bewegte er sich zur Seite und zwang mit festem Griff seinen Ochsen, zu gehorchen.

Unvermittelt brach das Unwetter ab. Grollend wälzten sich die schwarzen Riesen über dem Heiligen Wald davon.

Während der Weiterfahrt beobachtete der Kutscher verstohlen seinen Reisegast. Nach einer Weile schob er die breite Hutkrempe aus der Stirn: »Du taugst ja doch zu was.«

»Wieso?«

»Na, erst hab' ich gedacht, du wärst so ein Milchschlauch. Weil ich dich zu den Mönchen bringen soll.«

»Da muß ich auch hin.« So weit seine Zunge hinreichte, leckte Tile die blutigen Risse auf den Armen. Milchschlauch? Der

Kerl macht sich lustig über mich, dachte er zornig. Nichts werd' ich dir von mir erzählen.

Schweigen.

»Na ja, ich dacht' nur so«, stichelte der Fuhrmann weiter. »Weil mein Herr befohlen hat, daß nichts an dich drankommen darf, unterwegs. Vom Schutz des Königs hat er geredet. Und da dacht' ich, da fährt so 'n Besonderer mit mir.«

»Das stimmt auch.«

»Aber so siehst du nicht aus. 'nen Kittel, Holzschuhe. Und was hast du da in dem Sack? Feder, Schreibbrett und Bücher sind da nicht drin. Die klappern nicht so.«

»Ich hab' alles bei mir, was ich brauch'.« Mit einem Mal ertrug Tile den unverhohlenen Spott nicht länger; er riß die Mütze vom Kopf und hob das Kinn: »Damit du's weißt: Ich bin ein Studiosus.«

Das fremde Wort beeindruckte den Mann. »Ach, so ist das«, lenkte er ein. »Konnt' ich ja nicht ahnen. Nichts für ungut, junger Herr.«

Tile erstarrte. Junger Herr? Schnell vergewisserte er sich aus den Augenwinkeln. Der Kutscher grinste nicht. Er hat wirklich mich gemeint, dachte Tile und lehnte sich zurück. Die neue Welt gefällt mir jetzt schon.

Keine Fackeln, keine Musik, nichts mit dem Tile in seinen Träumen gespielt hatte, traf ein; nicht einmal eine Hand wurde ihm zur Begrüßung geboten. Ehe die hochbeladenen Wagen durchs Klostertor rollen durften, mußte er absteigen. Der riesenhafte Mönch ließ ihn nicht zu Wort kommen. »Melde dich hinten an der Küchenpforte.«

Schlimmer noch war es, den spöttischen Blick des Kutschers zu ertragen. »Danke!« rief Tile tapfer, packte sein Bündel und lief zwischen Brennesseln den Pfad unterhalb der Klostermauer entlang.

Auf sein Klopfen hin öffnete sich die Fensterklappe hoch oben in der eisenbeschlagenen, schmalen Eichentür. Kurz erschien ein rundes Gesicht; allein die Warze unter der Nase nahm Tile wahr.

Gleich darauf reichte ihm eine Hand etwas Brot und Milch hinaus. Der Holzbecher war mit einer langen Kette gesichert.

»Ich komme von ...«

Die Hand war verschwunden. »Friede sei mit dir«, hörte er von drinnen.

Durch die offene Luke erkannte er dunkle Deckenbalken, mehr nicht. »Ich komme aus Hagenau!«

Niemand antwortete.

Beim Duft des Brotes verspürte Tile Hunger. Vielleicht gibt es immer erst was zu essen, überlegte er. So wird es sein, keiner darf hungrig in ein Kloster gehen. Während er kaute, erinnerte er sich an Breisach, an die Bäuche der Mönche. Täglich hatte er mit den Bettelgeschwistern den frommen Herren aufgelauert. Ja, die Breisacher Mönche damals, die hatten auch genug.

Säuerlich und dünn schmeckte die Milch und nicht fett wie in Irmhilds Kuhstall nach dem Melken. Doch für den Durst genügte sie. Tile klopfte mit dem geleerten Becher an die Klappe, wartete; er rasselte an der Kette. »Bitte, Herr. Hört Ihr mich?«

»Laß den Becher hängen. Und geh mit Gott.«

»Nein. Ich muß jetzt ins Kloster.«

Das runde Gesicht erschien wieder. »Nun mach, daß du weiterkommst, Kleiner. Such dir einen anderen Schlafplatz.«

»Bitte wartet, Herr.« Tile bückte sich, zog die Pergamentrolle aus dem Leinensack und hielt sie hoch. »Hier. Das Siegel. Erkennt Ihr das?«

»Ich teile nur Almosen aus. Lesen kann ich nicht.«

»Ich auch nicht, deshalb muß ich ja ins Kloster.«

»Wenn du dich traust, dann frag den Bruder am Haupttor, der kann lesen.« Die Warze hob sich fast bis ins Nasenloch. »Aber paß auf deine Ohren auf, Kleiner«, warnte das Küchengesicht gutmütig. »Wärst nicht der erste Bettler, dem er sie abreißt, bevor er dich wegjagt.«

»Ich hab' keine Angst, weil ich vom König komme.«

»Beim Heiligen Antonius! Das erzähl ihm nur!«

Tile nahm sein Bündel und rannte, die Pergamentrolle wie eine Fackel erhoben, den Pfad zurück.

»Aber vergiß nicht, ich hab' dich gewarnt, Kleiner!« An der Kette wurde der Milchbecher zur Klappe hochgezogen. »Vom König will er kommen; das hat bis jetzt noch keiner behauptet.«

»Wer hat dich geschickt?« grollte der Mönch. Im Trichter der Kapuze war sein Gesicht kaum zu erkennen, aus den schwarzen Kuttenärmeln ragten Hände wie flache haarige Brote; langsam rollte er sie zu Fäusten, spreizte und rollte sie ein. »Wiederhole es, Bursche!«

Vorgewarnt war Tile am Eingang der düsteren Pförtnerzelle stehengeblieben. »Glaubt mir, ehrwürdiger Vater, es ist wahr.« Tile streckte das Empfehlungsschreiben, als wäre es seine Waffe, und jeden Moment zur Flucht bereit, wagte er sich vorwärts. »Ich ... ich kann's beweisen.«

Bis auf Armlänge ließ der angsteinflößende Diener Gottes den Jungen herankommen, dann riß er den Brief an sich. Das Siegel beunruhigte ihn. Er prüfte es im Licht des Zellenfensters. »Seine Majestät König Friedrich«, entzifferte er den Adressaten. »Da soll doch der Heilige Pirmin ... Das ist an unsern Abt gerichtet.«

»Ich sag' ja, mein König hat mich geschickt.«

»Schweig, du Wicht!« Die Pergamentrolle wechselte von einer behaarten Hand in die andere. »Möchte nur wissen ...«, er schnaufte. »Na, gut, unser Vater Abt wird es schon herausbekommen.« Grob stieß er Tile aus der Pförtnerzelle in den Klosterhof. »Hier wartest du, Bursche!« Und warnte: »Wenn du den Brief jemandem gestohlen hast, dann ...« Er beendete den Satz nicht; seine Miene sollte als Drohung genügen.

»Ich hab' keine Angst«, flüsterte Tile, dennoch blickte er sich um. Die langgestreckten Holzställe und Scheunen, die festgemauerten Gebäude jenseits des Vorhofes – nein, dort würde er sich nicht lange verstecken können, und dicke Querbalken verschlossen das Haupttor, und auch die Mauern würde er nicht überklettern können. War schon schwer genug reinzukommen, ging es ihm durch den Kopf, aber raus ...? Vielleicht wär' ich doch besser bei Irmhild geblieben.

Der Mönch kehrte mit großen Schritten zurück. Er hatte die Kapuze vom Kopf gestreift; freundlich, beinah wohlwollend bat er: »Komm, Junge. Du darfst Vater Bernhardus nicht warten lassen.« Er führte ihn über geharkte Wege an der Brauerei und dem Backhaus vorbei auf die Gebäude östlich der Kirche zu. »Dort wohnen wir Ordensbrüder«, er wies auf ein niedriges Haus, »und da vorn, gleich neben dem Refektorium, da schlafen unsere Laienschüler.« Nichts in seiner Stimme erinnerte Tile mehr an den unüberwindlichen Wächter. Vor der Tür des Abtes reichte er dem Jungen die Hand. »Ich bin Bruder Sebastian.« Er rasselte mit dem großen Schlüsselring an seinem Hüftstrick: »Wer ich bin und was hier meine Aufgabe ist, hast du ja schon erlebt.«

Abt Bernhardus blickte nicht auf. »Tritt näher, Tile.« Er saß in einem hohen Sessel hinter dem großen Eichentisch. Zwischen seinen aufgestützten Händen lagen das Empfehlungsschreiben und ein zweites Pergament. »Du warst uns angekündigt, mein Sohn. Wir haben dich erwartet, und gerne werden wir dem Wunsch König Friedrichs nachkommen.« Langsam hob der Abt den Kopf. Ein leichtes Stirnrunzeln. »Nun verstehe ich Bruder Sebastianus.« Gleich beugte er sich wieder über den Brief. »Deinem Aussehen nach bist du unterwegs überfallen worden, mein Sohn. Das bedauere ich.«

»Wieso?« Tile sah vorsichtig an sich hinunter. »Ach, die Kratzer, meint Ihr? Nein, Herr, ich mein', ehrwürdiger Vater, das war der Hagel.«

Das Schweigen deutete Tile als Aufforderung; voller Stolz beschrieb er ausführlich, wie er den Ochsen während des Unwetters gehalten hatte.

Statt eines Lobes sagte der Abt: »Gleich zu Beginn merke dir die vornehmste Regel unseres Klosters: Ein Schüler spricht nur, wenn ihm die Erlaubnis dazu erteilt wird.« Unvermittelt fragte er: »Warum bist du hergekommen?«

Tile deutet stumm auf seine fest geschlossenen Lippen.

Bernhardus stutzte, dann forderte er: »Ja, jetzt darfst du sprechen, mein Sohn. Immer wenn ich dich frage, sollst du sofort antworten.«

»Aber Ihr habt gerade ...«

»Mein Sohn! Weißt du, warum Seine Majestät dich zu uns geschickt hat?«

»Weil ich lernen soll«, flüsterte der Fünfzehnjährige.

»Und was möchtest du lernen?«

Um den strengen Mann nicht wieder zu verärgern, sagte Tile vorsichtig: »Alles.«

Der warnende Blick zeigte ihm, daß die Antwort nicht genügte. »Verzeiht, ehrwürdiger Herr.« Und hastig zählte er an den Fingern auf, was Baron Lupold ihm gesagt hatte.

Bei dem mühsam ausgesprochenen Wort ›Studiosus‹ konnte Bernhardus ein bekümmertes Lächeln nicht unterdrücken. »Ich habe verstanden, mein Sohn.« Er lehnte sich zurück. »Der König scheint ein Wunder von uns zu fordern. Aber so sei es denn. Du bist mir und meinen Brüdern anvertraut worden, und wir werden diese Pflicht nach allen Kräften erfüllen. Morgen wirst du mit deinem täglichen Stundenplan vertraut gemacht. Ehe ich dich jetzt dem Cellarius überlasse, der dich von diesen Lumpen befreit und dir den Schlafplatz zuweist, muß ich mir Klarheit über einige Fakten verschaffen, die aus dem Kanzleischreiben nicht ersichtlich sind.« Er legte die gefalteten Hände auf den Tisch, und ohne Strenge fuhr er fort: »Damit wir rasch zu einem Ergebnis kommen, bitte ich dich freimütig und vor allem so knapp, wie es dir möglich ist, zu antworten. Dein Name lautet Tile. Trägst du einen Beinamen?«

»Nur Tile, sonst hab' ich nichts.«

Welche Fragen Abt Bernhardus auch stellte, übrig blieb letztlich eine Antwort: »Tile, sonst hab' ich nichts.«

Die Offenheit schien den Abt mehr und mehr für den neuen Zögling einzunehmen; nachdenklich sagte er: »Doch, mein Sohn, du besitzt einen einzigartigen Schatz. Wer ohne Eltern aufwächst, so lange ohne Zuwendung leben mußte und schließlich mit einem Empfehlungsschreiben des Königs vor mir steht, solch einem jungen Mann muß eine Kraft innewohnen, die nur selten zu finden ist. Und das gibt mir Mut, dieses Wagnis einzugehen.« Er schob die Pergamente beiseite. »Ich frage jetzt nicht nach deinen Vorkenntnissen. Hast du sonst irgend etwas gelernt? Etwas, worauf du stolz bist?«

Im ersten Moment wollte Tile von Vater Jakob und den Bettelkünsten erzählen, unterließ es aber rechtzeitig und zuckte die Achseln: »Nichts. In der Küche weiß ich Bescheid, auch im Stall. Na ja, und schnitzen, aber das hab' ich auch nicht gelernt, aber schnitzen kann ich gut.« Seine Augen leuchteten, als er auf seine Holzsandalen zeigte. »Die mach' ich selbst.«

»Komm näher, ich möchte sie sehen.«

Tile lief um den Tisch herum; neben dem Sessel hob er den Fuß und legte ihn auf die Eichenplatte. »Das ist beste Esche. Seht Ihr, und die Lederriemen hab' ich nicht einfach genagelt, weil sie sonst so schnell reißen. Wenn Ihr wollt, mach' ich Euch auch so ein richtig haltbares Paar.«

»Gut, mein Sohn. Ich werde darauf zurückkommen.« Der Abt räusperte sich. »Doch bitte, setze nun den Fuß wieder auf den Boden.«

Tile gehorchte. »Und Löffel hab' ich schon für den König geschnitzt und ...«

Abt Bernhardus hob die Hand. »Genug, du hast mich überzeugt. Erst tief unter der Rinde kommt das wertvolle Holz zum Vorschein. Indes, ich bin getrost, daß mit gutem Werkzeug, großem Geschick und vor allem deiner Mitarbeit uns ein Kunstwerk gelingen wird.«

Tile hatte nichts verstanden, fühlte nur die Nähe, und warm stieg Glück in ihm auf.

Der Blick dieser seltsam blauen Augen erstaunte den Abt. »Kehre an deinen Platz vor dem Tisch zurück.« Betont sachlich sprach er weiter: »Zwar hebt unsere Klosterkluft die Standesunterschiede auf, dennoch solltest du nicht ohne Beinamen bleiben ... Calopidus. Ja, Tile Calopidus, so wirst du von nun an heißen.«

»Warum, ehrwürdiger Vater?«

»Viele deiner Mitschüler tragen den stolzen Beinamen ihres Adelsgeschlechtes, und nur wenige zeigen sich dieser Ehre würdig. Du aber hast ihn dir selbst verdient.« Heiter wies der Abt auf die Holzschuhe: »Das sind Calopes. Ich habe deinen Beinamen aus dem Lateinischen gebildet.«

Tile nickte gehorsam. Auch gut, dachte er, vielleicht gehört ja zu meiner neuen Welt auch ein neuer Name. Daran gewöhn' ich mich leicht.

Ein frischer durchsichtiger Morgen begrüßte den 22. November 1220, den letzten Sonntag im Heiligen Jahr der Kirche. Im Osten Roms färbte sich der Himmel rot, bald gold, dann stieg gleißend die Sonne, und ihre Strahlen erfaßten das königliche Zeltdorf auf dem Monte Mario. Wie es der Brauch vorschrieb, lagerten Friedrich und sein Gefolge auf diesem Hügel an der Westseite des Tibers. Hier hatten auch seine Vorgänger die letzte Nacht vor der Kaiserkrönung verbracht.

Längst prasselte das Küchenfeuer unter den Tiegeln. Der Koch teilte Reis oder Hirsebrei aus, und Edelknappen brachten die kargen Speisen zu den Unterkünften ihrer Bischöfe, Grafen und Ritter.

Das Zaumzeug kurzgefaßt, führten Stallburschen zwei Schimmel über den Fahnenplatz. Mähne und Schweif waren sorgfältig gebürstet, das gestriegelte Fell schimmerte matt. Im Gelb der samtenen Rückendecken waren die Stauferlöwen eingestickt, darüber lagen Sättel aus weichem Leder, und Goldköpfe verzierten Riemen und Gurte. Einer der Knechte blieb mit der Stute am Zelt der Königin zurück, der andere brachte den Hengst zum noch verschlossenen Eingang des Herrscherzeltes.

Im Innern kniete Lupold vor dem Hocker und streifte seinem König die weichen Lederschuhe über, befestigte dann die Sporen mit nur kurzem goldenem Dorn. »Sie genügen. Weit werdet Ihr heute nicht reiten müssen.«

»Nicht weit, mein Freund. Und doch zum Ziel.« Friedrich beugte sich vor, nahm das Gesicht des Kammerherrn in beide Hände: »Nur du und ich, wir beide wissen, wie weit der Weg wirklich war. Ich meine nicht den Ritt, seit wir im August vom Lechfeld aufgebrochen sind. Nein, unseren langen Weg, den meine ich. Bei Gott, ich erkenne die mühevollen Jahre an deinem grauen Haar. Und hier auf diesem Hügel haben wir ein letztes Mal den Anker unseres Glücksschiffes ausgeworfen. Hier über der Heiligen Stadt lassen wir es zurück.«

Lupold sah das harte Blau der Augen. »Es ist Euer Triumph, mein König.« Leise setzte er hinzu: »Allein Gott hat Euch in seiner Gnade bis hierher geleitet. Ich wünsche und bete, daß er auch in alle Zukunft seine schützende Hand über Euch hält.«

»Amen! Amen! Wärst du nicht mein Kammerherr«, Friedrich ließ das Gesicht los, »dann würde ich dich zu meinem Beichtvater ernennen.« Er sprang auf, dehnte die Schultern, und durch zorniges Stampfen prüfte er den Halt der Sporen. »Ich werde nur mir selbst vertrauen! Bei aller pflichtschuldigen Demut unserm Schöpfer gegenüber, habe ich es nicht bewiesen? Ja, mein Verstand genügt für jede irdische Händelei.« Verächtlich wischte er durch die Luft: »Aber heute ist keine Zeit, mit Dienern zu philosophieren. Kümmere dich um meinen Umhang!«

Lupold nestelte an den Schulterbroschen und murmelte: »Verzeiht, wenn ich Euch erzürnt habe.«

»Es ist gut so, mein Freund.« Der Ärger wich dem so selten gewordenen jungenhaften Lächeln: »Bedenke, auch ich bin ein Mensch. Sobald ich aus diesem Zelt trete, beginnt der Tag, den ich gewiß nicht ein zweites Mal erleben werde. Es mag dir unglaubhaft erscheinen, aber gerade heute ist mir wohl bei dem Gedanken, dich in meiner Nähe zu wissen.«

Sein Blick versöhnte Lupold. Solange du es erlaubst, dachte er, werde ich immer an deiner Seite sein. Weit öffnete er die Zeltplane, verneigte sich, und Friedrich schritt hocherhobenen Hauptes ins Freie.

Das Krönungsaufgebot hatte sich versammelt, und vom Hofmeister war jedem Teilnehmer nach Rang und Würde der Platz zugewiesen worden; den Schluß bildeten Edelknappen und Ministeriale der Kanzlei. Hoch zu Roß saßen die Edlen. Ihre farbenprächtigen Standarten wehten; die Wappenbilder fanden sich auf den Umhängen wieder und zierten auch ihre Schilde.

Klerus und weltlicher Adel waren bis auf das Schwert unbewaffnet. Allein die Leibgarde des Königs trug Helm, Harnisch und Lanze. Sie hatte Befehl, jeden Tumult gleich im Keim zu ersticken. Bei der Krönung des Welfen, vor elf Jahren, war es zu bewaffneten Auseinandersetzungen mit der Stadtbevölkerung gekommen. Die Bürger Roms hatten Geschenke von Otto erwartet, doch nicht erhalten. Daher waren heute die Satteltaschen der Kämmerer vorsorglich mit Silbermünzen prall gefüllt. »Das Volk soll seinem neuen Imperator nicht fluchen«, hatte der Staufer gestern angeordnet, »sondern an seiner Freigebigkeit teilhaben.«

Friedrich schritt zum Zelt der Königin hinüber. Konstanze, in grüne Seide gehüllt, das Gesicht hinter dem Haubenschleier verborgen, begrüßte den Gemahl leise, und Friedrich wartete, bis sie sicher im Sattel saß.

Mit lauter Stimme wandte er sich dann an die festlich gewandeten Gefolgsleute: »Ihr hochwürdigen Bischöfe und Äbte und Ihr, Unsere getreuen Herzöge, Barone und Ritter, wie auch Ihr Edelknappen, Schreiber, Notare und Diener und Mägde! Der Heilige Vater hat Uns, Euren König, vor seinen Stuhl befohlen. Dank und große Freude erfüllt Uns, daß Ihr bereit und willens seid, Uns auf diesem Weg das Geleit zu geben.«

Hochrufe, Fäuste schlugen auf die Schilde, und aus federnden Knien schwang sich Friedrich auf den Schimmel.

Während er neben seiner Gemahlin langsam an die Spitze des Aufgebots trabte, eilte Lupold zum Zelt der Königin. »Komm, Sabrina!« rief er, und sie reihten sich noch vor den Pagen und Notaren ein. Aus der Fußgruppe war es nur dem Kammerherrn und der ersten Zofe erlaubt, bei der Krönungszeremonie in Sankt Peter anwesend zu sein.

Fanfarenstöße erschallten vom Monte Mario weit über die Dächer Roms, kündeten der Stadt das Nahen des Staufers an, und der Zug setzte sich in Bewegung.

»Freust du dich, Liebster?« raunte Sabrina.

»Nicht wirklich. Erst wenn die Krönung vorbei und mir kein Fehler unterlaufen ist, dann von Herzen.«

Verstohlen drückte sie seine Hand. »Mir geht es auch so.«

Vor drei Tagen waren beide vom genauen Ablauf der Zeremonie unterrichtet worden. Seitdem hatten sie, sobald ihre Herrschaft schlief, jeden Handgriff einstudiert. Bei Fackelschein hinter dem Zelt spielte Lupold die Königin, und Sabrina nahm ihm Haube, Schleier und Mantel ab, trat zurück und kleidete ihn wieder an. »Herrin, ach, wie schön Ihr doch seid«, spottete sie und stellte sich breitbeinig in Positur: »Jetzt bin ich Friedrich.«

Die Aufgaben des Kammerherrn waren vielfältiger. Wann wurde der Umhang von den Schultern gelöst, wo mußte er warten, wie weit durfte er dem König folgen, wann legte Friedrich wieder den Krönungsmantel ab? Geduldig hatte Sabrina mit Lupold jeden Schritt immer wieder geübt.

Hufe klackten auf den Steinen, die Pferde schnaubten, und wie eine buntschillernde Raupe wand sich der Zug die Via Triumphalis hinunter. Vor der Stadtgrenze erwartete eine Abordnung der Ältesten den Staufer. Friedrich schwor, niemals die seit Jahrhunderten verbrieften Rechte Roms anzutasten, und übergab dem Präfekten sein Schwert. »Wir kommen in Frieden!« Auf dieses Versprechen hin gaben die Senatoren den Weg über die kleine

Brücke frei. Der Eintritt in die Stadt der Städte war dem König gewährt.

Das Volk drängte sich am Straßenrand. Nur spärliche Rufe begrüßten das Herrscherpaar; erst als die Kämmerer ihre Satteltaschen öffneten und die Münzen über den Köpfen im Sonnenlicht aufblitzten, setzte der Jubel ein. Beifall für den König, Begeisterung, Schreie und Händerecken für die Gabenspender. Tumult entstand. Die Römer stritten und prügelten sich, jeder raffte vom Boden auf, gönnte dem Nachbarn die Silberstücke nicht, wollte mehr; und lauter jubelten sie den Kämmerern zu. In ihrer Gier wagten sich einige auf die Straße vor und bettelten gleich neben dem Pferd; schon sprangen andere hinterher. Da griff die Leibgarde ein. Sie hatte Befehl, niemanden zu verletzen, jedoch erst mit gesenkten Lanzen gelang es, das Volk abzudrängen.

Endlich war die Porta Collina erreicht. Hier empfing der Stadtklerus das zukünftige Kaiserpaar und übernahm die Führung. Kreuze und Rauchgefäße wurden vorweg getragen; auf dem Weg bis zur Mitte des weiten Platzes vor Sankt Peter begleiteten die Hymnen der Priester den Zug.

Friedrich und Konstanze saßen ab und übergaben die Zügel. Nach ihnen stieg das Gefolge aus den Sätteln.

»Seine Heiligkeit!« verkündete der Ausrufer.

Papst Honorius, in weißem Ornat, umgeben von einer roten Schleppe aus Kardinalbischöfen, gesäumt von Prälaten und Diakonen, trat aus dem Domportal ins Licht und nahm auf der obersten Stufe der Freitreppe seinen Thron ein.

Die Lieder verstummten. Festliche Stille legte sich über den Platz.

Das Herrscherpaar schritt langsam hinüber zur Treppe. In gebührendem Abstand folgten der kirchliche und weltliche Adel, Senatoren, Richter und Stadtklerus.

Lupold zog Sabrina hinter sich her. »Wir drücken uns seitlich vorbei und warten. Erst wenn sie hineingehen, müssen wir in ihrer Nähe sein.«

Friedrich stieg allein die Stufen hinauf. Vor dem Thron sank er zu Boden und küßte das Kreuz auf dem rechten Schuh des Heiligen Vaters.

O mein stolzer König, ging es Lupold durch den Kopf, welche Kraft muß dich diese Demut kosten.

»Mein gehorsamer Sohn.« Tief gerührt setzte sich der greise Papst über das Protokoll hinweg. Er hob den Liegenden auf, gab ihm den Bruderkuß und umarmte ihn.

Mißbilligende Blicke wurden zwischen den Kardinalbischöfen gewechselt, doch die engsten Vertrauten Friedrichs atmeten befreit. Der zornige Briefwechsel, der Streit um das Doppelkönigtum des unmündigen Königssohns Heinrich schienen mit dieser Geste beigelegt.

Lupold beobachtete, wie Hermann von Salza dankbar die Augen zum Himmel hob. Der kluge und bedächtige Deutschordensmeister gehörte seit Beginn der Romfahrt dem Beraterkreis des Königs an. Ihm war es in den letzten Wochen gelungen, zwischen Friedrich und Honorius zu vermitteln, und seinem Verhandlungsgeschick war der Friede an diesem strahlenden Sonntag zu verdanken.

Honorius führte den Fünfundzwanzigjährigen zur Kapelle Santa Maria in Turribus. Als Friedrich im Angesicht des Evangeliums den Eid leistete, von nun an Schützer und Schirmherr des Papstes und der Heiligen Kirche zu sein, hatten sich Lupold und Sabrina still getrennt. Die folgenden Handlungen sollten von je drei Kardinälen gleichzeitig vollzogen werden, und hierbei bedurfte es zum erstenmal ihrer Hilfe. So wartete die Zofe in der Nähe ihrer Herrin, während der Kammerherr sich abseits der würdevollen Geistlichen für den König bereit hielt.

Der Papst ließ Friedrich zurück, stieg mühsam zum Hochaltar, betete und nahm auf dem Stuhle Petri Platz.

Lupold atmete aus; den Blick gesenkt, ging er nach vorn. Ohne Schwierigkeiten ließen sich die Broschen öffnen, und erleichtert kehrte er mit dem Umhang auf seinen Platz zurück.

Einer der Kardinalbischöfe ergriff die Schale. Sein getragener Betgesang begleitete jede Geste. Er strich geweihtes Öl zwischen die Schulterblätter, ebenso auf den rechten Arm des Königs und erhob ihn damit in die Gemeinschaft der Kanoniker von Sankt Peter. Der zweite Kardinal nahm den purpurfarbenen Krönungsmantel aus den Händen des dritten Kirchenherren und legte ihn Friedrich um.

Dieser Mantel gehörte deinem Großvater Roger, endlich darfst du ihn tragen, seufzte Lupold im stillen. Würde dich deine Mutter jetzt sehen können, wäre sie versöhnt. Wie viele Tränen hatte Kaiserin Konstanze um diesen Mantel vergossen, weil ihr habgieriger Gemahl Heinrich ihn aus Palermo geraubt und dem deutschen Kronschatz einverleibt hatte. Und nun liegt er auf deinen Schultern, mein König. Lupold verengte die Brauen. Zwei gleiche Bilder, die auf gleicher Höhe sein sollten! Doch das rechte goldgestickte Kamel unter den Pranken des Löwen war tiefer als das Bild auf der linken Seite. Der Seidenmantel hing schief. Wenn sein Schützling ihn jetzt verlor? Welch ein furchtbares Omen! Schon setzte sich Lupold in Bewegung, sein Fuß stockte; nein, er durfte nicht helfen.

Friedrich wartete, bis Konstanze, angetan mit dem perlenbestickten, golddurchwirkten Umhang der Kaiserin, vom Zeremoniar an seine Seite geführt wurde. Dann trat das Herrscherpaar durch die Silberpforte in Sankt Peter ein. Weihrauch empfing sie, Chorgesang schwang sich an den Säulen und Malereien hinauf zu den Bögen in die Weite des holzgetäfelten Himmels.

Lupold schob sich an Sabrinas Seite: »Der Mantel!«

Sie sah nach vorn. »Beruhige dich, Liebster. Durch das Gold ist der Seidenstoff schwer genug. Er wird nicht rutschen.«

Die Stationen auf dem Weg zum Hochaltar waren festgelegt: König und Königin beteten am Grab des Heiligen Petrus. Vor dem Grab des Heiligen Mauritius empfingen sie durch einen Kardinal die kaiserliche Salbung. Hernach stiegen sie nebeneinander die Stufen zum Altar Petri hinauf.

Lupold achtete nicht auf das gemeinsam gesprochene Glaubensbekenntnis, auch nicht auf den Friedenskuß, den beide vom Papst empfingen; er flehte inständig, das Unglück möge nicht geschehen.

Als der Zeremoniar das Krönungspaar zu ihren mit Purpur ausgeschlagenen Thronsesseln neben dem Altar führte, griff Friedrich, ehe er sich niederließ, nach der Goldborte des Mantels und zog ihn tiefer über den rechten Arm.

Erleichtert blickte Lupold zur Seite. Mit einem kurzen Augenzwinkern zeigte ihm Sabrina, daß ihr die Geste des Königs nicht entgangen war.

Honorius beendete das lange Gebet für Kirche, Reich und den neuen Herrscher. Er war bereit, dem Staufer die Insignien der Macht anzuvertrauen, und Friedrich näherte sich dem greisen Pontifex. Zunächst krönte ihn Honorius mit der weißen zweispitzigen Mitra clericalis, dann setzte er ihm die Krone Karls des Großen aufs Haupt.

Tränen stiegen Lupold in die Augen. Mein Friedrich, als siebzehnjähriger Bettelkönig erhieltest du von Innozenz nur etwas Reisegeld und ein Empfehlungsschreiben, um dir die Krone zu erobern. Jetzt, in diesem Augenblick, hast du dein großes Ziel erreicht.

Vor dem Altar nahm der Kaiser das Schwert aus der Hand des Papstes. Feierlich, daß jedermann in der Basilika das Zeichen sehen konnte, schwang er die Waffe dreimal auf und nieder und legte sie mitsamt einem goldenen Schild auf dem Altarstein ab: Das Versprechen war gegeben; von nun an würde Friedrich der Kirche Schutz und Arm sein. Honorius überreichte ihm Zepter und Reichsapfel. Langsam wandte sich der Kaiser um, die Chöre sangen, jubilierten, und die Festgemeinde stimmte ein: »Friedrich, der Römer, auf ewig unbesiegter Kaiser, Sieg und Segen! Dem immer Erhabenen Sieg und Segen!«

Während die Krönung an Konstanze vollzogen wurde, stand der Kaiser reglos da: Seine Gestalt war hochaufgerichtet, Stolz und

Härte strahlten aus den Augen. Kein milder Herrscher blickte von dort oben über die Köpfe der Versammelten hinweg. Lupold kannte diesen Zug um seinen Mund. Glück wirst du denen bringen, die dir bedingungslos treu ergeben sind. Aber wer sich gegen dich stellt, mein Kaiser, den wirst du ohne Erbarmen vernichten.

Glockengeläut kündigte den Beginn des Hochamtes an. Der Zeremoniar nahm dem Kaiser wieder Purpurmantel und Insignien ab. Lupold eilte hinauf und half seinem Herrn in den schlichten weißen Kittel. Kaum hörbar stöhnte Friedrich. Aus den Augenwinkeln bemerkte der Kammerherr seinen Ärger. Es schien Ungeduld, beinahe Langeweile zu sein, mit der sich Friedrich jetzt herabließ, als einfacher Subdiakon gekleidet dem Heiligen Vater während des Hochamtes zu dienen.

»*Dominus vobiscum!*«

»*Et cum spiritu tuo.*«

Noch ehe der Papst den Schlußsegen erteilte, hatte der Zeremoniar mit Hilfe des Kammerherrn Friedrich wieder das Krönungsornat angelegt. Der Kaiser ließ sich nicht führen; ohne Geleit schritt er zum Thronsessel und nahm neben Konstanze seinen Platz ein. Miene und Haltung erstarrten, mit aufgestützten Armen hielt er Zepter und Reichsapfel fest in den Händen.

Alle Kerzen wurden von den Diakonen gelöscht; düster drang der Tag durch die Glasmosaike der Fenster. Im Halbdunkel hörten die versammelten Fürsten, Kleriker und Edlen den Bannfluch über die Ketzer und alle, die ihnen Schutz gewährten.

Als das Lichtermeer wieder aufflackerte, näherte sich Kardinal Hugo von Ostia dem Kaiser. »So nimm das lebenspendende Kreuz!«

Friedrich berührte es und gelobte mit lauter Stimme vor aller Christenheit, im August des nächsten Jahres nach Palästina zu fahren und die Heiligen Stätten von den Ungläubigen zu befreien.

Der heilige Schwur erschreckte Lupold. Hatte Friedrich ihm nicht vor wenigen Tagen, während des Bades, von anderen Plänen erzählt? »Was kümmert mich dieser Kreuzzug? Erst werde ich die

Ordnung in Sizilien wiederherstellen, meine Reichsmacht festigen. Und dann denke ich vielleicht an die goldverschlingende Fahrt nach Palästina.« Was zählt für dich, Friedrich, wenn du Schwüre und Verträge brichst? Nein, ich frage dich nicht, weil ich die Antwort kenne. Aber dein Ansehen ist mir ebenso wichtig wie dein Aussehen.

Erst der Schlußchoral riß Lupold aus seinen Gedanken.

Papst Honorius führte gemessenen Schrittes das Kaiserpaar zum Portal hinaus. Die Sonne stand hoch über dem weiten Platz. Begeisterungsstürme brandeten auf und legten sich wieder. Tief verneigte sich der Stadtpräfekt, und mit ihm verneigten sich alle Senatoren und Richter Roms, alle Knappen und Ministeriale.

Die Pferde wurden herangeführt. Ein Diakon stellte die dreistufige Steighilfe neben den Zelter des Papstes, und Honorius schleppte sich erschöpft die kleine Treppe hinauf. Ehe er seinen Schuh in den Bügel schob, eilte ihm der Kaiser zu Hilfe, beugte sich hinunter und half dem Fuß, half dem gebrechlichen Mann auf den Rücken des Pferdes; mehr noch, er führte das Tier am Zaum einige Schritte weit.

Dieses Zeichen der Demut begrüßten alle Kardinalbischöfe mit befriedigtem Kopfnicken.

Es schien, als wollte Friedrich den behäbigen Kirchenfürsten nur seine eigene Kraft und jugendliche Frische beweisen. Er stieß die auch für ihn bereitgestellte Steighilfe beiseite, federte kurz und schwang sich mühelos auf den Schimmelhengst. Nichts verriet sein Blick. Hochaufgerichtet ritt er an Konstanzes Seite dem Heiligen Vater nach.

Die Diakone hatten Mühe; sie liefen von Pferd zu Pferd, und unter Ächzen und Stöhnen ließen sich die Würdenträger von ihnen in den Sattel hochstützen und -schieben. Hinter den roten Scheitelkappen und Umhängen ordnete sich dann der Festzug und trabte an.

Kaum hatte Honorius mit dem gekrönten Paar die Säulenstraße am Ende des Platzes erreicht, jubelte das Volk von Rom.

Blumengirlanden, Sträuße und bunte Tücher wurden geschwenkt. Auf dem Ritt hinunter zum Tiber dankte der greise Papst, dankte mit Kopfnicken und dem Zittern seiner erhobenen Finger. Konstanze lächelte huldvoll. Der Imperator Romanorum aber streckte siegesbewußt immer wieder den Arm über die Köpfe der Menge.

Lupold legte die Hand auf Sabrinas Schulter. Sie sahen dem Zug nach.

»Wie das Gold auf seinem Haupt glitzert«, sagte sie. »Die Krone läßt er sich bestimmt von niemandem mehr nehmen.« Und nach einer Weile setzte sie hinzu: »Weißt du noch, damals in Palermo? Als du mit dem verdreckten kleinen Kerl in den Saal kamst? Von Foligno her hast du ihn auf einem Karren durch die feindlichen Gebiete sicher zu seiner Mutter gebracht.«

»Nichts habe ich vergessen.«

»Ach, Lupold, ich sehe unsern kleinen Lumpenkönig noch genau vor mir, barfuß, das Kittelchen zerrissen. Und ich wollte helfen und ihm diesen viel zu großen Strohhut abnehmen. Da wehrte er sich und krähte: ›Laß mich. Das kann ich allein!‹«

Lupold dachte an das Gespräch heute morgen im Zelt. Selbst auf die schützende Hand Gottes glaubte Friedrich verzichten zu können; er vertraute nur sich selbst, sein Verstand allein sollte in Zukunft über allem triumphieren. »Er hat sich nicht geändert, Liebste. Und es wird noch schlimmer kommen, fürchte ich.« Lupold fror mit einem Mal, und eng zog er Sabrina an sich.

Aus dem Tafelbuch der Zeit

KÖNIGREICH SIZILIEN, FESTLAND

Der kaiserliche Fuß beugt den Nacken

Keine fremden Panzerritter, keine blut- und beutegierigen Söldnertruppen begleiten Kaiser Friedrich II. in den Süden. Sein Verstand ist die Macht; das lange vorbereitete Gesetz ist die Waffe, mit der nun die selbstherrlichen Barone und Gebietsfürsten Siziliens auf dem Festland wie auch auf der Insel bezwungen werden sollen.

Im Dezember 1220 überschreitet Friedrich die Grenze; nach acht Jahren kehrt er in sein Erbreich zurück und findet Chaos und Raubrittertum vor. Zunächst verkündet er einen allgemeinen Landfrieden: »Ihr, meine tüchtigen Bauern und Handwerker! Ich nehme die Furcht von eurer Schulter und bringe euch Gesetz und Recht. Keiner der habgierigen Herren darf euch länger Vieh oder Gerätschaften stehlen. Ihr steht unter meinem Schutz.« Und die Ausgebeuteten laufen ihm zu. Dankbar sind sie bereit, dem milden Herrscher auch als Waffenknechte zu dienen.

Von Capua aus schleudert Friedrich die Speere der neuen Gesetze gegen den Adel: »Jedwelche Schenkungen, Privilegien und Besitzrollen, die von der Krone seit dem Jahre 1198 gewährt wurden, sind außer Kraft. Unverzüglich müssen alle Urkunden der Großhofkanzlei zur Überprüfung vorgelegt werden.«

Nichts hält stand vor den Augen der Juristen: Was gestern noch Reichtum und Macht bedeutete, ist von einem Tag auf den anderen nicht mehr das Pergament wert, auf dem es verbrieft wurde.

»Eure Burgen und Wehrbauten sind der Krone ersatzlos auszuliefern.«

Nur wenige wagen es, sich zu widersetzen, und müssen sich dennoch den gut gerüsteten, einheimischen Truppen ergeben. Wer sein nacktes Leben retten kann, der flieht und bittet im Kirchenstaat um Exil. Zweihundert Kastelle und Burgen stehen bald unter dem Befehl des Kaisers. Sie werden ausgebaut, verstärkt. Steinerne Fäuste sollen von den Bergkuppen jedem Eindringling – wie auch den Landeskindern – Furcht einflößen.

»Zur Wahrung Unserer der Krone gebührenden Ehre verordnen Wir mit diesem Erlaß, daß kein Graf, Baron oder Ritter, der ein Lehen aus Unserer Hand empfängt, ohne Unsere Genehmigung eine Gattin heimführen, seine Söhne, Töchter und Nichten oder sonst irgendeinen seiner Verwandtschaft in eine Ehe geben darf. Es sei ihm des weiteren verboten, ohne Unsere Erlaubnis irgendeinen Besitz an seine Kinder oder Verwandten zu vererben oder zu verschenken ...«

Damit liegen die Adelsherren entmachtet vor den Füßen des Staufers. Ansehen und Würde können sie nur wiedererlangen, wenn sie ihm dienen, und gnädig nimmt er die noch Rüstigen in sein Heer auf, den Schreibkundigen ermöglicht er eine Zukunft in der Staatsverwaltung. Nicht Herkunft oder Titel zählen mehr, allein ein möglichst hoher Posten als Beamter. Wer neben den Tüchtigen zu wenig eigene Fähigkeiten aufweisen kann, versucht den Mangel durch rückgratlose Anbiederei und schleimiges Wohlverhalten zu ersetzen. Schnell zeigen sich Licht und Schatten des neuen Beamtenstandes.

In weniger als zwei Jahren hat Kaiser Friedrich das Chaos der herrscherlosen Zeit beseitigt und ohne großes Blutvergießen dem Erbreich seine Ordnung aufgezwungen.

Vor Lupold läßt er die unsichtbare Schleuder um die Hand kreisen. »Jetzt wird hier auf dem Festland mehr geerntet, gezimmert und geschmiedet als je zuvor. Mein Freund, niemand soll hungern, aber die Kammern der Krone werden stets übervoll sein.«

Das Loch hinter der Ziffer

Rechnungen müssen überprüft werden. Jede römische Zahl besteht aus einer langen Kolonne von Zeichen; untereinander geschrieben können sie nicht addiert werden. So werden sie in den Kanzleien auf den Abacus übertragen; geschickt schieben Notare die Einer- und Zehnerkügelchen von links nach rechts, von rechts nach links und zählen zusammen, dividieren oder multiplizieren. Viel Geduld müssen Gelehrte aufbringen, wenn sie mit Hilfe des Rechenbretts den Lauf der Gestirne oder andere Gleichungen lösen müssen.

»Das ist viel zu mühselig«, behauptet Leonardo Fibonacci von Pisa, ein tüchtiger Kopf, der in seiner Jugend bei einem arabischen Meister in die Lehre gegangen war und von ihm die indische Kunst des Rechnens erlernt hatte. »Wir benötigen nur die lange schon in Indien und Arabien verwendeten Zahlzeichen: von eins bis neun und ein Loch.«

»Ein Loch?« Leicht zucken die Mundwinkel des Kaisers. »Du hast Unsere Neugierde geweckt. Fahre fort.«

»Es ist eine Frage der Ordnung.« Leonardo glättet das Pergament. Mit senkrechten Strichen hat er es in Spalten aufgeteilt. Jede Zahl sollte nach ihrem Wert eine unverrückbare Stelle erhalten. Nicht länger durfte das Zeichen I, wie zum Beispiel bei der römischen Neun, vor dem Zehnerzeichen X oder bei der Elf dann hinter das X gesetzt werden.

Am rechten Blattrand schreibt Leonardo die arabischen Ziffern eins bis neun untereinander. »Nun folgt die nächsthöhere Zahl! Die Zehn!« kündigt er wie ein Magier an und setzt die Eins eine Stelle weiter nach links. »Majestät, diese Spalte ist nur den Zehnerwerten vorbehalten. Mein Fürst, da keine kleinere Zahl hinzukommt, muß die letzte Stelle durch eine Leere gekennzeichnet werden. Durch ein Loch.« Er malt einen Kreis. »Ich nenne es in meiner lateinischen Abhandlung *nulla figura*. Mit diesem Nichts oder Loch hinter der Eins entsteht die 10.« Schnell setzt er darunter eine Ziffer in die dritte Spalte, die nur für Hunderterwerte bestimmt ist, rechts davon einen Kreis, gefolgt von einer Ziffer in der letzten Spalte. »Acht, daneben ein Loch, daneben eine Sieben. Seht, glorreicher Fürst, der logischen Ordnung gehorchend habe ich die Zahl 807 niedergeschrieben. Würden jetzt weitere Zahlen darunter gesetzt werden, ganz gleich welcher Größe, sie wären mit Leichtigkeit und ohne Rechenbrett zu addieren.«

Friedrich läßt sich das Blatt zeigen. Nach einer Weile hebt er die

Brauen. »Ich hasse jeden Unruhestifter. Doch du bist mir als Rebell des Geistes willkommen.«

Er reicht das Pergament zurück und verlangt, das Jahr seiner Geburt in römischer und arabischer Zahl nebeneinander zu sehen.

MCXCIV und 1194.

»Welch eine Vereinfachung, selbst für weit schwierigere mathematische Fragestellungen. Die Schreibweise verschafft schnelle Übersicht. Auf einen Blick könnten meine Beamten so die Stärke meiner neuen Flotte berechnen. Die Kämmerer könnten ohne Abacus geleistete oder noch ausstehende Abgaben überprüfen.« Friedrich bittet den Rechenmeister, seine Abhandlung zu überarbeiten und in ein neues Buch zu fassen. »Meine Hofgelehrten wirst du sicher überzeugen. Allein, ich befürchte, daß die Kirche noch lange dieser Rechenrevolte mit äußerstem Argwohn begegnen wird.«

Das Kind von Pülle

Kaiser Friedrich steht auf dem schwarzen Hügel des verfallenen Dorfes Lucera im Norden Apuliens. Sein Blick schweift über die Eichen- und Buchenwälder und fruchtbaren Äcker der Ebene ringsum. Am östlichen Horizont schimmert das Meer.

»Puglia, du bist mein Land, in dem Milch und Honig fließen.« Er deutet auf die nahe Stadt Foggia unter ihm. »Dort soll mein Palast entstehen. Dorthin will ich von allen Fahrten zurückkehren.«

Der stille Tod

Auf der Insel fügen sich die christlichen Feudalherren den Gesetzen des Kaisers. Dennoch bedroht eine Gefahr die neue Ordnung: Viele Küsten- und Bergstädte sind von Sarazenen besetzt. Sie wollen ihre Eroberungen nicht kampflos hergeben. Die Anführer haben sich mit ihren Glaubensbrüdern in die unwegsamen Gebirgsregionen zurückgezogen und bereiten einen Aufstand gegen den Kaiser vor.

Im Mai 1221 läßt Friedrich seine erkrankte Gemahlin in Catania zurück, um Truppen zu werben und gegen die moslemischen Räuberbanden vorzugehen.

Am Abend des 22. Juni hat Sabrina auf Veranlassung des Arztes ihrer Herrin kalte Tücher um die Waden gewickelt und ihr Kräutertee zur Linderung des schmerzhaften Hustens eingeflößt; sie wartet neben dem Lager, bis Konstanze eingeschlafen ist. Als Sabrina in der Frühe des nächsten Morgens die Schleiervorhänge beiseite schiebt, wacht die Kranke nicht auf. Konstanze von Aragon, Königin von Sizilien und Kaiserin des römisch-deutschen Imperiums ist tot.

Friedrich unterbricht den Kampf gegen die Sarazenen. Im Dom zu Palermo läßt er den Leichnam der Gemahlin neben den Sarkophagen seines Großvaters Roger, des Vaters Heinrich und seiner Mutter Konstanze aufbahren. Der Kaiser gibt sich über den Verlust tief bestürzt. Zum Zeichen seiner Liebe, die ihn mit der Achtunddreißigjährigen verbunden hat, legt er seine sizilische Königskrone der Toten zu Füßen. Auf Friedrichs Geheiß muß der Steinmetz eine Inschrift in den dunkelroten Porphyr meißeln: »Ich war Siziliens Königin. Konstanze, vermählt mit dem Kaiser. Hier wohne ich nun, Friederico, und bin auf ewig dein.«

Vernichtung oder Umsiedlung

Der Papst mahnt den Kaiser erbost, nun endlich das Kreuzzugsgelübde einzulösen.

»Wie können Wir Unser Reich verlassen, wenn es zerrüttet ist?« verteidigt sich Friedrich. »Außerdem fehlen Uns noch Galeeren, die Unsere Truppen nach Akkon bringen können. Wenn Wir ins Heilige Land ziehen, so soll es ein Triumph werden. Laßt Uns Zeit!«

Sabrina darf wählen. Sie will nicht von Lupold getrennt auf dem kleinen Gut Collino leben und entscheidet sich, im königlichen Troß zu bleiben. Monatelang wütet der Kampf gegen die aufständischen Moslems. Nach und nach heben Panzerreiter ihre Verstecke und Bergnester aus. Die Gefangenen läßt Friedrich an der Küste in Lager sperren.

Mitte August des Jahres 1222 gibt der Hauptanführer Emir Ibn-Abbad den Widerstand auf; freiwillig liefert er sich mit seinen beiden Söhnen dem Staufer aus. Im Herrscherzelt werfen sich die Männer auf den Boden und bitten um Gnade. Jähzorn übermannt Friedrich. Immer wieder tritt er Ibn-Abbad in die Seite und reißt ihm mit der scharfen Spitze seiner Eisenschuhe den Leib auf. Wenige Tage später läßt er zur Abschreckung den Emir und dessen Söhne im Angesicht der Gefangenen an den Galgen knüpfen.

Die zermürbenden Kämpfe aber gehen weiter, dauern noch bis in das Jahr 1224, und endlich ist der Aufstand niedergeschlagen. Gefesselt warten mehr als sechzehntausend Sarazenen auf den unvermeidlichen Tod.

Keine Ausrottung! Friedrich befiehlt, die Gefangenen mitsamt ihrer Familien auf das Festland zu deportieren. »Ich gebe euch eine neue Heimat.«

Nahe seiner erwählten apulischen Hauptstadt Foggia dürfen die Muselmanen im Dorf Lucera hoch auf dem schwarzen Hügel siedeln.

Während des abendlichen Bades erklärt er dem Kammerherrn: »Ich kenne die Denkweise eines Sarazenen, mein Freund. Zeigt sich der Sieger dem Unterlegenen gnädig, verwandelt sich Haß in Dankbarkeit; mehr noch, bald werden mich diese Männer, Frauen und Kinder lieben und wie einen Sultan verehren.«

Das Ende der Geduld

Wieder läßt Friedrich 1225 den Kreuzzugstermin verstreichen. Obwohl Papst Honorius den Säumigen lockte: Vor zwei Jahren hatte er ihm die Heirat mit Jolanthe von Brienne, der elfjährigen Kronerbin des Königreichs Jerusalem angeboten. Zwar zögerte der Kaiser, willigte schließlich ein, doch auch mit der Eheschließung schien er es nicht eilig zu haben. Die Geduld des greisen Papstes ist zu Ende, und er droht mit dem Bannfluch. Im letzten Augenblick gelingt es Deutschordensmeister Hermann von Salza, einen Aufschub zu erwirken und eine gütliche Einigung herbeizuführen. Der August 1227 soll nun der endgültige Termin für die Heerfahrt nach Palästina sein; wenn nicht, folgt unerbittlich der Kirchenbann.

Friedrich fügt sich im Juli 1225 den Bedingungen des Vertrages: »Wir werden mit zweitausend Streitern ...« Er legt die genaue Anzahl der Ritter, Pferde und Schiffe fest, überdies den Nachschub genügender Truppen. »... Wir wollen 100.000 Unzen Goldes oder ihren Wert in Silber als Sicherheit und Unterpfand für Unser Versprechen hinterlegen ...« Bei Nichteinhaltung des Termins soll die ungeheuerliche Summe zugunsten des Heiligen Landes anderweitig verwendet werden. »... Auf den dringenden Wunsch Eurer väterlichen Mahnung geloben Wir auch, die Erbherrin des Königreiches Jerusalem zur Gattin zu nehmen ...«

Im August 1225 segelt Graf Heinrich von Malta mit vierzehn Galeeren nach Akkon, um die dreizehnjährige Braut abzuholen. Hermann von Salza begleitet das Aufgebot; in seinem Gepäck befindet sich der Hochzeitsring des Kaisers.

NORDSEEKÜSTE

Grafschaft Flandern

Wiederkehr aus dem Totenreich

Der Sommer ist heiß. Die Ernte verdorrt auf den Feldern. Dennoch preßt Gräfin Johanna immer neue Abgaben aus der notleidenden Bevölkerung, um die Gebietsstreitigkeiten mit dem französischen König Ludwig VIII. zu finanzieren.

»Wer rettet uns?« rufen die Bauern.

»Der Erlöser wird kommen!« antworten die Handwerker. Graf Balduin sei nicht vor zwanzig Jahren im Heiligen Land gefallen. »Er kommt zurück, verjagt seine Tochter und befreit uns aus der Not.«

Ein Reiter. Sein Pferd weiß, grau das schlichte Pilgergewand. Die Leute laufen zusammen. Würdevoll hebt der bärtige Mann den

Arm und grüßt. »Meine geliebten Untertanen. Seid froh und heiter. Ich bin wiederauferstanden, und nach langer Bußfahrt kehre ich zu euch zurück.«

Begeisterung und Jubel erfüllt die Herzen. Auf dem Weg zum Palast wird er von einer unübersehbaren Menge Volks geleitet. »Tochter, meine Johanna, komm in die Arme deines alten Vaters.«

Zunächst ist die Gräfin unschlüssig, doch Aussehen und Gebärden lassen keinen Zweifel. »Vater!« Und Johanna übergibt dem Heimgekehrten die Regentschaft.

Das Wunder verbreitet sich rasch in den Nachbarstaaten; schon bietet der englische König dem Grafen ein Bündnis an. Mit einem Mal befällt Mißtrauen die Tochter, wird ihr zur Gewißheit: »Dieser Mann ist nicht mein Vater.« Zu spät fordert sie die Macht zurück. Adel und Volk huldigen Seite an Seite dem großzügigen Herrscher. Ein Bürgerkrieg entbrennt.

In höchster Not erkauft Johanna von König Ludwig den Frieden und bittet ihn um seine Hilfe. Der französische König lädt den Auferstandenen nach Paris ein. Mit großem Gefolge erscheint der Graf, und bereitwillig unterzieht er sich einer Befragung. Lange bleibt er keine Antwort schuldig.

Wieder stopft sich Ludwig VIII. eine kandierte Frucht in den Mund, kaut genüßlich und bittet im Plauderton: »Ehe Wir Euch zu einer Schachpartie einladen, verehrter Graf, sagt Uns: Wer hat Euch zum Ritter geschlagen?«

Da erbleicht Balduin, sein Körper zittert; er stottert, mehr weiß er nicht zu antworten.

»O pfui. Wie schade, aber du bist ein Betrüger.« Ludwig schüttelt die Locken und wendet sich an Johanna. »Ihr könnt ihm getrost den Hals langziehen.«

Im Oktober 1225 endet der falsche Balduin bei Lille am Galgen. Das Volk aber beschuldigt die Gräfin: aus Machtgier habe Johanna den eigenen Vater hingerichtet.

»Er wird wiederkommen«, sagen Bauern und Handwerker und glauben fest daran.

DEUTSCHLAND

KLOSTER WEISSENBURG

Hart ist der Alltag.

Tile Calopidus hat längst gelernt, was das Wort Studiosus bedeutet: wenig Schlaf, dafür Fleiß, Strenge und Gehorsam.

Schon in der zweiten Stunde nach Mitternacht steht er auf, folgt den Mitschülern in die Kirche zum Nokturngesang, später die Prim, die Terz. Nach der Sext darf er essen und trinken und sich für den Unterricht vorbereiten. Kaum ist das Gebet der Non beendet, prüft der Lehrer die schriftlichen Aufgaben, und längst muß Tile die Rute nicht mehr fürchten, seine Striemen auf Rücken und Armen sind verheilt. Er übt sich in der lateinischen Sprache, lernt Rechnen und Schreiben und erntet viel Lob von den Lehrmeistern. Während die anderen im Brauhaus oder der Küche helfen müssen, darf Tile schnitzen. Bald trägt jeder der Mönche seine Holzschuhe.

Abt Bernhardus hat ein Kreuz für den Schlafsaal der Zöglinge bei Tile bestellt. Im ersten Moment des Glücks will der Zwanzigjährige nach seinem Lohn für diesen Sonderauftrag fragen, schweigt aber rechtzeitig.

Zur Vesper und Komplet ist er meist so erschöpft, daß er kaum noch die Stimme erheben kann. Samstags werden er und einige seiner Mitschüler von Bruder Sebastianus in der hohen Kunst der Schwertführung, des ritterlichen Zweikampfes zu Fuß oder zu Pferd unterwiesen. Da Tile wenig Gefallen daran hat, trägt er mehr Wunden und blaue Flecken davon als die Kameraden. Der Sonntag gehört neben den klösterlichen Pflichten seinen Träumen. »Nie werde ich aufgeben, alles hier ertrage ich.« Der unerschütterliche Gedanke ist sein Ziel: »Und wenn der Kaiser zurückkommt, dann werde ich in seinen Dienst treten.«

GEVELSBERG

Trauerflor im November

Erzbischof Engelbert von Köln erfüllt seine dreifachen Pflichten: Das Amt des Reichsverwesers und Statthalters des Kaisers mit politischem Weitblick, die Erziehung des vierzehnjährigen Königs Heinrich mit aller Fürsorge und die Regierung seines Erzbistums mit zwar harter, doch gerechter Strenge.

»Zu streng!« murren Grafen und Barone. Früher beuteten sie das Volk aus, jetzt werden sie von der Faust Engelberts gebeutelt. Sein eigener Neffe, Friedrich von Isenburg, führt die Verschwörung. Am 7. November des Jahres 1225 begleitet er den Onkel auf seinem Ritt von Hagen nach Schwelm. Die Mörder lauern in einem tiefen Hohlweg nahe Gevelsberg. Engelbert von Köln wird nicht nur erschlagen; vor den Augen des Isenburgers zerstückeln die gedungenen Blutknechte den wehrlosen Erzbischof, bis das Zucken des Körpers aufhört.

Weinen und Schluchzen; die rechtschaffenen Menschen betrauern den großen Verlust. Tausendfache Tode soll der Mörder erleiden!

Am schwarzumflorten Sarg des Freundes steht Walther von der Vogelweide. In verzweifelter Ohnmacht klagt er:

Dessen Leben ich rühmte, seinen Tod will für ewig ich beklagen.
Drum wehe dem, der diesen edlen Fürst von Köln nun hat erschlagen.
O weh, daß ihn die Erde noch mag tragen.
Für seine Schuld kann ich kein' gerechte Marter finden
Viel zu milde wär' ein Eichenstrang um seinen Kragen.
Zu mild auch wär', ihn nur zu brennen, stückeln und zu schinden
noch ihn mit dem Rad zerbrechen, noch ihn darauf zu binden:
Ich warte nur, daß ihn die Hölle lebend wird verschlingen.

SIZILIEN, FESTLAND

Jungfernkranz im November

In der Hafenstadt Brindisi geht Jolanthe von Brienne an Land. Kaum sieht der Kaiser seine junge Gemahlin, senkt er den Kopf, um das Erschrecken zu verbergen. Die Dreizehnjährige ist mager, ihr schmales Gesicht steht in heftiger Hautblüte, und ungelenk sind ihre Bewegungen.

Zur festlichen Trauung in der Kathedrale haben sich die Brautjungfern mit Blumenkränzen geschmückt. Beim üppigen Gelage fällt Friedrichs Blick auf eine der Jungfern; sie kam mit Jolanthe von Bord. Auf seinen Befehl hin muß Lupold sofort Erkundigungen einholen. »Sie ist die ältere Kusine Eurer Gemahlin.«

»Trage Sorge dafür, daß sie heute nacht für mich bereit liegt.«

Und Anaïs empfängt den Herrscher; mit ihr verbringt er lustvoll die Hochzeitsnacht. Erst zu vorgerückter Stunde betritt er das Schlafgemach der noch unschuldigen Kaiserin. Sabrina hat die Ängstliche getröstet, ihr Mut zugesprochen. Lieblos entjungfert Friedrich das Mädchen. Nach dem Vollzug der Ehe entfernt er sich sofort.

Am nächsten Morgen klagt Jolanthe bei ihrem Vater über die erlittene Schmach. »Bevor mein Gemahl zu mir kam, hat er sich mit Anaïs vergnügt.«

Der Siebzigjährige stellt den Schwiegersohn zur Rede. Friedrich sieht ihn spöttisch an: »Was schwatzt Ihr von Familienehre? Diese Heirat ist ein Geschäft, das Ihr mit Unterstützung des Papstes betrieben habt. Nun gut, ich habe den Handel, wie es Brauch ist, in der Nacht besiegelt. Niemand schreibt mir vor, zu welcher Stunde ich meine Ehepflicht abzuleisten habe.«

Friedrich entscheidet schnell und hart: Noch am gleichen Tag muß Jolanthe, begleitet von der ersten Kammerzofe Sabrina, abreisen. In einem Schloß bei Salerno soll die Kaiserin fortan leben, und damit sie stets an ihre orientalische Heimat erinnert wird, läßt ihr Gemahl sie von Eunuchen bewachen.

»Wir führen nun zu Recht den Titel ›König von Jerusalem‹«, erklärt er dem entsetzten Schwiegervater. »Ihr werdet Uns sofort alle Gelder aushändigen, die Ihr zur Unterstützung des Heiligen Landes erhalten habt.« Er hört eine Weile ungerührt den Beschimpfungen des alten Mannes zu und fährt fort: »Ehe Ihr Uns zur Last werdet, dürft Ihr Euch entfernen und anderweitig Eure Tränen vergießen.«

Gedemütigt besteigt Johann von Brienne das Pferd und reitet mit seinem Gefolge nach Rom. Der greise Papst zeigt sich bestürzt, kann aber nicht helfen.

Die Pflanzschule des Geistes.

Schon im Jahre 1224 hatte der Kaiser sich einen lang gehegten Traum erfüllt: Der Kirche allein durfte die Ausbildung der Gelehrten nicht länger überlassen werden.

»Mit der Gnade Gottes, durch die Wir leben und regieren, dem Wir all Unsere Taten weihen, wünschen Wir, daß es in Unserm Königreich durch eine Quelle der Wissenschaft und eine Pflanzschule der Gelehrsamkeit viele kluge und weitschauende Männer gebe. Männer, die durch das Studium der Natur und die Erforschung des Rechtes Gott dienen können und die Uns durch die Pflege der Gerechtigkeit gefallen sollen. Wir verfügen, daß in der lieblichen Stadt Neapel die Wissenschaften jeder Art gelehrt werden sollen ...«

Friedrich ordnete an, daß die wißbegierigen jungen Männer des Königreiches Sizilien nur noch an dieser Universität den Hunger und Durst nach Gelehrsamkeit stillen und nicht in Bologna oder anderweitig ihre Studien betreiben durften. Überdies befahl er den Eltern unter Androhung harter Strafen, ihre auswärts lernenden Söhne unverzüglich bis zum Fest des Heiligen Michael zurückzuholen. Nirgendwo sonst im Königreich Sizilien, allein in Neapel an der kaiserlichen Pflanzschule des Geistes durfte gesät und geerntet werden.

Friedrich wußte genau, wie er Lehrern und Studenten die neue Universität anzupreisen hatte. Er bot ihnen billige Wohnungen zu festem Mietzins an, Stipendien für Fleißige, und gegen ein Pfand durften Bücher kostenlos ausgeliehen werden; selbst die Preise für Bier, Wein und Nahrung legte er 1224 im Gründungsbrief fest.

Jetzt, fast drei Jahre später, zeigt sich der blühende Erfolg. Eifrig wird gelehrt und gelernt. Der Kaiser begnügt sich nicht damit. Er selbst will seine Neugierde, seinen Hunger nach Wissen stillen. »Obwohl Uns die mühselige Menge der Staatsgeschäfte häufig in Anspruch nimmt und die öffentlichen Angelegenheiten Uns beschäftigen, wollen Wir einen Teil der Zeit, die für persönliche Dinge vorbehalten ist, dem Studium der Wissenschaft widmen und den Geist schulen ...«

Friedrich sucht nach einem Gelehrten und findet ihn. Michael Scotus! Ein Mann aus der schottischen Grafschaft Fife. Er lehrte und arbeitete an den berühmtesten Schulen in Toledo und Bologna; mit fünfzig Jahren kommt er zu Beginn des Jahres 1227 an den kaiserlichen Hof, und sein scheinbar unbegrenztes Wissen begeistert den Herrscher. Michael Scotus, ein Philosoph und Mathematiker, ein Übersetzer, ein Astrologe und Zeichendeuter und überdies ein Magier, dem die Geheimnisse der schwarzen Zauberei wie auch der Heilkunde nicht fremd sind.

»Ihr, teuerster Meister, sollt stets in meiner Nähe sein und mir mit Euren Antworten zur Verfügung stehen.«

Innerhalb weniger Wochen gehört Michael Scotus neben Hermann von Salza, dem Oberhofrichter und persönlichem Schreiber Petrus von Vinea und dem treuen Weggefährten Erzbischof Berard von Palermo zum engsten Beraterkreis des zweiunddreißigjährigen Kaisers.

Eines Tages zeigt Friedrich auf die sonderbare Kopfbedeckung des Schotten. »Sagt mir, teuerster Meister, warum tragt ihr stets diese Eisenkappe?«

»Nun, mein Kaiser«, antwortet der weise Mann, »da ich die Art meines Todes vorausweiß, denn mir ist es bestimmt, durch einen herabfallenden Stein zu sterben, will ich mit diesem Eisenhut den Zeitpunkt hinauszögern.«

KIRCHENSTAAT

Der Nachfolger

Am 18. März 1227 stirbt Papst Honorius. »Ich will lieber in Milde verfahren als in Strenge.« Diesem Vorsatz ist er bis zu seinem Tode treu geblieben. Honorius verdanken die Mahner der Kirche, die Franziskaner-, Dominikaner- und Karmeliterorden ihre Bestätigung; sein größter Lebenswunsch aber, das Grab Christi aus den Händen der Ungläubigen zu befreien, blieb unerfüllt.

Schon am nächsten Tag wird Kardinal Hugo von Ostia auf den Heiligen Stuhl erhoben. Gregor IX., ein sechzigjähriger, gelehrter, vom Glaubenseifer beseelter Mann, gleichzeitig aber unstillbar in seiner Sucht nach Prunk und Macht. Während der Jahre seines milden Vorgängers hatte er den Aufstieg des Staufers beobachtet, und keiner der politischen Winkelzüge war ihm entgangen.

Sofort läßt er den Kaiser spüren, welcher Wind nun von Rom her weht. Zunächst prangert er die Lebensweise Friedrichs an: »... in väterlicher Sorge und Güte ermahnen Wir: Hüte Dich, daß Du deinen Geist, den Du mit den Engeln gemein hast, nicht tiefer als deine Sinne stellst, die Du mit Tieren und Pflanzen gemein hast. Dein Geist wird geschwächt, wenn Du der Sklave deiner Sinne bist ...«

Aus seiner Hand hatte Friedrich bei der Kaiserkrönung zum zweitenmal das lebensspendende Kreuz genommen. Gregor IX. weist auf den Termin der Abreise nach Palästina hin und läßt keinen Zweifel, daß einem erneuten Zögern sofort der Bannspruch folgen wird.

Keine Ausflüchte mehr. Eile und Gehorsam sind geboten.

SIZILIEN, FESTLAND

Der Kaiser fragt Michael Scotus: »Sagt Uns, wo ist die Hölle und wo das himmlische Paradies? Unter der Erde, in der Erde oder über der Erde?«

Höllenglut

Im Kesseltal der Hafenstadt Brindisi lagern mehr als fünfzigtausend Kreuzfahrer: Fürsten, Ritter und Fußknechte, zahllose Pilger und Abenteurer. Aus ganz Europa sind sie in den vergangenen Monaten an die apulische Küste geströmt. Der Landgraf Ludwig von Thüringen hat sich tränenreich von seiner frommen Gemahlin Elisabeth verabschiedet und erreicht mit einem Großaufgebot deutscher Ritter im August 1227 die Hafenstadt. Friedrich ernennt den Grafen zu seinem Stellvertreter.

Zu wenig Nahrung und Wasser! Die glühende Sonne im Kesseltal brütet eine Seuche aus; bald grassiert in den Zeltdörfern ein tödliches Fieber. Panik bricht aus, viele sterben, andere flüchten todkrank zu den umliegenden Orten. Überhastet drängen die noch Gesunden an Bord der Schiffe. Nach und nach nehmen schwerbeladene Galeeren Kurs in Richtung Akkon.

Rastlos leitet der Kaiser mit seinem Stellvertreter vom Hafen aus den Aufbruch. Da ereilt das Fieber die Befehlshaber, erst den Landgraf, dann auch Friedrich.

Lupold beschwört seinen Herrn: »Verschiebt den Abreisetermin. Gönnt Euch Ruhe, bis Ihr genesen seid.«

»Mit bleibt keine Wahl. Wir müssen in See stechen, mein Freund. Du weißt es.«

Am 8. September verlassen die kaiserlichen Kriegsschiffe den Hafen von Brindisi. Jäh verschlechtert sich der Zustand Ludwigs von Thüringen. Nach zwei Tagen muß die Galeere des Kaisers umkehren und an der Küste bei Otranto vor Anker gehen. Der Graf erliegt der Seuche. Geschwächt hört Friedrich auf den Rat der Ärzte und verschiebt seine Fahrt ins Heilige Land. In Heilquellen sucht er Genesung, auch läßt er Jolanthe aus ihrem von Eunuchen bewachten Palast zu sich bringen. Sie hat ihm eine Tochter geboren. »Der Ertrag genügt mir nicht. Noch hat die Kaiserin ihre Pflicht nicht erfüllt.« Er will die Gelegenheit nützen, um einen Sohn zu zeugen.

KIRCHENSTAAT

Unbeugsame Härte

»Wir, Gregor IX. exkommunizieren aus der Machtvollkommenheit des Vaters, des Sohnes und des Heiligen Geistes, der Apostel Petrus und Paulus und Unserer eigenen den Kaiser Friedrich ...«

Auf keine Entschuldigung läßt sich der Papst ein; selbst das Versprechen des Staufers, im nächsten Frühjahr sofort den Truppen nachzueilen, kann Gregor nicht umstimmen. Offen zeigt er seinen Haß gegen den Kaiser und beschuldigt ihn sogar, durch sein stetes Zögern den Fiebertod unzähliger Kreuzfahrer herbeigeführt zu haben.

Tief gekränkt diktiert Friedrich seinem Großhofrichter und Schreiber Petrus von Vinea einen Brief an die Fürsten Europas: »... Da nun aber jener Vater der gesamten Menschheit, der Stellvertreter Christi ... gegen Unsere Person unwürdig und hart vorgeht und durchaus gewillt zu sein scheint, Haß gegen Uns zu schüren, wer wird da nicht erschüttert und verwirrt ...?«

Papst Gregor will diesen Kaiser vernichten. Er schließt mit den lombardischen Städten im Norden ein Bündnis. Mehr noch, er schickt seine Legaten nach Deutschland, um die Absetzung bei den Fürsten zu betreiben.

SIZILIEN, FESTLAND

Der Kaiser fragt Michael Scotus: »In welchem der Himmel sitzt Gott auf seinem Thron? Und was tun Engel und Heilige dort beständig vor seinem Angesicht?«

Mit letzter Kraft

Zwei Tage und Nächte dauern die Qualen. Am Morgen des dritten Tages bringt Kaiserin Jolanthe im Schloß Terracina, nahe Salerno, einen Sohn zur Welt. »Konrad, mein Konrad«, flüstert sie. »Mit dir habe ich meine Pflicht erfüllt.« Nach einer Woche, am 25. April 1228, stirbt die unglückliche sechzehnjährige Frau.

Und zum drittenmal beweint Sabrina den Tod einer Kaiserin.

PALÄSTINA

Der Kaiser fragt Michael Scotus: »Sagt Uns, wie kommt es, daß die Wasser der Meere so bitter sind? Warum gibt es an vielen Stellen Salzwasser, an anderen aber, entfernt vom Meer, süßes Wasser?«

Ein Handstreich der Vernunft

Ohne den Segen des Papstes darf niemand einen Kreuzzug unternehmen. Friedrich setzt sich am 28. Juni 1228 darüber hinweg, und erst vom Schiff aus läßt er die Welt wissen: »... Obgleich dieser Römische Oberpriester sich Unseren Wünschen entgegenstellt und auf unverschämte Weise versucht, Unsere Sanftmut zu reizen, so hielt er Uns dennoch keineswegs vom Dienste Christi zurück ...«

Vergeblich versucht der Papst, die in Akkon wartenden Kreuzfahrer durch die Nachricht vom Bannfluch gegen Friedrich aufzuwiegeln. Der Kaiser hat seinen Kreuzzug gut vorbereitet. Ihn begleiten neben arabischen Gelehrten zum erstenmal eine Truppe moslemischer Kämpfer; seine Sarazenen, die er vor Jahren auf dem schwarzen Hügel bei Lucera angesiedelt hat, lieben und verehren ihn bedingungslos.

Kein Schwertstreich fällt, kein Blut wird vergossen. Friedrich verhandelt mit dem aufgeklärten Sultan Malik al-Kamil und erhält die Heiligen Stätten ohne Kampf, nur aufgrund seines diplomatischen Geschicks.

Ein Brief des Papstes an den Sultan wird abgefangen. Darin verlangt Gregor, daß al-Kamil dem gebannten Kaiser niemals Jerusalem ausliefern solle; jedoch der moslemische und der christliche Herrscher schließen Frieden. Im Namen Jesu haben Kreuzritter seit Jahrhunderten das Land immer wieder durch Plünderung, Mord und Greuel heimgesucht. Kaiser Friedrich verspricht: »... Ruhe sollt Ihr haben vor den Christen und nicht länger gezwungen sein, das Blut Eurer Untertanen gegen uns zu vergießen ...«

Die papsttreuen Kleriker verweigern dem Erfolgreichen ihren Segen. Dennoch zieht Friedrich, begleitet vom Jubel vieler Gläubiger, in Jerusalem ein. Am 18. März 1229 steht er vor dem Altar der Grabeskirche. Kein Gottesdienst, gleichwohl Kerzen brennen. Loblieder werden gesungen, und Friedrich nimmt die Krone, zeigt sie den Vasallen und Pilgern, dann setzt er sie sich selbst aufs Haupt. König von Jerusalem! Machtbewußt beweist Friedrich der Welt, daß er durch Gottes Fügung allein die Nachfolge König Davids angetreten hat.

SIZILIEN, FESTLAND

Der Kaiser fragt Michael Scotus: »Sagt uns, gibt es noch etwas anderes als Luft und Wasser, welches die Erde trägt? Oder ruht sie auf sich selbst oder auf den Himmeln, die unter ihr sind?«

Orkan des Zorns

Nur ein Jahr hat der Kreuzzug gedauert. Im Juni 1229 landet der Staufer wieder im Hafen von Brindisi. Unter Führung seines Schwiegervaters, Johann von Brienne, sind Schlüsselsoldaten des Papstes in Apulien eingefallen, und die Gebietsfürsten sowie viele Städte des Landes haben sich ihnen ergeben.

Wie von einem Orkan werden die Eindringlinge aus dem Königreich gewirbelt, und furchtbar ist die Rache an den Abtrünnigen. Ein Befehl erreicht die sarazenische Elitetruppe: »... nach Einnahme der Stadt aber sollen die Angehörigen der höheren Stände und des Adels geblendet, der Nasen beraubt und nackt und bloß davongejagt werden ...« Den Frauen soll die Nase zur Schande abgeschlagen, allen

Knaben und Männern die Hoden abgeschnitten und bis auf die Kirchen alle Gebäude, Mauern und Türme zerstört werden.

Bereits im Juni 1230 steht Friedrich an den Grenzen des Kirchenstaates und bietet dem bedrängten Papst einen Frieden an. Hermann von Salza verhandelt und erzielt eine Einigung. Der Bannfluch wird Mitte August aufgehoben.

Der kaiserliche Sohn wird vom päpstlichen Vater in die Arme geschlossen; sie tauschen Küsse und Freundlichkeiten, jedoch das gegenseitige Mißtrauen bleibt bestehen.

Der Kaiser fragt Michael Scotus: »Sagt Uns, wo entsteht der Wind, der von vielen Gegenden des Erdkreises ausgeht?«

Das große Gesetzbuch

Unruhe herrscht in Deutschland. König Heinrich, der zwanzigjährige Sohn des Kaisers, wagt es, gegen den Vater aufzubegehren, sich den Anordnungen und Erlassen zu widersetzen. Friedrich droht: »Füge dich!« Ehe er aber den Sohn in die Schranken weist, will er vom Bergkastell Melfi herab dem geliebten Königreich seine Gesetzestafeln bringen. Sein kluger Oberhofjustiziar Petrus von Vinea hat das umfassende Werk *Liber Augustalis* nach den kaiserlichen Eingebungen niedergeschrieben.

Wehe den Ketzern; unbarmherzig will Friedrich sie durch Inquisition verfolgen und mit Folter und Scheiterhaufen bestrafen.

Jeder Schritt im Lande kann von 1231 an nur unter Aufsicht und im Schutz der Gesetze getan werden. Bis ins Kleinste regelt der Kaiser den Alltag:

»... die einfältigen Gottesurteile scheiden Wir von Unseren Gerichten aus.«

»... die da Liebestränke darreichen oder irgendwelche schädlichen Speisen, die das Leben oder den Verstand beschädigen, sollen dem Halsgericht unterworfen werden ...«

»... Der Arzt soll seine Patienten mindestens zweimal am Tage besuchen und auf Verlangen des Kranken einmal nachts ...« Er legt die Honorare der Doctores und die Preise der Apotheker fest.

»... Wir sind gewillt, die durch göttlichen Ratschluß gewährte Gesundheit der Luft ... und der Gewässer zu erhalten ...« Wer sie verunreinigt, soll zu einem Jahr Zwangsarbeit in Ketten verurteilt werden.

Zur Durchsetzung seiner Gesetze stellt Friedrich eine allgegenwärtige Truppe aus politischen Spürhunden und Spitzeln auf.

Papst Gregor wirft dem Gottkaiser empört vor: »In deinem Reich wagt niemand ohne deinen Befehl, die Hand oder den Fuß zu bewegen!«

Friedrich schüttelt alle Vorwürfe ab. Er ist auf dem Höhepunkt seiner Macht, und nichts und niemandem darf es erlaubt sein, sich ihm zu widersetzen. Selbst der eigene Sohn nicht!

NORDITALIEN

Der Kaiser fragt Michael Scotus: »Sagt Uns, wie steht es mit dem Feuer, das aus der Erde hervorbricht, sowohl in der Ebene wie aus dem Gebirge?«

Die letzte Ermahnung

Zu Ostern 1232 hat der Kaiser einen Reichstag einberufen. Alle Fürsten, auch die deutschen, müssen erscheinen. Sein Sohn, König Heinrich, hört mit verschlossenem Gesicht die Vorwürfe des Vaters.

»Du hast es gewagt ...« Heinrich hatte die Rechte der mächtigen deutschen Landesherren beschneiden und den Städten und Bürgern mehr Freiheiten geben wollen. Er verlor und war erpreßt worden, den Reichsfürsten noch umfassendere Gewalt über ihre Länder zu gewähren. Der Vater hatte diesen Vertrag bestätigt, und dennoch verstieß der Sohn immer wieder dagegen.

»Du hast es gewagt ...« Heinrich hatte sich von der sieben Jahre älteren Margarethe von Österreich getrennt und ohne Erlaubnis seine heißgeliebte Agnes von Böhmen geheiratet. Auf Befehl des Kaisers mußte Agnes entsagen und in ein Kloster gehen.

Vor allen Fürsten gesteht Heinrich seinen Ungehorsam ein und wird gezwungen, die Einhaltung der Verträge zu beschwören. In Briefen muß er die mächtigen Herren bitten, ihn bei erneutem Ungehorsam als einen Rebell zu verurteilen, und den Papst, ihn sofort mit dem Kirchenbann zu belegen.

DEUTSCHLAND

Der Trotz des Sohnes

Die Inquisition feiert grausame Triumphe: »Wir wollen lieber hundert Unschuldige verbrennen, wenn auch nur ein Schuldiger darunter ist.«

Heinrich will das Morden nicht länger dulden und erläßt ein Gesetz gegen die maßlose Ketzerverfolgung. Daraufhin wird der blutgierigste Schlächter, der Mönch Konrad von Marbach, von den Angehörigen seiner Opfer erschlagen.

Papst Gregor IX. ist empört. Der Vater läßt den Sohn exkommunizieren; gleichzeitig kündigt Friedrich seinen Besuch in Deutschland an. Für ihn gibt es zwei Gründe: Zum einen will er den Sohn brechen, und zum anderen will er die längst angebahnte Vermählung mit Isabella, der schönen englischen Prinzessin feiern.

Die Verzweiflung

Heinrich weiß nicht mehr ein noch aus. Kopflos ruft er seine Anhänger auf einen Hoftag nach Boppard und sagt sich vom Vater los. Der deutsche König wagt es, offen dem Gottvater und Gottkaiser des Imperiums die Stirn zu bieten.

Mehr noch: Er schließt mit den erbittertsten Feinden Friedrichs, den lombardischen Städten, einen Freundschaftsbund. Zum Dank wollen ihn die Lombarden als König anerkennen.

Schlimmer noch: Da der Vater sich durch seine Heirat mit England verbinden will, versucht Heinrich den französischen Hof gegen den Kaiser aufzubringen.

Mitten in die Feierlichkeiten zum 24. Geburtstag des gebannten deutschen Königs erreichen im Mai 1235 abgehetzte Kuriere das Gefolge: Kaiser Friedrich II. ist auf dem Weg über die Alpen!

DRITTES BUCH

Das Staunen der Welt

1235 - 1284

*Aus der Tiefe brodelt Nebel herauf,
angefüllt mit Schlangen und Kröten. Drei graue Gestalten
stehen am Rand der Felsschlucht.
Der Zauberer Merlin liest in den Augenhöhlen eines Schädels:
»Er wird seiner Klugheit vertrauen.«
Prophet Joachim schlägt das Heilige Buch auf: »Er wird besiegt
und in die Hölle geschleudert wie der rote Drache!«
Der Schädel zerfällt. Merlin bläst den Staub von den Händen.
»Und bei seinem Ende werden die über ihn frohlocken,
die ihm geflucht haben.«
Da hebt die Wahrsagerin Sibylle den giftigen Nebel zu sich herauf
und wispert: »Mit ihm wird auch das Imperium enden«,
langsam dreht sie sich im Kreis, »jedoch unter den Völkern
wird es heißen«, ihr Singsang weht mit dem Wind davon, »er lebt,
und er lebt nicht, und er lebt, und er lebt nicht ...«*

Die Nachricht vom Kommen des Herrschers hatte sich schnell verbreitet.

Im Kloster Weißenburg stand Tile Calopidus, Laienbruder und Leiter der Zimmerei, vor seinem Abt. Alle Überredungsversuche, den schlanken dreißigjährigen Mann zu halten, waren fehlgeschlagen.

Tile schüttelte die ungebändigten roten Locken; er wollte nicht länger bleiben, und nichts konnte ihn zurückhalten: »Mein Kaiser erwartet mich.«

»Wo, mein Sohn?« fragte Abt Bernhardus. Schon während der Studienzeit hatte er Tile in sein Herz geschlossen und ihm später als tüchtigen Mitarbeiter stets mit Rat zur Seite gestanden. »Hängst du immer noch diesem unwirklichen Traum nach? Glaubst du, der allmächtige Kaiser wird sich an dich erinnern?«

Tile betastete durch die grobgewebte klösterliche Kluft den Amulettbeutel vor seiner Brust. Gestern hatte er den Ring vom Pech gereinigt und das Gold gerieben, bis es glänzte. »Ich weiß es, ehrwürdiger Vater. Nur den Ort kenne ich nicht. Ganz gleich, es muß einen Weg geben, der mich in die Nähe Kaiser Friedrichs führt. Dann vertraue ich meinem Glück.«

Abt Bernhardus war nicht überrascht noch enttäuscht; er kannte den starken Willen des Laienbruders. »Gott möge dir helfen, Tile. Allein, wann immer du deinen Entschluß änderst, zögere nicht; in unserm Kloster wird es stets einen Platz für dich geben.« Nach einer Pause fuhr er heiter fort: »Und nun, da du meine Ermahnungen geduldig angehört hast, werde ich dir den ersten Schritt auf deinem ungewissen Weg erleichtern.«

Als Abt des Reichsklosters Weißenburg war er mit anderen Äbten aufgefordert, der zukünftigen Kaiserin entgegenzureisen. »Begleite mich morgen nach Köln, mein Sohn. Dort dürfen wir Isabella von England unsern Gruß entbieten.« Leicht schmunzelte Bernhardus: »Wenn du der Braut und ihrem Troß folgst, wird sie dich ganz gewiß in die Nähe des kaiserlichen Bräutigams führen.«

Nichts hatte Tile damals daran hindern können, dem jungen

König Friedrich zu folgen; ernst sagt er jetzt: »Das Nachlaufen, ehrwürdiger Vater, habe ich nicht verlernt.«

Häuser, kleine, geduckte und hohe, ausladende mit prächtigen Fassaden, drehen sich lautlos um sich selbst und tanzen, von silbrigen Bändern gehalten, um Kirchen und schwanken über Plätze, weichen einander aus und kehren kreiselnd zurück. Da öffnen sich die Domtürme dem Himmel. Frei zwischen ihren aufgebogenen Mauern schweben Glocken, und Läuten setzt ein, erst da und dort; mehr Glocken beginnen zu schwingen, hell und dunkel vereint sich, wird lauter, das Dröhnen dringt in Mark und Bein.

Tile schreckte aus dem Schlaf hoch und hielt sich die Ohren zu. Direkt über ihm schien wummerndes Schlagen den Glockenstuhl zu bersten. Nach und nach ordnete er seine Gedanken: Ich bin in Köln, im Gästehaus der Stiftsbrüder von St. Aposteln. Dies ist meine Zelle. Der Lärm ist das Morgenläuten ihrer Kirche, und heute am Donnerstag vor Pfingsten wird die Ankunft der englischen Prinzessin, der künftigen Kaiserin, festlich gefeiert. Er kratzte ausgiebig durch seine roten Locken. »Ich werde Isabella sehen«, murmelte er, »und dann nicht mehr aus den Augen lassen, bis sie mich zu meinem Kaiser führt.«

Gestern war er mit Abt Bernhardus und den Weißenburger Brüdern im Rheinhafen an Land gegangen. Niemals vorher hatte Tile solch eine riesige Stadt gesehen. Hier gab es nicht nur einen Platz, nicht nur eine Hauptstraße. Auf dem Weg vom Ufer bis zu ihrer klösterlichen Herberge waren ihm die vielen Menschen, dazwischen Karren, Reiter und freilaufende, sich suhlende Schweine wie das Blendwerk eines Magiers vorgekommen. Dazu der Gestank nach Fisch, Biersud und Fäulnis, dann dieses Gewirr von Nebengassen und düsteren Durchstiegen, und überall Rufen, Feilschen und Gelächter. Erst als er mit den Brüdern durchs Tor in die Ruhe des weiträumigen Stiftsbezirkes eingetreten war und Abt Bernhardus vom Prior begrüßt, die Gäste zu ihren Zellen geführt wurden, hatte sich seine Beklemmung gelöst.

Tile horchte nach draußen; neben dem Läuten von St. Aposteln vernahm er andere Glocken, nahe und weiter entfernte. In Köln mußte es viele Kirchen geben.

Rasch stand er auf, streifte seine schwarze Kutte über und verließ die Zelle. So wie er es seit Jahren allmorgendlich gewohnt war, wollte er am Gebet der Prim teilnehmen und eilte hinüber zum Hauptgebäude. Durch den Kreuzgang erreichte er das Nebenportal der Kirche. Kraftvolle Stimmen erfüllten die Halle. Im hohen Chorraum hatte die Andacht begonnen. Vorn neben dem Prior entdeckte er seinen Abt. Tile kniete sich zu den Mönchen in der letzten Reihe und faltete die Hände: »*Christe, Fili Dei vivi. Miserere nobis Christe.*«

»Wo kommt Ihr her?«

Erstaunt blickte Tile zur Seite. Das Gesicht des Nachbarn blieb auf den Altar gerichtet, seine Nase war höckrig, das Kinn stark ausgeprägt.

»Vom Reichskloster Weißenburg.«

»Fahrt Ihr später mit?«

Tile verstand nicht und schwieg.

Als vorn das Schlußgebet gesprochen wurde, neigte der Mönch den Kopf. »Wir begrüßen die junge Kaiserin.«

»Deswegen bin auch ich mit meinem Abt hergekommen«, flüsterte Tile.

»Amen.«

Gemeinsam mit den anderen erhoben sie sich. Während die Brüder schweigend den Kirchenraum verließen, raunte der Nachbar: »Also gut, dann fahrt doch mit. Auf unserm Schiff ist noch Platz.«

»Wie ich hörte, soll Isabella von Westen kommen, auf dem Landweg?«

»Natürlich. Und dennoch ein Schiff.« Der Mönch sprach in Rätseln; erst im Kreuzgang wandte er sich Tile offen zu. Die vollen weichen Lippen paßten nicht zu dem hageren Gesicht und den tiefliegenden Augen. »Ich habe es gebaut.« Unverhohlen lange betrachtete er den schlanken Gast aus Weißenburg. An dessen Locken schien er Gefallen zu finden. »Ihr seid noch nicht gezähmt, Bruder?«

Tile gab das Lächeln zurück: »Nein, ich bin im Laienstand und bleibe es. Ich habe andere Ziele.« Er nahm den Gedanken wieder auf. »Wieso ein Schiff, wenn es keinen Fluß gibt?«

»Das ist die Überraschung.« Sie hatten das Ende des Gangs erreicht. Die Stiftsbrüder blieben im Hauptgebäude; zum Gästehaus mußte Tile wieder dem schmalen Grasweg entlang des Kräutergartens folgen.

»Mein Name ist Martin ... Bruder Martinus. Wir sehen uns nach dem Morgenmahl.« Er winkte und eilte hinter den Mitbrüdern her.

»Ich heiße Tile. Tile Calopidus!«

Ohne sich umzudrehen hob Martinus die Hand.

Tile sah ihm nach. Nein, er hatte sich nicht getäuscht; diesen langen, tiefen Blick eines Mannes kannte er zur Genüge aus seinem Kloster. Beim erstenmal war er als Schüler überrascht worden. Er hatte in den Augen des rundlichen Cellarius nur Freundlichkeit gelesen und war nach einigen Wochen unbekümmert der Einladung in dessen Unterkunft gefolgt. Um für ihn Holzschuhe anzufertigen, sollte er an den Füßen des Bruders genau Maß nehmen. Tile kniete vor dem Schemel. Das Streicheln übers Haar und an den Schultern empfand er als angenehm, mehr nicht. Doch dann streifte der Cellarius die eigene Kutte, mit der Bemerkung, daß es ein heißer Tag sei, bis zur Hüfte zurück. Der jähe Anblick des schweren halb aufgereckten Schwanzes direkt vor seinem Gesicht verwirrte Tile. Auch wenn es Mühe kostete, wich er nicht zurück und versprach tapfer, die Holzschuhe bald zu liefern. An der Tür glitt die Hand des Mönches über seinen Rücken bis zum Hintern hinunter, und ein Finger bohrte sich zwischen seine Backen. Ohne ein Wort, nur mit diesem begehrlichen Blick zum Abschied, hatte der Cellarius den Zögling gehen lassen.

Seitdem war Tile auf der Hut gewesen. Schnell fand er heraus, daß auch andere Mönche des Klosters ihn wohlgefällig beobachteten; einige paßten ihn sogar auf dem Weg zur Küche oder vor der Zimmerei ab und flüsterten ihm Schmeicheleien zu. Bei seinem Besuch in Hagenau hatte er Irmhild davon erzählt. »Ach, mein schöner Bub. Die verkehrten Mannsleute sind oft schlimmer als die Weiber. Gib nur acht. Nicht daß dich die Kuttenkittel noch verderben.«

Bald darauf war Irmhild gestorben, plötzlich; bei niemandem habe sie über Schmerzen geklagt, war Tile berichtet worden. Weil morgens die milchstrotzenden Kühe brüllten, hatte der Burgvogt das Fehlen der Melkerin bemerkt und sie in ihrer Kammer gefunden. Irmhild lag auf dem Bett; sie war eingeschlafen und nicht wieder erwacht.

Als sein Kummer über ihren Tod verblaßte, sehnte er sich wieder nach Zärtlichkeit. Von der geliebten, mütterlichen Lehrmeisterin hatte er den schützenden Gebrauch einer Schweinsblase kennengelernt; mit dieser Hilfe konnte er bei seinen regelmäßigen Aufenthalten in der Kaiserpfalz das Umgarnen der jungen Küchenmägde lustvoll genießen und war gegen jede Anfechtung der Klosterbrüder in Weißenburg gefeit.

Tile blieb am Kräutergarten von St. Aposteln stehen. Die Zeit bis zum gemeinsamen Morgenmahl im Refektorium wollte er nützen. Gestern war Köln ihm wie ein großes, fremdes Tier erschienen; jetzt fühlte er sich ausgeruht und würde die Stadt sicher mit anderen Augen aufnehmen können. Er kehrte um, versprach dem Bruder an der Pforte, gleich zurückzukehren, und verließ den Stiftsbezirk.

Ein Maimorgen empfing ihn. Vor St. Aposteln erstreckte sich der weite Neumarkt, umrahmt von Patrizierhäusern und Gutshöfen, sorgfältig eingefaßt von einem Rechteck aus Lindenbäumen. Das erste Sonnenlicht brach sich an den Flügeln der hohen Windmühle im unteren Bereich des Platzes und schimmerte zart durch das Maigrün der Blattkronen. Kein Trubel wie am Vortag; die Stadt erschien ihm jetzt beinah menschenleer.

Nach wenigen Schritten rutschte Tile; seine Holzsandalen schlidderten im halb angetrockneten Modder aus Abfall, Kot und Lehm. Er verlor aber nicht das Gleichgewicht und achtete von nun an auf den schmierigen Straßenschmutz. »Sauber ist Köln wahrhaftig nicht«, murmelte er.

Wütende Rufe, begleitet von Gelächter, lockten ihn weiter auf den Neumarkt. Nahe des Mühlenturms hatten sich einige Frühaufsteher neben einem Viehkarren geschart; sie klatschten und feuerten zwei hin und her laufende Stadtbüttel an. Sobald er die Gruppe erreicht hatte, traute er seinen Augen nicht. Stockschwingend jagten die Männer hinter einer schwarzverdreckten Sau her. Immer wieder narrte sie ihre Verfolger, galoppierte um den Karren, wartete zwischen den Rädern, und kaum bückten sich die Fänger, entwischte sie, sehr zum Vergnügen der Zuschauer, in Richtung Platzmitte.

»Wem gehört das Schwein?« fragte Tile.

Eine Frau wandte den Kopf. »Der Besitzer hat's nicht rechtzeitig gefunden. Jetzt ist es zu spät.« Sie sah die Kutte und zeigte ihre schwärzlichen Zahnstummel: »Guten Morgen, Vater.«

»Verzeih, ich bin fremd hier. Warum diese Jagd?«

Breitwillig gab sie Auskunft: »Das ist so. Weil der Rat Anfang der Woche befohlen hat, daß alle frei rumlaufenden Säue und Hunde von den Straßen verschwinden müssen. Nicht nur wegen Pfingsten. Nein, weil wir heute doch unsere junge Kaiserin erwarten. Was denkt die Kleine sonst von uns? Jeder Köter wird vom Hundefänger gleich erschlagen. Nachts ist er unterwegs, und das Fell rechnet er bei der Ratskasse ab. Aber die herrenlosen Schweine kommen zum Schlachter.« Sie senkte die Stimme: »Zwei hat sich schon unser Henker geben lassen. Versteht Ihr?«

Tile sah sie verständnislos an.

»Na, zum Üben. Er bindet sie hoch, und dann zack mit dem Schwert, und der Kopf ist ab. Versteht Ihr jetzt?«

Allein die Vorstellung traf ihn wie ein Faustschlag in den Magen. Damals in Hagenau! Das Bild kehrte zurück: An einer Zange zog der Henker die Zunge aus dem Mund des Rentmeisters. Die Klinge blitzte auf. »Nein«, murmelte Tile, »nein, niemals werde ich solche Roheit begreifen.«

»Wo kommt Ihr denn her? Also, bei uns sind die frommen Herren nicht so zimperlich.«

Er wollte ihr sagen, daß er kein Mönch sei, unterließ es und sah wieder der Jagd zu. Doch die Mühe der beiden Stadtdiener blieb vergeblich.

»Warum hilft ihnen niemand?«

Da feixte die Frau: »Ach, Vater! Wer hilft schon einem Büttel? Und überhaupt, hier sorgt sich jeder nur um sich selbst.«

Die Sau flüchtete direkt auf die Gruppe zu; sofort wurde eine Gasse geöffnet. Tile überlegte nicht und versperrte ihr den Weg. Aus dem Lauf warf sich das Schwein herum. Dieser Moment genügte einem der Stadtdiener, mit einem erleichterten Fluch bekam er die Ohren zu fassen, gleich packte der zweite den Schwanz, und gemeinsam zerrten sie ihre Beute zur Laderampe. Der Widerstand erlahmte nicht; unter Grunzen und schrillem Quieken ließ sich die Sau zu den drei anderen auf den Karren schieben.

Die Zuschauer blickten verärgert auf den Helfer im Mönchsgewand. Ehe ein böses Wort fiel, machte er sich rasch davon. In seinem Rücken hörte er die Frau erklären: »Regt euch nicht auf. Der Vater ist fremd hier in Köln.«

Nicht nur fremd, überlegte Tile auf dem Weg zurück, diese riesige Stadt atmet Schönheit und Schrecken gleichzeitig aus. Als die Frau vorhin den Hundefänger erwähnte, hatte er sofort an seinen treuen Freund denken müssen. »Mein Niko, was hattest du für ein ruhiges Leben in der Kaiserpfalz. Alt durftest du werden.« Er sah zu den herrschaftlichen Fassaden auf. »Hier hätten wir damals, ehe wir uns trafen, kaum überleben können. Du warst so zutraulich. Dir wäre sicher das Fell von einem Hundefänger abgezogen worden. Und ich?« Sein Auge war nach wie vor geschärft, und gestern, gleich am Hafen, hatte er einen alten Bettler mit dessen abgerichteten Lumpenkindern entdeckt; ganz gewiß gab es in Köln viele Bettlerkönige. »Ich hätte nicht weglaufen können. Höchstens von einem Vater Jakob zum nächsten.«

An der Pforte blickte er zurück. Wieder still und friedvoll lag der Neumarkt im Sonnenlicht. »Tile Calopidus, du hast Lesen und Schreiben gelernt«, spottete er über sich selbst. »Selbst das Lateinische ist dir kein Geheimnis mehr. Was also ängstigt dich?« Kleine Falten kräuselten sich auf der Nase. »Köln ist eben eine große Stadt, und du bist ein ebenso großer Narr.« Noch in Gedanken sagte er zum Mönch, der ihn einließ: »Wenn ich gewollt hätte, wäre ich auch aus Köln weggelaufen.«

»Warum, Bruder?«

Die Heiterkeit in den seltsam blauen Augen verwirrte den Mönch. Leicht setzte Tile hinzu: »Nichts von Belang. Verzeih, ich sprach mit mir selbst. Gerade heute gibt es gute Gründe, hierzubleiben.« Ohne sie näher zu erläutern, ging er weiter.

Besorgt blickte der Bruder dem Gast aus dem Kloster Weißenburg nach und verriegelte die Pforte sorgfältiger als gewöhnlich.

Kaum war das Morgenmahl beendet, schien die Zeit aus dem Gleichmaß zu geraten. Wer noch vor einer Stunde ruhig durch die Flure und über den Innenhof geschritten war, der lief; wer geschäftig geeilt war, der rannte jetzt. Um die Mittagszeit schon würde sich Isabella mit ihrem Troß auf Sichtweite genähert haben.

Abt Bernhardus hatte seine drei Mitbrüder und Tile vor dem Gästehaus um sich versammelt. »Wie mir mitgeteilt wurde, soll der kaiserlichen Braut eine buntgemischte Prozession entgegenziehen und sie dann in die Stadt begleiten. Auch wir sind gebeten worden, uns auf dem letzten Stück ihres Weges einzureihen.« Er hob die Brauen: »Selbst wenn freudiger Eifer unsern hochgeschätzten Stiftsprior zur Übertreibung verleitete, so müssen, wie mir scheint, außergewöhnliche Attraktionen vorbereitet sein. Ich ermahne euch, meine Brüder: Was uns auch erwartet, zeigt Heiterkeit, aber bewahrt Würde.«

Tile sah an seinem Herrn vorbei. Fünf Mönche verließen das Haupthaus und luden Musikinstrumente auf einen Handwagen:

Schellenbaum, Holzflöten, kleine Trommeln, Zimbeln und eine Harfe. Bruder Martinus kam mit langen Schritten herüber, winkte, bemerkte rechtzeitig, daß er nicht stören durfte und ging ungeduldig in der Nähe auf und ab.

»Vor dem Palast des Erzbischofs wird später die offizielle Begrüßung folgen.« Eindringlich befahl Abt Bernhardus: »Wir warten gemeinsam mit den Abordnungen der Reichsklöster. Erst auf Geheiß des Zeremonienmeisters lösen wir uns wenige Schritte aus der Gruppe. Nach meinem Grußwort an Isabella werden wir uns rückwärts und ohne den Blick von ihr abzuwenden auf unsern Platz zurückziehen. Habt ihr verstanden?« Prüfend sah er von einem zum andern und wartete, bis jeder nickte. »Nun denn, laßt uns den Festtag mit Freuden begehen.«

Martinus gab stumme Zeichen, die zur Eile aufforderten.

»Verzeiht, ehrwürdiger Vater. Ich bin eingeladen, auf einem Schiff der Kaiserin entgegenzurudern.« Kaum hatte Tile es ausgesprochen, wurde ihm die Torheit bewußt; beinah entschuldigend fuhr er fort: »Wie dies geschehen soll, weiß ich nicht.« Er deutete auf den hageren Mönch. »Aber Bruder Martinus glaubt fest daran.«

»Zum zweitenmal höre ich von dieser Fahrt über trockenes Land. Sogar drei Schiffe erwähnte der Prior.« Abt Bernhardus schmunzelte. »Nicht umsonst wird diese Stadt als das ›Heilige Köln‹ gerühmt. Wer weiß, vielleicht geschieht ein kleines Wunder. Gut, Bruder Calopidus, erlebe es aus der Nähe; du hast meinen Segen. Jedoch finde dich rechtzeitig wieder bei uns ein, sonst verpaßt du den ersten Schritt auf deinem neuen Weg.«

Ganz Köln war auf den Beinen. Das Volk strömte an der Stiftsmauer vorbei, festlich angezogen; Tile sah Palmwedel und Blumen, die Kinder trugen geflochtene Kränze im Haar. Alle kannten nur eine Richtung: zum großen Westtor. Wachsam zerrten und schoben die frommen Herren von St. Aposteln den hochbeladenen Karren; immer wieder mußten sie ihre Instrumente vor diebischen Kinderhänden schützen.

»Ich bin sehr froh.« Martinus schritt eng neben seinem rotlockigen Gast her; wie unabsichtlich berührte er den Handrücken. »Mit dir wird das Fest noch schöner.«

»Gespannt bin ich schon«, lenkte Tile ab. »Schiffe? Sicher gibt es einen Wassergraben vor der Stadt. Habe ich recht?«

»Noch etwas Geduld, und das Geheimnis wird gelüftet.«

Ein Reitertrupp drängte durch die Menge. Schwarze Pferde mit bunten Schleifen am Zaumzeug, und die Männer in den Sätteln überboten sich gegenseitig: Helmbüsche aus Pfauenfedern, hell klingelnde Glöckchenketten, Brustharnisch und Schild beklebt mit goldenen Phantasiewappen. In den Fäusten trugen sie bebänderte Lanzen oder lange Stöcke.

»Sind es nicht stolz herausgeputzte Hähne?« fragte Bruder Martinus begeistert. »Sie werden den Schiffen vorausreiten und nach hochzeitlichem Brauch ein Stabbrechen vorführen.« Er maß Tile mit den Augen. »Wie ärmlich dagegen ist unsere Kluft. Und doch, wenn du reiten könntest. O ich kann es mir ausmalen, wie du auf solch einem schwarzen Hengst daherkämst. Du hättest keine Pfauenfedern nötig, dein goldenes Haar wäre Schmuck genug.«

Tile staunte: Was habe ich an mir, daß sich ein ernsthafter Mann so rasch in einen balzenden Auerhahn verwandelt? Nüchtern gab er zu: »Nur widerwillig habe ich das Hauen und Stechen erlernt. Ritterspiele begeistern mich nicht, und ich reite nur, um von einem Ort zum nächsten zu gelangen.«

Selbst diese Antwort entzückte Martinus, und er wollte mehr wissen. »Ich liebe Holz«, erklärte Tile. »Mit dem Schnitzmesser umgehen, das ist das einzige, was ich kann.«

»Schnitzen? Welch eine wertvolle Gabe. Also bist du Zimmermann wie unser Herr Christ.« Kaum erfuhr er Tiles Alter, schürzte er die vollen Lippen. »Bei deinem jugendlichen Aussehen, deinen Bewegungen – also niemals hätte ich an dreißig Jahre gedacht«, und gestand: »Ich begehe bald meinen vierzigsten Geburtstag.«

Tile fühlte sich bedrängt; für einen Moment stieg Wut in ihm

400

auf. Jedes Wort seines Nachbarn war so durchsichtig. Was glaubst du von mir? Ich bin kein einfältiger Klosterzögling mehr, den du durch Lob verführen kannst. Mit dem nächsten Atemzug wich sein Ärger wieder. Ach, Martinus, dachte er beinah nachsichtig, warum diese vergebliche Mühe? Du bist nicht geschickter als die lüsternen alten Mönche bei uns in Weißenburg.

»Wie lange wirst du unser Gast sein?«

»Sobald Kaiserin Isabella weiterreist, muß ich ihr folgen.«

»Also wenigstens eine Woche. Ich biete mich an, dir die Schönheiten Kölns zu zeigen.«

Stumm beschloß Tile: Und ich werde nachts mit einem Stuhl meine Zellentür sichern.

Am Stadttor gab es heftiges Gedränge. Endlich draußen vor der Mauer wies Martinus nach rechts zu einem durch Seile abgesperrten Platz: Drei Schiffe lagen – nein, standen – hintereinander, die Außenwände blendend weiß mit roter Reling, in den gleichen Farben die aufgestellten Ruderblätter; an jedem Mast flatterten weiße und rote Wimpel. Über Leitern kletterten Mönche hinauf und brachten Musikinstrumente an Bord.

»Das ist ...«, Tile rieb sich die Augen, »nein, ich kann's nicht glauben.«

»Komm mit.« Martinus ergriff seinen Arm. »Das zweite habe ich mit unseren Zimmerleuten gebaut.«

Stolz führte er den Gast näher heran. Lediglich Bauch und Heck des Schiffes waren aus festen Brettern genagelt; am vorderen Teil bis zum halbrunden Bug hingen Seidendecken von den Relingstangen bis zur Erde. »Was du siehst, lieber Freund, ist ein Blendwerk.«

»Ganz gleich, mir gefällt das Schiff.« Tile krauste die Nase. »Und wie bewegt es sich vorwärts?«

»Das Rätsel löst sich einfach.« Durch einen Spalt der leichten Vorhänge zog Martinus ihn hinter sich her. Im seidenverkleideten Bug standen zwei schwere Gäule, vor einen Heuwagen gespannt, und fraßen geduldig Hafer aus den Maulsäcken. Vor Begeisterung legte Tile seine Hand auf die knöchrige Schulter des Stiftsbruders. »Großartig! Du bist ein wahrer Meister. So wird aus einem gewöhnlichen Erntewagen ein Schiff.« Erst jetzt bemerkte er den tiefen Blick und zog sofort seinen Arm zurück. Er bückte sich. Die äußere Verkleidung reichte fast bis zur Erde, ließ aber den Rädern genügend Raum.

»Einen Monat haben wir daran gearbeitet.« Martinus faltete die Hände. »Und ich bete jetzt nur, daß unterwegs keine Bretter abfallen und vor allem, daß die Pferde ruhig bleiben.«

Hornsignal. »Sie kommt! Isabella kommt!« Der Lärm draußen schwoll an. Über ihnen setzte sich ein Stiftsbruder auf den Kutschbock, entdeckte die beiden im Seidengehege und rief: »Steigt auf! Wir müssen abfahren.«

»Wo soll ich hin?« fragte Tile.

»Bleib gleich hier vorn auf der Bank.« Martinus kletterte nach seinem Gast eilig auf den Wagen. »Ich muß den Schellenbaum schlagen, und gleichzeitig darf ich die Rolle des Kapitäns spielen.«

Am runden Bug öffnete ein Knecht die Seidendecken, um den Kaltblütern genügend Sicht zu geben, und befreite sie von ihren Hafersäcken.

»Wir sind bereit!« rief der Kapitän in Tiles Rücken.

Von den beiden anderen Schiffen wurde Bestätigung gegeben. Kaum setzte sich die Flotte in Bewegung, schrie und klatschte das Volk. Bedenklich schwankten die Festgaleeren übers Gras, bis sie ihre Fahrrinne, die Heerstraße nach Westen, erreicht hatten.

»Das erste Manöver haben wir glücklich überstanden«, brummte der Bruder neben Tile. »Jetzt geht es nur noch geradeaus.«

»Wenn ich helfen kann, so bin ich gern bereit.«

Nein, er solle den Tag genießen. »Mit Gottes Hilfe wird alles gutgehen.«

Weit vor dem ersten Schiff trabten die aufgeputzten Reiter mit ihren Lanzen, ihnen nach die Ratsherren. Tile blickte zurück: Dem letzten Schiff folgte die Ehrengarde der Stadt. Am Straßenrand wanderten Kölner Bürger; andere hatten sich einen Platz gesucht und winkten dem vorbeiziehenden Zug.

Trommeln gaben den Takt vor, Musik erklang. Flöten wetteiferten mit Zimbeln und Harfe. Auf jedem Schiff wurde eine andere Weise gespielt.

Tile versuchte die Melodien zu erraten; einige hatte er auf Hochzeiten vernommen, dann wieder glaubte er ein Kinderlied herauszuhören, und die Klänge des Schellenbaums erinnerten ihn an Spielleute auf einem Jahrmarkt. Er schloß die Lider. Meine Klosterzeit ist zu Ende, das allein steht fest. Was hier um mich herum geschieht, begreife ich einfach nicht: Heute morgen jagte ich eine Sau, nun fahre ich mit einem Schiff über trockenes Land. Leute winken und jubeln mir zu. Ein Traum, oder ist es wirklich der erste Schritt ins neue Leben? Tile tastete nach dem Amulettbeutel. »Mein Glücksring«, flüsterte er. »Nur gut daß ich dich hab'.«

Eine Wegstunde vor der Stadt hielt der Zug an. Für das Turnierspiel teilten sich die Reiter auf einer Wiese in zwei Gruppen. Langsam beschrieben die Schiffe weite Kehren, bis jeder Bug wieder zur Stadt zeigte, und gingen neben der Heerstraße vor Anker.

Von Westen sprengten Herolde heran, Wagen auf Wagen folgte, schwerbewaffnete Eskorten begleiteten sie. Am Wegrand reckten die Leute ihre Hälse. Tile war aufgestanden; vom Kutschbock aus sah er Fahnen und blitzende Helme. Einen Steinwurf entfernt verneigten sich die Kölner Ratsherren vor einem offenen Wagen. Tile wählte zwischen den drei Damen, entschied sich für das hellgrüne Gewand: dort in der Mitte mußte Isabella sitzen. Der Wagen rollte näher.

»Musik!« befahl hinter ihm Bruder Martinus. Die Harfe ließ Töne wie Wellen auf- und abwogen, Flöten und Zimbeln eilten ihnen nach. Mit Geschrei ritten die stolzen Kämpfer gegeneinander, kreuzten ihre bebänderten Lanzen und Stöcke, bis sie splitterten.

Jetzt war die Kaiserin auf gleicher Höhe mit den Schiffen. Ja, die zierliche Frau in grüner Seide zwischen den blaugekleideten

Damen, das war Isabella! Das Gesicht unter dem Hutschleier verborgen, hob sie huldvoll ihre Hand und winkte den frommen Musikanten auf den Galeeren zu.

»Willkommen! Hoch lebe Kaiserin Isabella. Willkommen!« Schnell wurde das Rufen der Menge zum Chor. »Hoch! Hoch!« Auch Tile breitete seine Arme, grüßte die englische Prinzessin begeistert, und kaum hatte ihr Wagen die weißroten Galeeren passiert, schwor er: »Von nun an lass' ich Euch nicht mehr aus den Augen, schöne Kaiserin.« Er verneigte sich und lachte leise: »Zunächst, Isabella, verfolge ich dich per Schiff, dann zu Fuß und, wer weiß, wenn es nötig sein sollte, auch zu Pferd. Du willst zu deinem Bräutigam und ich zu meinem Kaiser.«

Der Stiftsbruder neben ihm schnalzte, und ruckelnd nahmen sie wieder Fahrt auf. Beide Gäule trotteten gemächlich vor sich hin; vom Trubel außerhalb ihres Seidenstalls ließen sie sich nicht beunruhigen.

»Feiern die Kölner jedes freudige Ereignis so ausgelassen?«

Der Kutscher wiegte den Kopf: »Dieser Aufwand heute mag eine Ausnahme sein. Aber auch sonst nützen sie selbst den kleinsten Anlaß. So ertragen sie ihren schweren Alltag leichter. Verstehst du, Bruder? Die Kölner lachen oft mit weinenden Augen.«

In der Nähe des Westtores war die Fahrt zu Ende. Um besser sehen zu können, stellte sich Tile auf die Kutschbank. Abgeschirmt von der Eskorte, verließ Isabella mit ihren Damen den offenen Wagen. Pferde wurden herangeführt. Kaum saß die Kaiserin im Sattel, suchte Tile nach der Leiter.

»Hat dir unsere Fahrt gefallen, lieber Freund?«

Kurz sah er Bruder Martinus an: »Sehr. Wie gelange ich …?« Für Fragen und Erklärungen war keine Zeit. »Wir treffen uns später im Stift.« Da er nirgends eine Leiter fand, kehrte er um, sprang vom Kutschbock zu den Kaltblütern hinunter und schlüpfte durch die Seidenvorhänge aus dem Bug.

»So warte doch, ich begleite dich!« hörte er Martinus rufen, kümmerte sich aber nicht darum. Er drängte vorwärts; vergeblich.

Selbst die Ellbogen nützten nicht; er mußte seinen Schritt dem zähen Strom anpassen.

Längst waren Isabella und ihr Gefolge im Schutz der Kölner Ehrengarde durchs Tor in die Stadt eingeritten. Nichts steht auf dem Spiel, überlegte Tile, aber sie darf mir auch heute nicht entkommen. Er wich in Nebengassen aus; bei jedem Tritt versank er bis zu den Knöcheln im schmierigen Schlick. Ganz gleich, er ließ sich vom Lärm führen, und erst als die Jubelrufe lauter wurden, zwängte er sich durch einen schmalen Mauergang zurück auf die Hauptstraße. Tile nickte zufrieden: »Das Nachlaufen hab' ich nicht verlernt.«

Nicht weit von ihm sah er Isabella. Anmutig saß die Kaiserin im vergoldeten Damensattel und winkte den Zuschauern. Aus jedem Fenster reckten sich ihr Hände entgegen.

»Zeig dich!«

Tile blickte hinauf. Hoch oben standen behäbige, mit Glitzer behangene Frauen in den geöffneten Speicherluken. Wer von ihnen gerufen hatte, war nicht festzustellen, denn jetzt stimmten alle ein. »Zeig dich, Mädchen! Zeig dich!« schallte es von jedem Söller rechts und links der Straße.

Isabella griff zum Schleierhut, nahm ihn langsam ab und lächelte empor. Beim Anblick des zarten Gesichtes, des seidigen Glanzes ihrer blonden Haare jauchzten die Matronen oben in den Speicherluken: »Bravo! Du bist richtig, Mädchen!« Sie klatschten, schunkelten und überboten sich in ihren Hochrufen.

Vor dem erzbischöflichen Palast waren längst die Honoratioren der Stadt, weltliche und geistliche Würdenträger und alle Abordnungen der Reichsklöster versammelt. Tile entdeckte seine Mitbrüder aus Weißenburg und eilte zu ihnen.

Sichtlich erzürnt wurde er von Abt Bernhardus empfangen. »Du enttäuschst mich, mein Sohn! Nicht genug, daß du beinahe zu spät kommst; nein, du erscheinst auch noch in einem äußerst beschämenden Zustand.«

»Verzeiht, ehrwürdiger Vater. Ich verstehe nicht ...«

»Deine Kluft«, zischte Bernhardus. »Warst du in einem Schweinestall?«

Tile blickte an sich hinunter. Die Nebengassen und der Durchstieg zwischen den Hauswänden hatten ihre Spuren hinterlassen. An Holzsandalen, Knöcheln und Saum klebten Kot und Abfall. Die Spritzer reichten bis zur Hüfte; schlimmer noch, Brust und Ärmel seiner schwarzen Kutte waren übersät mit Lehmflecken und Spinnweben. Er versuchte zu reiben, klopfte den Sand von der Schulter; dabei fluchte er leise vor sich hin und erntete mißbilligendes Stirnrunzeln der fremden Klosterherren in seiner Nähe.

»Um Gottes willen, du bist hier nicht auf einem Hinterhof«, maßregelte ihn Abt Bernhardus. »Und unterstehe dich, noch weiteres Aufsehen zu erregen.«

Vor dem Palastportal stimmten Mädchenchöre ein Loblied an. Tile achtete nicht darauf; nur kurz nahm er wahr, daß die kaiserliche Braut vom Kölner Erzbischof und einem großen, vornehm gewandeten Herrn zum Thron geleitet wurde. Während die Begrüßungszeremonie begann, war er bemüht, so unauffällig wie möglich seine Kutte wenigstens von Spinnweben zu säubern, und gleichzeitig schabte er eine Holzsandale über die andere, doch der Schmier fiel nicht ab. Ich bin ein elender Idiot, beschimpfte er sich stumm. Wäre ich nur auf der Hauptstraße geblieben!

Im Rücken spürte er sanften Druck. »Wir sind an der Reihe«, murmelte eine Stimme. Wie ertappt schreckte Tile auf und folgte Abt Bernhardus mit den drei Brüdern. Der Weg aus dem Schutz der Wartenden ins freie Blickfeld erschien ihm weit. Er sah nach vorn, sah die roten Lippen, die klaren Augen unter den feingeschwungenen Brauen. Mit jedem Schritt wird Isabella schöner, stellte er fest.

Sein Abt blieb stehen. Nach der gemeinsamen Verneigung rief Bernhardus: »Hochwohlgeborene, erlauchte Kaiserin. Auf ewig möge Euch die Sonne des Glücks beschieden sein ...«

Tile fühlte sich von Augen durchbohrt. Der große Herr neben

dem Thron starrte direkt zu ihm herüber. O verflucht, so furchtbar sehe ich nun wirklich nicht aus! Jetzt trat der Mann sogar einen Schritt zur Seite, hob die Hand, ließ sie wieder sinken und strich den Kinnbart. Schließlich schüttelte er leicht den Kopf und kehrte, ohne den Blick von Tile abzuwenden, auf seinen Platz zurück.

»... so entbiete ich Euch, edle Fürstin, mit meinen Brüdern den Gruß des Kloster Weißenburgs.«

Erst bei diesem Satz entspannte sich die Miene des vornehmen Herrn.

Rückwärts schreitend entfernte sich Abt Bernhardus mit seinen Mönchen. Als sie wieder in ihrer Reihe standen und die nächste Gruppe vom Zeremonienmeister das Zeichen erhielt, flüsterte Tile: »Verzeiht mein Aussehen, ehrwürdiger Vater.«

»Da unser Auftritt gut verlaufen ist, sei dir vergeben, mein Sohn.« Bernhardus schmunzelte leicht und seufzte. »Allerdings wirst du mir später viel erklären müssen.«

»Darf ich jetzt etwas fragen?«

Durch ein Handzeichen erhielt er die Erlaubnis.

»Wer ist der große Herr dort rechts neben dem Thron?«

Der Abt sah kurz hinüber und raunte: »Dieser Gelehrte ist der oberste Richter am Hof unseres Kaisers. Sein Name ist Petrus von Vinea. Gemeinsam mit dem Erzbischof hat er die Kaiserin aus England abgeholt.«

Tile nickte. »Mich wundert, warum er mich vorhin so durchdringend ansah.«

»Was bildest du dir nur ein, mein Sohn? Aber gut, wenn du wirklich so hoch hinauf gelangen solltest, wie du dir vorgenommen hast, wirst du ihn selbst fragen können.« Kaum unterdrückte der väterliche Freund den Spott: »Jedoch wirst du mehr auf deine Kleidung achten müssen. Sonst begegnest du höchstens dem Schweinehirten unseres Kaisers.«

Die leichten Worte trafen Tile. Obwohl er so nah stand, rückte mit einem Mal der Thron weit von ihm fort. Der freie Platz wurde zum Abgrund, und erst dahinter, hoch auf einem Berg, umgeben von Pracht und Glanz, saß Kaiserin Isabella vor dem Erzbischof und dem Großhofrichter.

Wie soll ich jemals ...? Tile ballte die Faust, als könnte er so das bange Gefühl zerdrücken. Nein, ich habe keine Angst, und ich schaffe es, auch wenn ich nicht weiß, wie.

och auf dem Felsgrat erstreckte sich die nördliche Wehrmauer der Stauferpfalz Wimpfen, an beiden Enden überragt von wuchtigen Bergfrieden und zur Mitte hin vom hohen Steinhaus und dem Palas.

Am Morgen des 2. Juli stand Kaiser Friedrich reglos im ersten Stock der Fürstenwohnung, die Arme verschränkt. Kälte umgab ihn. Eine Arkadenreihe mit vierzehn Fenstern – Rundbögen, getragen von kleinen Doppelsäulen – öffnete den Blick über die weite Ebene und zum Neckar hinunter. Schiffe lagen vertäut am Ufer; zwischen ihnen und dem Burgfelsen lagerte der kaiserliche Troß.

Friedrich hatte die Frage Hermann von Salzas nicht beantwortet. Die Augen starr auf den abgesperrten Platz am Rande der Zelte gerichtet, schien er sich allein für seine exotischen Tiere und die schwarzhäutigen Pfleger zu interessieren. Nach langem Schweigen sagte er: »Damals, Salza, war ich ein armer Zaunkönig und brachte einzig meine Jugend mit über die Alpen; ohne Heer gewann ich Bischöfe, Fürsten und das deutsche Volk. Auch diesmal ging mein Plan auf. Die verlorene Leichtigkeit ersetzte ich durch gefüllte Schatztruhen, und gern boten mir die Edlen auf dem Weg von Regensburg bis hierher ihre Truppen an. Selbst wer gestern noch gegen mich war, beeilte sich, mir Unterwerfung zu beweisen. Anstatt des Lächelns zeigte ich dem Volk meine Menagerie, und maulsperrig stand es am Wegrand beim Anblick der Affen, Dromedare, Leoparden und Kamele.« Als wäre es ein vorrangiges Staatsproblem, vergewisserte er sich: »War es eine kluge Entscheidung, die Giraffe anstatt eines Elefanten mitzuführen? Sagt mir Eure Meinung, Salza.«

In seinem Rücken zwang sich der Deutschordensmeister zur Geduld. »Kein Tier aus Eurem Besitz könnte mehr beeindrucken«, pflichtete er bei und begann von neuem: »Majestät, mein Fürst, wie lange wollt Ihr Euren Sohn noch hinhalten? Auf meinen Rat hin kam Heinrich Euch nach Wimpfen entgegengeeilt. Er wartet, will sich reumütig Euch zu Füßen werfen und vollständigen Gehorsam schwören. Seid gnädig mit Eurem Sohn!«

Friedrich blieb unbeweglich stehen. »Konrad, mein siebenjähriges Kleinod schläft sicher behütet von seiner Amme. Habe ich noch einen Sohn? Ich erinnere mich nur an einen Rebell namens Heinrich.«

»Ihr seid Herrscher und Vater ...«

Jäh fuhr Friedrich herum. »Wagt es nicht, Uns zu erinnern ...« Das auflodernde Feuer erlosch; wieder ruhig fragte er: »Dieser Meuterer, von dem Ihr sprecht, hat er seine Truppen aufgelöst? Hat er Uns alle besetzten Reichsburgen ausgeliefert?«

Heinrichs mühsam erkaufte Heere waren bald nach der Ankunft des Kaisers zerschmolzen, die Söldner davongelaufen, und nur wenige Trupps hielten dem glücklosen jungen König noch die Treue.

»Auch von den Burgen habt Ihr keinen Widerstand mehr zu erwarten; die Tore sind Euch geöffnet.« Nach einer Pause setzte Hermann von Salza hinzu: »Bis auf Trifels. So sehr ich meinen Einfluß geltend machte, dieses Schloß und die dort verwahrten deutschen Reichsinsignien will Euer Sohn behalten.«

Der Kaiser lächelte. »Wo hält sich der Rebell jetzt auf?«

»Seit Stunden wartet er drüben in der Halle.« Ein Anflug von Erleichterung erhellte das Gesicht des alten Ratgebers. »Darf ich ihn zu Euch bringen?«

»Nein, Salza.« Die Stimme blieb sanft. »Unverzüglich sollen ihm Schwert und Rüstung abgenommen werden. Er ist von Stund an mein Gefangener. Überantwortet ihn dem Herzog von Bayern.

Das ist sein ärgster Feind. So können Wir sichergehen, daß ihm bei Unserer Weiterreise keine Flucht ermöglicht wird. In Worms dann werden Wir über ihn richten.« Die Miene des Deutschordensmeisters schien Friedrich zu belustigen. »Seid nicht bestürzt, mein guter Salza, noch sitzt sein Kopf fest zwischen den Schultern. Indes, Hochverrat verlangt nach Sühne. Also laßt den Befehl ausführen!« Langsam ballte er die Faust. »Und mag der Rebell bei seiner Festnahme auch hoffen und singen, am Abend werden es Tränen sein.«

Damit wandte sich der Einundvierzigjährige wieder zu den Arkadenfenstern und blickte auf seine exotischen Tiere und die schwarzhäutigen Wärter hinab.

Worms jubelte: »Es lebe der Kaiser! Er lebe!«

Bewaffnete bahnten den Weg durch die Menge zum Domhügel. Kein Gruß nach rechts und links, scharfe Falten verhärteten die Mundwinkel; den Blick vorwärts gerichtet, saß Friedrich im Sattel. Die Edelsteine seiner Krone funkelten, unter dem Goldreif wellte sich das rote Haar, von Broschen gehalten fiel der Purpurmantel in Falten bis auf die Kruppe des schwarzen Hengstes. Dicht hinter ihm ritt die Leibgarde: seine Sarazenen, fremde dunkle Gesichter unter hellen Turbanen; an ihren Gürteln schimmerten breite Krummsäbel. Ihnen folgten Fürsten, Herzöge und Hofbeamte.

Der 4. Juli 1235; schon am Morgen glühte die Sonne über Worms. Der Tag des Gerichts war angebrochen.

Unterhalb des Hügels mußten Bauchladenkrämer, Bettler und das einfache Volk zurückbleiben; nur die vornehmen Patrizier durften mit ihren Familien den gepflasterten Weg hinauf bis zur Domtreppe säumen. »Hoch lebe Friedrich. Er lebe!« Wer seine versteinerte Miene aus der Nähe sah, dem erstarben Jubel und Freude. Erst als er vorbeigeritten war, setzten erneut Hochrufe ein.

Trotz des schwülheißen Tages strich stetiger Luftzug um die Dommauern. Vor dem geöffneten Portal warteten zwölf Bischöfe;

zwölf goldene Kreuze prangten auf den schildförmigen weißen Hüten.

Friedrich hielt sein Pferd an. Langsam stiegen die Hirten nebeneinander die Stufen hinab; ihre Gewänder bauschten sich im Kathedralenwind. Am Fuß der Treppe hoben sie die Krummstäbe zum feierlichen Gruß.

Ein Sporenschlag; unvermittelt ließ Friedrich den Hengst antraben. Die würdevolle Wolke stob auseinander. Allein Bischof Landolf von Worms konnte sich nicht in Sicherheit bringen. Direkt vor ihm zügelte der Kaiser den Rappen. Das Entsetzen war zu groß; Landolf stolperte rückwärts gegen die Stufe und verlor das Gleichgewicht.

Sofort war einer der Leibwächter neben dem Kaiser. »Halte die Leute fern!« zischte Friedrich. »Niemand soll es wagen, ihm zu helfen.«

Der Befehl war unnötig. Nicht einer der Wormser Räte, Kaufleute und Handwerker regte sich, keine der Frauen wollte Beistand leisten; im Gegenteil, offene Schadenfreude stand in allen Gesichtern.

Bischof Landolf setzte sich auf; stöhnend streifte er den Rock wieder über die nackten Knie und tastete nach seiner Mitra. Sie war verrutscht; eine Spitze abgeknickt, hing ihm der steife Hut schräg über dem rechten Ohr.

»Verzeiht, hochwürdiger Vater. Der Zorn seines Herrn muß sich auf das Tier übertragen haben. Putzt Euch nicht länger, Bischof, das Aussehen kann Eure Lage nicht verbessern.« Friedrich blickte kühl auf ihn hinab und fuhr fort: »Landolf von Worms: Ein Schurke gehört an den Galgen. Stimmt Ihr mir zu?«

Das Gesicht des Hirten verlor die Farbe. »Majestät?«

»Antwortet!«

»Wenn der Mann schwere Schuld auf sich geladen hat, so denke ich, ist dies eine angemessene Strafe.«

»Wie aber soll ich mit Euch verfahren, der Ihr Euch am Hochverrat, an einer Verschwörung gegen das Reich beteiligt habt?

Nein, nicht nur beteiligt: Ihr seid einer der Köpfe der schamlosen Rebellion. Welche Strafe habt Ihr verdient?«

Bischof Landolf schloß die Augen und schwieg.

»So schnell versagt der Geist?« Friedrich zeigte sich erstaunt. »Vor Wochen noch flüstertet Ihr aufrührerisches Gift ins Ohr des deutschen Königs, und nun schweigt das Schlangenmaul?« Er bat die verwirrt dastehenden Kleriker. »Wollt Ihr Uns raten? Nein?« Mit lauter Stimme wandte er sich an die Patrizier: »Ihr, meine treu ergebenen Bürger der schönen Stadt Worms! Sagt Uns, wie sehr verehrt ihr euren Oberhirten?«

Zorn und Wut entluden sich. In jüngster Vergangenheit hatte Landolf sie mit überhöhten Abgaben, Zöllen und unbarmherzigen Strafen gewürgt.

»So befreit ihn von seiner Selbstherrlichkeit! Keine Schonung, doch laßt ihn leben, denn später wollen Wir den Verräter selbst zur Rechenschaft ziehen.«

Der Befehl war ein langersehntes Geschenk. Gleich drei Männer liefen zur Treppe, andere, selbst einige Frauen, folgten. Sie schlugen ihrem Bischof die Mitra vom Kopf, rissen ihm den Mantel herunter. Für einen Moment war Landolf nicht mehr zu sehen, Schuhe und Beinkleider wurden hochgeschleudert, der Krummstab zuckte auf und nieder, seine Flüche und Schreie gingen im Gelächter unter. Endlich ließen die Bürger von ihm ab und traten zurück.

Nach vorn gebeugt, kauerte der Bischof nackt und geprügelt auf den Stufen.

»Schafft mir den Wurm aus den Augen!« befahl Friedrich.

Ehe wieder Hände nach ihm griffen, raffte sich Landolf auf und flüchtete von der Treppe seitwärts in den Domschatten. Einige Verfolger rannten johlend hinter ihm her.

Mit schneidender Stimme richtete Friedrich das Wort an die verschreckte Hirtenschar: »Denn es war einer unter Euch, der Uns, den Herrn, verraten hat ... Jetzt, da Judas vertrieben ist, wollt Ihr Euren Kaiser nicht willkommen heißen?«

Die elf Bischöfe rangen um Fassung, und nach Stottern und Hüsteln gelang ihnen ein klägliches Grußwort.

Friedrich II., immer erhabener Kaiser des römisch-deutschen Reiches, König Siziliens und König Jerusalems betrat den Dom zu Worms. Kühle empfing ihn. Das Sonnenlicht brach sich im Bunt der Rosenfenster. Durch die hohen Säulen schritt er ins Langschiff; seine Sporen klirrten. Gefolgt von der Leibgarde, wandte er sich nach links und ließ sich auf dem erhöhten Thronsessel vor dem Ostchor nieder.

Fackeln loderten. Nach Rang und Würde nahmen Fürsten, Adelige und Hofbeamte nahe den Säulen wortlos Aufstellung. Der Mittelgang und die steinernen Bodenplatten vor dem Herrscherstuhl blieben frei.

Gemeinsam schritten Hermann von Salza und Erzbischof Berard durch das Spalier der Edlen. Nach einer kurzen Verneigung richteten sich die engsten Ratgeber neben dem Thron auf.

Mit einem Gebet wurde der Gerichtstag eröffnet, und das »Amen« verhallte in den gewölbten Himmeln.

Friedrich bewegte die rechte Hand. Auf dieses Zeichen hin wandte der Deutschordensmeister den Kopf zum Nordschiff und nickte.

Schritte; sie zögerten, dann trat König Heinrich aus dem Halbdunkel in den fackelhellen freien Raum vor dem Richterstuhl. Das Kinn vorgereckt, stand der vierundzwanzigjährige deutsche König da; kaum merklich bebte der rötliche Lippenbart. Seine Haltung zeigte ungebrochenen Stolz und zornigen Trotz.

Nach fünfzehn Jahren der Trennung, einmal unterbrochen beim reumütigen Kniefall in Italien, trafen sich nun die Blicke wieder. Der Kaiser sah den Abtrünnigen, der Sohn den Vater an. Ein stummer Kampf. Das Eis in Friedrichs Augen gefror den Mut. Zitternd fiel Heinrich auf die Knie, sank vornüber, bis seine Stirn den kalten Steinboden berührte, und breitete die Arme aus. Gekreuzigt lag der Sohn vor dem Vater.

Schweigen. Keine Geste, die Erlösung brachte. Kaiser Friedrich blickte über den Erniedrigten hinweg durch die Gasse der adeligen Herren zum fernen Südchor und hielt die Zeit an.

Unerträglich wurde die Ewigkeit. Niemals zuvor mußte ein König so lange in dieser Demut ausharren, und bald übertrug sich die Qual des Sohnes auf die Versammlung. War er nicht durch Zustimmung der Fürsten gewählt, gesalbt und gekrönt worden? Über die Person sollte gerichtet werden, nicht aber über das königliche Amt. Und der Zeitpunkt war längst überschritten. Jetzt drohte mit Heinrich auch das deutsche Königtum vor dem allmächtigen Kaiser im Staube zu liegen.

»Ein Ende. So macht ein Ende!« rief eine beherzte Stimme von den Säulen her. Die Stille zerbrach, gleich fielen andere ein, murrten, wagten offen zu fordern. »Majestät, so beendet dieses unwürdige Spiel. Sonst demütigt Ihr nicht nur Heinrich, sondern auch uns.«

Wie aus einem Traum erwacht, blickte Friedrich in die empörten Gesichter. Seine Züge verloren das Maskenhafte; er wandte sich an Hermann von Salza und hob den Finger.

Schnell schritt der Deutschordensmeister zu Heinrich, beugte sich hinunter und berührte ihn an der Schulter. Der Körper zuckte heftig. Als wäre die Stirn mit dem Stein verwachsen, zog Heinrich zuerst die Beine unter den Leib, dann wölbte er den Rücken und stützte sich mit den Armen hoch. Mühsam stand er auf. Er war von allem Königlichen entkleidet, war nur noch ein leicht gekrümmter Mann, dem Speichel aus dem Mundwinkel lief, dessen Blick um den Thron irrte. Er suchte den Vater und fand ihn nicht.

»Ich verzichte ...« Er begann von neuem. »Wir, Heinrich, deutscher König, ich ... Wir verzichten auf Hab und Gut, die königlichen Insignien, alle Burgen, Ansprüche und Macht, und ich ...«, gequält verbesserte er, »Wir geben Uns in Eure gnädige Hand.«

»Er hat es gewagt ...« Der Kaiser klagte ihn seiner Verbrechen an, fragte ihn nach den Mitverschwörern, und Heinrich bekannte jeden Namen. Bei der Erwähnung des Bündnisses mit den lombardischen Städten, den ärgsten Feinden, verlor Friedrich für einen Augenblick die Fassung. »Ein Hundsfott der König, der seinem Kaiser in den Rücken fällt! Ewig verdammt sei der Sohn, der es wagt, die Faust gegen seinen Vater zu erheben!« Friedrich richtete sich auf. »So höre Er das Urteil.« Die bedingungslose Unterwerfung rettete Heinrich vor dem Henker. »Indes, niemals soll Er das Licht der Freiheit wiedersehen. Bis zu seinem Tode ist Er in strengster Kerkerhaft zu halten.«

Tränen rannen Heinrich über die Wangen. Er öffnete den Mund, konnte aber nicht sprechen; hilflos streckte er die Hände nach dem Vater aus. Auf Befehl des Herzogs von Bayern traten zwei Bewaffnete zu ihm und faßten seine Schultern, führten ihn aus dem Fackelschein zurück ins Halbdunkel des Seitenschiffs.

Von Sturmböen jäh angekündigt, prasselte am späten Nachmittag ein Unwetter über Worms nieder. Die Domtürme trotzten dem düsteren Himmel. Nahe des Nordportals brachen morsche Äste aus den Bäumen, wurden hochgewirbelt und schlugen auf die Dächer der Kaiserpfalz und die Gebäude des Bischofssitzes. Nach einer Stunde klarte der Himmel wieder auf. Steine dampften; Abkühlung hatte der Regen nicht gebracht.

Baron Lupold trat aus dem Vorzimmer der kaiserlichen Gemächer. Er war vom Alter zwar leicht gebeugt, das früher dunkle Haar nun schneeweiß, doch den lebhaft wachen und klugen Blick hatte der Sechzigjährige nicht verloren. Im Flur warteten fünf Knechte; an Schulterriemen trug jeder einen Holzbottich. Lupold ging von einem zum nächsten und prüfte die Temperatur des Wassers.

»Nicht heiß«, war ihm von Friedrich befohlen worden, »nach einem lauwarmen Bad sehnt es mich heute. Und sorge für etwas Unterhaltung, die mich diesen elenden Tag vergessen läßt.«

Der Kammerherr führte den Zug der Wasserträger durchs Vorzimmer. Flüchtig sah er zu dem riesigen Sarazenen hinüber: Umar, haarlos, fleischige Lippen; vom wohlriechenden Fett glänzten

Schädel, Gesicht und Hals. Der in wallende Tücher gehüllte Koloß war der oberste Eunuch des kaiserlichen Harems. Er schirmte eine Ecke des Zimmers ab und erlaubte keinen Blick auf die Schutzbefohlenen hinter seinem Rücken.

Im Schlafgemach füllten die Knechte den Badezuber und entfernten sich wieder leise. Lupold gab Öl ins Wasser, Duft nach Minze zog durch den Raum. »Mein Kaiser!« Er näherte sich dem Fenster. Dort saß Friedrich im Lehnsessel; gedankenverloren krault er das Nackenfell seines Hundes. »Das Bad wird Euch erfrischen.«

Friedrich seufzte und erhob sich. »Ja, mein alter Freund. Und nicht nur erfrischen.«

Während ihn Lupold entkleidete, sagte er: »Gerade dachte ich zurück. Irgendwann sprachen wir über die Bedeutung des abendlichen Bades. Es ist notwendig, weil eitles Hofgeschwätz, Mühsal der Staatsgeschäfte und Ekel vor Unaufrichtigkeit durch den Rock dringen und mir die Haut beschmutzen.«

»Ich erinnere mich gut. Jedoch nur die Haut, nicht tiefer.«

»Stets ist es dir gelungen, all das abzuwaschen, mein Freund. Heute hingegen ...«

Er beendete den Satz nicht und stieg auf die Fußbank vor dem Zuber.

Lupold betrachtete ihn. Bisher ist es mir nicht aufgefallen, dachte er, aber dein Hintern hat an Festigkeit verloren, dafür hat der Bauch etwas zugenommen, auch die Muskeln deiner Arme und Schultern sind nicht so straff und sehnig wie noch vor Jahren.

»Was starrst du mich an?« Für einen Augenblick flackerte Spott auf. »Ich lese deine Gedanken. Ja, nicht nur der Leib eines Dieners, auch der eines Kaisers altert.« Friedrich griff zwischen die Lenden und wog Hoden und Schwanz in der Hand. »Eins aber weiß ich, mein Freund, das Gemächte gehorcht mehr noch denn je der Lust seines Herrn.«

»Beinah täglich darf ich mich davon aufs neue überzeugen«, bemerkte Lupold trocken und hoffte den richtigen Ton getroffen zu haben. Gewöhnlich vermied er das Gespräch über dieses Thema, das Friedrich, kaum waren sie allein, nur zu gern aufgriff. Heute aber wollte er ihn ablenken. Gerichtstag und Urteil hingen dem Kaiser nach, hatten ihn zutiefst aufgewühlt. »Ohne Übertreibung darf ich sagen: Auch meiner Sabrina fehlt es an nichts.«

»Ach mein sittsamer Freund, wie vorsichtig du formulierst!« Lachend stieg Friedrich ins Wasser, tauchte unter, spie einen Strahl und fragte: »Wie viele Kinder, glaubst du, habe ich gezeugt?«

»Ist dies eine ernst gemeinte Frage?«

»Ja, laß uns rechnen.«

Lupold zählte an den Fingern ab, beide Hände reichten nicht aus. »Es sind zwölf, von denen ich sicher weiß. Eher anzunehmen jedoch ist eine größere Zahl.«

»Allein, die Ernte aus meinen beiden Ehen fällt bescheiden aus. Lassen wir die Tochter der mageren Jolanthe beiseite, bleiben zwei Kronprinzen.« Friedrich stieß die Faust gegen seine Stirn. »Und einen, den Erstgeborenen, habe ich heute verdammt. War ich gerecht? Sag es mir, mein Freund.«

Lupold wollte Zeit gewinnen und seifte den Rücken des Kaisers ein. Was verlangst du zu hören, Friedrich? Draußen warten schöne Gespielinnen; rufe ich sie jetzt herein, bin ich einer Antwort enthoben und vermeide Streit oder gar einen jähzornigen Ausbruch. Gleich verwarf er die einfache Lösung. Nie hatte er sich gescheut, wenn Friedrich fragte – und das geschah selten genug –, ihm seine Meinung darzulegen. Die Sarazeninnen mußten sich gedulden. »Als Kaiser blieb Euch kaum eine andere Wahl. Zu schwer wog das Verbrechen des deutschen Königs.« Nach einer Pause fügte Lupold leise hinzu: »Und dennoch, wäre Heinrich Eurem Herzen je nahe gewesen, hättet Ihr als Vater sicher eine mildere Strafe gefunden.«

Friedrich packte den Nacken des Kammerherrn und zog seinen Kopf zu sich herunter. »Wage es nicht, alter Mann ...« Dicht über dem Wasser ließ er ihn los. »Verzeih, mein Freund.« Er stieß ein bitteres Lachen aus. »Die Wahrheit schmerzt. Ja, du hast recht. Heinrich war mir stets zuwider. Miß es nur an den Äußerlichkeiten: Nach Kot und Erbrochenem stank er, als ich von Palermo aufbrach. Und weißt du noch, wie er mit seiner Mutter zu uns nach Hagenau kam? Deine Sabrina konnte ihm nicht schnell genug die Pfanne unter den Hintern schieben.« Friedrich lehnte sich im Zuber zurück. »Das allein aber war es nicht. Nie hat er mich mit Stolz erfüllt. Sein Denken, seine Taten – in allem war er Mittelmaß und ersetzbar, nur in einem nicht: Er war mein Erstgeborener, mein Unterpfand auf dem Weg zur Kaiserkrone.«

»Bitte, erhebt Euch«, bat Lupold; sorgsam wusch er Bauch, After und Penis.

»Konrad bleibt mir. Ihn werde ich hegen und erziehen lassen, bis er den deutschen Thron besteigen kann. Ein Sohn aber ist zuwenig, begreifst du? Stirbt er vor mir ...«

»Und was ist mit dem kleinen Manfred?«

»Ihn vergaß ich.« Schwer stützte der Kaiser den Arm auf die Schulter des Dieners. »Du hast recht. Manfred, ein legitimer Staufer. Diese Tatsache muß sich erst Raum in mir verschaffen. Zu frisch ist die Erinnerung.«

Bianca von Lancia hatte Friedrich zwei Mädchen und einen Knaben geboren. Vergangenes Jahr war die Geliebte des Kaisers schwer erkrankt. Lupold dachte mit Schauder an ihre letzten Stunden im Schloß zu Foggia:

Umsorgt von Sabrina liegt Gräfin Bianca ermattet auf dem Lager. Kaum nimmt sie Bischof und Zeugen wahr, die sich leise ums Bett versammeln. Friedrich steht abgewandt in der geöffneten Tür; eine junge Zofe kniet vor ihm und bearbeitet sein Glied. Endlich dreht sich der Kaiser um, bei jedem Schritt durchs Zimmer wippt das hochgereckte Zepter. Sabrina schlägt die Decke beiseite und spreizt der Todkranken die Schenkel, behutsam streicht sie Fett in den Schoß. Von Lupold wird dem Kaiser der Mantel abgenommen. Als Friedrich eindringt, stößt Bianca einen Seufzer aus. Er stützt sich mit den Armen ab, um sie nicht durch sein Gewicht zu belasten, und arbeitet; lange dauert es, Schweiß glänzt auf der Stirn, endlich geht ein Beben durch den Körper des Kaisers, und er zieht sich zurück. Sofort beugen Bischof und Zeugen ihre Köpfe über seine Lenden. Aus der blauroten Eichel tropft noch Sperma. Die Ehe ist vollzogen. Segnend hebt der Geistliche die Hände.

»Der letzte Abschied von Gräfin Bianca muß Euch erschüttert haben.«

»Welcher Abschied?« Friedrich stieg aus dem Badezuber und ließ sich trocknen. »Lebewohl hatte ich ihr schon Tage vor ihrem Tode gesagt, als sie mich noch erkannte. Dieser Moment schmerzte ...« Er hielt inne. Lupolds fragender Blick erheiterte ihn. »Mein keuscher Baron von Collino, du denkst an Biancas letzten Seufzer. Nein, da war mein Herz bereits weit entfernt von der Geliebten. Ich vollzog einen notwendigen Staatsakt.« Zu Lebzeiten konnte die Gräfin aus politischen Gründen nicht Kaiserin werden. Niemals hätte Papst Gregor dieser Ehe zugestimmt. In der Todesstunde aber galt höheres Recht. »Auf diese Weise wurde sie einen Atemzug lang meine Gemahlin, und gleichzeitig waren Manfred und seine Schwestern von Stund an meine legitimen Kinder.« Er umschloß den Schwanz mit der Faust. »Vom Harnlassen abgesehen, dient mir dieser Segenspender in zweifacher Weise: Um Nachkommen zu züchten; das ist die leidige und selten erfreuliche Pflicht. Privat aber entschädigt er mich für Mühe und Plage. Sooft mir danach ist, führt er mich durch warme saftige Höhlen hinauf zu höchster Wonne.«

Lupold schmunzelte ergeben. Ach, Friedrich, deine Leidenschaften kennen kein Maß, weder als Kaiser noch als Mann. Du umgibst dich mit einer Menagerie wilder Tiere. In deinem Harem, der uns ständig begleitet, läßt du gleich zwanzig warmäugige Schönheiten hüten. »Für Euch, Herr, wünsche ich«, er deutete auf den kaiserlichen Penis, »daß dieser Herr Euch weiterhin die Treue hält.«

Heiter gab Friedrich zurück: »Darum sorge ich mich nicht. Er wird für mich einstehen, so verläßlich, wie auch du zu mir stehst.«

Lupold beugte sich über den Holzkasten, wählte zwischen den Ölen und hob eins der Fläschchen heraus. »Die Luft hat sich nicht abgekühlt. Rosen und Minze, das Richtige, um Eure Haut zu erfrischen.«

»Nicht du, mein Freund.« Mit dem Blick wies der Kaiser zur Tür.

Umar blieb im Vorzimmer zurück. Zwei schlanke Wesen huschten an Lupold vorbei, die Gesichter verschleiert; auf dem tänzelnden Weg durchs Schlafgemach lösten sie ihre Schultertücher. Durchsichtige Seidenhemden verrieten zwei Knospen und zwei reife Früchte. Himmelblau und weinrot bauschten sich die Pluderhosen und waren erst über den Knöcheln enggefaßt. Vor der Bettstatt drehten sich die Sarazeninnen auf den Zehenspitzen und sanken zu Boden.

Friedrich saß nackt auf dem Lager. In arabischer Sprache stellte er seine Wünsche. Unterdrücktes Kichern antwortete. Eine half der anderen; sie legten die Schleier ab, streiften ihre Hemden übers Haar. Von den Hosen trennten sie sich nicht.

Ungezählt oft war Lupold zugegen gewesen, wenn sein Herr Gespielinnen empfing, und jedesmal berührte ihn die natürliche Schönheit der jungen Frauen aufs neue. Sie bedurften keiner Spangen, keiner glitzernden Ringe; ihre Körper, Haut, Lippen und Augen genügten. Auch wenn Lupold seine Sabrina stets beruhigte, daß er gegen den Anblick längst abgestumpft und gleichgültig geworden sei, schlichen sich doch schwingende oder handmuldige Brüste und über Schenkeln schwellende Feigen in seine Träume.

Lupold nahm die luftigen Kleidungsstücke der Schönen und reichte im Tausch einer von ihnen das Öl. Er sah noch zu, wie sie ins Bett hinaufstiegen, sanft den Kaiser zurücklegten, dann wandte er sich ab. Friedrich ist in guten Händen, dachte er, meine Pflege wäre ihm sicher nicht halb so angenehm.

Er ging zum Sessel hinüber. Zusammengerollt lag der Lieblingshund des Kaisers auf dem Sitz: Césare, wache dunkle Augen, weich und zottig hängende Ohren; sein kurzhaariges Fell schimmerte wie eine Sandbucht an der Küste Apuliens. Er gehörte in Foggia zur Jagdmeute, ehe der Kaiser ihn auserwählt hatte, und seitdem durfte der Hund bei Tag und Nacht stets in seiner Nähe leben.

Lupold gönnte Césare den Sessel und stellte sich ans Fenster. Zwar verstand er die arabischen Worte und Sätze nicht, konnte aber jedes Geräusch in seinem Rücken zuordnen. Friedrich ließ sich Öl in die Haut massieren; das zunehmende Staunen der Mädchen bewies, welchem Teil des Körpers sie nun besondere Aufmerksamkeit schenkten. Vergeblich wartete Lupold auf das Knarren des Bettes, statt dessen hörte er tanzende Schritte auf dem Holzboden, dazu rhythmisches Händeklatschen. Die Frauen näherten sich dem Sessel hinter ihm. Der Kaiser gab Anweisung; seine Stimme klang erregt und rauh, begleitet von Tuscheln und Kichern. Warten. In die Stille stieß Haut gegen Haut, gefolgt von Seufzern und schneller werdendem Atem.

»Entferne den Hund!« befahl Friedrich.

Lupold erschrak und drehte sich um. Nebeneinander beugten sich die Mädchen vor dem Sessel, stützten sich mit den Armen auf die Lehne. Sie hatten die Pluderhosen nicht ausgezogen, nur den Stoff geöffnet; so boten sie dem Kaiser ihre entblößten Hinterteile dar. Césare stand auf dem Sitz, ließ seine säbelgebogene Rute wedeln und leckte die Finger der Frauen.

»Komm, nun komm«, lockte Lupold. Das Tier gehorchte nicht. Ruhig zog er den Störenfried herunter; um jede weitere Ablenkung zu vermeiden, kauerte er sich nieder und hielt Césare fest. So war er gegen seinen Willen gezwungen, aus nächster Nähe den kaiserlichen Freuden beizuwohnen. Friedrich verteilte seine Gunst gerecht, und Lupold sah aus den Augenwinkeln, wie nacheinander die schönen Gesichter sich spannten und auflösten. Auch im letzten Ansturm ließ der Kaiser heute Gerechtigkeit walten, zog sich heraus, befahl, und gleich halfen ihm Hände, bis er allein auf dem Gipfel stehend das Sperma spendete.

Friedrich blickte den beiden Frauen nach, die sich rasch angekleidet und ihre Gesichter verschleiert hatten und an der Tür vom Eunuchen in Empfang genommen wurden. »Wenn meine zukünftige Gemahlin nur etwas von diesem Liebreiz besitzt, guter Freund, von dieser Hingabe, so würde ich mich glücklich schätzen.«

»Seid unbesorgt«, antwortete Lupold zuversichtlich und kraulte im Nackenfell des Hundes, »bei allem was ich über Isabella hörte, werdet Ihr Euch zur Zeugung eines Sohnes nicht überwinden müssen.«

eder Versuch war mißlungen. Tile starrte in seinen halbgeleerten Holzkrug. »Und ich schaff' es doch«, flüsterte er, »irgendwie muß ich es schaffen.«
Um ihn herum sangen und lachten bierselige Leute. Lodernde Fackeltonnen erhellten den nächtlichen Marktplatz von Worms. An kreuz und quer gespannten Schnüren schaukelten bunte Lampions. Über drei Feuerstellen wurden Schweine gedreht; unwiderstehlich lockten köstliche Duftschwaden die Hungrigen näher. Ein flaches Brot, darauf ein Stück Braten – bei solcher Üppigkeit glänzte manchem Bettler und Hörigen Andacht in den Augen. Krusten krachten, das Fett triefte von Kinn und Fingern. Unermüdlich spielten Musikanten auf, und niemand wollte schlafen gehen. Trinken, Essen und Tanzen bis in den Morgen. »Hoch lebe das Hochzeitspaar! Hoch lebe der Kaiser! Hoch lebe Isabella!« Heute, am Mittag des 15. Juli 1235, hatten sich Mühsal und Plage der Bürger im brausenden Domgeläut aufgelöst; dafür wurden ihnen ausgelassene Stunden, Rausch und volle Bäuche geschenkt. Und das kostenlose Glück sollte noch drei Tage und Nächte währen.

Tile leerte den Krug. Gleich stellte er sich wieder an. Unter Zurufen der Zecher wuchteten gerade zwei Knechte einen neuen Bottich auf den Holzbock. Der Wirt kostete aus dem Schöpfer, nickte befriedigt und versprach allen noch größeren Genuß, ehe er weiter einschenkte. Nach dem ersten Schluck stutzte Tile. Das frische Bier hatte einen bitteren Nachgeschmack; vom Bruder Braumeister in Weißenburg kannte er diesen Zusatz. Mit etwas zerstoßenem Bilsensamen erhält der Gerstensaft eine wundersame Wirkung: Schneller steigt er zu Kopf, löst die Zunge, und mancher Zwerg fühlt sich bald als Riese.

»Mut hilft, aber nur, wenn mein Verstand klar bleibt.« Tile beschloß, mäßig zu trinken. Von Köln aus war er gemeinsam mit Abt Bernhardus und den Brüdern im großen Gefolge Isabellas nach Worms gereist, und gestern abend hatten sie ihr Quartier bei befreundeten Mönchen außerhalb der Stadt bezogen.

Kein Schlaf; eine unruhige Nacht, durchzogen von Wachträumen. Früher als notwendig war der Dreißigjährige gleich bei Tagesanbruch aufgestanden. Sollte er die Kutte oder Wams und Mantel anlegen?

»Mein Sohn, unsere Kluft hast du dir durch deinen Fleiß erworben. Sie zeichnet dich aus. Tausche sie nicht vorschnell ein«, hatte sein Abt gemahnt und ihm zum Abschied beide Hände auf die Schulter gelegt. »Viel Glück, Bruder Calopidus. Und denke daran, falls du dein Ziel nicht erreichst, zögere nicht. In unserer klösterlichen Gemeinschaft findest du stets Aufnahme und Geborgenheit.«

Zu diesem Zeitpunkt war Tile noch voller Zuversicht gewesen. Lange vorher schon hatte er sich den Plan zurechtgelegt und eine Adlerfeder besorgt. Wie damals als Betteljunge vor Breisach wollte er in Worms am Straßenrand stehen und dem Kaiser und seiner Gemahlin zuwinken. Das allein mußte genügen; fraglos würde der Herrscher oder zumindest Baron Lupold aufmerksam werden.

Indes, weder beim Einzug, noch als die Festprozession nach der Trauung den Dom wieder verließ, war es Tile gelungen, auch nur bis in die vorderen Reihen der jubelnden Wormser vorzudringen. Aus blanker Not hatte er sich auf ein Fenstersims gestellt, gerufen, gewedelt, bis die Hausbewohner den sonderbaren Klosterbruder wütend hinunterstießen, weil er ihnen jede Sicht versperrte. Das

Kaiserpaar, vier Könige, elf Herzöge, gefolgt von dreißig Grafen und Markgrafen, hernach Kirchenfürsten und Adelige zogen vorbei, und Tile war es, als stünde er an einem tosenden Fluß, ohne Möglichkeit, das jenseitige Ufer zu erreichen. Er hatte nicht aufgegeben. Sogar bis in den Dombezirk war er aufgrund seiner schwarzen Kutte gelangt, und erst die Wache vor der Kaiserpfalz hatte ihn abgewiesen.

»Es war eben Pech, mehr nicht.« Weder als Kind noch jetzt, da er ein Mann war, ließ er sich lange von einer Enttäuschung niederdrücken. Seit Stunden überlegte er, wägte ab, verwarf und trank.

Ein neuer Gedanke. Für einen Augenblick hielt er ihn fest. Zu waghalsig, dachte er, und trank. Er ließ sich erneut einschenken. Der Gedanke nistete, und von Schluck zu Schluck wichen die Bedenken. Allein dieser Weg blieb ihm. Gefahr? Wenn er es genau überlegte, gab es keine Gefahr. Sein langes Haar wollte er unter der Kapuze verstecken. So sah er aus wie ein Mönch, war ein Mönch, und niemand würde daran zweifeln. Nein, er kannte keine Angst. Diese Chance mußte er nützen. »Und zwar jetzt«, murmelte er und leerte den Holzkrug, »wer weiß, vielleicht ist es morgen zu spät. Gewartet habe ich lange genug.«

Entschlossen schob er sich durch das Gedränge und verließ den Marktplatz in Richtung Domhügel. Nur langsam gewöhnten sich seine Augen an die Dunkelheit. Hin und wieder schwankte er, meinte aber, schnell und sicher jedem Hindernis auszuweichen.

Vor dem Eingang der Kaiserpfalz brannten Fackeln; zwei Posten hielten sich müde an ihren Lanzen aufrecht. Tile hob den Blick. Alle Fenster im ersten Stock waren beleuchtet. Mitternacht mußte längst vorüber sein, und doch schlief niemand. Sein Plan – die Wachposten überreden, im Innern der Pfalz bis zum Morgen ausharren und sich von den Dienern entdecken lassen –, drohte er zu scheitern? »Ach, was.« Die Wirkung des bitteren Bieres gab ihm Sicherheit. Nur ein Feigling kehrte so dicht vor dem Ziel wieder um. »Mein Kaiser erwartet mich. Warum also zögern?« Das lange Zusammenleben mit den Klosterbrüdern würde ihm jetzt helfen.

Gemessenen Schrittes, ein lateinisches Gebet murmelnd, trat Tile auf die Torwache zu.

»Wohin, Vater?«

»Man hat nach mir gerufen«, antwortete er aus dem Schutz seiner schwarzen Kapuze, betete und ging weiter. Die Männer ließen ihn passieren.

Öllichter zuckten an den Flurwänden. Wenn die erste Klippe so leicht zu überwinden war, überlegte Tile, warum soll ich mich jetzt verstecken? »Mein Kaiser erwartet mich.« Ohne Zögern folgte er dem schwach beleuchteten Gang bis zur Treppe und bemerkte nicht die Gestalten, die sich lautlos an seine Fersen hefteten.

Auf der dritten Stufe fühlte er sich am Stoff seiner Kutte festgehalten.

Ein leiser Befehl.

Unwillig zerrte er, ruckte und wischte mit der Hand nach hinten. Die Stimme wurde schärfer. Tile verstand die Sprache nicht. »Laß mich los!« schimpfte er und hob den Fuß zur nächsten Stufe. Da packten ihn Krallen gleichzeitig an Kapuze, Armen, um die Hüfte; wie eine Puppe wurde er hochgerissen und fallengelassen.

Am Fuß der Treppe krümmte Tile sich zusammen. Sein linker Arm schmerzte. Schlimm ist es nicht, dachte er, also steh auf, und steige die Stufen hinauf.

Sofort wurde er wieder zu Boden gedrückt. Drei fremd aussehende Männer mit Turbanen und dunklen Gesichtern standen über ihm. Einer zückte den Säbel und setzte die Schneide auf seinen Hals. »Wer?« Immer wieder, Tile hörte es, wie das gereizte Zischeln einer Schlange: »Wer? Wer?« Gleichzeitig fühlte er einen brennenden Druck an seiner Kehle.

Der Rausch verflog; die Klarheit drohte ihn zu ersticken: Du bist in die Kaiserpfalz eingedrungen, wie ein Dieb, wie ein Mörder. Nur ein hirnloser Säufer kann glauben, ohne entdeckt zu werden, bis in die Nähe des größten Herrschers der Welt vorzudringen. Verfluchtes Bier! Es sind Sarazenen. Die Leibwache hat mich überwältigt. O mein Gott, nun habe ich mir selbst meine Zukunft zerstört. »Wer?« herrschte ihn der Sarazene an.

»Calopidus. Tile Calopidus.« Furchtsam blickte er auf die breite Klinge unter seinem Kinn. »Ich komme in Frieden«, stammelte er. Den Satz verstanden sie nicht, aber der Klang seiner Stimme ließ sie innehalten. Einer der Leibwächter huschte die Treppe hinauf ins Fürstenstockwerk und kehrte bald in Begleitung eines anderen Sarazenen zurück. Auf dessen Fingerschnippen hin wurde der Säbel zurückgesteckt.

»Hauptmann der kaiserlichen Garde.« Er sprach langsam und suchte nach deutschen Worten. »Du bist verhaftet.«

»Nein, nein! Warte! Ich wollte nicht, ich ... ich kann es erklären.« Bittend hob Tile die Hand. »Ich komme vom Kloster Weißenburg.« Zeit, nur Zeit mußte er gewinnen, bis ihm eine glaubhafte Erklärung einfiel. »Der Kaiser erwartet ... Die Wahrheit ist, daß ich eine Botschaft überbringen muß.«

Der Hauptmann grinste verächtlich. »In der Nacht? Es ist Hochzeit, der große Sultan liegt bei seiner Gemahlin.«

Solange er mit mir spricht, bin ich nicht verloren. Endlich vermochte Tile einen klaren Gedanken zu fassen. »Nein, nicht für den Kaiser. Meine Nachricht ist für Baron Lupold, seinen Kammerherrn, bestimmt. Bring mich zu ihm.«

Unbeeindruckt starrte der Sarazene auf ihn herunter.

»Hier ist der Beweis, meine Empfehlung«, Tile fingerte in den Halssaum seiner Kutte. Blitzschnell beugte sich der Hauptmann vor und packte das Handgelenk. »Ich töte dich.« Zweimal mußte Tile ihn auffordern, dann erst war er bereit, an dem Lederriemen zu ziehen. Der Amulettbeutel kam zum Vorschein, und neben drei Kieseln, dem Dachszahn fand der Sarazene den Ring.

»Sieh dir das Bild an«, forderte Tile. »Es ist der Falke des Kaisers.« Das Zögern des Hauptmanns gab ihm Hoffnung. »Meine Botschaft verlangt keinen Aufschub. Deshalb kam ich noch in der Nacht her.« Ohne den Mann aus den Augen zu lassen, wagte er sich zu erheben. Da ihn niemand hinderte, wurde er mutiger und drohte: »Wenn du deine Stellung behalten willst, dann zeige den Ring unverzüglich Baron Lupold.«

Der Sarazene sah auf den Ring, sah seinen Gefangenen an, und Tile hielt ihn mit dem Blick fest. »Laß mich nicht warten!«

Ein knapper Befehl. Sofort umringten die drei Leibwächter den Eindringling, daß jede Flucht ausgeschlossen war, und der Hauptmann eilte lautlos hinauf ins Fürstenstockwerk.

Sie tragen keine Stiefel, ging es Tile durch den Kopf, weiche Lederschuhe kreuzweise um die Fesseln gebunden, keine Kettenpanzer, nur Hemden und Pluderhosen; nichts klirrt an ihnen, deshalb habe ich sie vorhin nicht bemerkt. Schnell sind sie, wie Raubkatzen. Er betastete seine Kehle und fühlte nur eine kleine Wunde; die Schneide hatte lediglich die Haut geritzt.

Oben auf der Treppe erschien mit dem Sarazenen ein Herr; sein weißes Haar schimmerte. So sehr Tile sich auch bemühte, vermochte er dennoch im schwachen Licht nicht auszumachen, wer es war. Der Herr gab Anweisung. Kurz verschwand der Sarazene, kehrte mit einer Fackel zurück, und gemeinsam kamen sie die Stufen hinunter.

Zum erstenmal streifte der Feuerschein das Gesicht. Tile wußte es sofort: Trotz Falten und weißem Haar, immer würde er ihn an den Augen und dem Zug um seinen Mund wiedererkennen. Es ist mein Baron. Nun wird alles gut.

»Laß sie beiseite treten, Asad«, bat Lupold noch von der Treppe aus. Auf Befehl des Hauptmanns übernahm einer der Sarazenen die Fackel und wich mit seinen Kameraden einige Schritte zurück.

Tile verneigte sich hastig: »Verzeiht, ich wollte nicht ...«

»Schweig«, raunte der Kammerherr. Scharf beobachtet vom Führer der Leibgarde, drehte er den Ring zwischen den Fingern und prüfte ihn. »Jetzt, Asad, streife unserm nächtlichen Gast die Kapuze zurück.«

Neue Angst stieg in Tile auf. Er hat mich erkannt, warum sagt er es nicht?

Ein rascher Griff. Beim Anblick der langen Locken ballte der Sarazene die Faust. »Kein Mönch«, fauchte er.

»Ruhig, Asad. Bleibe ruhig.« Baron Lupold nahm den Sarazenen beiseite und flüsterte, erklärte, bis dieser bereitwillig nickte; dann kehrte er zurück. »Dieser Ring, womit ist er bezahlt worden?«

Warum diese Frage? Er weiß es doch selbst? Tile zögerte, und sofort schnellte die Hand des Hauptmanns zum Säbelgriff.

»So antworte«, befahl Lupold.

»Natürlich mit einer Adlerfeder. Ich habe sie Euch ...«

»Das genügt.«

Auch Asad genügte die Antwort. Seine Anspannung wich einem befriedigten Grinsen.

»Dies ist der Bote, den ich erwartet habe. Schick deine Männer zurück auf ihre Posten. Ihr habt gute Arbeit geleistet, Asad; ich werde es dem Sultan berichten.« Baron Lupold wies einladend nach oben. »Und nun, Bruder Tile, begleitet mich. Eure Nachrichten sind von höchster Wichtigkeit.«

Verwirrt stieg Tile neben seinem Retter die Stufen hinauf. Kaum waren sie außer Hörweite, schimpfte Lupold mit mühsam verhaltener Stimme: »Dummkopf! Tölpel! Wie konntest du nur? Ich hatte gehofft, daß du in den Jahren zu einem ernsthaften Mann gereift bist. Aber nein, nichts hat sich gegen früher verändert; kaum tauchst du auf, muß ich dich schützen. Verflucht, warum hast du nicht in Hagenau gewartet? Dort gehörst du hin und nicht nach Worms. Welcher Teufel hat dich getrieben, nachts und ausgerechnet heute nacht hier einzudringen?«

Tile wollte antworten, doch der Zorn des Barons gab ihm keine Gelegenheit: »Hattest du etwa gehofft, dein frommer Kittel würde dich bewahren? Unsere Sarazenen kennen keine Ehrfurcht, weder vor Bischöfen, schon gar nicht vor kleinen Mönchen. Es sind Moslems, du Narr; sie dienen einzig und allein dem Kaiser. Sei dankbar, daß mir dieses Possenspiel mit dem Losungswort einfiel. Was ist das nur für eine Nacht. Nein, ich freue mich nicht, dich hier wiederzusehen.«

Tile sah ihn von der Seite an und flüsterte: »Verzeiht. Ich bereue es von ganzem Herzen. Bitte, glaubt mir.«

»Im Augenblick nützt deine Reue uns nicht.« Oben angekommen, hielt ihn Lupold zurück und war unschlüssig. »Was soll ich nun mit dir anfangen?«

Tile sah durch die Flügeltür in einen hellerleuchteten Saal. Das Licht führte weiter durch die nächsten geöffneten Türen in den angrenzenden Raum und weiter; alle Flügeltüren standen offen, er konnte bis ins entfernte vierte Zimmer hinüberblicken. Nein, weiter, viel weiter. Die Lichtstraße führte durch unendlich viele Säle und endete in einem grellen, schmerzenden Punkt. Oder war es nur Täuschung? Er schüttelte den Kopf. O dieses verdammte bittere Bier! Gib dich nicht auf, befahl er, soviel hast du nicht davon getrunken. Fest kniff Tile die Lider zusammen und öffnete sie wieder. Vier Zimmer; er überprüfte die Zahl mit den Fingern und war sich ganz sicher.

»Schicke ich dich gleich zurück«, murmelte Lupold, »so wird Asad Verdacht schöpfen. Lass' ich dich im ersten Saal bei den Astrologen, wird dich die Wache irgendwann zur Rede stellen.« Tief besorgt fuhr er sich durch das weiße Haar. »Wohl oder übel, du mußt mich vor das Schlafgemach begleiten.«

Schlimmer noch als die Nachwirkung des Bilsensamens, quälte Tile die Einsicht, in welche Lage er seinen Retter gebracht hatte. Gerade ihn, dem er alles verdankte. Wie schön hatte er sich die erste Begegnung ausgemalt. Voller Stolz wollte er vor ihn treten. »Ich habe gelernt, wie Ihr es befohlen habt. Ich habe Euch nicht enttäuscht. Nun bitte ich Euch, mir eine Stellung bei Hofe zu besorgen.«

Doch jetzt blieb ihm nichts, außer zerknirscht sein unfaßliches Verhalten zu entschuldigen und auf Gnade zu hoffen. »Verzeiht, aber laßt mich erklären.«

»Schweig!« gebot Lupold. »Verbirg dein ungeschorenes Haar wieder unter der Kapuze, und befolge genau meine Anweisungen. Das dient mir jetzt mehr.« Er wandte sich ihm direkt zu, stockte, roch und hob die Brauen. »Auch das noch. Du hast getrunken. Warum gebe ich mich überhaupt mit dir ab? Nein, sage nichts, höre nur zu, wenn dir der Kerker erspart bleiben soll.« Knapp erklärte der Baron, was in den beleuchteten Fluchten des Fürstenstockwerks vor sich ging. Gleich im ersten Saal errechneten Astrologen die günstigste Stunde, wann Kaiser Friedrich die Ehe mit Isabella vollziehen durfte, um einen Sohn zu zeugen. Das angrenzende Zimmer war den Hofbeamten und Notaren belassen; sie sollten das große Ereignis gleich zu Pergament bringen. Im nächsten Zimmer harrten die Bediensteten der Befehle, jederzeit bereit, frische Laken, Tücher und Gewänder zu bringen.

»Vor dem Schlafgemach«, raunte der Kammerherr, »haben sich Beichtväter und Mönche, vor allem aber die Zeugen versammelt; neben zwei Bischöfen wartet auch der Gesandte des englischen Hofes.« Er wies Tile an, nie ein Wort, nicht ein einziges, zu sprechen, sondern sich still ins Gebet versunken an einer Wand niederzuknien. »In dieser Haltung bleibst du, bis alles vorüber ist. Hast du mich verstanden? Wage es nicht, dich zu erheben, bis ich dir die Erlaubnis gebe. Und jetzt reiße dich zusammen.«

Alles wollte Tile befolgen; wenigstens jetzt wollte er beweisen, daß er Gehorsam gelernt hatte. Er faltete die Hände vor der Brust, und so schritt er hinter dem Kammerherrn her. Nicht schwanken, flehte er, vor dir liegt kein Tal, geh gerade, nur gerade. Aus den Augenwinkeln sah er ein riesiges Stundenglas, davor wackelnde Gelehrtenköpfe, die sich über ausgebreitete Pergamente beugten. Geh gerade. Kaum entdeckte er die Schreibpulte, wurden sie kleiner, auch die Notare. Im Saal der Dienerschaft atmete Tile befreit; Menschen und Gegenstände hatten wieder eine normale Größe. Hernach betraten sie den vorletzten Raum. Auf Fingerzeig hin drückte sich Tile neben dem Eingang in die Wandecke und kniete nieder. Keiner der Anwesenden nahm Notiz vom Gast, den der Kammerherr hereingeführt hatte. Die vornehmen Herren und Bischöfe lehnten halb schlafend in ihren Sesseln. Umringt von den Mönchen, stand der Beichtvater am Fenster.

Nach einer Weile wagte Tile seinen Kopf etwas zu heben. Baron Lupold hatte sich rechts im Schatten der geöffneten Tür zum Schlafgemach auf einen Stuhl niedergelassen. Ihm gegenüber saß eine ältere Frau, die Hände im Schoß. Angestrengt versuchte Tile sich an ihr Gesicht zu erinnern. Hagenau, sie war damals mit Kaiserin Konstanze und dem kleinen Heinrich aus Palermo gekommen. Es war Frau Sabrina, die Erste Zofe, die Gemahlin seines Barons.

Vom Innern des Schlafgemachs sah er nur den bunten Wandteppich und einen vielarmigen strahlenden Kerzenleuchter. Zwei Stimmen! Was sie sagten, konnte Tile nicht verstehen. Kein Gespräch wurde geführt, dem Ton nach begleiteten Friedrich und Isabella ihr Beisammensein mit Schmeicheleien; wie ausgelassen das Hochzeitspaar war, bewies hin und wieder dunkles Lachen, dem Kichern antwortete.

So nah bin ich meinem Kaiser gekommen, dachte Tile hoffnungslos. Isabella hat mich zu ihm geführt, und doch, gerade weil ich hier bin, werde ich nun mein Ziel nicht erreichen. Das flackernde Licht der Kerzen strengte an, und er schloß die Lider; langsam sank sein Kopf vornüber. An die Wand gelehnt ist es bequemer, stellte er noch fest, dann entglitt er in einen bodenlosen weiten Raum.

Schweinsbraten zerfielen an den Spießen, der Bierkrug zerbrach, ehe er ihn zum Mund führen konnte, und Stiefel zertraten Lampions und Feuertonnen. Tile kehrte zurück; ganz in seiner Nähe hörte er Schritte, sie gingen an ihm vorbei. Er riß die Augen auf. Ich bin für einen Moment eingenickt, dachte er, jetzt fühle ich mich besser, und bemerkte, daß er an der Wand lag, ein Bein von sich gestreckt. So unauffällig wie möglich nahm er wieder die kauernde Bethaltung ein. Draußen dämmerte bereits der Morgen; nein, er mußte länger geschlafen haben. Drei Astrologen eilten durchs Vorzimmer. Bei ihrem Erscheinen richteten sich die Herren in den Sesseln auf. Drüben, vor den Fenstern falteten Beichtvater und Mönche die Hände. Lupold ging den Gelehrten einige

Schritte entgegen; sie nickten und flüsterten, sodann betrat der Kammerherr das Schlafgemach.

»Endlich!« Deutlich vernahm jeder im Vorzimmer die Stimme des Kaisers, und gleich darauf setzte sie hinzu: »Indes seid versichert, geliebte Gemahlin, nie hab' ich das Warten süßer empfunden als in dieser Nacht.«

Baron Lupold kehrte zurück, nicht auf seinen Platz; er blieb, die Hände im Rücken verschränkt, neben Sabrina stehen.

Das letzte Warten begann. Mit keiner Miene verrieten die Anwesenden ihre Ungeduld. Und dennoch fühlte Tile, wie die Spannung im Raum bei jedem Geräusch aus dem Schlafgemach wuchs. Dem unterdrückten Aufschrei Isabellas folgte bald gemeinsames Stöhnen; es nahm zu, wurde schneller. Tile staunte. Dort liebten sich nicht Kaiser und Kaiserin; wie gut kannte er selbst dieses Ja und Ach und wieder Ja, dort schlief einfach ein Mann mit einer Frau, laut und ohne Scham, als gäbe es keine Zuhörer. Sie nahmen den Anstieg und seufzten, als der Gipfel erreicht war.

Nach einer Weile der Stille erhob sich die Zofe und huschte ins Zimmer. Mit dem Laken kehrte sie zurück. Würde bewahrend, fast behäbig bequemten sich die Zeugen aus ihren Sesseln. Am Fensterlicht hielt ihnen Frau Sabrina das Tuch hin. Sie fanden Blut- und Spermaflecken und waren sichtlich zufrieden.

»Es ist vollbracht«, sagte der englische Gesandte, »alles Glück Friedrich, dem Kaiser. Alles Glück meiner Herrin Isabella, der Kaiserin.«

»Amen«, pflichteten Bischöfe, Beichtvater und Mönche bei.

Auch Tile flüsterte in seiner Wandecke: »Amen.« Sogleich fühlte er wieder Angst in sich aufsteigen. Was jetzt? Was würde sein Baron nun befehlen?

Die Anwesenden wandten sich zum Schlafgemach und beugten das Knie. Dort stand der Kaiser, nackt, die Huldigung beachtete er nicht, vom Kammerherrn wurde ihm ein Mantel umgelegt. Friedrich verneigte sich galant in Richtung Bettstatt: »Gib acht auf dich, Isabella«, seine Stimme klang warm und zärtlich, »denn du hast soeben einen Sohn empfangen.« Damit ging er quer durchs Vorzimmer, und ohne den Schritt zu verlangsamen, warnte er seine Hofastrologen: »Ein Sohn. Wir hoffen für Euch, daß Euch kein Fehler in der Berechnung unterlaufen ist.« Lupold öffnete ihm eine Seitentür, die Tile bisher nicht bemerkt hatte: »Mein Kaiser, ich komme zu Euch, sobald das noch Notwendige veranlaßt ist.«

Kaum war der Regent entschwunden, verließen als erste die Gelehrten eilig und mit eingezogenem Kopf das Zimmer. Ihnen folgte der englische Gesandte mit den Bischöfen; sie sprachen von Müdigkeit und dem nun wohlverdienten Schlaf, schweigend schlossen sich der Beichtvater und die Mönche an.

Tile versuchte durch Handzeichen die Aufmerksamkeit des Kammerherrn auf sich zu lenken. Mit keinem Blick nahm Baron Lupold Notiz von ihm. Er sprach flüsternd auf Sabrina ein; sie schüttelte den Kopf. Beide Stimmen wurden deutlicher, und er drängte: »Bitte, Liebste, versteh doch.«

»Ach, Lupold, wenn es schon sein muß. Warum gönnt er ihr keine Zeit? Wenigstens bis nach den Hochzeitsfeierlichkeiten.«

»Sie soll sich gleich daran gewöhnen. Mir widerstrebt es auch, aber so lautet der Befehl.«

»Wie grausam, wie schrecklich für das arme Mädchen.« Schweren Herzens kam die erste Kammerfrau zur geöffneten Flügeltür, winkte die drei Zofen der Kaiserin herein und führte sie ins Schlafgemach. Lupold wartete ab, dann trat auch er in den Durchgang. »Umar!« rief er.

Sobald Tile den glatzköpfigen Koloß an der Seite des Barons entdeckte, richtete er entsetzt den Oberkörper hoch. Direkt vor dem Eingang zum Schlafgemach baute sich der Eunuch auf und verschränkte die Arme vor seiner Brust.

»Auf ausdrücklichen Wunsch Seiner Majestät übergebe ich Kaiserin Isabella in deine Obhut.« Der oberste Wächter des kaiserlichen Harems antwortete nichts. Fettig glänzten die Schädelhaut, das dunkle Gesicht und der breite Hals.

Lupold wandte sich von ihm ab. »Und nun zu dir. Erhebe dich!«

Ohne Zögern gehorchte Tile. Seine Knie schmerzten, auch der linke Arm, den er sich beim Sturz von der Treppe angeschlagen hatte; ganz gleich, er wollte noch einmal versuchen, den Kammerherrn gnädig zu stimmen. »Bitte, jagt mich nicht einfach davon. Es war ein Fehler, den ich bereue. Bitte, gebt mir noch eine Chance.«

»So schweig endlich.« Baron Lupold dehnte den Rücken. »Um jetzt mit einem Dummkopf über seine Sünden zu reden, bin ich viel zu erschöpft. Folge mir.«

Gemessenen Schrittes führte er den Klosterbruder durch die Säle und stieg vor ihm her die Treppe hinab. Als neben ihnen lautlos wie aus dem Nichts der Hauptmann der Leibgarde auftauchte, murmelte er: »Es ist in Ordnung, Asad. Ich geleite den Boten hinaus.«

Die Strahlen der Morgensonne kränzten schon die Domtürme; frisch und doch mild war die Luft, und Vogelgezwitscher kam von überallher aus den Laubkronen. So schön es hier draußen ist, dachte Tile, meine Freiheit bedeutet es nicht. Wenn er mich vom Hof des Kaisers verbannt, werde ich hier draußen wie in einem Kerker leben.

Am Ende des Vorplatzes blieb Baron Lupold stehen. »Jetzt streife die Kapuze zurück.« Nichts verriet seine Gedanken; er blickte in die seltsam blauen Augen, musterte die Gestalt vom wirren roten Haar bis hinunter zu den Holzsandalen und kehrte zu den Augen zurück. »Das also ist in den vergangenen fünfzehn Jahren aus dir geworden, Junge.« Einen Atemzug lang schwang ein warmer Ton mit; ehe ihn Tile bemerkte, setzte er trocken hinzu: »Ein Idiot und ein Trinker.«

Unvermittelt stieg Zorn in dem Dreißigjährigen auf; zu verlieren hatte er nichts mehr, alles war ohnehin verloren. »Falsch! Bei Gott, alles ist falsch!« Um nicht loszuschreien, schlug er die geballten Fäuste gegeneinander. »Verzeiht, Herr, ich habe falsch gehandelt; ja, das ist wahr. Aber Ihr ... Ihr zieht daraus falsche Schlüsse.« Die Last fiel von ihm ab; offen entrüstet sah er den Weißhaarigen an: »Während meiner Zeit in der Klosterschule habe ich gelernt, die Menschen nicht nach dem ersten Eindruck zu beurteilen. Wer es dennoch tut, der handelt falsch und ungerecht. Und ... und selbst ein alter kluger Mann kann sich irren.«

»Höre ich etwa Kritik? Keine Dankbarkeit, sondern Vorwürfe?« gab der Kammerherr heftig zurück.

»Weil Ihr mich quält! Wie oft soll ich denn ..., ach, ich kann mich doch nicht hundertmal für einen Fehler entschuldigen.«

»Du darfst dich sofort entfernen! Bitte, es steht dir frei.«

Auch wenn meine Welt einstürzt, mir soll es egal sein. Tile drehte sich um. Einige Schritte wartete Baron Lupold ab. »Allerdings, mein Freund«, rief er ihm nach, »wenn dir wirklich daran gelegen ist, zu erfahren, was ich über dich denke, so warte in Hagenau auf mich. Jetzt nehme ich mir das Recht eines alten Mannes, der einen Tag und eine Nacht nicht geschlafen hat, und gehe zu Bett.«

»Ihr meint, ich soll ...?« Unsicher kehrte er zurück. »Was hätte das jetzt noch für einen Sinn. Oder meint Ihr ...?«

Gleich zerschlug Lupold die vage Hoffnung: »Klammere dich nicht an ein Versprechen, sondern erfülle deine Pflicht. Und dies zur Warnung: Du gehörst zum Besitz des Kaisers. Nach dem Hoftag in Mainz wird er den Herbst und Winter in der Hagenauer Pfalz verbringen. Ganz gewiß wird er die Kanzleibücher überprüfen. Geld wurde für deine Erziehung ausgegeben. Wenn du nicht anwesend bist, wird er dich wie einen Dieb suchen lassen.«

»Ich bin keine Sache, keine Handelsware.«

»Der Preis eines Hafersacks ist heutzutage oft höher als der Wert eines Menschen«, sagte Lupold knapp. »Was du bist, junger Mann, wirst du von mir erfahren.«

In dieser Ungewißheit ließ ihn der Kammerherr stehen und kehrte ins Herrenhaus zurück.

Die Ungewißheit blieb. Vor Wochen schon war der kaiserliche Hof in Hagenau eingezogen, und bisher war Tile nicht einmal in die Nähe des Barons gekommen. Zwar hatte er ihn auf der Holzbrücke von der Insel zur Stadt hin gesehen, war sicher, daß auch der Kammerherr ihn bemerkt hatte, mehr aber nicht. Kein Lächeln. Geschweige denn ein Wort.

Geduld ist eine stumpfe Axt. Mit dieser selbst erdachten Weisheit tröstete sich Tile. Um sie zu bestätigen und um seine Ausdauer unter Beweis zu stellen, hatte er im Vorratslager der Zimmerei einen harten Eichenklotz ausgesucht und sich vom befreundeten Meister – sie kannten sich gut von seinen regelmäßigen Besuchen in der Kaiserpfalz – eine Axt geben lassen und die Schneide abgestumpft. Jeden Morgen hieb er zehnmal auf den Klotz ein; Schlag für Schlag zerschlug er die Hoffnung des Vortages, die Träume der Nacht; vor dem letzten hielt er kurz inne, dann begleitete er ihn mit dem Satz: »Und ich schaffe es doch!« Bis heute hatten seine Axthiebe lediglich eine handtiefe Kerbe in den Eichenklotz getrieben. »Nur Geduld. Irgendwann habe ich ihn gespalten.«

Rund um Hagenau färbten sich bereits die Wälder, und der Oktober schenkte wenig Sonne. Für die Weinreben hofften die Bauern inständig auf letzte warme Tage, ehe sie mit der Lese beginnen mußten. Tile hörte ihre besorgten Gespräche, wenn er vormittags über den Markt ging; allein, er sah nur seine Zeit, die nutzlos verstrich.

Verfluchtes Nichtstun! dachte er heute wieder und blieb unschlüssig vor dem Eingang der Stadtkirche stehen. Wozu habe ich gelernt? Wenigstens als Schreiber könnte mich mein Kaiser einstellen oder als Kurier. Jawohl, wertvolle Arbeitskraft geht ihm verloren! Und schuld daran trägt Baron Lupold. »Nein, ich selbst«, seufzte er und ermahnte sich: »Hör auf zu träumen, Calopidus. Vielleicht wirst du gar nicht gebraucht. Und doch, zum Faulenzen bin ich wirklich zu schade.«

Er haßte den Tag, der vor ihm lag. Wie jede Nacht hatte er bei den Knechten geschlafen, dann der Weg zum Eichenklotz, und in der Küche hatte er seinen Brei gelöffelt; selbst die anzügliche Frage einer der Mägde, was er denn unter seiner schwarzen Kutte trug, hatte ihm nur ein lustloses Lächeln entlockt. Nach dem Herunterlassen der Fallbrücke war er in die Stadt geschlendert.

Vielleicht sollte ich beten, dachte er, damit endlich eine Entscheidung herbeigeführt wird, ganz gleich welche. Selbst wenn ich ins Kloster Weißenburg zurück müßte? Nein, nichts herbeibeten, was nicht eintreffen durfte, und er unterließ es, die Kirche zu betreten. Er würde gegen Mittag in die Hofkanzlei gehen, fragen, ob nach ihm gefragt worden sei, der leitende Notar würde wie stets den Kopf schütteln, anschließend wollte er bei der Schloßkapelle in der Nähe des Durchgangs zum Innenhof des Palas warten. Vielleicht sah er den Kaiser ausreiten; vielleicht bemerkte ihn Baron Lupold und gab ihm endlich ein Zeichen.

Tile ging weiter, näherte sich dem frühen Markttreiben. Bis auf vereinzelte Kundinnen waren die Händler noch unter sich und richteten ihre Stände ein. Sie häuften Bohnen, Sellerie und Rüben, Brotlaibe wurden geschichtet, Hasen, Eichhörnchen und Rebhühner an Schnüren aufgereiht, Fischtonnen geöffnet; sofort verbreitete sich der Geruch und vermischte sich mit dem Duft nach Käse und Gewürzen. Gleich am Rand standen sich zwei Bauern gegenüber; der eine beanspruchte für seinen Obstkarren einen Stellplatz, den ihm der andere nicht gönnte. Wer war zuerst da? Flüche, sie gingen mit Fäusten aufeinander los.

»Hunger, Vater.«

Tile blickte hinab auf ein grindiges Maul.

»Gebt ein Almosen, Vater.« Wie eine ungelenke Spinne kroch der Krüppel heran, ein Brett unter dem Stumpf seines Oberschenkels, das andere Bein und beide Arme dienten ihm zur Fortbewegung. »Ein Almosen.«

»Ich habe selbst nichts.«

Da spie der Bettler gelblichen Rotz gegen die Kutte, gleichzeitig schnellte seine Hand nach oben. Ehe sich Tile abwenden konnte, spürte er Lehm und kleine Steine im Gesicht. »Geizige

Pfaffenbrut!« Schon kroch der Zerlumpte auf sein nächstes Opfer los.

Tile sah ihm nicht nach. Während er weiterging, wischte er sich den klebrigen Dreck von Wangen und Brauen. Trotzdem fühlte er sich schmutzig, als klebte auch der Blick des Krüppels auf seiner Haut.

Von allen Seiten drängten jetzt mehr und mehr Bürgerinnen, Mägde und Diener auf den Markt; einige zielstrebig, andere schoben sich noch unentschlossen durch die Gassen der Stände und überladenen Tische. Am Marktbrunnen wusch Tile gründlich sein Gesicht und trocknete es mit dem Kuttenärmel.

Erschreckt hielt er inne. Nein, er täuschte sich nicht. Selbst in einem weit größeren Gewühle würde er ihn sofort ausmachen. Baron Lupold, dort ging er und neben ihm Frau Sabrina. Er trug eine blaue Samtkappe, sie eine hellgrüne Schleierhaube. Gemächlich strebten sie durch die breite Mittelgasse quer über den Platz auf das Haus des Rentmeisters zu.

Dem ersten Antrieb gehorchend, eilte Tile ihnen nach. Kein Fehler, nur jetzt kein Verstoß gegen die Höflichkeit, warnte er sich und blieb wieder stehen. Wenn ich sie anspreche, sie einfach aufhalte, was kann ich sagen? Nein, ich muß ihnen begegnen; wie ein Zufall soll es aussehen.

Er wich zur Seite aus, hastete geduckt hinter den Verkaufstischen her; zu seinem Glück blieb ein Korb roter Äpfel stehen, dennoch wurde ihm empört nachgeschrien. Gleichgültig. Tile erreichte das Haus des Rentmeisters, wandte sich um, entdeckte Samtkappe und Schleierhaube in der Menge und schritt ihnen entgegen. Nur der Kräuterstand, dann war er mit dem Paar auf gleicher Höhe. Angeregt unterhielten sich die beiden. Keinen Blick verschwendeten sie auf Auslagen oder Leute um sie herum. Aber sie müssen mich bemerken, gehen sie vorbei, ist es zu spät. Tile blieb in ihrem Weg stehen: »Gott zum Gruß.«

»Danke, Vater. Er möge auch Euch ...« Zuvorkommend wollte Baron Lupold mit seiner Gemahlin ausweichen, da erkannte er den Mann im schwarzen Mönchsgewand. Ein leichtes Lächeln, sofort verschwand es. »Welch eine Begegnung! Mir ist nicht klar, ob sie mich erfreut.« Zu Sabrina geneigt, erläuterte er: »Dies ist mein Schützling von einst. Tile, der Junge mit der Adlerfeder, du erinnerst dich, Liebste? Ich habe dir von ihm erzählt. Später hat er die beiden Löffel geschnitzt und sie bei der Taufe des kleinen Rudolf von Habsburg auf diese höchst peinliche Weise unserm Friedrich überreicht.«

Zuerst waren seine Worte Fausthiebe, die den Atem nahmen, dann spürte Tile Hitze in sich aufsteigen. Scham, Zorn und Enttäuschung wühlten in ihm. Sag nichts, befahl er sich, warte, bis du gefragt wirst, nur sage jetzt nichts.

Seine Qual wurde nicht beendet. Betont entrüstet setzte der Baron hinzu: »Und auch von diesem ungeheuerlichen Vorfall in Worms habe ich dir berichtet. Ja, so bewies er mir seine Dankbarkeit. Nach all dem, was für ihn eingesetzt wurde, ist das Ergebnis eher erschreckend denn erfreulich.«

»Genug«, sacht berührte Sabrina den Arm des Gemahls, doch ihre Augen funkelten. »Genug, Liebster. Weiß ich doch längst, wer dieser junge Mann ist.«

Baron Lupold ließ sich nicht besänftigen; aufgebracht fuhr er den Zitternden an: »Wer hat dir erlaubt, dich hier herumzutreiben? Wieso arbeitest du nicht?«

»Ja, zum ...! Was soll ich denn ...« Erst beim zweiten Versuch gelang es Tile seinen Tonfall zu mäßigen. »Um Vergebung, Herr. Bitte, wo soll ich denn arbeiten? So sagt es mir doch.«

»Als Küchenjunge bist du damals von mir eingestellt worden, und mit meiner großzügigen Erlaubnis durftest du dich in der Hofzimmerei deinem Schnitzen widmen. Die Ausbildung im Kloster hast du abgeschlossen, davon konnte ich mich in der Kanzlei überzeugen. Dies aber gibt dir kein Recht, dich selbstherrlich über deinen Stand hinwegzusetzen. Solange nicht über dich entschieden ist, gehörst du zum Gesinde der Kaiserpfalz, also in die Küche. Und nun gib den Weg frei.«

Fordernd sah er den Unglücklichen an. Jäh drehte sich Tile um und stürmte mit großen Schritten davon.

Kaum war er außer Hörweite, als Sabrina wieder Lupolds Arm faßte und ihn heftig kniff. »Scheusal. Alter, ekelhafter Kerl«, schimpfte sie halblaut. »Warum verhältst du dich wie ein störrischer Maulesel? Das ist ein wohlerzogener Mann. Seine Augen, dieser Blick, so voller Kummer flehte er dich an. Aber du?«

Die Vorwürfe prallten von ihm ab, in Gedanken ging Lupold neben ihr her. »Heute gefiel mir der Junge. Er muß lernen, Enttäuschungen zu überstehen und vor allem Erniedrigungen ohne Widerspruch einzustecken. Das muß er üben, sonst versagt er schon in den ersten Wochen. Und dies will ich verhindern.«

»Sieh mich an, Baron Lupold von Collino.« Sabrina prüfte seine Miene, lange hielt er nicht stand und verriet sich mit einem Lächeln in den Augenwinkeln.

»Das also hast du vor.« Beinah entschuldigend strich Sabrina über die Stelle, an der sie ihn gekniffen hatte. »Und warum erfahre ich erst jetzt davon?«

Wann hätte er mit ihr über seinen Plan sprechen sollen? Gleich nach der Hochzeit war die Kammerzofe mit dem Troß der Kaiserin von Worms abgereist. Während in Hagenau eines der Gästehäuser unter Aufsicht des obersten Eunuchen für Isabella zum kostbar ausgestatteten Harem hergerichtet und ein zweites für die Gespielinnen des Kaisers vorbereitet wurde, war der Kammerherr mit Friedrich auf den Reichstag nach Mainz geritten. Und seit sie wieder zusammen waren, hatten sie nur wenige Nachtstunden gemeinsam verbracht. Sabrina war bemüht gewesen, die Tränen der Kaiserin zu trocknen, die unglückliche Isabella faßte ihr Schicksal kaum, sie trug die begehrenswerteste Krone der Welt und wurde beäugt von glatzköpfigen, entmannten Ungeheuern. Lupold hingegen hatte seinem Kaiser stets zur Verfügung zu stehen. Bis sich ein normaler Hofalltag in der Pfalz einstellte, Gericht, Kanzlei und Diplomatie ihre Tätigkeiten wirkungsvoll aufnahmen, waren Wochen verstrichen.

Jetzt erst, seit wenigen Tagen, blieb ihm Zeit für etwas Muße, Zeit, um an das Schicksal seines Schützlings zu denken, und das auch nur, soweit es die neuen Aufgaben erlaubten. »Er muß warten, Liebste. Ich darf ihm keine Hoffnung geben, die sich vielleicht nicht erfüllt.«

»Mein Lupold«, vor dem Haus des Rentmeisters hielt sie ihn zurück: »Laß uns noch nicht hineingehen. Nur einen Moment.« Der Blick ihrer dunklen Augen erzählte schon, ehe sie begann: »Weißt du, woran ich vorhin erinnert wurde? Ancona, unendlich lang ist es her; ja, bald einundvierzig Jahre. Meine erste Kaiserin war schwanger. Da gab es einen Knappen. Er zog sich den Zorn seines Ritters zu, weil er im Zweikampf versagt hatte. Wegen Feigheit wurde er entlassen, unehrenhaft sollte er nach Hause geschickt werden.«

»So war es nicht«, beschwerte sich Lupold. »Nach den Wochen, die ich auf Befehl Kaiser Heinrichs in diesem Erdloch verbringen mußte, ertrug ich die Enge eines Helms nicht mehr, deshalb ...«

»Nun verteidige dich nicht unnötig. Ich erinnere mich an Wichtigeres. Dieser Knappe nun, so hoffnungslos und verzweifelt wie vielleicht unser Tile, wird vor seine Kaiserin gerufen, und sie nimmt ihn als Page in ihren persönlichen Dienst. Er konnte sein Glück kaum fassen.«

»Dafür aber faßte ihn diese schwarzlockige Zofe an«, setzte er trocken hinzu. »Wo er ging und stand, war sie an seinem Haar, am Wams, zupfte und rupfte an ihm, lockte ihn in den Badezuber, und dort ging es weiter, bis er sich ihrer nicht mehr erwehren konnte.«

»Dein Schade war es nicht.«

Lupold strich leicht über ihren Rücken. »Nein, mein Glück«, flüsterte er. »Unser Glück.«

Zugleich wurden sie ernst; beide blickten auf das Haus des Rentmeisters. »Ja, Lupold, der schönen Gräfin war Glück nur wenige Jahre vergönnt, und selbst diese Zeit gab ihr nicht soviel Liebe, wie wir erleben durften. Aber wer weiß, ob Adelheid als

Kaiserin glücklich geworden wäre. Diese stolze Frau hätte es niemals ertragen, wie die kleine Jolanthe oder jetzt Isabella von Eunuchen eingesperrt zu werden. Was wirst du ihr sagen?«

In der vergangenen Woche war Adelheid von Urslingen mit ihrem Sohn Enzio nach Hagenau gekommen. Nicht in die Kaiserpfalz! Sie hatte auf ihr Wohnrecht bestanden und war wieder ins Haus des verurteilten Rentmeisters Wölfflin gezogen. Durch Boten hatte sie Friedrich wissen lassen, daß sie den Aufenthalt des Regenten nützen und ihm seinen Sohn, der im August das dreiundzwanzigste Lebensjahr vollendet hatte, übergeben und der kaiserlichen Gnade und Gunst anvertrauen wollte.

»Den Befehl Friedrichs muß ich abmildern. Er verlangt, daß Adelheid vor ihm erscheint, Enzio bei uns läßt und wieder abreist. Kurz, gefühllos, ein staatspolitischer Akt eben, mehr nicht.« Lupold schüttelte den Kopf. »Ich möchte zumindest versuchen, ihre Wünsche und die Anweisung Friedrichs miteinander zu verbinden. Auch für Adelheid muß es erträglich sein.«

Sabrina ließ ihm den Vortritt. »Nein, so alt du auch geworden bist«, sagte sie in seinem Rücken, »dein warmes Herz hast du nicht verloren, und dafür danke ich Gott.«

Früh am nächsten Vormittag rief ein Hornsignal den Burgvogt zum Osttor der Kaiserpfalz. Ein kleiner Troß wartete nicht weit vor der Brücke; er führte einen schlichten, von einer Plane bedeckten Viehwagen mit sich und vier berittene Waffenknechte als Geleitschutz. Nichts Ungewöhnliches, und doch, sobald der Verwalter die Reisenden auf ihren Pferden genauer musterte, rieb er ungläubig die Stirn. Neben drei gewöhnlichen Helmen, drei gelbe Hüte, breiträndrig, rund aufgewölbt und in der Mitte diese knollenartige Spitze. »Beim heiligen Laurentius, so was ist mir noch nicht vorgekommen! Seit wann reiten Christen gemeinsam mit Juden durchs Land?« Vorsorglich beorderte er Verstärkung zum Tor, ehe er sich am schmalen Wachfenster zeigte. »Wer begehrt Einlaß?«

Aus der Gruppe lösten sich ein Jude und ein Ritter. Vor der

Holzbrücke wechselten sie heftige Worte, schließlich hob der Reisende im gelben Hut beide Hände und überließ dem Eisengerüsteten das Feld.

»Liebhold von Schlitz entbietet seinen Gruß. Eine Abordnung Patrizier der Stadt Fulda nähert sich dieser Burg und verlangt, unverzüglich vor dem kaiserlichen Gericht gehört zu werden.«

Von Kurieren war die Delegation für diesen Tag angemeldet; noch am Morgen hatte der Verwalter aus der Kanzlei Order erhalten, den Leuten aus Fulda unbedingt Vorrang gegenüber allen anderen Rechtsuchenden zu gewähren.

»Wenn Ihr das Gesetz der Gastfreundschaft achtet, so seid im Namen des Kaisers willkommen, Ihr Herren.« Der Vogt zeigte auf den Juden. »Und der da und die beiden anderen Ungläubigen, was wollen die hier?«

»Kaufmann Hesekiel wünscht Euch Frieden«, grüßte der Begleiter. »Meine Glaubensbrüder und ich, auch wir sind Abgesandte des Rates von Fulda. Auch wir bitten um Einlaß und Herberge. Derselbe Rechtsstreit führt uns her. Denn die Christen behaupten ...«

»Nein! Schluß! Kein Wort weiter!« wehrte der Burgvogt hastig ab. »Spar dir das für andere Ohren auf.« Worum es ging, wollte er nicht wissen; er hatte für Sicherheit und Frieden in der Kaiserpfalz zu sorgen, und das war ihm, seit der Herrscher hier weilte, Mühe genug. Täglich kamen mehr Leute, einfache und hochgestellte, die vor dem obersten Hofgericht Klage führen wollten und auf einen gerechten Spruch hofften. Einzelheiten interessierten den Verwalter nicht, damit sollten sich die Herren Notare befassen. Er verließ das Wachzimmer und stieg die enge Wendeltreppe hinunter.

»Ihr Herren! Kommt näher!« Unter seinem wachsamen Blick durften erst die Patrizier, nach ihnen die Juden in die Vorburg einreiten, dann folgte der Geleitschutz mit dem Wagen. Die Fallbrücke wurde halb angezogen; somit war der Weg von der Insel über den Fluß unterbrochen, während das Innentor zur Pfalz noch geschlossen blieb. »Entledigt Euch Eurer Schwerter und Lanzen.«

Keiner der Patrizier und Waffenknechte zögerte.

»Und was ist mit euch?« Deutlich zeigte der Burgvogt den Gelbhüten seine Verachtung. »Oder versteht ihr mit einem Mal meine Sprache nicht?«

Hesekiel erwiderte gleichmütig: »Wie Ihr sicher wißt, Herr, ist es uns untersagt, in Eisen gerüstet zu gehen.«

»Wäre ja noch schöner«, brummte der Vogt. »Dann hätten wir den Kreuzzug gleich vor Tor.« Höflich verlangte er von den Patriziern, einen Blick auf das Gepäck werfen zu dürfen. »Ihr versteht, ich habe meine Vorschriften.«

Zwei Waffenknechte lösten die Plane von den Holmen der Ladefläche und schlugen sie zurück. Reisesäcke, kleine Ledertruhen und drei Zeltausrüstungen, viel war es nicht. Den größten Raum nahmen zwei längliche, aus ungehobelten Brettern gezimmerte Kisten ein. »Wenn es nicht sein könnte ... Nein, schon gut, was ist da drin?«

»Leichen«, antwortete Liebhold von Schlitz.

»Nein, nein. Treibt keinen Spaß mit mir.«

»Bei der gütigen Jungfrau, nach Scherzen steht uns nicht der Sinn.«

»Auch das noch.« Dem Verwalter wich die Farbe aus dem Gesicht. »Ich muß es überprüfen.«

Mit je zwei Nägeln waren die Deckel befestigt. Nachdem ein Bewaffneter sie etwas gelockert hatte, beugte sich der Vogt vor. Ekelhafter Geruch ließ ihn zurückfahren. »Wie lange ...? Ach was, will ich nicht wissen.« Er baute sich auf: »Verzeiht, werte Herren, mit den Särgen lass' ich Euch nicht passieren. Schafft sie wieder nach draußen, dann dürft Ihr meine Pfalz betreten. Außerdem, von all den Leuten die vors Gericht wollen, erlaube ich nur Christen, innerhalb der Mauern zu lagern. Ihr also könnt Eure Zelte und das Gepäck abladen. Aber die Juden müssen sich außerhalb, drüben am anderen Ufer, einen Platz suchen.« Zum Trost für die

Patrizier setzte er hinzu: »Sorgt Euch nicht. Bis zum Abend wird sich kein Dieb an dem Leichenkarren zu schaffen machen. Und in der Nacht«, er rümpfte die Nase, »na ja, wenn die Gelbhüte auch noch beim Wagen zelten, dann kommt ein Gestank zum andern, da traut sich keiner näher. Wenn Ihr versteht.«

Sein Anbiedern zeigte keinen Erfolg. Im Gegenteil, entrüstet fuhr ihn Liebhold von Schlitz an: »Diese Toten sind wertvolle Beweisstücke. Wir haben sie nicht unter strengster Bewachung vier lange Wochen mitgeführt, um sie jetzt auch nur eine Stunde aus den Augen zu lassen. Die Särge müssen in den Gerichtssaal und vor dem Richterstuhl unseres Kaisers geöffnet werden.« Er wandte sich an den jüdischen Wortführer: »Bestätigt es, Hesekiel. In diesem Punkt sind wir uns einig, oder?«

»Ihr sprecht die Wahrheit, jedoch, bei allen Propheten, nur in diesem einen Punkt, werter Herr von Schlitz.«

»Da hört Ihr's. Wenn Ihr nicht selbst entscheiden könnt, dann schickt nach einem Notar und vergeudet nicht länger unsere Zeit.«

Das Risiko, von höherer Stelle gerügt zu werden, wollte der Verwalter nicht eingehen, und von Leichen drohte der Pfalz keine Gefahr. »Zieht den Balken weg und öffnet!« Auf seinen Befehl hin schwang das Innentor auf. Sichtlich gequält rang er sich Beflissenheit ab: »Um Vergebung, wenn meine Kontrolle Euch erzürnt hat, aber ich erfülle nur meine Pflicht.« Pferde und Wagen sollten bei den Stallgebäuden zurückgelassen werden. Von da ab mußten die Särge von den vier Männern des Geleitschutzes getragen werden. »Ihr Herren, dann folgt dem Wachposten. Er wird Euch in den Fürstenhof zur Kanzlei führen.«

Ehe die Juden durchs Innentor ritten, verlor der Burgvogt wieder den höflichen Ton: »Aber eins merkt euch, ihr Gelbhüte: Die Nacht verbringt ihr nicht in meiner Pfalz! Denn das habe ich zu bestimmen.«

Keine Antwort, nicht einmal ein Nicken; die jüdischen Kaufleute ritten, im Sattel aufgerichtet, hinter den Patriziern her.

»Es sei denn«, murmelte der Verwalter, »ihr erhaltet die Erlaubnis. Möglich ist alles bei unserm Kaiser.«

Seit der Großhof in Hagenau eingezogen war, geriet jede Ordnung aus den Fugen. Die Wiese zwischen den Wirtschaftsgebäuden hatte er einzäunen müssen. Da wurden jetzt Leoparden, Affen und anderes fremdes Viehzeug gehalten. Kein Wunder, daß die Kühe weniger Milch gaben! Besonders abstoßend fand der Burgvogt das stelzenbeinige, braun-gelb gefleckte Tier mit dem unendlichen langen Hals. »Giraffe, was für ein Name. Soll mir mal einer sagen, wozu dieses Biest nützlich ist. Und Fleisch hat es auch nicht viel.« Dem Himmel sei Dank, die Arbeit in der Menagerie des Kaisers gehörte nicht zu seinen Pflichten. Fütterung und Pflege besorgten die schwarzhäutigen Knechte. Wer denen im Halbdunkel begegnete, der schlug besser das Kreuz. Nicht genug, daß sie auf der Pfalzinsel frei herumliefen. Ungläubige waren es auch noch, aber wenigstens keine Juden! An das Aussehen der Leibgarde des Kaisers konnte er sich so gerade gewöhnen, aber diese glatzköpfigen, speckigen Eunuchen, dieser Anblick war für einen gottesfürchtigen Menschen schon ein Vorgeschmack auf die Hölle. Der Verwalter kratzte das Kinn. Und ausgerechnet diese Ungeheuer bewachten den Harem. Sarazeninnen, auf diese Weiber hätte er selbst gerne mal einen Blick geworfen. Schön sollten sie sein, wurde auf den Wehrgängen und im Gesindehaus erzählt, ohne Schleier aber hatte sie noch keiner gesehen. »Ja, verdammt, zur Zeit ist hier bei uns alles möglich. Ja alles, sogar, daß stinkende Gelbhüte mit ehrbaren Christen unter einem Dach schlafen.«

Zwei Stunden dauerte die Anhörung beider Parteien vor dem zuständigen Reichshofjustitiar. Erst als die Fakten notiert waren, betrat Kaiser Friedrich ohne Kronschmuck, nur in schlichtem Mantel und engem hochgeschlossenem Wams die Halle und nahm auf dem erhöhten Stuhl Platz. Sein Kammerherr, Baron Lupold, stellte sich vor einen Wandteppich zwischen den Fenstern. Keiner der engsten Berater nahm an diesem Gerichtstag teil. Petrus von

Vinea und Hermann von Salza hatten Deutschland längst verlassen, um in Rom mit der Kurie über die selbstherrlichen lombardischen Städte zu verhandeln. Kam es zu keiner Einigung, drohte unausweichlich ein Reichskrieg. Und die Rückkehr Erzbischof Berards von Palermo war erst für Anfang Dezember gemeldet worden.

In der Halle des Palas wurde es still. Juden, Patrizier und alle Schreiber, wie auch die anwesenden Bischöfe und Gelehrten, beugten das Knie.

Der Hofmeister spreizte sich und begann: »Seine Majestät, der erhabene Herrscher des Erdreiches ...«

»Genug«, unterbrach ihn Friedrich, »das hörten Wir bereits gestern und vorgestern. Verschont Uns heute damit. Kommt gleich zur Sache.« Und unter Verzicht jedes blumig ausschweifenden Sprachschnörkels, nur mit dürrer Förmlichkeit und dem dreimaligen Aufstampfen des Zeremonienstabes wurde der Prozeß für eröffnet erklärt.

Friedrich schnippte dem Oberjustitiar; dieser war, gemäß dem vor zwei Monaten in Mainz verkündeten Landfriedensgesetz, zwar der neu eingesetzte und von den Fürsten unabhängige Richter für die deutschen Belange, doch sobald der Kaiser selbst den Vorsitz übernahm, leitete er lediglich die Untersuchungen bis zum Beginn der Verhandlung und mußte die Gründe einer Klage, wie Gegenklage oder Verteidigung möglichst knapp dem Herrscher vortragen. Friedrich lehnte es ab, sich mit dem ungeordneten Lamento der Parteien zu beschäftigen.

»Mein Fürst. Der Rat Eurer Stadt Fulda bittet Euch einen Streit zu entscheiden, der seit Monaten Stadt und Umland in furchtbare Unruhe stürzt. Abgesandte beider Parteien sind heute hier erschienen.« Er befahl Liebhold von Schlitz und dem Kaufmann Hesekiel, vorzutreten. »Mit Eurer gnädigen Erlaubnis werden diese Männer später stellvertretend für die anderen Rede und Antwort stehen.«

Das Blau der Augen verdunkelte sich; kühl forschte Friedrich in den Mienen der Wortführer und zeigte weder Anteilnahme noch Ablehnung. »Die Bitte sei gewährt. Zunächst aber unterrichtet Uns von den Tatsachen.«

Kaum gelang es dem Hofjustitiar, seine Erregung während des Berichts zu unterdrücken: Die Christen der Stadt Fulda beschuldigten Mitglieder der jüdischen Gemeinde, im Verlauf der Feierlichkeiten zum letzten Passahfest zwei christliche Knaben geschächtet zu haben. »Mein Fürst!« Seine Worte galten mehr noch den anwesenden Bischöfen: »An unschuldigen Kindern wurden grausame Ritualmorde begangen!« Die beabsichtigte Wirkung zeigte sich in dem empörten Gemurmel, das im Saal entstand.

Dieser Kerl, dachte Lupold empört, das ist kein redlicher Richter, wie soll ein fairer Prozeß stattfinden, wenn dieser Mann gleich zu Beginn die Stimmung beeinflußt? Ein Blick auf Friedrich beruhigte ihn. Meinen Kaiser wirst du nicht auf diese Weise gegen die Beklagten einnehmen können.

Der Hofmeister hatte alle Mühe; erst nach heftigem Mahnen kehrte wieder Ruhe ein.

Sachlicher und als wären die Folgen dieser Tat nur zu verständlich berichtete der Justitiar weiter: Das Gerücht hatte sich rasch verbreitet. Und in Fulda wie auch in den umliegenden Dörfern und Städten war es zu Ausschreitungen gegen die Juden gekommen. »Wie mir die Beschuldigten zu Protokoll gaben, gingen Häuser in Flammen auf. Männer wurden auf der Straße geköpft. Den Frauen schnitten Christen die Brüste ab, stachen den Schwangeren in die Bäuche. Knaben und Mädchen erlitten den gleichen Tod wie die geschächteten Blutopfer. Es sollen sich auch Mütter mit ihren Kindern aus Angst vor Rache selbst ersäuft haben. Ob dies nun der Wahrheit entspricht oder dem Hang nach Übertreibung zuzuschreiben ist, die bekanntlich diesen Ungläubigen eigen ist, konnte ich in der Kürze nicht herausfinden.«

Friedrich lehnte nur da; mit geschlossenen Lidern war er den Ausführungen gefolgt. Endlich sah er auf, gab dem Justitiar ein Zeichen, beiseite zu treten, und heftete seinen Blick auf den Juden Hesekiel; dann sah er abrupt zu Liebhold von Schlitz hinüber.

»Habt Ihr persönlich oder einer Eurer Begleiter die Greueltat an den Knaben mit eigenen Augen beobachtet?«

Kopfschütteln. Zu einer Antwort ließ Friedrich keine Zeit. »Habt Ihr oder einer Eurer Begleiter Ausschreitungen gegen die jüdische Gemeinde gefördert oder selbst Euch daran beteiligt?«

Zu lang war das Zögern. »Die Wahrheit!«

»Es mag schon sein, daß ...«

»Also ja. Und dies nur, weil Ihr Euch vom Hörensagen habt beeinflussen lassen.«

»Bitte, Majestät, verzeiht.« Der Patrizier wagte, die Stimme zu heben. »Verzeiht, aber der Beweis liegt vor. Wir haben ihn mitgebracht.«

Bedrohlich sanft bat Friedrich: »So laßt ihn Uns sehen. Diesen Beweis, der die Wahrheit ans Licht bringen soll.«

Bis jetzt hatte Hesekiel geschwiegen, doch nun hob er flehend die Hände. »Edler Fürst, ich bitte, vertraut nicht dem Anschein. Er kann trügen.«

»Schweigt!« In jäh auflodernden Zorn drohte der Kaiser: »Verschlechtert nicht Eure Lage, indem Ihr es wagt, Uns zu belehren. Ist es nicht Gnade genug, daß Wir es erlauben, Juden und Christen gemeinsam anzuhören?«

Betroffen senkte der Kaufmann den Kopf, um so mehr fühlte sich Liebhold von Schlitz bestärkt. Beinah feierlich wandte er sich um, winkte in Richtung Saaltür, und alle Augen folgten ihm. Sofort wichen Bischöfe und Gelehrte nach rechts und links zur Seite. Die Männer des Geleitschutzes trugen beide Särge durch die Gasse, setzten vor dem Thron ihre Last ab und zogen sich einige Schritte zurück.

»Mein Fürst, zur Bestätigung der Vorwürfe bringe ich Euch die beiden Knaben.«

Seine Ankündigung löste grimmige Rufe in den Reihen der Beobachter aus. Lupold preßte die Lippen aufeinander und blickte zur Decke. Davor wird sich Friedrich nicht verschließen können, selbst wenn er den Juden wohlgesinnt wäre.

Der Kaiser beugte sich leicht vor. »Zeigt mir die Kinder.«

Mit bloßen Fingern riß Liebhold von Schlitz den ersten gelockerten Deckel herunter, auch der zweite polterte auf den Lehmboden. Gestank nach Verwesung, süßliche Fäulnis verbreitete sich und ließ den Atem der Zuschauer stocken. Ungerührt verlangte Friedrich: »Allein, wo ist der Beweis?«

»Hier vor Euch, Majestät.« Der Patrizier wies auf die Leichen; dann begriff er, dem Kaiser genügte ein kurzer Blick nicht. Herr und Knecht, so wie er es gewohnt war, wollte Liebhold einen Mann seines Geleitschutzes für diesen niederen Dienst herbeiwinken.

»Nein. Ihr führt Klage vor diesem Gericht.« Die scharfen Falten um Friedrichs Mundwinkel vertieften sich. »Also habt Ihr auch selbst den Nachweis schlüssig vorzubringen.«

Jedes Geräusch im Saal erstickte. Die drei jüdischen Kaufleute erstarrten. Den beiden Mitklägern war anzusehen, daß sie erleichtert waren, nicht Wortführer zu sein, und Lupold sah, daß der Patrizier einen Augenblick lang erwartete, dem unausgesprochenen Befehl nicht Folge leisten zu müssen.

»Warum zögert Ihr, werter Herr?«

Aschgrau zerfiel die Hoffnung, und Liebhold von Schlitz hockte sich neben einen der Särge. Er grub seinen Arm unter Knochen und Fleischreste, mußte den Schädel mit der Hand stützen und hob den Körper heraus. Das Gesicht halb verwest, von Getier zerfressen, zeigte augenlose Höhlen, keine Lippen mehr, und die Haare waren sonderbar lang und strähnig.

»Woran soll ich nun den Beweis erkennen?« fragte Friedrich.

Höher mußte der Patrizier die Knabenleiche heben, sie drehen, ihren Kopf zur Seite biegen. »Hier, Majestät«, stieß er keuchend aus und kämpfte gegen den Ekel, »hier am Hals, deutlich könnt ihr den Schnitt noch erkennen.«

»Und darauf wollt Ihr Eure Behauptung stützen?« Unüberhörbar schwang jetzt kalte Verachtung mit. »Wer weiß schon, von wem dieser Stich wirklich geführt wurde? Nein, werter Herr, wenn die Knaben tot sind, dann geht und begrabt sie. Denn zu mehr taugen sie nicht. Zunächst aber schafft Uns den widerwärtigen Anblick aus den Augen.« Dem Hofmeister befahl er: »Sperrt Fenster und Türen auf, damit der Prozeß in etwas besserer Luft weitergeführt werden kann.«

Liebhold von Schlitz warf die Leiche zurück in den Sarg. Seine Männer beeilten sich, die Holzkisten wieder zu verschließen, und im Laufschritt verließen sie den Gerichtssaal. Immer wieder streifte der Patrizier mit einer Hand über die andere, seine Augen weiteten sich, schlimmer noch als der Ekel vor dem verwesten Körper entsetzten ihn jetzt die fetten Maden, die auf dem feinen Bruststoff seines Hemdes und an den vorderen Schals des Mantels sich krümmten, streckten und umeinander krochen. Voller Abscheu wischte er sie ab, geriet in heillose Panik, und nur noch mit sich beschäftigt, fingerte er das Getier einzeln aus dem Stoff.

»Untersteht Euch, Herr, in dieser unziemlichen Beschäftigung fortzufahren!« Der scharfe Verweis des Hofmeisters steigerte seine Not.

»Bitte erlaubt mir ... Nur etwas Wasser und ein Tuch. Ihr, Ihr seht doch ...«

»Vergeßt nicht, wo Ihr seid, Herr. Ihr steht vor dem höchsten Richter der Christenheit. Dieser Saal ist keine Badestube.«

Die Stirn aufgestützt, hatte Kaiser Friedrich den Zwischenfall an sich vorübergehen lassen. Erst als der Patrizier wieder Haltung annahm und ruhig dastand, richtete er das Wort an den Juden und befragte ihn auf hebräisch, fragte nach und fragte wieder. Hesekiel unterstrich seine Antworten mit beschwörenden Handbewegungen, rief den Himmel an; schließlich legte er beide Hände zum Beweis der Wahrheit auf seine linke Brust und schwieg.

»Nichts von dem, was der Jude Uns vorbrachte, war Uns neu«, erläuterte Friedrich den Klägern, dem Oberjustitiar und der Versammlung. »Unsere Weisheit, die Wir durch das Studium vieler mosaischer Bücher Uns angeeignet haben, läßt Uns von der Unschuld der Juden überzeugt sein. Denn nach Unserm Wissen findet sich in den hebräischen Gesetzesschriften keine Forderung nach Ritualmorden oder Blutopfern im allgemeinen.«

Er ließ eine lange Pause, in der die Patrizier aus Fulda versteinerten, die Gesichter der anwesenden Bischöfe sich verfinsterten und die jüdischen Kaufleute nicht zu atmen wagten.

Damals auf unserm ersten Weg über die Alpen, erinnerte sich Lupold, da kamst du von der Bergspitze zurück und fragtest, wie weit ein Adler sehen kann. Ja, Friedrich, obwohl dein Auge schwächer ist, mit deinem Weitblick kann der Adler sich nicht messen, und die Klugen und Gelehrten müssen dein Wissen fürchten.

»So ergeht folgendes Urteil.«

Dreimal stieß der Hofmeister seinen Stab auf den Boden. »Hört und vernehmt. Friedrich, durch die Gnade Gottes immer erhabener Kaiser und oberster Richter der Christenheit, sagt Recht, dem sich ein jeder beugen muß!«

Friedrich stützte beide Hände auf die geschnitzten Knäufe der Armlehnen seines Throns. »Wir sprechen die Juden der Stadt Fulda frei vom Mord an diesen beiden Knaben. Und untersagen bei Strafe jede weitere Verfolgung der jüdischen Gemeinde in jener Stadt und dem Umland.«

Bestürzt nahmen die Patrizier den Spruch auf. Selbst Liebhold von Schlitz beachtete die Maden auf seiner Hemdbrust nicht mehr, so sehr erschütterte ihn das Urteil. Durch die Halle ging ein Raunen. Mit Seufzern und Dankgemurmel drängten sich die Freigesprochenen zusammen; unter den gelben, breitrandigen Hüten blieben ihre Gesichter verborgen.

Wieder rief der Hofmeister zur Ordnung und befahl Schweigen.

»Dessen ungeachtet«, fuhr der Kaiser fort; seine Stimme blieb nüchtern und kühl. Er wandte sich an die Bischöfe: »Auch wenn Wir Uns von der Schuldlosigkeit der Juden überzeugt zeigen, so verurteilen Wir sie dennoch zur Zahlung von zweitausend Silbermark an die Reichskasse. Diese Strafe dient dem Frieden des Reiches, da die Juden von Fulda, ob mit oder ohne Schuld, allein durch ihre Existenz den Aufruhr im Land und das Morden unter ihren Glaubensbrüdern verursacht haben. Des weiteren sprechen Wir eine Warnung aus und bekräftigen sie mit Unserm Schwur: Sollte ein solcher Ritualmord irgendwo vorgefallen sein oder sich doch im Talmud oder in der Thora eine Aufforderung zum Blutopfer finden lassen, so werden Wir alle Juden im Reich ausrotten lassen.«

Den Patriziern aus Fulda war dieser Schwur keine Genugtuung. Sie hatten ihren Prozeß vor dem Obersten Gericht verloren; beschämt würden sie nach Hause zurückkehren und zusehen müssen, wie diese Wucherer sich ungehindert weiter bereicherten.

Aufmerksam beobachtete Lupold die Kleriker und hörte auf ihre leisen Gespräche, während sie den Saal verließen. Ihre Mienen zeigten sich befriedigt. Es durfte ja nicht sein, nicht einmal der Anschein erweckt werden, daß ihr Kaiser, ohne Einschränkung, Christen und Juden mit gleicher Elle des Gesetzes maß. Solch ein Urteil hätte der Heilige Vater niemals gutgeheißen. Also schützte der Kaiser nur vorläufig diese Geldverleiher und Wucherer; ja, vorläufig, denn sobald sich doch ein Blutopfer beweisen ließ – und daran zweifelte niemand der würdigen Herren, da sie selbst bereit waren, der Wahrheit nachzuhelfen –, könnte endlich im großen Schlag gegen das jüdische Übel vorgegangen werden.

Nach der Verhandlung befahl Friedrich sofort seinen neu eingesetzten Oberjustitiar in die Bibliothek.

»Seid Ihr Richter der Krone oder ein von den Pfaffen bestochener Winkeladvokat? Wir sollten Euch das Maul bis zu den Ohren aufreißen lassen!« Er stürmte an den Regalen entlang, stieß mit der Faust gegen die Buchrücken. Staub wirbelte auf. Schließlich kehrte er etwas ruhiger zurück. »Allein für dieses eine Mal sehen Wir Euch die offen vorgetragene Parteilichkeit nach. Wiederholt Ihr Derartiges, so werden Wir Euch unverzüglich Eures Amtes entheben und Euch verfluchen, daß Ihr wünscht, niemals in Unserer Nähe auch nur einen Atemzug getan zu haben.«

Der Justitiar wich zurück; dabei stolperte er über einen Schemel und stürzte zu Boden.

»Noch ist es nicht soweit«, spottete der Kaiser. »Erhebt Euch. Wir werden Euch mit einer Aufgabe betrauen, die Ihr gründlich und als unbefangener Diener des Rechtes durchführen werdet.«

Tadel und Sturz hatten dem Hofbeamten zugesetzt; seine Lippen bebten. Immer wieder beteuerte er Gehorsam, und nichts solle ihn jemals in der Ausübung seiner Pflicht beeinflussen können.

»So schweigt endlich.« Friedrich verschränkte die Hände hinter dem Rücken. »Diesen Prozeß wollen Wir nützen, um aller Welt zu beweisen, daß Wir in der Tat der Oberste Richter der Christenheit sind. Zunächst befehlen Wir Euch, unverzüglich Fürsten, Herzöge, Edle und Würdenträger der Kirche nach Hagenau zu bitten. In Unserem Namen sollen sie nach ihrer Meinung befragt werden, nach ihrem Wissensstand betreffs der Ritualmorde in den mosaischen Schriften. Ihr werdet die Aussagen schriftlich festhalten, sie sammeln und Uns vortragen. Bei Eurem Leben, unverfälscht! Ohne Wertung! Nur von Fall zu Fall, wenn es der Stand unumgänglich fordert oder die Weisheit der Person Uns nicht langweilt, wollen Wir selbst mit den Hergebetenen ein Gespräch führen. Habt Ihr Uns verstanden?«

Der Oberjustitiar nickte, wollte erneut zu Beteuerungen ansetzen.

»Belästigt Uns nicht länger.«

Rückwärts, sich immer wieder verbeugend, erreichte der Beamte die Tür. Noch eine tiefe Verbeugung, und endlich verließ er die Bibliothek.

An diesem Abend speiste der Kaiser allein in seinem Gemach. Neben dem Sessel lag sein Lieblingshund, satt und schläfrig. Erst das Tier, dann der Mensch. Diese Reihenfolge mußte seit langem strikt eingehalten werden, sobald Friedrich sich ohne Gäste zu Tisch setzte. Wenn ein Tier Hunger hat, versteht es nicht, warum es warten soll, der vernunftbegabte Mensch aber kann sich bezähmen.

Lupold kam diese Regelung sehr entgegen, erleichterte sie doch seine Arbeit: kein Hecheln nach der Fleischschüssel, kein Betteln und Jaulen. So kostete er auch heute abend ungestört vor, zerkleinerte das Geflügel und schenkte ein. Schweigend umsorgte er seinen Kaiser und hoffte, daß Friedrich ein Gespräch beginnen würde. Nicht der heute verhandelte Prozeß beschäftigte den Kammerherrn, nicht das Urteil, es waren dieser Schwur zum Schluß der Verhandlung und vor allem die Gespräche nachher zwischen den geistlichen Beobachtern. Darüber mußte er reden, den Kaiser warnen und ihn fragen, sonst würde er keine Ruhe finden, auch Sabrina nicht, und sie müßte, wie so oft in den Nachtstunden, zuhören und seine Besorgnis teilen.

»Der Becher ist leer«, mahnte Friedrich. »Du bist zerstreut, mein Freund.«

»Verzeiht.« Der Wein schwappte über den Rand. »Verzeiht, wie ungeschickt.«

»Entschuldige dich nicht.« Friedrich trank und lehnte sich zurück. »Ich kenne deine Gedanken. Nein, laß mich erklären; vielleicht kann ich deine Sorgen schnell zerstreuen. Du befürchtest, daß ich den Schwur in die Tat umsetzen muß. Guter alter Freund. Niemals hätte ich ihn geleistet, wenn ich nicht ganz sicher wäre. Davon abgesehen, daß ich Erkenntnisse und das reiche Wissen meiner hebräischen Gelehrten hoch einschätze, glaubst du, ich wollte auf meine jüdischen Kaufleute und Geldgeber verzichten? Dies kann weder irgendein Kirchenfürst noch ein König, und selbst der Kaiser darf sich solchen Verlust nicht leisten. Es wäre kurzfristig gedacht, die Juden umzubringen und ihr Vermögen einzuziehen. Nur ein Narr schüttet eine Quelle zu, die beständig neues Wasser spendet.« Er rieb den Finger über die Unterlippe. »Rechtsgültige Klarheit will ich schaffen, und wenn es sein muß, werde ich alle Königshöfe des Abendlandes um Mithilfe ersuchen. Der Winter hier in Hagenau gibt mir Zeit genug. Niemand soll je wieder solch eine Beschuldigung als Vorwand nützen, um seinen Haß gegen die Juden zu rechtfertigen.«

»Seht mir es nach, daß ich besorgt bin: Also gibt es wirklich keine Aufforderung zu einem menschlichen Blutopfer in den Schriften der Hebräer?«

»Auf mein Wissen ist Verlaß, alter Mann. Und nun genug davon.« Friedrich zeigte auf den zweiten Sessel. »Komm, ruhe dich für eine Weile neben mir aus.«

Die Bitte erschreckte Lupold beinah. Lange war ihm dieser Vorzug nicht mehr gewährt worden. Wie ein Freund den Freund, so lud ihn Friedrich ein. Wie sehr ist mein Leben mit deinem verbunden, ging es ihm durch den Kopf. Nur eine Geste, und schon empfindet mein Herz Wärme.

»Verschweigst du mir nicht etwas?«

Die Frage riß Lupold zurück. »Wie könnte ich es wagen …«

»Nein, verzichte auf das höfische Getue. Mein Freund, wir müssen über meine Söhne sprechen, den ungeborenen und den, der drüben im Haus des Rentmeisters wartet.« Was wußte der Kammerherr über die Schwangerschaft Kaiserin Isabellas? Hatte ihm Frau Sabrina etwas anvertraut?

»Wie ich erfahren habe, hat die wiederkehrende Blutung nicht ausgesetzt, auch die durchgeführte Urinprobe erbrachte keinen Hinweis. Weder Gersten- noch Weizenkörner keimten.«

»Diese Hofastrologen«, murmelte Friedrich, »Scharlatane.« Leichter Spott spielte um seine Mundwinkel. »Da zwang ich mich bei diesem schönen Leib auf deren Rat hin zur Enthaltsamkeit, bis die rechte Stunde gekommen war. Und nun befindet sich doch kein Brot im Ofen. Sei sicher, mein Freund, solch eine falsche Berechnung wäre dem weisen Michael Scotus nicht unterlaufen. Er irrte sich nie. Leider auch nicht bei der Voraussage, wie er selbst zu Tode kommen würde. In diesem Falle hätte ich ihm einen Fehler gern verziehen. Täglich vermisse ich ihn. Denn er beantwortete meine Fragen nach den Geheimnissen der Natur und der Welt, wie es nicht einmal einer Schar von Gelehrten gelingen würde.«

Im Frühjahr dieses Jahres war Michael Scotus im kaiserlichen Troß mit über die Alpen gezogen. Der Weg führte durch eine enge

Schlucht. Hoch oben aus der Felswand löste sich Geröll. Sofort wurden Warnsignale gegeben, und die Reiter blieben zurück oder drängten nach vorn; auch dem Astrologen gelang es, sein Pferd aus der Gefahrenzone zu treiben. Ohne Schaden für den Troß prasselte die Steinlawine nieder. Einige Zeugen berichteten, beschwörten sogar, ein einzelner Brocken habe gegen jedes Gesetz im Fall plötzlich die Richtung geändert, als würde er von der Eisenkappe angezogen, die der Gelehrte stets trug, und habe Scotus mitsamt seinem Pferd zerschmettert.

»Ihm war es gegeben, das Zukünftige zu sehen«, Lupold hob die Achseln, »beeinflussen aber konnte er es letztlich nicht.«

Friedrich wußte, worauf er abzielte. Michael Scotus hatte dem Kaiser vorausgesagt, dieser werde dereinst an einem Ort der Blumen sterben.

»Und ich richte mich danach, mein Freund. Auch ich will mich dem Schicksal nicht einfach hingeben. Deshalb werde ich der Stadt Florenz niemals einen Besuch abstatten.« Friedrich setzte den Becher an die Lippen und stürzte den Wein hinunter. »Schluß. Kein Wort mehr über den Tod. Heute mußte ich mir diese verwesten Knaben ansehen; dies allein hätte mir schon genügt. Zurück zur Lebensfreude! Trage Sorge, daß meine Gemahlin mir regelmäßig zugeführt wird. Der lange Winter steht bevor, und ich will mich gerne meiner Herrscherpflicht widmen, Isabella einen Sohn zu zeugen. Nicht täglich, doch zweimal, ja, zweimal in der Woche. So bleibt mir genügend Lendendurst für meine sarazenischen Träume. Und mehr noch, die Abwechslung zwischen ihrer weißen, nach Rosenöl duftenden Haut und dem dunklen, moschusschweren Samt wird meine Lust weiter steigern.« Lupolds Schweigen erheiterte ihn. »Fürchte nichts, mein züchtiger Freund, ich will mit dir jetzt nicht die Einzelheiten erörtern.« Unvermittelt fragte er: »Wann kommt Adelheid von Urslingen meinem Befehl nach? Wann bringt sie mir Enzio?«

»Sobald Ihr Zeit findet.« Lupold wählte die Worte sorgfältig: »Allerdings schlägt sie Euch ein anderes Zeremoniell vor.«

»Bedingungen? Schon damals hat sie mich mit ihrer geschickten Art hingehalten. Die Zeit der Lehrmeisterin ist vorbei. Sie wagt es, ihrem Kaiser ...«

»Nein, nein. Verzeiht, nur eine Bitte, ein Appell an Eure Barmherzigkeit.« Nichts durfte den Zorn weiter entfachen, und Lupold entschied sich, so sachlich wie möglich den Vorschlag zu unterbreiten. Der Weg schien richtig zu sein; wenigstens hörte Friedrich ihn an, bis er geendet hatte.

Nach einer Weile wischte der Kaiser kurz die linke über die rechte Handfläche. »Gewährt. Auch wenn mir Rücksicht auf weibisches Getue lästig ist.«

»Danke.« Lupold sah ihn an. »Ich will es nicht verhehlen, Euer Einverständnis befreit mich von einer großen Sorge.«

»Welches Spiel spielst du?« setzte Friedrich nach. Seine Neugierde war geweckt: »Was ist mit ihr? Ist die stolze Adelheid fett geworden, häßlich, zahnlos, fehlt ihr das Haar?«

»Nichts von alldem, mein Kaiser. Es steht mir nicht zu, doch dürfte ich schwärmen, so würde ich Frau Adelheid und ihrer Schönheit mit Worten einen Kranz winden.«

Friedrich lachte. »Bezähme dich, alter Mann. Mir scheint, die Pflege der Dichtkunst an meinem Hof hat auf dich abgefärbt. Was also ist der Grund?«

Sofort wurde Lupold ernst. »Sie hat Euch geliebt, liebt Euch vielleicht immer noch. Deshalb bittet sie auf diese Weise, den Sohn Enzio Euch übergeben zu dürfen.«

Friedrich schloß die Augen. »Liebe. Wie schal dieses Wort in mir klingt. Liebe zu einer Frau? Habe ich sie je empfunden? Denke ich darüber nach, bleiben kaum mehr als drei von all den vielen, die mit mir das Bett teilten. Und selbst bei diesen drei Frauen bin ich mir nicht sicher: Liebe zu Konstanze, meiner ersten Gemahlin? Sie wärmte mich mit ihrer Mütterlichkeit. Adelheid, sie verstand es, meinen Eroberungsdrang herauszufordern. Doch sobald sie mich ihre Burg erstürmen ließ, erlahmte in mir der Reiz. Und Bianca Lancia? Sie war leidenschaftlich, vor allem einfallsreich in den Künsten der Lust; ihr war ich lange zugetan. Und das auch nur, weil gerade in diesen Jahren mich die Reichsgeschäfte so umtrieben.«

Er schüttelte den Kopf, konnte aber den Gedanken nicht abschütteln: »Ich spüre es immer stärker: Nicht nur die Frauen, es sind die Menschen, denen ich mehr und mehr entrücke.« Er berührte Lupold an der Schulter. »Du bist mir nicht fremd, mein Freund, mein alter Freund. Vielleicht weil du nie hinzugekommen bist, sondern immer da warst, seit ich denken kann.«

In Gedanken umarmte, tröstete Lupold den Kaiser, wie er es früher mit dem Kind Friedrich getan hatte; schließlich mahnte er: »Ihr solltet Euch ausruhen. Es war ein harter Tag.«

Von einem Atemzug zum nächsten wechselte die Miene. »Ja, Amme Lupold. Entkleide deinen Kaiser, und bringe ihn zu Bett.«

Ein Knecht unter Knechten, mehr bist du nicht, also füge dich! Bei Tag gehorchte Tile dem Koch, schleppte Wasser und spaltete mit scharfer Klinge Holz für das Küchenfeuer. In der Nacht aber blühte die Hoffnung wieder, und Morgen für Morgen suchte er die Schreinerei auf, um mit der stumpfen Axt den beharrlichen Traum zu zerschlagen. Ganz gleich ob es mir hilft, wenigstens wird irgendwann der Eichenklotz auseinanderbrechen.

Drängte ihn die Lust, verriet er des Abends der Magd, was er unter seiner Kutte getragen hatte, ehe er sie wieder gegen den einfachen Gesindekittel eingetauscht hatte. »Nichts anderes als jetzt. Nicht mehr und nicht weniger.«

»Mir genügt er«, sagte sie und konnte es kaum erwarten. »Ich kann nicht genug von ihm kriegen.«

Sie trafen sich heimlich im Vorratsgebäude. Keine Schwüre, keine Forderungen; beide wollten schnellen Genuß, von Liebe sprachen sie nicht. Ein leeres Faß, auf die Seite gekippt, diente ihnen. Bäuchlings breitete sich die junge Magd über den gewölbten Dauben aus, und Tile schaukelte sie, bis beide satt waren.

An einem nieselnden Novembermorgen, gleich nachdem das Falltor hinuntergelassen war, rollte eine geschlossene Kutsche von Hagenau her über die Stadtbrücke. Ohne Kontrolle passierte sie die Torburg, und der Fuhrmann lenkte das Gespann über den langen gepflasterten Weg zur Durchfahrt unter der Kapelle.

Tile stattete gerade seinem Eichenklotz den allmorgendlichen Besuch ab; zwar war die Kerbe tief, dennoch hielt er seinen Schlägen stand. Wie stets murmelte er: »Irgendwann schaffe ich es doch«, und verließ die Schreinerei.

Hufschlag und das Holpern der Kutschenräder drangen zu ihm herüber. Seltsam, so früh schon werden Fremde eingelassen? Dann stutzte er. Der Fahrweg zu den Herrschaftsgebäuden war von Bewaffneten gesichert; dort drüben geschah etwas Außergewöhnliches. Keine Abwechslung, ist sie auch noch so klein, darf ich mir entgehen lassen, hatte er sich vorgenommen, sonst schläft mein Verstand ein, und wann immer sich die Gelegenheit bot, entfloh er dem täglichen Küchentrott. Allein Neugierde half ihm, die Langeweile auszuhalten.

Der Koch sollte getrost aufs Brennholz warten. Eine Ausrede würde Tile schon finden. Im Schutz der Wirtschaftsgebäude wagte er zu rennen; erst auf der freien Fläche verlangsamte er das Tempo und eilte zielstrebig wie ein geschäftiger Knecht weiter.

Gleichzeitig mit der Kutsche gelangte er an die Durchfahrt zum Innenhof des Palas. Verdammtes Pech, das Seitenfenster war verhangen, kein Wappen verriet, wer im Wagen saß, und selbst der Kutscher trug keine Farben, die zeigten, wem er diente.

»Weg hier!« Ein Bewaffneter stieß seinen Speerschaft vor Tile in den Boden.

»Aber ich muß ...« Zu mehr kam er nicht, wurde herumgewirbelt, sah in das zornrote Gesicht des Burgvogts, dann traf ihn die Faust an der Schläfe. »Was hast du hier zu suchen?« Mit der Linken riß der Verwalter den Taumelnden näher. »Sieh mal an, unser Studierter.« Während er ihn ohrfeigte, zischte er: »Faulenzer! Nichts hast du hier verloren. In die Küche gehörst du!«

Schmerz und Wut trieben Tile Tränen in die Augen; schon ballte er seine Fäuste. Im letzten Augenblick beherrschte er sich und schlug nicht zurück. Der Vogt stieß ihn weg, versetzte ihm noch einen Tritt. »Verschwinde! Aber warte, mit dir bin ich noch nicht fertig.«

Nichts Unrechtes habe ich getan! Dieser Kerl prügelt mich einfach. Verdammt, niemand hat das Recht dazu! Für nichts lasse ich mich nicht bestrafen! Nach wenigen Schritten drehte sich Tile wieder um. Geh zurück und stell diesen Kerl zur Rede, befahl der Zorn. Schweig und bringe das Holz in die Küche, mahnte der Verstand. Weder Burgvogt noch Bewaffnete kümmerten sich weiter um ihn. Die Kutsche rollte unter der Kapelle her, und sofort wurde die Durchfahrt abgeriegelt. Tile ließ die Schultern sinken. »Gewöhne dich endlich daran, Calopidus«, mahnte er sich. »Dein Platz ist nicht dort drüben bei der Herrschaft, sondern beim Gesinde.« Vorsichtig betastete er die Schwellung an seiner Schläfe. »Gewußt hab' ich's schon lange. Was für ein Elend, jetzt fühle ich es auch.« Er wandte sich ab und schlurfte zu den Wirtschaftsgebäuden hinüber.

Im Innenhof zügelte der Fuhrmann das Gespann. Kaum stand die Kutsche, verließen fünf Männer der sarazenischen Leibgarde den Palas. Sie umstellten den Wagen, und Hauptmann Asad öffnete den Schlag. Nach einem kurzen prüfenden Blick trat er zurück; auf sein Handzeichen hin nahmen die Wachen vor dem Herrenhaus Haltung an.

Zuerst trat Baron Lupold ins Freie und näherte sich dem Wagenschlag. »Willkommen, Herzogin«, grüßte er mit verhaltener Stimme, »willkommen, Prinz Enzio«, und verneigte sich.

»Gott schütze dich, Lupold. Du bist ein guter Freund.«

»Ich wünsche Euch Kraft, Herzogin.«

Das vertraute Gespräch brach ab. Im Portal erschien der Kaiser. Sein Haar fiel lose, den blauen Mantel hatte er mit einer Goldspange geschlossen. Schnellen Schrittes durchquerte er den Hof, blieb schweigend neben der Kutsche stehen und verschränkte die Arme.

Adelheid von Urslingen hob nicht den Gesichtsschleier. »Ein trüber Morgen, Majestät.«

»Ihr hättet es bequemer wählen können. Ein wenig mehr Licht und Glanz hätten Wir Euch schon in der Halle bereiten lassen.«

»Es ist besser so. Und ich danke Euch, daß Ihr meine Bitte erfüllt habt.«

»Dann laßt Uns nicht warten.«

»Ehe ich Euch mein Kleinod überlasse, möchte ich Euch daran erinnern, daß Katharina zu einer schönen Frau herangewachsen ist. Auch für sie, unsere Tochter, habt Ihr ein Versprechen geleistet, das nun bald eingelöst werden sollte.«

»Immer noch verlangst du … Nein, nein, es soll Euch nicht gelingen, Unsern Unmut zu reizen. Seid versichert, in Unserer Kanzlei ist für Katharina längst schon eine Heirat angebahnt worden. Auch die Töchter eines Kaisers sind wertvolles Gut.«

»Ihr seid ein guter Vater, Friedrich.«

Dem sanften Spott in ihrer Stimme hielt seine starre Miene nicht stand. »Adelheid, gern erinnere ich mich zurück; allein, es bringt nichts, heute die Vergangenheit heraufzubeschwören.«

»Wie anders du damals gesprochen hast, Friedrich. Weißt du noch? Es war in diesem Hof; dein Thron befand sich fast genau dort, wo du nun stehst.« Sie lachte leise. »Kaum erzählte ich dir, daß wir als Kinder in Foligno schon im Bad gemeinsam spielten, wolltest du unbedingt diese Erinnerung auffrischen und vor allem vertiefen.«

»Genug, Adelei. Sieh es mir nach, daß ich jetzt Kaiser bin.«

»Das habe ich längst, Friedrich. Heute bringe ich dir ein wertvolles Gut deiner – nein, unserer – Vergangenheit. Und ich flehe dich an, nimm Enzio in dein Herz auf.«

Sie neigte den Kopf zu dem jungen Mann, der im Dunkel neben ihr saß. »Verlasse mich jetzt. Nein, kein Wort mehr. Lebewohl haben wir uns in den vergangenen Tagen genug gesagt.«

Auf der abgewandten Seite öffnete sich der Wagenschlag. Geschmeidig verließ Enzio die Kutsche, streckte sich und glättete den ärmellosen Umhang; als wäre dieser Moment nicht der Wendepunkt seines Lebens, nahm er sich Zeit und ließ den Blick hinauf zum Dach des Palas und hinüber zu den Zinnen des Bergfrieds schweifen. Dann schritt er leichtfüßig nach vorn an den Pferden vorbei, nicht ohne mit der Hand über die samtweichen Nüstern zu streichen.

Friedrich erwartete, daß er den kürzeren Weg wählte und blickte zum Wagenende.

»Erhabener Kaiser.« Der Vater fuhr herum. Vor ihm lag Enzio auf den Knien und hielt den Kopf gesenkt. Seine herabfallenden goldblonden Locken leuchteten. »Steh auf. Laß dich ansehen. Schnell.«

Friedrich trat zurück; er umfing die schlanke Gestalt, suchte in den Gesichtszügen und begegnete dem offenen Blick. Blau für Blau. »Ich sehe mich in einem Spiegel.« Die Stimme schwankte; schließlich breitete der Kaiser die Arme: »Komm, mein Prinz. Komm zu mir.« Enzio wußte nicht, war unschlüssig, sein Zögern dauerte zu lange. Gegen jede Etikette wartete Friedrich nicht ab, ging selbst auf den jungen Mann zu und zog ihn an sich. »Mein Sohn, mein Ebenbild.« Er drückte ihm einen Kuß auf die Stirn. Nun verlor Enzio seine Scheu und wagte, den Vater zu umarmen. »Erhabener Kaiser ...«

»Nein, du bist nicht fremd. Sage: Vater.« Er hielt ihn fest. »Ich verlange, daß du dieses Wort übst.«

»Es fällt mir nicht schwer.« Enzio sah ihn entwaffnend an. »Herr Vater.« Als Friedrich lächelte, antwortete auch der Prinz mit einem Lächeln.

Unbemerkt von beiden, hatte Adelheid von Urslingen leise den Wagenschlag geschlossen. Lupold gab das Zeichen; für ein Abschiedswort war es zu spät. Im weiten Bogen lenkte der Fuhrmann das Gespann herum, und die Kutsche holperte durch den gewölbten Tunnel unter der Kapelle davon.

Friedrich sah ihr nach. Mehr zu sich selbst sagte er: »Danke, Adelei. Ich ahnte nicht, daß du mir aus unserer Vergangenheit solches Glück bringen würdest. Und ich verspreche dir, alles zu tun, um diesem Glück eine Zukunft zu geben.« Er legte Enzio die Hand auf die Schulter und führte ihn zum Palas. »Komm, du kaiserlicher Prinz, viel Neues erwartet dich.« Halb im Scherz warnte er: »Zwar hast du die erste Übung artig gemeistert, doch nun will dein strenger Vater lernen, wer sein Sohn wirklich ist.«

Ein Festmahl, nicht allein für den Gaumen. Selten hatten die Damen und Höflinge wie auch die weltlichen und geistlichen Würdenträger den Kaiser in solch heiterer Stimmung erlebt. Friedrich thronte zwischen zwei Söhnen, der siebenjährige Konrad zu seiner Rechten und zur Linken der schlanke Enzio. Zwar wußte jeder im Saal von der Herkunft des Dreiundzwanzigjährigen: ein Illegitimus, aus einer Buhlschaft des Kaisers entsprossen, ohne jeden rechtlichen Anspruch auf Erbfolge. Dennoch galt ihm das größte Interesse, und Enzio überraschte die Gesellschaft durch seinen Witz und seine Schlagfertigkeit. Vor allem aber bezauberte er die Damen mit seinem jungenhaften Lachen.

Lupold sah mehr als die Gesellschaft; sein Kaiser hatte jede Last abgeworfen, beinah in kindlicher Freiheit wetteiferte er mit Enzio und überließ dem Sohn schließlich doch den Erfolg.

»Eine Darbietung. Laßt die Musikanten erneut auftreten!« befahl Friedrich nach dem Essen. »Sie sollen das Fest und diesen Tag mit ihrer Kunst krönen.«

Schnell flüsterte Enzio ihm zu: »Verzeiht, Herr Vater. Darf ich? Meine Mutter hat mich das Saitenspiel gelehrt. Gerne würde ich Euch und den Gästen ein Lied zu Gehör bringen.«

»Willst du es wirklich wagen?«

»Vor wem sollte ich mich fürchten?«

Mit einer Handbewegung verlangte Friedrich nach Ruhe. Geduldig wartete er, bis endlich Stille im Saal herrschte. An die Spielleute gewandt sagte er: »Faßt euch in Geduld.« Und im Tonfall seines Hofmeisters kündete er der Tischgesellschaft an: »Ein erlesener Genuß erwartet Euch. Schweigt und vernehmt den Gesang des kaiserlichen Prinzen.«

Enzio stieg auf den Stuhl; mit einem eleganten Satz sprang er über die Tafel in den freien Raum zwischen den Tischen. Von einem der Musikanten ließ er sich die Mandora geben, zupfte an den Saiten und summte vor sich hin; so schritt er die Reihe der Gäste ab, ehe er zur Mitte des Gevierts schlenderte. »Ihr schönen Frauen! Ihr kühnen und ehrwürdigen Herren! Zwar schäme ich mich nicht, hier zu gestehen, daß ich selbst Verse schreibe und sie vertone, dennoch will ich heute meine Stimme einem weit berühmteren Dichter leihen und ein Versprechen einlösen, welches ich meiner geliebten Mutter gab. Das erste Lied, das ich vor meinem Vater singe, soll ein Lied von Walther von der Vogelweide sein.«

Wohlgefällig nickten die Herren, und erwartungsvoll legten die Damen ihre Hände in den Schoß.

Der Kaiser wandte kurz den Kopf. Lupold entgegnete dem fragenden Blick mit Unschuld. Nein, keine Absprache. Allein das kaum merkliche Schmunzeln verriet dem weißhaarigen Kammerherrn, wie sehr ihm die Wahl des Dichters gefiel.

Enzio strich die Locken aus der Stirn, schloß seine Augen und gab sich dem Lautenspiel hin; mit einem Mal sang er, eine Stimme, beschenkt mit Überfluß, reich an Klangfülle und Gefühl:

»*Unter der Linde auf der Heide,*
wo unser beider Bette war.
Da mögt ihr finden
wohl von uns beiden
zerdrückt die Blumen und das Gras.
Und vor dem Walde in einem Tal,
tandaradei,
sang so schön die Nachtigall.«

Enzio wiederholte und schmeichelte das Tandaradei; nur ein Blick in die Runde, und sein Publikum gestand folgsam: »Sang so schön die Nachtigall.«

>»Ich kam gegangen
zu der Aue:
dort war mein Freund schon vor mir kommen her.
Da wurde ich empfangen,
Heilige Jungfrau,
daß ich noch immer selig bin und mehr.
Küßte er mich? Ach wohl tausendund ...,
tandaradei,
seht, wie rot ist mir mein Mund.«

Tandaradei; einige der Damen zeigten dem Nachbarn ihre Lippen, ehe sie gemeinsam vom roten Munde sangen.

>»Da hat er bereitet
so königlich
uns aus Blumen eine Bettstatt.
Darüber wird geschmunzelt,
sicherlich,
kommt jemand denselben Pfad.
An den Rosen er wohl mag,
tandaradei,
erkennen, wo mein Haupte lag.«

Die Auffassungen hinsichtlich der letzten Zeile gingen auseinander. Einige Damen legten den Kopf artig in die Hand, andere deuteten den Dichter freizügiger und zeigten mit leichtem Hüftschwung, für welchen Körperteil sie die Rosenblätter bestimmt glaubten.

Enzio nahm beide Varianten in sein Lächeln auf:

> *»Daß er bei mir gelegen,*
> *wüßt' es jemand*
> *(so Gott verhüte), dann schämt' ich mich.*
> *Was er mit mir getrieben,*
> *Soll niemand*
> *erfahren denn er und ich*
> *und ein kleines Vögelein:*
> *tandaradei ...«*

Ohne abzuwarten, fiel das Publikum mit ein: »... das wird gewiß verschwiegen sein!«

Die Wiederholung geriet zum innigen Chor und mündete in einen Beifallsturm.

Der Sänger verneigte sich, nahm die Huldigung mit der Bescheidenheit eines Könners entgegen und entfachte so den Beifall aufs neue.

Auch der Vater sparte nicht mit Begeisterung; zwar klatschte er nicht, jedoch hob er immer wieder die Hand und deutete auf Enzio.

Nicht nur diese Geste, dachte Lupold, deine Haltung, dein Blick beweisen mir, wie sehr dich dieser Sohn mit Stolz erfüllt.

Später im kaiserlichen Schlafgemach, längst hatten sich die Prinzen, Konrad, von seiner Amme und dem Lehrer umsorgt, Enzio, von einem Pagen betreut, zu Bett begeben, faßte Friedrich seinen Diener an beiden Schultern. »Ich war es, der ihm Augen und Gestalt gab. Ja, mein Freund. Ja! Dieser Tag hat mein Herz gewärmt. Welch ein Geschenk!« Er wandte sich ab und blieb vor dem Feuerbecken stehen. »Solange ich solche Söhne zeugen kann, ist mir um das Staufergeschlecht wie auch um den Fortbestand unserer Macht nicht bang.«

Lupold trat näher, wollte sprechen und schwieg dann doch unschlüssig.

»Schon gut, ich weiß es ja: Meine Gemahlinnen haben mich nicht mit Söhnen verwöhnt, und Konrads Schultern werden nicht ausreichen, das zu tragen, was sein Vater zu tragen imstande ist. Auch daran habe ich gedacht.«

»Verzeiht, mein Kaiser«, Lupold spürte es, jetzt bot sich die Gelegenheit, und wenn er seine Bitte ohne Nachdruck vorbrachte, könnte sein langgehegter Plan endlich in Erfüllung gehen. »Ihr sprecht von Last und Schultern. Verzeiht einem alten Mann, wenn er sich bei diesen Worten einen Augenblick an sich selbst erinnert fühlt. Wie viel leichter wäre mir, hätte ich einen jungen Diener zur Seite, der mir Arbeit abnimmt.«

Gleich runzelte Friedrich die Stirn. »Willst du dich aus meinem Dienst davonschleichen?« Er sah den verletzten Blick und beschwichtigte: »Kein Mißtrauen, mein Freund. Du darfst mich nicht im Stich lassen. Wenn alle mich verließen, das könnte ich leichter ertragen. Deine Bitte, sie sei gewährt.«

»Nur für die niederen Arbeiten«, versicherte Lupold und hütete sich, mehr persönliches Interesse zu zeigen. Noch war das Ziel nicht ganz erreicht; von Friedrich selbst hatte er gelernt, den Gesprächspartner genau einzuschätzen. »Ich werde also Euren Entschluß der Kanzlei weitergeben, dort soll eine Vorauswahl unter den jüngeren Hofbeamten und Knappen getroffen werden. Diese wiederum lasse ich Euch nacheinander vorführen. Ich denke, morgens gleich nach dem Aufstehen und des Abends, ehe Ihr Euer Bad nehmt, und in wenigen Wochen wird ein tüchtiger Diener gefunden sein.«

Hastig wehrte der Kaiser ab: »Verschone mich, mein Freund. Dir soll diese Person zur Hand gehen, also entscheide du nach deinem Gutdünken, und sagt der Diener dir zu, wird mich seine Gegenwart nicht abstoßen.«

Lupold dankte, verbarg seine Freude und knüpfte wieder den vorherigen Gesprächsfaden an: »Eheliche Söhne habt Ihr in der Tat zu wenig. Ihr sprecht von einem Plan?«

»Zu wenig? Das Wort allein bedeutet schon Übertreibung.« Friedrich starrte in die Glut. »Ich habe Befehl gegeben, Heinrich nach Italien in einen apulischen Kerker schaffen zu lassen. Konrad soll sein Nachfolger auf dem deutschen Thron werden – wieder ein Knabe und sicher wieder einem habgierigen und eigensüchtigen Kronrat ausgeliefert; denn ich kann mich nicht mit seiner Erziehung aufhalten. Nicht hier, sondern in Italien wird um den Bestand der Herrschaft gerungen. Und dafür benötige ich möglichst bald Prinzen als königliche Statthalter. Manfred ist noch zu jung. Doch wenn Enzio nur halb so viele Fähigkeiten besitzt, wie ich erhoffe, dann werde ich auch ihn bald legitimieren und ihm Macht übertragen.« Nachdenklich hielt er inne; seine Züge wurden weich. »Diese Mutter«, sagte er schließlich. »Sie wußte genau, womit sie in mir unsere Vergangenheit wachrufen konnte. Ja, tandaradei, wie oft mußte ich diese Verse über mich ergehen lassen, und statt dessen hätte ich derweil selbst gerne mit Adelei das Gras und die Blumen zerdrückt.«

Über Wochen zogen sich die Befragungen hin. Gibt es eine Aufforderung zu Ritualopfern in den jüdischen Schriften? Edle und Große, Äbte und andere kirchliche Würdenträger gaben Antwort, die in der Kanzlei niedergeschrieben und sondiert wurden.

Anfang Dezember vermeldete der Oberjustitiar seinem Kaiser: »Nach Durchsicht aller Protokolle lassen sich drei wiederkehrende Aussagen erkennen, und jede Variante kann in einem Satz zusammengefaßt werden.« Er wies nacheinander auf die drei Pergamentstapel. »Soweit sich diese Herren erinnerten: Nein. Und nach Meinung dieser: Ja. Hier auf dem dritten Stoß, Majestät, findet Ihr die häufigst gegebene Antwort: Wenn sie genau darüber nachdächten: Es könnte sein, vielleicht aber auch nicht.«

Voller Verachtung wischte Friedrich die Pergamente vom Schreibpult. »Wir sind von Schwätzern umgeben, denen es nicht einmal gelingt, ihr Halbwissen zu verschleiern.« Er ließ den Justitiar selbst zur Feder greifen und diktierte einen Brief an alle Könige des Abendlandes. Kurz schilderte er, was in Fulda vorgefallen, und forderte sie auf, ihm zur Klärung der Frage bekehrte und christlich getaufte Juden nach Hagenau zu senden.

»Wer kann Uns umfassendere Auskunft geben als diese Neugetauften?« Sein Oberrichter begriff nicht, und Friedrich zwang sich zur Geduld: »Sie haben sich vom jüdischen Glauben losgesagt, besitzen aber genaue Kenntnis der hebräischen Schriften. Ihre Abkehr läßt sie zu scharfen Kritikern werden; entweder entkräften oder bestätigen sie den Vorwurf eines Blutopfers. Damit erhalten Wir ein zuverlässiges Gutachten und können dem Recht weit über alle Grenzen unangreifbare Geltung verschaffen.«

»Alle Könige sind um Hilfe gebeten«, wiederholte der Justitiar ehrfürchtig. »Also eine Untersuchung unter Mitwirkung des gesamten Abendlandes. Niemals hörte ich je zuvor von solchem Aufwand in einem Rechtsstreit.« Tief verneigte er sich vor dem Kaiser. »Mein Fürst, Ihr seid wahrhaftig der höchste Richter der Christenheit.«

»Welch späte Erkenntnis«, bemerkte Friedrich. »Und nun, verliert keine Zeit. Laßt den Brief abschreiben. Noch heute müssen die Eilkuriere Hagenau verlassen.«

Baron Lupold fragte in der Küche nach Tile Calopidus.

»Unser Studierter?« Achselzuckend blickte der Koch sich um. »Er sollte längst zurück sein. Aber wie immer läßt er sich Zeit.«

»Wo also finde ich ihn?«

Eine Magd kam dem Koch zuvor: »Tile ist zum Holzplatz. Wenn Ihr möchtet, Herr, zeige ich Euch den Weg.«

»Danke, ich finde mich selbst zurecht.« Hinter seinem Rücken hörte Lupold den Koch schimpfen: »Wolltest dich wieder drücken, du Luder. Jetzt auch noch am Tag? Glaubst du, ich wüßt' nicht, was ihr beide treibt? Aber nehmt euch in acht, irgendwann erwische ich dich und den Studierten.«

Die Antwort verstand der Kammerherr nicht mehr; allein, das Gehörte genügte und ließ ihn die Stirn runzeln: »Auch wenn es dir schwerfällt, mein Junge, Vergnügungen solcher Art werden dir in Zukunft sicher selten beschert werden.«

Zwischen den Vorratsschuppen kam ihm der Dreißigjährige

entgegen, die Haarsträhnen zottig und schweißverklebt; bis zum Kinn gestapelt trug er Holzscheite auf den Armen.

Kaum sah Tile seinen Baron, blieb er stehen. Warum jetzt? Für eine Aussprache bin ich nicht vorbereitet. O Gott, nichts weiß ich zu sagen. Der Schreck lähmte ihn. Oder kam jetzt das Urteil? Er vergaß den Gruß, suchte nur den Anlaß der Begegnung aus der Miene abzulesen. Nicht der Zug um den Mund, im Blick des Herrn hatte sich etwas verändert. Keine Strenge, keine Ablehnung mehr. Oder täusche ich mich? Steh nicht da wie ein dummer Knecht, befahl er sich, zeige wenigstens Höflichkeit: »Gott zum Gruß, Herr.«

»Sei gegrüßt, Calopidus.« Nach kurzem Zögern fuhr der Baron fort: »Die Entscheidung ist getroffen: Du wirst dem Kaiser nicht dienen.«

Längst befürchtet; so gut hatte er sich gewappnet, und doch stach die Nachricht durch den mühsam errichteten Schutzwall. Tile atmete gegen den Schmerz in seiner Brust. Nein, ich schreie nicht, ich fluche nicht. Er hörte sich mit fremder, gefaßter Stimme antworten: »Verzeiht, Herr, wenn ich jetzt nur wenig sagen kann. Erst muß mein Herz, muß ich lernen, mit dieser Enttäuschung umzugehen. Schenkt mir Eure Güte und gewährt mir später ein Gespräch.«

Schnell trat der Baron einen Schritt auf Tile zu, beherrschte sich, und anstatt ihn zu umarmen, verschränkte er die Hände im Rücken. »Wie könnte ich eine Bitte, vorgetragen in so vollendet höfischer Form, abschlagen? Zu einer Unterredung wirst du in Zukunft viele Gelegenheiten haben.« Die Maske verwandelte sich in ein Lächeln. »Einer harten Prüfung habe ich dich unterzogen, und du hast sie bestanden. Dein Verhalten seit unserer unglücklichen Begegnung in Worms zeigte mir, daß du genügend innere Stärke besitzt und fähig bist, dich zu beherrschen. Ich bin stolz auf dich, junger Mann; nein, gerne möchte ich sagen: mein Sohn. Weil ich dich kenne und liebe wie einen Sohn, mit all deinen ungestümen Fehlern und Vorzügen. Und nun will ich die Qual beenden: Was ich sagte, entspricht nicht der ganzen Wahrheit, denn von heute an wirst du mir dienen und damit auch dem Kaiser.«

Zu laut für das Ohr, zu groß für den Verstand! Tile entglitten die Holzscheite, sie stürzten übereinander zu Boden. Kein Scherz, ich ertrage keinen Scherz. »Wartet, Herr. Was ... was habt Ihr gesagt?«

»Du wirst ständig in meiner Nähe sein, mir zur Hand gehen, wirst des Nachts vor der Tür oder in Rufweite schlafen. Das, Sohn, ist mein lang gehegter Wunsch.«

Aus dem Dunkel ins Licht, dachte Tile, nichts sehe ich. Verstohlen wischte er die Augen und fand keine Wärme mehr im Blick seines Barons.

»Zur Freude gibt es noch keinen Anlaß«, warnte Lupold streng. »Bis jetzt ist es nur mein Wunsch. Ob er wirklich in Erfüllung geht, hängt von der letzten Probe ab, die du allein bestehen mußt.«

Noch heute sollte er dem Kaiser vorgestellt werden. Friedrich mußte Gefallen an ihm finden, erst dann war ihm die Stellung sicher. »Die Zahl der Bewerber ist groß; junge Ritter und Höflinge gieren nach diesem Posten.« Mit Absicht verschwieg Lupold, daß keine Konkurrenz zu befürchten war. Tile durfte sich nicht so kurz vor Erreichen des Ziels schon in Sicherheit wiegen. »Gewiß wird der Kaiser dich befragen. Um dein erworbenes Wissen sorge ich mich nicht, eher um deine Zunge. Also bezähme sie. Du sollst Diener werden, nicht Herr.« Er betrachtete den Dreißigjährigen. »Verglichen mit dem Kind, das aus dem Gebüsch gekrochen kam, bist du zu einem stattlichen Mann herangewachsen.« Nun gelang es ihm nicht mehr, ein Schmunzeln zu unterdrücken: »Erinnerst du dich, was ich dir auftrug, ehe ich dich in die Kaiserpfalz brachte? Den gleichen Befehl gebe ich dir heute wieder: Wasche dich, ordne dein Haar!«

Tile erwiderte das Schmunzeln. »Und weil ich ganz sauber sein wollte, zog ich damals meinen verdreckten Kittel aus und warf ihn von der Brücke ins Wasser.«

»Und mir blieb nichts anderes übrig, als einen nackten Jungen in die Küche zu bringen. Um eine Wiederholung zu vermeiden, habe ich Vorsorge getroffen. In der Gewandkammer liegt Kleidung für dich bereit. Ich verlange, daß du gepflegt und deiner Ausbildung gemäß vor den Kaiser trittst. Nein, keine Fragen mehr. Geh jetzt! Ich erwarte dich eine Stunde vor dem Abendläuten im Innenhof. Dann führe ich dich zur Kanzlei.« Kurz deutete Lupold auf die herumliegenden Holzscheite. »Diese Arbeit bringst du natürlich erst zu Ende. Haben wir uns verstanden?«

»Verstanden?« stöhnte Tile unter der Last seiner Freude. »Mehr als das, Herr, tausendmal mehr als das.«

Lupold führte seinen Schützling durch den Schreibsaal der Kanzlei. Die Eichentür zum kaiserlichen Arbeitszimmer war angelehnt. Leise traten sie ein und blieben gleich rechts an der Wand stehen. Bei flüchtigem Blick fielen sie nicht auf; ihre Gestalten fügten sich in die gewebte Hofszene des Wandteppichs hinter ihnen ein.

Friedrich saß mit Berard, Erzbischof von Palermo, zusammen. Auf dem Tisch zwischen sorgfältig gestapelten Pergamenten lagen Briefrollen. Gestern war der langjährige Weggefährte und Ratgeber des Kaisers von seiner Reise zurückgekehrt, hatte Nachrichten aus Rom über den Fortgang der Verhandlungen mitgebracht. Schlechte Nachrichten; denn Papst Gregor IX. zögerte, in der Lombardenfrage eine klare Entscheidung zu treffen. Statt dessen suchte er nach Ausflüchten, um die gesetzte Frist hinauszuzögern, und ein Reichskrieg gegen die abtrünnigen norditalienischen Städte schien immer wahrscheinlicher.

»Noch kann Gregor einlenken, mein Fürst.«

»Ich durchschaue seine Taktik. Dieser Papst spielt mit meiner Geduld. Aber gut, warten wir. Vor dem nächsten Frühjahr ist an eine Heerfahrt ohnehin nicht zu denken.« Friedrich lehnte sich zurück. »Lassen wir die Politik, lieber Berard. Erzählt mir von meinem Sizilien, meinem Apulien. Wie lange schon vermisse ich die Sonne über Lucera!«

Ins Gespräch vertieft, bemerkten sie Lupold und Tile nicht, wohl aber Césare, der Lieblingshund des Kaisers. Eine Weile hatte er neugierig zu ihnen hinüber gestarrt, jetzt verließ er seinen Platz unter dem Tisch und lief gemächlich durchs Arbeitszimmer. An Lupold zeigte er kein Interesse, dafür schnupperte er an Tiles Holzsandalen. Wie sehr ihm der neue Geruch zusagte, bewies das Wedeln der schlanken Rute. Reglos nahm Tile die Aufmerksamkeit hin; erst als der Hund seine Finger leckte, ihn ansprang, die Pfoten gegen seine Brust stemmte, konnte er nicht anders und wagte, Schnauze und die langen Ohren zu streicheln.

Die kleine Zuwendung wurde als Aufforderung verstanden. Césare wich zurück, wartete auf ein Spiel, kam wieder näher, schmeichelte sein sandfarbenes Fell um Tiles Beine. So schön du auch bist, geh weg, flehte er. Aus den Augenwinkeln blickte er zu Lupold, doch der Baron schien seine Not gar nicht zu bemerken. Wieder sprang das Tier an ihm hoch. Weil kein Zeichen einer Gegenliebe mehr erfolgte, hockte sich Césare vor den neuerkorenen Freund und bellte.

»Was soll die Störung, Lupold? Wen bringst du da?« Ehe der Kammerherr antwortete, erinnerte sich Friedrich. »Nein, bleibt. Ich habe Euch erwartet.« Seinen Ratgeber bat er, die Sonne Apuliens beim abendlichen Mahl erglühen zu lassen. »Jetzt ruft mich eine ganz andere Pflicht. Kein Staatsgeschäft, dennoch wichtig genug, daß ich dieser Angelegenheit etwas Zeit widmen möchte.«

Erzbischof Berard grüßte Lupold mit einem vertraulichen Winken; seit dem ersten Zug des damals siebzehnjährigen Friedrich über die Alpen war der freundschaftliche Umgang zwischen den beiden längst weißhaarigen Männern ungetrübt geblieben. Beim Anblick Tiles stutzte Berard einen Moment, dann verließ er das Arbeitszimmer.

»Ihr dürft euch nähern.«

Der Hund blieb an seiner Seite, und sobald Tile ausgestreckt vor dem Herrscher lag, seine Stirn auf den Boden preßte, kauerte sich Césare neben ihn.

»Mein Kaiser, wie Ihr befohlen habt, wählte ich selbst aus.« Nichts im Ton verriet den Kammerherrn; er hatte einen Auftrag ausgeführt, mehr nicht. »Hier bringe ich Euch den Mann, der mir vor allen anderen geeignet scheint, den Dienst in Eurer Nähe unter meiner Anleitung zu verrichten. Tile Calopidus.«

»Wenn er deiner Prüfung standhielt«, erwiderte Friedrich, »so werde ich gewiß nichts Nachteiliges an ihm entdecken. Er soll sich erheben.«

Lupold beugte sich hinunter und berührte die Schulter.

Während Tile aufstand, musterte ihn der Kaiser. Schon das rote gelockte Haar ließ ihn stutzen, die seltsam blauen Augen aber weckten jäh sein Interesse. »Wen bringst du mir da, Lupold? Wer ist dieser Mann? Heraus damit! An seinen Blick kann ich mich erinnern, weiß ihn aber nicht einzuordnen. Wage kein Spiel mit mir! Ich hasse Überraschungen, die nicht von mir ausgehen!«

Tile spürte die gefährliche Spannung. Was ist geschehen, was habe ich an mir? Hastig beschwichtigte Lupold: »Verzeiht. Kein Geheimnis, und wenn doch eine Überraschung, dann nur, weil ich Euch erfreuen möchte. Hier steht Euer Experiment. Ihr wolltet herausfinden, wie sich ein Knabe ohne jede Herkunft entwickelt, wenn ihm alle Möglichkeiten der Bildung geboten werden. Hier seht Ihr das Ergebnis vor Euch.«

So schnell wie sie entstanden war, löste sich die Wolke wieder auf. »Das Bettelkind mit der Adlerfeder.« In den Mundwinkeln zuckte es. »Der kleine Kerl, der dir zeigte, wie ein Handel getätigt wird. Ja, ich erinnere mich. Mit dem Schnitzmesser wußte er auch umzugehen.« Unvermittelt sprach der Kaiser Tile direkt an: »Über dein Wesen muß ich mich nicht informieren.« Er wies auf den Hund, der den erwählten Freund nicht aus den Augen ließ. »Das hat Césarino schon besorgt, und auf seinen Instinkt ist Verlaß.« Der Finger schnellte vor. »Warum willst du mir dienen?«

Tile öffnete und schloß den Mund. Eine Antwort, flehte er. Du hast aus Büchern abgeschrieben, Weisheiten auswendig gelernt. O Gott, gib mir eine kluge Antwort! Sie fiel ihm nicht ein, wie betäubt war der Verstand.

Friedrich schnippte seinem Kammerherrn: »Verschwiegenheit verlange ich von ihm, wenn er die Stellung erhält. Schweigen aber schadet ihm in diesem Moment.«

Lupolds Hilfe war nicht vonnöten; gereizt durch den Spott, verwarf Tile alle Ermahnungen und Vorsätze. »Ich bitte um Nachsicht, großer Kaiser. Eure Gegenwart hat schuld. Wie soll mir da etwas Kluges einfallen? Nur eins weiß ich.« Er nestelte den Amulettbeutel aus seinem neuen Hemd und öffnete ihn. Mit dem goldenen Glücksbringer in der Hand fühlte er sich gestärkt und sicherer. Nicht der Verstand, sein Herz antwortete: »Seit ich diesen Falkenring von Euch erhielt, wollte ich nichts anderes. Sicher habt Ihr es vergessen, aber damals vor Breisach, der Vogt wollte schon die Büttel auf mich hetzen, da habt Ihr mich, das Bettelkind, verteidigt. Ihr wart der erste, der mich als Mensch wahrnahm.« Tile sah unverwandt in die Augen des Kaisers und setzte leise hinzu. »Meine Liebe habt Ihr damals gewonnen, und nie ist sie erloschen. Die langen Jahre über lebte und lernte ich nur in der Hoffnung, irgendwann Euch dienen zu dürfen.«

Friedrich schwieg, nach prüfendem Zögern kehrte der Spott zurück: »Sehr beeindruckend.« Er beugte sich zu einem der Pergamentstapel auf dem Tisch und nahm das oberste Blatt. »In Baron Lupold hattest du einen Fürsprecher gefunden, deshalb ließ ich dich ausbilden. Ihm solltest du wie ein Sohn dankbar sein und ihn niemals enttäuschen.« Kurz nickte er dem Kammerherrn: »Ja, eine Überraschung, jedoch von anderer Art, als du gedacht hast, mein Freund. Wir werden nachher darüber sprechen. Nun aber: Der erste Eindruck zeigte mir genug, allein einen schlüssigen Beweis will ich haben, ob das Experiment wirklich gelungen ist.« Er schob den Pergamentbogen Tile hin. »Während des Reichstags in Mainz ließ ich ein umfassendes Landfriedensgesetz verkünden. Nimm das Blatt und trage den ersten Artikel vor.«

Tile studierte die Zeilen. »Verzeiht, es ist in deutscher Sprache.«

»Wer Latein zu lesen und schreiben versteht, der sollte wahrlich auch das Deutsche entziffern können. Dieses Gesetzeswerk wurde für das Volk abgefaßt, auf daß auch der dümmste meiner Ritter, wenn ihm vorgelesen wird, es verstehen kann.«

Ein schneller Blick auf Lupold warnte Tile, nicht länger zu zögern:

»Welcher Sohn den Vater von seinen Burgen verstößt oder von anderem Gute oder es brennt oder raubt, oder wider den Vater zu dessen Feinden schwört, so daß er auf des Vaters Ehre oder Verderbnis abzielt ...« Zeile für Zeile wurde Tile sicherer; er las nicht nur die Worte, klar und laut folgte er dem Sinn des Textes, »... der Sohn soll Eigen und Leben und fahrende Habe verlieren und alles Erbgut von Vater und Mutter auf ewige Zeiten, daß ihm weder Richter noch Vater je wieder zum Gute verhelfen können.«

Mit geschlossenen Augen und geballten Fäusten lauschte ihm Friedrich, die letzten Zeilen des Artikels bestätigte er immer wieder durch Kopfnicken.

»Welcher Sohn an seines Vaters Leib gerät oder ihn freventlich angreift, der sei ehrlos und rechtlos auf ewig, auf daß er nie und nimmer mehr Verzeihung oder Gnade finden möge!«

Der Satz schwang in der Stille des Raumes weiter. Verstohlen sah Tile zu Baron Lupold hinüber, erhielt ein anerkennendes Lächeln; das knappe Fingerzeichen bedeutete ihm, abzuwarten.

Nach geraumer Zeit sagte der Kaiser mehr zu sich selbst: »Und Heinrich hat diese Gnade verwirkt, auf ewig.« Er kehrte zurück; wach und entschlossen maß er Tile und seinen Kammerherrn. »Ich habe Gefallen an ihm gefunden. Die Jugend soll das Alter unterstützen. Für Fehler deines Schützlings aber«, warnte er Lupold halb im Scherz, »werde ich dich zur Rechenschaft ziehen.«

»Sorgt Euch nicht, mein Kaiser«, Lupold wagte den heiteren Ton zu übernehmen. »Es ist mir schon einmal gelungen, aus einem ungestümen Knaben einen bestaunenswerten Mann zu formen.«

»Übertreibe es nicht mit ihm. Dieser höchste Platz ist längst besetzt.«

Tile folgte nicht mehr dem Gespräch. Der Ring in seiner Faust glühte. Mein Kaiser hat Gefallen an mir gefunden. Das Wunder ist wahr. Glück, ich habe dich erreicht und lasse dich nie mehr los!

»Befehle erhältst du in Zukunft allein von mir und Baron von Collino.« Wie ertappt nickte Tile hastig. Mit einem Handschlenker bedeutete ihm der Kaiser, sich zu entfernen. »Warte draußen, Calopidus.«

Césare folgte ihm. Kurz vor der Tür hielt es Tile nicht länger. Kein Warten mehr, sofort mußte er die Freude teilen. »Komm, nun komm«, lockte er. Nur zu gern sprang Césare an ihm hoch und stemmte wieder die Pfoten gegen seine Brust. Tile umschlang ihn, fest drückte er das Gesicht ins Fell. »Wir gehören jetzt zusammen«, flüsterte er. »Verstehst du? Beide gehören wir dem Kaiser.« Er löste sich, schüttelte die Locken und verließ rasch das Arbeitszimmer.

Mit hochgezogenen Brauen hatte der Kammerherr die Szene beobachtet.

Friedrich lachte leise. »Recht ungewöhnlich, Baron von Collino. Das Verhalten meines neuen Dieners ist erstaunlich unverbildet. Welches Alter hat der junge Mann?«

»Auch wenn es nicht den Anschein hat, er geht ins einunddreißigste Lebensjahr.« Lupold fühlte sich gezwungen, seinen Schützling zu verteidigen: »Bitte, habt etwas Geduld. Ehe ich ihm wieder erlaube, in Eure Nähe zu kommen, wird er höfische Gepflogenheiten und gebührende Zurückhaltung erlernt haben.«

»Gut, gut. Ich bin zufrieden mit deiner Wahl und dennoch unzufrieden.« Friedrich lehnte sich zurück. »Im ersten Moment, mein Freund, zürnte ich dir. Glaubte ich doch, du bringst mir irgendeinen der Bastarde, die ich irgendwo unterwegs gezeugt habe. Diese Gestalt, das Haar, seine Augen. Vom Aussehen hätte es sein können. Nein, sei nicht gekränkt. Ich weiß, du würdest mich nie in solch einen Hinterhalt führen.« Er ließ den Zeigefinger über die Unterlippe spielen. »Eins aber spricht gegen deine Wahl. Kein Diener darf aussehen wie meine Söhne. Bedenke das Geschwätz bei Hofe. Du weißt, wie beharrlich sich ein Gerücht festsetzt.«

Kaum erreicht, war das Ziel wieder in Gefahr. Alles hatte Lupold bedacht, mit diesem Hindernis hatte er nicht gerechnet. Tile könnte eine Mönchskutte tragen, schlug er vor.

Beinah angeekelt wischte Friedrich den Gedanken beiseite: »Einen Pfaffenrock gleich beim Aufwachen oder wenn des Abends Gespielinnen zu mir kommen? Solch ein Anblick würde bald jede Lust in mir verdorren.« Er schnippte die Finger. »Aber du hast recht, sein Äußeres muß verändert werden.« Von Stund an sollte Calopidus das Haar unter einem Turban verbergen und es niemals mehr in der Öffentlichkeit zeigen. Außerdem mußte er stets die lose fallende Kleidung eines Sarazenen tragen. »Über solch einen Leibdiener des Kaisers wird niemand verwundert sein. Bleiben die Augen.« Mit Besorgnis hörte Lupold den nächsten Befehl: In Gegenwart Fremder und von Gästen war es Tile verboten aufzuschauen; seinen Dienst mußte er gesenkten Kopfes verrichten. »Deshalb schärfe ihm vor allem Demut ein. Aber laß ihm genügend Atem. Natürlichkeit ist sein einziges Gut, und leblose Bücklinge umgeben mich im Überfluß.« Mehr und mehr begeisterte sich Friedrich an seiner Idee: »Noch eins, wir nehmen seinem Namen den biederen Klang und geben ihm etwas Fremdartiges. Holzschuhe wird er ohnehin nicht länger tragen dürfen, also verändern wir ›Calopidus‹ in ›Kolup‹. Sieh mich nicht so zweifelnd an, mein Freund. Das erste Experiment ist gelungen. Kein Zweifel, er hat mit großem Fleiß gelernt. Als Vorleser ist er zu gebrauchen, und gewiß wird er nach Diktat artig schreiben können. Damit hebt er sich wohltuend von den meisten der Höflinge ab. Allein die kurze Begegnung ließ mich erkennen, wie wenig das einstudierte Wissen seinen Verstand beeinflußt. Ein Gelehrter ist wahrlich nicht aus ihm geworden. Trotz seiner Jahre scheint er mir sonderbar kindlich geblieben, also formbar. Wagen wir das zweite Experiment, und ich bin gewiß, wir werden bald Freude an unserm neuen Diener haben. Zögere nicht mein Freund, richte ihn äußerlich wie innerlich her. Morgen schon will ich einen blauäugigen Sarazenen um mich haben.«

Dem Eifer seines Kaisers wagte Lupold nichts entgegenzusetzen. Auf dem Weg hinaus dachte er bekümmert: O Friedrich, was verlangst du? Ein Mensch ist kein Falke, der abgerichtet werden kann. Und Tile? War es nicht schwer genug, ihn soweit zu bringen? Ich hoffe nur, die Hingabe zu seinem Kaiser hält an und läßt ihn auch diese Bürde ohne Aufbegehren tragen.

Draußen im Schreibsaal blickte sich Lupold verblüfft um. Hier vor der Tür sollte Tile warten. Ein Schreiber deutete mit der Feder zum Ausgang. »Er kommt gleich wieder, sagte er.«

»Wo ist er hin?«

»In die Holzwerkstatt.«

Ungehorsam! Noch hast du die Stelle nicht angetreten, und schon verstößt du gegen das oberste Gebot. Lupold durchmaß die Kanzleiräume mit langen Schritten.

Den Gruß des Meisters überhörte er, verlangte Auskunft und fand seinen Schützling im entfernten Winkel der Schreinerei. »War dir nicht befohlen, zu warten!?«

Tile nickte. Unverwandt starrte er auf zwei Holzhälften hinunter. »Bitte verzeiht, diese Arbeit mußte ich noch erledigen, ehe ich mit der neuen beginnen kann.« Dem offenen Lächeln widerstand der Ärger nicht. Ergeben verlangte Lupold eine Erklärung, und der Dreißigjährige berichtete, warum und wie er zwei Monate lang Morgen für Morgen diesen Eichenklotz bearbeitet hatte.

»Du hast also auf ein Zeichen gewartet, und heute traf es ein?« vergewisserte sich der Baron vorsichtig, ehe er auf die Axt zeigte. »Kein Wunder, du Narr. Sie ist nicht stumpf. Diese Schneide ist scharf.«

»Natürlich, Herr«, erläuterte Tile entwaffnend. »Das Glück war schneller als meine Geduld. Also mußte ich nachhelfen, damit beide wieder auf gleicher Höhe sind. Jetzt bin ich für mein neues Leben gut gerüstet.«

»Gott gebe es!« Nachdenklich sah der alte Mann in die klaren Augen. »Dann komm, mein Sohn. Wir haben keine Zeit zu verlieren.«

er Winter kam früh; Mitte Dezember schickte er Frost, nur leicht bedeckte er Felder und Hügel mit Schnee. »Ein guter Winter steht uns bevor«, sagten die Bauern und sahen hoffnungsvoll dem neuen Jahr entgegen.

Die Straßen zur Kaiserpfalz blieben für Pferd und Kutschen offen. Ohne Unterbrechung konnte die Hofkanzlei ihre Arbeit fortsetzen.

In der karg bemessenen Freizeit ritten Vater und Sohn gemeinsam hinaus. »Das Jagen mit Speer oder Pfeil und Bogen ist ein ritterlicher Zeitvertreib, mein Sohn. Das Jagen mit Falken hingegen ist eine Kunst.« Friedrich streifte dem Raubvogel die Haube ab. »Sieh dir den König der Jäger an. Nichts hat er von seiner Majestät eingebüßt und gehorcht dennoch meinem Willen. Ich bin seine Freiheit.« Mit machtvollem Schwung warf er den Falken von der Lederfaust. Sie sahen ihm nach, wie er sich über dem Schneefeld höher schraubte. »Wohl dem Herrscher, der sich dieser Kunst von Grund auf ernsthaft widmet. Vor dem Vergnügen erfordert sie Tugenden: Geduld, Ruhe, indes auch Entschlossenheit und Strenge. Dies aber reicht nicht aus ...«

»Ich bin nicht nur Euer Sohn«, Enzio verbarg das Lächeln im hohen Pelzkragen, »vor allem will ich Euer Schüler sein, Herr Vater.« Er sah den Erfolg seiner Worte und setzte hinzu: »Von welchem Lehrer könnte ich die Falkenjagd besser erlernen als vom König der Könige, von Euch, dem Kaiser.«

»Auch wenn du die Schmeichelei schamlos übertreibst«, gab Friedrich heiter zurück, »du sagst die Wahrheit. Und nicht allein in dieser Disziplin solltest du dich von deinem Vater unterweisen lassen.«

Prinz Enzio gehorchte, kostete es auch Mühe, mit dem Tagespensum des Kaisers Schritt zu halten. Sehr schnell hatte er begriffen, daß gute Erziehung, Witz und Jugend zwar genügten, um die Liebe des Vaters zu erringen. Neben dem Kaiser aber zu bestehen, seine Achtung zu erlangen, dies bedeutete ihm mehr. Alle Welt mußte den Makel vergessen, daß Enzio ein Bastard war. Er wollte sich die Ehre, der Sohn Seiner Majestät Friedrich II. zu sein, erarbeiten, dies war er sich und der geliebten Mutter schuldig. So nahm er ohne Murren an allen öffentlichen Verhandlungen, den Empfängen zahlreicher Gesandtschaften und den oft quälend langen Diktaten des Vaters teil.

Die Herrscher des christlichen Abendlandes waren der Bitte Friedrichs gefolgt; selbst der englische König hatte, in Begleitung eines Lords als Prozeßbeobachter, zwei bekehrte und getaufte Juden übers Meer nach Hagenau gesandt. Im Januar 1236 konnten die Befragungen abgeschlossen werden.

Der Gerichtssaal war überfüllt. Nüchtern und ohne jede Parteilichkeit in der Stimme gab der Oberjustitiar das Ergebnis der Untersuchung bekannt: »... Nirgendwo in den Schriften der Hebräer findet sich eine Forderung nach Ritualopfern, vielmehr belegen Thora und Talmud sogar jedes blutige Tieropfer mit hohen Strafen. Somit ist die Unschuld der Juden in dieser Frage schlüssig bewiesen ...«

Neben zahlreichen deutschen Klerikern und Adeligen hörten auch die Gesandten der benachbarten Königreiche den kaiserlichen Spruch. »... Von diesem Tage an ist solcher Vorwurf gegen die Juden im ganzen Reich untersagt. Wer ihn dennoch erhebt, den wird selbst die Härte des Gesetzes treffen ...«

Tief beeindruckt von der Weisheit und dem ungeheuren Wissen des über allem erhabenen Kaisers, der sich sogar in arabischer und jüdischer Sprache mühelos zu verständigen wußte, kehrten die Prozeßbeobachter an ihre Höfe zurück.

Dem deutschen Klerus aber trieb das neue Gesetz einen Stachel ins Fleisch: Der Kaiser begünstigte die Juden, ergriff offen Partei für die Schänder Christi! Und am selben Tag noch, kaum war die Tinte auf den Pergamentrollen getrocknet, sprengten junge glaubens- und sattelfeste Mönche in Richtung Süden.

»Nach Rom! Gönnt euch keine Rast, bis ihr vor dem Stuhle Petri niederkniet!«

Unverzüglich mußte der Heilige Vater von dem skandalösen, ketzerischen Urteil in Kenntnis gesetzt werden.

»Der Kaiser!« Dieser Ruf eilte Friedrich voraus, als er begleitet von Hauptmann Asad und zwei Sarazenen die Stufen zum zweiten Stock des Palas hinaufstieg. »Der Kaiser!« Die Flurwachen nahmen Haltung an, gaben Meldung, in welchem Gästezimmer der Deutschordensmeister Quartier bezogen hatte. Vor der Tür befahl Friedrich seiner Garde zu warten, klopfte und trat ohne Zögern ein.

Das unvermittelte Erscheinen des Kaisers ließen den Medicus und die beiden Pagen vom Bett zurückweichen.

»Salza, guter Freund! Verzeiht meine Ungeduld. Kaum hörte ich von Eurer Ankunft, mußte ich Euch sehen. Doch jetzt erschreckt ihr mich.«

Hermann von Salza lehnte in den Kissen, das steingraue Haar aufgelöst, bleich das Gesicht; in der Hand hielt er einen dampfenden Holzbecher.

»Majestät, mein Fürst, nur einen Tag wollte ich von der Reise ausruhen und Euch morgen Bericht erstatten.« Husten unterbrach ihn. Gleich eilte der Arzt zu Hilfe und wischte den Auswurf aus seinem Bart. »Ich bin kein Säugling«, schimpfte der Hochmeister, »her damit!« Er schnappte nach dem Tuch. »Und jetzt, Quacksalber, dreh dich eine Weile zur Wand. Deine besorgte Miene macht mich krank.«

»Guter Salza, wem soll ich glauben«, Friedrich näherte sich dem Bett, »Eurem Husten oder Eurem Gepolter?«

»Es ist nichts. In Verona blühte schon der Frühling. Indes, auf dem Brenner überraschte uns Schnee. Ihr wißt es selbst, mein Fürst, kein Mantel bleibt auf Dauer trocken, und dann friert es durch das Eisen bis in die Knochen. Erst abends am Feuer tauen die Glieder wieder auf.« Ein erneuter Anfall, Tee schwappte aus dem Becher. »Auf dem Schiff bis Straßburg saß ich nur in Decken und genoß die Märzsonne. Heute geht es mir viel besser. Nein, glaubt nicht dem Husten. Einem alten Gaul wie mir kann er wenig anhaben.«

»Die Ordnung steht auf dem Kopf, guter Freund. Da pflegen in warmen Stadtstuben die kleinen Beamten und Schreiber ihre Bäuche und stimmen Gezeter an, wenn sie einen Pickel an ihrem feisten Hintern entdecken. Wir aber, ihre Herren, wohnen meist im Sattel und müssen uns jeder Witterung aussetzen.« Friedrich nahm den Krug und schenkte vom Kräuteraufguß nach. »Da ich nun schon so unbotmäßig Eure wohlverdiente Ruhe gestört habe, könntet Ihr mir einen kurzen Vorbericht geben? Natürlich nur, wenn es Eure Kraft erlaubt. Gern warte ich auch bis morgen und lasse Euch allein.«

»Nein, bleibt.« Salza wollte keine Schwäche zeigen. Den Pagen befahl er, einen Stuhl ans Bett zu stellen, und schickte sie mit dem Medicus hinaus.

»Meine Mission ist gescheitert.« Husten und kleine Schlucke vom Kräutertee unterbrachen den Bericht über seine Friedensbemühungen. Papst Gregor beanspruchte zwar das alleinige Recht, in der Lombardenfrage zu entscheiden, unternahm aber nichts, die abtrünnigen Städte zu ermahnen oder gar zur Unterwerfung zu zwingen. »Das harte Wort schmerzt, mein Fürst, aber der Papst hat mich hingehalten. Denn in Wahrheit kommt ihm eine kaiserfeindliche Lombardei sehr entgegen. Er benötigt das Gebiet als Puffer, als Schutz. Die alte Furcht des Kirchenstaates vor einer Umklammerung durch das Nord- und Südreich bestimmt das Verhalten Gregors.« Salza rang nach Atem, keuchte den Auswurf ins Tuch. »Ihr wißt, der Heilige Vater verlangt einen Kreuzzug von Euch. Ihr sollt die Maßregelung der Lombarden zurückstellen und erst nach Palästina ziehen.«

»Dieser greise Scheinheilige. Ich habe mit meinem Freund al-Kamil einen zehnjährigen Waffenstillstand ausgehandelt. Er dauert noch drei Jahre an. Niemals werde ich diesen Vertrag vorzeitig brechen.« Friedrich hieb die Faust aufs Knie: »Nein, Salza, durch Euren Bericht werde ich in meiner Ahnung mehr und mehr bestätigt: Gregor, dieser unparteiische Schiedsrichter, er hat sich, so sehr er es auch zu verschleiern sucht, auf die Seite der Lombarden geschlagen.«

»Leider bleibt mir nichts, als Euch beizupflichten.« Der alte Mann legte den Kopf zurück in die Kissen. »Verona war der letzte Beweis.« Längst auf dem Rückweg nach Deutschland hatte der Deutschordensmeister durch Zufall von dem Schachzug Gregors erfahren. Ohne rechtliche Grundlage war in Verona ein päpstlicher Statthalter eingesetzt worden! »Nur durch schnelles und entschiedenes Eingreifen meiner Begleittruppen konnte ich Euch die Stadt mit der wichtigen Klause retten. Nun hält ein kaiserlicher Legat Verona. Und das Tor nach Süden bleibt für Eure Truppen offen.«

Friedrich straffte den Rücken. »Damit ist der Reichskrieg – nein, nennen wir es: die Exekution des Rechts – beschlossen.«

Nachdenklich rieb Hermann von Salza die Stirn. »Papst Gregor hält viele Pfeile gegen Euch in seinem Köcher. Das weise Urteil in dieser Judenangelegenheit wird Euch als Angriff auf das Christentum angelastet. Mag der Aufruf zum Kreuzzug auch Vorwand sein, Ihr solltet begründen, warum Ihr ihm nicht sofort Folge leistet. Eure Liebe zu den Sarazenen schürt das Feuer weiter an. Daß Ihr in Lucera, nicht weit von Rom und mitten im christlichen Abendland, eine Stadt der Ungläubigen gegründet habt; daß dort von Minaretten zum moslemischen Gebet gerufen wird, bringt Euch in den Verdacht, gegen die Kirche zu sein. Und nichts wird der Papst unversucht lassen, diese Stimmung auch unter den deutschen Fürsten zu schüren.«

Friedrich sah den Hochmeister scharf an: »Ihr würdet trotz Eurer Müdigkeit nicht so ausführlich die vergifteten Pfeile beschreiben, wenn Ihr Euch nicht längst einen Schild ausgedacht hättet, der mich bewahrt.«

»Erlaubt mir, mein Fürst, Euch an Elisabeth von Thüringen zu erinnern. Eure Verwandte, die in Marburg so selbstlos ihr junges Leben im Dienst an Kranken und Armen opferte. Seit ihrem Tod gehen viele Wunder von ihr aus.« Mehr und mehr schwächte ihn das Sprechen. »Der Deutschorden hat das von ihr errichtete Hospital übernommen ... Meine Fürsprache ... Lange vor den letzten unseligen Verhandlungen ...« Er setzte erneut an: »Mir gelang es nun, im vergangenen Jahr Papst Gregor zur Heiligsprechung Elisabeths zu bewegen. Ihr Gebein ist noch nicht umgebettet ...«

Friedrich beugte sich vor und ergriff die Hand des Kranken. »Genug, Salza, überanstrengt Euch nicht weiter. Ein guter Vorschlag. Diese Geste wird die Lästerer zum Schweigen bringen. Sie dient mir und hebt zugleich das Ansehen des Deutschordens. Eure Klugheit, Euer Rat müssen mir erhalten bleiben, deshalb schlaft jetzt und sammelt neue Kraft.«

Lange bevor sich jenseits der Lahn im Osten der Himmel färbte, erwachte mit dem ersten Schlagen der Amseln auf den Zinnen der Burg auch unten in Marburg und in den Feldern ringsum der Lobgesang. Er galt ihr, der holden Fürstin, der Mildtätigen, der selbstlosen Bußschwester; ihr, der Heiligen.

Zum Festtag ihrer Erhebung waren Pilger von weither zusammengeströmt, aus den Ardennen, von Magdeburg, aus dem Rheintal und den Gebieten des Neckars. Seit einer Woche lagerten sie friedvoll unter Bäumen und Büschen. Jede Scheune, jeder Viehunterstand auf den Lahnwiesen war überfüllt. Gestern hatte der Schultheiß die Stadtordnung außer Kraft gesetzt: Soviel die Mauern Marburgs faßten, waren Gläubige eingelassen worden, und dennoch hatten Abertausende abgewiesen werden müssen. Wer jedoch rechtzeitig zu den Stadttoren gekommen war, hatte die Nacht zum 1. Mai 1236 auf dem Marktplatz oder in den Straßen und Gassen verbracht und durfte hoffen, ganz vorn in der Prozession mitgehen zu können.

Das Singen der Pilger drang hinauf zur landgräflichen Burg. Noch unbekleidet ging Kaiser Friedrich durchs Turmgemach, öffnete das Fenster, und tief sog er den Morgen ein.

Für eine Weile betrachtete er weit unter ihm das bunte Ameisentreiben. »Welch eine Menge Volks. Jeder Herrscher müßte bei diesem Anblick vor Neid erblassen.« Er wandte sich zu Lupold und Tile um; seine Miene war gelöst. »Glaubt Ihr, wenn ich, der Kaiser, zu mir geladen hätte, wären auch nur halb so viele Menschen dem Ruf gefolgt? Niemals. Solch Wunder aber gelingt einer Bettelmönch-Heiligen, unserer Elisabeth. Selbst mich hat sie hergelockt.«

Lupold hob die Achseln. »Gäbe es die anderen Wunder nicht, wäre dieses Wunder nicht geschehen«, wandte er trocken ein. »Ihr könnt Euch nicht mit ihr vergleichen, mein Kaiser. Im übrigen, zu Lebzeiten wäre der bescheidenen Landgräfin dieser Zulauf sicher ein Greuel gewesen. Ganz im Gegensatz zu Euch ...«

»Hüte deine Zunge, Kammerherr«, warnte Friedrich heiter, »verdirb mir nicht den Festtag, ehe er begonnen hat.« Er nickte dem Diener seines Dieners. »Und welche Erklärung hat unser blauäugiger Sarazene?«

Vorbereitet für das Ankleiden, trug Tile auf dem Arm eine hellgraue Kutte, darüber das einfache Unterkleid und obenauf die Leibhosen; in seiner anderen Hand baumelten Ledersandalen an kurzen Riemen. »Als Elisabeth noch lebte, hat sie Aussätzige gepflegt und sich für sie geopfert. Jetzt gehört sie jedem Menschen, der an sie glaubt. Um Vergebung, mein Kaiser, Euch aber gehören die Menschen.«

»Genug. Es war ungeschickt von mir, dieses Thema so aufzuzäumen.« Friedrich warf einen schnellen Blick zu Lupold. »Habt ihr beide euch heute morgen abgesprochen? Oder ist es dein guter Einfluß, der Kolup zu solchem Gedankenflug ermuntert?«

Lupold lächelte nur und ermahnte zur Eile. Im Burghof versammelten sich schon Fürsten und Erzbischöfe, längst saß die Abteilung der Ordensritter im Sattel.

Friedrich sah an sich hinunter. »Du hast recht, mein Freund. Zwar würde Elisabeth nicht verwundert sein; allein, es wäre der Demut zuviel, käme ich nackt zu ihrem Grab. Also sputet euch, verkleidet euren Kaiser.«

Auf Vorschlag seines Ratgebers Hermann von Salza wollte Friedrich heute im grauen Ordensgewand der Zisterzienser, deren Gemeinschaft er seit seiner Salbung zum deutschen König in Aachen angehörte, an der feierlichen Erhebung teilnehmen. Gab es einen sinnfälligeren Beweis? Der Herrscher des christlichen Abendlandes als einfacher Mönch. Allen Zweiflern würde die Einheit von Kirche und Reich, von Kaiser und Papst, vor Augen geführt werden.

Tile kniete zu seinen Füßen und schnürte die Lederriemen um die Knöchel.

»Kolup darf sich nicht auf den Straßen zeigen.« Friedrich deutete auf die rote Kappe, umwunden von einem blauen Tuch, hinunter. »Kein Turban in meiner Nähe! Der Anblick eines Sarazenen am heutigen Tag zerstört das christliche Bild. Lupold, du allein wirst mich bei den Feierlichkeiten umsorgen.«

Tile sah nicht auf. Der Befehl schmerzte. So viel hatte er von den Wundern der Elisabeth gehört. Einmal in ihrer Nähe sein! Miterleben, wie der Leichnam umgebettet wurde. Nichts hatte er sich während der Reise mehr gewünscht.

Keine orientalische Pracht in Marburg! Dieser Befehl hatte Sinn für ihn gehabt. Bei Wetzlar waren die exotischen Tiere, der Harem, die Eunuchen und selbst die sarazenische Leibgarde auf der Reichsburg Calsmunt zurückgeblieben. Zu keiner Zeit aber hatte Tile an sein eigenes Aussehen gedacht.

Über die Kutte legte Lupold noch den pelzverbrämten Purpurmantel und schloß ihn mit einer Goldspange. Hermann von Salza hatte den Zeitpunkt der Demut genau festgelegt: Erst wenn die Hospitalkapelle erreicht war, sollte der Kaiser den Umhang abwerfen.

»Die Geschenke für unsere Heilige, Junge«, mahnte der Kammerherr. »Vergiß das Tuch nicht.«

Sorgfältig bedeckte Tile den goldenen Trinkbecher und die Krone und reichte ihm den Korb.

»Alle Vorbereitungen sind getroffen, mein Kaiser.«

»Lassen wir unsere Begleiter und das Volk nicht länger warten.« Friedrich schritt zur Tür.

Im Vorbeigehen berührte der Baron kurz die Schulter seines Schützlings. »Gerade heute hätte ich Hilfe gebraucht. Wie schade, daß dein Aufzug es verbietet. Also gehorche, mein Sohn, und kümmere dich derweil um den Hund.«

Tile sah den väterlichen Freund nur an.

Vom Turmfenster aus beobachtete er, wie unten im strahlenden Morgenlicht die Ritter des Deutschordens sich hinter ihrem Hochmeister formierten, die Spitze übernahmen und langsam zum Tor hinausritten. Schwarz prangten die Kreuze auf ihren weißen Mänteln. Dahinter, umgeben von der Pracht seiner Fürsten und Edlen, den Bischöfen und Äbten folgte hoch zu Roß der Kaiser. Zu Fuß schloß sich eine kleine Gruppe ausgewählter Mönche der verschiedenen Ordensgemeinschaften an. Tile starrte auf ihre schwarzen, hell- und dunkelgrauen Kapuzen hinunter. Ein Gedanke; kaum gedacht, beflügelte ihn der Wunsch. »Und ich werde Elisabeth doch sehen!«

Während er durchs Schlafgemach in die angrenzende Dienerkammer lief, riß er den Turban herunter. Freudig umsprang der Hund seine Beine. »Aus dem Weg, Kleiner.« Césare behinderte ihn weiter. »Laß mich!« befahl er und wies auf den Boden. »Dahin!« Seit langem gehorchte ihm das Tier aufs Wort. »Ja, du bist ein guter Freund, Césarino.« Und eilig zog er Hemd, die spitzen Stoffschuhe, auch die Pluderhosen aus, stopfte alles unter die Strohmatte und öffnete sein Bündel. Von der schwarzen Kutte aus dem Kloster Weißenburg hatte er sich nicht getrennt; sie diente ihm nachts als weiche Unterlage für den Kopf. »Unsere Kluft hast du dir durch deinen Fleiß erworben«, das Lob seines Abtes bestärkte Tile jetzt. »Wer kann es mir vorwerfen?« Er knotete den Hüftstrick. »Sieh mich nicht so an, Césarino.« Tile beugte sich hinunter, kraulte das weiche Fell. »Den Rock der Benediktiner trage ich zu Recht. Bleib ruhig, bis ich zurückkomme.«

Welch ein vertrautes Gefühl, wieder Holzsandalen zu spüren.

Die Kapuze tief in die Stirn gezogen, verließ Tile den Innenhof. Am Fuß des Burgberges hatte er die fromme Nachhut des kaiserlichen Zuges eingeholt.

Ein flüchtiger Seitenblick, und die Mönche nahmen den verspäteten Bruder in der letzten Reihe auf. »*Deo gratias*«, murmelte Tile erleichtert.

Wie ein Keil schob sich die hochadelige Gesellschaft durch das Volk. Eine Woge aus Kerzen, Palmzweigen, leuchtenden Gesichtern, und erst hinter den Mönchen schwappte die Menge wieder zusammen, vereinigten sich Pilger und Marburger Bürger auf dem Weg zur Hospitalkapelle.

Elisabeth! Ihr galten die halblaut geführten Gespräche. Direkt vor Tile wetteiferte ein barfüßiger Franziskaner mit einem Benediktiner über Leben und Wirken der Heiligen, beinah stritten sie, fuhren sich gegenseitig über den Mund. Von Andacht oder Inbrunst sind die beiden nicht ergriffen, stellte Tile fest. Sonst aber waren Lob und Ehrfurcht rings um ihn auf allen Lippen. Er senkte den Blick; stumm sein und hören will ich, so sehe ich die Heilige, noch ehe ich sie mit eigenen Augen anschauen darf.

Nach und nach einigten sich die beiden vor ihm auf den Lebensweg Elisabeths: Nicht als fünf-, sondern als vierjährige Tochter des ungarischen Königs Andreas wird sie mit Ludwig, dem Landgrafen von Thüringen verlobt. Ihre Kindheit verbringt Elisabeth auf der Wartburg, und damals schon kümmert sie sich um Kranke und Hungernde in Eisenach. Sie ist dem Gatten eine liebende Frau, ihren Kindern eine sorgende Mutter. Schwer fällt ihr der Abschied, als Ludwig zum Kreuzzug aufbricht. Nach seinem Seuchentod an der Küste Apuliens entreißt ihr der Schwager das Erbe und verjagt sie vom thüringischen Hof.

»Unser Franziskus wurde in allem ihr Vorbild«, sagte der Graumönch.

»Nur eine Behauptung«, wies ihn der Benediktiner zornig zurecht. »Nein, sie folgte keiner Ordensregel! Weder der deinen noch der meinen! Elisabeth war ›Schwester des Herrn‹. Wie er selbst, lebte sie in seiner Nachfolge. Und wenn überhaupt einer direkten Einfluß auf sie ausübte, dann war es Konrad.«

Konrad. Kaum war der Name gefallen, versank das Gespräch in hitziges Geflüster. Auch hinter sich hörte Tile den Namen wispern. Konrad, der Bettelmönch, der Grausame, der sich nach ihrem Tod zum fanatischen, wahnbesessenen Inquisitor aufschwang.

»Dieser Ketzerschlächter«, raunte eine Frau. »Bin nur froh, daß man ihn erschlagen hat.«

»Still! Neben unserer Heiligen liegt er«, wurde sie gewarnt, »sonst greift er nachher aus dem Grab nach dir. Sei still, ist besser so.«

Im Eifer der Auseinandersetzung sprachen die beiden Brüder jetzt lauter über Elisabeth und ihren Beichtvater: Konrad bringt sie nach Marburg. Dort lebt sie in einer Lehmhütte, verteilt allen Schmuck und alle Kleider, darbt wie eine Bettlerin. Sie beherbergt blutflüssige Kinder, wäscht Wunden der Aussätzigen und scheut sich nicht, sterbende Grindkranke zu küssen. Dies alles ist ihr nicht Buße genug, und täglich läßt sich Elisabeth von Mönch Konrad geißeln.

»Buße? Lebte die zarte Frau nicht im Elend, war sie nicht keusch und demütig über alle Maßen?«

Der Benediktiner schüttelte den Kopf. »Nein, du Barfüßler. Ich war damals oft in Marburg. Sie unterzog sich der unmäßigen Züchtigung, weil Konrad es in seinem Glaubenseifer befahl.«

»Wage nicht, ihr Ansehen zu schmälern. Was weiß ein Benediktiner schon von Entsagung. Sieh dich doch an: Deine Kutte kann den feisten Bauch nicht verbergen. Du und dein Orden, satt seid ihr. Nichts weißt du von Askese für Körper und Geist.«

Fehlt nicht viel, und sie gehen aufeinander los, fürchtete Tile. Die Mitbrüder warfen ihnen mahnende Blicke zu. Rechtzeitig besannen sich beide des feierlichen Augenblicks, ließen die Frage, ob Elisabeth aus innerem Drang oder Gehorsam sich der Geißel ihres Beichtvaters unterwarf, offen und mäßigten wieder den Ton.

»In jedem Fall hat sich Konrad für sie eingesetzt«, erklärte der barfüßige Graumönch. »Bis zu ihrem Tod.«

Darin bestand Einigkeit: Er verschafft ihr das Witwenerbe, mit dem Elisabeth das Hospital errichten kann. Jeden Dienst verrichtet sie. Nie will sie mehr sein als die geringste Magd ihres Krankenhauses. Nach drei Jahren schon, in der Nacht vom 16. auf den 17. November des Jahres 1231 ist die Kraft der Vierundzwanzigjährigen verbraucht.

»Sie liegt auf dem Sterbelager«, hörte Tile die Marburgerin in seinem Rücken sagen. »Ihre Lippen sind fest geschlossen. Und da, da klingt es aus ihrer Kehle, wie wenn Engel auf himmlischen Instrumenten spielen.«

»Und schon am nächsten Tag werden Kranke gesund.« Die Nachbarin seufzte: »Mit eigenen Augen hab' ich's gesehen. Hingeschleppt hat sich einer in die Kapelle und ist gerade und ohne Stöcke wieder rausgekommen. Ach, unsere Elisabeth!«

»Als sie noch offen lag, da sind Schwangere zu ihr hin. Nur den Gürtel berühren, und sie half. Aber dann, plötzlich war Schluß. Wir einfachen Marburger durften gar nicht mehr zu ihr. Bruder Konrad! Er hat's verboten. Bis der Sarg zu war, hat sie keiner von uns mehr besuchen können. Glaub mir, ich hab' geweint. Aber die reichen Kirchenherren und Vornehmen, die hat er eingeladen. Wegen der Reliquien. Weil die für jedes Stück auch was spenden konnten.«

Der Benediktiner blickte über die Schulter, und sofort senkte die Frau ihre Stimme: »Ich hätt' auch gerne was von ihr gehabt, wenigstens einen Faden von ihrem Gewand.«

Die Neugierde ließ Tile den Schritt verlangsamen. Je mehr er aber vom Geflüster verstand, um so fester verkrallte er die Hand in seine Kutte. Nein, nein, es ist nicht wahr! Voll Bedauern, selbst nichts erhalten zu haben, tauschten die Weiber aus, was in Marburg über den Tag der Beisetzung berichtet wurde: In Anbetung drängten die geladenen Gäste zum Leichnam. Einer wartete nicht auf die Zuteilung durch Konrad, trennte einen Streifen von Elisabeths Gewand ab und küßte inbrünstig die Reliquie. Es war ein Signal. Sofort fingerten die Umstehenden nach der Leiche; berauscht vom Glaubenswahn zerfetzten sie das Totenkleid, stritten um die kleinsten Stücke. Nicht genug. Sie rissen Elisabeth die Haare vom Kopf und bargen ihre Beute in Tüchern oder Beuteln. Andere stießen und drängten sich in der Kapelle nach vorn; auch sie wollten nicht leer ausgehen. Da der Schädel kahl geerntet war, zwängten sie Eisen in den Mund der Wundertätigen. Messer blitzten. Mit Mühe gelang es den von Konrad herbeigerufenen Wachen, die Gläubigen zurückzudrängen, und endlich konnte die feierliche Grablegung beginnen.

»Aber da fehlte unserer Elisabeth schon viel«, seufzte das eine Weib aus tiefstem Herzen. »Ohren und Brustwarzen wollt' ich ja gar nicht, die sind viel zu wertvoll für unsereins. Ich wollt' was von den einfachen Wundermitteln, und davon war alles schon weg.«

Tile würgte das Entsetzen hinunter. Wie oft war im Kloster Weißenburg über Reliquien der Märtyrer und Heiligen gesprochen worden, über die göttliche Kraft, die ihnen innewohnt; näher hatte er sich nie damit beschäftigt.

Vor ihm hörte er den Benediktiner: »Welch ein Segen, keine Folter oder gar Scheiterhaufen, unversehrt ist sie gestorben. Ich bin überzeugt, Ihr Corpus liefert genug, daß es reicht für den Bau einer Kathedrale über ihrem Grab. Der Schatzmeister des Deutschherrenordens wird mit den Spenden zufrieden sein können. Auch mein Abt will sich großzügig daran beteiligen, wenn unser Kloster dafür eine respektable Primärreliquie der Heiligen erhält. Wir hoffen sogar auf einen Knochen.«

Die Antwort entging Tile, laut rechnete hinter ihm die Frau der Nachbarin vor: »Kein Haar, kein Fingernagel mehr. Vorne die Zähne. An den Armen fehlen Hautstücke. Und eben das finde ich ungerecht; fürs Amulett hätte was für uns übrigbleiben sollen.«

»Ach, ärger dich nicht«, wurde sie getröstet. »Das Wichtigste von ihr bleibt ja hier in Marburg, dafür sorgen schon die Ritter.

Weißt du, im Leben hat unsere Elisabeth alles hergegeben. Bestimmt ist sie jetzt froh, daß sie sich weiter verteilen kann.«

Ein Loblied wurde vorn an der Spitze des Zuges angestimmt. Nach und nach fielen die Gläubigen mit ein, auch Benediktiner und Barfüßler, auch Marburgerin und Nachbarin. Der gewaltige Chor erlöste Tile aus der dumpfen Höhle. Seine Augen suchten Palmwedel, Kerzen, streiften die beseelten Gesichter, an denen er vorbeischritt. Elisabeth, du Heilige, die Menschen kommen zu dir, um dich zu ehren; an diesem Gedanken stärkte er sich, bis das Hospital erreicht war.

Die Ordensritter trieben ihre Pferde auseinander, schafften Raum im Meer der Pilger und sicherten den weiten Kreis vor dem Eingang der Kapelle ab, und gemessenen Schrittes zogen die Mönche einen grauschwarzen Innenring. Bereits zu Fuß folgten nun der Kaiser, Bischöfe und Adelige; die ganze Pracht ihrer Gewänder entfaltete sich im Sonnenlicht.

Tile erschrak; nicht weit von ihm stand Baron Lupold und blickte in die Runde. Bleibe ruhig. Wie kann er dich entdecken? Unter der Kuttenhaube sieht ein Mönch aus wie der andere.

Ein Moment der Stille, dann riß Kaiser Friedrich mit großer Geste die Brustspange auf und warf den pelzverbrämten Mantel ab. Raunen ringsum. Der über allem erhabene Imperator stand dort als schlichter Diener der Kirche. Welch ein Beweis der Demut, welch eine Ehrerbietung! Die Erzbischöfe von Mainz, Trier und Hildesheim tauschten befriedigte Blicke, ehe sie den strickgegürteten Zisterzienser in ihre Mitte nahmen. Gefolgt von der hochherrschaftlichen Schar führten sie Friedrich in die Kapelle. Den Schluß bildeten die Mönche.

Tile drängte sich als letzter hinein. Er suchte, veränderte seine Position, bis er zwischen Kapuzen freien Blick nach vorn zum Altar und auf den für Elisabeth bereitstehenden Sarkophag hatte.

Gesang und Gebete verklangen. Friedrich beugte sich hinunter und schob die erste Steinplatte vom Grab; nach ihm deckte der Bischof von Hildesheim die Gruft ganz auf. An den Tuchzipfeln hoben die beiden anderen Kirchenfürsten den Leichnam heraus und legten ihn zu Füßen des Altars nieder.

Sie traten zurück. Unruhe entstand bei den Äbten und vornehmsten Ordensrittern in Elisabeths Nähe. »Seht das Öl!« Der Ruf versetzte die Gemeinde in Erregung. Gleich kniete sich der Erzbischof von Trier zum Tuch, berührte den Leichnam und erhob sich wieder. Mit verklärtem Gesicht rief er allen Anwesenden zu: »Ein Wunder. Aus dem Leib fließt heiliges Öl!«

Gedränge entstand; die feierliche Erhebung der Gebeine mußte unterbrochen werden. Tile sah noch, wie der Kaiser, geschützt von Lupold und Hermann von Salza, sich mit den Bischöfen hinter den Eichenschrein zurückzog; dann war ihm der Blick versperrt.

Der Ordensschatzmeister übernahm das Regiment. Laut forderte er Ruhe. »Ihr ehrwürdigen Väter, werte Herren, bleibt besonnen! Meine Ritter werden das Öl in kleinen Flaschen auffangen. Ich selbst werde die heilige Gabe gerecht austeilen.« Er beschwichtigte das Murren. Nicht ohne ausdrücklichen Hinweis auf den Opferstock neben ihm, forderte er adelige Stifter und je einen Vertreter eines Klosters oder einer Kirche auf, nacheinander vorzutreten. »Niemand wird leer ausgehen.«

»Das genügt uns nicht!«

Gleich nahm ein anderer den Ruf auf: »Nur deswegen habe ich den weiten Weg zur Heiligen nicht unternommen.«

Der Schatzmeister stellte sich auf die Altarstufe. Alle sahen sein Gesicht und die erhobenen Hände. »Wer bittet, dem wird auch gegeben. Die himmlische Kraft wohnt in jedem Stück ihres Körpers.« Er ließ eine Pause. Öl floß aus dem Leib. Das sichtbare Wunder steigerte das Verlangen, mehr von Elisabeth zu besitzen und eine Reliquie dieser Heiligen mit in die Heimat zu bringen! Solch ein Schatz würde den Ruhm der eigenen Kirche erhöhen. »Ihr werdet nach Eurer Dankbarkeit bemessen und beschenkt werden«, setzte der Schatzmeister hinzu und bat: »So nähert Euch nun der Segensreichen.«

O Gott, stöhnte Tile, es ist ein Handel, ein Geschäft! Wie eine Ware bietet er den Körper feil. Ihm war elend, und er wandte sich ab. Kurz vor dem Ausgang stockte er. Nein, ich darf jetzt nicht hinaus, da draußen warten die Pilger. Und wenn mich einer der Ordensritter fragt, ganz gleich was ich antworte, vielleicht wird er mich später wiedererkennen. Er mußte einen unbeobachteten Moment abwarten, dann wollte er auf die Burg zurück.

Tile stellte sich hinter einen der Holzpfeiler. »*Ave Maria, gratia plena ...*«, murmelte er, begann wieder von neuem, und hörte nichts mehr von dem, was vorn am Altar geschah.

Erst als das Läuten der Glocken einsetzte, kehrte er aus dem Gebet zurück. Die feierliche Erhebung der Heiligen war vollzogen. Sechs Ordensritter trugen den gold- und silberverzierten Sarkophag auf den Schultern hinaus. Hinter ihm schritt Friedrich. Das Haupt über die gefalteten Hände gebeugt, führte der kaiserliche Zisterzienser die festliche Prozession an.

Tile wartete, bis Baron Lupold an ihm vorbeigegangen war und auch die Mönche das enge Gotteshaus verlassen hatten.

Niemand beachtete ihn. Die Menge der Pilger drängte sich hinter den Vornehmen, und ein unübersehbarer Zug folgte mit Gesang und Blumenwerfen dem letzten Weg der Heiligen.

Über Nebengassen und menschenleere Plätze erreichte Tile den Burgberg. Endlich zurück in der Dienerkammer, streifte er die Kutte ab.

Césare begrüßte den Freund mit lautem Gebell. Nur im Hemd legte Tile sich auf das Strohlager. »Komm her und sei froh. Ach, ich wünschte, ich wäre auch hier geblieben.« Er tastete nach dem ledernen Amulettbeutel auf seiner Brust, fühlte den Ring, die drei kleinen Kiesel und den Dachszahn. »Ihr genügt für mich«, murmelte er. »Nie will ich mehr.«

Am späten Nachmittag, längst saßen Kaiser Friedrich und die Vornehmen unten im Saal beieinander, stieg Baron Lupold hinauf. Noch an der Tür rief er durchs kaiserliche Schlafgemach: »Kolup!«

Wieder gekleidet in seiner Sarazenenkluft, eilte Tile zu ihm und verbeugte sich. »Ich habe gewartet, Herr.«

»So?« Zornig sah der alte Mann seinen Schützling an. »Dann sage mir, welche Form hatte der Schrein, in den die Heilige gebettet wurde?«

Tile spürte das Blut aufsteigen. Strafe habe ich zu Recht verdient, dachte er, eine Strafe für meine Neugierde. Auch wenn mich der heutige Tag schon genug gestraft hat. »Er besitzt die Form einer Kirche; Figuren und Gemmen zieren ihn.«

»Dein Glück. Wenigstens bist du kein Lügner.« Der Zorn verflog; nach einem Kopfschütteln bat Lupold: »Verteidige dich jetzt nicht, daß dir lediglich verboten war, in dieser Kleidung an dem Festtag teilzunehmen.«

Tile schwieg. Warum beschimpft er mich nicht, dann wäre mir besser.

»Gehorsam, mein Sohn. Du mußt ihn lernen und wirst ihn durch mich lernen. Diese Hoffnung gebe ich nicht auf.« Leicht spöttisch setzte der Baron hinzu: »Und nun tausche auch deine Holzschuhe wieder gegen die Opanten ein. Unser Kaiser erwartet, von einem blauäugigen Sarazenen bedient zu werden, der auch an den Füßen wie ein Sarazene gekleidet ist.«

◐ Aus dem Tafelbuch der Zeit

DEUTSCHLAND

Der Messiaskaiser naht!

Saftig stehen Felder und Wiesen, in den Weinbergen kündet sich eine unermeßliche Ernte an. »Selbst die Natur preist unsern Kaiser!« Der Frühsommer 1236 erfüllt das Landvolk wie auch die Bürgerschaft in den Städten mit Hoffnung. »Hoch! Hoch! Er ist der ersehnte Friedensfürst. Er führt uns in eine goldene Zeit!«

Der staufische Adler breitet die Schwingen und nützt den Aufwind. Briefe werden zu Panzerreitern, jeder Satz dient als heiliges Schwert. Oberhalb der Stadt Wetzlar von Burg Calsmunt aus läßt Friedrich seine Kanzlei das Feuer der Begeisterung auch unter den deutschen Fürsten und Nachbarkönigen beständig schüren: Erinnert Euch an die Weissagung: Vor dem Nahen des Weltengerichts wird das Friedensreich errichtet!

Und er will es der Christenheit bringen: »Wir, der Cäsar, der Augustus, der wahre Erneuerer ...« Dicht am Herzen aber wuchern immer noch Geschwüre. Diese zehn oder zwölf lombardischen Städte, angeführt von Mailand, vergiften das zukünftige Heil. Nicht nur Rebellion, dort sprießen Ketzereien, ungehindert schießen sie ins Kraut und drohen die gute Saat zu ersticken. »... Italien ist mein Erbe, das weiß die ganze Welt ... Außerdem bin ich Christ und als ein - wenn auch unwürdiger Diener - des Allmächtigen wohl gerüstet, die Feinde des Kreuzes zu bekämpfen ...« Wie kann er nach Palästina ziehen, wenn mitten im Friedensreich noch Aufrührer und ketzerisches Übel existieren?

Zustimmung von allen Nachbarhöfen! Der englische König versichert dem Kaiser: »... am liebsten hätte ich mich selbst gegürtet, um Euch zu folgen ...«

In einer kaisertreuen Stadt der Lombardei bereitet der sprachgewaltige Großhofrichter Petrus de Vinea die Ankunft des Retters vor.

Er predigt den Bürgern von dem Messiaskaiser, ruft ihnen das Wort Jesajas zu: »Das Volk, das in der Finsternis wandelt, sieht ein großes Licht; und über die da wohnen im Lande des Dunkels strahlt es hell!«

Und dem christlichen Abendland leuchtet ein: Die Empörung der lombardischen Rebellen ist nicht allein gegen den Kaiser, sondern auch gegen Gott und den katholischen Glauben gerichtet.

Kein Kreuzzug ins ferne Morgenland, ehe nicht die Ketzer im eigenen Land besiegt sind! Friedrich teilt Papst Gregor mit: »Den liebsten Dienst meinen Wir also dem lebendigen Gott zu erweisen, wenn Wir ...«

Der gewaltige Propagandafeldzug ist abgeschlossen.

AUGSBURG

Das Lechfeld bleibt leer

Der Kaiser verfügt über keine eigene Streitmacht. Vergeblich wartet Friedrich auf die zugesagte Unterstützung der deutschen Fürsten. Die Herren lassen sich entschuldigen, finden triftige Gründe: Der Herzog von Braunschweig muß Händel im eigenen Land schlichten. Der Erzbischof von Köln teilt mit: Wenn der Braunschweiger nicht teilnimmt, muß er wegen gleicher häuslicher Probleme auch auf die Heerfahrt verzichten. Die Truppen des Baiern und des Böhmen sind nicht abkömmlich. Statt dessen wollen sie für die Sache des Kaisers gegen den abtrünnigen Österreicher ziehen. So bleibt Friedrich nur das kleine Aufgebot seiner schwäbischen Ritter.

»Eins habe ich jedem Gegner voraus: meinen Verstand!«

Lupold raunt Tile hinter vorgehaltener Hand zu: »Gott gebe es, daß er auch diesmal genügt.«

ITALIEN

Lombardei, Verona

Nach großen Worten kleine Taten

Mit tausend Panzerreitern überquert der Staufer den Brenner, gelangt ungehindert durch die gefahrvolle Klause und wird bei Verona von seinem Vasallen Markgraf Ezzelino erwartet. Das Heer wächst auf zweitausend Streiter an. Zu kümmerlich, um gegen die vereinigten Truppen des lombardischen Bundes eine offene Schlacht zu wagen. Was bleibt, sind Nadelstiche: Die Stellung in Verona wird ausgebaut, eine wichtige Verbindungsstraße zu dem befreundeten Cremona kann freigekämpft und gesichert werden. Friedrich bemüht sich um neue Verhandlungen. Sie müssen scheitern, weil Papst Gregor an einer Einigung gar nicht interessiert ist. Während die schwangere Kaiserin Isabella, bewacht von Eunuchen, mit ihrem Hofstaat auf ein sicheres Landschloß gebracht wird, sitzt Friedrich tatenlos in Cremona. Unerträglich für den Vater, der seinen Söhnen stets ein Vorbild sein will.

Ende Oktober gerät Markgraf Ezzelino unterhalb von Verona in Bedrängnis. Er bittet um Hilfe. Mit einem kleinen Ritteraufgebot jagen Friedrich und Prinz Enzio in nur zwei Nächten und einem Tag in den Osten der Lombardei. Während Lupold bei Prinz Konrad zurückbleibt, begleitet auf diesem Gewaltritt Tile zum erstenmal allein den Kaiser.

Keine Unterstützung für Ezzelino, da sich dem bisher glücklosen Staufer endlich die Chance eines militärischen Erfolges bietet; er dringt weiter nach Osten vor. Leichtes Spiel bei Vicenza. Alle wehrfähigen Bürger der Stadt kämpfen weiter südlich bei den Bundestruppen. Der kaiserliche Überraschungsangriff am 1. November 1236 gelingt, Vicenza fällt und wird zur Plünderung freigegeben. Auf diese Schreckensnachricht hin löst sich das lombardische Heer auf.

So kann auch Ezzelino ohne Truppenverluste zum Kaiser gelangen und erhält uneingeschränkte Macht, die eroberte Stadt zu regieren.

Friedrich will seinen Sohn Enzio von der Unterredung fernhalten und bittet den Markgrafen in den herbstlich blühenden Garten des Bischofs von Vicenca. Der Kaiser doziert über die Last des Herrschens: Je mehr Köpfe, desto mehr Meinungen. »Aus diesem Grund, mein Freund, will ich dich lehren, wie du dein künftiges Regiment ausüben sollst.« Er zückt seinen Dolch und köpft eine Blume nach der anderen.

Markgraf Ezzelino verzieht das Gesicht. »Diesem Befehl, großer Kaiser, werde ich mit Freuden nachkommen.«

Und schon am nächsten Tag setzt er ihn in die Tat um. Bald knechtet sein Schreckensregiment den Osten der Lombardei bis zur Grenze des unabhängigen Venedigs.

ÖSTERREICH

WIEN

Der politische Handstreich

Regen und Stürme verbieten jede weitere Kriegshandlung. »Nur ein Vorspiel«, so bemäntelt der Kaiser den erfolglosen Feldzug. Im nächsten Jahr soll die Exekution des Rechts an den Rebellen und Ketzern vollzogen werden. Er bricht seine Zelte ab und zieht, begleitet von Isabella, nach Wien ins Winterquartier. Dort haben Böhmen und Baiern den streitbaren Babenberger verjagt. Auf dem einberufenen Hoftag stellt Friedrich den deutschen Fürsten seinen Sohn Konrad zur Wahl. Zwei Jahre ist der deutsche Thron leer gewesen. Ohne Murren, vor allem ohne Gegenleistungen zu fordern, wählt das erlauchte Gremium den Neunjährigen zum Nachfolger des gebannten, abgesetzten und eingekerkerten Heinrich, sie wählen ihn zum König wie auch zum Erben des Kaiserreiches.

Während des Hoftages wird Wien im Februar 1237 zur freien Reichsstadt erhoben, und die Herzogtümer Österreich und Steiermark werden dem Kaiserreich einverleibt. Hat Friedrich auch wenig Geschick als Feldherr gezeigt, auf dem Schlachtfeld der Politik beweist er seine Meisterschaft.

Die Sterne lügen

Ein Sohn war prophezeit, Stunde der Zeugung und Monat der Niederkunft waren genau von den Hofastrologen vorausberechnet. Fast ein Jahr zu spät, im Frühjahr 1237 schenkt Kaiserin Isabella einer Tochter das Leben. Margarethe, ein Ebenbild der Mutter.

ITALIEN

ROM

Ein alter Mann gibt auf

Der Papst fürchtet den anwachsenden Unmut der Könige des Abendlandes; von allen Seiten wird hartes Vorgehen gegen die lombardischen Städte gefordert. Gregor lenkt ein und ist zu erneuten Verhandlungen bereit.

Hermann von Salza, der ehrbare Mittler zwischen Kurie und Reich, bricht nach Italien auf. Von Krankheit gezeichnet, bemüht er sich wieder um einen Vergleich. Diesmal hintertreibt das einflußreiche Venedig seine Bemühungen; zu bedrohlich empfindet der Stadtstaat das Schreckensregiment des Ezzelino in seiner unmittelbaren Nähe. Eine Lombardei, geeint unter der Kaiserkrone, darf es nicht geben. Hermann von Salza ist endgültig gescheitert. Der alte Mann kehrt nicht an den Hof zurück, er begibt sich enttäuscht und sterbensmüde nach Salerno in die Obhut der Ärzte.

Verona

Der zweite Versuch

Mitte September 1237 flattern vor den Toren Veronas wieder die Fahnen der kaiserlichen Truppen. Niemand hat sich entschuldigen lassen; zweitausend deutsche Panzerritter vereinigen sich mit Söldnerheeren aus Ungarn, Frankreich und England. Aus Apulien sprengen siebentausend Sarazenen und sizilische Ritter heran. Mit insgesamt fünfzehntausend Streitern tritt Friedrich den zehntausend lombardischen Kriegern unter Führung des mailändischen Bürgermeisters Pietro Tiepolo entgegen.

Nach Westen! Brescia muß fallen, dann ist der Weg zum Haupt der Rebellion frei. Jedoch vor der Bergstadt wartet die gesamte Streitmacht des Gegners; eine Belagerung ist unmöglich.

Friedrich läßt sich von erfahrenen Hauptleuten beraten. Das südliche Umland wird verwüstet, und der Feind läßt sich von Brescia weglocken, rückt dem kaiserlichen Heer nach. Mitte November liegen sich die Truppen an einem Nebenfluß des Oglio gegenüber; zwischen ihnen erstreckt sich ein weites Sumpfgebiet. Keine Möglichkeit, die schlaggewaltigen deutschen Panzerreiter einzusetzen, keine Chance für die gefährlichen sarazenischen Bogenschützen.

Abwarten; und das Wetter verschlechtert sich von Tag zu Tag.

Ungewohnt früh war der Kaiser aufgestanden, noch bei Fackelschein hatte er sich von Lupold und Tile wollenes Unterzeug und das Kettenhemd überstreifen lassen. »Geht und wartet, bis ich euch rufe!« Seitdem standen die beiden nebeneinander im Vorraum der Zeltburg, schweigend und wartend.

Mein Baron. Ob ich je seine Ruhe erlerne? Vielleicht wenn mein Haar unter diesem verdammten Turban so weiß geworden ist wie seins? Tile nützte den Moment; solange sich keiner der herbefohlenen Truppführer näherte, durfte er den Kopf heben. Die weißen Leinenlappen des Zeltes waren zurückgeschlagen und gleich davor ein vertrauter Anblick: Das Krummschwert geschultert, bewachte Hauptmann Asad mit zwei seiner Männer den Ausgang. Längst hatte Tile aufgegeben, darüber nachzugrübeln, wann die Sarazenen schliefen, aßen, oder nach welchem geheimnisvollen Plan sie sich abwechselten; ob am Tag oder in der Nacht, stets war die Leibgarde allgegenwärtig. Er sah an ihnen vorbei.

Ein trüber, feuchter Novembermorgen; Nebel hing über dem Fahnenplatz des Heerlagers. Wie still es ist, dachte er, fast beängstigend still. Wenn der Hornist das Wecksignal verschläft, stehen wir hier noch bis zum Abend. Er verengte die Lider. Weit hinten, aus dem dunstigen Grau der Lagerstraße schob sich lautlos ein Koloß heran.

»Herr, seht doch.«

»Schweig, Kolup. Ich bin nicht blind.«

Zwei säbelartige Stoßzähne schimmerten weiß. Rechts und links von ihnen erkannte er Gestalten. Die Umrisse wurden schärfer. Von Pflegern geführt, näherte sich der Kriegselefant des Kaisers.

»Aber warum? Und warum so früh?« flüsterte Tile hastig. »Und wieso trägt er den Turm für die Schützen auf dem Rücken? Greifen wir doch an? Heute? Bitte, Herr, wißt Ihr etwas?«

»Nur, daß du immer noch nicht gelernt hast, deine Neugierde zu bezähmen.«

Ehe der Elefant den Platz erreicht hatte, erschienen die Heerführer vor dem Zelteingang. Hauptmann Asad trat zur Seite und ließ sie passieren. Sofort senkte Tile den Turban, sah Sporen, Beinschienen und Schwertscheiden an sich vorbeiziehen, hin und wieder weiche Lederstiefel und hüfthoch gesteppte, dickwattierte Tunikas aus blau oder rot gefärbtem Leinen. Immer wieder war er versucht aufzuschauen; nach wie vor fiel es ihm nicht leicht, sich bloß mit der unteren Hälfte der kaiserlichen Besucher zu begnügen. Er dachte an seinen ratlosen Zorn damals, sein Aufbegehren, und schmunzelte. Allein mit dem: »Es ist der Wille des Kaisers, also gehorche«, wäre es meinem Baron nicht gelungen, mich in diese Rolle zu zwängen.

»Aber was ist das für ein Leben, wenn der Mensch nur auf den Boden schauen darf?« Erst nach Wochen hatte ihm Lupold auf diese Frage geantwortet: »Kritik steht einem Diener nicht zu. Manche Befehle allerdings erlauben einen kleinen Freiraum, den ich oft selbst genützt habe. Höre auf meinen Rat: Verweigere dich niemals, es wäre dein Elend. Aber ein kluger Mann kann den Rücken beugen und dennoch die Augen heben.«

Zum erstenmal war sein Baron nicht der strenge Lehrmeister; wie ein Freund hatte er zu ihm gesprochen, und von diesem Tag an bemühte sich Tile, ohne innere Empörung seiner auferlegten Rolle gerecht zu werden. Eine Ausnahme war dem blauäugigen Sarazenen bald gestattet worden, unterwegs im Sattel durfte er den Turban aufrecht tragen. Während einer Rast jedoch galt die gleiche Vorschrift wie im Haus oder im Zelt, und sobald Gäste oder Fremde kamen, bestand seine Welt aus Füßen, Beinen, Hintern und Bäuchen.

Um den Befehl erträglicher zu gestalten, hatte er sich ein Spiel angewöhnt. In seiner Phantasie ergänzte er die halben Menschen, setzte ihnen Rumpf und Köpfe auf. Angeregt durch Geruch, Stimme und Auftreten schuf er sich Fabelwesen, und stets nützte er einen unbeobachteten Moment, in dem er durch einen schnellen Blick seine Schöpfung mit der Wirklichkeit verglich. Sehr zu seinem Vergnügen hatte er einem Gesandten einen Schweinskopf, einem Bischof ein Spitzmausgesicht gegeben.

Kamen aber Gespielinnen des Kaisers, leichtfüßig, wohlgeformt bis zum Po und Nabel, unterließ er das Fabelspiel; der verstohlene lange Blick gab ihm mehr, weckte Wünsche und Unruhe zugleich. Jede der Schönen gehört mir, überlegte er, wenigstens ihr Bild. Er sah zum Kriegselefanten hinüber, schloß die Augen und schmückte das Ungetüm mit ihnen: Zwei Nackte setzte er auf die geschwungenen Stoßzähne, eine durfte den Rüssel hinaufklettern, und oben im Holzturm winkten schon vier mit farbigen Seidenschleiern.

Ein Hornsignal! Tile schreckte aus seinem Traum auf. Weit schallte der Weckruf, verhallte im Dunst über den Fahnen und Wimpeln. Das Heerlager erwachte. Stimmen, Klappern und Klirren von überallher.

Schnellen Schrittes kehrten die Truppführer aus dem Innern der kaiserlichen Zeltburg zurück. Während sie vorbeistürmten, versuchte Tile die aufgeschnappten Wortfetzen zu reimen. Das Lager wird abgebrochen. Aufbruch in einer Stunde. Aber wohin? Cremona? Diese Stadt stand treu zum Kaiser, dort gab es keinen Feind. Ratlos starrte Tile auf die Füße des Barons. »Verzeiht, Herr, was wird nun?«

»Auch mir ist es unverständlich, mein Sohn«, murmelte Lupold, »ich hoffe nur …«

Die Plane zum Schlafraum wurde aufgestoßen. »Der Kaiser verlangt nach euch!« rief Hofmeister Giselmar. »Sofort!« Und eilte weiter hinüber zum Kanzleizelt.

»Gleich werden wir mehr wissen«, versprach der Kammerherr mit einem kurzen Augenzwinkern und ging voran.

Beide Diener verneigten sich.

»Spart euch die Höflichkeiten!« Ungeduldig winkte Friedrich sie näher. »Legt mir die leichte Rüstung an, und packt zusammen.«

So oft geprobt; nur ein Handzeichen von Lupold genügte, und Tile wußte, welche Arbeiten ihm zugeteilt waren. Während der

Baron seinem Kaiser die Lederriemen des Brustpanzers festzurrte, schnürte er die Schlafmatte, verstaute Becher, Kanne, Topf und Löffel in der Truhe. In eine zweite faltete er Mantel, Gewänder und legte die weichen Kopfbedeckungen darauf. »Noch wenige Tage, mein treuer Freund, und wir werden im Siegestaumel jubeln«, hörte er den Kaiser in seinem Rücken sagen. »Wir locken diese Nattern und Ratten aus dem Sumpf und zertreten sie.«

»Um Vergebung, wollten wir das nicht schon seit Wochen?« fragte Lupold vorsichtig. »So kurz vor dem Winter hofft Ihr noch auf eine offene Schlacht?«

»Ach, alter Mann, warum siehst du schwarz, wenn endlich Licht ist?«

»In der Tat bin ich blind, mein Kaiser, und bleibe es, bis Ihr mir den Lichtschimmer zeigt.«

Auch mein Baron ist nicht frei von Neugier, stellte Tile bewundernd fest, nur er versteht sie geschickter zu verschleiern.

»Einer meiner tüchtigen Sarazenen hat uns den Plan unterbreitet. Eine List, so einleuchtend, daß mir und allen Heerführern jedes Wenn und Aber auf den Lippen stockte.«

Von draußen drangen Lärm und Geschrei herein; einige Befehle waren zu verstehen, sie wurden ohne Unterlaß wiederholt: »Ins Winterquartier! Aufstellung! Jeder Mann zu seinem Trupp! Abzug ins Winterlager!« Und über die Fanfarenstöße hinweg trompetete der Elefant.

»Verzeiht, mein Kaiser, ich verstehe nichts von Kriegslisten. Allein, ist es klug, den feindlichen Spähern so deutlich unsere Absichten kundzutun?«

»Zerbrich dir nicht meinen Kopf«, wies ihn Friedrich zurecht; freundlicher setzte er hinzu: »Mit Rücksicht auf dein Alter darfst du wählen: Ich erlaube dir, mit den Fußtruppen und dem Troß unter Führung meines Sohnes Prinz Enzio sofort nach Cremona zu ziehen. Tatsächlich werden wir dort unser Winterquartier aufschlagen. In vier Marschstunden wärst du in Sicherheit. Wenn du aber den Sieg miterleben willst, so begleite mich weiter.«

»Ihr wollt mich schonen? Ist die Gefahr so groß?«

»Mein besorgter Freund!« Endlich ließ sich Friedrich herab zu erklären: Die lombardischen Kundschafter sollten vom Abzug des Heeres erfahren, deshalb Lärm und Geschrei. Seine Hauptmacht, die schwere Reiterei und die sarazenischen Bogenschützen, würden zwar auch den Oglio überqueren, dann aber heute abend in aller Stille nordwärts den Fluß hinaufziehen. »Das tatenlose Warten hier in diesem Sumpfgelände hat den Gegner ebenso zermürbt wie uns. Auch er spürt Regen und fürchtet die kommenden Stürme. Mit Erleichterung wird er von unserem Abzug hören und binnen weniger Tage selbst ins Winterquartier nach Mailand aufbrechen. Alle Brücken des Oglio lasse ich zerstören, bis auf zwei oder drei, die auf der Marschroute des Feindes liegen. So weiß ich, wo er den Fluß überquert, und erwarte ihn mit geballter Faust.«

»Diese List ist wahrlich eines Cäsaren würdig.« Leicht verneigte sich Lupold. »Mit Eurer Erlaubnis werde ich an Eurer Seite bleiben und, wenn nötig, mein Leben für Euch wagen. Außerdem«, schmunzelnd deutete er auf Tile, »ihm fehlt noch jede Erfahrung, wie ein Kaiser und großer Feldherr während einer Schlacht zu umsorgen ist.«

»Hüte deine Zunge. Sonst zwinge ich dich, einen geschlossenen Helm zu tragen«, zahlte Friedrich ihm den Spott zurück. »Ich will siegen, alter Mann. Aus diesem Grund wirst du dich mit Kolup von der vorderen Kampflinie fernhalten und mir später ein Bad bereiten.«

»Dem unverletzten Sieger«, ergänzte Lupold leise. »Nichts wünsche ich sehnlicher. Gott schütze Euch!«

Eine Nacht und über den folgenden Tag bis zum Abend lauerte das kaiserliche Heer nun schon bei Soncino am Ufer des Oglio, versteckt hinter Hügeln, geduckt im Untergehölz. Von der Flußbrücke aus waren die zehntausend Ritter und Bogenschützen nicht auszumachen. Keine Hornsignale übermittelten Befehle; zur Verständigung zwischen den einzelnen Kohorten dienten Flaggen während der hellen Stunden und Lichtzeichen in der Dunkelheit. Jeder Lärm war untersagt, Gespräche durften nur flüsternd geführt werden, und den Gäulen hingen Hafersäcke vor dem Maul. Trotz Regens galt auch für die zweite Nacht die Order: Jeder Mann schläft gerüstet bei seinem Pferd. Helm, Bogen, Schwert und Lanze hatten griffbereit zu sein.

Im kleinen Zelt neben der Unterkunft des Kaisers saßen Tile und Lupold Rücken an Rücken und hofften, sich gegenseitig etwas Wärme zu geben. Trotz der Nässe, die durch ihre Decken kroch, war dem Kammerherrn nach kurzer Zeit das Kinn auf den Steg seines Kettenhemdes gesunken. Beinah neidisch lauschte Tile den tiefen regelmäßigen Atemzügen.

Auch ich muß endlich schlafen, dachte er, ganz gleich, wie unbequem mir ist. Seit dem Abmarsch trug er eine sarazenische Rüstung; im Sattel oder wenn er aufrecht stand, bereitete sie weniger Last als der deutsche Eisenpanzer, doch so in gekrümmter Sitzhaltung drückten und schmerzten die harten Kanten. Unter dem wachsamen Blick Hauptmann Asads hatte er das weich über den Bund fallende Hemd gegen eine gesteppte, grobe Tunika tauschen und darüber den Brustharnisch befestigen müssen. Er bestand aus vielen eckigen Stahlschuppen, verbunden durch Lederriemen; zwei große Platten sollten seine Brust schützen, und anstatt der Stoffkappe trug Tile jetzt einen ovalen Helm, den er mit dem Turban umwickelt hatte. Halb im Schlaf tastete er nach dem langen gekrümmten Dolch. Kämpfen soll ich nicht, tröstete er sich, nur verteidigen, und dafür wird das Messer schon reichen.

Im späten Vormittag kehrten zwei Kundschafter zurück, atemlos, ihre Gesichter überhitzt. Sofort wurden sie von Wachposten zum kaiserlichen Zelt gebracht. »Der Feind hat den Oglio überschritten! Vier Reitstunden weiter nördlich!« Sie preßten die Stirn auf den Boden und gestanden: »Gestern abend schon.«

Tile erstarrte, als er sah, wie der Kaiser zornentbrannt den Spähern in die Seite trat. »Wer hat den Feind gewarnt? Wer?«

Die Männer flehten um Gnade. Kein Verrat. Ein Zufall, mehr nicht. Die Lombarden hätten keinen Verdacht geschöpft, nähmen sich Zeit, um das Nachtlager abzubrechen. »Ihren Fahnenwagen haben sie in Richtung Cortenuova vorausgeschickt. Ohne starken Begleitschutz! Das ist doch der Beweis, Majestät. Niemand hat den Feind gewarnt.«

Der Kaiser wandte sich von den Kundschaftern ab, befahl unverzüglich den Herold und die Befehlshaber der Ritter und Sarazenen zu sich. Niemand beachtete die Leibdiener, und Tile wagte unter dem Turban aufzublicken.

Der Herold hielt den Herren eine Schiefertafel hin, und anhand einer Skizze besprachen sie die veränderte Lage. Wohin der mailändische Fahnenwagen, das höchste Heiligtum in jeder Schlacht, rollte, dorthin würden auch die Truppen ziehen, und er war auf dem Weg vom Ufer des Oglio nach Cortenuova. Ausgangspunkt und Ziel ergaben mit dem Standort des kaiserlichen Lagers ein spitzes Dreieck.

»Also bleibt uns nur die Möglichkeit, den Gegner zu überraschen.« Mit schnellem Kreidestrich durchschnitt Friedrich das Dreieck: »Bis zum Mittag muß ein Stoßtrupp unserer besten Ritter und Bogenschützen den Zug der Lombarden erreicht haben, sofort angreifen, verwirren und ihn solange daran hindern, sich hinter den Mauern Cortenuovas zu verschanzen«, er zeichnete einen zweiten Pfeil, »bis ich mit unserer Hauptmacht herangerückt bin und den Feind noch vor der Stadt in die Schlacht zwingen kann.«

Einmütig stimmten die Heerführer dem kühnen Plan zu.

»Hebt das Schweigegebot auf! Laßt zum Abmarsch blasen. Fanfarenklang, Trommeln und Lärmen soll ab jetzt um mich sein!« Friedrich hob die Stimme: »Gebt den neuen Schlachtruf aus: *Miles Roma! Miles Imperator!* Ihn will ich hören, bis der Sieg unser ist.«

Nachdem die Herren das Zelt verlassen hatten, erlaubte Friedrich auch den Spähern, sich zu erheben.

»Ihr begleitet den schnellen Stoßtrupp.« Kalt setzte er hinzu: »Gelingt es uns nicht, rechtzeitig den Feind zu stellen, werden eure Köpfe heute abend auf Stangen gepflanzt durch die Lagerreihen getragen.«

Der Plan gelang. Von der Straße nach Cortenuova dröhnte der Kampflärm durch den strömenden Regen bis zur nahen Anhöhe, auf der, über einige Kuppen verteilt, Dienerschaft und Lagerknechte mit den Packtieren zurückgeblieben waren. Viele der noch jungen und kräftigen Männer trugen zu ihrem und dem Schutz der Zeltausrüstung lange Eisenstangen oder Holzknüppel.

Auf dem vordersten Hügel saß Tile neben Baron Lupold im Sattel und merkte nicht, wie er den Zügel zwischen den Fäusten zerrte, fühlte nicht, wie er seine Unterlippe blutig biß. Niemals zuvor hatte er solches Grauen aus nächster Nähe gesehen. Pferde stürzten in den Morast, zerquetschten ihre Reiter, verwundete Krieger stolperten über Tote, Eisenleiber wälzten sich auf der Straße, und der staufische Adler triumphierte. Schwert gegen Schwert.

»*Miles Roma! Miles Imperator!*« Indes, lauter noch gellten die Schreie der flüchtenden Lombarden. Ihr Fahnenwagen vor der Stadt war ihr einziges Ziel. Das schwerfällige Heiligtum steckte hinter einem Erdwall im Schlamm fest; die vier Ochsenpaare brüllten unter den Peitschenhieben der Fuhrleute. Bisher war es nur einigen mailändischen Rittern gelungen, sich bis zum Wall durchzukämpfen. Mit ersterbendem Mut drängten andere nach, und wieder und wieder schnitten neue Abteilungen des Kaisers ihnen den Weg ab, schlachteten sie ab wie wehrloses Vieh.

Näher flatterte der Adler auf gelbem Grund zum Schutzpatron der Mailänder; nicht mehr lange, und er würde die Standarten und Banner des Bundesheeres zerfetzen, ehe er seine Krallen nach dem heiligen Ambrosius unter dem Kreuz am hohen Mastbaum ausstreckte.

Kein Wort war bisher zwischen dem Kammerherrn und seinem Diener gefallen. Als wären sie vor dem Höllenschlund verstummt, so ertrug jeder allein für sich den furchtbaren Anblick.

Die Dämmerung brach herein, und das Fußvolk der Lombarden löste sich auf. Nur fort vom Kampfgetümmel! Die Männer hetzten heillos über die Wiesen rechts und links der Straße; wer noch Kraft hatte, versuchte die rettenden Stadtmauern zu erreichen und bot den Bogenschützen ein leichtes Ziel. In Scharen wurden sie niedergemäht.

Tile sah Verwundete. Sie schleppten sich hinkend oder kriechend auf die Anhöhen zu. Da ertönte Gejubel und gieriges Johlen vom Nachbarhügel. Knüppel und Stangen schwingend stürmten die Lagerknechte den Erschöpften entgegen. »O mein Gott«, brach es aus Tile. »Warum hält sie niemand zurück?« Er mußte sich abwenden.

Ein Geräusch, Bewegung im Strauchwäldchen direkt unterhalb. Auch der Baron hatte das Brechen von Zweigen vernommen. Jetzt drang Wimmern herauf, es wurde deutlicher. Für einen Augenblick war ein Mann zu erkennen, helmlos, das Gesicht eine blutige Fratze. Schritt für Schritt tastete er mit dem Schwert vor sich den Boden ab und war wieder von Büschen verdeckt.

»Was jetzt?« flüstert Tile. »Er kommt direkt zu uns hoch.«

Baron Lupold sah nicht zur Seite. »Sobald er das Gestrüch verläßt, müssen ihn die Knechte hinter uns entdecken. Kümmere dich nicht um ihn. Er ist auch dein Feind, Sohn.«

»Warum? Er hat mir nichts getan.«

»Entscheide selbst«, raunte der Kammerherr und wandte sein Pferd; betont laut setzte er hinzu: »Bald wird es dunkel. Höchste Zeit für mich, den günstigsten Platz für das kaiserliche Zelt auszuwählen. Seine Majestät will nach der Schlacht ein heißes Bad nehmen. Also spute dich, Kolup, beschaffe Reisig. Sonst brennen die feuchten Scheite nicht.« Er ritt davon, rief die herumstehenden Knechte zusammen und bat den Hofmeister mit allen Feldschreibern, ihm ein Stück zu folgen.

Tile glitt vom Pferd. Der Verwundete hatte den Schutz des Wäldchens verlassen; ohne jede Deckung taumelte er hin und her, versuchte sich den letzten Anstieg zu erkämpfen. In großen Sätzen sprang Tile hinunter und war neben ihm. »Freund«, rief er halblaut. »Ich bin ein Freund.«

Das Wimmern brach ab; mit letzter Kraft hob der Mann das Schwert und führte es in die Richtung, aus der die Stimme gekommen war.

Ich darf ihn nicht in Angst versetzen. Wenn er meine Sprache nicht versteht, muß er an meinem Ton merken, daß ich sein Freund bin. »Bleibe ruhig, ganz ruhig. Ich will dich retten.« Tile trat hinter ihn, sprach sanft weiter, während seine Hand den blutverklebten Schwertarm hinunterglitt. Ohne Gegenwehr ließ sich der Lombarde die Waffe abnehmen, brabbelte Laute vor sich hin.

»Nun komm, ich führe dich.« Tile stützte ihn, bis sie etwas weiter entfernt eine Piniengruppe erreicht hatten. Von oben konnte sie niemand mehr entdecken. »Wenn du in diese Richtung weitergehst ...« Er schwieg entsetzt.

Der Mann hatte sich ihm zugewandt, und zwei Augäpfel blickten ihn aus einer schwarzroten, schmierigen Masse an. Das linke Ohr fehlte, die Wange hing als Lappen herunter, durch den Hieb lagen Knochen und Zahnreihen bloß. »Du verblutest, mein Freund. So darf ich dich nicht allein lassen.«

Tile stach das Schwert in den Boden; mit schnellen Griffen löste er seinen Turban und faltete ihn zum Schal. »Vertrau mir.« Behutsam drückte er den Fleischlappen an die linke Gesichtshälfte zurück. In der Hoffnung, das quellende Blut etwas zu stillen, schlang er das Seidentuch als festen Verband um den Kopf. »Mehr kann ich nicht tun.« Er gab ihm das Schwert zurück, sorgte, daß die Finger sich fest um den Griff schlossen, und wies nach Osten. »Geh dahin. Weiter und weiter. Dort wird dich niemand suchen.« Tile wiederholte es, die Augen sahen ihn nur an. »Bitte geh, so geh doch.«

Schließlich drehte er den Verwundeten in die Richtung und führte ihn einige Schritte. Mit einmal spürte er, wie seine Hand gedrückt wurde, der Lombarde hatte verstanden. Tile blieb zurück. »Armer Freund. Gott schütze dich!«

Er wartete noch, bis die tappende Gestalt zwischen den Pinien ganz in der Dämmerung verschwunden war, dann erst bückte er sich, raffte Zweige, huschte hinüber ins Strauchwäldchen und sammelte trockenes Unterholz. Die Arme hochbepackt, stieg er wieder zur Kuppe hinauf.

Der 27. November 1237 versank. Nachtfinsternis lag über dem Schlachtfeld. Noch kein endgültiger Sieg; den Kaiserlichen war es nicht gelungen, bis zum Fahnenwagen vorzudringen. Unter den Augen des staufischen Adlers hatten die verzweifelten Mailänder begonnen, ihr Heiligtum zu zerschlagen, bis sie von der Dunkelheit daran gehindert wurden. Wenige Mutige hatten sich hinter dem Erdwall verschanzt, und die Erschöpften waren in die Mauern von Cortenuova geflüchtet. Ungezählte Tote und Verwundete, das lombardische Heer war vernichtet.

Spät in der Nacht – der Kaiser hatte sich nach Lagebesprechungen und Diktaten über seinen Triumph endlich zur Ruhe begeben – saßen seine Leibdiener wieder Rücken an Rücken.

Trotz Müdigkeit fürchtete Tile den Schlaf. Kaum sanken ihm die Lider, sah er das Gesicht wieder, größer, furchtbarer. Es ist das Gesicht des Krieges, dachte er, und seine Stimme sind nicht Fanfaren und Lärm, sondern das Wimmern und Brabbeln dieses armen Mannes.

»Warum schläfst du nicht?« Der Baron lehnte sich fester an seinen Rücken.

»Ich darf nicht, Herr.«

»Wie gut ich dich verstehe.« Nach einer Pause wandte Lupold leicht den Kopf. »Das Bild wird verblassen; glaub mir, Junge, mit der Zeit wird es blasser.« Und wieder ließ er eine lange Pause. »Heute nachmittag hast du mich mit Stolz erfüllt. Barmherzigkeit – was auch geschieht, mein Sohn, verliere sie nie aus deinem Herzen.«

Wie eine lindernde Hand fühlte Tile das Lob. »Danke, Herr.«

»Ich möchte dich um etwas bitten.«

»Bitten? Ihr mich?« Tile schluckte hastig. »Alles, was Ihr befehlt. Soll ich Euch noch eine Decke besorgen?« Schon war er im Begriff aufzustehen.

»Nein, nein. Rücke wieder so nah zu mir, das gibt mir Wärme genug. Ehe ich die Bitte ausspreche, sollst du den Grund erfahren: Nach strenger Ausbildung wird ein Knappe zum Ritter geschlagen. Wie aber kann ich dir zeigen, daß auch du heute eine wichtige Prüfung bestanden hast? Ich habe darüber nachgedacht, und deshalb bitte ich dich: Wenn wir allein sind, sollst du nicht länger Herr zu mir sagen. Nenne mich wie ein Freund den Freund beim Namen.« Beinah ärgerlich über die eigene Rührung, setzte er hinzu: »Ja, ich bin alt und betrachte dich wie einen eigenen Sohn. Aber ganz gewiß werde ich als Kammerherr nie aufhören, dir Befehle zu erteilen.«

»Danke, Herr, ich ...« Tile wagte zu verbessern. »Danke, Lupold, deine ... nein, Eure Freundschaft ist mir mehr wert als jeder Ritterschlag. Jedoch erlaubt mir, auf das Du zu verzichten. Ich fühle mich beschenkt genug, wenn ich Euch hin und wieder Lupold nennen darf.«

Sie schwiegen. Das blutige Gesicht tauchte wieder auf; Tile versuchte sich vor dem Anblick zu retten. Wenn der Lombarde noch seinen Helm getragen hätte, überlegte er, sicher wäre der Hieb abgeglitten. Und sein Baron? Er blickte über die Schulter: »Darf ich etwas fragen?«

»Nur zu, Junge. Auch ich finde keinen Schlaf.«

»Warum habt Ihr heute keinen Helm getragen?«

»Weil ... Ach, das ist lange her. Damals, unser Kaiser war noch nicht geboren ...« Und Lupold erzählte von seiner Knappenzeit, von der Haft im Erdloch und wie er seitdem keine Enge mehr ertrug. »Ehe ich mit Schimpf davongejagt wurde, nahm mich die Mutter unseres Kaisers in ihren Dienst.« Tile hörte zu, wollte mehr wissen, und Lupold führte den Freund nach Palermo, ließ die Jugendzeit Friedrichs erstehen, erzählte weiter bis zum Morgengrauen.

Das Schlachten, Zerstören, das Verbluten und Sterben war vorbei; wenige Tage später wurde vor den Toren Cremonas unter regenverhangenem Himmel der Sonnenaufgang geschmückt. Tile zurrte die goldenen Sporen fest, Lupold wienerte noch einmal an den goldglänzenden Brustplatten des Harnischs, ehe er den Purpurmantel um die kaiserlichen Schultern legte. »Ihr seid vollkommen, mein Fürst.« Der Kammerherr trat zurück; glatt, ohne jeden Anflug von Spott kamen die Worte über seine Lippen. »In Aussehen und Haltung verkörpert Ihr nun das Sinnbild Eures strahlenden Triumphes.« Auf einen Wink hin ließ er Tile den silbernen Spiegel bringen. »Seht selbst.«

Friedrich kehrte aus seinen Gedanken zurück; ein kurzer Blick, und die Mundwinkel zogen sich scharf nach unten. »Du vergeßlicher alter Narr! Befahl ich nicht, daß heute ein wahrer Cäsar, ein Imperator dem großen Augustus gleich, diesen Triumphzug durch die Stadt anführen soll? Nicht Großtaten allein genügen, um zu glauben, braucht das primitive Volk ein Bild seines unbesiegbaren Herrschers. Und das will ich ihm geben, aber versehen mit allen Zeichen.« Er tippte an seine Krone. »Begreifst du endlich? Mit ihr allein wirkt mein Haupt noch nackt.«

Der Lorbeerkranz. Lupold erbleichte. »Um Vergebung, eine unverzeihliche Nachlässigkeit.«

»Nein, verzeiht, es ist meine Schuld!« platzte Tile heraus; aus den Augenwinkeln bemerkte er den erstaunten Blick des Kammerherrn. »Mir war es aufgetragen, und ich vergaß.«

»Also, worauf wartest du noch?« Ungehalten schnippte Friedrich. »Nun beweg dich, Kerl.« Tile huschte davon, hörte noch hinter sich den Kaiser einlenken: »Sieh mir das harte Wort nach, mein Freund. So kurz vor dem höchsten Gipfel treibt auch mich gewisse Unruhe.«

Erleichtert schlüpfte Tile aus dem Innenzelt. Bis eben hatte er nichts von diesem Auftrag gewußt; ganz gleich, der schnelle Beistand war geglückt, sein Baron blieb von einem erneuten Zornesausbruch verschont, und nur das zählte.

Der Lorbeerkranz?

»Ein Fehler? Ausgerechnet an diesem Tag! Wie konntest du nur?« Mit hochgezogenen Brauen wies Hofmeister Giselmar nach draußen. »Längst wird das Ruhmeslaub bereitgehalten. Die Sarazenin wartet schon seit mehr als einer Stunde.«

Dir aufgeputztem Affen bin ich keine Rechenschaft schuldig, dachte Tile, dienerte wortlos und hastete weiter.

Geduldig stand sie da und blickte zu Boden, das Haar verhüllt von einem blauen Tuch, blau der Stoff ihrer Tunika. Eine gewöhnliche Haremsmagd, stellte Tile flüchtig fest und sah nur den mit Goldfäden gebundenen Lorbeer in ihren Händen. »Gib ihn mir.« Als er danach griff, hob sie den Kopf.

Der Blick traf ihn schutzlos; wie ein Schmerz fühlte er ihn und vergaß den Kranz, die Pflicht und seine Eile. Ihr Gesicht war halb verschleiert. Nur Augen unter langen Wimpern. Für einen Moment krauste sie die Stirn und betrachtete verwundert seine Kleidung, dann lächelten die Augen ihn an, und wieder fühlte er den Schmerz.

»Ich bin keiner von euch«, bemerkte Tile, nur um irgend etwas zu sagen, und dachte im selben Moment, wie überflüssig, sie versteht mich ohnehin nicht; außerdem lassen sich nur Christen von meinem Aufzug täuschen.

Sanft drückte ihm die Sarazenin das Lorbeergebinde in die Hand und ging davon.

Tile sah ihr nach, mit dem Herzschlag kehrte auch sein Auftrag zurück. Was trödelst du? Eine Haremsmagd, unerreichbar für dich. Sie dient den Gespielinnen des Kaisers.

Auf dem Weg zum Zelt blieb ihm ihr Blick. Etwas war noch? Ein kleines Mal auf der Stirn, ja, wie ein kleiner dunkler Stern stand es über dem rechten Brauenbogen, so schwarz wie ihre Augen. Ach, bilde dir nichts ein, Kolup, kein dunkler Stern: Es ist ein Hautfleck, und er gehört einer Sarazenin. Vergiß ihn und das Mädchen!

Er sah über die Schulter. Rennen und Drängen, der Abmarsch

des Triumphzuges stand unmittelbar bevor, die Ritter ließen sich von ihren Knappen aufs Pferd helfen, weiter hinten erkannte er den geschmückten Holzturm des Kriegselefanten, und von irgendwoher hörte er Leoparden brüllen. Längst hatte der Trubel seine Magd verschluckt.

Das Tor Cremonas war weit geöffnet. Mit ausgebreiteten Armen begrüßte Petrus von Vinea, der Großhofrichter und Sprachgewaltige, seinen Kaiser: »Frohlocken möge nun des Römischen Reiches Gipfel, und der gesamte Erdkreis möge sich freuen über den Sieg eines solchen Herrn! Erröten möge der verbrecherische Bund der Lombarden, denn zerschmettert sind die Empörer ...!«

Und das kaisertreue Cremona empfing seinen unbesiegbaren Imperator. Häuser und Türme waren mit Wimpeln und Bändern geschmückt, Fahnen wehten auf dem Platz zwischen Dom und Palast. Die Bürger schrien und jauchzten, ein nicht enden wollender Taumel begleitete den Zug.

Inmitten der Leute stand Tile am Straßenrand. Sein Baron hatte ihm für diesen Tag freigegeben. »Wenn du magst, dann genieße die Freude aus nächster Nähe. Mir ist das Gedränge zu groß. Im übrigen hab' ich die Cremoner schon jubeln hören, als Friedrich zum erstenmal in die Stadt einzog. Damals war er siebzehn und sein Haar noch naß, weil er gerade den Lambro durchschwommen hatte.«

Begleitet von Posaunenklängen trabte der Kaiser voran. Lorbeer umkränzte die edelsteinfunkelnde Reichskrone, weit entrückt blickte er über die Menge hinweg.

Ihm folgten seine deutschen Panzerreiter.

Stumm starrte Tile auf ihre blinkenden Helme, die blitzenden Lanzenspitzen. Wie schnell alles Blut abgewaschen ist; da sitzen sie im Sattel und sind nur ausstaffierte Eisenpuppen.

Farbenprächtiger gekleidet ritten die sarazenischen Bogenschützen vorbei. Niemand sieht ihnen mehr an, welchen Tod sie ausgeteilt haben. Musikanten entlockten Cimbeln, Pfeifen und

Dudelsäcken die lustigsten Weisen, und Tile hörte dennoch die harten Fanfarenstöße, die zum Angriff bliesen; sie gellten in ihm weiter, während Tierpfleger die Leoparden, Kamele und Dromedare, Gerfalken und Habichte vorbeiführten.

Mit »Ah!« und »Oh!« wurde der Kriegselefant begrüßt. An den vier Ecken des Turms flatterten die kaiserlichen Adler, hoch über dem Dach prangte die kaiserliche Standarte, und aus der Turmstube bliesen Mohrenknaben auf silbernen Hörnern in alle vier Winde. Neben ihnen winkten Sarazeninnen mit langen Seidentüchern, ihre Gesichter waren halb von blauen Schleiern bedeckt.

Tile hielt den Atem an. Nein, er täuschte sich nicht, dort oben, auf seiner Seite, dort stand sie. Er schrie: »Hoch! Hoch!« Winkte mit beiden Armen zu ihr hinauf, schrie lauter noch als die Umstehenden: »Hoch dem unbesiegbaren Kaiser!« Einen Moment lang spürte er den Blick, kam das Gesicht nah zu ihm hinunter. Ich kann dich nicht festhalten, was würde ich darum geben. Sie winkte; aus der Bewegung öffnete sie die Hand, und das rote Seidentuch entglitt ihren Fingern.

Für mich, mir gehört es! Tile wollte sich nach vorn drängen, wurde behindert und konnte dem sanft fallenden Kleinod nur zusehen, bis es zwischen den mächtigen Schenkeln des Dickhäuters aus seinem Sichtfeld entschwand.

Hier werde ich bleiben, bis der Zug vorbei ist, an dieser Stelle. Sie warf es mir zu, wie eine holde Angebetete ihrem Troubadour.

Sein Träumen wurde jäh zerrissen. Räder ächzten. An langen Stricken zog der Kriegselefant den erbeuteten Fahnenwagen hinter sich her. Rechtzeitig für den Triumphzug hatten Zimmerleute ersetzt, was vom flüchtenden Lombardenheer abgerissen worden war. Auf der weiten Holzplattform standen die gebrochenen Banner der Verlierer.

Schmährufe. Neben Tile spuckten einige Cremoner aus. Der Mastbaum war umgelegt; Goldkreuz und Heiliger ragten nach hinten über das flache Podest hinaus. Während der Schutzpatron in den Schmutz starrte, lag über ihm, rücklings auf den Stamm gefesselt, der lombardische Feldherr Pietro Tiepolo, der Podestà von Mailand und Sohn des venezianischen Dogen. Um seine Schmach zu steigern, baumelte ihm ein Henkersstrick vom Hals.

Wie ein Jagdwild auf dem Weg zum Schlächter. Tile fröstelte. Genug hat er verloren, warum wird ihm auch noch seine Ehre genommen? Mit dem Kopf schräg nach unten hängend, mußte der mailändische Bürgermeister den langen Gefangenenzug seiner adeligen Ritter und Waffenknechte anstarren. Mehr als viertausend geschlagene Männer folgten ihm, die Hände auf dem Rücken gebunden, die nackten Füße in Ketten.

Wenigstens hab' ich einen von euch vor uns bewahrt, dachte Tile. Vielleicht lebt mein Freund noch? Vielleicht haben ihn Menschen gefunden und das Blut gestillt, seine Wunden versorgt … Vielleicht. Wenigstens bleibt mir diese kleine Hoffnung.

Er schloß sich nicht an, als das Volk den Gefangenen nach zum Marktplatz eilte; auf erneute Siegesansprachen und ewigen Jubel für den Imperator wollte er verzichten.

Eine Horde Bettelkinder suchte im Morast der Straße nach Schätzen. Schmunzelnd sah Tile ihnen eine Weile zu. Wie gut ich euch verstehe. Früher bin auch ich mit meinen Geschwistern hinter jeder Prozession hergelaufen und habe, die Nase fast im Dreck, nach verlorenen Gegenständen Ausschau gehalten.

Das Tuch! Mein Geschenk! Die Gabe meiner Angebeteten! Ein Junge hatte den schmutzigen Fetzen gefunden. Jetzt zog er ihn auseinander, beschnüffelte den Stoff und ließ ihn dann achtlos fallen.

Ehe ihn der nächste Junge aufhob, erschien Tile den Bettelkindern wie ein Racheengel: »Herrgott! Blitz und Donner!« Er rollte die Augen, stieß ein Jaulen aus und rief wieder den Himmel auf sie nieder. Das fremde Fluchen und seltsame Gejaule ließ die Kleinen vor dem Sarazenen zurückweichen. Ruhig bückte sich Tile, nahm das Tuch, zwinkerte der Horde zu und schlenderte in Richtung Stadttor davon.

Kaum näherte er sich wieder der blauweißen Zeltburg, stutzte er. Warum standen die beiden silberbeschlagenen Truhen draußen vor der Unterkunft? Abreise? Und er war für das Packen der Gewänder und persönlichen Bestecke verantwortlich. Verdammt, mit Absicht hat mich dieser aufgeputzte Affe von Hofmeister heute morgen nicht informiert. Der braune Stern über den geschwungenen Brauen seiner Schönen verblaßte. Tile stopfte das feuchte, dreckverklebte Kleinod in den Ärmel und hastete quer über den Lagerplatz.

»Wie gnädig von dem jungen Herrn, daß er sich herbemüht«, empfing ihn Hofmeister Giselmar vor der Unterkunft und verschränkte die Arme. »Kolup! Welche Freiheiten nimmst du dir heraus? Mehr und mehr komme ich zu der Überzeugung, du genügst diesem ehrenvollen Amt nicht.«

Zwar beugte Tile den Kopf, doch hinter dem Rücken ballte er die Fäuste.

Leise war Baron Lupold hinzugetreten. »Verehrter Hofmeister, mit Erstaunen höre ich Euch meinen Diener tadeln. Gewiß nur, weil Ihr für so vieles die Verantwortung tragen müßt, ist Euch wieder entfallen, daß Seine Majestät, um Euch zu entlasten, Kolup mir unterstellt hat.« Er betonte: »Mir allein«, und winkte dem Diener. »Ich hoffe, du hast deinen Auftrag erfüllt. Nun komm, wir dürfen keine Zeit verlieren.«

Während sie ins Zelt gingen, schimpfte Tile zwischen den Zähnen: »Dieser Kerl! Wo er nur kann, nörgelt er an mir herum.«

»Laß gut sein, Junge«, beschwichtigte Lupold. »Sein Zorn gilt in Wahrheit nicht dir, sondern mir. Indem ich dich auf diesen Posten hob, habe ich gegen eine eherne Regel verstoßen, nach der bei Hof Ämter verteilt werden. Du bist nun mal kein Sproß aus adeligem Haus. Kränke ihn nie, mein Junge. Hörst du? Ich habe wohl bemerkt, wie Wut in dir aufstieg. Und jetzt Schluß damit!« Der Baron wies auf die Schlafmatte des Kaisers. »Schnür sie zusammen und stell sie zu den Hockern. Für ein paar Tage werden wir sie nicht benötigen. Danach packst du unsere Bündel; auch die

Decken nehmen wir besser mit. Wer weiß, welche Bequemlichkeit uns im Palast erwartet.«

»Ihr meint, wir ziehen um? In die Stadt?«

Noch vor Beginn der eigentlichen Siegesfeier auf dem Marktplatz hatte ein Bote den Befehl ins Lager gebracht: Der Kaiser und seine Kanzlei werden für die Dauer des Aufenthaltes im Palazzo von Cremona wohnen. Ehe Festreden und Hymnen verklungen waren, mußten die Gemächer hergerichtet sein. Lupold dehnte den Rücken. »Endlich. Nicht allein unser Herr, auch ich darf endlich wieder meine müden Knochen ausstrecken.«

Der Gedanke beflügelte Tile. Nie hatte er so schnell das Bündel geschnürt. Nasses Gras gegen eine Strohmatte, statt Kälte und Sturm erwartet uns eine warme Stube. Ehe er überlegte, fragte er schon: »Und wo ist der Harem einquartiert?«

»Was kümmert es dich?«

Im ersten Moment wich Tile dem erstaunten Blick aus. »Verzeiht, ich wollte damit nur ... Nun ja, mich interessiert, wie groß der Palazzo sein mag. Ob auch der gesamte Hofstaat Platz findet. Es war nur eine Frage, mehr nicht.«

Schnell hob er die Bündel auf und brachte sie nach draußen. Bei seiner Rückkehr erhielt er die knappe Antwort: Wo sich der Kaiser aufhielt, wären Harem und Kanzlei nicht weit.

Kein Anzeichen von Müdigkeit, kein Loslassen, noch herrschte das kalte Licht im tiefen Blau der Augen. Der Tag seines Triumphes war für Friedrich längst nicht ausgeschöpft, und er gestattete auch den Ratgebern und Dienern nicht einen Augenblick der Ruhe. Beim Gastmahl im Kreis der Edlen von Cremona, Prinz Enzios und der Ratgeber ließ er zwischen den Gängen durch seinen Großhofrichter verkünden, daß der erbeutete Fahnenwagen nach Brauch der alten römischen Imperatoren in die Hauptstadt gebracht werde, um dort hoch auf dem Capitol zum Zeichen des Sieges aufgestellt zu werden. »... denn unter dem Schlachtruf des römischen Namens haben Wir des Reiches Rebellen besiegt. Rom, die Stadt des Kaisers, soll nun und immer teilhaben an der Glorie, und so senden Wir dem Senat und den Bürgern diesen Fahnenwagen als Unterpfand...«

Tile stand an der Saalwand, den Blick auf den Marmorboden geheftet. Drei Schritt entfernt sah er die verzierten Füße und Rücklehne des Throns, daneben Lupold bis zur Hüfte. Sein Baron legte dem Herrscher die Speise vor.

Sonderbar, kein Wort hat Friedrich bisher selbst zur Tischgesellschaft gesprochen, er bedient sich der Stimme des Großhofrichters, rätselte Tile und kam zu dem Schluß: Vielleicht ist es besser so. Ein Held sollte sich nicht auf diese Weise selbst anpreisen. Von einem Stellvertreter aber kann die Ruhmestat ausgeschmückt werden, während der Held in bescheidenes Schweigen gehüllt bleibt.

»... Ströme von Blut verfärbten die cäsarischen Schwerter, als der Triumphator mit seinem Heer wild einherschritt...«

Mein Gott, wenn Petrus von Vinea wirklich dabeigewesen wäre, ob er dann auch solche aufgeblasenen Worte finden würde?

Die Lobeshymne endete in Begeisterung und Hochrufen der Versammelten; zu Trommelwirbeln und schrillen Schalmeiklängen wurden die Becher rhythmisch auf den Tisch geschlagen.

Verstohlen faßte Tile nach dem verknäuelten Tuch in seinem Ärmel. Das Kleinod war noch da. Und er stieg in Gedanken die Treppe zum ersten Stock des Palazzo hinauf, schlich durch den Flur zum Ostflügel hinüber; dort wohnten die Gespielinnen des Kaisers, umsorgt von ihren Mägden. Soviel hatte er schon herausgefunden. Was bin ich froh, daß mein brauner Stern nur eine einfache Dienerin ist und nicht ... Einen Atemzug lang sah er sie vor dem Kaiser knien – nein, nicht auszudenken! Aber wie sollte er jemals an den glatzköpfigen Eunuchen vorbeikommen? Vielleicht aber würden die Mägde nicht so streng bewacht, weil sie arbeiteten, das Essen brachten, Stoffe kauften und andere Dinge auf dem Markt besorgten? Natürlich, so mußte es sein, diese Aussicht gab ihm Hoffnung.

Pietro Tiepolo; kaum fiel der Name des venezianischen Dogensohns, horchte Tile auf. Der Podestà von Mailand sollte in Ketten nach Apulien gebracht werden; sein Schicksal war besiegelt. Ewige Kerkerhaft erwartete den Verlierer. Zumindest wird er nicht hingerichtet, nicht einfach erschlagen wie die vielen seiner verwundeten Männer am Morgen nach der Schlacht ...

Das Festmahl war beendet, die Kerzen längst verlöscht, und Friedrich hatte sich hinauf in seine Gemächer begeben. Er dachte nicht an Schlaf, wohl aber an den seit Nächten entbehrten Beischlaf. »Mein Geist ist gesättigt vom Triumph, mein Magen vom Fasanenklein, nur in den Lenden verspüre ich noch Hunger, alter Freund. Bestelle mir einen Lustschmaus.« Er bemerkte den übermüdeten Blick seines Kammerherrn. »Ich weiß, du bist erschöpft, und das zu Recht. Nur rasch ein Bad, und schicke nach der Schönen, dann darfst du dich wohlverdient mit unserm blauäugigen Sarazenen in die Kammer zurückziehen.« Seine Mundwinkel zuckten leicht: »Den letzten Höhepunkt dieses Tages werde ich gewiß auch ohne deine Anwesenheit erreichen.«

»Danke, mein Kaiser«, murmelte Lupold und entsandte einen Posten der Leibgarde, um die Wünsche des Kaisers in die Wege zu leiten.

Tile war befohlen worden, vor dem Gemach die ausreichende Wärme des Wassers zu prüfen, danach sollte er sich schlafen legen. Er tauchte den Finger in jeden Eimer, ging weiter und zählte die Knechte ab. »Nicht sechs, fünf sind genug, wenn der Badezuber nicht überlaufen soll.« Den letzten Eimer nahm er an sich. »Ihr könnt hineingehen«, forderte er die fünf auf, und zum sechsten Träger sagte er leise: »Bitte warte hier, bis sie zurückkommen. Laß uns das Wasser; auch mein Herr und ich benötigen dringend der Reinigung.«

Verständnisvoll rümpfte der Knecht die Nase und nickte.

In der Kammer entzündete Tile ein zweites Öllicht. Turban, Gürtel, die gesteppte Tunika; ehe er auch das wollene Unterkleid abstreifte, zog er das Tuch aus dem Ärmel und schüttelte es. Von der Farbe war unter dem Dreck nichts zu erkennen. Kurz entschlossen tauchte er das Kleinod ins Wasser und wusch es behutsam, zog es heraus und tauchte es wieder unter.

»Was tust du da?«

Tile blickte über die Schulter; er hatte den Baron nicht eintreten hören. »Ich dachte, nun ja ...« Fest drückte er das Tuch zwischen den Händen und rieb es sich durchs Gesicht. »Waschen. Endlich wieder nach all den Wochen. Verzeiht, ich habe uns etwas vom Badewasser ausgeborgt.«

»Ist schon gut, reinige dich nur. Ich bin jetzt nicht mehr dazu in der Lage. Morgen lass' ich frisches warmes Wasser bringen und werde baden.« Der alte Mann schlurfte zu seinem Lager, murmelte noch im Vorbeigehen: »Ein roter Lappen?« und begann sich auszuziehen.

»Ich habe ihn hier gefunden. Aber er taugt nicht zum Waschen, der Stoff ist viel zu dünn.«

»So nimm einen anderen, Junge.« Halb entkleidet streckte sich der Kammerherr auf der Strohmatte aus und zog die Decke über. »Nimm einen anderen.«

Wenig später kniete Tile nackt vor der eigenen Matte, und durch seinen Rücken verborgen, breitete er das seidene Kleinod über das Leinenlaken, ehe er sich vorsichtig darauf niederlegte. Nackt sein, seufzte er, Herrgott, was für ein Geschenk, nicht über Eisenstücke streichen, nein, einfach die Haut berühren. Und morgen habe ich das Tuch mit mir getrocknet.

Er dachte an die Augen unter dem braunen Stern. Wenn mir das Glück hold ist und ich sie wirklich wiedersehe ... Was weiter? Nichts weiß ich ihr zu sagen. Der Kaiser, ja, ich müßte aufpassen, während die Gespielinnen zu ihm kommen. Ich werde seine Sätze einfach erlernen. Sofort verwarf Tile die Idee wieder. Auch wenn ich nur ahne, was dort gesprochen wird, sicher erschreckt es die Ohren einer unschuldigen Magd. Er lauschte auf den Atem des Kammerherrns; noch ging er nicht tief und gleichmäßig.

»Darf ich Euch etwas fragen, Lupold?«

Er deutete das Brummeln als Erlaubnis und fuhr fort: »Kennt Ihr Euch in der arabischen Sprache aus? Ich meine, versteht Ihr einige Worte und könnt sie sprechen?«

»Was geht nur in deinem Kopf vor? Natürlich nicht. Wir haben Hauptmann Asad, der übersetzt für uns, das genügt. Und nun stör mich nicht länger.«

Der Hauptmann der Leibgarde? Zumindest könnte ich leicht von ihm erfahren, wie man einen guten Tag wünscht. Aber Sonne, Stern und Auge? Ach was, geschickt verpackt werde ich es schon aus ihm herausfragen, ohne daß er mißtrauisch wird. Tile drehte sich auf den Bauch. Sein Stern wartete; bald, mit etwas Geduld würde er ihn erreichen.

Jedoch Sehnsucht ist die Feindin der Geduld. Dies mußte der blauäugige Sarazene in den folgenden Wochen bitter erfahren. Denn Friedrich hielt hof, und das bedeutete: Ankleiden und stundenlanges Warten vor den Kanzleiräumen, während Briefe diktiert wurden; Umkleiden und wieder Warten an der Saaltür, während Gesandtschaften empfangen wurden. Dann spät am Abend erst das Auskleiden, viel zu spät, um heimlichen Wünschen nachzugehen. Kein arabisches Wort hatte Tile erfragen können und die Magd nicht einmal von weitem flüchtig gesehen; nicht eine Sprosse auf der Leiter war er bisher seinem Stern nähergekommen.

»Drücke das Licht tiefer«, bat Lupold von seinem Lager aus. »Und gleich morgen früh packst du unsere Bündel. Wir reiten nach Lodi.«

Stirnrunzelnd versorgte Tile den Docht der Öllampe. So beiläufig wie möglich fragte er: »Mit dem ganzen Hofstaat?«

»Nein, nur ein kurzer Ausflug. Aber er wird uns endlich Frieden bescheren, hoffe ich.« Der Baron verschränkte die Arme auf der Brust. Lodi, bisher eine Stadt des Lombardenbundes, war bereit, sich dem Reich wieder anzuschließen, und erfüllte damit eine Forderung Friedrichs. »Gleich nach der Übergabe darf die Gesandtschaft aus Mailand zum zweitenmal vorsprechen. Und ich bin sicher, unser Herr läßt Gnade walten.«

Also leichtes Gepäck, dachte Tile zornig und warf sich auf seine Matte. Dazu gehören vielleicht ein oder zwei Damen aus dem Harem, und die meisten sarazenischen Mägde bleiben hier. Er zerrte das rote Seidentuch unter dem Leinenlaken hervor und stopfte es in sein Bündel.

Wind strich durch die offene Säulenhalle des Bischofpalastes von Lodi. Noch außerhalb, ungeschützt vom Nieselregen, wartete die mailändische Gesandtschaft.

Unter dem Dach tief im Innern hatten die Notare nach Anweisung des Hofmeisters auf der Stufe zum Eingangsportal einen Halbkreis gebildet. Vor ihnen thronte der Kaiser, den Kragenpelz hochgeschlagen, das Gesicht eine Maske. Und zu seiner Rechten stand Petrus von Vinea. Dieser Mann war nicht nur wortgewaltig und nach Friedrich der höchste Richter im Reich, selbst an Statur überragte er jeden Hofbeamten. Eine gewölbte Stirn, weit stehende Augen; dicht unter den Wagenknochen quoll der gelockte Bart und verbarg das Kinn in einem graugesträhnten Haarnest; auch unter der Nase ein Bart, dessen Ränder sich ins Kunstwerk einflochten.

In Köln sah ich Petrus das erste Mal, dachte Tile, und war beeindruckt, aber jetzt scheint er sich täglich mehr herauszuputzen. Weder Kaiser noch Großhofrichter noch die Notare haben seit ihrem Erscheinen ihre Haltung verändert, stellte er fest, nachdem er zum zweitenmal kurz aufgeblickt hatte. Wie ein erstarrtes Bild der Macht. Dicht neben ihm an der Säule wartete sein Baron; er konnte die Anspannung des Kammerherrn spüren.

Die Domglocke schlug.

»So tretet nun vor!« Mit lauter Stimme forderte Hofmeister Giselmar die Unterhändler auf. Geführt von einem Bettelmönch, näherten sich zwei Frauen und acht Männer aus dem Mailänder Stadtadel, demütige Menschen ohne jeden Putz oder Prunk. Offen bewiesen sie durch ihre schwarzen Mäntel und gebeugten Rücken, daß sie als Verlierer und Bittsteller gekommen waren.

Friedrich erwiderte den Gruß nur mit einem Kopfnicken.

»Erhabener, großmächtiger Kaiser«, begann der Minorit, pries ihn als unbesiegbaren Feldherrn und vergaß nicht einen Titel, den der Herrscher unter seiner Krone vereinigte. Endlich fuhr er fort: »... durch meinen Mund spricht das Volk von Mailand: Wir sind des Krieges müde und flehen zu Euch, die Ungnade von uns abzuwenden. Wir erkennen Euch als unseren wahren und angestammten Herrn an. Nehmt uns als Eure Getreuen unter die Flügel Eures mächtigen Schutzes und beschirmt uns. In aller Zukunft werden wir Euch mit der gebührenden Ehrerbietung dienen. Vorbei sind Widerstand und Aufbegehren. Zum Beweis unserer Ergebenheit liefern wir Euch freiwillig unseren ganzen Schatz an Gold und Silber aus. Überdies ...« Der Mönch unterstrich seine Worte mit hingebenden Gesten. Alle mailändischen Banner wollte die Bürgerschaft dem Regenten zu Füßen legen und verbrennen. Sie versprachen, wenn der Fürst ins Heilige Land zöge, ihm zehntausend Bewaffnete zu stellen. Sogar einen kaiserlichen Beamten wollten sie als ihren höchsten Richter in der Stadt anerkennen. »Nur eine Bitte erfüllt uns: Begnadigt ohne Vorbehalt alle, die gegen Euch aufbegehrten, und laßt unsere Verfassung unverändert.«

»Bedingungen? Ihr wagt es?« Friedrich hieb beide Fäuste auf die Thronlehnen. »Was ihr Uns geben wollt, gehört Uns schon längst. Wir verlangen Unterwerfung. Bedingungslose Unterwerfung! Alle Bürger mitsamt ihrer Habe und ihren Besitzungen müssen sich unverzüglich und bedingungslos Unserm Willen beugen. Wenn nicht aus freien Stücken, so wird Unser Schwert euch dazu zwingen.«

An der Säule fuhr Baron Lupold zusammen. Erschreckt hob Tile den Kopf und sah, wie drüben der Mönch sich aufrichtete, wie auch die Mailänder Patrizier den stumpfen Glanz aus ihren Augen verloren. Das lange Schweigen spannt eine Sehne, dachte er; wenn sie zerreißt ...

Eine der Damen löste sich aus der Gruppe. »Gnädigster Herrscher, erfüllt uns diese Bitte. Entehrt uns nicht ganz«, flehte sie. »Ihr habt ein schönes Reich, und es könnte im Frieden weiter aufblühen. Ihr besitzt, was einen Menschen nur beglücken kann.« Die Stimme kämpfte gegen Zorn und Tränen: »Warum? Bei Gott dem Allmächtigen Schöpfer, warum wollt Ihr die Fehde aufs neue entfachen?«

Kalt lächelte Friedrich sie an. »Wer du auch sein magst, Weib, du sprichst klug und wahr. Zu lange habt ihr Uns, den Herrn der Welt, geschmäht und verhöhnt. Um Unserer Ehre willen sind Wir über euch gekommen und wollen und können nicht zurück. Erst wenn auch Mailand, das Haupt der Empörung, sich vollständig und auf Gnade oder Ungnade in meine Hand begeben hat, wird sie wiederhergestellt sein.«

Die Frau warf den Kopf zurück: »Kaiserliche Majestät! Nicht länger will ich mich in Bescheidenheit hüllen. Ihr fragt wer ich bin? Nun gut! Vor Euch steht Gräfin Caserta. Und mein Wort hat großes Gewicht im Rat der Stadt.«

»Nun gut, Gräfin. Ihr habt Unser Wort gehört, und Wir halten unbeirrt daran fest. Überdies richtet dem Rat aus: Wir werden nur tun, was Wir tun müssen.«

Zorn sprühte aus ihren Augen. »Nur der ist ein weiser Herrscher ...«

»Verzeiht, großmächtiger Kaiser«, griff der Minorit hastig ein und stellte sich vor die Gräfin, »gebt uns ein wenig Zeit, daß wir uns untereinander beraten.«

Ein verächtliches Fingerwedeln gestattete die Unterbrechung; die Gesandtschaft entfernte sich bis zu den Säulen der Vorhalle.

Trotz seiner angespannten Neugier wagte Tile nicht aufzublicken, hörte aber das Geflüster: Halblaut versuchte der Mönch zu beruhigen, gleich wurde er übertönt. Männer wie Frauen vermochten kaum noch die Stimme zu senken, sie sprachen durcheinander, zwischendurch harte Flüche, verstärkt vom Aufstampfen der Füße, dann trat mit einem Mal Stille ein, gefährliche Stille.

Wieder angeführt vom Bettelmönch, kehrten die Mailänder zurück.

»Erhabener, großmächtiger Kaiser. Trauer erfüllt uns, nicht Trotz!« Die Domglocke schlug zum zweitenmal, und er wartete, bis der Ton verklungen war. »Mailand kann sich Euch nicht auf Gnade und Ungnade unterwerfen. Denn es fürchtet, durch Erfahrung belehrt, Eure Grausamkeit. Lieber wollen wir frei und todesmutig hinter unseren Schilden durch Schwert, Lanze oder Pfeile fallen, als am Galgen oder durch Hunger oder im Feuer des Scheiterhaufens umkommen.«

Das Gesicht des Kaisers versteinerte.

»Und wir wissen den Allmächtigen, der immer noch über Euch thront, auf der Seite unserer Seelen, denn es steht geschrieben: Gott straft den Hochmütigen; die aber demütig sind, denen schenkt er seine Gnade.«

Wortlos erhob sich Friedrich und entschwand durchs Portal in den Bischofspalast. Ihm folgte, sichtlich mit der Entscheidung zufrieden, der bärtige Jurist. Erst nach einer gebührenden Weile lösten die Notare den Halbkreis auf und glitten lautlos wie eine Schlange hinter ihnen her ins Dunkel des Eingangs.

Hofmeister Giselmar sah über die Gesandtschaft hinweg: »Bürger von Mailand! Entfernt Euch und verlaßt Lodi unverzüglich. Noch geht Ihr unter dem Schutz des freien Geleits, wie es jedem feindlichen Unterhändler gewährt wird.«

Der Kammerherr stützte die Hand auf Tiles Schulter, seine Lippen bebten: »Ich fasse es nicht, Junge. Das ist nicht Friedrich, so entscheidet nicht mein kluger, kühl abwägender Kaiser.«

»Wird es neue Kriege geben?«

Ohne darauf einzugehen, mehr zu sich selbst, sagte Lupold: »Ich werde nicht schweigen. Nein, ich darf nicht; wegen unserer langen Verbundenheit nehme ich mir das Recht. Er wird mich anhören müssen.«

Der günstige Moment ergab sich am selben Tag. Zur Rückkehr Lodis unter die kaiserlichen Adlerfittiche sollte ein Festgottesdienst für Volk und Edle abgehalten werden. Noch vor der Zeit war Friedrich von seinen Dienern mit Purpur und Krone geschmückt und wartete in den Räumen des Bischofspalastes; erst beim Läuten aller Glocken würde er mit seinem Gefolge feierlich in den Dom einziehen.

»Mich gelüstet nach frischem Traubensaft, mein Freund.« Allein der kalte Blick erinnerte noch an den Morgen, sonst aber gab sich der Kaiser betont heiter: »Auch wenn nachher der Seelendurst gestillt wird, fürchte ich um meine trockene Kehle.«

»Solange Leib und Seele beieinander wohnen, muß für beide gleichermaßen gesorgt werden«, versuchte Lupold zu scherzen. Seine Hand zitterte, als er einschenkte.

»Nun sag schon, was dich wirklich beschäftigt.«

Hastig überließ der Kammerherr Tile den Krug. »Mein Kaiser, erlaubt mir zu fragen, und befreit mich von dieser quälenden Unruhe. Warum nehmt Ihr das Angebot Mailands nicht an? Ihr hättet Euren Sieg auf dem Schlachtfeld mit dem weit Größeren krönen können, dem Frieden.«

»Was scherst du dich um mein Geschäft, alter Mann? Nichts verstehst du von meiner Politik. Ich bringe Recht und Gesetz, nicht mehr und nicht weniger. Sogar Petrus stimmt dem Entschluß voll zu.«

»Dieser Großhofrichter, bei all seinem großen juristischen Wissen, ist doch nur Euer Beamter und wird letztlich immer gutheißen, was Ihr entscheidet! Nein, Friedrich, um meiner Treue und Liebe willen, hätte der sonst alles überragende Staatsmann heute morgen aus Euch gesprochen, Ihr wäret nicht so starrsinnig geblieben.« Lupold atmete schwer und flüsterte: »Rache, mein geliebter Friedrich, ist es das?«

»Schweig!« Der Kaiser schüttete ihm das Getränk ins Gesicht, und weil Lupold die Schmach ungerührt hinnahm, schleuderte er den Tonbecher zu Boden. Scherben spritzten auseinander. Gefährlich ruhig fuhr er fort: »Dich schützt mein Freundesschwur, Kammerherr. Allein, überschätze nicht meine Geduld. Eine einzige

Erklärung will ich dir geben, mehr nicht: Dieses selbstherrliche Mailand hat das Haus der Staufer stets hintergangen und bedroht. Schon meinen Großvater Barbarossa, auch den Vater und mich. Du weißt selbst, wie mir damals nach dem Leben getrachtet wurde. Ich will und muß die schwärende Gefahr endgültig beseitigen, zum Wohle des Reiches. Schweig jetzt!«

»Verzeiht, Friedrich, so erinnert Euch an die aufständischen Sarazenen. Ihr hattet sie besiegt und begnadigt. Seitdem lieben sie Euch und sind Euch blind ergeben. Weil Ihr mit großer Weitsicht ihnen Eure Hand reichtet und damit Haß in Treue verwandelt habt.«

Der Kaiser stürmte los, schlug Lupold mit dem Arm beiseite. Der alte Mann verlor das Gleichgewicht und stürzte schwer zu Boden; mit dem Gesicht nach unten blieb er reglos liegen. Sofort löste sich der Zorn; beinah verwundert starrte Friedrich auf den Freund hinunter.

Tile setzte den Krug ab. Helfen muß ich, dachte er. Ohne Erlaubnis darf ich nicht. Aber ich muß doch zu ihm. »Mein Fürst? Bitte.«

»Ja, ja, sieh nach, Kolup. Schnell.«

Als Tile neben ihm kniete und nach den Schultern faßte, stützte sich der Gestürzte hoch, und mit behutsamer Hilfe gelang es ihm, sich aufzusetzen. Er lehnte seinen Rücken gegen Tiles Arm und schöpfte Atem. Blut quoll aus einer Stirnwunde; in der Wange steckten Scherben des Bechers. Ohne Vorwurf, nur voll Trauer hob Lupold den Blick zu seinem Kaiser.

»Du alter, widerspenstiger Narr«, Friedrich schüttelte unmerklich den Kopf. »Warum kennst du mich so gut?«

»Weil ich Euch schon auf den Knien gewiegt habe. Weil ich es war, der dem Kindkönig die Zornestränen trocknete, als er herumgestoßen und mißachtet wurde. Weil ich …«

»Genug, mein Freund. Ich habe es nicht vergessen. Du stehst meinem Herzen so nah wie sonst keiner aus dem Hofstaat, das hat sich nicht geändert. Auf dich und auch deine Meinung will ich nie verzichten, selbst wenn sie mir hin und wieder Nadelstiche versetzt. Mein treuester Freund, sieh mir die Unbeherrschtheit nach.« Der weiche Augenblick hielt an, wechselte über in jungenhaften Übermut. Kurz ließ Friedrich eine unsichtbare Schleuder um die rechte Hand kreisen: »Weißt du noch? Wie wir damals gesiegt haben?« Er brach ab, war wieder der Kaiser, den Kühle und Macht umgab: »Das ist vorbei, Lupold, begreife endlich: Nun bin ich der unumstrittene Herrscher des christlichen Abendlandes. Und selbst wenn eine Spur von Rache mich beeinflußte, den harten Weg zu wählen, das Ziel wird erreicht werden. Dies gilt für Mailand und auch für diesen hartherzigen Greis auf dem Heiligen Stuhl. Ja, auch Rom wird bald meine Stadt sein.« Spott flackerte in den Mundwinkeln. »Also, sorge dich nicht länger. Dein Herr thront auf dem Gipfel und fürchtet keinen Wind, ganz gleich, wie hart er auch stürmen mag.«

Glocken! Tile verkrampfte den Arm um Lupolds Schulter. Ein Vorzeichen; wie zur Bekräftigung setzte draußen über Lodi der Glockensturm ein. Schon klopfte es.

»Während des Jubelgottesdienstes benötige ich heute keine Diener.« Friedrich schritt zur Tür; über die Schulter sagte er rasch: »Erhole dich, mein Freund. Kolup wird sich um deine Wunde kümmern.«

Ehe der Hofmeister einen Blick in den Raum werfen konnte, verdeckte ihm der Kaiser die Sicht: »Geht voraus. Wir wollen Unsere reumütigen Untertanen nicht länger warten lassen.«

Den Medicus lehnte Lupold ab. »So wenig Aufhebens wie möglich, Junge. Der kleine Zwischenfall bleibt unter uns. Kein Gerücht darf entstehen.«

Tile nickte grimmig und führte ihn zum Sessel. Aus der bischöflichen Apotheke besorgte er Spießkraut, Wundpulver, Pinzette, Leinentupfer und verschieden große Verbandsrollen. Bei seiner Rückkehr lächelte Lupold ungeachtet der Schmerzen über das volle Tablett. »Du mußt mich nicht retten, ich komme nicht aus einer Schlacht.«

»Ihr solltet Euer Gesicht sehen.« Streng beugte sich Tile über ihn. »Zum erstenmal müßt Ihr mir gehorchen. Haltet still.« Bald waren alle Scherbensplitter aus dem Fleisch entfernt, die kleinen Wunden abgetupft und das Gesicht vom angetrockneten Blut gereinigt. Eine schmale Binde verbarg den häßlichen Riß an der Stirn. »Hier wird sicher eine Narbe bleiben.«

»Du hast sanfte geschickte Finger, mein Sohn. Danke.«

»Nur Übung, Lupold. Wer mit dem Stichel gelernt hat, Figuren und Gesichter aus dem Holz herauszuarbeiten, der kann auch mit einer Pinzette umgehen.«

Sie sahen sich an. Nach einer Weile flüsterte Tile: »Was ist nur? So war er früher nie. Er darf Euch nicht schlagen, nicht Euch.«

»Es war nicht seine Absicht. Indes, wie unwichtig bin ich an einem Tag wie heute. Seine Machtfülle erstickt mehr und mehr seine Besonnenheit. Davor fürchte ich mich.« Lupold schloß die Augen. »Mag auch der Gipfel nah sein, den Friedrich erklimmen will, ich ahne es fast schmerzhaft: Im höchsten Triumph droht ihm der Anfang seines Unglücks. Und ich bin zu schwach, bin schon lange viel zu schwach, ihn davor zu bewahren.«

»Wie könntet Ihr auch?« Heftig schüttelte Tile den Kopf. »Gewiß, Ihr seid sein Freund, soweit ein Mensch überhaupt einem Kaiser Freund sein kann. Aber vielleicht irrt Ihr Euch. Er, unser Herrscher, er steht mit seinem Verstand, seinem Wissen und seiner Staatskunst weit über allen und allem, das habt Ihr mir immer wieder gesagt. Verzeiht, Lupold, vielleicht hat der Sturz Euch so sehr erschreckt, daß Ihr nur jetzt so düster in die Zukunft seht.«

»Hätte ich unrecht, mein Sohn, ließe ich mich gerne noch einmal zu Boden stoßen.«

Der Dezember 1237 wurde mild. Keine Wolke trübte den Himmel über der Kaiserkrone, auch Papst Gregor drohte nicht mit Sturm, und ungehindert erntete Friedrich weiter vom Baum des Glücks. Auf dem Hoftag zu Padua ergaben sich ihm gleich drei Städte bedingungslos; die Parteigänger Mailands waren auf die Hälfte zusammengeschmolzen.

Eine gute Nachricht versüßte am Weihnachtstag den dreiundvierzigsten Geburtstag des Imperators: Kaiserin Isabella ging zum zweiten Male schwanger; schon in wenigen Monaten würde sie niederkommen. Ihre Ärzte waren zuversichtlich: Ein Sohn kündigte sich an, denn im täglich mit Urin befeuchteten Leinenbeutel hatte der Weizen noch vor der Gerste gekeimt.

Bis in den Nachmittag des Christfestes drängten die Gratulanten zum Thron. Friedrich nahm huldvoll ihre Wünsche entgegen, verschenkte hin und wieder ein Wort des Dankes.

Im Hintergrund wartete sein Kammerherr – quer über die Stirn zog sich eine rote Narbe – und neben ihm sein sarazenischer Diener; wie für alle bei Hof gewohnt, hielt er den Kopf gesenkt.

»Darf ich etwas sagen?«

»Wenn du leise sprichst.«

»Mir fällt gerade ein, daß auch ich heute Geburtstag habe.«

»Ach, Junge, was bildest du dir ein. Seit wann weiß ein Mann deiner Herkunft, an welchem Tag er geboren wurde?«

Nachdenklich fuhr Tile mit der Spitze seines rechten Lederschuhs über den Boden. »Doch ich erinnere mich. Die Bäuerin, meine Ziehmutter, erzählte mir, daß sie mich am Christabend im Ziegenstall gefunden hatte. Als sie mich wegschickte, war ich fünf Jahre alt und ging ins sechste. Später im Kloster hatte ich genug Zeit nachzurechnen. Glaubt mir, ich weiß nicht nur das Jahr, sondern auch den Tag. Heute bin ich dreiunddreißig geworden.«

»Still, Junge. Wir sind hier nicht allein.« Kaum bewegte der Baron die Lippen. »Sobald die Zeremonie beendet ist, gebe ich dir frei, damit du bei Tageslicht an deinem Holz weiterschnitzen kannst.«

Ein Geschenk. In die kleine Freude mischte sich gleich Kummer. Seit Wochen schnitzte er für die sarazenische Magd an einem Blumenbild, nicht größer als ein Handteller; jede Blüte, jedes Blatt arbeitete er liebevoll heraus. Bald ist es fertig, seufzte er, und dann? Nur von weitem hatte er seinen braunen Stern wiedergesehen. So viel Glück umgibt unsern Kaiser; wer weiß, vielleicht streift es mich endlich auch einmal.

Ist die Seele unsterblich? Entflieht sie dem Toten? Nach atemlosen Monaten des Krieges schenkte sich Friedrich wieder Zeit, seine Wißbegierde zu befriedigen. Jeder Mensch hat eine eigene Seele, behaupten die Theologen. Wenn dies zutrifft, überlegte der Kaiser, muß sie eine sichtbare Form haben, sonst würde sie nach dem Hinscheiden des Körpers im Nichts der vielen anderen Seelen aufgehen. Und wie sollte dann die Seele des Guten im Himmel und die des Schlechten in der Hölle fortleben? Entweder ist die Seele beim Entweichen zu erkennen, oder sie geht mit dem Leib gänzlich zugrunde.

Der irdische Herr über Leben und Tod begnügte sich nicht mit philosophischen Thesen, stets suchte er nach sichtbaren und greifbaren Beweisen. »Nur ein Experiment zeigt mir, daß die Dinge sind, was sie sind.«

Ein Tag im Januar 1238, die Luft klar und frisch. Abseits des Lagers hatten Zimmerleute einen Wiesenfleck mit hohen Brettern abgezäunt. Vor dem schmalen Zutritt waren Sarazenen postiert, kein Unbefugter konnte ins Innere sehen, geschweige denn hineingelangen.

Im frühen Vormittag erschien der Kaiser, begleitet von seinen beiden Leibdienern. Ohne Gruß trat er ein, und ehe er sich auf dem Hocker niederließ, überzeugte er sich vom Zustand des schulterhohen offenen Fasses, prüfte den Stopfen am Spundloch. »Sind die Dauben innen zusätzlich mit Pech abgedichtet worden?« Der Küfer nickte, auch der Deckel sei verstärkt worden; alles sei vorbereitet, wie Seine Majestät befohlen habe.

»Das Experiment soll beginnen!«

Tile sah erwartungsvoll zum Eingang; für die Dauer des Versuches durfte er mit Erlaubnis des Kaisers den Kopf frei bewegen. Was genau geschehen würde, wußte er nicht. Auch der Baron war nicht eingeweiht, doch auf dem Weg hierher hatte sich seine Miene mehr und mehr verhärtet.

Ein Mönch schlüpfte durch den Bretterzaun; fest hielt er die Hände vor seiner Brust gefaltet. Ihm folgte Tibaldo, der Leibarzt des Kaisers. Gleich hinter den beiden wurde ein lombardischer Gefangener am Halsstrick hereingezerrt; die Augen verbunden, ließ er sich von Hauptmann Asad bis vors Faß in der Mitte des Platzes ziehen.

Eine Bestrafung? Verstohlen vergewisserte sich Tile mit einem Blick auf den Kaiser. Nein, keine Kälte; im Gegenteil, Friedrich betrachtete den Gefangenen ruhig und beinah freundlich. Nichts, was auf eine Bestrafung hindeutete.

Der Medicus schüttelte den Inhalt einer kleinen Flasche, prüfte die Färbung, schüttelte wieder und trat zu dem gefesselten Mann. Mit schnellem Griff ins Haar bog er den Kopf nach hinten und drückte ihm die Flasche an den Mund. »Trink. Das Elixier wird dir Erleichterung bringen.«

Nach einigem Widerstreben öffnete der Gefangene die Lippen. Bis auf den letzten Tropfen schluckte er die Flüssigkeit, schluckte wieder und wieder; jäh krümmte er sich, zitterte am ganzen Leib, dann rang er nach Atem.

»Er ist soweit«, stellte Tibaldo nüchtern fest und drehte ein Stundenglas. Von hinten wuchtete Hauptmann Asad den Gefangenen an der Hüfte hoch. Kurze Schreie, Füße zappelten, mehr Zeit blieb dem Verzweifelten nicht. Kopfüber wurde er ins Faß geworfen, Wasser spritzte heraus, schon legte der Küfer den Deckel auf und nagelte ihn fest.

Tile spürte, wie sein Mund austrocknete, die Zunge am Gaumen klebte. Bis auf Lupold, der blaß und reglos dastand, und Hauptmann Asad, der unbeteiligt dem Geschehen folgte, war gespannte Neugierde um ihn, mehr nicht. Kaiser, Mönch, Schreiber und Leibarzt reckten die Köpfe vor, horchten und beobachteten.

Aus dem Faß drang Gewimmer, Klopfen. Als die Geräusche schwächer wurden, prüfte Medicus Tibaldo die Sandmenge im unteren Teil des Stundenglases. »Gleich, Majestät. Gleich wird das Gift den Tod bewirken.«

Friedrich erhob sich rasch und winkte dem Mönch, ihm zu folgen. »Tretet näher, Vater. Ihr sollt Zeuge des großen Augenblicks sein.«

Gurgelnde Laute, ein letztes dumpfes Schaben an der Daubenwand, im Faß war es still.

Der Kaiser wartete. »Wie lange, glaubt Ihr, Vater, benötigt eine Seele, ehe sie sich aus dem Körper löst?«

»Sie entsteigt sofort nach Hinsterben des Leibes.«

Unmerklich zuckten Friedrichs Mundwinkel. »Aufgrund der besonderen Umstände geben wir ihr noch etwas Zeit.«

Schweigend warteten sie weiter. »Vielleicht, Vater, kann sie nicht davonfliegen, weil das Faß sie behindert?«

»Versündigt Euch nicht weiter, großer Fürst«, mahnte der Mönch. »Genug, daß Ihr zweifelt, schmäht Gott nicht auch noch mit Eurem Spott.«

»Niemals würde ich die Allmacht Gottes anzweifeln«, gab Friedrich scharf zurück. »Ich sträube mich nur gegen die Lehrmeinung der Kirche.« Er wies den Küfer an, das Spundloch zu öffnen. Wasser sprudelte heraus. »Da, seht Ihr etwas von einer Seele? Nein, Vater, für mich ist der Beweis erbracht: Die Seele geht mit dem Fleisch zugrunde. Wie schon große Philosophen vor mir verneine ich die persönliche Unsterblichkeit.«

Friedrich wandte sich ab, nickte seinen Leibdienern und verließ hocherhobenen Hauptes den abgeschirmten Versuchsplatz.

Draußen bat Lupold: »Mein Kaiser, verzeiht. Ein Unwohlsein. Seit gestern belästigt es mich. Bitte erlaubt mir einen Spaziergang. Nur eine Weile.«

Spöttisch sah ihn Friedrich an. »Seit gestern? Nein, mein

Freund, du mußt dich nicht vor mir verbergen. Ich weiß, wie wenig dich solch ein Experiment erfreut. Geh nur, und nimm Kolup mit. Die Leibgarde wird mich allein begleiten.«

Weit schritt der Baron aus; je weiter sie sich von dem Ort entfernten, um so befreiter atmete er. Tile wollte nicht fragen. Sie erreichten einen Bach, gingen am Ufer entlang, bis sie einen Steg fanden. Mitten auf der kleinen Brücke blieb Lupold stehen und stützte die Arme auf das Geländer.

Unter ihnen strudelte das Wasser. Nach einer Weile sagte der Weißhaarige: »Auch ich glaube, er versündigt sich. Weißt du, Tile, immer habe ich seinen Wissensdurst bewundert.«

Leise berichtete er über die genauen Beobachtungen der Tierwelt, das Abrichten von Falken, das Zähmen der Jagdleoparden, das Forschen nach den Geheimnissen der Natur und der Gestirne, von der Leidenschaft des Kaisers an Mathematik, Philosophie und anderen Wissenschaften. »Mit Recht verdient unser Herr unsere Bewunderung. Und Stolz erfüllt mich, sobald Gäste und fremde Gelehrte durch seinen überragenden Geist in Staunen versetzt werden.« Der alte Mann strich mit der Hand über den Geländerbalken. »Schwer nur fällt es mir ... nein, Furcht befällt mich, begreifst du, mein Junge, wenn Friedrich vor Menschen nicht haltmacht, wenn er in seiner ungezügelten Neugier solche Experimente mit Menschen durchführt. Damals nach dem ersten furchtbaren Versuch redete ich mir ein, daß Friedrich ihn aus einer einmaligen Laune vorgenommen hatte. Und es schien auch so zu sein. Er ersann die sonderbarsten Proben, um Antwort zu finden; dafür scheute er keinen Aufwand. Zum Beispiel ließ er eine Magd in der Achselhöhle ein Gänseei ausbrüten; wochenlang mußte die Arme unter strengster Beobachtung still daliegen.« Ein schwaches Lächeln glitt über das Gesicht, gleich furchte Lupold wieder die Stirn. »Heute aber, dieses Experiment war das zweite, bei dem der Tod beabsichtigt war, und es beweist mir, daß er ohne Rücksicht auf das Leben bereit ist, seinen Forscherdrang zu befriedigen.«

Vorsichtig fragte Tile nach.

»Drei oder vier Jahre muß es her sein«, überlegte Lupold. »Ja, wir waren noch am kaiserlichen Hof zu Foggia, und damals lebte Michael Scotus noch.«

Friedrich beschäftigte die Frage, wie schnell Speise im Magen verdaut wird. Aus diesem Grund ließ er zwei Gefangenen ein Mahl auftischen; jeder erhielt die gleiche Menge an Brot, Fleisch und Obst. Den einen legte er schlafen, den anderen schickte er auf die Jagd. »Am Abend dann ... Ich höre noch ihre Schreie, rieche noch die säuerliche Ausdünstung, die sich im Raum verbreitete. Am Abend wurde beiden Männern der Bauch aufgeschnitten, bei lebendigem Leib. Kein Gift hatte sie vorher betäubt oder erlöst, weil es das Ergebnis verfälschen könnte. Und während sie schrien, bis sie starben, untersuchten Ärzte, in Anwesenheit des Kaisers, die herausgezogenen und aufgetrennten Därme.« Lupold schlug die Faust auf das Geländer. »Mir fällt es schwer, darüber zu reden. Komm, mein Sohn, wir haben unsern Spaziergang schon viel zu lange ausgedehnt.«

Während des Rückwegs fragte Tile unvermittelt: »Liebt Ihr unsern Kaiser?«

»Ja, Junge, dennoch. Weil ich ein Stück von ihm bin. Würde er mich verstoßen, hätte mein Dasein keinen Inhalt mehr. Lasse keinen inneren Zweifel zu, Junge, denn ich weiß, auch dir bleibt lange schon nichts anderes mehr übrig, als ihm all deine Treue und Liebe zu geben. Wir sind beide auf Leben und Tod an ihn gebunden. Ganz gleich, ob sein gottgleicher Triumph weiter anhält oder, was ich befürchte und nicht wünsche, sein Weg hinabführt. Auch dann werden wir seine Diener sein.«

Ein Sohn! Ein Prinz! Vivat dem Kaiser! Vivat der Kaiserin Isabella! Zwei Boten brachten die Nachricht vom nicht weit entfernten Landsitz ins Hoflager bei Turin. »Mit großer Freude und Dankbarkeit läßt Eure Gemahlin die Geburt eines Sohnes mitteilen.« Prinz und Mutter seien wohlauf.

Friedrich ließ Weinfässer in den Zeltgassen aufstellen. »Gebt den Trinkspruch aus: Lang lebe Prinz Carlottus, der Sohn des glücklichsten Kaisers!«

Spielleute griffen nach ihren Instrumenten. Von einer Stunde zur anderen blühte das Fest im Lager auf: Da tranken Ritter mit Mönchen und Notaren, da tanzten Knappen und Pferdeknechte mit Troßweibern und Mägden. »Carlottus! Hoch lebe der Sohn unseres Kaisers!« Musik und Wein, im seligen Jubel endete der Geburtstag. Es war der 18. Februar 1238.

Erfolg gebiert den Erfolg; den Beweis erbrachte das Frühjahr. Ungehindert konnte Friedrich weiter vom Baum des Glücks ernten. Bald gehorchte ihm die westliche Lombardei, bald hielt er auch die Hügel und Täler der Toscana in seiner kaiserlichen Hand. »Jeder Fisch in den Gewässern ist nun ein getreuer Vasall des Kaisers«, wurde unter den Notaren der Kanzlei getuschelt.

Blieb noch Mailand, das Haupt, und mit ihm die fünf anderen Städte, die sich neu verbündet hatten und bereit waren, bis zum Tod ihre Freiheit zu verteidigen.

»Allein dieser parteisüchtige Haufe leistet mir noch Widerstand!« rief Friedrich beim Mahl mit seinen engsten Vertrauten und wischte verächtlich die Becher vom Tisch. »Verfaultes Kraut auf dem Speicher, Unrat in der Kloake, mehr nicht! Und ich versichere Euch, werte Freunde, alles soll nun aufgeboten werden, dieses letzte Übel zu vernichten.«

Schreiben gingen an die Königshäuser und Fürstentümer im Westen und Osten. »Euch und alle Herrscher des Erdenrunds geht dieses an ...« Die Bitte des Herrn der Welt war den Monarchen Befehl; niemand wollte zurückstehen, versprach doch die Sonne des glorreichen Augustus niemals unterzugehen. Sie boten ihren Arm für den Kampf gegen die Rebellen.

Und das Heerlager bei Verona wuchs bis zum Juli 1238 zu einer gewaltigen Zeltstadt an. Wappenfahnen flatterten; Sprachgewirr herrschte unter den Söldnern und Rittern. Nicht nur aus Deutschland, von England, Frankreich und Spanien, aus Ungarn und

Griechenland waren Hilfstruppen eingetroffen; selbst der ägyptische Sultan hatte Unterstützung entsandt.

Zuversicht bestimmte den Tag. Noch lag die buntschillernde Riesenechse träge in der Mittagsglut vor der Arena, dem wuchtigen, aus der Römerzeit stammenden Amphitheater. Bald, nach dem Hoftag, würde sie sich aufmachen, um Stadt für Stadt zu verschlingen. Das kleine Brescia sollte die erste Beute sein.

Im späten Nachmittag wurde die Hitze etwas erträglicher, und Verona lebte auf. Tile wartete, an eine Hauswand gelehnt; in der Gürteltasche verbarg er das kleine Holzbild. Seinen Platz hatte er sorgfältig ausgewählt: Hier verengte sich die schattige Gasse, und selbst der Eiligste mußte den Schritt verlangsamen. Hier würde die Sarazenin auf dem Rückweg vom Markt zum Palazzo vorbeikommen.

Tile hatte sich entschlossen. Seit einer Woche war der Hofstaat Gast bei Ezzelino, dem Gewaltherrscher über Verona und getreuen Vasall des Kaisers. Wer weiß schon, wann ich die Magd wiedersehe? Anfang August sollte der Kriegszug beginnen. Also: Lagerleben, endlose Wochen, vielleicht Monate, in denen er nicht mehr so leicht in ihre Nähe gelangen konnte, ohne daß ein Eunuche gleich zur Stelle war. Der Stadtaufenthalt bot ihm die letzte Gelegenheit, denn auf den Markt ging seine Schöne nur in Begleitung einer, höchstens zwei anderer Mägde.

Geruch nach Gewürzen und Kräutern stand in der sommerschweren Luft, das Schwatzen der Leute fing sich zwischen den hohen Hauswänden. Und wenn die Angebetete erschreckt vor ihm auswich? Er wußte nichts von der Art, wie ein Sarazene sich einer Sarazenin näherte.

Sofort unterdrückte Tile seine Zweifel. Sie weiß ohnehin, daß ich keiner der ihren bin. Ein Mann zeigt einer Frau, daß er sie begehrt. Mehr wollte er heute nicht.

Tonlos probte er noch einmal die wenigen arabischen Worte, die er mit viel Geschick bei Hauptmann Asad erfragt hatte. Selbst wenn die Magd ihn nicht verstand, er würde ihr das Geschenk geben und mit ihr sprechen.

Die beiden blauen Kopftücher entdeckte er sofort im Strom der Leute. Schlanke Gestalten, jede trug einen Korb voller Früchte und Kräuter. Am Gang glaubte er seine Schöne zu erkennen und wußte es erst, als sie fast schon auf seiner Höhe war. Tile löste sich von der Hauswand und trat den Sarazeninnen in den Weg. »*Na-haarak sa-iid.*«

Der braune Stern über der rechten Braue hob sich ein wenig. »*Na-haarak sa-iid.*«

Die Begleiterin legte die Hand vor den Gesichtsschleier, hastig flüsterte sie, wollte weiter, wurde von der Freundin zurückgehalten; schließlich wandte sie sich halb zur Seite und wartete.

Voll Wärme sahen die schwarzen Augen zu ihm auf. Schutzlos wie beim erstenmal traf ihn der Blick; Tile fühlte den Schmerz, und vergessen waren die vielen Menschen. So bleiben. Er trank von ihrem Blick, und sein Blick erzählte, welche Sehnsucht ihn erfüllte, bis sie die Lider senkte.

»Nicht, das wollte ich nicht.« Beinah erschreckt zog er sein Geschenk aus der Gürteltasche. »Hier, für dich, ich ...«, er brach ab und wiederholte in holprigem Arabisch: »*Ha-diijal. Li ki.*«

Sie nahm das Holzbild, betrachtete es, ließ den Finger über einen der zarten Blütenkelche gleiten; während sie Tile wieder ansah, drückte sie das Geschenk an den verschleierten Mund, dann schob sie es in die Kittelfalten unter ihren Brüsten.

»*Schukran.*«

Der Name! Sie durfte nicht weitergehen, ohne daß er den Namen wußte und sie den seinen. Das Tauschen der Namen war ein erstes Siegel, ein Versprechen.

»*Ismii* Tile.«

»Tile«, wiederholte sie. »*Ismii* Farida.«

Was hieß »warten« in ihrer Sprache? Er wollte fragen, ob Farida bereit war, auf ihn zu warten. Tile rieb die Stirn unter seinem Turban. Hauptmann Asad, wie, verdammt, hatte er das Wort ausgesprochen? Nur an den Klang vermochte sich Tile zu erinnern und ahmte ihn nach.

Der Stern zuckte über der Braue, ein leises Lachen hinter dem Schleier. Farida gab einige Worte zur Probe.

»Das ist es. Ja, *in-tsdra*.« Den Rest fragte er, indem er auf sie, dann auf sich selbst zeigte. »*In-tsdra?* Wir beide.«

Für einen Moment sah sie zu Boden; Tile verstand nicht, was sie sagte, doch dann hob sie die dunklen Wimpern. »*La-challa*, Tile.«

Farida berührte seine Hand, nickte kaum merklich und wandte sich ab. Schnell ging sie mit ihrer Freundin weiter.

Als sie in der Menge entschwunden waren, faßte Tile nach seinem Turban. Um ein Haar hätte er ihn sich vom Kopf gerissen und in die Luft geschleudert. So aber drehte er sich auf der Stelle im Kreis; die verwunderten Blicke der Vorbeigehenden kümmerten ihn nicht. »*La-challa!*« Sofort, sobald er im Palazzo zurück war, mußte ihm Hauptmann Asad dieses Wort übersetzen.

Glück beflügelt nicht allein den Schritt, auch die Gedanken, und von ihm getragen, lassen sich leichter Hindernisse überwinden. An diesem Nachmittag sah Tile nur seinen braunen Stern. Ohne behutsames Vortasten fragte er den Führer der kaiserlichen Leibgarde direkt, bedankte sich für die mürrische Antwort mit einem vergnügten: »*Schukran*«, und eilte weiter.

Vielleicht, *la-challa* bedeutete vielleicht! Und Farida hatte seine Hand berührt, als sie es sagte, und genickt. Vielleicht und diese Geste, das war mehr, als Tile sich von der Begegnung vorher ausgemalt hatte. »Vielleicht kann ich sie wiedersehen, noch ehe wir nach Brescia aufbrechen.« Kühner wurde die Phantasie. »Allein. Vielleicht treffen wir uns sogar allein, irgendwo draußen vor der Wehrmauer am Ufer der Etsch.« Sein Baron würde ihn verstehen, mußte ihm freigeben.

»Ich liebe eine Sarazenin«, flüsterte Tile dem alten Mann wenig später im Vorzimmer der kaiserlichen Gemächer zu.

Lupold fuhr zusammen. »Was sagst du? Nein, wiederhole es nicht, nicht hier! O großer Gott, steh uns bei.« Mit einem Wink befahl er Tile zu folgen und eilte vor ihm her durch die Flure, die breitgeschwungenen Treppen hinunter; erst weit draußen im Palastgarten blieb er an einem versteckt gelegenen Teich stehen. »Du zerstörst selbst dein Leben?« stieß er zwischen den Zähnen hervor. »Du unbeherrschter Narr hast gewagt, eine der Gespielinnen unseres Herrn anzutasten? Ich kann es nicht glauben.«

Heftig schüttelte Tile den Kopf, doch er kam nicht zu Wort.

»Nein, schweig! Sobald dieses Verbrechen entdeckt wird, ereilt dich furchtbare Strafe. Wenn Friedrich gnädig ist, wird er dir nur die Peitsche geben lassen und dich einkerkern. Doch selbst ein Verlies vermag dich nicht vor der Rache des verantwortlichen Eunuchen schützen. Er wird ...«

»Falsch! Nein, Lupold, was Ihr glaubt, ist falsch!« unterbrach Tile zornig. »So hört mich doch erst einmal an!«

»Ein Irrtum, sagst du? Nichts wäre mir lieber.« Der Baron verschränkte die Arme. »Ich warte.«

»Sie ist keine der Gespielinnen. Ihr könnt beruhigt sein. Farida gehört zur Dienerschaft des Harems.« Er begann beim Tag des Lorbeerkranzes und berichtete ausführlich vom Seidenschal, von seinem sehnsüchtigen Warten all die Monate bis zur Begegnung heute vor wenigen Stunden.

»Eine kleine, unbedeutende Magd, und nichts ist zwischen euch bisher vorgefallen? Du ahnst nicht, wie sehr ich erleichtert bin, mein Junge.« Der Baron ließ sich auf einem Stein am Rand des Teiches nieder.

»Ich muß Farida wiedersehen. Bald. Bitte, helft mir.«

»Das wird unmöglich sein. Deine Schöne ist Sarazenin, aber das allein ist nicht die größte Hürde. Nein, verbanne sie aus deinem Herzen. Oder begnüge dich mit Träumen.«

»Träume!« empörte sich Tile. »Ich habe genug geträumt, jede Nacht. Ich liebe sie und will endlich mehr als nur träumen.«

Der Baron betrachtete ihn mit leichtem Schmunzeln. »Seltsam. Diese Worte habe ich schon einmal gehört. Damals buhlte zwar ein junger König um seine Angebetete, um die schöne Adelheid. Aber die Ungeduld scheint bei dir gleich zu sein. Gut, ich werde unsern Kaiser für dich um Erlaubnis bitten.«

»Danke!« Tile ergriff die Hand. »Danke.«

»Erhoffe dir nichts, mein Junge, außer ein wenig Glück, und auch das Wenige wird karg bemessen sein.«

»Wenn unser Kaiser einwilligt, dann muß es einen Weg geben. Und ich werde ihn finden.«

»So weit sind wir noch nicht.« Lupold strich durch sein weißes Haar. »Zunächst bin ich von der Sorge befreit, daß du nicht, angeregt durch die kaiserlichen Lustnächte, auf eine der nackten Schönen unseres Herrn verfallen bist.«

Während sie zum Palast zurückgingen, berichtete er von den Gepflogenheiten der glatzköpfigen Eunuchen. Wer es wagte, sich verbotenerweise einer ihrer Schutzbefohlenen zu nähern, dem schnitten sie die Hoden ab.

»Am Hof zu Foggia war ich wider Willen selbst einmal Zeuge: Ein dummer, betrunkener Knappe war von Umar bei einem Versuch ertappt worden. Ehe jemand einschreiten konnte, hatte der Koloß dem Mann die Beinkleider heruntergerissen und ihn entblößt über sein Knie gebogen. Umar stülpte eine Stahlhülle über den rechten Daumen, sie ist vorne messerscharf geschliffen...« Der Baron beendete den Satz nicht. »Deshalb, Junge, war ich vorhin so entsetzt.«

Zwei endlose Tage verstrichen – unnütz, weil Tile sein Wort gegeben hatte, die Geliebte nicht wiederzusehen, ehe Lupold mit dem Kaiser gesprochen hatte. Am Abend vor dem Hoftag ergab sich endlich die Gelegenheit.

Friedrich saß im Badezuber; entspannt und mit sichtlichem Genuß gab er sich der Pflege seiner Diener hin. Während er für Tile einen Fuß auf den Rand setzte und die Nägel geschnitten und gefeilt wurden, lehnte er den Kopf zurück und ließ sich von Lupold die Bartstoppeln schaben. »Glaubst du, ich habe zuviel Fett angesetzt?«

»Fühlt Ihr Euch behindert, mein Kaiser?« Lupold setzte vorsorglich die Klinge ab und ergänzte trocken: »Nicht Reiten oder Jagen; ich meine, stört Euch der Bauch bei einer gewissen Beschäftigung?«

»Du erstaunst mich, mein tugendhafter Freund. Freiwillig schneidest du dieses Thema an? Ich dachte wirklich nur an die Fettpolster, ob sie meiner Statur und Gesundheit abträglich sind. Aber nun, da du selbst auf den Beischlaf hinweist, bin ich gern bereit, dir Auskunft zu geben.« Zur Anschauung griff er ins Wasser und faßte das Zepter, betont lehrerhaft dozierte er: »Nicht nur, doch auch die Länge, vor allem aber die geschickte Anwendung des Penis, gepaart mit phantasievoll gewählter Stellung läßt einen Bauch nicht zum Hindernis werden.«

Im gleichen Ton antwortete Lupold: »Dann, mein Kaiser, darf ich bemerken: Ihr habt keinesfalls zuviel Fett angesetzt. Und bei Eurem schier unerschöpflichen Einfallsreichtum ist dies auch in Zukunft nicht zu befürchten.« Er beschäftigte sich wieder mit den Bartstoppeln.

Leise bat Tile um den anderen Fuß. Friedrich setzte seine linke Ferse auf die Bottichkante.

»Wann, lieber Freund«, der Spott war deutlich herauszuhören, »du wirst mir meine Neugier verzeihen, wann hast du zum letztenmal deiner Sabrina beigewohnt?«

»Als Prinz Carlottus getauft wurde.« Offen gestand der Kammerherr, daß er während des Besuches auf dem Landsitz der Kaiserin mit Sabrina zusammen gewesen war. »Wir sind alt, und selten genug erlauben es die Umstände; dennoch ist uns die Lust erhalten geblieben.«

Friedrich schnappte nach dem Handgelenk und hielt es fest: »So kenne ich dich nicht, mein Freund. Nie würdest du so ungeniert von deinen Sinnesfreuden reden. Was ist der Grund? Heraus damit.«

»Wie gut Ihr mich kennt!« Lupold seufzte und deutete auf Tile. »Er bereitet mir Kopfzerbrechen. Ich will es mit Eurem Wort umschreiben: Sein Lendendurst beschäftigt mich. Vielleicht aber ist es auch mehr als das. Kurzum, Kolup empfindet Liebe und Leidenschaft zu einer Eurer Mägde.«

Tile fühlte das Blut aufsteigen, hielt den Atem an und mußte sich mühen, die Feile weiter sorgsam und sicher über den Zehennagel zu reiben.

»Aber, Lupold! Samendruck schmerzt und staut Unruhe auf. Welcher Knecht in seinem Alter sucht nicht nach Erleichterung? Wozu glaubst du, gibt es so viele Weiber in meinem Troß?« Friedrich ließ das Handgelenk des Kammerherrn los. »Nein, nein, du würdest nicht damit zu mir kommen. Was also bereitet dir Sorge?«

»Unglücklicherweise ist Kolup auf eine Sarazenin verfallen. Eine Magd Eures Harems.«

Friedrich schloß die Augen. Nach einer Weile sagte er leise: »Er hat einen auserlesenen Geschmack, unser blauäugiger Sarazene.« Die Finger spielten über den Zuberrand. »Allein, ist es verwunderlich, mein Freund? Ständig hält er sich in der Nähe seines Kaisers auf, warum also soll ich erzürnt sein, wenn er sich seinen Herrn zum Vorbild nimmt?«

Tile hob entrüstet den Kopf; der warnende Blick Lupolds befahl ihm zu schweigen.

Jäh schlug Friedrich die Faust ins Wasser, er blickte den Diener hart an: »Ich gebe meine Erlaubnis, Kolup, weil du tüchtig und treu bist, weil selbst du ein Stück von mir bist, für das ich Sorge trage.«

Tile fühlte sich von dem Blick gebannt. Es ist wahr, dir gehöre ich, dachte er. Wie recht mein Baron hat, nie werde ich, nie will und kann ich mich aus eigener Kraft von dir lösen. Erst der zweite Gedanke galt Farida. »Danke, mein Kaiser. Danke.«

Vorsichtig beugte sich Lupold vor. »Verzeiht, bedenkt, die Magd gehört zum Harem. Darf ich Eure Erlaubnis als Befehl den Eunuchen weitergeben?«

Friedrich schnippte gelangweilt. »Dir werden sie nicht glauben, Kammerherr. Bei Gelegenheit erinnere mich, daß ich die Anweisung selbst gebe. Solange wird sich Kolup bezähmen müssen.«

Die Riesenechse hob das Haupt, zu Fanfarenklängen setzte sich der gewaltige eisengeschuppte Leib in Bewegung. Hinter ungezählten Reitern und Fußknechten folgte die schillernde Pracht des kaiserlichen Hofstaates; weder auf den Harem noch auf seinen exotischen Tierpark wollte der Herr der Welt während der Eroberung von Brescia verzichten.

Nach zwei Tagen legte sich der Drache um die kleine Bergstadt und spie brennende Pechtöpfe, lodernde Pfeile und glühende Eisenbrocken über die Mauern.

Keine weiße Fahne wurde gehißt.

Rammböcke gegen die Tore, Mauerbrecher kamen zum Einsatz; ohne Erfolg. Die Verteidiger kämpften, verbluteten auf den Wehrgängen, und todesmutig ersetzten ihre Kameraden die gerissenen Lücken.

Nach drei Wochen rollten Holztürme von allen Seiten auf die Mauer zu. Im Schutz der fahrbaren Burgen teilten Schleuderer und Bogenschützen tagelang ungehindert den Tod aus. Tapfer und verzweifelt gelang es den Bürgern endlich, die Türme in Brand zu schießen; gleichzeitig wagten andere einen Ausfall und hieben die hölzernen Monster in Stücke. Ihre Gefangenen knüpften sie außen an der Stadtmauer auf.

Brescia hielt der Übermacht stand.

Nach sechs Wochen brach eine Seuche im kaiserlichen Lager aus und wütete unter den Rittern und Eisenknechten. Im Angesicht der großen Verluste bemühte sich Friedrich, die Brescianer zu einer freiwilligen Übergabe zu bewegen. Vergeblich, der in die Stadt gesandte Unterhändler verriet ihn und forderte die Bürger auf, weiter Widerstand zu leisten.

Nach kaum mehr als zwei Monaten, am Morgen des 10. Oktober 1238, tönte ein Hornsignal über die Zelte der Belagerer, langgezogen, nicht aufmunternd, nicht zum Angriff fordernd. Friedrich, der unbesiegbare Feldherr, gab auf, war gescheitert am Mut einer kleinen Felsenstadt. Noch am selben Tag entließ er die Hilfstruppen der befreundeten Monarchen, schickte sie zurück nach England, Spanien, nach Griechenland ... Nur die schwäbischen Ritter mit ihren Knappen und Fußknechten wollte er weiter in seinem Sold halten.

»Eine einzelne dunkle Wolke, mehr nicht«, sagte er abends zu Erzbischof Berard. »Sie wird weiterziehen und im Horizont bald vergessen sein.« Und dem sprachgewaltigen Petrus von Vinea befahl er: »Schreibe vom Sieg der Vernunft, vom Rückzug, der in Kürze, wenn Wir neue Kräfte gesammelt haben, den wahren Untergang der rebellischen Städte herbeiführen wird.«

Kein Wort sprach er spät in der Nacht mit den Leibdienern. Lupold umsorgte ihn schweigend, schüttelte das Kissen auf und deckte seinen Kaiser zu.

Lange saß der Kammerherr auf der Strohmatte neben Tile. »Weißt du, Junge, noch nie hat Friedrich verloren«, flüsterte er. »Bis heute war stets das Glück auf seiner Seite. Wenn ich ihn früher besorgt ermahnte, lachte er übermütig: Wir sind auf einem Glücksschiff! Und es war auch so. Komm, setze dich zu mir, Junge. Ich bin zu aufgewühlt und kann ohnehin nicht schlafen.«

Tile rückte näher.

»Damals erreichten wir Konstanz, drei Stunden vor dem Welfenkaiser. Der Tisch war schon gedeckt ...«

rescia hat dem Kaiser die Stirn geboten! Schon an Brescia ist der Kaiser gescheitert! Vermeidet eine offene Schlacht, und der Herr der Welt ist zu besiegen! Jubel, neue Zuversicht breitete sich in den Rebellenstädten aus.

Die Nachricht flog nach Rom. Papst Gregor raffte sich auf, vergessen waren alle körperlichen Beschwerden. Steinalt, dennoch ungebrochen in seinem Haß, diesen übermächtigen, selbstherrlichen Staufer zu bezwingen, sah er seine Stunde gekommen. Unverzüglich ließ er Legaten der Kurie ausschwärmen. In der Lombardei weckten und schürten sie den Widerstand; binnen weniger Wochen gewann die Papstpartei ihre verlorene Macht zurück, und Friedrich mußte sich verantworten. Die Anklage umfaßte vierzehn Artikel: Ihm wurde Vertragsbruch, Mißachtung vorgeworfen, Sünden gegen die Kirche und ihr Oberhaupt, die, wenn er sich nicht reumütig zeigte, sogar den erneuten Bannspruch zur Folge haben müßten.

Der Kaiser spottete über die Vorwürfe und ihre Überbringer: »... Wir konnten trotz ernsten Nachdenkens nicht erraten, was diese Gesandtschaft eigentlich wollte. Ihr Anliegen enthielt weder Form noch ein Programm ...«

Und er holte zum Gegenschlag aus: Im Herbst 1238 hob er Prinz Enzio an seine väterliche Seite. »Du bist mein Ebenbild in Wuchs und Antlitz. Du, das Licht meines Herzens.« Drei Feste verschmolzen zu einem Fest. Nachdem der strahlende junge Mann als staufischer Kaisersohn legitimiert und der Ritterschlag vollzogen war, verheiratete Friedrich ihn mit Adelasia, einer glutäugigen Prinzessin, die zwei sardische Provinzen als Morgengabe einbrachte. Der Kaiser zögerte nicht und rief den zwanzigjährigen Enzio zum König Sardiniens aus.

Die Haßwunde war aufgerissen, denn die sardische Insel war päpstliches Lehen, das Eigentum des Heiligen Stuhls! Jede Warnung, jede Drohung schlug Friedrich in den Wind: »Ich habe geschworen, die zerstreuten Güter des Reiches wieder zu sammeln und werde nicht ablassen, dies zu tun.«

Die Giganten standen sich gegenüber, der Mächtigste der Kirche und der Mächtigste des Reiches. Jeder lauerte auf den nächsten Schlag, und angespannte erstickende Stille stülpte sich über das Land.

Anfang Januar, der Winter war mild und sonnig, ritten Boten nahe Padua durchs Tor des Klosters Santa Justina! Der Kaiser kündigte sein Kommen an, um dort Winterquartier zu nehmen. Welch eine Ehre für Abt Arnoldus und seine Mönche!

Kaum aber traf der hochherrschaftliche Gast ein, erbleichten die frommen Männer. Nicht enden wollte der Zug, der sich nach dem Regenten ins Klostergelände drängte: Notare, Schreiber, Berater, die Hofkanzlei, Dienerschaft, Pferde und Knechte, damit konnten sich die Mönche noch anfreunden; beim Eintreffen der verschleierten Sarazeninnen und ihrer glatzköpfigen Wächter bangten sie um den sittsamen Frieden ihres Klosters; der Anblick des Tierparks jedoch stürzte sie in blankes Entsetzen. Ganz abgesehen von Hunden und Falken wurde zunächst der Elefant hereingeführt und nach ihm fünf Jagdleoparden. Dann aber – flüsternd zählten die Patres, zählten, kein Irrtum: Eine Herde von vierundzwanzig Kamelen ließ sich auf der Wiese vor dem Refektorium nieder.

Der Cellarius rang die Hände: »Mensch und Tier müssen untergebracht werden, sie alle müssen essen und trinken, saufen und fressen. Wie, bei allen Heiligen, soll ich das fertigbringen?«

»Vertraue auf Gott, Bruder, wie es Noah tat«, beruhigte ihn Abt Arnoldus. »Für die nächsten Monate ist unser Kloster eine kaiserliche Arche. Öffne Keller und Vorratsspeicher, an nichts darf es unsern Gästen mangeln. Und ich bin gewiß, unsere Freigebigkeit wird von Seiner Majestät mit großzügigen Geschenken erwidert werden.«

Tile durfte Farida sehen. Heute. Er wartete vor dem abseits gelegenen, streng bewachten Gästehaus. Seit der Ankunft im Kloster Santa Justina waren zwei Monate vergangen, und viermal schon hatte er in dieser Zeit von Lupold einige Stunden frei bekommen, um die Geliebte zu treffen. Sie waren gemeinsam nach Padua auf den Markt gegangen. Blicke und Gesten halfen mühelos über fehlende Worte hinweg. Einen einzigen Atemzug lang hatte Tile bisher ihr Gesicht sehen dürfen, heimlich, als kein Fremder in der Nähe war, und dieser Moment fügte endlich das Bild zusammen.

Nun stand der braune Stern nicht mehr allein über dem Brauenbogen, den langen Wimpern und dunklen Augen, er wachte auch über den sich weich öffnenden Nasenflügeln, den vollen Lippen. Wie oft hatte er in Gedanken über das kleine Kinn gestreichelt, hatte dem Finger erlaubt, langsam dem Halsbogen hinunter zu folgen.

Ungeduldig ging Tile auf und ab. Dieser Eunuche ließ sich Zeit; wann endlich brachte er Farida nach draußen?

Kaiser Friedrich war heute zum Jagdausflug ins westliche Gebirge geritten. Ehe Tile fragen konnte, hatte Lupold entschieden: »Nur ich begleite die Gesellschaft. Ein Tag im Sattel und die milde Frühlingsluft werden mir guttun.« Keine Miene verriet ihn. »Bleibe du auch nicht in diesem dunklen Gemäuer, Junge. Nutze die Zeit, und verschaffe dir etwas Bewegung.« Als wäre es ihm beinah entfallen, setzte er hinzu: »Richtig. Ich ließ im Harem Bescheid geben. Du darfst sie abholen.«

Mein Baron, dachte Tile voll Wärme, er sorgt sich um mich wie ein wirklich guter Freund.

Der Eunuche trat ins Freie; von seinem massigen Leib verdeckt folgte Farida. Bis auf wenige Schritte näherte er sich Tile, ein verächtlicher Blick streifte Turban und sarazenische Kleidung des Christen, dann wandte das specknackige Ungetüm sich ab und kehrte zum Haus zurück.

»*Na-haarak sa-iid*, Farida.«

»*Na-haarak mubarak*, Tile.« Ihre Augen lächelten; mit dem Kopf nickte sie zum Klostertor.

Erst als Farida draußen an der Wegkreuzung stehenblieb, nicht in Richtung Padua weiterging, sondern über die blühenden Wiesen zum sanft ansteigenden Hügel und zu den vereinzelten, weit auseinander liegenden Baumgruppen blickte, fiel Tile auf, daß sie heute keinen Korb trug. Sie will nicht zur Stadt, nicht auf den Markt; er wagte kaum an sein Glück zu glauben, stand unschlüssig da, bis das Mädchen ihn am Ärmel zupfte und den Pfad durch die Wiesen einschlug.

»*Cha-biib*«, sagte er leise. Das Wort hatte er von ihr gelernt, und da er ihren Augen glaubte, hoffte er, daß es Geliebte bedeutete; auch sie nannte ihn manchmal »*Cha-biib*«. Und selbst wenn es nicht so war, er gab diesem Wort Sehnsucht und Zärtlichkeit.

Sie schwiegen, gingen eng nebeneinander den Hügel hinauf. Als sie fast die Kuppe erreicht hatten, sah Farida ihn an und fragte in ihrer Sprache etwas.

»Nichts versteh' ich«, lachte er. Mit einer Geste erklärte sie ihm, daß ihr warm sei, und zeigte zu einer kleinen Piniengruppe hinüber.

»Ja, laß uns ausruhen. Komm.« Flüchtig säuberte er den schattigen Grasplatz von Steinen und Ästen, und sie setzten sich, blickten ins Tal hinunter und schwiegen wieder. Der Wunsch, er wurde stärker. Tile hoffte, daß sie seinen Herzschlag nicht hörte, und behutsam legte er den Arm um ihre Schultern; kaum merklich versteifte sie sich, wich etwas zur Seite. Da warf er sich auf den Rücken und starrte zum dunklen Pinienschirm hinauf. Was war falsch? Er wollte sie nicht bedrängen und wollte doch. Laß ihr Zeit, Kolup, befahl er sich, sonst zerstörst du vielleicht, was schon erreicht ist.

Mit einem Mal sah er ihre Augen, Farida beugte sich über ihn; wie ein Vorhang fiel das schwarze Haar um sein Gesicht. Sie hatte Kopftuch und Schleier abgelegt, lächelnd neigte sie sich tiefer und ließ ihre Lippen auf seinen Mund sinken. Nichts blieb von der Welt bis auf den Kuß. Tile glaubte Farida zu trinken, spürte ihre Zunge, so nah war ihr Atem. Er umschlang die Schultern. Sie wischte ihm den Turban vom Kopf, wühlte die Finger ins Haar, und der Kuß dauerte an. Tile zog ihren Körper halb auf sich, dabei glitten ihre festen Brüste über sein Hemd. Farida rieb sie hin und her, und für einen Moment drückte sie ihren Schenkel auf seine harte Mitte. Gleich löste sie sich von seinem Mund, schöpfte tief Atem und ließ die Zungenspitze zwischen weißen Zahnreihen spielen, als wollte sie den Genuß herauszögern, und dann küßte sie ihn um so heftiger.

Kein Vorsatz mehr, nur ein Ziel. Tiles Hände wachten auf. Er zerrte an den geschlungenen Falten ihres seidigen Obergewandes. Sie half ihm, rollte sich auf den Rücken und lag entblößt bis zur Hüfte da; sanft saugte er sich an einer der Knospen fest und benachteiligte die andere nicht. Seine Hand glitt tief in den Bund der Pluderhosen: kein Haar, die Wölbung zwischen den Schenkeln war glatt wie Samt. Kaum gerieten seine Fingerkuppen in die Nähe des Verstecks, wimmerte Farida, ihr Schoß zitterte; dann wurde sie ungeduldig, winkelte die Beine an, streifte mit seiner Hilfe ihre Hose unter den Rundungen weg, streifte sie allein weiter, während Tile seine Kleider herunterriß.

»*Cha-biib. Cha-biib*«, lud sie ihn ein, bot Platz zwischen den Schenkeln. Keine Aufmerksamkeit für ihre Körper, die Blicke vereinigten sich. Tile sank nach vorn, spürte ihren Griff um den Schaft, wie sie die Kuppe in ihr Tor führte. Er drang weiter – so lang ersehnt, dachte er, nicht aufhören – und glaubte, eine warme Wunderwelt nehme ihn auf.

Farida umschloß seine Hüfte mit den Beinen, ihre Fersen begannen seinen Hinterbacken den Rhythmus zu diktieren, schneller forderten sie, und nie gehorchte Tile einem Befehl mit solch lustvoller Leidenschaft. Aus dem Keuchen wurde lautes Stöhnen; Farida warf den Kopf hin und her und kündigte aufschreiend ihren Sieg an. Tile fühlte, daß er ihrem Glück folgen mußte. So darfst du es nicht! Und doch war der Ausbruch nicht mehr aufzuhalten, fast gewaltsam riß er den Dorn aus dem Kelch, kniete vor ihr, und der Saft schoß in Stößen über ihren Bauch, den Nabel hinauf bis zu beiden Hügeln. »O mein Gott, oh, Farida!«

»Tile, *anta cha-biib. Anta*, Tile!«

Eine Weile lagen sie atemlos nebeneinander. Hoch über ihnen spannte sich der Pinienschirm. »Wie oft habe ich daran gedacht, davon geträumt.« Er räkelte sich. »Und das Glück ist noch viel größer, als ich es mir ausmalen konnte.«

Farida rollte sich zu ihm, halb stützte sie sich auf, und sprach schnell einige Sätze auf arabisch, bis Tile grinste und einfach ihren

Klang nachahmte, bis auch sie lachte. Seufzend setzte er hinzu: »Schon gut, es ergeht uns beiden gleich.« Ja und Nein hatte sie von ihm gelernt; seine holprigen Sprachbrocken halfen zwar etwas, genügten aber nicht. Gern würde er über sich erzählen und würde so vieles von ihr wissen wollen. »Meine *cha-biib*. Mit Worten können wir uns nicht verständigen. Noch nicht. Und heute, heute verstehen wir uns auch ohne sie.«

Eine ihrer Brüste schwankte nah vor seinem Gesicht. Er hob die Lippen und schloß die feste Knospe ein. Gleich ersann Farida ein Spiel, auf Knien und Armen kroch sie quer über seinen Kopf und säugte ihn. Tile roch den Duft ihrer Haut, schmeckte seinen Samen. Sanft entzog sie ihm den Busen, blieb in der Körperhaltung, wechselte nur die Richtung und küßte sich hinunter zu seinem Nabel, ließ die Zunge über den wieder halb erwachten Schwanz vorauswandern und saugte die Eichel in den Mund. Zugleich senkte sich ihr Schoß auf Tiles Gesicht.

Keine Scheu, keine Scham hinderte die Liebenden. Er vergaß und lernte begierig neue Spiele. Farida unterwies ihn, zwar nicht in der kunstfertigen Weise, wie die Haremsdamen ihre Geheimnisse im kaiserlichen Schlafgemach offenbarten, dennoch gab sie mehr; bei jeder Geste, jedem Streicheln spürte Tile ihr Herz, ihre liebende Hingabe. Später lagen sie erschöpft aneinander: Farida, das Gesicht halb in seiner Achselhöhle verborgen; er, den Arm über ihrem Rücken ausgestreckt. Wiesenfleck und Pinie wurden zum Baldachinlager, zum luftigen Palast, und beide schliefen behütet ein.

Als Tile erwachte, lag er allein. Erschreckt setzte er sich auf. Nein, das Glück war keine Gaukelei, war Wirklichkeit. Farida lehnte hinter ihm an der Pinie, hatte sich angekleidet und trug wieder Kopftuch und Schleier. »Tile?« mahnte sie und deutete zum westlichen Himmel. Die Sonne stand tief.

»Du hast recht, wir müssen ins Kloster zurück.« Schnell streifte er Hose und Hemd über, raffte seine Locken unter die ovale Stoffkappe und wollte das Seidentuch wickeln.

»Nein, Tile, nein«, lachte Farida, nahm den Schal, faltete ihn geschickt, wand ihn um die Kappe und steckte den Turban mit der Kupfernadel fest.

»Das mußt du mir später noch einmal langsamer zeigen, damit ich es endlich lerne.«

Sie zuckte die Achsel und sah ihn verständnislos an.

»Schon gut, mein Herz.« Er faßte ihre Hand. »Komm, wir müssen uns beeilen.«

Sie liefen den Hügel hinunter. Im Tal zog Tile die Geliebte vom Pfad in die Blumenwiese, und sie hielten sich an beiden Handgelenken, ihre Blicke nahmen schon Abschied. Schließlich zog Tile das Mädchen an sich, hob den Schleier und küßte noch einmal die vollen Lippen. »*In-tsdra?*«

»*In-tsdra. Ja, cha-biib, anta cha-biib.*« Farida wollte warten. Ihre Augen versprachen es mehr noch als die Worte.

Rechtzeitig gelangten sie zurück. Erst nach Sonnenuntergang ritt auch die Jagdgesellschaft wieder durchs Klostertor von Santa Justina. An Stangen trugen Knechte die Beutestücke, breiteten sie im Innenhof aus, und voller Stolz zeigte sich Friedrich mit dem erlegten Wild: zwei Hirsche, ein Reh und sechs Wildschweine, dazu Fasane und Fischreiher. Ein erfolgreicher Tag.

Lupold sah Tile forschend an. »Nein, ich muß dich nicht fragen«, bemerkte er trocken. »Es steht dir im Gesicht geschrieben, wie erfolgreich auch für dich der heutige Tag war.«

Palmsonntag in Padua. Blumen steckten im Haar der jungen Frauen; sie liefen tuschelnd und lachend zur Festwiese, blickten verstohlen über die Schulter, nicht zu schnell, zunächst ein wenig schlendern, nur solange, bis die herausgeputzten Burschen fast aufgeholt hatten; dann flohen sie wieder kichernd und achteten darauf, daß die jungen Hähne ihnen auch weiter folgten.

Blau spannte sich der Märzhimmel über dem Volksfest, Gaukler und Schausteller zeigten geheimnisvolle Künste, derweil Hunde mit bunten Hütchen in der Schnauze herumhüpften und

Geldstücke einsammelten; zu Flötenklängen tappten und tanzten Bären; rund um einen Lattenpferch verfolgten die Zuschauer mit Gejohle den Ringkampf dreier fast nackter Zwerge, und an den unzähligen Buden roch es nach süßem Gebäck.

Im frühen Nachmittag erschien der Kaiser mit kleinem Gefolge; zu Ehren der Stadt und des Festes trug er Krone und Purpurmantel. Heiter nahm er die Huldigungen entgegen, ließ sich auf dem erhöhten Thron nieder und gab endlich das Zeichen für den Beginn der Reiterspiele.

Tile stahl sich mit Farida davon. Nicht weit entfernt fanden sie am Bach einen verschwiegenen Platz und feierten dort zwischen blühenden Sträuchern ihr Fest.

Palmsonntag in Salerno. Alle Kunst der Ärzte hatte versagt. Sie traten vom Krankenlager zurück, und der Tod legte seinen Mantel um Hermann von Salza, den Deutschordensmeister, der zeit seines Lebens unermüdlich zwischen Papst und Kaiser vermittelt hatte und letztlich doch gescheitert war.

Palmsonntag in Rom. Dumpf tönten die Glocken der Petersbasilika. Papst Gregor stieg mit eckigen Bewegungen die Stufen zum Altar hinauf und ließ sich auf dem Heiligen Stuhl nieder. Ungezählte Kerzen brannten; ihr flackernder Schein spiegelte sich in den Augen der anwesenden Kardinäle und Bischöfe. Ein eigenes Licht, entfacht von Haß und Triumph, loderte im Blick des neunzigjährigen Oberhirten. Kaum vermochte er das Pergament zwischen den zittrigen Händen zu halten, doch seine Stimme, obwohl hoch und krächzend, hatte neue Kraft gewonnen.

»Wir, Gregor, von Gottes Gnaden, Stellvertreter Christi auf Erden, Wir exkommunizieren und anathematisieren aus der Machtvollkommenheit des Vaters, des Sohnes und des Heiligen Geistes, der Apostel Petrus und Paulus und Unserer eigenen, diesen Friedrich, den man Kaiser nennt, deswegen, weil er in der Stadt Rom gegen die Römische Kirche eine Empörung angestiftet hat, durch die er den Römischen Priester und seine Brüder von ihren Sitzen zu vertreiben beabsichtigte ... weil er gegen die Würde und Ehre des apostolischen Stuhles ... und gegen die Eide, durch die er gebunden ist, leichtfertig der Kirche entgegentrat.

Wir exkommunizieren und anathematisieren ihn ferner, weil er ...«

Und weiter spie der Papst die Verfehlungen des Kaisers aus; seine Stimme wurde schriller.

»... Wir exkommunizieren und anathematisieren ihn, weil er außerdem aufgrund seiner Reden und Handlungen von vielen, ja geradezu auf dem ganzen Erdenkreis, schwer angeklagt wird, daß er nicht den rechten Glauben habe ...

Alle aber, die ihm durch Treueid verpflichtet sind, erklären Wir dieses Eides entbunden und verbieten strengstens, ihm solange er mit der Exkommunikation belegt ist, die Treue zu halten ... Wer dagegen verstößt, den wird selbst der Bannstrahl treffen ...«

Es war Palmsonntag, der 20. März im Jahre 1239, ein heiterer Tag, an dem der Himmel zerbrach.

Friedrich ahnte nichts, als er Anfang April wieder ins Kloster Santa Justina einritt. Das Osterfest hatte er auf dem Landsitz nahe Padua bei seiner Gemahlin verbracht. Stunden der Muße, auch für Lupold. Während Tile den Kaiser allein umsorgte, hatten der Kammerherr und Sabrina nach langer Trennung endlich wieder füreinander Zeit gefunden: Hand in Hand waren sie durch die Felder spaziert; nie in all den Jahren hatten sie sich neu finden müssen, auch diesmal nicht, ein Herz wußte gleich vom andern. Und abends in der Kammer löste Sabrina ihr gusträhniges Haar, war schön und begehrenswert; spät erst hatten sie das Öllicht gelöscht.

Am Tag nach der Rückkehr traf der Legat der Kurie ein, Schmuck und Ornat bewiesen, daß er mit höchsten päpstlichen Vollmachten ausgestattet war. »Meine Botschaft erlaubt keinen Aufschub.« Und sogleich wurde er vorgelassen. Eine knappe Begrüßung. »So höret, Friedrich, Kaiser des Römischen Reiches, was Seine Heiligkeit Papst Gregor Euch durch mich verkünden läßt.« Feierlich entrollte er das Pergament. »Wir exkommunizieren und anathematisieren aus der Machtvollkommenheit des Vaters, des Sohnes und des Heiligen Geistes ...«

Der Bannstrahl ließ Friedrich erbleichen. Wie versteinert saß er den Vormittag über in seinem Stuhl. Dann löste sich die Starre; gefährlich ruhig sagte er: »Gregor hat es tatsächlich gewagt. Dieser Afterpriester hat gewagt, mich anzutasten.«

Die erste Handlung entsprang einer Ratlosigkeit: Wenige Stunden später mußte Petrus von Vinea zu den Bürgern Paduas sprechen: »Euer Kaiser, so gütig und gerecht ...« Friedrich unterbrach und ergriff zur Verwunderung aller selbst das Wort: »Wir würden Uns unterwerfen, wäre der Bann gerechtfertigt. Allein, Wir sind auf das Höchste erstaunt über diesen ungerechten und fahrlässigen Spruch; denn, ihr Bürger von Padua, keines dieser Uns angelasteten Vergehen hat sich Euer Kaiser zuschulden kommen lassen ...«

Umsichtig und gefaßt versah Lupold mit Tile seine Arbeit; jede Bequemlichkeit bereiteten sie Friedrich an diesem Tag bis in die Nacht. Kaum hatten sie endlich ihre gemeinsame Klosterzelle betreten, stand der Kammerherr da und verkrallte seine Hände vor der Brust. Tile sah ihn an, sah die Tränen; noch nie hatte er seinen Baron weinen sehen. Zögernd trat er zu ihm, wollte ihn trösten, doch Lupold schüttelte den Kopf: »Laß nur, Junge. Laß mich so das Unglück begrüßen, denn es wird nun unser ständiger Gast sein.« Er schloß die Augen, und unter seinen Lidern quollen die Tränen weiter.

Aufbruch! Welche Stadt hielt dem Kaiser noch die Treue? Nur bei Cremona durfte er ganz sicher sein; diese Stadt war und blieb ein kaiserlicher Hort inmitten der Wankelmütigen. Feinde wurden zu Freunden, treue Vasallen gingen zur Papstpartei über; sobald aber der Herrscher den Rücken kehrte, wechselten die Wetterfahnen, je nach dem günstigsten Wind, wieder ihre Richtungen.

Täglich war er im Sattel, durchquerte rastlos den Norden Italiens, und seine Kanzlei kam auch des Nachts nicht zur Ruhe. Er warb um Gefolgschaft, verfluchte Abtrünnige, ließ sie belagern und mußte immer wieder Mißerfolge hinnehmen.

Aus dem Galopp zügelte er jäh das Pferd. »Der wahre Feind sitzt in Rom. Er will, daß Wir Uns mit Geplänkeln in der Lombardei erschöpfen, während er selbst Kräfte sammelt, um Uns an anderer Stelle anzugreifen.«

Apulien war in Gefahr! Sofort ließ der Kaiser alle Burgen und Türme an der Nordgrenze zum Kirchenstaat verstärken, die Häfen der Küstenstädte zu Kriegshäfen ausbauen und verhängte eine totale Sperre über das sizilische Festland. Ohne kaiserliche Erlaubnis durfte niemand mehr ein- noch ausreisen, kein Schiff durfte ohne gründliche Durchsuchung vor Anker gehen.

»Mein geliebter Sohn Enzio wird mir von nun an in diesem Kampf zur Seite stehen«, verkündete Friedrich und erhob den König von Sardinien zum Statthalter über alle Reichsgebiete Italiens.

Verstand und Hände waren frei, um den Kampf gegen den neunzigjährigen Widersacher aufzunehmen. Das geschriebene Wort wurde zum Schwert; beide Seiten hieben und parierten, es gab keine Regel mehr, keine Würde, die höchsten Vertreter der kirchlichen und weltlichen Macht schlugen in maßlosem Haß aufeinander ein.

Auf dem Gipfel des Wortgetümmels geiferte Papst Gregor: »Es steigt aus dem Meer die Bestie voller Namen der Lästerung ... Mit eisernen Klauen und Zähnen begehrt sie alles zu zermalmen und mit ihren Füßen die Welt zu zerstampfen. Um die Mauern des katholischen Glaubens einzureißen, hat sie längst heimlich die Sturmböcke gerüstet.« Und er warnte alle Prälaten der Kirche: »Hört auf, Euch zu erstaunen, daß der gegen Uns den Dolch der Schmähungen zückt, sich auch bereit macht, den Namen des Herrn von der Erde zu tilgen. Erstarket Euch, auf daß Ihr diesem aus dem Stachel seines Schwanzes Gift spritzenden Skorpion seine Lügen mit dem Beweis der Reinheit widerlegen könnt, und betrachtet genau Haupt, Mitte und Ende dieser Bestie Friedrich, des sogenannten Kaisers!« Papst Gregor wollte den Rufmord und prangerte Friedrich als Satan, Antichrist, als Ketzer an: »Offen hat nämlich dieser König der Pestilenz behauptet, daß alle Welt von drei Betrügern hintergangen sei, von Jesus Christus, Moses und Mohammed. Überdies wagt er zu behaupten, daß all jene Narren seien, die da glauben, aus einer Jungfrau habe der Gott geboren sein können, der die Natur und alles andere erschuf ...«

Der Kaiser ließ sich von seinem sprachgewaltigen Petrus die Zunge schärfen und spie zurück: »... Der aber, der da sitzt auf dem Lehrstuhle verkehrten Dogmas, der Pharisäer, gesalbt mit dem Öle der Bosheit, dieser römische Priester, er versucht zu entwerten, was aus Nachahmung himmlischer Ordnung herabgestiegen ist. Den Glanz Unserer Majestät sinnt er zu beschmutzen, mit Lügen besudelt er die Reinheit Unseres Glaubens. Und Wir sagen: Er selbst ist der Drache, der dem Meere entstieg, der Antichrist. Er ist der Furchtbare, von dem geschrieben steht: Und es ging heraus ein anderes Pferd, das war rot, und dem der darauf saß, ward gegeben, den Frieden zu nehmen vom Erdenrund, auf daß sich die Menschen untereinander erwürgten.« Mit gleicher Wucht klagte er den Neunzigjährigen selbst der Ketzerei an, denn Gregor unterstützte offen die lombardischen Rebellenstädte. Und Mailand war die Hochburg der Ketzerei! »Dieser falsche Statthalter Christi, Papst wohl nur dem Namen nach, er ist der grausame Engel, welcher hervorspringt aus dem Abgrund, welcher Schalen hält voller Bitternis, daß er Meer und Land verderbe ...«

Für Lupold und Tile begann jeder Tag mit banger Ungewißheit. Wie würde der Kaiser erwachen? Seit Monaten schon hatte er seine spöttische Gelassenheit verloren. Nicht vor dem Hofstaat oder beim Empfang von Gesandtschaften und Gästen; da gab er sich unnahbar, kühl und überlegen. Jedoch allein mit den beiden Leibdienern, wechselten seine Stimmungen häufig zwischen Jähzorn und übermäßiger Freundlichkeit, zwischen Bedrücktsein und fast rauschähnlicher Zuversicht.

»Er durchlebt eine Wandlung«, hatte Lupold nachdenklich auf Tiles Frage geantwortet. »Eine andere Erklärung finde ich nicht.«

Sie mußten auf jede Stimmung vorbereitet sein. War er am Abend heiter zu Bett gegangen, so konnte er des Morgens noch auf dem Lager liegend Verwünschungen gegen den Widersacher ausstoßen, und wehe, einer seiner Diener beging dann den Fehler, auch nur durch ein Zucken der Brauen in den Verdacht einer Kritik zu geraten. Es gab keine Freizügigkeit mehr; für Tile das härteste Los: von früh bis spät hatten sich beide Diener bereitzuhalten. Und Farida? *In-tsdra* bedeutete Warten; nie hatte er ein Wort so gehaßt wie in den vergangenen Wochen.

Ehe sie an diesem Morgen das Innere der kaiserlichen Zeltburg betraten, ermahnte der Kammerherr den Freund: »Vergiß nicht, mein Junge: Sei wachsam und unauffällig.« Tile wußte, welcher Satz nun folgte und ergänzte mit einem Aufseufzer selbst: »Zeige kein Lachen, wenn er es nicht ausdrücklich fordert. Das Sicherste ist, wenn du gar keine Regung zeigst. Ach, Lupold, gibt es denn gar keine Freude mehr für uns?«

»Lehne dich innerlich nicht auf, sonst trägst du doppelt schwer an der Bürde. Er bestimmt Hell und Dunkel; wir sind die ersten, niemand sonst ist ihm so nah, und deshalb müssen wir unmittelbar an seiner Freude und auch seinem Zorn teilnehmen.«

Friedrich saß aufrecht in den Kissen. »Komm näher, Kammerherr.« Das Gesicht war entspannt, und in den Augen stand ein fremder, beinah entrückter Glanz. »Nein, laß, das Ankleiden kann noch warten. Beantworte mir eine Frage, mein alter Freund.« Lupold schluckte; lange hatte ihn Friedrich nicht mehr so genannt.

»Damals in Jesi, als mich meine Mutter vor den Blicken aller öffentlich auf dem Marktplatz zur Welt brachte, waren die Bürger dieser Stadt nur von banaler Neugierde erfüllt, oder hat das Wunder dieses Ereignisses sie beglückt und ihre Herzen emporgehoben?«

Tile war dankbar, daß er nicht an des Barons Stelle war. Welche Antwort erwartete der Kaiser?

Lupold zögerte lange, schließlich sagte er: »Freude, mein Kaiser, die Freude war in allen Menschen, die Zeuge sein durften.«

»Wie wahr du sprichst, mein Freund. Jesi, dieser kleine Ort in den Bergen, nicht weit von Ancona, dort ist Bethlehem. Da ich dort geboren wurde.« Ohne große Geste, kein Spott zuckte in den Mundwinkeln, setzte er hinzu: »Der Menschheit ist geweissagt, daß in zwanzig Jahren das göttliche Zeitalter anbricht. Doch zuvor soll der verderbte, sündige Klerus gezüchtigt werden, damit das Friedensreich des reinen Glaubens errichtet werden kann. Nun gut, ich bin der erwartete Kaiser der Endzeit, der ersehnte Erlöser. Ich erfülle die Weissagung. Und dies muß von nun an dem Volk erklärt werden.«

»Mein Kaiser«, tief betroffen suchte Lupold nach Worten, »Ihr seid von Gottes Gnaden eingesetzt, dennoch ...«

»Still, mein Freund. Still. Sorge dich nicht, es ist der einzige Weg, den ich gehen kann.« Friedrich lächelte kühl. »Und nun an die Arbeit! Gib dem Hofmeister Befehl, unverzüglich erwarte ich Petrus und einen Schreiber hier. Du, Kolup, kämmst mir derweil das Haar und legst mir den Mantel über die Schultern. Der erste Brief soll an meine Geburtsstadt gerichtet sein.«

Tile verstand die mühsam unterdrückte Aufregung seines Barons nicht. Ob Triumphator, unbesiegbarer Cäsar oder Erlöser, mit wie vielen Beinamen noch war Friedrich schon geschmückt worden, oder wie viele hatte er sich selbst gegeben? Was versetzte Lupold in Unruhe? Dabei sollten wir dankbar sein, weil heute der Kaiser in ungewohnt heiterer Stimmung den Tag begann. Mein guter, stets besorgter Baron, dachte Tile, und löste Zotten aus den spärlich gewordenen rotblonden Locken, manchmal siehst du Wolken, obwohl der Himmel weit und blau ist.

Während Friedrich diktierte, stand Großhofrichter Petrus von Vinea vor dem Bett seines Herrn, strich den prächtigen Bart und nickte bewundernd über die ausgefeilten Formulierungen.

»... nach dem Zuge der Natur sind Wir getrieben und gehalten, dich, Jesi, du adelige Stadt, Unseres Ursprungs erlauchten Anbeginn, wo Unsere göttliche Mutter Uns zum Lichte gebracht, mit innigster Liebe zu umfangen ... So bist du, Bethlehem, Stadt in der Mark Ancona, nicht die geringste unter Unsres Geschlechtes Fürsten: Denn aus dir ist der Herzog kommen, des römischen Reiches Fürst, der über die Völker herrsche ... Stehe denn auf und schüttle das fremde Joch ab ...«

Er versprach, daß bald schon Enzio, der Spiegel seiner Macht, kommen und die Stadt dem Unterdrücker entreißen werde. »... Denn es erbarmt Uns eure Beschwernis und die der anderen Getreuen.«

Später wollte der Kaiser sich für eine Stunde ungestört seinen Forschungen widmen. Trotz aller politischen Nöte und Schwierigkeiten nahm er sich immer wieder Zeit, an einem Buch über die Aufzucht und das Zähmen von Falken zu arbeiten.

Seine Leibdiener nützten den Moment der Ruhe. Auf Bitten Lupolds brachte Tile zwei dampfende Schalen Hirsebrei aus der Lagerküche und hockte sich draußen vor der Zeltburg neben ihn. Die Sonne schien, ein leichter Duft nach Minze und Thymian wehte herüber. Sorglos bat er: »Klärt mich auf, Herr. Was hat Euch an diesem schönen Tag so erregt?«

»Leise, Junge.« Verstohlen blickte der Weißhaarige sich um. Außer der Leibgarde war niemand in der Nähe. »Krieg, Junge, unser Herr will Krieg. Nein, nicht nur gegen die lombardischen Rebellen. Ich ahne es, er plant einen Krieg direkt gegen den Papst, gegen den Kirchenstaat.«

»Aber, Herr, woher wollt Ihr das wissen? Er hat einen Brief an seine Geburtsstadt diktiert. Mehr nicht.«

»Du bist wirklich blauäugig, du verkleideter Sarazene!« Jesi und die Mark Ancona, auch das Herzogtum Spoleto standen unter päpstlicher Verwaltung. Wenn Friedrich diese Gebiete zurückeroberte, wäre der Landweg zwischen dem Nord- und Südreich wieder frei, und von allen Seiten könnte er den Kirchenstaat angreifen. »Begreifst du endlich? Es heißt in der Weissagung: Der Erlöser wird den falschen Klerus beseitigen. Damit rechtfertigt Friedrich im vorhinein einen Angriff auf den Stuhl Petri.«

Tile fühlte einen Schauder. Der Papst entthront, ein Gefangener? Damit zerbrach die Weltordnung. Der Kaiser, alleiniger Herr über Reich und Kirche? Dann wäre Friedrich wirklich der erste über alles und allem. »Meint Ihr denn, er glaubt selbst, daß er dieser erwartete Messias ist?«

»Darauf weiß ich noch keine Antwort, Junge. Früher hätte ich sofort an einen Schachzug gedacht.« Lupold schüttelte immer wieder den Kopf. »Jetzt aber ...«

Der Exkommunizierte, der vom Papst Verfluchte bestieg am Weihnachtstag 1239 im Dom zu Pisa die Kanzel und predigte umgeben vom Glanz der Geburt Christi und seines eigenen Geburtstages: »Freuet Euch! Das Friedensreich ist nahe ...«

»Eine Gotteslästerung!« empörten sich die Prälaten, während das Volk auf den Knien lag und gläubig zu dem im Weihrauch Erhöhten aufschaute.

Den Provinzen Ancona und Spoleto rief er das Bibelwort zu: »... Bereitet dem Herrn den Weg, und ebnet seine Pfade ... Nehmet fort die Riegel von euren Türen, auf daß euer Cäsar komme, den Widersachern furchtbar, euch jedoch mild und gütig ...«

Und König Enzio marschierte ihm voraus und siegte. Er legte die Festungen päpstlicher Verwalter in Schutt und Asche, im Namen seines Vaters gewann der Sohn alle Gebiete zurück, und der Geist des nahenden Heils ergriff die Bürger; weit öffneten sie ihre Stadttore, schwenkten Fahnen, und Mütter hoben ihre blumenbekränzten Kinder dem Vorboten entgegen.

Friedrich brach von Norden mit apulischen Rittern und seinen Sarazenentruppen in den Kirchenstaat ein. Er ließ das Kreuz vor sich her tragen, und Stadt für Stadt sank ihm gläubig zu Füßen. Nun ließ er durch den Mund seines sprachgewaltigen Petrus von Vinea predigen, indes er allein seine Rechte hob und dem Volk den Segen spendete.

Im engsten Kreise der Vertrauten lachte und spottete der Kaiser wieder, war großzügig, zeigte Freude an geschliffenen Tischgesprächen, und häufiger mußte ihm der Kammerherr wieder zur nächtlichen Stunde Gespielinnen zuführen. Auch Tile hatte Teil an dem neu gewonnenen Glück: Sein Baron ermöglichte ihm manchmal, wenn es die Zeit erlaubte, seine Liebe zu treffen. Farida! Stets neu waren die Umarmungen, und neue Worte lernten sie voneinander. *Sa-chaada* hieß Glücklichsein, und für immer hieß: *li daachiman!*

Getragen vom Erfolg und vorangetrieben durch den Rausch der Begeisterung, stand Friedrich Mitte Februar 1240 vor den Toren Roms.

Berard, Erzbischof von Palermo, schritt im Zelt auf und ab: »Mein Friedrich, geliebter Kaiser, wenn Ihr Rom mit Gewalt nehmt und Papst Gregor wie einen besiegten Feldherrn in Ketten abführen laßt, so wird Euer Triumph zunichte, denn Ihr schenkt damit der Kirche einen neuen Märtyrer.«

»Für wie töricht haltet Ihr mich?« Ein Anflug von Spott zuckte um die Mundwinkel: »Zwar haben meine Augen in den Jahren nachgelassen, so daß ich lieber mit Falken jage als mit Pfeil und Bogen, allein, mein Verstand sieht noch genauso scharf.«

Er ließ von Lupold süßen Wein einschenken. »Ein Hoch auf den Verstand und auf die Treue, die Euch seit Anbeginn, seit meinem ersten Aufenthalt in Rom, mit mir verbindet!« Sie leerten die Becher bis zum Grund. »Lieber Berard, nur als Friedensfürst, ohne einen Schwertstreich, werde ich in die Stadt der Städte einziehen und mich im Adlerhorst des Imperiums niederlassen. Das ganze römische Volk soll meiner Ankunft zujubeln. Hernach darf der päpstliche Greis späte Reue zeigen und wird Erbarmen vor mir finden.«

Tile wagte aufzusehen. Erzbischof Berard sank erleichtert auf einen Stuhl. Lupold wandte sich von den Herren ab und seufzte befreit.

Ach, mein Baron, dachte Tile und senkte den Turban, ich fühle so deutlich, wie die schlimmste Sorge dir vom Herzen fällt.

Das römische Volk ließ sich umwerben; Richter und Senatoren, selbst die kleinsten Händler wußten, daß Sieg und Niederlage einer der beiden Giganten nur von ihrem Zuspruch abhing. Kaiserliche wie päpstliche Aufrührer buhlten mit Versprechungen und Gerüchten um die Gewogenheit der Straße. Die Waagschale neigte sich mehr und mehr zu Gunsten Friedrichs.

Von fast allen Beratern und Prälaten verlassen, schloß sich Gregor in seine Engelsburg ein und ließ als letzte Warnung auf den Plätzen verkünden: »Der Antichrist, dieser Drache will Sankt Peter in einen Pferdestall verwandeln! Er will den Altar der Apostel zum Futtertrog entweihen! Er naht mit seinen Sarazenenhorden und will den Stuhl Petri zerschlagen!«

Die Römer aber jubelten, taumelten in Erwartung des Erlösers; sie wollten Stadt des Imperators werden, Mittelpunkt der neuen Weltordnung. »*Ecce Salvator!* Er ist der Heiland!«

Und Friedrich ließ sein Heer antraben. Nur ein Ritt von wenigen Tagen trennte ihn noch von der Stadt der Städte.

Zur gleichen Zeit, am Vormittag des 24. Februar 1240, öffneten sich plötzlich die Torflügel der Engelsburg, und der hagere, steinalte Papst trat hinaus. Es war der Tag der Stuhlfeier Petri. Trotz aller Gefahr – die Stimmung gegen ihn hatte den Siedepunkt erreicht – ließ Gregor, wie alljährlich zu diesem Fest, den Schrein mit den Häuptern der beiden Apostel vorantragen und folgte ihm in Begleitung der wenigen treuen Kardinäle und Kirchenherren, die ihm verblieben waren.

Das Volk höhnte und verspottete den Greis, lärmte, verfluchte ihn und hielt ihm weiße Tücher mit aufgemaltem Wappenadler des Kaisers entgegen.

Da hielt Gregor mitten im brodelnden Gewühl die Prozession an. Verblüfft schwieg der Pöbel.

Mit zitternder Hand deutete der Oberhirte auf den Schrein: »Hier seht Ihr die Kirche, hier vor Euren Augen sind die Reliquien der Heiligen Roms, die Euch von Gott anvertraut sind, die Ihr bis zum Tode zu schützen habt! Ich kann nicht mehr tun als ein anderer Mensch: aber ich fliehe nicht, denn hier erwarte ich die Barmherzigkeit Gottes.« In großer Geste nahm er seine dreifache Krone vom Haupt und legte sie auf die Häupter der Apostel. »Ihr Heiligen, so verteidigt ihr selbst nun Rom, wenn die Römer ihre Stadt nicht mehr schützen wollen.«

Ein Lidschlag der Zeit. Tränen flossen, dann rissen sich die Römer den Kaiseradler von der Kleidung, fielen auf die Knie, beteten und lobpriesen den Heiligen Vater. Viele wendeten die Tücher, bemalten die Rückseiten mit dem Kreuz, zum Zeichen, daß sie bereit waren, Rom und die bedrohte Kirche zu verteidigen.

Friedrich stand vor den Mauern Roms – seines Roms, in dem er den Gipfel aller Mächtigen hatte besteigen wollen –, und Gregor, dem gebrechlichen Greis, war es im letzten Augenblick gelungen, ihm diesen Triumph zu entreißen.

»Das Volk von Rom ist eine geile Hure, die sich jedem anbietet!« fluchte der Kaiser. »Wartet nur. Denn euer Babel wird aufgelöst werden. Unser Glanz, den Gottes Auge erhellt, wird euch ausdörren und zur Verwesung bringen.«

Er zog an Rom vorbei, und niemand im Heer oder Troß wagte noch laut zu sprechen. Auf dem Weg nach Apulien hinterließ sein Zorn eine Blutspur. Er verfolgte alle, die es gewagt hatten, gegen ihn das Kreuz zu nehmen; ihnen wurden mit glühenden Eisen Kreuze in die Stirn gebrannt, Frauen wurden die Nasen abgeschlagen, Männer entmannt, andere verloren Hände und Füße, wieder andere starben am Kreuz oder schrien in den Flammen der Scheiterhaufen, bis sie erstickten.

»Das Erbe seines Vaters«, flüsterte Lupold dem entsetzten Tile zu, »es bricht hervor. Von ihm hat er diese ungezügelte Grausamkeit geerbt.«

Erst bei der Ankunft in Foggia hatte Friedrich die schmachvolle Niederlage äußerlich verwunden und sie durch neue Pläne in den Hintergrund gedrängt. Seine schwäbischen Panzerreiter sollten die lombardischen Rebellenstädte weiter bedrängen. Das persönliche Ziel aber war, sobald sich die Gelegenheit bot, den Angriff auf Rom erneut zu versuchen; diesmal aber wollte er mit Feuer und Schwert kommen, wenn ihn die Römer nicht mit offenen Armen empfingen. Und dieser Papst mußte und würde seiner Glorie weichen!

Rund um den marmorprächtigen Kaiserpalast stand der Frühling in voller Blüte. Friedrich suchte unersättlich nach Entspannung, erlaubte rauschende Feste: Wettkämpfe, Chorgesänge und Gaukeleien; ein Fackelmeer ließ Nächte zum Tag werden; er wippte die Hand im Rhythmus der Zimbeln und Kastagnetten, wenn schlanke Sarazeninnen, mit den Füßen auf bunten Kugeln balancierend, durch die Halle rollten; dann wieder lauschte er versonnen den Minneliedern seiner Hofdichter; und oft nahm er den achtjährigen Manfred mit auf die Jagd.

Manfred, der legitimierte Sohn aus der Verbindung mit Bianca Lancia, wurde zu seinem Herzensglück in diesen Wochen. Er saß eng neben dem Vater, betrachtete neugierig im Buch, das Friedrich schrieb und malte, die Bildergeschichten über die Aufzucht und das Abrichten von Falken und zeigte an den Texten, wie gut er schon zu lesen verstand.

»Mein geliebter kleiner Prinz«, Friedrich strich ihm zart über die rotblonden Locken, »wachse schnell, denn dein Vater benötigt starke, unüberwindbare Könige aus seinem Blute, die unter ihm das Reich regieren.«

Wie spricht ein Mensch, wenn er von keinem Menschen eine Sprache erlernt hat? Welche Sprache ist die Ursprache? Der Kaiser fragte, und seine Gelehrten am Hofe vermuteten, daß es vielleicht Hebräisch oder Griechisch sei, ein anderer ereiferte sich für das Lateinische. »Nein, nein«, wehrte einer der Weisen aus dem Orient ab, es könne nur das Arabische sein. »Der Vernunft nach«, gab ein Rechtsgelehrter zu bedenken, »muß dieser Mensch die Sprache seiner Eltern sprechen, die ihn gezeugt und geboren haben.«

»Vermutungen bleiben auf ewig nichts als das«, unterbrach Friedrich. »Nur ein sichtbarer Beweis überzeugt mich, daß etwas ist, was es ist. Klarheit bringt nur ein Experiment.«

Bei dem Wort fuhr Tile zusammen; in seiner gebeugten Haltung blickte er kurz zur Seite und bemerkte, wie neben ihm Lupolds Hand zitterte.

Der Kaiser entwarf einen Plan und gab Befehl, seinen Forscherdrang zu befriedigen. Unverzüglich ließ er aus der nahen Festungsstadt Lucera zwei moslemischen Müttern und aus Foggia zwei christlichen Müttern ihre Kinder gleich nach der Geburt wegnehmen. Kein Wort, kein menschlicher Laut durfte ans Ohr der Neugeborenen dringen. Je ein Sarazenen- und ein Christenkind mußten paarweise durch dicke schalldichte Mauern getrennt in einem entlegenen, strengbewachten Wehrturm verwahrt werden. Ausgesuchte Ammen wurden beauftragt, die Kinder schweigend zu säugen, zu baden und zu wickeln; an Pflege und Nahrung sollte es ihnen niemals mangeln. Darüber hinaus aber war den Frauen das Kosen, Spielen oder gar Singen und überhaupt jede mütterliche Zuwendung strengstens untersagt. Bei Zuwiderhandeln würde ihnen die Zunge herausgeschnitten werden, und sie erhielten neue Versuchskinder.

Nach wenigen Tagen meldete Hofmeister Giselmar: »Mein Fürst. Mit großer Freude darf ich Euch berichten: Das Experiment ist, wie Ihr befohlen habt, eingeleitet. Die Kinder liegen sicher verborgen im Wald unterhalb Eurer Sarazenenstadt. Ein Pfahlzaun schirmt den Turm von der Außenwelt ab; nur die Ammen und ein Protokollant Eurer Kanzlei haben Zutritt, und auch sie werden stets von einem Wachposten begleitet und beobachtet.«

Friedrich dankte kurz und befahl als nächstes, die Gelehrten und Architekten in den Thronsaal zu rufen. Sobald sich der Hofmeister entfernt hatte, nahm er einen rotbackigen Apfel aus der Schale und betrachtete ihn. »Nur hineinbeißen genügt nicht, um Weisheit vom Baum der Erkenntnis zu erlangen.« Er wandte sich mit leisem Spott an seinen Kammerherrn. »Gewiß bist du auch dieser Ansicht, mein Freund.«

Lupold sah zu Boden. »Wenn Ihr es befehlt.«

»Gut, gut. Ich wünsche neben dem offiziellen noch einen wöchentlichen Bericht von einem Mann, in dessen scharfe Beobachtungsgabe ich Vertrauen setze. Niemand außer dir könnte diese Aufgabe besser erfüllen.«

Ein überhasteter Schritt; mit Mühe gewann Lupold seine gewohnt ruhige Haltung zurück. »Danke, mein Kaiser. Doch darf ich eine Bitte aussprechen?«

Friedrich warf den Apfel von einer Hand in die andere und nickte.

»Um Vergebung, erspart mir altem Mann den Ritt. Der Wald ist unwegsam. Im übrigen glaube ich, diese Aufgabe kann in der Tat von einem ebenso geeigneten Mann erfüllt werden: Betraut Kolup damit! Er ist gewissenhaft und hat Eure Gunst verdient.«

»Daran hatte ich selbst schon gedacht.« Friedrich biß in den Apfel; während er kaute, fuhr er fort: »Weil ich wußte, daß Experimente solcher Art nicht deinen ungeteilten Beifall finden. Gut, du darfst dich der Pflicht entledigen und sie unserm blauäugigen Sarazenen übertragen, mein Freund. Veranlasse seine Vollmachten in meinem Namen. Er soll hin und wieder vom Fortgang dieses kleinen irdischen Experiments berichten.« Krachend biß er erneut vom Apfel ab. »Aber freue dich, denn gleich kannst du voll Stolz miterleben, wie dein Kaiser sich einen lang gehegten Wunsch erfüllt. Gott gefällige, reine Schönheit, Lupold. Nicht mehr und nicht weniger. Ich werde ein Bauwerk errichten lassen, das meiner würdig ist. Nein, keine Fragen mehr. Bringe mir zunächst die Reichskrone.«

Auf dem Weg durch lange Flure und Treppen hinunter zur Schatzkammer, vorbei an Marmorstatuen und Säulen, nützte Tile einen unbeobachteten Moment und sah den Baron vorwurfsvoll an. »Gern reite ich für Euch zu den Kindern, Herr. Es ist ja nur ein Versuch mit Menschen. Ich würde Euch immer helfen, wo ich auch kann.«

»Unterlasse diesen Ton«, wies ihn Lupold zurecht; einlenkend setzte er hinzu: »Ja, ich war einen Augenblick eigensüchtig.« Abgesehen von seiner Abscheu gestand er offen die Furcht ein, mit Sabrina über den Sinn solch eines Experimentes lange, schlafraubende Gespräche führen zu müssen. »Meine Frau glaubt immer noch, daß ich, wie früher, Einfluß auf Friedrichs Handlungen besitze.« Sie hatte Friedrich in den letzten Jahren nur erlebt, wenn er Isabella und den Kindern einen Besuch abstattete, und auch jetzt während der gemeinsamen, unbeschwerten Wochen im Palast zu Foggia gab er sich als liebender Vater und weit vorausblickender, jeden Rat abwägender Herrscher. »Sabrina kennt ihn nicht wie du und ich, mein Junge. Und bisher ist es mir nicht gelungen, sie von der Wandlung Friedrichs zu überzeugen. Und müßte ich ihr von den Säuglingen dort im Turm erzählen«, Lupold lächelte bekümmert, »meine Sabrina ist vernarrt in Kinder und überdies eine temperamentvolle Frau. Nein, sie würde keine Ruhe geben.«

Die Schatzkammer im Keller des Palastes war erreicht. Bei Fackelschein hob Lupold aus der Truhe mit den Reichsinsignien die Krone, setzte sie in einen lederbespannten Holzkasten, und begleitet von zwei Palastwachen kehrten die Leibdiener zurück.

Ihr Gespräch konnte nur noch halblaut geführt werden. Tile ließ der Gedanke an seine neue Aufgabe nicht los. »Den Säuglingen soll es an nichts fehlen, so lautet der ausdrückliche Befehl.« Das Experiment barg demnach keine Gefahr für das Leben der Kleinen.

»Auch mir scheint es ungefährlich. Aber du kennst mich gut genug. Sobald unser Herr in seinem Forscherdrang vor Menschen nicht haltmacht, stürzt er mich in Unruhe.«

»Ich helfe Euch gern«, sagte Tile ernst und frei von jedem Vorwurf.

»Danke. Du bist mit sehr nah, mein Junge.« Nach einer Weile sah ihn Lupold schmunzelnd von der Seite an. »Und ich will mich erkenntlich zeigen. Du mußt nicht allein zum Wehrturm reiten.«

Zu viele Höflinge begegneten ihnen auf den langen Fluren, Tile wagte nicht aufzublicken. »Wollt Ihr nun doch?«

»Nein, nein.« Halblaut, als erläutere er einen belanglosen Auftrag, sprach er weiter: »Da gibt es eine Person, die sicher unterhaltsamer für dich ist. Schließlich dauert der Ritt durch den Wald gut einen halben Tag. Allerdings wird euch nur ein Pferd zur Verfügung stehen.«

»Ihr meint...« Tile brach ab. Farida! Sie diente jetzt den Haremsdamen oben in Lucera, im kaiserlichen Lustschloß. Nur wenn Friedrich eine Nacht mit seinen Gespielinnen verbringen wollte, ritten sie hinauf, und selten genug war Zeit für Tile, um seinen braunen Stern eine Stunde zu treffen. Farida! Er zwang sich, Lupolds gedämpften, beiläufigen Ton zu übernehmen: »Aber ich müßte die Person erst abholen. Ein Umweg wäre nötig, der wiederum Zeit kostet. Dies wird sicher bei Hof bemerkt werden.«

»Selbst wenn es einen ganzen Tag dauert, du bist im Auftrag des Kaisers unterwegs. Sorge dich nicht, Seine Majestät hat mir in dieser Angelegenheit freie Hand gegeben. Die Eunuchen erhalten durch mich entsprechend Anweisung, dir jene sarazenische Person mitzugeben.«

Erst als sie die Treppe hinaufgestiegen waren, fuhr Lupold fort: »Das gute Gelingen des Experiments könnte davon abhängen. Vielleicht ist das erste Wort ein arabisches Wort; du allein könntest es nicht von einem Kinderlallen unterscheiden. Auch den moslemischen Wächtern der Kinder lasse ich ausrichten, daß du im Gewand eines Sarazenen mit einer verschleierten Übersetzerin an deiner Seite vorgelassen wirst. Solange du unterwegs bist, werde ich mit Freuden deine Arbeit übernehmen.«

Ein einziges Mal einen ganzen Tag, das hatte sich Tile im

Traum sehnlichst gewünscht. Jetzt aber jede Woche einen ganzen Tag allein mit Farida! Wer konnte solches Glück fassen? »Ihr, Herr, Ihr ahnt nicht ...« Er schwieg, um nicht durch übermäßige Freude die Neugier der beiden Wachposten zu wecken.

Die Gelehrten und Hofarchitekten folgten gleichmütig den Ausführungen ihres Kaisers. Er verlangte ein neues Kastell; auch den Standort hatte er schon auserkoren: Auf einem hohen Berg, freistehend über Apuliens hügeliger Murge, mit Blick zu allen Horizonten. Jeder im Saal wunderte sich, warum Seine Majestät das Vorhaben in solch einem feierlichen Tone ankündigte.

»Nun aber zum Bauwerk selbst.« Mit kurzem Schnippen befahl er seine beiden Leibdiener zu sich; sie sollten rechts und links des hohen Stuhls treten und den Anwesenden ihre Rücken zuwenden. »Hebt die Reichskrone ein wenig an. So laßt sie still über Unserm Haupt schweben.« Friedrich war zufrieden und wandte sich an die gelehrten Männer: »Acht ist die vollkommene Zahl, sie birgt Tod und Auferstehung. Aus ihr soll das Bauwerk entstehen.«

Gemurmel entstand, der Kaiser sprach in Rätseln, Vermutungen wurden laut. »Meine Herren, wartet«, rief Friedrich ihnen zu. »Der Plan ist leicht erklärt, seine Verwirklichung um so schwerer. Als Wir in Aachen zum deutschen König gesalbt wurden, sahen Wir über Uns den mächtigen Hängeleuchter, ein Achteck, die Schenkung Unseres Großvaters Barbarossa an die achteckige Pfalzkapelle des Großen Karl. Als Wir Jerusalem für die Christenheit zurückgewannen, bewunderten Wir die Bauart des muslimischen Felsendoms, auch sein Grundriß ein Oktogon. Als Wir in Rom zum Kaiser gekrönt wurden, erhielten Wir diese Krone.« Er sah zu ihr hinauf. »Betrachtet sie! Auch diese Zierde des Fürsten der Welt hat eine achteckige Form. Unser Wille nun ist es, diese Krone zu ewigem Stein werden zu lassen. Die Zahl Acht soll bestimmend sein: Acht achteckige Türme an den acht Außenmauern, und in der Anzahl und Ausstattung der Räume soll sich die Zahl wiederfinden bis hin zum Mittelpunkt des Innenhofes.«

Nun erlaubte der Kaiser erste Fragen. Nein, das Kastell sollte nicht als Wehrburg dienen, dafür lag es zu weit ab, nicht als Jagdschloß, die Gegend bot kein Wild, daß sich ein Jagdausflug lohne, auch nicht als Lustherberge für sommerliche Feste und Liebesnächte, auf eine Küche könne getrost verzichtet werden. »Wir verlangen einen Tempel, in dem Unser Wissen und Unsere Weisheit sich wiederspiegeln.« Friedrich schnippte den Leibdienern. »Setzt mir die Krone auf, und entfernt euch.« Er wartete, bis Lupold und Tile sich an die Wand zurückgezogen hatten. Erhobenen Hauptes, den Rücken gestreckt, die Ellbogen leicht angewinkelt, so blickte er zu den Gelehrten und Baumeistern hinunter. »Baut einen Tempel, der Unserer Größe nahekommt. Errechnet die Schatten der Sonne, daß an den Mauern die Stunden und Jahreszeiten abzulesen sind. Jede Elle der verbauten Steine muß durch tieferen Sinn zu begründen sein. Nehmt Himmelsrichtungen, Sternbilder, die Reinheit einer achtblättrigen Blume, sucht darüber hinaus weiter, und erschafft Vollkommenheit. Baut meine Krone!«

Obst, etwas Brot und ein Wasserbeutel, den Proviant hatte Tile in der Satteltasche verstaut und war früh von Foggia losgeritten. Zum erstenmal sollte er heute nach den Säuglingen sehen. Doch nicht allein; Baron Lupold hatte Wort gehalten. Weit ließ Tile das Pferd ausgreifen, sog die frische Morgenluft ein und hatte das Gefühl, den blaugespannten Himmel einzuatmen.

Nach drei Stunden erreichte er die Festungsstadt Lucera. Sein brauner Stern erwartete ihn vor dem Tor. Sie winkte nicht? Still sah sie ihm entgegen, beinah gleichgültig. »Farida? ...«

Ehe er weiter sprach, hob sie warnend die Brauen und deutete zu den Wächtern hinüber. Mißtrauisch standen die Sarazenen da. Sofort hatte Tile begriffen, diese Blicke kannte er. Die Kerle wußten schon lange, wie es um ihn und die Magd stand. Ein Christ, als Sarazene verkleidet, liebt eine Muslimin! Oft genug war er von ihnen aufgehalten und übergründlich kontrolliert worden. Heute aber holte er Farida in offizieller Mission ab; die Sarazenen konnten und durften das Treffen nicht behindern. Dennoch wollte Tile sie nicht unnötig reizen. Dafür war die Zeit zu kostbar.

Wortlos glitt er aus dem Sattel; seine höfliche Verbeugung beantwortete sie mit einem Nicken. Ohne sich umzusehen, ging er voraus und führte das Pferd am Halfter den steilen Weg von der Festungsstadt hinunter. Erst im Tal half er Farida in den Sattel und stieg hinter ihr auf.

Lange sprachen sie nichts, als fürchteten sie, daß Worte sie aus dem Traum wecken, ihr geschenktes Glück vielleicht zerstören könnten und der Tag wieder zum Alltag würde. Duft nach Moschus; immer wieder streichelte er die Nasenkuppe in ihr Kopftuch. Sie lehnte an seiner Brust. Tile hielt den Zügel lose in der Rechten, mit dem anderen Arm hatte er sie umfaßt, und nicht nur weil es sich ergab, lag seine Hand hoch auf ihrem Schenkel.

Das Pferd war geduldig, gehorchte, und im leichten Trab erreichten sie bald den Eichenwald. Nach einer Biegung tauchte der Karrenweg zwischen Bäumen in den Schatten hinein. Endlich. Befreit atmeten sie auf.

»*Ana a-schakuki dschiddan*«, raunte Tile.

»Ich liebe dich«, gab Farida den Satz auf deutsch zurück. Sie lachten. Jeder hatte vom andern gelernt und seit dem letzten Treffen nichts vergessen.

Ihre Aufgabe hatte Vorrang, kein Halt, bis sie den Turm erreicht hatten, auch wenn die Sehnsucht drängte. Tile ertappte sich, daß er rechts und links des Weges schon nach verschwiegenen Stellen Ausschau hielt; nein, erst auf dem Rückweg durften sie rasten. Farida wandte ihm das Gesicht zu, ihre Augen schimmerten.

»Nein, *cha-biib*. Später.« Zart drückte er einen Kuß auf den Stern über dem rechten Brauenbogen. »Später, dann aber ganz bestimmt.«

Die Sonne stand hoch, als sie die Lichtung erreichten und abstiegen. Hinter dem Pfahlzaun ragte der klobige Wehrturm auf. Zikaden zirpten, sonst war kein Laut zu hören. Kaum näherten sie sich dem Tor, trat ein sarazenischer Waffenknecht heraus und musterte abweisend die Besucher.

»Wir kommen auf Befehl des Kaisers ...«

Hastig legte der Wächter den Finger auf die Lippen. Flüsternd fragte er. Tile hob die Achsel und schob Farida vor. Ebenso leise antwortete sie und erklärte, bis der Mann verstehend nickte. Dennoch ließ er sich von Tile das gesiegelte Schreiben vorweisen, und endlich zufrieden, bedeutete er ihnen zu folgen.

Halbdunkel empfing sie im Turm. Lautlos stieg der Wächter vor den beiden über eine Leiter zum ersten Stock hinauf. Die Tür war angelehnt. In der kargen Kammer ruhte eine Amme, den Kittel über ihren schweren Brüsten halb geöffnet, lag sie ausgestreckt auf der Strohmatte. Flüchtig betrachtete sie die Besucher und starrte wieder zur Decke. Neben einem Waschbottich stapelten sich weiche Wolltücher, und über einem Holzreck hingen lange weiße Leinenbinden.

In der gegenüberliegenden Wand war eine zweite dicke Eichentür eingelassen. Wieder legte der Wächter den Finger warnend auf die Lippen, dann hob er die Sichtklappe. Farida blickte als erste hinein; lange stand sie da, und mit einem Mal verschränkte sie die Arme vor der Brust, umarmte sich selbst, als suchte sie Schutz und trat beiseite.

Tile schob das Gesicht nah ans Sichtloch: Die Zelle war eng, von hoch oben fiel helles Licht durch eckige Maueröffnungen. Keine bunten Tücher, kein einziges Glöckchen, nichts erinnerte an eine Kinderstube. Nur ein Schemel und daneben zwei Krippen, sonst nichts. Auf den Fellen lagen die beiden Säuglinge, Körper, Hände und Füße in Binden eingewickelt; sie regten sich nicht und hatten die Augen geschlossen. Tile beobachtete die kleinen Münder, und nach einer Weile stellte er erleichtert fest, wie sich regelmäßig ihre Lippen leicht öffneten. Die Kinder atmeten, sie schliefen.

Im zweiten Stockwerk war die Zellentür weit geöffnet. Auf Zeichen des Sarazenen trat Tile mit Farida näher. Die Amme hockte auf einem Schemel; sie hatte den Kittel abgestreift, in ihren Armbeugen lagen beide Kinder, und jedes saugte an einer Brust. Tile tastete nach Faridas Hand. Das Bild erschien ihm so vollkommen, und doch fehlte etwas. Erst als die Frau aufblickte, ernst und beinah traurig, erinnerte sich Tile an das Experiment: Allein den Hunger durfte sie stillen, nicht aber Wärme und Liebe geben.

Auf dem Ritt zurück durch den Eichenwald seufzte Farida, sprach leise vor sich hin und schüttelte immer wieder den Kopf. Wie gern hätte sich Tile mit ihr über das Gesehene ausgetauscht und erfahren, warum sie so entrüstet war. Die Sprache fehlt uns noch, dachte er und drückte einen Kuß in den Moschusduft ihres Kopftuches.

»Aber wir sind schon viel weiter als die kleinen Würmer da im Turm.« Gleich führte er den Beweis: »*Cha-biib, ana a-schakuki dschiddan.*« Sie streichelte als Antwort seine Hand auf ihrem Schenkel. »Siehst du«, raunte er ihr ins Ohr, »wie gut wir uns schon verständigen können.«

Farida blickte zu ihm auf und streifte langsam den Gesichtsschleier ab.

Nicht weit vom Karrenweg fanden sie einen Moosplatz. Alles ließen sie zurück, drängten ineinander und lösten sich auf. Viel später dann fütterten sie sich mit Feigen.

Der Kaiser legte die Feder beiseite und ließ das Manuskript seines Falkenbuchs in einem gesonderten Lederkasten verstauen. »Sobald Rom Uns zu Füßen liegt, werden Wir die Arbeit fortsetzen.«

In der Junihitze 1240 wirbelten Staubwolken über der Straße von Foggia und zogen in Richtung Nordwesten. Das Heer war aufgebrochen. Vornweg flatterten die Reichsadler, gefolgt von eisenstarrenden Panzerreitern. Dahinter kamen sarazenische Bogenschützen; leicht saßen sie im Sattel, Mund und Nase geschützt durch Tücher, sangen sie Stunde um Stunde monoton gegen Staub und Hitze an. Räder ächzten unter den hochbeladenen Packwagen und Küchenkarren. Flüche trieben die Maultiere weiter. Auf keine Bequemlichkeit, keinen Prunk wollte Friedrich verzichten; wo er sich aufhielt, war der Mittelpunkt des Reiches, bei Tag auf dem Rücken seines Pferdes, Nacht für Nacht in einem anderen Zeltlager, und sein endloser Troß mühte sich, Schritt zu halten. Wehe dir, Rom, dein Erlöser naht!

»Wartet, Majestät«, bat der neugewählte Deutschordensmeister. Der Nachfolger Hermann von Salzas erreichte im Namen der deutschen Fürsten einen Aufschub und eilte zum Heiligen Stuhl. Ehe das drohende Unglück hereinbrach, wollte er den greisen Papst umstimmen, zum Einlenken bewegen. Vielleicht würde der Bannfluch doch im letzten Moment aufgehoben werden.

Friedrich fügte sich widerwillig und gewährte seinem verhaßten Gegner eine letzte Frist. Nach wenigen Wochen bereute er seine Großzügigkeit, denn im Norden Italiens griff Bologna mit Unterstützung Venedigs das kaiserliche Ferrara an und eroberte die Stadt.

»Ein hinterhältiger Schachzug!« Friedrich stürmte auf und ab. »Dieser falsche Papst windet sich wie eine Schlange.«

»Ihr müßt sofort eingreifen, großer Herrscher«, mahnte Petrus von Vinea, »ehe ein neu erstarkter Bund der Rebellen das bisher Erreichte gefährdet und Ihr wieder dort beginnen müßt, wo Ihr vor zwei Jahren angefangen habt.«

Das Gesicht des Staufers verlor jede Farbe. »Welche Tücke Gregor auch noch bereithält, ich bin der allmächtige Sieger und kehre zurück. Dann wird mein Stiefel dieser teuflischen Natter den Kopf zertreten.«

Fanfaren schrien zum Aufbruch. Das Ziel lautete Bologna. Die Panzerreiter und Sarazenen sprengten vorwärts. Jeder Widerstand auf dem Weg dorthin sollte erbarmungslos gebrochen werden. Nach sechs Tagen fiel Ravenna. Sieg! »Hoch lebe Friedrich, der unbesiegbare Feldherr!« Weiter, die Hufe dröhnten. Vor dem kaiserlichen Heer tauchten die Mauern Faenzas auf. Eine kleine Stadt; sie würde im Sturm genommen werden, und dann sollte Bologna den Zorn des Herrn der Welt zu spüren bekommen.

»Ergebt Euch!« verlangte der Herold am Stadttor von Faenza. »Andernfalls habt Ihr jede Gnade verwirkt!«

»Niemals!« riefen die Patrizier und schwenkten ihre Schwerter auf den Mauerzinnen.

Friedrich legte einen Würgegürtel um Faenza. Vom Sonnenaufgang bis zur Dunkelheit ging Feuerregen auf die Eingeschlossenen nieder, Rammböcke und Mauerbrecher wurden eingesetzt. Doch die kleine Stadt widerstand dem Ansturm des Riesen.

Zur Verpflegung der eigenen Truppen ließ Friedrich die Felder ringsum abernten; als der Winter kam, ließ er Holzhütten als Unterkünfte errichten und wartete, wartete. An einem grauen Morgen im Frühjahr 1241 öffnete sich das Stadttor, und heraus wankte ein Zug ausgemergelter, vom Hungertod gezeichneter Kinder mit ihren verhärmten Müttern. Jammernd fielen die Geschwächten vor dem kaiserlichen Zelt zu Boden. »Erbarmen, Herr. Schont uns und unsere Männer.«

Kalt sah Friedrich auf das Elend hinunter. »Was klagt ihr? Erbarmen für eure Männer? In ihrem Glück haben sie Uns nicht als ihren Herrn anerkennen wollen, jetzt werden auch Wir sie in ihrem Unglück nicht erhören.« Auf sein Fingerschnippen hin griffen Knechte zur Peitsche und trieben die Verzweifelten wie eine Viehherde mit lautem Knallen in die Stadt zurück.

Im April war alle Kraft verbraucht. Gebrochen gab sich Faenza willenlos in die Hand des Kaisers. Acht Monate hatten die Bürger gekämpft, hatten gehungert, gelitten, und viele von ihnen waren gestorben. Nun warteten die Überlebenden auf das furchtbare Strafgericht.

»Wir wollen Milde zeigen«, verkündete Petrus von Vinea im Namen des Kaisers. »Wärmt Euch an Unserm Großmut, und vergeßt niemals, daß Ihr Eurem Herrn auf ewig Treue schuldet.«

Friedrich hörte die Dankgesänge nicht mehr. Er hatte sich bereits auf den Marsch nach Rom begeben. Nichts sollte ihn jetzt mehr aufhalten. Der rachsüchtige, steinalte Papst hatte seinen letzten Trumpf ausgespielt und verloren. Denn während der Kaiser noch vor Faenza lag, war von Gregor zum Osterfest ein Konzil einberufen worden, ein Konzil, um ihn, den Herrscher der Welt, abzusetzen.

Trotz Friedrichs Warnungen, trotz des Einreiseverbotes waren die geistlichen Würdenträger dem Ruf des Papstes gefolgt und aus allen Ländern herbeigeeilt. Von Genua aus hatten sie die Fahrt nach Rom auf siebenundzwanzig Schiffen fortgesetzt. Bei Montechristo aber war die Segelflotte von den kaiserlichen Kriegsgaleeren aufgebracht worden, und mehr als einhundert fromme Herren lagen nun gefesselt in Kerkerhaft. Das Konzil war vereitelt. »Gott, der gerecht richtet, hat der Welt ein Zeichen gegeben«, triumphierte Friedrich. »Nach seinem Willen darf das Priestertum nicht länger allein, sondern Reich und Kirche sollen gemeinsam das Gefüge der Welt leiten.«

Ein zweites Gottesurteil bestärkte den Staufer endgültig in seinem Entschluß: Das reichstreue Pavia besiegte in einer Schlacht Mailand, das Haupt der Rebellen!

Diese Nachricht löste grenzenlosen Jubel aus. Niemand konnte den Kaiser mehr daran hindern, die päpstliche Bestie endgültig zu verjagen. Er würde den Thron in der Stadt der Städte besteigen und endlich eine neue Weltordnung herbeiführen.

Flammen verheerten ganze Landstriche des Kirchenstaates. Bald lagen Felder und Orte vor den Toren Roms verwüstet da.

Friedrich ließ die Zelte auf einem Bergrücken errichten. Am Abend des 21. August – seine Ratgeber Petrus von Vinea und der treue Berard waren gegangen – sah er nachdenklich zu den Türmen und Dächern der ewigen Stadt hinüber. Neben ihm warteten geduldig die beiden Leibdiener. Ohne den Blick zu wenden, murmelte er: »Ich bin am Ziel, Lupold. Erinnerst du dich? Diesen Satz sagte ich auch zu dir damals in der Nacht, ehe ich die Kaiserkrone empfing.«

»Ich habe es nicht vergessen, mein Fürst.« Lupold strich sich durchs weiße Haar. »Wir standen auf einem Hügel im Norden Roms. Dort ließen wir unser Glücksschiff zurück.«

»Weil es ausgedient hatte, alter Freund. Weil die Zeit gekommen war, die irdischen Belange selbst zu lenken und nicht nur auf Glück zu hoffen. Nun, ich habe den Beweis erbracht, und heute stehe ich vor einem noch größeren Ziel. Keinem Herrscher zuvor ist solch ein Triumph je beschieden worden ...« Er brach ab. »Sonderbar, wie heiß es noch ist! Welche Nacht steht uns bevor? Ich will eine Weile hier draußen bleiben. Kolup, bringe Wein. Mir ist danach, und außerdem, so dicht vor dem Sieg, will ich mit euch, meinen treuesten Freunden, anstoßen.«

Am nächsten Vormittag verließ ein Bote die Stadt der Städte und trieb sein Pferd zum kaiserlichen Lager hinauf: Papst Gregor IX., der Stellvertreter Christi auf Erden, war in den Morgenstunden vor seinen Schöpfer getreten!

Zweimal mußte der Bote die Nachricht wiederholen.

Friedrich stützte seine Stirn auf die Faust. »Er ist tot. Wahrhaftig, er ist tot.« Nach langem Schweigen seufzte er bitter: »Ein Jahrzehnt nur Kampf. Grausamer Streit, durch den Unzählige den Tod fanden. Und nun hat Gregor sich mir entzogen und mich um den Sieg gebracht. Durch seine Schuld fehlt nun der Erde der Frieden.«

Müde gab er den Befehl, das Lager abzubrechen. Petrus von Vinea wollte ihn umstimmen. »Jetzt müßt Ihr Rom zu Eurer Stadt machen und die Herrschaft über Kirche und Reich antreten.«

»Schweig!« Zorn loderte auf. »Nie habe ich gegen die Kirche gekämpft, allein gegen ihn, diesen hartherzigen Papst, der mich ins Unrecht setzte, der mich vernichten wollte. Solange er lebte, hätte ich Rom und seine Macht nehmen können. Doch jetzt! Niemals würde mir die Christenheit verzeihen, wenn ich nun, da der Stuhl Petri leer ist, Rom besetzen würde.«

In Apulien, in seinem Kaiserpalast zu Foggia, wollte Friedrich die Wahl des neuen Papstes abwarten.

Tile erreichte mit Farida die Lichtung im Eichenwald. Seit ihrem letzten Besuch war mehr als ein Jahr vergangen. Der klobige Wehrturm hob sich über den Pfahlzaun, Zikaden schnarrten und zirpten. Aus dem Tor trat ihnen der Sarazene entgegen und forderte sie ohne Gruß auf, ihm zu folgen.

Über die Leiter gelangten sie zum ersten Stockwerk hinauf. In der Zelle hockte die Amme auf der Strohmatte; leer und ausgeweint blickte sie auf die Krippen. Nackt lagen das Mädchen und der Junge da, reglos. Sie waren tot.

»Wann?« fragte Tile.

»Gestern.« Die Amme bekreuzigte sich. »Gestern, weil sie nie ein Lächeln, nie ein Wort von mir geschenkt bekamen«, ihre Stimme erstickte in Trauer. »Nichts, nicht einmal einen Kuß haben sie gekannt.«

Der Sarazene stieg nicht zum zweiten Stockwerk hinauf; unten im Halbdunkel des Turms führte er die beiden zu einer Holzkiste. Ehe er sie öffnete, berührte Tile seinen Arm und schüttelte den Kopf. Farida erfuhr, daß diese beiden Kinder bereits vor einer Woche gestorben waren. Keines hatte je ein Wort gesprochen; meist hatten sie nur teilnahmslos dagelegen, und manchmal, manchmal hatten sie geweint.

Auf dem Weg zurück rastete Tile mit seinem braunen Stern im Moos unter den Eichen. Sie sprachen nicht, hielten sich nur an den Händen.

Aus dem Tafelbuch der Zeit

ITALIEN

Rom

Die höllische Wahl

Der kaiserfeindliche Senator von Rom, Orsini, wegen seines feuerroten Haares auch Rosso genannt, will einen neuen Papst, und zwar sofort. Er läßt die gerade anwesenden zehn Kardinäle wie Strauchdiebe auf der Straße verhaften. Mit Faustschlägen, Fußtritten und üblen Beschimpfungen werden die frommen Herren durch die Stadt geschleift und in einen halbverfallenen Turm gesperrt.

Ein Raum, eine Kammer, sonst nichts außer Gluthitze und Modergestank, der schon nach Tagen unerträglich wird; die alten Männer können sich nicht auf einen Nachfolger einigen. Um ihre Qual zu vergrößern, lassen die Wächter Kot und Urin über den Deckenrissen ab. Zwar bieten aufgespannte Kleidungsstücke dürftigen Schutz vor der heruntertropfenden Kloake, jedoch das Elend verschlimmert sich: Bald schwächen Magen- und Darmkrankheiten das Wahlgremium. Den todkranken englischen Kardinal schleifen die Wächter aufs Turmdach, und während er unter Gelächter der Kerle seine Notdurft verrichtet, stirbt er.

Orsini wird ungeduldig, droht den Leichnam Gregors IX. wieder ausgraben und ihn mitten unter die Kardinäle setzen zu lassen. Diese Vorstellung beschleunigt den Entscheidungswillen; nach zwei Monaten wird ein neuer Papst gewählt. Er gibt sich den Namen Coelestin IV. Mehr zu tun ist ihm nicht vergönnt, denn das höllische Konklave hat den Armen geschwächt, und er stirbt schon nach siebzehn Tagen.

Orsini, der wahnbesessene Rote, schnaubt, vergeblich sucht er in Gassen und Häusern nach den Kardinälen, um sie zur nächsten Wahlrunde zu zwingen. Bis auf vier haben alle Rom fluchtartig verlassen.

Das Konklave soll an einem sicheren und vor allem bequemeren Ort durchgeführt werden.

Foggia

Der Tod im Kindbett

Kaiserin Isabella umklammert die Hände ihrer Zofe Sabrina. Seit dem Morgen des 1. Dezembers 1241 wird sie von Wehen erschüttert; sie kommen, ebben ab und kehren qualvoller wieder. Gegen Abend endlich öffnet sich ihr Schoß und gibt den kleinen Kopf frei. Noch einmal preßt Isabella die Hände der Zofe, da verläßt sie alle Kraft. Die Kaiserin ist tot.

Mit festem Griff wird das Kind von der Amme ans Licht gezogen. »Es ist tot«, flüstert sie und wiegt den Jungen im Arm.

Sabrina schließt die Lider ihrer Herrin. »Ja, nehmt Euren Sohn mit. Gemeinsam habt Ihr es schöner dort.« Zum viertenmal beweint Sabrina den Tod einer Kaiserin.

Conseza

Freiheit erst im Tod

Nach siebenjähriger strenger Haft soll der abgesetzte König Heinrich in ein anderes Verlies gebracht werden. Am 10. Februar 1242 reiten die Bewacher, um kein Aufsehen zu erregen, mit ihm über verschwiegene steile Felspfade. Jäh reißt der Einunddreißigjährige sein Pferd zur Seite, gibt ihm die Sporen; er fliegt in die Freiheit und zerschellt auf den Steinbrocken tief unten in der Schlucht.

Kaiser Friedrich, der Vater, der den Sohn verstieß, schreibt an die Geistlichen Apuliens: »... Mitleid des zärtlichen Vaters überwindet das Urteil des strengen Richters. Mit Wehmut und heißen Tränen müssen wir das Geschick Unseres Erstgeborenen betrauern. Vielleicht werden sich harte Väter wundern, daß der von öffentlichen

Feinden unbesiegte Cäsar sich von häuslichem Schmerz hat besiegen lassen. Wir sind indes weder der erste noch der letzte, der durch Übergriffe von Söhnen Schaden erlitt und dennoch an ihrem Grabe weinte.«

Anagni

Der neue Gegner

Nicht in Rom, zwei Tagesritte landeinwärts und sicher vor jedem Zugriff des wahnbesessenen Senators Rossi, findet in Anagni das Konklave statt. Fast zwei Jahre nach Gregors Tod einigen sich die Kardinäle am 25. Juni 1243 auf Sinibald Fiesco: ein Graf, ein Rechtsgelehrter und kühler Rechner. Er gibt sich den Namen Innozenz IV.

Kaiser Friedrich ist mit der Wahl sehr zufrieden und läßt Dank- und Freudenmessen lesen. Dieser Papst werde die Aussöhnung mit ihm, dem Herrn der Welt, suchen. Begeistert schreibt Friedrich: »... Vater, umarme deinen gehorsamen Sohn!«

Er schickt eine Gesandtschaft unter Führung seines Ratgebers Erzbischof Berard von Palermo an den Heiligen Stuhl, doch Innozenz empfängt die Delegation erst gar nicht: »Wir pflegen keinen Umgang mit Gebannten!« läßt er den erschreckten Unterhändlern ausrichten.

Papst Innozenz IV., der neue Oberhirte, kennt keine Leidenschaft wie Haß oder Liebe; sein Ziel ist der uneingeschränkte Machterhalt des Papsttums, und dies will er durchsetzen, ganz gleich mit welchen Mitteln. Schnell muß Friedrich seinen Irrtum einsehen: Kein Freund, ein Feind, gefährlicher und verschlagener noch als dessen Vorgänger, sitzt nun auf dem Stuhle Petri. Innozenz plant kalt und skrupellos die Vernichtung des Kaisers.

Civita Castellana

Die große Täuschung

Friedrich will den Frieden, will endlich vom Kirchenbann gelöst werden und erklärt sich sogar bereit, in der Lombardenfrage nachzugeben. Der Papst geht auf das Friedensangebot ein; währenddessen aber schürt einer seiner Vertrauten, Kardinal Rainer, das Feuer und zettelt einen Aufstand im kaisertreuen Viterbo an. Friedrich zieht mit einem Heer vor die Stadt, kann sie aber nicht einnehmen.

Der Papst ist bereit, sich mit dem Kaiser auf halbem Weg zwischen Rom und Viterbo zu treffen. In hoffnungsvoller Stimmung finden sich beide Gefolge ein. Der Tag des Versöhnungsgespräches wird festgelegt.

Da verläßt Innozenz in der Vornacht heimlich den Ort. Als Ritter verkleidet reitet er zur Küste; seine Schiffe lichten beim Morgengrauen des 29. Juni 1244 den Anker und landen nach wenigen Tagen in Genua.

Sofort läßt er der christlichen Welt verkünden: »... nur durch Unser heimliches Entweichen haben Wir uns den Nachstellungen dieses rasenden Tyrannen entziehen können.« Der Papst legt sich selbst den Mantel des Märtyrers um. »Wir mußten Uns und die Kirche vor dem wahnbesessenen Kaiser in Sicherheit bringen.«

Friedrich, der Meister im politischen Ränkespiel, fühlt sich bis ins Mark getroffen. Er ist auf dem Schachbrett der Diplomatie geschlagen worden; dieser Gegner hat ihn überlistet.

Die päpstliche Flucht war von langer Hand geplant und gut vorbereitet; im Dezember erreicht der Hof die Stadt Lyon. Innozenz weiß sich nun weit entfernt vom direkten Zugriff des Staufers und kann ihm den offenen Kampf ansagen. Nicht länger Rom, jetzt ist Lyon der Mittelpunkt der katholischen Kirche.

Lyon

Der erschöpfte Kaiser

Für den Juni 1245 lädt der Papst die Kirchenfürsten und Gesandten der abendländischen Könige zum Konzil ein. Es soll nur in einer einzigen Sache verhandelt und beschlossen werden: die Absetzung des Kaisers!

Friedrich fühlt sich müde und ausgelaugt. Er will Frieden, endlich Frieden. Gegen seine innerste Natur bietet er Innozenz all das an, worum er je gekämpft hat: Er will sich in der Lombardenfrage dem Spruch des Papstes beugen, die besetzten Gebiete des Kirchenstaates räumen und unverzüglich zum Kreuzzug ins Heilige Land aufbrechen; ja, er will sogar drei Jahre dort bleiben und nur mit Genehmigung des Papstes zurückkehren.

Die Könige des Abendlandes setzen sich für den erschöpften Kaiser und sein aufrichtiges Angebot ein. Innozenz muß die Unterwerfung annehmen; der Kirchenbann soll am 6. Mai aufgehoben werden.

Viterbo

Der Jähzorn

Friedrich zieht Ende April mit seinen Truppen nach Norden. In Verona hat er einen Hoftag anberaumt.

Sein Weg führt an Viterbo vorbei. Viterbo, diese abtrünnige Stadt! Jäh lodert der Zorn auf. Friedrich läßt seine Bewaffneten das Umland verwüsten; mehr noch, Kinder, Frauen und Männer, alles Vieh läßt er abschlachten.

Sofort berichtet Kardinal Rainer die Schandtaten nach Lyon: »... Habt kein Mitleid mit dem Ruchlosen. Werft ihn hinaus aus dem Heiligtum Gottes, daß er nicht länger herrsche über das christliche Volk. Vernichtet Namen und Leib, Sproß und Samen dieses Babyloniers ...!«

Lyon

Der Tag des Unheils

Der 6. Mai verstreicht, ohne daß der Bann gelöst wird. Innozenz hat die Friedensverhandlungen abgebrochen.

Das Konzil beginnt am Tag nach Johannis: Zwei Verteidiger kämpfen vergeblich für den Kaiser, und drei Wochen später, am 17. Juli 1245, wird das Urteil verkündet.

Papst Innozenz IV. sitzt auf dem Thron im Chorraum der Kathedrale von Lyon. Im weiten Schiff halten Kardinäle, Erzbischöfe und Prälaten brennende Kerzen in den Händen. »Dieser Herr Kaiser hat sich schuldig gemacht, weil er Ketzerei betrieb, weil er die Kirche schändete, weil er Lucera, eine Stadt der Ungläubigen, gründete und die christliche Religion mißachtete, er befleckte sich durch den Umgang mit sarazenischen Dirnen ...«

Nach dem Verlesen der Anklage hebt Innozenz die Stimme: »Wegen dieser und vieler anderer abscheulicher Frevel erklären Wir den besagten Fürsten, der sich des Kaisertums, der Königreiche und jeglicher Ehre und Würde so unwürdig gemacht hat, für einen von Gott verworfenen Menschen. Wir entsetzen ihn durch Unsern Urteilsspruch. Wir verbieten Kraft Unserer apostolischen Vollmacht strengstens, daß in Zukunft irgend jemand ihm als König oder Kaiser gehorche ...«

Das deutsche Fürstengremium fordert Innozenz auf, einen neuen Kaiser zu wählen; über das Königreich Sizilien will er nach seinem Gutdünken verfügen.

Und während Papst und Prälaten ihre Kerzen löschen, schluchzen die beiden Verteidiger auf und wehklagen: »Das ist der Tag des Zorns, des Unheils und des Elends.«

TURIN

Der Hammer der Welt

Kaum vermag Friedrich seinen Zorn zu zügeln. »Dieser Papst hat mich abgesetzt! Mir meine Krone geraubt! Woher nimmt er diese Frechheit? ...«

Lupold und Tile müssen die Truhe mit den Reichsinsignien bringen. »Laßt sehen, ob Unsere Kronen verloren sind!« Friedrich setzt sich eine der vielen aufs Haupt. »Noch haben Wir Unsere Kronen nicht verloren ...« Er schwört, daß kein Papst und keine Kirchenversammlung sie ihm ohne blutigen Kampf entreißen könne. »Eins aber hat sich an meiner Lage gebessert. Mußte ich bis heute dem Papst einigermaßen gehorchen, ihn wenigstens ehren, so bin ich nun jeglicher Verpflichtung, ihn zu lieben, zu verehren und Frieden mit ihm zu haben, enthoben ...« Friedrich hob die Faust: »Lange genug war ich Amboß, jetzt will ich Hammer sein!«

LYON

Schlag

Der Papst ruft zum Kreuzzug gegen Friedrich und seine Söhne auf. In Deutschland buhlt er um einen Gegenkönig.

TURIN

Gegenschlag

Friedrich klagt die Kirchenherren vor aller Welt an: »... denn die jetzt den Namen Geistliche führen, sind gemästet durch die Almosen und den Zehnten ...« Er bezichtigt sie der Heuchelei, Habsucht und Bestechlichkeit.

Grosseto

Anschlag

Den Winter hat der kaiserliche Hof in Grosseto am Südrand der Toscana verbracht. Sabrina ist zu ihrem Mann gezogen. Solange der Kaiser nicht wieder heiratet, darf sie mit Lupold gemeinsam wohnen. Zu Ostern läßt Friedrich ein großes Fest vorbereiten. Enzio und der vierzehnjährige Prinz Manfred sind zu Besuch, auch Ezzelino ist aus Verona eingetroffen.

Einen Tag vor Ostern erhält Friedrich ein Geheimdokument. Die Zeilen schreien es heraus: Mord! Beim Festmahl sollen der Kaiser, seine Söhne und Ezzelino von Verrätern aus den eigenen Reihen ermordet werden.

Die Zeilen beweisen es: Der Papst zieht von Lyon aus die Fäden der Verschwörung und des Mordplans.

Ehe Friedrich zugreift, fliehen die Rädelsführer; es sind hohe Beamte der Kanzlei, engste Vertraute. Sie werden verfolgt und gestellt. Friedrich kennt keine Gnade: »Denn Wir handeln nicht ungerecht, wenn Wir die töten, die uns nach dem Leben trachteten ...« Er läßt ihnen Nasen, Ohren und alle Gliedmaßen abschlagen, sie blenden, hernach werden einige von Pferden zu Tode geschleift, einige verbrannt oder gehenkt, andere läßt er mit Giftschlangen in Ledersäcke einnähen und im Meer ersäufen.

DEUTSCHLAND

Veitshöchheim

Jedes Mittel ist recht

Für 25 000 Silbermark hat sich Landgraf Heinrich Rapse von den päpstlichen Legaten bestechen lassen und wird von den drei mächtigsten Erzbischöfen Deutschlands im Mai 1246 zum Gegenkönig gewählt. Sofort bekämpft er den neunzehnjährigen Stauferkönig Konrad; zwar erringt er einen Sieg, stirbt aber im Februar 1247 an einer Krankheit.

Ohne Zögern läßt Innozenz nach einem nächsten Gegenkönig suchen und findet in Graf Wilhelm von Holland einen willigen Kandidaten.

ITALIEN

Turin

Der päpstliche Handstreich

Friedrich beschließt eine gewaltige Heerfahrt über die westlichen Alpen nach Lyon. Er will die Stadt belagern; mit Panzerreitern und Bogenschützen soll der Papst zum Frieden gezwungen werden.

Im Juni nähert sich bereits die Vorhut der kaiserlichen Truppen der Paßstraße des Mont Cenis, da erreicht den Staufer die Hiobsbotschaft von König Enzio: Parma ist abgefallen.

Die Anhänger des Papstes haben Parma im Handstreich genommen und ein Blutbad unter den Kaiserlichen angerichtet. Verstärkung eilte sofort aus Mailand und anderen Städten herbei. Parma gleicht einer Festung.

Parma

Was im fernen Lyon geplant wurde, zwingt Friedrich, die Heerfahrt gegen den Papst abzubrechen und sich sofort nach Parma zu wenden. Der Abfall dieser Stadt muß gesühnt werden. Längst flackert in der Lombardei wieder Rebellion auf.

Vorbei sind die hehren Ideen: Wir werden das Römische Imperium erneuern! Wir sind der erwartete Friedensfürst, der Erlöser! Friedrich kämpft nur noch für sich selbst und um den Machterhalt des Staufergeschlechts. Treue belohnt er mit Freundschaft, den Feinden aber wird er zum Inbegriff des Bösen. Seine Söhne und Heerführer erfüllen den Auftrag und knechten Italien mit einem Schreckensregiment. Grausamkeit und Rachsucht treibt Friedrich nach Parma: Er will siegen, großartig siegen, und alle Welt, auch der Papst, soll vor diesem Triumph erzittern.

Jede Zufahrtsstraße nach Parma wird abgeriegelt und die Wasserversorgung unterbrochen. Im Angesicht der Eingeschlossenen läßt Friedrich eine riesige Lagerstadt errichten. Keine Zelte, die wieder abgebrochen werden können, Holz- und Steinhäuser entstehen um Marktplätze, eine Kirche, Paläste und Kaufläden, Straßen und Brunnen. Inmitten von Blumengärten wird dem Harem ein Prachtbau errichtet. Gräben und Mauern sichern die achttorige Stadt. »Victoria!« tauft sie der Kaiser siegessicher und zieht ein, gefolgt von seiner Kanzlei, dem Tierpark und allem Prunk. Er will Parma ausbluten, dem Erdboden gleichmachen, und dann soll Victoria für ewig an den Sieg des Imperators erinnern.

Der Winter kommt mit Schrecken. Hunger, Durst und Seuche quälen die Eingeschlossenen, wohingegen die Belagerer im Überfluß schwelgen. Anfang Februar 1248 wechselt das Wetter, erste warme Frühlingsluft löst die Kälte ab. In Parma kämpfen die Menschen gegen ihre Hoffnungslosigkeit, in Victoria breitet sich mehr und mehr sorgloser Müßiggang aus.

chenke uns diesen Tag.« Sabrina reichte Tile den Morgenbrei. »Dir fällt das Reiten noch nicht schwer. Laß mir heute meinen Lupold, und begleite allein die Jagdgesellschaft.«

Nachdem der blauäugige Sarazene unter Aufsicht des Kammerherrn dem Kaiser die grüne Kluft angelegt hatte, waren beide für kurze Zeit wieder ins kleine Holzhaus nahe des Palastes von Victoria zurückgekehrt. Tile sah von Lupold zu Sabrina. So weißhaarig sie auch sind, staunte er, das Verlangen nach Zärtlichkeit ist ihnen geblieben. Er schnupperte ausgiebig an der dampfenden Schale: »Wie könnte ich Euch bei diesem Duft eine Bitte abschlagen, Frau Sabrina.«

»Laß die Schmeichelei«, drohte sie ihm lächelnd. Unzählige Falten und Fältchen zeichneten ihr Gesicht. Die dunklen Augen funkelten ihn an: »Glaubst du, ich wüßte nicht, was du denkst? Und jetzt löffle deinen Brei.«

Seit Beginn der Belagerung von Parma wohnte Tile mit den beiden Alten zusammen. Obwohl er längst das vierzigste Lebensjahr überschritten hatte, bereitete es der Baronin Freude, ihn wie einen Sohn zu behandeln, und nur zu gern ließ er sie gewähren. Inmitten der Lagerstadt hütete Sabrina das Holzhaus wie eine friedvolle Oase. Wenn Glück und Zeit es erlaubten, brachte Tile sogar seinen braunen Stern mit, und kein Stirnrunzeln empfing die Verliebten; ungestört durften sie in der engen Nebenkammer allein sein.

»Legt das Schlechte vor der Schwelle ab«, forderte Sabrina oft, »sonst findet das Herz nie zur Ruhe.«

Drüben in Parma herrschte Elend. Um die Verzweiflung zu steigern, grasten fette Kühe und Schafe vor den Augen der Hungernden, und Tag für Tag ließ Kaiser Friedrich vor dem Osttor Victorias bei Sonnenaufgang drei oder vier Gefangene enthaupten. Schreckliches geschah, und nur Sabrinas kluge Art, wie sie zuhörte und beschwichtigte, half ihrem Gemahl und Tile, die unberechenbaren Launen des Imperators zu ertragen. Sie bot den

Männern und manchmal auch Farida ein Zuhause, in dem Heiterkeit und Zutrauen herrschten.

Tile hatte die Schale geleert und erhob sich. »Wenn ich Kaiser wäre«, er dehnte den Rücken, »würde ich mir an solch einem schönen Tag ein anderes Vergnügen gönnen.«

»Du bist es nicht, Junge, und wirst es nie sein«, sagte Lupold und setzte trocken hinzu: »Da Friedrich das andere, von dem du sprichst, schon in der vergangenen Nacht ausgiebig genossen hat, widmet er sich heute den Sumpfvögeln.«

»Den Herren beliebt es, vor der Dame des Hauses in Rätseln zu sprechen«, spottete Sabrina. »Was dieses andere Vergnügen angeht, mein Lupold, warte nur ab, darüber unterhalten wir uns nachher.« Sie wies zur Tür: »Und jetzt raus mit dir, Tile, sonst reitet dein Pferd noch ohne dich.«

Bis auf direkte Angriffe gegen Parma durfte Victoria nur durch die weit entfernten nordwestlichen Tore betreten oder verlassen werden. Die Eingeschlossenen sollten in ständiger Furcht leben, von der ganzen Streitmacht Friedrichs bedroht zu werden. In Wahrheit aber war König Enzio mit Panzerreitern und Bogenschützen während der vergangenen Monate häufig ausgerückt, um Städte in der Nähe einzuschüchtern oder Getreidetransporte abzufangen, die heimlich nach Parma gebracht werden sollten. Auch gestern hatte er Victoria mit einem Großteil des Heeres wieder verlassen. Nur dreitausend Fußknechte und einige berittene Kohorten der Wachmannschaften hielten die Stellung in der Lagerstadt.

Kein Hornsignal eröffnete die Jagd. Vornweg rollten leichte Wagen ohne Lärm aus dem Westtor. Auf den Ladeflächen saßen die Treiber mit ihren Hundemeuten, sorgten sich Falkner um die abgedunkelten Käfige der Raubvögel. Wenig später folgte hoch zu Roß der Kaiser mit Prinz Manfred, begleitet von einigen engen Vertrauten, seinem Hofmeister und Tile. Zu ihrem Schutz umgab sie eine fünfzig Mann starke Abteilung der sarazenischen Leibgarde.

Aus dem Osten stieg rot die Sonne, und nach gut einer Stunde war das weit ausgedehnte Sumpfgelände erreicht. Hunde zerrten an ihren Leinen, und Falken, Habichte und Bussarde wurden abgehaubt.

Es war der 18. Februar 1248. Ein unbeschwerter Tag erwartete die Jagdgesellschaft.

Auf dem Wehrgang von Parma beschattete ein Späher die Augen. Keine Täuschung: Der nach Victoria eingeschleuste Spion meldete sich. Drüben, in einer Mauerscharte des Osttores blitzte Licht auf, verschwand, blitzte wieder auf. Atemlos wartete der Späher. Nach einer Pause wurde das Spiegelsignal wiederholt. Die so lang erhoffte Gelegenheit war gekommen. »Wir können es wagen.« Er hastete die Leitern hinunter. »Sagt es weiter. Wir können es wagen. Der Kaiser und König Enzio, beide haben die Lagerstadt verlassen. Sagt es weiter!«

Wenig später öffnete sich das Südtor von Parma, und ein kleiner bewaffneter Trupp sprengte mit Johlen und Kampfrufen über die Zugbrücke hinaus.

In Victoria wurde kein großer Alarm gegeben, so oft hatten die Belagerten einen Ausfall versucht und waren stets zurückgetrieben oder getötet worden. Die Wachen erstatteten ihrem Hauptmann Meldung, der gab sie in den Palast weiter. »Die Mäuse wagen es wieder, ihre Löcher zu verlassen!« höhnte der Befehlshaber. »Nun denn, zerreißen wir sie.« Er befahl aufzusitzen und jagte alle noch verfügbaren Reiter hinter den Flüchtigen her.

Eine willkommene Abwechslung im Alltagstrott! Ein Fußknecht zog den anderen mit sich. Auch keiner der Wächter wollte das Spektakel verpassen; sie verließen ihre Posten und hasteten zur Südseite.

Da fielen die westlichen Zugbrücken von Parma. Hufe dröhnten. Aus allen Toren gleichzeitig galoppierten gepanzerte Ritter, stürmten Kriegsknechte mit Fackeln und Schwertern in den Fäusten. Ihnen folgten die Bürger; sie trugen Leitern und Stricke,

Mistgabeln, Sensen und Äxte. Hinter ihnen quollen Frauen und Kinder aus der Stadt, bewaffnet mit Messern und Knüppeln. Der Mut der Verzweiflung trieb die hungrige Menge auf Victoria zu, ließ sie den Graben überwinden. Von ihrem Gewährsmann wurde das unbewachte Tor geöffnet, und die Parmenser drangen in die Lagerstadt ein.

Entsetzte Schreie gellten auf; sie wurden im Blut erstickt. Ehe die Kaiserlichen begriffen, war der Palast von Reitern umzingelt, waren die wenigen Posten erschlagen; Türen splitterten, und Fußknechte nahmen den Befehlshaber gefangen. Mit Angeboten versuchte er zu besänftigen, zu retten und schwieg erst, als sein Kopf die Treppenstufen hinunterpolterte.

Rund um Palast und Kirche fielen Frauen, Kinder und Bürger wie ein Heuschreckenschwarm über die Holzhäuser her, töteten und rafften Brote und Fleisch an sich. Feuer loderte auf.

Jetzt schallten Hornsignale aus der Südstadt. »Sammeln!« Jetzt erst läutete die Sturmglocke. »Sammeln!« Kaiserliche Fußknechte und Wächter griffen nach den Schwertern. Jeder Unterhauptmann versuchte einen Trupp zu formieren. »Hierher!« »Nein, hierher!« Ziellos hetzten die Männer durcheinander. Nach und nach fanden sie zu einer Ordnung. »Der Palast! Schützt unsern Palast!« Zu spät. Auf den Hauptstraßen näherten sich Panzerreiter, senkten ihre Lanzen und trieben die Horden auseinander. In den Nebengassen wurden die Flüchtigen von feindlichen Fußknechten erwartet und niedergehauen.

Der lang angestaute Haß verlieh den Parmensern übermächtige Kraft; sie töteten nicht nur, im Blutrausch zerstückelten sie ihre Gegner. Mehr und mehr Häuser brannten. Gebrüll, urgewaltige Schreie stiegen aus dem Garten des Haremspalastes auf. Die Eunuchen lieferten der Übermacht einen verzweifelten Kampf. Doch ein Koloß nach dem anderen brach in die Knie und starb durch ungezählte Schwertstiche. Umar blutete aus vielen Wunden; er gab nicht auf, bis ihm drei Axthiebe den Kopf vom Rumpf trennten.

Unablässig läutete die Sturmglocke!

Der Norden Victorias war eingenommen. Unter Jubelgeschrei luden Frauen und Kinder die zusammengerafften Nahrungsmittel auf Karren, warfen Stoffe und Hausrat dazu. Männer führten das Vieh aus den Ställen. Der erste Beutetreck wurde nach Parma in Sicherheit geschafft; gleich kehrten die Bürger zurück und setzten die Plünderung fort.

Inzwischen hatten die ausgeschickten berittenen Wachmannschaften den Alarm gehört, ihre Gäule herumgerissen und waren Victoria zu Hilfe geeilt. Erbittert leisteten sie in der Südstadt Widerstand, kämpften sich mit den noch lebenden Fußknechten Straße für Straße auf den Palast zu.

Und die Sturmglocke läutete, läutete.

Hoch über dem Sumpfgelände zogen die abgerichteten Raubvögel ihre Bahnen. Zum drittenmal an diesem Vormittag hatte die Jagdgesellschaft den Standort gewechselt. Vom Sattel aus beobachtete Friedrich mit Prinz Manfred den kreisenden Flug der Falken, Habichte und Bussarde. Weit verteilt warteten die übrigen Herren, jederzeit bereit loszureiten. Immer noch hechelten und kläfften Hunde im hohen Schilf. Bis jetzt hatte sich kein Rebhuhn oder Fischreiher aufschrecken lassen.

Tile wandte den Kopf. In das Bellen mischte sich ein anderes Geräusch. Er sah zu Hauptmann Asad und der Leibgarde hinüber. Gleichmütig standen sie bei ihren Pferden und flüsterten miteinander. Vielleicht habe ich mich getäuscht, dachte er. Nein, Läuten; weit entfernt aus Richtung Victoria hörte er eine Glocke.

Mit der Hand gab Tile dem Hauptmann ein warnendes Zeichen. Asad horchte; schon saß er auf und trieb sein Pferd neben den Kaiser. Kurz war der Wortwechsel, dann ließ Friedrich ins Horn stoßen. Victoria in Gefahr!

Über die Mähnen gebeugt, hetzte die Jagdgesellschaft, angeführt von der sarazenischen Leibgarde, aus dem Sumpfgebiet. Weiter griffen die Pferde aus, als sie festen Boden unter den Hufen hatten.

Feuersäulen loderten über der Lagerstadt, und Rauch verdunkelte den Himmel. Je näher sie kamen, um so lauter schlug ihnen Geschrei und Kampflärm entgegen. Vom Sattel aus gab Friedrich seinem Hauptmann Befehle. Zwei Sarazenen nahmen Prinz Manfred in ihre Mitte und blieben zurück. Sie sollten weit entfernt an einem verabredeten Ort den Ausgang abwarten.

Ein Vortrupp kämpfte das Westtor frei. Und der Kaiser drang mit gezücktem Schwert in sein Victoria ein. Die Sarazenen bildeten mit ihren Leibern einen Schutzwall um ihn und die Vertrauten, während Hauptmann Asad versuchte, die Lage zu erkunden. Nach wenigen Augenblicken kehrte er mit einem blutüberströmten Fußknecht zurück. »Mein Fürst. Dieser Mann sagt, der Norden und der gesamte Palastbereich ist verloren. Bringt Euch in Sicherheit, ehe der Feind weiß, daß Ihr hier seid.«

»Ich gebe nichts verloren!« schrie Friedrich außer sich. »Kämpft, verteidigt meine Stadt.«

Asad wählte fünfzehn seiner besten Männer aus; sie mußten mit ihm zurückbleiben. Der westliche Torturm wurde zur Festung. Nur hier konnte das Leben des Herrschers und der kaum bewaffneten Jagdgesellschaft gesichert werden. Die übrigen Sarazenen schickte er ins Kampfgetümmel. Sie trabten auf der breiten Straße nach Süden, ihre Pfeile bahnten ihnen den Weg. Frauen, die mit Knüppeln auf zwei Fußsoldaten einprügelten, waren die ersten Opfer. Dann näherten sich parmensische Panzerreiter. Säbel klirrten gegen Schwerter. Schilde dröhnten unter den Hieben.

Tile ertrug die Angst nicht länger. »Herr, mein Kaiser!« Er drängte sein Pferd zwischen den Edlen nach vorn. »Erlaubt mir... Baron Lupold... laßt mich nach ihm sehen.« Gebannt starrte Friedrich zum Kampfgetümmel hinüber. »Bitte, Herr, ich flehe Euch an.«

Endlich blickte der Kaiser zur Seite, und Sorge flackerte auf: »Lupold? Ja, bei Gott! Zögere nicht, Kolup. Suche meinen Kammerherrn.«

Schon sprang Tile aus dem Sattel und rannte. Rund um den

Palast entdeckte er keine Krieger, dafür feierten die Parmenser ein Beutefest. Sie tanzten in Samtmänteln und Gold- und Silberschmuck auf der Straße, schleppten Körbe voller Gewänder zu ihren Karren, auf denen sich Silberbecher und Schüsseln häuften. Im Lauf riß Tile seinen Turban herunter und schwenkte ihn wie ein Beutestück. Niemand kümmerte sich um den Rothaarigen, niemand hielt ihn auf.

Die Tür des kleinen Holzhauses war zersplittert. Er zögerte.

»Da findest du nichts Wertvolles!« schrie eine Frau ihm zu. Er wartete, bis die Horde hochbepackter Weiber vorbeigezogen war.

Lupold lag am Boden. Sie hatten ihm den Kopf gespalten. Sabrina stand hinter ihrem Gemahl an der Wand, das Gesicht weit aufgerissen; ihre Hände umklammerten den Speerschaft, der ihre Brust durchbohrt und sie ans Holz genagelt hatte.

»Na, was hab' ich dir gesagt?« Eins der Weiber war zurückgekommen.

Tile drehte sich langsam um, nur verschwommen sah er das grinsende Gesicht.

»Was hab' ich dir gesagt? Zu holen gibt's da nichts.« Die Frau stieß ihn belustigt in die Seite. »He, starr mich nicht so an.« Sie zupfte an seinem Hemd. »Und was willst du damit, Rotkopf? Die Lumpen von den Ungläubigen sind nichts wert. Besser, du suchst woanders. Aber eil dich, sonst bleibt für dich nichts mehr übrig.« Sie drehte sich um und lief weiter.

Nicht stehenbleiben! Du kannst nicht mehr helfen! Tile wankte zurück auf die Straße. Farida! Das Atmen würgte ihn. Der Blumengarten war zertreten. Vor dem Portal stieg er über die verstümmelten Leiber der Eunuchen. Im Haremspalast schlug ihm Grölen entgegen. Junge Kerle durchwühlten die Gemächer, rafften Seidengewänder, Perlenketten und Zierat zusammen.

»Verschwinde! Wir waren zuerst hier!«

»Wo sind die Frauen?«

»Hört euch den an«, sie stießen Tile gegen die Brust. »Kann es nicht abwarten, der geile Bock. Heute abend kannst du dir bei uns auf dem Markt eine von den Huren kaufen, wenn du genug bezahlst.«

»Sind sie weg?«

»Nach Parma!« Der Kerl grinste und rief den Kumpanen zu: »Bei uns sind die schönen Weiber gut aufgehoben. Was meint ihr?«

Das Gelächter gellte Tile in den Ohren. Er ging weiter zum hinteren Teil des Palastes. Farida, entführt, verschleppt in ein Bordell? Für diesen Gedanken gab es keinen Raum. Abschied? Einmal wollte er sehen, wo sein brauner Stern mit den anderen Dienerinnen lebte, und so Abschied von ihr nehmen.

Im Gesindetrakt war es still. Die Türen der Kammern standen offen, und er sah nur Zerstörung, Reste der Plünderung. Am Ende des Flurs erreichte er die Küche. Feuer brannte in der Herdstelle. Sein Blick streifte die leeren Regale an der hinteren Wand und glitt hinunter. Eine Gestalt lag zusammengekrümmt am Boden. Ehe Tile bei ihr war, sagte es sein Herz. Er warf sich neben sie; behutsam griff er nach der Schulter und drehte den Körper leicht. »Farida.«

Ihr angstverzerrtes Gesicht schrie noch im Tod weiter. Sie hatten der Geliebten die Kehle durchgeschnitten. So viel Blut! Tile bettete ihren Kopf auf seinem Schoß.

»Warum?« flüsterte er. »Warum nur?« Jäh schluchzte er auf. Faridas Arme waren nur Stümpfe. Er fand ihre abgehackten Hände, die Finger krallten sich um die Haltestange neben dem Regal. »Du wolltest bei mir bleiben.« Weinend schloß er ihre Lider, wiegte sie und küßte immer wieder den Stern über dem Brauenbogen. »*Cha-biib. Anta Cha-biib.*«

Von den Haremsgemächern näherte sich das Lärmen der Kerle. Tile riß sich aus dem Schmerz. Seine Hand tastete unter ihrem blutbeschmierten Halsschal nach dem geschnitzten Blumenbild. Während all der Jahre hatte sie es an einem Band getragen. »Ich bewahre die Blumen für uns auf, mein Herz.«

Die Stimmen wurden lauter.

Vorsichtig legte er Farida zurück auf den Küchenboden. Mitnehmen konnte er sie nicht, für ein Grab war keine Zeit.

Tiles Trauer schlug um in verzweifelte Wut. Er sprang auf, stülpte sich den Turban über, griff nach drei Pechfackeln und stieß sie in die Herdglut. Stoffe, Kienspäne, was er fand, steckte er in Brand. Schnell griffen die Flammen um sich. Brennen sollte die Küche. Mit den lodernden Fackeln rannte er durch den Gesindetrakt, in jeder Kammer ließ er Feuer zurück, brennen sollte der ganze Palast! Den Kerlen sprang er brüllend wie der Leibhaftige entgegen, heillos flüchteten sie vor ihm her, nahmen ihre Körbe und rannten hinaus.

Das Feuer hatte die Holzwände erfaßt, fraß sich weiter. Erst jetzt stürzte Tile aus dem Portal ins Freie, lachte und weinte zugleich. »Hier gibt es nichts mehr zu holen!« brüllte er den Plünderern auf der Straße zu, hastete weiter, jeder wich ihm aus. »Niemand wird sie mehr anrühren! Niemand!«

Kurz vor dem Westtor fiel ihm auf, daß er immer noch in jeder Hand eine Fackel trug. Weit schleuderte er sie von sich und preßte die Fäuste an seine Schläfen. »Alles, Kolup, alles Wertvolle hast du verloren.«

Zum erstenmal wieder blickte er sich um, hörte den Kampflärm wieder. Nicht allein der Haremspalast, die Kirche, auch der Südteil Victorias stand in Flammen. Am Tor wurde er von der Leibgarde umringt. Hauptmann Asad faßte seine Schultern: »Wo ist der Kammerherr?« Tile schüttelte den Kopf.

Der Sarazene zog den Diener weiter und hob ihn in den Sattel. »Reite los!« Ein Schlag auf die Kruppe trieb Tiles Pferd an. Weiter vorn sah er den Kaiser und die Herren galoppieren.

Flucht. Victoria gehörte dem Feind. Kronschatz, Troß und Tierpark, sämtliche Unterlagen der Kanzlei und die Gespielinnen waren den Bürgern von Parma in die Hände gefallen.

Nach Stunden traf Friedrich mit seiner kleinen Gefolgschaft auf Prinz Manfred und die beiden Sarazenen. Vor einem Wäldchen lagerten sie. Schweigend wurde das Brot aus den Jagdtaschen geteilt. Tile sammelte Zweige und Moos, schichtete für Friedrich eine notdürftige Schlafstätte und hockte sich in der Nähe unter einen Baum. Spät am Abend fragte der Kaiser nach Lupold.

»Er ist tot. Auch die Baronin ist tot«, sagte Tile. Von Farida sagte er nichts.

»Also habe ich heute mehr verloren als nur Besitz und Ansehen.« Nach schwerem Seufzen setzte Friedrich hinzu: »Ich beklage meinen treuesten Freund.«

Cremona nahm seinen Kaiser auf. Die Bürger hatten ihn als siebzehnjährigen mittellosen Zaunkönig liebevoll empfangen und seine vom Lambro nassen Locken getrocknet, sie hatten ihn vor zehn Jahren als den unbesiegbaren Imperator, den neuen Augustus, als den Herrn der Welt umjubelt und küßten jetzt weinend über die tiefste Niederlage den Boden vor seinen Füßen.

»Cremona, du meine Rose der Treue!« dankte Friedrich bewegt und ließ sich in ihrem Schoß nieder.

Der Palast wurde zum Zentrum des Neubeginns. Lediglich ein Teil des Heeres war bei Victoria verblutet oder gefangen nach Parma abgeführt worden. Die Großmacht aber stand noch unter Waffen. König Enzio, die kaiserlichen Schwiegersöhne und Feldherren führten den Kampf mit ungeheurer Härte weiter, die lombardischen Städte erzitterten, und bis zum Frühjahr 1249 war der offene Aufstand niedergeschlagen. Unter den Mühlsteinen Tyrannei und Steuerlast beugte Italien seinen Rücken vor dem Kaiser.

»Es hatte nur den Anschein, als habe mir Fortuna in letzter Zeit ein wenig den Rücken zugewandt.« Friedrich zwang sich zu einem Lächeln. »Jetzt aber zeigt sie mir wieder ihr heiteres Antlitz.«

Nach der schmählichen Niederlage hatte Papst Innozenz IV. in Lyon ausgerufen: »Dank sei dem allmächtigen Gott! Christo zu Ehren bist du, Victoria, endlich besiegt!«

Sein Jubel war längst verhallt; dieser Kaiser war nicht zerbrochen. Noch nicht! Und Innozenz ersann neue Pläne. Seine Legaten schwärmten aus. Heimlich sollten sie tückische Fallen auslegen; jedes Mittel hatte seinen Segen, wenn es nur zum Ziel führte.

Im Palast zu Cremona betrat Erzbischof Berard, gefolgt von Tile, das kaiserliche Arbeitszimmer. »Mein Fürst. Ihr habt nach mir geschickt.«

»Ja, kommt und setzt Euch eine Weile zu mir.« Müde schob Friedrich das Rechenbrett beiseite. »Wie beklagenswert, daß sich Meister Fibonaccis Kunst mit den arabischen Zahlzeichen noch nicht in den niederen Schreibstuben hat durchsetzen können. Statt dessen muß ich mich nun durch diese endlosen römischen Kolonnen arbeiten.« Aus allen Gegenden des Reiches hatte er Kassenbücher über schon gezahlte und noch zu leistende Abgaben kommen lassen. Neue Steuerlisten wurden in seiner Hofkanzlei erstellt; ein Berg, den er selbst in Stichproben kontrollierte. »Genug. Morgen widme ich diesem Zahlenwirrwar wieder meine Aufmerksamkeit, auch wenn die Augen brennen und dieser bohrende Schmerz in meinem Kopf nicht nachlassen will.«

»Vielleicht wären Eure Ärzte wichtiger als mein Besuch.« Berard deutete zum Kammerdiener an der Tür hinüber. »Soll er nicht den Hofmeister benachrichtigen?«

»Nein, nein, nicht diese Quacksalber. Das hat Zeit, bis Petrus zurück ist und mir meinen Leibarzt mitbringt.«

Auch Medicus Tibaldo war beim Untergang der Lagerstadt in Gefangenschaft geraten, und Petrus von Vinea hatte den kaiserlichen Auftrag, ihn von den Parmensern loszukaufen, koste es, was es wolle.

»Meine körperlichen Leiden wird Tibaldo lindern.« Mit dem nächsten Atemzug verdüsterte sich Friedrichs Miene, Trauer wuchs in seinem Blick. »Selbst die furchtbaren Krämpfe in meinem Unterbauch, die mir oft des Nachts den Schlaf rauben, kann ich leichter ertragen als die tiefe Verwundung meiner Seele. Deshalb bat ich Euch her. Ihr, lieber Berard, seid nie von meiner Seite gewichen, habt mich in Treue auf dem mühevollen Weg bis heute begleitet.«

Der Erzbischof faltete die Hände auf dem Tisch. »Was bedrückt Euch, mein Fürst?«

»Bitterkeit, Berard. In Euch und Petrus glaubte ich zwei wahre aufrechte Freunde zu haben. Nun muß ich erkennen, daß einer von diesen beiden mich hintergeht.« Er nahm aus der Lade seines Schreibtisches ein eng beschriebenes Pergament und starrte auf die Zeilen. »Petrus, mein Petrus, dem ich den Schlüssel zu meinem Herzen anvertraute, er hat mich und das Reich betrogen.« Friedrich war bei den Stichproben auf Unstimmigkeiten gestoßen und hatte Auszahlungen der Hofkasse an Städte oder ausländische Fürstenhöfe genauer überprüft. Riesige Summen waren entnommen, aber nicht weitergeleitet worden. Petrus hatte sie beiseite geschafft. Schlimmer noch, er, der höchste Richter des Reiches, durch dessen Hände jedes Bittgesuch, jedes Urteil ging, war bestechlich. Für hohe Geldzahlungen an ihn persönlich hatte er Gerichtsverfahren niedergeschlagen, die den Lebensnerv des Reiches betrafen. »Während seiner Abwesenheit habe ich das Vermögen des Großhofrichters geschätzt. Einem gebildeten, mittellosen Mann, den ich aus dem Volk an meine Seite erhob, ist es gelungen, heimlich ungeheure Besitztümer anzuhäufen.«

»Mein Fürst, auch wenn die Fakten gegen Petrus sprechen, übereilt nichts in Eurer Enttäuschung.« Berard war bemüht, den eigenen Zweifel zu unterdrücken. »Vielleicht findet sich eine Erklärung. Er stand stets hinter Euch, durch seinen Mund habt Ihr gesprochen, solch ein Mensch kann nicht nur aus Lüge bestehen.«

Lange saß Friedrich da, schließlich schüttelte er den Kopf. »Es ist bewiesen, mein Freund. Mag er auch aufrichtig in Reden und Briefen meine Größe aller Welt verkünden, mit scharfem Verstand ein Gesetzeswerk verfaßt haben und vieles mehr. Für schnöde Silberlinge hat er an seinem Herrn Hochverrat begangen, aus Habgier, aus niedrigstem Instinkt.«

Vorsichtig fragte der Erzbischof, was mit Petrus geschehen solle.

»Ich habe ihm den Schlüssel zu meinem Herzen bereits entzogen, mein Freund.« Gleich nach seiner Rückkehr aus Parma sollte er verhaftet und bestraft werden.

Im Schlafgemach überprüfte Hofmeister Giselmar das Badewasser, während der Kaiser hinter einer Seidenstellwand den Darm entleerte. Giselmar hatte nach dem Tod des Kammerherrn dessen Pflichten übernommen, als ein strenger Wächter über das leibliche Wohl des Kaisers und harter Aufseher über den als Sarazenen verkleideten Diener. Wo immer er konnte, zeigte er Kolup seine Verachtung; oft bezichtigte er ihn der Nachlässigkeit, und wegen nichtigster Gründe strafte er ihn mit Ohrfeigen.

Der Kaiser saß nackt auf dem Stuhl, hatte die Augen geschlossen und ließ sich von Tile mit der Hand in gleichmäßigen, nicht zu festen Strichen den Bauch massieren. Luft entwich, schließlich preßte er unter qualvollem Stöhnen den Kot hinaus. »Danke, Kolup. Du bist mir eine hilfreiche Hebamme.« Friedrich erhob sich und blieb in gebückter Haltung, bis sein After mit einem feuchten Tuch gereinigt war. »Betrachte die Geburt.«

Tile zog die Schüssel unter dem Sitz vor. »Mein Kaiser. Die Stücke sind seltsam flach. Wieder zeigen sich Spuren von Blut.«

Leicht stützte der Staufer den Arm auf die Schulter seines Dieners. »Das ist es, Kolup. Meine Eingeweide kämpfen gegen mich.« Seine Augen füllten sich mit Tränen. »Nicht nur die in meinem Leib. Hier im Palast wühlen die Eingeweide gegen mich. Wem kann ich noch vertrauen? Wo kann ich noch sicher sein, wo noch froh?«

Tile wußte keinen Rat. Wäre Lupold doch jetzt hier, wünschte er inständig, er könnte den Kaiser trösten. Ach, alter guter Lupold, du fehlst nicht nur mir. »Wenn Ihr es wünscht, mein Kaiser, bleibe ich heute nacht hier im Schlafgemach. So bin ich sofort zur Stelle, wenn Ihr Durst habt oder nach einem lindernden Umschlag für den schmerzenden Leib verlangt.«

»Schon gut, Kolup.« Beinah ärgerlich wischte er die Augen und den Moment der Schwäche weg. »Wer sich gegen mich versündigt, versündigt sich auch gegen Gott. Und nun ins Bad, selbst wenn es nicht gelingt, das Elend abzuwaschen.«

Die Anklage war verlesen. Petrus von Vinea hatte zu den Vorwürfen geschwiegen und in Anerkennung seiner Schuld den bärtigen Kopf gesenkt. Als das Urteil gesprochen war, schwankte er wie ein riesiger Baum, dem die Axt das Wurzelwerk durchtrennt hatte.

Kein öffentlicher Prozeß; zu tief fühlte sich Friedrich vom Verrat seines engsten Beraters und Freundes betroffen, er untersagte jedes Aufsehen. Allein, nichts blieb bei Hofe geheim, und schnell hatte sich das Gerücht in Cremona verbreitet. Heute am Tag der Vollstreckung drängten die Bürger zum Palast. Vor dem verschlossenen Portal schrien sie, und immer wieder verlangten sie die Herausgabe des schändlichen Verbrechers. Die aufgebrachte Menge wollte selbst Rache nehmen an dem Mann, der ihren Kaiser betrogen hatte.

Im Innenhof schürte der Henker die Glut. Keine Blutbühne war von seinen Knechten errichtet worden, nur ein kniehoher Tisch mit Eisenringen an den Seiten. Tile stand etwas entfernt vom erhöhten Stuhl des Kaisers. Er hob leicht den Kopf, bis er unter dem Turbanwulst zu den Herren und der Leibgarde hinübersehen konnte.

Friedrich saß aufrecht, den Kragenpelz hochgeschlagen, das Gesicht war erstarrt. An seiner rechten Seite hatte Erzbischof Berard Platz genommen; auch er bewegte sich nicht, und still leuchtete das Kreuz seiner weißen Mitra.

Tile beobachtete Hofmeister Giselmar. Wie hochmütig dieser Kerl dasteht, dachte er, trägt nichts als seine Würde zur Schau. Ob nun eine Gesandtschaft erwartet wird oder ein Verurteilter, seiner Miene ist das nicht abzulesen, allein der peinlich genaue Ablauf der Zeremonie bedeutet ihm etwas.

Friedrich nickte, und der Hofmeister stieß seinen Stab dreimal auf den Steinboden. »Führt den Verurteilten her!«

Hauptmann Asad öffnete die Tür zum Kellergewölbe, und zwei seiner Sarazenen zerrten den Großhofrichter am Halsstrick ins Freie hinüber zu dem niedrigen Foltertisch.

Bis zur Hüfte war Petrus entkleidet, sein Bart zerwühlt, um den Mund klebte gelber Speichel. Nichts erinnerte mehr an die Würde des gestern noch so mächtigen Mannes. Der Henker trat hinter ihn, reckte den Arm, war unzufrieden und stieg auf die Holzplatte. Jetzt packte er ins Haar, mit hartem Ruck riß er den Kopf des Richters zurück. »Ist dieser Mann zu Recht verurteilt?«

Hofmeister Giselmar stellte sich in Positur. »Im Namen des Kaisers wird dir heute Petrus von Vinea überantwortet. Er hat sich schuldig gemacht an ...«

»Schweigt!« unterbrach ihn Friedrich. »Nicht weiter. Erspart Unseren Ohren die Auflistung der Verbrechen!«

Unmerklich zuckte der Hofmeister zusammen, gleich faßte er sich wieder und rief salbungsvoll: »Also ist der Verurteilte dem Henker zur einfachen Bestrafung an den Augen ausgeliefert worden. Fang an!«

Die beiden Blutknechte warfen Petrus mit dem Rücken auf den Tisch. Er wehrte sich nicht, als sie Hände und Füße auseinanderrissen und an die Ringe fesselten. Der eine preßte seinen Kopf aufs Holz, indes der andere Stirn und Kinn mit Lederriemen an der Platte festzurrte. Der Henker stieß die Schwertklinge ins Glutbecken.

Tile spürte das Herz, fühlte den harten Schlag bis hinauf in den Hals. Der Rentmeister! Es ist wie damals, stöhnte er. Damals auf dem Marktplatz von Hagenau. Die Zunge wurde an einer Zange herausgezogen. Das Messer blitzte auf. In Erinnerung an die furchtbare Bestrafung Wölfflins sehnte sich Tile danach, wie damals als Junge auch jetzt weglaufen zu können. Niemand darf den Scharfrichter bei der Arbeit stören. Diese Lehre hatte er von Lupold gelernt und beschlossen, nie mehr freiwillig einem Henker zuzusehen. Jetzt aber war er gezwungen. Der Großhofrichter verdient Strafe, sagte sich Tile und konnte das Herz nicht beruhigen.

Weiß glühte die Schwertklinge. Der Henker stellte sich neben den gefesselten Kopf und senkte das Eisen auf die Augen. Petrus schrie, seine gewaltige Stimme wuchs zu einem lang anhaltenden furchterregenden Gebrüll. Ruhig trat der Peiniger zurück. Ein verkohlter, schwarzer Streifen zog sich unter der Stirn quer über das Gesicht, die Augenhöhlen waren ausgebrannt. Süßlicher Gestank erfüllte den Innenhof. Immer noch schrie Petrus, keine Ohnmacht erlöste ihn, und der Henker war mit seiner Arbeit zufrieden.

Friedrich und Erzbischof Berard erhoben sich. Ohne einen Blick auf den Geblendeten zu werfen, verließen sie die Stätte.

»Worauf wartest du«, hörte Tile den Hofmeister neben sich zischeln. »Beweg dich, Tölpel.« Benommen setzte er einen Fuß vor den anderen und glaubte erst im Palast wieder festen Boden zu spüren.

Ehe Petrus heimlich bei Nacht aus dem aufgewühlten Cremona fortgeschafft wurde, versorgte Medicus Tibaldo den Blinden, streute Pulver in die Augenhöhlen, um Wundfieber und Entzündung vorzubeugen. Auf Befehl des Kaisers sollte Petrus weiterleben und bis an sein Ende auf einem Esel reitend den Troß begleiten. Blieb der Hofstaat in einem Palast, sollte der Betrüger in strengster Kerkerhaft gehalten werden.

Am nächsten Morgen ließ sich Friedrich von seinem Leibarzt untersuchen. Tibaldo war ein kleiner Mann, schmalgesichtig; die langen Monate in der Gefangenschaft hatten seine Wangen ausgezehrt. Allein der durchdringende Blick und seine Hände, denen heilende Kraft entströmte, verliehen ihm trotz des kleinen Körperwuchses eine Autorität, die dem Patienten Vertrauen einflößte.

Tibaldo betastete den aufgetriebenen Unterbauch und fand

die schmerzende Druckstelle rechts des Nabels. »Eine Verhärtung, von der ich Euch bald befreie. Ihr solltet in den kommenden Wochen nur leichte Kost zu Euch nehmen. Geflügel, etwas Fisch und gedämpftes Gemüse. Vor allem wenig Gewürze.« Der Medicus war seiner Diagnose sicher und bestimmte: »Auch scheint es mir angeraten, mein Fürst, gegen den Kopfschmerz eine Kur zu beginnen. Bäder und genau darauf abgestimmte Heiltränke.«

Friedrich seufzte erleichtert. »Guter Tibaldo. Deine Anwesenheit allein führt mich schon auf den Weg der Besserung.« Mit einem Anflug von Selbstironie setzte er hinzu: »Der Patient ist dem guten Arzt hörig. Darin unterscheidet sich ein großer Geist nicht vom einfachen Mann.«

Wie ein Feldherr übernahm der kleinwüchsige Medicus die Befehlsgewalt, und Tile war den Nachmittag über dessen Hauptmann und Fußknecht zugleich. Keine Pause gönnte er dem Diener. Der Leibarzt verbannte Badezuber, Kotstuhl und die dreiflügelige Stellwand aus dem Schlafgemach. Weit wurden die Fenster geöffnet. »Frische Luft ist kostenlose Medizin!« In Zukunft sollte der Kaiser frei von üblen Gerüchen und feuchten Dämpfen seine Nächte verbringen.

Bis zum Abend war das Vorzimmer in zwei Bereiche geteilt: In der einen Hälfte standen wie gewohnt Tische und Sessel für private Audienzen; der andere Teil, abgeschirmt durch hohe Pflanzenkübel, diente nun als Bade- und Behandlungsraum.

Die Köche brachten das Nachtmahl. Während nebenan im Schlafgemach Hofmeister Giselmar das Amt des Kammerherrn versah, vorkostete und die Speisen mundgerecht zerkleinerte, wartete der Leibdiener draußen zwischen den herbeigeschleppten Lorbeer- und Oleanderbüschen. Endlich ein Augenblick der Rast. Tile hielt den Kopf gesenkt; nur hin und wieder blickte er unter dem Turban zu Tibaldo hinüber. Der entnahm einem Lederkasten kleine Phiolen, träufelte ölige Essenzen in den Badezuber und rührte mit bloßem Arm das Wasser um. Zufrieden mit dem Gemisch richtete er sich auf.

Gehetzt hat er mich wie ein Sklaventreiber, dachte Tile, aber wir dürfen froh sein, daß dieser tüchtige Arzt wieder bei uns ist. Überrascht hielt er inne. Von einem Augenblick zum nächsten hatte sich die Miene Tibaldos verhärtet. Ein forschender Blick zum Schlafgemach. Der Medicus fühlte sich unbeobachtet. Blitzschnell zog er eine kleine Flasche aus seinem schwarzen Mantel, träufelte die Hälfte des Inhalts ins Wasser und verquirlte den Zusatz mit einem langen Stab.

Warum diese Hast?

Jetzt bereitete er den Heiltrank zu. Genau abgemessen gab er Pulver und Öle dem Fruchtsaft bei und kostete. Wieder ein prüfender Blick zur Tür, dann entleerte er den Rest des Fläschchens in den Silberbecher.

Warum diese Heimlichkeit? Tile ließ ihn nicht mehr aus den Augen.

Mit einem Hölzchen in spitzen Fingern verrührte der Leibarzt die Beigabe. Ohne das feuchte Ende zu berühren, wickelte er den Span in einen Lappen und zerknickte ihn zu kleinen Stücken.

Was bereitet er wirklich zu? Tile biß sich auf die Unterlippe. Es darf nicht sein, o Gott, laß es einen Irrtum sein! Nein, furchtbares Unglück drohte. Selbst wenn sich der Verdacht nicht bestätigte, und ganz gleich, welche Strafe ihm der Hofmeister auferlegte, er mußte seinen Herrn warnen.

Medicus Tibaldo hatte die Vorbereitungen abgeschlossen und war ans Fenster getreten.

Das Warten wurde Tile schwer. Er fuhr zusammen, als ihn Giselmar endlich ins Schlafgemach rief: »Entkleide den Fürsten.«

Unter seinem strengen Blick öffnete er die Brosche des Überwurfs, sorgfältig legte er ihn ab. Wieder näherte er sich dem Herrscher und löste die Stiefelriemen. Dabei flüsterte er: »Gift, mein Kaiser, Gift.«

Friedrich beachtete ihn nicht.

Mit fahrigen Fingern öffnete Tile das Hemd. »Gift.« Drängender raunte er: »Laßt Euch warnen, mein Kaiser, Gift.«

»Was brabbelst du vor dich hin?« Friedrich schnappte sein Handgelenk.

Gleich war der Hofmeister zur Stelle: »Um Vergebung, mein Fürst. Seid ihr unzufrieden?«

»Schweigt!« wurde er zurückgewiesen. »Heraus damit, Kolup.«

Offen sah Tile ihn an. »Verzeiht, es mag vermessen klingen, doch aus Liebe zu Euch wage ich einen Verdacht auszusprechen«, und leise berichtete er von seiner Beobachtung.

»Deine Worte sind mehr als Gift.« Friedrich ließ die Schultern sinken, nach vorn gebeugt schritt er auf und ab, jäh blieb er vor dem Diener stehen und stieß ihn gegen die Brust. »Du wagst es! Wagst, den treuen Tibaldo anzuschwärzen? Er, der stets mein Leben hätte beenden können, warum sollte er diesen Anschlag gerade jetzt verüben?« Wieder stieß Friedrich ihn zurück und hob die Faust. »Es darf nicht sein, hörst du, du Wicht.«

Unverwandt starrte Tile in die zornlodernden Augen. »Verzeiht, mein Kaiser. Ich sagte nur, was ich gesehen habe. Nicht mehr und nicht weniger.«

Der Staufer ließ den Arm sinken. »Diesen Mut hat dich unser Lupold gelehrt, Kolup.«

»Auch die Sorge um Euch.«

Für Hofmeister Giselmar zerbrach eine Welt: »Was ist in dich gefahren, Kolup? Unerhört, welchen Ton du dir herausnimmst!«

Mit einem Fingerschnippen brachte Friedrich ihn zum Schweigen. »An deiner aufrichtigen Treue zweifele ich nicht, Kolup. Du bist keiner meiner Höflinge, die aus Neid oder weil sie sich Vorteile erhoffen, Mißtrauen aussäen.« Knapp setzte er hinzu: »Fürchte keine Strafe, mein blauäugiger Sarazene. Es war deine Pflicht, mich zu warnen.«

Vom Hofmeister ließ er die Leibgarde einweihen. Ohne großes Aufsehen sollte sich Hauptmann Asad auf dem Palastflur mit seinen Männern bereithalten. Rasch kehrte Giselmar zurück. Der Kaiser schärfte ihm und dem Leibdiener ein: »Falls der Verdacht sich nicht bestätigt, darf Tibaldo nie von meinem Zweifel erfahren. Und nun folgt mir.«

Gehüllt in ein weiches Badetuch trat Friedrich aus dem Schlafgemach.

Mit einer tiefen Verbeugung empfing ihn der Medicus. »Mein Fürst. Wunder vermag ich nicht zu bewirken, Heilung aber in kleinen Schritten.« Er geleitete den Patienten zum Sessel. »Laßt Euch hier nieder.« Er brachte den Silberbecher. »Ehe Ihr ins wohltuende Bad steigt, trinkt. Meine Kur soll von innen und außen die Krankheit bekämpfen.«

Friedrich blickte in den Becher und sagte heiter: »Ich weiß, wie sehr du um mein Leben bemüht bist, lieber Tibaldo, und hoffe nur, dein Eifer hat dich nicht unvorsichtig werden lassen. Zu viel des Guten kann leicht zum Gift werden.«

Entrüstet warf sich kleine Mann in die Brust. »Mir unterläuft kein Fehler.«

»So koste. Nimm den ersten Schluck.« Friedrich streckte ihm den Trank hin. »Was mir wohltut, kann dir nicht schaden.«

Der Blick des Arztes irrte zum Fenster, zu den Oleander- und Lorbeersträuchern.

»Worauf wartest du?« ermahnte der Kaiser gefährlich sanft. »Trinke mir zu und teile den Trank mit mir.«

Tibaldo nahm den Becher und roch an dem Saft. »Verzeiht, die Essenzen haben sich am Boden gesammelt. Mir scheint es angebracht, sie erneut umzurühren.« Er wandte sich ab und ging zielstrebig zu seinem Medikamentenkasten hinüber. Plötzlich stolperte er. Der Trank schwappte über den Rand. Ehe der Medicus sich fallen ließ, hatte ihn Tile erreicht und entriß den Becher seiner Hand. Die Hälfte des Inhalts war gerettet.

»Wache!« schrie der Hofmeister. Vier Sarazenen zerrten Tibaldo hoch und setzten ihm die Dolchspitzen an den Hals.

»Bringe einen Gefangenen her«, befahl Friedrich müde dem Hauptmann der Leibgarde und verbarg das Gesicht in der Hand.

Der zum Tode Verurteilte sträubte sich; gegen den harten Griff der Sarazenen war er wehrlos. Asad öffnete mit der Klinge die Lippen und flößte ihm den Rest des Bechers ein. Nach wenigen Augenblicken erstarrte der Körper, die Augen brachen. Er starb, bevor er zu Boden stürzte.

Friedrich winkte den Hauptmann zu sich. Kaum gelang es ihm, die Stimme zu heben. »Verhöre den Giftmischer. Presse alles aus ihm heraus. Quäle ihn, verstümmele ihn langsam. Ich will wissen, warum er sich an seinem Kaiser vergangen hat, muß wissen, wer ihn zu dieser Tat angestiftet hat.«

Er erhob sich, kehrte auf seinen Leibdiener gestützt ins Schlafgemach zurück, und kaum waren sie allein, sank er auf das Lager und weinte wieder. Zum erstenmal empfand Tile den Wunsch, seinen Herrn in die Arme zu nehmen. Er wagte es nicht und wartete still.

Nach einer Weile flüsterte Friedrich: »Mein Herz verdorrt Stück für Stück. Zwei Freunde habe ich verloren. Wie viele bleiben mir noch? Haben denn alle, die ich liebte, sich gegen mich gekehrt?«

Auch darauf wußte Tile keine Antwort.

Niemand widerstand Hauptmann Asad und seinen sarazenischen Folterknechten. Sie verrichteten die Tortur wie ein Kunsthandwerk. Gewissenhaft, ohne jede innere Beteiligung, trieben sie spitze Holzstifte unter die Finger- und Fußnägel des Leibarztes, mit einer Zange entfernten sie ihm Zahn für Zahn, ließen den Gequälten schreien und achteten darauf, daß er nicht am Blut erstickte, vor allem durfte keine Ohnmacht ihn erlösen. So brüllte Tibaldo das Geständnis heraus. Jedoch Erbarmen durch einen schnellen Tod wurde ihm nicht zuteil. Sie übersäten seinen Leib mit tiefen Schnitten, streuten Pfeffer in die Wunden. Wieder und wieder gab Tibaldo den Namen des Legaten preis, auch die Summe, die er für den Giftanschlag erhalten hatte. Schließlich, als ihm beide Füße fehlten, benannte er den Mann, der aus dem Hintergrund die Tat befohlen hatte.

Der Zorn ließ Friedrich Krankheit und Müdigkeit vergessen. Er stürmte in der Kanzlei auf und ab. Von zwei Notaren mußte das schnelle Diktat mitgeschrieben werden. Der Brief war an das gesamte christliche Abendland gerichtet.

»Hört, ihr Völker, die furchtbare Verkommenheit, unerhört in aller Welt! Öffnet die Augen und seht, wie in diesen jüngsten Tagen der Dinge Ordnung gestürzt wird ... Unlängst nämlich hat der Oberste Hirte, Papst nur dem Namen nach, dieser Priester versucht, nicht zufrieden mit zahllosen Anschlägen, durch einen heimtückischen Mord Unser Leben zu vernichten ... Unsern Leibarzt hat er in der Gefangenschaft bestechen lassen und mit ihm unmenschlich und gottlos ausgemacht, daß er Uns nach seiner Rückkehr Gift in Form eines Heiltrankes verabreichte ... Nun seht, in welcher Art dieser Unser Vater Uns liebt ... nun seht die würdigen Werke des Priesterfürsten. Bei Gott, welches Unrecht haben Wir ihm getan, daß er zu so großer Grausamkeit gegen Uns seinen Sinn beugte ... Steht Uns bei, gegen die entfesselte Bosheit zu kämpfen ... Denn Wir wollen die hochheilige Kirche, Unsere Mutter, mit würdigen Lenkern für Gottes Ehre zum Besseren umgestalten ...«

Der Brief ließ die Fürsten aufhorchen. Zweifel und Mißtrauen gegen Innozenz wuchsen; nicht genug, daß ein Papst wagte, in die weltliche Macht einzugreifen, er hatte Mörder gedungen, um das Leben des größten Herrschers zu vernichten. Und würde er nicht vielleicht eines Tages auch gegen sie mit solch schandbaren Mitteln vorgehen? In den Antwortschreiben bezeugten sie dem Kaiser, wie tief sein Widersacher in ihrer Gunst gefallen war.

»Im Jahr des Unglücks ist dieser Zuspruch Balsam für meine Seele«, seufzte Friedrich im Kreise seiner Ratgeber. Und dem Hofmeister und Tile vertraute er an: »Allein der Körper läßt sich vom Geist nicht mehr beflügeln. Meine Glieder sind von den Anstrengungen ermattet. Mich sehnt es nach Apulien, nach meinem Land der Wälder, Hügel und meinem Sternenhimmel. Dort will ich wieder zu Kräften kommen.«

Petrus ritt auf dem Esel, mit Stricken festgezurrt, barhäuptig. Seine Füße schleiften über Steine und durch den Straßenstaub, unbarmherzig brannte die Maisonne in den leeren Augenhöhlen. Seit dem Aufbruch von Cremona begleitete und führte ihn ein Waffenknecht.

»Sag, ist es noch Morgen? Ist es Mittag? Wann ist es Abend?« In den ersten Wochen erhielt der Geblendete keine Antwort, dann erbarmte sich der Wächter trotz des Redeverbotes und half ihm, wenigstens die Tageszeiten einzuordnen.

Der Troß näherte sich der Bergstadt San Miniato. Mit Rücksicht auf seine angegriffene Gesundheit wollte Friedrich hoch oben im Kastell rasten, ein heißes Bad nehmen und in einem festen Bett schlafen.

Mühselig war der Aufstieg. Vor jeder steilen Wegkehre verweigerte sich der Esel. Fluchend mußte der Wächter den Störrischen und dessen Last zerren und ziehen. Petrus schwankte vor und zurück, bei jeder Erschütterung stöhnte er auf.

Im Innenhof des Kastells wurde er losgebunden und sank vom Rücken des Lasttieres zu Boden. »Weiter, Herr. Ich bitte Euch. Nur noch die wenigen Schritte zum Verlies«, forderte der Waffenknecht, »da könnt Ihr Euch ausstrecken.«

»Ich will dir keine Mühe bereiten, mein Freund.« Aus eigener Kraft raffte sich Petrus wieder auf.

Kaum hatten sie den Kerker betreten, tastete der Blinde die aus groben Felsbrocken gefügte Mauer ab, sodann suchte er nach dem Arm seines Wächters. »Du warst gut zu mir, hab Dank. Ehe ich mich nun ganz zur Ruhe begebe, sage noch: Gibt es zwischen mir und der Wand gegenüber irgendein Hindernis, über das ich stolpern könnte?«

»Nein, Herr. Die Zelle ist leer. Mal sehen, vielleicht kann ich Euch etwas Stroh besorgen.«

»Laß nur, ich bin genügsam geworden.« Mehrmals atmete Petrus ein und aus. Er senkte den Kopf und stürmte durchs Verlies. Sein Schädel zerbrach an der Kerkermauer gegenüber.

Die Meldung über den Selbstmord wurde Friedrich überbracht, während er zu Tisch saß. Nur kurz zitterte seine Hand; Suppe schwappte vom Löffel, dann speiste er weiter.

Ende Juli zog der Staufer in Foggia ein. »Gepriesen sei der Allmächtige.« Wie ein Heimkehrer nach langer Fahrt, gezeichnet von durchlittenen Qualen an Seele und Körper schritt er durch die Säle des Marmorpalastes. »Hier ist der Ort meiner Erquickung.«

Am nächsten Morgen meldete Hofmeister Giselmar einen Boten. »Er kommt von König Enzio.«

Als sein Stellvertreter war der Lieblingssohn in der Lombardei zurückgeblieben. Immer wieder flackerte Rebellion auf, und unterstützt von der Grausamkeit Ezzelinos, löschte der König die Brandherde, ehe das Feuer weiter um sich greifen konnte.

»Was gibt es?«

»Um Vergebung, mein Fürst. Der Mann besteht darauf, Euch die Nachricht selbst zu überbringen.«

In der Halle warf sich der schwarzgekleidete Bote vor dem Thron nieder und küßte den Fuß seines Kaisers. Tile sah ihn liegen; er spürte die unheilvolle Anspannung, die von ihm ausströmte.

»Erhebe dich.« Forschend las Friedrich in der Miene, den Augen des Mannes, schließlich fragte er leise: »Schwarz? Welches Leid verbirgst du in deinem Mantel?«

»Großer Fürst, mein Herz und die Herzen aller, die Eurem Sohn dienen, sind erfüllt von Trauer …«

»Nein, ich verbiete dir, mich mit Ausschweifungen schonen zu wollen. Was auch geschehen ist, den harten Schnitt ertrage ich leichter.«

»König Enzio ist dem Feind in die Hände gefallen.«

»Tot?«

»Nein, großer Fürst. Man hat ihn in Ketten weggeführt.«

Schweigen. Tile sah, wie der Kaiser die Fäuste schloß und öffnete. Das Elend, dachte er, es will nicht enden. Gibt es für uns nur noch schlechte Nachrichten? Mein armer Herr wollte Hammer der Welt sein, in Wahrheit aber muß er selbst Schlag auf Schlag erleiden.

»In Gefangenschaft.« Friedrich zwang sich zu einem bitteren Lächeln. »Also bringst du dem Vater gute Nachricht. Was ist geschehen?«

Das kaiserliche Modena war von den Bolognesen hart bedrängt und rief Enzio um Hilfe. Sofort eilte der König mit seiner Kohorte und den cremonischen Rittern in das umkämpfte Gebiet. »Erst war es nur ein kleines Gefecht. Wir glaubten an einen raschen Sieg. Dann aber«, der Bote schüttelte den Kopf, »ehe wir begriffen, brach plötzlich die gesamte Hauptmacht der Bolognesen von allen Seiten über uns herein.« Kein Entkommen, jeder Fluchtweg war abgeschnitten. Mann gegen Mann kämpfte. Von einem Lanzenstoß getroffen, brach das Pferd unter Enzio zusammen. »Mit dem König gerieten vierhundert Ritter und zwölfhundert Fußknechte in Gefangenschaft.«

Friedrich blickte zu den Fenstern. »Wie soll mir die Sonne scheinen, wenn mein Ebenbild eingekerkert in Bologna liegt? Der tapferste meiner Söhne. Mein Enzio, ich darf dich nicht verlieren.«

Noch am gleichen Tag diktierte er ein Schreiben an den Rat der Stadt. »... Wenn ihr Unseren geliebten Sohn aus seinem Kerker befreit, so werden Wir Eure Stadt über die anderen Städte Lombardiens erheben. Unterlaßt Ihr es aber, den Befehlen Unserer Macht zu gehorchen, dann erwartet Unser triumphierendes und unzählbares Heer, das Euch vernichtet bis in alle Ewigkeit.«

Bologna ließ sich Zeit, zögerte und hielt den Kaiser über Monate hin.

Im zweiten Brief bot Friedrich für die Freilassung Enzios an, einen Ring aus Silber um die Stadt zu legen. Vergeblich. Blanker Hohn sprach aus dem Antwortschreiben: »... Wisset außerdem, daß wir den König Enzio gefangen haben, ihn behalten und ihn für immer behalten werden, so wie es uns nach dem Recht zusteht ... Und wisset, oft wird auch der mächtige Eber nur von einem kleinen Hund gestellt und festgehalten!«

Zum Beweis ihrer Furchtlosigkeit belagerten die Bolognesen das kaiserliche Modena und zwangen es in wenigen Tagen zur Kapitulation.

Enzio blieb ihr wertvolles Pfand. Nicht im Kerker, er durfte sich im prächtigen Palazzo del Podestà unter den Augen seiner Wächter frei bewegen, empfing Besucherinnen und sang ihnen wehmütige Lieder zur Laute:

»Da nahen Zeiten, die führen zu den Sternen,
und Zeiten, die führen in dunkle Tiefen ...«

Bald schon umschwärmten die Bürger Bolognas den jungen, schönen Gefangenen mit dem rotgoldenen Haar.

Für den Vater indes war der Sohn verloren.

Friedrich zeigte seinen Kummer nicht. Während der Winterabende bis zum Frühjahr 1250 saß Prinz Manfred oft bei ihm.

Das persönliche, reich mit Gold und Silber verzierte Exemplar des Falkenbuches war neben anderen Kostbarkeiten auch in Victoria verlorengegangen. »Es war mir teurer als alles, was mich sonst freute.« Dennoch waren seine Forschungsergebnisse erhalten geblieben. Um die Wißbegierde Manfreds zu stillen, hatte der Vater vor wenigen Jahren für ihn eine Abschrift anfertigen lassen, zwar textgetreu und bebildert, jedoch nicht in gleicher prachtvoller Ausstattung.

Der Achtzehnjährige blätterte immer wieder in seinem Buch, las, staunte und fragte: »Ist es wahr, Herr Vater, daß der Kuckuck selbst kein Nest baut, sondern das Ei in fremde Nester legt?« Ein andermal vergewisserte er sich: »Also riechen Geier und die übrigen Raubvögel ein Aas nicht, sondern spüren es allein mit den Augen auf.«

Und Friedrich wurde nicht müde, von seinen Beobachtungen und Experimenten zu erzählen.

War das vergangene Jahr ein Jahr der Verluste, ein Jahr gespickt mit Verrat und Unheil, so reiften jetzt im Sommer 1250 wieder Früchte am Baum des Glücks: Die Heerführer erkämpften Sieg um Sieg. Parma wurde vernichtend geschlagen und die Zerstörung Victorias gesühnt; bald erstarkte die kaiserliche Macht, und der Adler breitete wieder seine Schwingen aus. »Wir werden im nächsten Frühjahr nach Lyon ziehen und diesen Papst zum Einlenken zwingen!«

In Deutschland war es König Konrad gelungen, den Gegenkönig zu vertreiben. »Auch werden Wir Unserm tüchtigen, siegreichen Sohn einen Besuch abstatten!«

Von neuen Plänen und Tatendrang beflügelt, schien der Kaiser seine körperlichen Gebrechen überwunden zu haben. »So also lenkt und leitet Unsere göttliche Herrlichkeit, gestählt von des Himmels Voraussicht, das ganze ihr unterworfene Imperium in friedlicher Ordnung!«

Ehe die Herbststürme einsetzten, verlangte es Friedrich danach, noch einmal zur Jagd auszureiten. »Ich will Weite und Wälder atmen, wo ich unbeschwert allein mit meinen engsten Vertrauten dem Bären und dem Hirsch nachstellen kann. Falken sollen über mir kreisen, und ich will die Silberglöckchen an ihrem ledernen Geschüh klingeln hören.«

Mitte November verließ die Jagdgesellschaft den Palast von Foggia. Hörner schallten; die Jagd ging bergauf, bergab, der Kaiser ritt vornweg und gönnte sich keine Rast. In seinem Gesicht glühte Freude, verschwitzt trieb er das Pferd durch Sümpfe und Dickicht. An einem Tümpel glitt Friedrich aus dem Sattel. »Durst! Meine Zunge klebt am Gaumen.« Ehe Tile ihm den Lederschlauch reichen konnte, kniete er schon und trank vom brackigen Wasser, wusch das Gesicht, näßte Haar und Nacken. »Was den Hirsch erquickt, soll auch seinen Jäger erfrischen.«

In der Nacht schrie der Kaiser, wölbte den Leib gegen die

Schmerzen. Sofort war sein Kammerdiener bei ihm. »Nein, Kolup, laß den Arzt schlafen. Der Anfall wird gleich vorüber sein.«

Tile legte kühlende Lappen auf den Unterbauch; der Schmerz nahm zu, auch warme Umschläge linderten die Qual nicht. Wie vor einem unsichtbaren Feind warf sich Friedrich hin und her, konnte dem Stechen nicht entkommen. »Ich bin da, mein Kaiser«, flüsterte Tile. Keine Scheu mehr, fest strich er über die Stirn: »Bitte, atmet ruhig, bitte.«

Doch das Hecheln nahm zu. In seiner Sorge setzte sich Tile über den Befehl hinweg und weckte den Medicus und Hofmeister Giselmar.

Friedrichs Gesicht hatte eine graue Farbe angenommen, die Zähne knirschten, er war nicht fähig, den Kräutertee zu trinken. Unkontrolliert schlugen seine Fäuste auf den Zeltboden. Mit einem Mal verkrallte er sich in die Felldecke und zerrte sie vom Körper. Gestank. Aus seinem After spritzte breiiger Kot und Blutschleim. Dann lag er ermattet da. Schweiß floß ihm von der Stirn.

»In mir wütet ein Sturm«, keuchte Friedrich. »Er hat sich nicht gelegt. Er brodelt weiter und schöpft neuen Atem.« Einige Schlucke vom Kräutertee konnten ihm eingeflößt werden. Nach wenigen Augenblicken aber spie er sie wieder aus.

Bis zum Morgen ließen noch zwei Anfälle den Kranken erbeben. Tile betete stumm für seinen Herrn, während er Kot- und Blutlachen wegwischte und das gequälte Gesicht von Speichel und Erbrochenem reinigte. O großer Gott, zeige doch Erbarmen!

Der Medicus kniete entsetzt neben dem Lager. Arzenei und Instrumente fehlten ihm; für den Jagdausflug hatte er nur etwas Wundpulver und einige Kräuter mitgenommen. »Ihr benötigt dringend Hilfe, und die kann Euch allein im Palast zuteil werden.«

Schwach hob Friedrich die Hand, der Befehl zur Rückkehr. So vorsichtig die sarazenische Leibgarde ihren Herrn auch trug, jede kleinste Erschütterung ließ ihn auf der Bahre aus Stangen und einer Zeltplane stöhnen und verschlimmerte seine Schmerzen.

Hofmeister Giselmar und Hauptmann Asad berieten sich mit dem Medicus. Foggia oder Lucera waren mehr als zwei Tagesmärsche entfernt. Welche Krankheit den Kaiser auch befallen hatte, in keinem Falle durfte er länger dieser Strapaze ausgeliefert sein. Ihr Entschluß stand fest: Auf halbem Weg befand sich eine Wehrburg, zwar keine würdige Herberge für einen Fürsten, doch in der Notlage mußte sie genügen. Dorthin sollte der Kranke überführt werden.

Bis zum Nachmittag hatte die Jagdgesellschaft den kleinen Ort und das Kastell auf dem Hügel erreicht.

Der Saal war schmucklos. Friedrich wachte aus seinem Dämmerzustand auf. »Wie heißt dieser Ort?«

»Fiorentino, mein Fürst«, antwortete der Hofmeister, »Ihr seid in guten Händen. Bald werdet Ihr wieder gesunden«, und winkte Tile mit den frischen Tüchern näher.

»Ein Ort der Blumen?« Aus geweiteten Augen sah Friedrich die zugemauerte Eisentür gleich neben seinem Lager. »Hier also«, tiefer preßte er den Kopf ins Kissen, »hier also ist der Ort meines Endes. Der Wille des Herrn geschehe.«

Nach wenigen Tagen trafen Erzbischof Berard, Prinz Manfred und der neueingesetzte Großhofrichter mit Notaren sowie einige der getreuen Grafen und Heerführer aus Foggia am Krankenlager in Fiorentino ein.

Gestank nach Kot und säuerlichen Körpersäften stand im Saal. Zur Stütze hatte Tile seinem Kaiser einen Strohsack in den Rücken geben müssen. Friedrich sah seinen Sohn an, sah zum alten Erzbischof und den Herren auf. »Ist meine Stimme zu vernehmen?«

Berard nickte. »Keines Eurer Worte kann verlorengehen.«

»So hört meinen Willen. Überschreibt ihn im Namen des großen Gottes, und verseht ihn mit dem Datum des heutigen Tages...« Er zögerte.

Leise half der grauhaarige Freund: »Im Jahre des Herrn 1250, am Sonnabend, dem 10. Dezember.«

Der Kranke sammelte Kraft. »Im Hinblick auf die Vergänglichkeit des Menschen wollen Wir, Friedrich, von Gottes Gnaden immer erhabener Kaiser der Römer, König von Jerusalem und Sizilien, für das Heil Unserer Seele sorgen und über Reich und Länder verfügen, da Uns das Ende des Lebens bevorsteht, in vollem Besitz der Sprache und des Gedächtnisses, zwar krank am Körper, doch klaren Geistes, auf daß Wir noch zu leben scheinen, auch wenn Wir dem Irdischen entrückt sind...«

Immer wieder unterbrochen durch schmerzhaften Abgang des Blutschleims bestimmte Friedrich seinen Sohn König Konrad IV. zum Erben des gesamten Reiches. Als dessen Statthalter sollte Prinz Manfred über Reichsitalien und Sizilien herrschen. Genau legte er die Erbfolge der anderen Söhne und Enkel fest. »Mit Ausnahme der Hochverräter werden alle Gefangenen freigelassen.« Vor dem letzten Artikel ließ er sich die rissigen Lippen befeuchten, und schwer fielen ihm die Worte: »Siebzehntens: Desgleichen bestimmen Wir, daß Unserer Mutter, der Heiligen Römischen Kirche, alle ihre Rechte und Besitzungen zurückgegeben werden, sofern sie dem Imperium wieder alle Rechte zuerkennt...«

Friedrich unterzeichnete mit seinem Siegel, und Erzbischof Berard beglaubigte noch vor den anderen Anwesenden das Testament.

»Ihr, mein treuer Freund, habt damals den Knaben von Apulien auf seinem ersten Weg begleitet.« Der Kaiser griff nach der Hand des Alten. »Laßt mich jetzt nicht ungetröstet den letzten Weg gehen.«

Wie ein schützendes Dach legte Berard die Linke über seine und des Kaisers Hand. »Habt keine Furcht. Ich werde die Fessel von Euch lösen, mein geliebter Fürst.«

In der Nacht zum Montag, dem 12. Dezember stürzten Dämonen und vielköpfige Schlangen auf den fiebernden Kranken nieder, wälzten sich blutüberströmte Panzerreiter über sein Lager. Friedrich versteckte sich im Achteck der Kaiserkrone und schrie, um das Schreien um sich herum nicht zu hören. Erst beim Morgengrauen wichen die Bilder, sein Atem fand Ruhe.

Tile wusch den eingefallenen Leib und streifte ihm die graue Kutte der Zisterzienser über. Behutsam hob er den Kopf, kämmte das spärliche Haar; mit einem Schwamm entfernte er die Speichelkrusten von den Lippen.

Hofmeister Giselmar bedeutete ihm zurückzutreten.

»Nein, bleib noch.« Offen blickte der Kaiser den Kammerdiener an. »Haus und Hof sind geordnet. Eines aber vergaß ich. Für die Adlerfeder mußte ich damals dem geschäftstüchtigen Lumpenkind bezahlen, laß mich jetzt einem Freund danken. Wünsche dir, mein blauäugiger Sarazene, und dein Kaiser wird es dir geben.« Ein schwaches Lächeln gelang. »Jedoch plündere mein Reich nicht aus.«

Tile kämpfte gegen die Tränen. »Nur Euch dienen wollte ich, so wie es Lupold tat. Nichts mehr wünschte ich mir.«

»Laß die Trauer, Kolup«, Friedrich versuchte mit den Fingern zu schnippen, »und denke an dich, denn du wirst weiterleben. Das ist ein Befehl.«

»Wenn ich wirklich bitten darf, so bitte ich um Freiheit, mein Kaiser. Und ein kleines Stück Land, auf dem ich alt werden kann.«

»Das ist bescheiden für einen Mann, der seinem Herrn so nah stand.«

Der Hofmeister mußte unverzüglich den Großhofrichter und einen Schreiber hereinrufen. Mit Widerwillen gehorchte er. Diesem Kerl ohne Herkunft sollte Freiheit zuteil werden! Kaum konnte er seine Entrüstung verbergen.

Ehe der Kaiser die Urkunde diktierte, fragte er: »Wo soll der Ort sein, Kolup? Mein Imperium ist groß.«

Tile dachte nicht lange nach. »Im Elsaß, nahe beim Kloster Weißenburg. Dorthin will ich zurückkehren.«

Der Lehnbrief wurde ausgestellt und gesiegelt: Auf dem Gebiet des Reichsklosters war es dem freien Mann Tile Kolup erlaubt, ein Haus zu bauen. Einen Acker durfte er bestellen. Überdies sollte ihm von der Hofkanzlei in Hagenau eine jährliche Leibrente von zehn Goldstücken bezahlt werden.

Tile fiel vor dem Lager auf die Knie. »Danke, Herr. Ihr beschenkt mich mit mehr, als ich verdient habe.«

Vernehmlich räusperte sich der Hofmeister. »Majestät, Ihr solltet Euch nicht weiter anstrengen. Der Erzbischof wartet.«

»Ach, Giselmar, Ihr seid Eures Amtes würdig wie kein anderer. Selbst für das Sterben eines Kaisers habt Ihr einen genauen Verlauf geplant. Gut so. Aber laßt mir diesen kleinen Augenblick der Wärme.« Friedrich legte den Kopf zur Seite. »Was, mein blauäugiger Sarazene, wirst du tun, wenn du irgendwann dort hingehst?«

Im Rücken spürte Tile den bohrenden Blick des Hofmeisters. Er beugte sich näher. »Ich weiß es nicht, mein Kaiser. Vielleicht darf ich wieder bei Abt Bernhardus in der Schreinerei arbeiten.«

»Mehr noch, du solltest schnitzen.« Als wäre ihm Zeit zur Muße gegeben, als hockte der Tod nicht im Erkerfenster des Saales, spann Friedrich den Gedanken weiter. »Laß alle Personen, die du unter deinem Turban her beobachtet hast, aus dem Holz entstehen, und setze sie auf ein Schachbrett. Könige, Gemahlinnen und Ratgeber. Von den Heerführern bis zu den Fußknechten. Schnitze Figuren für das Spiel des Lebens in meinem Andenken.« Er sah zur Decke. »Meist war ich es, der die Züge setzte, und nun will ich Demut lernen und akzeptieren, von einer größeren Hand geführt zu werden. Jetzt, Hofmeister, bittet den Erzbischof zu mir.«

Alle Anwesenden zogen sich bis an die entfernte Wand der Halle zurück.

Lange beichtete Friedrich, bekannte Irrtümer und schwere Verfehlungen und bat um die Wiederaufnahme in die christliche Gemeinschaft.

Der alte Priester setzte sich über den päpstlichen Bannfluch hinweg: »*Ego te absolvo.*« Er gab ihm vom Öl und reichte dem Freund die Sterbesakramente.

»Nun bin ich bereit, diese Hülle zu verlassen. Ich bitte Euch, verschweigt mein Hinscheiden, solange es möglich ist. Vermeidet jede Erschütterung, und ordnet erst das Reich und meine Nachfolge.«

Prinz Manfred saß am Lager des Vaters. Die Vornehmen und Beamten harrten schweigend im Nebenraum aus. Stunde um Stunde.

Nach Anbruch der Dämmerung brachte der Medicus zur Kräftigung in Zucker gekochte Birnen. Fackeln wurden aufgesteckt. Gegen Mitternacht mußte Tile unter Aufsicht des Arztes essiggetränkte Lappen um Füße und Beine wickeln.

Friedrich öffnete die Lider, tonlos bewegte er seine Lippen. So sehr sich Manfred auch bemühte, er vermochte nichts zu verstehen. Auf keine Frage erhielt er eine Antwort. Sein Vater beendete die stumme Ausführung seiner Gedanken, und wie zur Bestätigung setzte er vernehmlich hinzu: »*Sub flores.*«

Der Tod trat leise ans Lager, wartete noch bis zum Morgen, dann hüllte er den Schlafenden in seinen Mantel.

Friedrich, der zweite seines Namens, König und Kaiser, starb am 13. Dezember 1250. Sein Sohn konnte den letzten Wunsch nicht erfüllen. Zu groß war der Schmerz, zu groß der Verlust. Prinz Manfred wollte nicht warten, alle Welt sollte gleich an seinem Kummer teilhaben. »Tragt ihn in einem Prunkzug durch sein Apulien nach Palermo!« Er ordnete an, den Leichnam im Dom neben der Mutter Konstanze und Kaiser Heinrich aufzubahren.

Erschüttert schrieb er einen Brief an seinen Halbbruder König Konrad von Deutschland: »Es sank die Sonne der Welt, die unter den Völkern leuchtete; es sank die Sonne der Gerechtigkeit; es sank der Urheber des Friedens. Doch Ihr, geliebter Bruder, dem Euch die Macht übergeben wurde, Ihr werdet neues Licht bringen. Und so glaubt man nicht, daß der Vater abwesend sei, da man hofft, er lebe im Sohne weiter ...«

Nach einer Woche begann Manfred, den Hofstaat nach seinen Wünschen zu ordnen, die Posten neu zu verteilen. Er rief den als Sarazenen gekleideten Leibdiener zu sich. »Im Andenken an meinen Vater wünsche ich, dich zum ersten Kammerherrn zu erheben. Wie ihm sollst du mir treu zur Seite stehen. Entscheide dich als freier Mann.«

Tile senkte den Kopf: »Um Vergebung, mein Prinz. Alle Liebe, die ich einem Herrn geben konnte, habe ich ihm gegeben. Das Herz ist leer.« Er bat, mit den Kurieren nach Deutschland reiten zu dürfen. »Mein zweites Leben ist beendet. Laßt mich versuchen, ein drittes zu beginnen.«

Draußen im Palasthof blieb Tile stehen und streifte den Turban ab.

FRANKREICH

Lyon

Triumphgeschrei

Sobald die Nachricht vom Tode Friedrichs den päpstlichen Hof erreicht, werden Freudenkerzen entzündet. Innozenz IV. wahrt nicht einmal den Schein des Bedauerns. »Jubeln sollen die Himmel, und die Erde frohlocke, daß der entsetzliche Sturm sich in linden Tauwind umgewandelt hat; denn Blitz und Sturm, womit Gott der Allmächtige Uns und die Kirche Gottes bedrohte, sind durch den Tod dieses Mannes in erfrischenden Zephyr und befruchtenden Tau verwandelt worden ...«

ITALIEN

Ätna

Der Kaiser ist nicht tot!

Ein Franziskaner berichtet: Ich betete an jenem 13. Dezember am Meerufer unterhalb des Vulkans. Gewaltiger Lärm schreckte mich aus meiner Andacht. Ich sah einen Zug von fünftausend gepanzerten Reitern vom Ufer ins Meer ziehen. Das Wasser zischte und brodelte, als wären die Männer in feurig glühendes Erz gewappnet. Auf meine Frage hin antwortete einer der Reiter: Siehst du es nicht? Dort reitet Kaiser Friedrich und wir mit ihm. Wir reiten in den Ätna, um dort für einige Zeit Wohnung zu nehmen ...

Das Gerücht eilt durch Stadt und Land, bis über die Alpen und breitet sich im deutschen Volk aus. Was sang die Weissagerin Sibylle?

»Verborgenen Todes wird er die Augen schließen und fortleben ...«
Die Menschen klammern sich an die Hoffnung: Friedrich wird wiederkommen und Erlösung bringen.

ROM

Ewiger Haß

Im Triumph zieht Papst Innozenz wieder im Lateran ein, aber er muß den verhaßten Gegner selbst nach dessen Tod fürchten, und deshalb will er nicht eher ruhen, bis das ganze Staufergeschlecht vernichtet ist. Aus der Machtvollkommenheit des Heiligen Stuhls schleudert er seinen Befehl: »... Ferne sei es, diesem Schlangengezücht weiterhin das Zepter über das christliche Volk zu belassen ... So rottet aus Namen und Leib, Samen und Sproß dieses Ketzers!«

APULIEN

Unter dem Rad des Fluches

Der Tod hält furchtbare Ernte. Im Jahre 1251 stirbt der Enkel Friedrichs und Erstgeborene König Heinrichs VII. mit zwanzig Jahren. Zwei Jahre später folgt ihm Carlottus, der fünfzehnjährige Kaisersohn aus der Ehe mit Isabella von England.

DEUTSCHLAND

KLOSTERGUT WEISSENBURG

Das dritte Leben

Tile Kolup ist zurückgekehrt. »Gilt Euer Wort noch, ehrwürdiger Vater?« Ohne Zögern hat ihn der alte Abt Bernhardus in die Arme geschlossen. »Ich wußte es, Sohn. Nie hat mein Herz dich vergessen. Willkommen. Ja, hier sollst du Frieden finden.« Die Leitung der klösterlichen Schreinerei wurde ihm wieder übertragen. Gemeinsam haben sie den Ort ausgewählt, und mit Hilfe der Klosterknechte darf Tile einen halben Tagesritt entfernt auf einem bewaldeten Hügel sein Haus bauen. Der Verdienst und die ausgesetzte Leibrente ermöglichen ihm als freier Mann ein bescheidenes Auskommen. Nur dem Abt hat er anvertraut, welche Stellung er bei Friedrich bekleidete.

Im Kreis der Mönche aber beginnt er die Erzählungen stets mit den Worten: »Als wir eines Tages aufbrachen ...«, und dann führt er seine atemlosen Zuhörer nach Foggia, nach Rom oder nach Cremona.

Bald schon heißt es unter den Brüdern: »Kommt ins Refektorium. Unser Kaiser erzählt heute abend.«

ITALIEN

Apulien, Lavello

Der Fluch greift um sich

In Deutschland hat König Konrad IV. den päpstlichen Gegenkönig Wilhelm von Holland verdrängt und ist nach Italien gezogen. Hier nimmt er die Zügel der Herrschaft aus den Händen seines Halbbruders Prinz Manfred.

Indes, der Tod sitzt bereits neben ihm auf dem Kutschbock. Am 10. August 1254 verendet König Konrad bei Lavello qualvoll in den Krämpfen des Malariafiebers. Nicht genug! Er wird im Dom zu Messina aufgebahrt; Flammen zerstören am selben Tag die Kirche und vernichten Sarg und Leichnam.

Rom

Die Hirten

Rottet aus! Anfang Dezember 1254 beschließt Papst Innozenz IV. sein haßerfülltes Leben. Er hat den Kaiser bekämpft und niedergerungen. Nichts bleibt von seinem Pontifikat, keine Lehre, keine neue Ordnung der Kirche. Allein der Fluch überlebt ihn: Rottet aus Namen und Leib! Vernichtet Samen und Sproß!

Seine Nachfolger ruhen nicht, den unheilvollen Niedergang zu beschleunigen.

Palermo

Das letzte Aufblühen

Allein Prinz Manfred ist noch übrig. Nur er kann die Macht der Staufer weiterführen; denn König Enzio sitzt in Bologna gefangen, und der Sohn König Konrads ist minderjährig. So übergeht Manfred den zweijährigen Konradin und läßt sich 1257 in Palermo gegen den Willen des Papstes und zur Empörung der deutschen Fürsten zum sizilischen König krönen. Für einen Atemzug lang blüht der Hofstaat wieder auf. Glanz und Pracht kehren zurück.

DEUTSCHLAND

Frankfurt

Die kaiserlose, die schreckliche Zeit!

Während der Papst die Krone Siziliens den abendländischen Herrschern feilbietet, streitet sich zur gleichen Zeit in Deutschland das Wahlgremium. Welcher schwache Herrscher soll nach dem Tod Wilhelm von Hollands nun auf den Thron erhoben werden? Sie einigen sich nicht und zerfallen in zwei Lager. Für die westlichen Länder wird ein Engländer, Richard von Cornwallis, und für die östlichen ein Spanier, Alfons von Kastilien, erkoren.

Zwei Könige, die sich nicht um Volk und Land bekümmern. Die öffentliche Ordnung zerbricht. Jeder Baron, jeder Graf und jeder Fürst herrscht in seinem Gebiet, so wie es ihm zum Vorteil gereicht. Wahllos werden Zölle erhoben, die Bauern geknechtet; in den Städten herrscht Verzweiflung unter den Handwerkern und Händlern. Das Gesetz des Stärkeren gilt. Ritter werden zu Räubern, plündern und morden auf den Straßen. Deutschland blutet und versinkt im Chaos.

»Wer rettet uns? Wann kommt der Friedensfürst? O Herr, laß den Kaiser wiederkehren«, beten die Menschen in ihren Stuben.

ITALIEN

ÄTNA

Die Weissagung

1260, das Jahr der Ankunft des Heils, so wie es Prophet Joachim vorausgesagt hat. Ein Mann sitzt auf halber Höhe des Vulkans. Seine Augen glühen.

»Ich bin Friedrich, der Kaiser. Ich bin auferstanden, um die Macht an mich zu nehmen.«

Über Wochen laufen die Menschen zu ihm, bringen Speisen und Getränke. Sie wollen mehr, hoffnungsvoll warten sie, doch der Scharlatan ißt sich nur satt und schläft seinen Rausch aus. Eines Morgens ist er verschwunden.

BENEVENT

Kein Entrinnen

Der Papst hat Karl von Anjou gegen den Staufer zum König Siziliens gekrönt. Sofort fällt der gewalttätige Franzose in das Südreich ein und zwingt Manfred zur Entscheidungsschlacht.

Eisen kracht gegen Eisen, Gebrüll und Stampfen, Pferde wälzen sich sterbend im aufgewühlten Boden. Am Nachmittag des 26. Februar 1266 dampft die Ebene von Benevent vom Blut der Erschlagenen. Karl, aus dem Hause Anjou, hat das Heer des Staufers besiegt. Manfred wurde niedergestochen und nahe einer Brücke im Dreck verscharrt. Seine Gemahlin und ihre drei Söhne werden gefangen.

»Vernichtet Samen und Sproß!«

Auf Castel del Monte, der steingewordenen Krone Friedrichs, läßt der Franzose sie einkerkern. Dort bleiben die Kinder im tiefsten Verlies und werden erst dreißig Jahre später, erblindet und verblödet, wieder freigelassen werden.

NEAPEL

Das Verbrechen

Falsche Ratgeber ermutigen Konradin, den Enkel des Kaisers, zu einer Heerfahrt, um die Staufermacht zu retten. Beflügelt von seiner Jugend, zieht der Fünfzehnjährige mit schlecht gerüsteten Truppen über die Alpen. Oberitalien, geknechtet durch die Herrschaft des Franzosen, jubelt dem strahlenden Prinzen zu; sein Marsch durch die Lombardei und Toscana wird zu einem Triumph. Nicht der Papst, doch Rom öffnet dem Königserben die Tore, und in Apulien wird schon ein Aufstand gegen den verhaßten Karl vorbereitet.

Der Franzose aber, bestärkt vom Heiligen Stuhl, holt zum Vernichtungsschlag aus. Am Rande der Abruzzen zerbricht der Traum des jungen Prinzen. In Neapel wird dem Gefangenen der Prozeß gemacht. Drei Richter sprechen Konradin frei, allein der vierte verurteilt ihn.

»Rottet aus!« tönt es aus dem Lateran. Karl von Anjou setzt sich über den mehrheitlichen Freispruch hinweg und fordert die Hinrichtung.

Im Angesicht des Schafotts verzeiht Konradin dem Henker, bittet die Mutter um Vergebung für allen Kummer, den er ihr bereitet hat, und legt seinen Kopf auf den Block. Es ist der 29. Oktober 1268. Der Tag, an dem der letzte direkte Stammhalter Friedrichs II. sein Ende findet.

BOLOGNA

Der Fluchtversuch

Von den sechs möglichen Thronerben hat nur König Enzio den Rachefluch überlebt. Sein Gefängnis schützt ihn vor Nachstellungen, und so sehr sich Karl von Anjou auch bemüht, die Bolognesen liefern den traurigen Sänger nicht aus.

Als Enzio vom Tod Konradins erfährt, seufzt er: »Nur ich allein kann das Reich meines Vaters retten.« Er plant einen Fluchtversuch. In einem leeren Faß läßt er sich von Freunden die Palasttreppen hinuntertragen. Seine rot schimmernden Locken quellen aus dem Spundloch, und ohne großes Aufheben wird er in sein goldenes Gefängnis zurückgebracht.

Zwei Jahre später stirbt Enzio an Kummer und Traurigkeit. Die Bürger von Bologna geben ihrem geliebten Gefangenen ein festliches letztes Geleit. Man schreibt das Jahr 1272. Das kaiserliche Haus der Staufer ist unbewohnt.

DEUTSCHLAND

Wartburg

Der Abschied

Die Kaisertochter Margarethe, verheiratet mit Markgraf Albrecht dem Entarteten von Thüringen, blieb mit ihren Kindern vom Schreckensfluch verschont. Dafür aber ist sie ständigen Mordversuchen ihres Gatten ausgesetzt. Schließlich muß sie sich in Sicherheit bringen.

Der Abschied von den drei Söhnen ist tränenreich. Ehe sich die verzweifelte Mutter an Stricken von der Wartburg abseilt, küßt sie Heinrich und Diezmann, kann sich nicht trennen, und in Aufwallung heißer Liebe beißt sie dem dreizehnjährigen Friedrich tief in die Wange.

Margarethe stirbt ein Jahr später im gewählten Exil. Ihrem Erstgeborenen hinterläßt sie den Beinamen: Friedrich der Gebissene.

Klostergut Weissenburg

Das neue Glück

Die Abgeschiedenheit hinter dem Heiligen Wald hatte das Reichskloster vor den Wirren, dem Faustrecht und der eigensüchtigen Politik der Landesfürsten größtenteils bewahrt. Abt Bernhardus war gestorben. Der Nachfolger Abt Edelinus führt das Amt in seinem Sinne weiter; mehr noch, er hat große Baupläne: Das Kloster soll wachsen, die Abteikirche vergrößert werden.

Schon seit den fünfziger Jahren, mit Beginn des Zerfalls jeder Ordnung, erhielt Tile Kolup keine Leibrente mehr aus der Rentkammer in Hagenau. »Ich schaffe es auch so. Ich habe Hände, die mich ernähren.« Tag für Tag arbeitete er in der Schreinerei.

Die Brüder nennen ihn freundschaftlich ihren Kaiser; gern hören sie zu, wenn er von den Taten des wahren Kaisers erzählt. Und wann immer es die Zeit erlaubt, reitet er zu seinem Haus auf dem Hügel.

Vor fünf Jahren hatte er um die Küchenmagd Katharina geworben. Eine ruhige, handfeste Frau mit warmem Lächeln. »Auch wenn ich soviel älter bin«, sagte er, »alt bin ich nicht.« Und die Vierzigjährige ließ sich gern überzeugen. Bei ihr hat er Geborgenheit und neue Liebe gefunden.

Im Herbst 1272 bittet Abt Edelinus Tile zu sich. »Der Ausbau unserer Kirche wird deine Kräfte vollends aufzehren, lieber Freund.« Ein jüngerer Klosterbruder soll die Leitung der Schreinerei übernehmen. »Du hast genug gearbeitet. Es wird Zeit, daß du dich zur Ruhe setzt.«

Nach einigem Zögern ist Tile einverstanden. »Zwar bin ich mit meinen sechsundsechzig Jahren rüstiger als so manch einer. Aber wenn es Euer Wille ist, Vater, so füge ich mich. Dann werde ich nur noch schnitzen: Holzschuhe für den Haferbrei und Schachfiguren fürs Fleisch in der Suppe.«

Keine Trennung, stets soll er gern gesehener Gast des Klosters bleiben. Auch stehen ihm die Vorratskammern offen. Monatlich darf er sich Wurst, Weizen und vor allem Bier beim Kellermeister abholen. Zum Abschied bestellt Abt Edelinus bei ihm ein Schachspiel.

»Mein erster Auftrag«, schmunzelnd kraust Tile den Nasenrücken. »Also wird das neue Geschäft blühen.«

Und gemeinsam mit seiner Katharina bezieht er das Haus auf der Lichtung oben im Wald.

AACHEN

Die neue Hoffnung

»So setzt ein Ende!« Für alle Teile der Bevölkerung ist der Zustand im Reich unerträglich geworden: Das Volk wird ausgebeutet. Die Ritterschaft rafft zusammen, wo immer sich Gelegenheit bietet. Durch unerhörte Zölle berauben sich Fürsten und Städte gegenseitig. Und vor allem: Die Einnahmen der Kirche schwinden mehr und mehr dahin.

Als nach dem Tod des Spaniers auch der Engländer 1272 stirbt, sucht das siebenköpfige Wahlkollegium nach einem neuen König. Kein Fürst will auf die eigensüchtigen Ansprüche verzichten, deshalb: Schwach muß der neue Herrscher sein; nicht sie sollen ihm, er soll ihren Interessen dienen.

Die erlauchten Herren blicken nach Osten. Dort regiert einer der ihren über Böhmen, beherrscht Österreich, Mähren, die Steiermark und Kärnten, schon bedrängt er die bayrischen Herzöge. Ottokar II., der »Goldene König«! Er hätte Geld und Macht, das Reich mit starker Hand wieder zu einigen, und gerade aus diesem Grund wird er abgelehnt. Andere Kandidaten werden erwogen, gehandelt, und keine Einigung zeichnet sich ab. Der Papst spricht ein Machtwort: Wenn sich die deutschen Fürsten nicht binnen kurzer Frist zu einer Wahl entschließen können, so will der Heilige Vater selbst mit seinen Kardinälen für ein Oberhaupt sorgen.

»Keine Bevormundung!« Innerhalb weniger Wochen, am 29. September 1273, wählt das Kollegium ohne Begeisterung, jedoch einmütig Graf Rudolf von Habsburg, den Patensohn Kaiser Friedrichs, zum neuen König. Ein Mann der Tat, der Mächtige des Oberrheins, kriegserfahren, tüchtig und sparsam. Bereits zwei Wochen später, am Dienstag den 14. Oktober, zieht er ins Aachener Münster ein.

Während seiner Krönung schwebt eine Wolke in Form eines Kreuzes über der Karlskirche. Die Morgensonne färbt sie in himmlisches Gold, und ein Sänger faßt die Hoffnung des Volkes in seinen Vers:

»Nun weiß ich es,
daß Gott selbst ihn durch der Fürsten Mund zum Vogte hat erwählt.
In deinen Frieden, allmächtiger Gott, sei er nun zugezählt.«

KÖLN

Der Hinterlistige

Erzbischof Engelbert stirbt ein Jahr nach der Krönung des Habsburgers und hinterläßt einen zerrütteten Sprengel. Bann und Interdikt lasten auf Köln. Wie zuvor im Reich, so gerät auch im Bistum die Neuwahl zu einem Gerangel. Der Rücksichtsloseste setzt sich durch: Siegfried von Westerburg, im Herzen mehr Raubritter und Ränkeschmied als gottesfürchtiger Hirte, läßt sich vom Papst das Pallium umlegen und empfängt die Regalien am 24. April 1275 aus der Hand König Rudolfs.

Der neue Erzbischof hegt insgeheim einen großen Plan, und nichts und niemand soll es wagen, ihn an der Durchführung zu hindern. Zunächst erreicht er die Aufhebung des Kirchenbanns für Köln. Ein erster Schritt.

DÜNKRUT

Die starke Hand

König Rudolf will das Reich einigen und verlangt vom mächtigen Ottokar die zu Unrecht entfremdeten Krongüter zurück. In Streit und Haß belauern sich beide Herrscher.

Die deutschen Fürsten suchen ihren Nutzen aus der jahrelangen Fehde zu ziehen. Wie Wetterfahnen drehen sie sich nach dem Wind. Als König Rudolf für seine hohen Truppenkosten eine allgemeine Vermögenssteuer, den dreißigsten Pfennig, einführt und jede Stadt oder jeder Fürst zusätzlich dreieindrittel Prozent des Besitzes abführen muß, gärt Empörung. Die drei großen Kirchenherren von Trier, Mainz und Köln schließen sich zu einem geheimen Bund gegen Rudolf zusammen.

Erzbischof Siegfried geht noch weiter: Mit List, Tücke und, wenn sie nicht zum Ziel führten, auch mit dem Schwert hat er bereits einen Großteil seines Planes umsetzen können. Indes, das Ziel ist noch nicht erreicht, daher will er den König möglichst weit weg und lange vom Kölner Sprengel fernhalten. Jedes Mittel ist ihm recht, und er knüpft hinterrücks Bande zu Ottokar.

Am 26. August 1278 treffen die Heere des Habsburgers und die des Böhmen auf dem Marschfeld bei Dünkrut aufeinander. Gegen Nachmittag neigt sich das Kriegsglück zur Seite Rudolfs, und als die Sonne sinkt, liegt der Böhmenkönig von seinen eigenen Leuten erschlagen und entkleidet auf dem Feld. Ottokar ist gefallen. Kein gegenteiliges Gerücht soll verbreitet werden, und der Habsburger läßt den Kopf, gespießt auf einer Stange, durchs Volk tragen.

KÖLN

Die tiefe Demütigung

Nun hat Rudolf Zeit und wendet den Blick zum Niederrhein. Während er seine ganze Kraft gegen den Böhmen einsetzte, hatte Erzbischof Siegfried versucht, Fakten zu schaffen und mit Waffengewalt oder Zwangsbündnissen Stück für Stück die Gebiete im Nordwesten des Reiches unter seinen Einfluß zu bringen. Der beispiellose Plan ist nicht mehr zu verbergen: Erzbischof Siegfried will einen eigenen Staat im Reich errichten.

Rudolf muß durchgreifen, darf nicht zögern und zählt die Gegner des Kölners: 34 an der Zahl. Ihnen sichert er seinen Schutz zu.

Zwei Reichskleinode hat sich Siegfried einverleibt: Burg Kaiserswerth mit dem einträglichen Rheinzoll, und außerdem hat er sich durch eine verfälschte Wahl zum Vogt des Reichsstifts Essen erheben lassen. Ungeheuerlich, denn die Fürstäbtissin Bertha hatte ihn, den König, zu ihrem Beschützer und Stiftsvogt bestimmt.

»Wir werden nicht länger dulden, daß Ihr Reichsgut unrechtmäßig in Euren Besitz bringt ...« Rudolf kündigt an, mit einem riesigen Heer den Rhein hinabzuziehen, um Landfrieden und königliche Gewalt durchzusetzen. Die Gegner des Kölners wagen sich wieder hervor.

Siegfried ist umzingelt und bedroht. Eine offene Auseinandersetzung mit dem Habsburger darf er nicht wagen und fügt sich zähneknirschend. Er verliert Gebiete, wichtige Zölle, die Burg Kaiserswerth und nicht zuletzt den einträglichen Posten des Stiftsvogts von Essen. Bis zur richterlichen Entscheidung wird ein Verwalter über diese ertragreiche Pfründe eingesetzt. Fürstäbtissin Bertha atmet auf und hofft, bald ganz aus den Fängen des Machtgierigen befreit zu werden.

König Rudolf hat den Frieden erzwungen und den stolzen Erzbischof bis ins Mark gedemütigt. Bald wird ihm hinterbracht, daß der Kölner heimlich wieder Fühler nach den Gegnern des Reiches ausstreckt. Der Habsburger warnt einen Getreuen in der Schweiz. »Bewacht die Straßen gut, denn Uns ist zu Ohren gekommen, daß der Erzbischof von Köln beabsichtigt, als Pilger oder Kaufmann verkleidet zum Schaden des Reiches von Basel nach Luzern zu reisen. Der Weg muß ihm versperrt werden, damit dieser Wolf im Schafsfell keine Möglichkeit findet, seine Ränke auszuführen!«

Nach außen hin aber herrscht ein angespannter Friede zwischen König und Erzbischof.

Köln

Unter der Steuergeißel

Zwar im Moment gedemütigt und ohnmächtig, steckt Siegfried jedoch nicht zurück. Vom Bischofssitz in Bonn aus verfolgt er weiter den großen Plan. Er will seinen Herrschaftsbereich ausdehnen und läßt nichts unversucht, um die Macht des Königs zu schwächen.

Im Jahre 1284 verlangt der Habsburger wieder den dreißigsten Pfennig von seinen Städten. Widerstand entsteht. »Ach, käme unser Kaiser zurück!« Sehnsucht nach der guten alten Zeit lebt auf. Die Reichsstädte sind nicht bereit, sich dem Würgegriff der Steuer zu unterwerfen. Da und dort wird zum offenen Aufstand gerufen.

Siegfried hört es mit grimmigem Vergnügen.

Worms

Der klägliche Versuch

»Fürchtet euch nicht, ihr meine Untertanen!« Auf einer Wiese bei Worms scharen sich Leute um einen wunderlichen Eremiten. Der Alte verkündet ihnen große Freude: »Ich bin euer geliebter Kaiser Friedrich. Zurück von langer Fahrt bin ich gekommen, um euch zu retten.«

Ehe das Volk sich vom Staunen erholt, künden Kuriere die baldige Ankunft des königlichen Trosses an. Sofort verstummt der Eremit und zieht es vor, zu entschwinden.

Erzbistum Köln

Der Ränkeschmied

Siegfried wird vom Auftritt des Eremiten berichtet. »Wenn dieser Kerl es richtig angefangen hätte, dann wäre er ein Stein geworden, an dem Rudolf sich den Fuß hätte blutig stoßen können.« Der Gedanke beschäftigt den Kölner. Dies wäre eine Möglichkeit der Rache, und gleichzeitig könnte in den Reichsstädten die Stimmung gegen den Habsburger weiter vergiftet werden.

Siegfried ruft Prior Jacobus zu sich, einen skrupellosen Mann, der ihm auf Gedeih und Verderb ausgeliefert ist. Seit Jahren erledigt Jacobus alle heimlichen und schmutzigen Geschäfte für den Erzbischof; nur ihn weiht er in seinen Plan ein.

Viertes Buch

Der falsche Kaiser

1284 *ad infinitum*

*Der Zauberer Merlin sieht durch den Spiegel hindurch:
Die Gerufenen kommen!
Der Gelehrte und der Dichter begleiten einen schönen
dreijährigen Knaben, dessen Krone von den Bildern der sieben
Planeten geziert wird.
In der Mitte des Raumes nehmen die Besucher ihre Plätze ein.
Leise ziehen sich Prophet Joachim, die Wahrsagerin Sibylle und Merlin
zurück, ein jeder in eine Spitze des Dreiecks.
»Er wird wiederkommen in gewaltiger Majestät«, verkündet
der Dichter. »Und wäre sein Leib in tausend Stücke zerschnitten, ja,
wäre er zu Asche verbrannt, so wird er doch kommen.«
Der Gelehrte pflichtet ihm bei: »Denn seine Zeit wird nie ablaufen,
und selbst Feuer kann ihm nichts anhaben.
Er wird den Beraubten das Geraubte zurückgeben. Er wird die
Armen mit den Reichen verheiraten.«
Da wirft der Knabe seine Krone zu Boden, so daß sie in tausend
Stücke zerspringt. »Seht doch! Er naht vom Lilienfeld.
Seine Gewänder sind rot. In der einen Hand hält er den Reichsapfel,
in der anderen ein blutiges Schwert ...«*

Vor einer halben Stunde war Prior Jacobus lautlos in den Saal des erzbischöflichen Palastes getreten. Der untersetzte Kleriker liebte keine geräuschvollen Auftritte; sein Gang war geschmeidig, nichts kündigte sein Kommen an, und stets war er längst da, ehe er bemerkt wurde.

Die beringten Hände lose unter der Bauchwölbung zusammengelegt, sah er zum Tisch hinüber. Bernsteinfarbene Augen, in denen Güte unveränderlich eingefaßt war und die nichts von seinen wahren Gefühlen verrieten. Er heftete den Blick starr auf den Rücken des Erzbischofs.

Siegfried verhandelte mit einer Abordnung der Bürger von Ahrweiler. Die ihnen Mitte August gewährten Privilegien genügten nicht; für ihre Ergebenheit verlangten sie mehr. Der Erzbischof mußte sich nach allen demütigenden politischen Rückschlägen die Gunst der Städte neu erwerben. Gegen seine Art bewies er Großzügigkeit und versprach, die Rechte zu erweitern. Mitten im Satz rieb er sich den Nacken und wandte den Kopf zur Saaltür. Für einen Moment begegneten sich die Blicke. Prior Jacobus nickte, schloß kurz die Augen und dienerte.

Ein unmerkliches Heben der gebuschten Brauen, mehr zeigte der Kirchenfürst nicht; gleich wieder geschäftig, verabschiedete er seine Besucher: »Ihr werten Herren habt Unser Wort. Dankt Unserm Großmut durch eure unverbrüchliche Treue und Gefolgschaft im Kampf gegen Unsere Feinde. Und nun geht. Gottes Segen begleite euch.«

In langen Schritten durchmaß Siegfried den Saal. Wieder dienerte Prior Jacobus. »Der Herr sei mit Euch, Eure Eminenz.« Er beherrschte seine Stimme wie ein Instrument; ob er nun fluchte oder schmeichelte, stets fand er den passenden Ton. »Meine Reise ist von Erfolg gekrönt ...«

»Schweig!« raunte Siegfried. »Folge mir.«

Sie stiegen zum Schlafgemach hinauf. Einen Spaltbreit teilte der Erzbischof die Wandteppiche und öffnete eine schmale Geheimtür.

Sobald sie das verschwiegene Erkerzimmer betreten hatten, fuhr Siegfried herum. »Wage nie mehr in Anwesenheit Dritter mit mir über diese Angelegenheit zu sprechen.« Er ballte die Faust. »Wenn dir dein Leben lieb ist.«

Blässe überzog das rundliche Gesicht. »Verzeiht, Eure Eminenz, verzeiht! Ihr seht mich tief betroffen.«

Siegfried warf sich in den Lehnsessel. »Gib dir keine Mühe, Bruder Jacobus. Nicht vor mir. Würde ich dich nicht kennen, so könnte mich deine unterwürfige Demut beeindrucken. Ich weiß keinen an meinem Hof, der die Kunst des Verstellens so beherrscht wie du. Aber gerade deshalb schätze ich dich, mein verschlagener Freund. Und nun berichte. Hast du eine geeignete Person gefunden?«

»Mehr als das!« Jacobus zögerte die Überraschung heraus. Zwei Monate war er im Süden Deutschlands von Stadt zu Stadt gereist, hatte sich auf Märkten umgesehen und in den Gästehäusern der Klöster übernachtet. »Eine Fügung ließ mich im Reichskloster Weißenburg um Quartier bitten. Dort erlebte ich einen alten Mann. Früher muß er wohl als Laienbruder die Schreinerei geleitet haben. Heute wohnt er nicht weit vom Kloster mit seiner Frau.« Der Prior benetzte seine volle Unterlippe. »Die Mönche nennen ihn Kaiser ... ihren Kaiser.«

»Was sagst du?« Siegfried richtete sich auf. »Welches Aussehen hat dieser Mann?«

»Ich sagte ja, es war eine Fügung, denn alles an ihm entspricht Eurem Wunsch, ja, übertrifft ihn sogar.« Prior Jacobus geriet in Schwärmen. Ein rüstiger Greis von mittlerer Gestalt, edlen Gesten und gewinnenden Gesichtszügen. »Im Äußeren ähnelt er dem Kaiser. Würde Friedrich noch leben, so könnte dieser Mann tatsächlich Friedrich sein. Vor allem dieses Leuchten, dieses Feuer in den tiefblauen Augen: ein Mann, der Charisma und Würde ausstrahlt. Sein volles Haar ist weiß und fällt in Locken bis zur Schulter ...«

»Mäßige dich«, scharf sah der Erzbischof den Prior an. »Ich

kenne deine Neigung, also hüte dich und gib mir eine nüchterne Beschreibung.«

»Was liegt mir an einem Greis, Eure Eminenz?« Die Zunge glitt über die Unterlippe. »Vergnügen suche ich hin und wieder bei jungen Klosterschülern; ihre Haut muß sich noch fest über die Muskeln spannen und aufplatzen, wenn ich ...«

»Verschone mich!« unterbrach der Erzbischof. »Genügt es nicht, daß ich die Auswüchse deiner Neigung decke?«

Wegen Grausamkeit und fortgesetzter, schier unmenschlicher Übergriffe an den Mitbrüdern war Jacobus lange schon seines Amtes entsetzt und aus der bayrischen Klostergemeinschaft ausgeschlossen worden. Den Titel Prior führte er hier im Norden ohne Berechtigung weiter. Siegfried allein wußte davon, ließ ihn gewähren und nützte Jacobus als willigen Handlanger, der ihm auf Gedeih und Verderb ausgeliefert war. »Fahre fort! Dieser Mann hat mein Interesse geweckt.«

Prior Jacobus berichtete von den Einzelheiten, welche der Greis am Abend im Refektorium über das Hofleben des Staufers zum Besten gab. »Selbst mich hat er in Erstaunen versetzt.«

»Der Name?« Gleich wischte Erzbischof Siegfried die Frage weg. »Nein, ich will ihn nicht wissen. Nichts Näheres will ich von diesem Greis erfahren. Er ist von nun an dein Geschöpf. Du wirst ihn führen und leiten.« Er stattete den Prior mit Vollmachten und großen Geldmitteln aus. »Wie du vorgehst, bleibt dir überlassen. Ich verlange nur, daß du diesen Mann dazu bringst, die Rolle des Kaisers zu spielen. Das Volk muß ihm zulaufen, ihm zu Füßen liegen. Er soll Unruhe stiften und für eine Weile König Rudolf in Atem halten.« Nachdenklich fuhr er sich durch den Bart. »Dieses Spiel kann nur gelingen, wenn nichts von der Herkunft dieses Mannes bekannt wird. Nutze deine Fähigkeiten, Jacobus.« Kalt setzte er hinzu: »Entsteht auch nur der Verdacht eines vorbereiteten Betruges, so wirst du die Folgen allein tragen. Ich werde dich ohne Zögern fallenlassen und, wenn nötig, auch vernichten. Gelingt das Spiel aber, so werde ich dich reich entlohnen.« Jetzt lächelte der Erzbischof. »Also eine Aufgabe ganz nach deinem Geschmack, mein schlauer Freund. Oder habe ich dich unterschätzt?«

Tief dienerte der Prior. »Habt Dank, Eure Eminenz! In der Tat, ein Leckerbissen. Euer Vertrauen spornt mich an.«

Wolkenrippen dehnten sich über dem Waldrücken. Gegen Mittag kam Wind auf. Er wehte aus der Talebene von Weißenburg, fuhr seufzend durch die Tannen und erreichte die Lichtung auf dem Hügel.

Am Rande der eingezäunten Weide, gleich neben dem Holzhaus, schor Katharina die Schafe. Drei grasten schon nackt um sie herum. Das vierte Tier lag mit seinem Hauptgewicht ausgestreckt über dem niedrigen Schertisch; die angewinkelten Vorderläufe hatte Katharina auf ihre Knie gezogen und hielt den Kopf des Schafes wie ein Kind in der linken Armbeuge gebettet. Keine Gegenwehr, kein ängstliches Blöken. Mit der Rechten schnitt sie, ohne jemals die Haut zu verletzen, gleichmäßig und ruhig die Wolle von der Bauchseite. Jetzt hielt Katharina inne und betrachtete prüfend den Himmel. Über die Schulter rief sie zur offenen Schuppentür: »Wir bekommen heute noch ein Wetter, Tile. Denke, am späten Nachmittag.« Als keine Antwort kam, fragte sie lauter: »Liebster? Hörst du, was ich sage?«

»Hab' schon verstanden. Der Regen wäre nötig fürs Gras.« In seiner Werkstatt beugte sich der Neunundsiebzigjährige über eine Schachfigur; behutsam kerbte er das Wappen in den Schild des Reiters. »Morgen ist Markttag in Weißenburg. Wenn der Weg nicht zu aufgeweicht ist, spannen wir gleich in der Frühe den Esel ein und fahren runter zum Kloster. Korn, Speck und ein Fäßchen Bier lass' ich mir vom Kellermeister geben.«

Katharina wischte mit dem Handrücken die Strähne aus der Stirn. »Wie hab' ich darauf gewartet. Ja, Tile, endlich wieder über den Markt spazieren und Leute sehen. Einen neuen Eisentiegel brauchen wir. Und vom Weber bunten Stoff, blau und grün.«

Sie wartete gespannt. Nach einer Pause kam die Frage aus der Werkstatt: »Tuch? Warum? Dachte, wir haben genug zum Anziehen.«

»Ich nicht, Liebster. Zum Erntedank nächsten Monat will ich mir ein schönes Kleid nähen und eine Schürze. Und dir würde ein neues Wams auch guttun.«

Tile versprach es unter Vorbehalt. Den Tiegel ja, den Stoff nur, wenn außer den Holzschuhen auch die Schachfiguren einen Käufer fänden.

»Du schaffst es schon, Liebster. Irgendein feiner Herr wird dir die Figuren abkaufen. Das weiß ich.« Katharina streichelte die nackte Bauchseite des Schafes und schor die Wolle vom Hinterteil. »Gleich, Maria, gleich müssen wir uns umdrehen«, raunte sie.

Ein Eichelhäher kreischte an der Wegmündung vom Tal herauf zur Lichtung. Kurz darauf fielen andere mit ein, schimpften, ihr Geschrei setzte sich in den Tannen fort. Der Hund wachte auf. Knurrend lief er über den Vorplatz, so weit es seine Leine erlaubte, und schlug an.

»Gib Ruhe, Vitus!« schimpfte Katharina. »Du erschreckst mir noch meine Kleine.«

In Erinnerung an seinen ersten vierbeinigen Freund Nikolaus hatte Tile den neuen Hund auch nach einem Schutzheiligen benannt. Vitus war zottig, eigenwillig und ein guter Wächter der Schafe und des kleinen Gehöfts. Er bellte weiter; erst als Katharina ihn mit einem scharfen Pfiff ermahnte, schwieg er, blieb aber gegen das Halsband gestemmt und lauerte zum Weg, dann wieder über die Weide zu den Tannen, lief unruhig im Kreis seiner Leine, als wittere er rund um die Lichtung etwas Fremdes.

»Wird ein Hase sein«, murmelte Katharina. »Oder der Wind.« Sie half Maria vom Schertisch. Ihren Kittel hoch über die Knie gerafft, zog sie den Kopf zwischen die Schenkel und schor dem Schaf die Wollflocken vom Hals.

Vitus brach in wütendes Gekläff aus.

Verärgert hob Katharina den Kopf. Eine schwarze Kutsche!

Das Gehäuse hoch und eckig wie ein aufgestellter Schrankkasten; es schaukelte leicht. Aus dem Nichts, so schien es, war der Wagen aufgetaucht und hatte die Lichtung fast schon durchquert. Jedes Quietschen der Räder wurde vom Bellen übertönt. Der Fuhrmann vorn auf dem Bock lenkte das Pferd zum Haus.

Ehe Katharina sich faßte und Tile rufen konnte, hielt der Wagen bereits vor der Einfahrt des Hofplatzes. Reglos blieb der Kutscher sitzen. Er trug einen weiten, viel zu weiten Umhang und Handschuhe, die bis über die Unterarme reichten; sein Gesicht war von der breiten Hutkrempe halb verdeckt. Die Seitentür wurde aufgestoßen, und ein Herr stieg aus; trotz der untersetzten Fülle waren seine Bewegungen geschmeidig. Beim Anblick der hellen Reisekutte atmete Katharina erleichtert auf. »Willkommen, ehrwürdiger Vater!«

Der Besucher verzog das rundliche Gesicht zu einem gutmütigen Lächeln, wies auf den bellenden Hund und tippte mit beiden Händen gegen seine Ohren. Ein scharfer Pfiff Katharinas brachte Vitus zum Schweigen. Sie wiederholte den Gruß.

»Gott sei mit dir, schöne Frau.« Beschwingt, fast tänzelnd näherte er sich. »Welch friedvolles Bild erwartet mich hier!« Er betrachtete das Schaf zwischen ihren nackten Schenkeln. »Laß dich nicht von der Arbeit abhalten, Tochter. Wolle für den harten Winter, wie gut.«

Beschämt zog Katharina ihren Kittelsaum über den Kopf des Tieres und war bemüht, wenigstens die Knie zu bedecken.

»Nein, nein, keine Scheu. Das Menschliche, dargeboten in so anmutiger Form, erfreut auch das Herz eines Dieners der Kirche.«

»Ihr seid sehr freundlich, Vater. Gebt mir noch einen Moment. Maria ist gleich fertig. Dann werde ich Euch etwas zu trinken anbieten.« Über die Schulter rief sie: »Liebster! Besuch ist gekommen!«

»Wer?« tönte es unwillig aus der Werkstatt. Tile trat ins Freie. Kaum sah er den frommen Herrn, strich er mit der Hand durch die weißen Locken, glättete den Kinnbart und kam rasch näher. Höflich verneigte er sich: »Willkommen, hochwürdiger Herr. Verzeiht, wir sind nicht vorbereitet. Nur selten verirrt sich so hoher Besuch zu uns hier herauf in die Einsamkeit.«

»Gottes Segen, mein Sohn. Ich bin Prior Jacobus und habe den mühevollen Weg nur deinetwegen auf mich genommen, deiner Schnitzkunst wegen. Man sagte mir unten im Kloster, daß ich dich hier finde.«

Diese Stimme? Nach kurzem Nachdenken erinnerte sich Tile auch an das Aussehen, die sonderbar braungelben Augen; nur wußte er nicht, wo er den Prior zum erstenmal gesehen hatte. »Ihr seid mir nicht fremd, ehrwürdiger Vater. Seht es meinem Alter nach, und helft mir.«

»Ich bin überrascht.« Jacobus wich einen Schritt zurück, gleich faßte er sich wieder und nickte anerkennend: »Du hast ein gutes Gedächtnis, mein Sohn. Ja, wir sahen uns vor einiger Zeit flüchtig im Refektorium der Brüder von Weißenburg. Und nun zum Grund meines Besuches.« Er gab sich als leidenschaftlicher Sammler von Schachfiguren aus, pries den Ruhm Tiles; im ganzen Land gebe es keinen Schnitzer, der an die Kunst des Meisters heranreiche. Nein, er habe nicht auf den morgigen Markttag warten wollen. Zu groß sei die Gefahr, daß irgendein anderer ihm die schönsten Partiefiguren wegschnappen könne. »Deshalb kam ich heute schon her und bitte dich, zeige mir deine Schätze, laß mich als erster wählen.« Von Ferne grollte Donner. Besorgt sah er zum dunklen Himmel. »Mit jedem Preis werde ich einverstanden sein.« Keine Eile, aber er wollte zurückfahren, ehe der Regen einsetzte.

Verstohlen zwinkerte Katharina ihrem Mann zu. »Welch eine Ehre! Führe unsern Gast in die Stube, Liebster, und biete ihm etwas Milch an. Ich werde euch nicht stören. Die Wolle muß noch gewaschen werden.«

»Milch?« Der Prior schürzte die Lippen. »Solch ein Getränk verdirbt mir den Magen.« Er hatte köstlichen Wein mitgebracht und ließ von Tile den Lederschlauch aus der Kutsche holen.

Kaum waren die beiden im Haus verschwunden, streifte Katharina ihren Kittelsaum wieder zurück; vergnügt faßte sie Maria bei den Ohren. »Das nenn' ich Glück. Gerade hab' ich es gewünscht, und schon ist ein Käufer da. Und morgen suche ich mir die schönsten Stoffe aus. Nicht nur blau und grün. Ein rotes Tuch muß auch dabei sein.«

In der Wohnküche hatte Tile eine Kiste geöffnet. Nacheinander nahm er die Figuren aus dem Stroh und stellte sie auf ein großes Schachbrett. Die Könige mit Zepter und Reichsapfel auf dem Thron sitzend, ihre Damen in reichen Gewändern, zum Schlag bereit schwangen die Heerführer das Schwert. »Meine beste Arbeit.«

»Jedes Gesicht unterscheidet sich vom andern. Jedes lebt.« Immer wieder stieß der Gast bewundernde Seufzer aus. Seine beringten Finger glitten über die Stücke. »Niemals sah ich solche Kunstwerke. Man hat nicht übertrieben, du bist ein wahrer Meister.« Er verlangte nach zwei Bechern und bat Tile, vom Wein einzuschenken. »Zum guten Tropfen bringe uns noch ein Stück Brot. Dann laß uns handelseinig werden.« Kaum, daß der alte Mann den Rücken kehrte, zog er eine kleine Dose aus seiner Kutte und schüttete Pulver in einen der Becher.

Tile brachte den Brotlaib zum Tisch. »Lange habe ich an den Figuren gesessen, hochwürdiger Vater. Der Preis? Nun, ich denke, zwei Goldstücke muß ich schon erfragen.«

»Zu wenig. Das ist für diese Arbeit viel zu wenig, Meister. Nein, ich denke an das Doppelte.« Er zückte seinen Geldbeutel und zählte Münzen auf den Tisch. »Vier, ich gebe dir vier, und auch dies kann nur ein Preis unter Freunden sein. Wir sind doch Freunde, mein Sohn?«

»Wenn Ihr es erlaubt, gern.« Heute ist mein Glückstag, dachte Tile. Zwar redet der fromme Herr, als hätte er Honig auf der Zunge, aber mir soll's gleich sein. Ein so gutes Geschäft bringt uns durch den Winter.

Prior Jacobus klatschte in die Hände. »Doch nun setze dich zu mir. Laß uns trinken. Hier, nimm. Den ersten Becher auf dein

Können. Und vertraue mir, mein Einfluß ist groß, ich werde dich über alle Grenzen berühmt machen.«

»Soviel Lob hab' ich nicht verdient.« Tile setzte an und leerte den Wein in einem Zug. »Mir genügt schon, wenn Ihr mich bei Gelegenheit weiterempfehlt, hochwürdiger Vater.« Er blickte in den Tonbecher, auf dem Boden glitzerten kleine Edelsteine. Tile verengte die Lider. Das Funkeln erlosch, kehrte zurück, hellgrüne Punkte flimmerten. »Was ist ... der Wein ist süß und doch ...« Der Becher in seiner Hand wurde zu Blei. Mit unendlicher Mühe setzte er ihn auf dem Tisch ab.

»Noch einen Schluck, mein Freund!« Die Stimme des Priors hallte, füllte den Kopf aus, rief ein Echo hervor. »Freund! *Freund!*« Wie ein Wasserfall ergoß sich der Wein aus dem Lederschlauch und stürzte tosend ins riesige Gefäß. Der fromme Herr sagte irgend etwas. Tile verstand die Worte nicht mehr, zu schnell antwortete das Echo. Nein, er wollte nicht trinken. Sein Mund wurde ihm geöffnet, und er trank doch. Der Wein war süß.

Tile betrat einen weiten roten Saal. Sein Oberkörper nahm an Gewicht zu; er konnte den Rücken nicht mehr aufrichten, der Kopf sank ihm über die Brust, sank tiefer und hing wie eine Kugel zwischen seinen Beinen. So schleppte er sich dahin. Nach wenigen Schritten verließ ihn die Kraft. Ich muß ausruhen. Vorsichtig setzte er den Kopf auf dem Saalboden ab und rollte sich über ihn. Langsam, Füße, Beine und Unterleib schwebten hoch und beschrieben einen Kreis, und das Rot wurde dunkel und weich und ließ ihn einsinken.

Prior Jacobus beugte sich über den Betäubten, hob das Gesicht an, schlug leicht die Wangen und zog nacheinander die Lider hoch. »Einen langen Schlaf wünsche ich Euch, Majestät.« Behutsam legte er den Kopf zurück auf die Tischplatte vor das Schachbrett. Er schürzte die Lippen und setzte einen Läufer zwei Felder weiter. »Eure Erlaubnis vorausgesetzt, Majestät. Mit diesem Zug habe ich das Spiel eröffnet.«

Während er zur Tür ging, streifte er den rechten Kuttenärmel zurück. Ein langer Dolch war an seinem Unterarm befestigt, und er löste die Schlaufe vom Griff.

Kaum, daß er die Schwelle übertreten hatte, knurrte ihn Vitus an. Gelassen blieb der Prior stehen. Drüben auf der Weide beugte sich Katharina singend über eine Holzwanne und wusch die geschorene Wolle. Ein knappes Handzeichen zur Kutsche, dann wies er auf den Hund. Sein Fuhrmann öffnete den Umhang und hob eine Armbrust. Hart schlug die Sehne, und der Bolzen durchbohrte den Schädel des Tieres. Vitus war tot, ehe er noch einen weiteren Laut von sich geben konnte. Mit tänzelndem Schritt schlenderte Prior Jacobus zur Weide. Katharina bemerkte ihn nicht. Der Dolch glitt in seine Hand. »Nun muß ich dich doch stören, schöne Frau.«

Katharina richtete sich auf und wandte ihm lächelnd das Gesicht zu. Er stieß ihr die Klinge bis zum Heft ins Herz. Die Frau sank vornüber; er fing den Körper auf und ließ ihn rücklings über den Bottich fallen. Ohne Hast bückte sich Jacobus nach der Schafschere und schnitt dicke Haarsträhnen vom Kopf der Toten. »Danke, schöne Frau. Diese Wolle werde ich in Ehren halten.«

Wieder gab er seinem Gehilfen auf dem Kutschbock ein Zeichen. Der Mann stieß ins Hifthorn. Das Signal schallte über die Lichtung. Sofort lösten sich drei Gestalten aus dem Waldschatten und hasteten auf das Haus zu. Zerlumpte Männer mit gierigen Gesichtern. Zunächst trug ihnen der Prior auf, den bewußtlosen alten Mann in die Kutsche zu tragen und deckte ihn selbst mit einer Decke zu. Hernach befahl er: »Tötet das Vieh.« Sie sollten die Kadaver in den Stall schaffen und die Frau in der Stube ablegen. »Verteilt Stroh und Heu. Das Feuer muß alles vernichten, kein Balken darf übrigbleiben.«

Einer der Strauchdiebe fragte, warum die Schafe; wenigstens eins wäre doch gut für den Braten am Abend. Voller Güte traf ihn der Blick aus den bernsteinfarbenen Augen. »Wie recht du hast. Nein, ihr sollt nicht hungern, Freunde. Wählt ein fettes Tier aus, und laßt es draußen vor dem Haus liegen. Und nun sputet euch.

Ehe der Regen einsetzt, müßt ihr die Arbeit verrichtet haben, für die ich euch gut bezahle.«

Die Kerle hatten ihren Spaß. Sie warfen sich über die Schafe, rissen den Hühnern die Köpfe ab und hieben im Stall auf den Esel ein.

Prior Jacobus wartete neben der Kutsche. Als die Flammen aufzüngelten, aus Tür- und Fensteröffnungen schlugen, sich schnell durchs Dach fraßen und in einer Rauchsäule emporloderten, faltete er die Hände vor der Bauchwölbung. »Dieses abscheuliche Werk muß gesühnt werden.« Er befahl seinem Gehilfen: »Halte dich bereit.«

Auf dem Vorplatz standen zwei der Kerle; die blutigen Schwerter in den Fäusten, beobachteten sie das Feuer, während der dritte am Boden kauernd das Schaf aufbrach.

Der Fuhrmann griff nach dem Bogen und stieg auf die Kutschbank. In rascher Folge sirrten zwei Pfeile von der Sehne. Die Getroffenen schrien, torkelten umher, bis ihre Beine einknickten. Entsetzt fuhr der Dritte hoch. Mit erhobenen Armen rief er zur Kutsche hinüber: »Gnade! Verschont mich! Gnade!« Der Pfeil schlug in seinen geöffneten Mund.

»Du bist ein ausgezeichneter Schütze, Peter.«

Auf das Lob hin stieß der Fuhrmann lallende und gurgelnde Laute aus.

»Bemüh dich nicht, mein Sohn.« Sorgfältig hatte Jacobus sich diesen Mann zum Gehilfen erkoren. Er war stark, geübt im Waffengebrauch, vor allem aber fehlte ihm die Zunge. Nie würde Peter durch ein unvorsichtiges Wort das große Spiel gefährden können.

Der Wind wurde heftiger, trieb die Flammen. Jacobus befahl, die drei Leichen ins Feuer zu schaffen. Mit Blitz und Donner setzte Regen ein. Die Kutsche verließ die Lichtung und rollte zwischen den Tannen ins Tal hinunter.

Im schaukelnden Wagen tätschelte Prior Jacobus dem betäubten alten Mann die Hand. »Selbst das Wetter ist auf unserer Seite«, flüsterte er. »Der Schnitzer und seine Frau sind nach einem

Blitzschlag in ihrem Haus verbrannt. Ein schreckliches Unglück.«
Mit sich zufrieden, lehnte er sich zurück.

Weiße Flocken. Ich finde keinen Halt. Vergeblich suchte Tile mit den Füßen nach einem festen Grund. Er wollte rufen und atmete die Flocken ein. Kein Schnee, Federn trieben in seinen Mund; die feinen Fäden verklebten die Zunge, trockneten den Rachen aus. Er hustete, würgte und rang nach Luft.

Sein Kopf wurde angehoben. Katharina ist bei mir, meine Katharina, wie fest sie mich hält. Ein Schnabel schob sich zwischen seine Lippen. Tropfen breiteten sich rasch auf der Zunge aus. Tile schmeckte salzige Süße, wollte mehr und saugte an dem Schnabel. Die Flüssigkeit weichte die Dürre der Mundhöhle auf. Er schluckte, schluckte wieder, bis die pelzige Schicht in seinem Rachen hinuntergespült war. Dankbar fühlte er, wie sein Magen sich mit Wärme füllte. Wir liegen auf unserer Wiese. So im Arm meiner Liebsten will ich ausruhen. Er gähnte und streckte die Glieder.

»Nicht einschlafen!«

Die Stimme war fremd. Eine männliche Stimme! Tile bemühte sich, die schweren Lider zu öffnen. Er sah Lichter, erkannte einen Augenblick flackernde Flammen, dann verschwammen sie ineinander und blendeten ihn. Nie hatten wir so viele Öllampen in unserer Stube, ging es ihm durch den Kopf.

»Kann er mich verstehen?«

»Vielleicht. Genau kann ich es nicht sagen, hochwürdiger Herr.«

»Wie lange soll ich noch warten. Ich dachte, auf deine Rezepturen sei Verlaß. Ebenso wie das Pulver ihn sofort in tiefen Schlaf versetzte, sollte eine Medizin ihn wieder aufwecken. Ohne Schaden für Körper und Geist. Dafür bezahle ich dich.«

»Habt noch etwas Geduld. Bedenkt, der Patient ist ein Greis. So rasch beleben die Gegenmittel den Blutstrom nicht wieder. Zur Stärkung flöße ich ihm jetzt Saft aus der Birne, vermischt mit Moschus, Ambra und Zimt, ein.«

Tile lauschte den Stimmen. Dem Klang nach mußten zwei Männer im Raum sein. Die eine Stimme blieb fremd, die andere aber war ihm bekannt. Nur wußte er nicht, woher. Wieder fühlte er den Schnabel an seiner Unterlippe. Er war aus Ton. Es ist ein Gefäß mit einem Mundstück; aus ihm wird Kranken zu trinken gegeben. Bin ich krank? Der Saft schmeckte, wärmte jetzt auch seine Beine und Arme. Tile tastete nach der Hand, die den Becher hielt.

»Laßt nur, Herr. Ich helfe Euch.«

Nachdem er getrunken hatte, wurde sein Oberkörper angehoben und in eine sitzende Stellung gebracht. Der Mann forderte ihn auf zu riechen. Ein Pulver brannte durch die Nasengänge bis hoch hinauf ins Hirn; Schmerz ballte sich zusammen, platzte auf. Niesen erschütterte Tile, immer wieder, heftiger, der Reiz ließ nicht nach. Er schnaufte, prustete Schleim aus Nasenlöchern und Mund, keuchte. Erst nach einer Weile ebbte der Anfall ab.

Tile war wach. Er saß in einem schmalen Bett. Ein Tuch bedeckte Hüften und Beine; sonst trug er nichts. Sein Kopf fühlte sich dumpf und schwer an, die Glieder müde, wie nach einer langen Wanderung. »O Gott! O mein Gott!« stöhnte er. Langsam wurde sein Blick klarer. Der Tisch vor dem Bett? Das Holzregal fehlte an der Wand. Die Wand war weiß und kahl. »Wo bin ich?«

»Bei mir«, antwortete die ihm bekannte Stimme sanft. »In den guten Händen Eures Freundes.«

Tile wandte das Gesicht und sah in die bernsteinfarbenen Augen. Der Prior, er hatte das Schachspiel gekauft, er hatte den guten Preis bezahlt. An mehr konnte sich Tile nicht erinnern. »Was ist mit mir geschehen?« Dieses Zimmer kannte er nicht. Das Glutbecken gehörte nicht ihm. Hart schlug sein Herz. Wo war Katharina? »Meine Frau, ruft bitte meine Frau zu mir. Ich will sie sehen.«

»Ruhig, ganz ruhig. Alles ist in bester Ordnung. Nach Eurem kleinen Unglück hielt ich es für angebracht, Euch hierher ins Kloster zu bringen. Selbstverständlich mit Einwilligung Eurer Gemahlin.« Prior Jacobus wies auf den Mann neben sich, der eine tellerförmige schwarze Kopfbedeckung trug. »Mein Arzt hat Euch aus dem langen Heilschlaf aufgeweckt. Ihr seid noch etwas geschwächt, aber bald werdet Ihr wieder ganz bei Kräften sein.«

Müdigkeit befiel Tile, und er stützte den Kopf in seine Hände. Also bin ich bei den Brüdern unten in Weißenburg. Dieser Gedanke beruhigte ihn. Willig ließ er sich zurücklegen.

Der Arzt brachte warme Salben und rieb dem Neunundsiebzigjährigen Brust und Rücken ein. Duft nach Moschus und Nelken breitete sich aus. Später trank Tile eine gepfefferte Fleischbrühe und kaute Brotstücke, die nach Nuß und Knoblauch schmeckten. Zweimal wiederholte der Arzt die Massage mit den Salben, gab ihm vom Saft und der bittersüßen Flüssigkeit.

»Die Nachtruhe wird den Patienten vollends genesen lassen«, hörte Tile noch den Medicus flüstern; daß die Herren den Raum verließen, hörte er nicht mehr.

Draußen auf dem halbdunklen Flur wachte der Gehilfe des Priors. Mit einem Seitenblick ermahnte ihn Jacobus: »Nicht öffnen! Verständige mich sofort, wenn unser Gast einen Wunsch äußert.« Er führte den Arzt zum angrenzenden Zimmer. »Bisher bin ich zufrieden mit dir.« An der Tür vergewisserte er sich, ob auch die beiden anderen bestellten Drogen angefertigt wären.

»Wie Ihr es gewünscht habt, hochwürdiger Herr.« Zwecks einer längeren Haltbarkeit hatte der Arzt die Essenzen und pulverisierten Kräuter einem Teig aus Honig und Harz beigemengt, diesen ausgewalzt und ihn zu kleinen Würfeln geschnitten. In wenigen Stunden seien sie getrocknet. Unschlüssig erst, dann fragte er: »Zwei Mittel? Das eine verschafft ein Glücksgefühl. Das andere aber führt sofort den Tod herbei. Seht es mir nach, wenn mich solch ein Auftrag erstaunt. Beide Arzeneien können doch nicht für Euren Freund bestimmt sein.« Das freundliche Schmunzeln ermutigte ihn: »Wer ist dieser Greis, um den Ihr Euch so geheimnisvoll bemüht?«

Prior Jacobus beschäftigte sich mit den Ringen an seiner linken Hand. »Für einen Medicus, dem die Ausübung seines Berufes wegen zweifelhafter Todesfälle seiner Patienten untersagt wurde, zeigst du dich erstaunlich besorgt. Vergiß nicht, dir haftet der Vorwurf an, ein habgieriger Giftmischer zu sein. Nur ein Wink von mir, und die Büttel legen dich in Ketten.« Milde sah er auf. »Nein, nein, von mir hast du nichts zu befürchten. Dein Können ist unbestreitbar, sonst hätte ich dich nicht verpflichtet. Dieser Greis ist in Wahrheit eine hochgestellte Persönlichkeit, und er wird durch nichts zu Schaden kommen. Also sei beruhigt. Sobald deine Aufgabe hier erfüllt ist, darfst du reich entlohnt diesen klösterlichen Fronhof verlassen und in die Stadt zurückkehren.«

Am nächsten Morgen erwachte Tile aus einem Dämmerschlaf. Zwar fühlte er sich befreit vom dumpfen Druck, doch jeder Muskel schmerzte ihn. Mit zittrigen Beinen verließ er das Bett. Sein Kittel, seine Holzsandalen? Nirgendwo fand er ein Kleidungsstück. Nackt tappte er zur Tür. Der Riegel ließ sich nicht bewegen. Er rüttelte, klopfte, gerade wollte er rufen, als von draußen der Schlüssel gedreht wurde.

Prior Jacobus trat ein und lächelte. »Wie schön, mein Freund, dich wieder auf den Beinen zu sehen.« Über dem Arm trug er ein grobgewirktes, graues Gewand mit einer Kapuze. »Zieh es an, mein Sohn. Dieses Pilgerkleid habe ich für dich ausgewählt.«

»Warum? Mein Kittel genügt mir. Ich war auf keiner Pilgerfahrt.«

»Doch, doch. Nur weißt du es nicht mehr.«

Tile fühlte Zorn aufsteigen. »Ihr seid sehr freundlich zu mir, hochwürdiger Herr. Aber ich bin ein freier Mann und entscheide selbst.«

»Du irrst, mein Freund.« Prior Jacobus tippte ihm gegen die Brust und stieß ihn so rückwärts bis zur Bettstatt. Für eine Gegenwehr fehlte Tile die Kraft. »Setze dich, alter Mann.« Er warf den Rock neben ihn. »Bedecke deine Blöße.«

Während Tile gehorchte, stellte er fest, daß der kleine Lederbeutel an seinem Hals fehlte. »Das Amulett? Wo ist es?«

»Ich habe mir erlaubt, es an mich zu nehmen.«

»Ihr habt mich bestohlen? Ich werde nach Abt Edelinus rufen.«

Prior Jacobus hob die Brauen. Edelinus? Dieser Name sei hier im Kloster unbekannt.

Es dauerte einen Moment, bis Tile den Satz begriff. Dann also bin ich nicht in Weißenburg. Ob es das Kloster des Priors sei, fragte er unsicher.

Jacobus winkte ab. »Dort war ich schon seit Jahren nicht mehr. Ein tüchtiger Mitbruder versieht das Amt während meiner Abwesenheit.«

Tile krallte die Hände ins Haar. »Bitte, ich flehe Euch an, laßt mich nicht im ungewissen, und treibt kein Spiel mit einem alten Mann.«

»Ein Schachspiel wäre treffender. Vielleicht sogar mehr noch als das.« Prior Jacobus rückte einen Schemel näher. Direkt vor Tiles Knien ließ er sich behäbig nieder. »In dieser Partie geht es um Politik. Es stehen Menschen anstelle der Holzfiguren auf dem Brett, und du bist ausersehen, die Rolle des Königs zu spielen – was sag' ich, du wirst der Kaiser sein.«

»Verdammt, ich hasse Rätsel!« Tile drohte mit der Faust »Und verdammt will ich sein, wenn ich Eurem Gerede noch länger zuhöre!«

»In diesem ungezügelten Ton können wir keine Vereinbarung treffen.« Der Prior schob seine Unterlippe vor. »Wie recht doch Frau Katharina hatte! Nachdem diese kluge und schöne Frau von mir umfassend unterrichtet wurde und dem Plan zustimmte, warnte sie mich vor deinem Temperament. Es wird nicht leicht sein, dich zu überzeugen, sagte sie.«

Dieser Pfaffe! Tile starrte ihn an. Katharina soll einverstanden sein? Ich weiß weder, wo ich mich befinde, noch, was er mit mir vorhat. »Bitte, klärt mich auf. Ich höre in aller Geduld zu.«

»So gefällst du mir, mein Freund.« Wohlwollend tätschelte Jacobus die knochigen Knie. »Das Wichtigste habe ich dir schon gesagt, aber dazu später.« In düsteren Farben erinnerte er an die kaiserlose Zeit, vergaß nicht, auf das Elend der einfachen Handwerker und Bauern hinzuweisen, beschrieb die Hoffnung, mit der Fürsten und Volk den neuen König, Rudolf von Habsburg, begrüßt hatten. Indes, nichts habe sich zum Besseren gewendet. Prior Jacobus stellte den König als einen eigensüchtigen Machthaber dar, der allein seine Interessen sehe, das geplagte Volk aber kümmere ihn nicht. Und während Rudolf ohne Rücksicht immer höhere Steuern eintreiben lasse, verhungerten die Kinder in den Städten. »Die armen Leute sehnen sich nach einem Retter. Sie erwarten aus tiefster Seele die Rückkehr ihres Kaisers.«

Tile sah Friedrich auf dem Sterbelager in Fiorentino liegen, von Krankheit ausgemergelt. »Niemals wird sich diese Sehnsucht erfüllen können. Ich weiß besser denn irgend jemand ...«

»Warte, mein Freund«, unterbrach ihn der Prior rasch. »Wir wollen nichts übereilen. Es gibt starke, weise Fürsten in diesem Land. Aus ihnen wird sich einer hervortun, der in der Lage sein wird, das herrschende Elend zu beseitigen.« Er geriet ins Schwärmen. Der Handel in den Städten würde aufblühen. Wieder lachende Kindergesichter. Die Armut würde gelindert.

Entweder bist du ein Lügner oder ein Träumer, zweifelte Tile. Selbst mein Kaiser verschwendete keinen Gedanken an einfache Leute. »Nur ein schönes Wunschbild, hochwürdiger Herr. Welcher Fürst sollte diese freundliche Welt erschaffen können? Vor allem, welchen Thron will er besteigen? Rudolf ist der gewählte König.«

»Ich diene solch einem weisen Landesherrn«, bescheiden legte er die Hand auf die Brust, »von ganzem Herzen.« Nein, den Namen dürfe er nicht preisgeben, wohl aber den Weg, der eingeschlagen werden müsse, um das Ziel zu erreichen. »Warum soll es nicht wieder einen zweiten König im Reich geben«, deutete er geheimnisvoll an.

»Politik! Was kümmern mich alten Mann noch die Händel der Herren.«

»Du irrst, mein Freund.« Jacobus betrachtete ihn und setzte kühl hinzu: »Denn du wirst der Veränderung im Land einen wertvollen Dienst erweisen. Du wirst der Wegbereiter sein.«

Im ersten Moment glaubte Tile an einen Scherz, doch der Ausdruck im rundlichen Gesicht des Priors trieb ihm einen Schauer über den Rücken. »Was habt Ihr mit mir vor?«

Tief verneigte sich Jacobus über die knochigen Knie. »Der Himmel sei gepriesen! Ich schätze mich glücklich, Euch, Kaiser Friedrich, als erster nach Eurer langen Pilgerfahrt begrüßen zu dürfen und Euch meinen Dienst anzubieten.«

Ein Teufel, ein Höllendiener! Abwehrend streckte Tile die Hand aus. Hart umschloß sie der Prior. »Gewöhne dich daran, alter Mann. Sobald du diesen Raum verläßt, bist du Friedrich, der erwartete Retter. Deine Gestalt, die Gesten, alles an dir entspricht dem Kaiser. Von deinen intimen Kenntnissen über das Hofleben konnte ich mich in Weißenburg selbst überzeugen. Das Volk wird dir glauben und dir zu Füßen liegen.«

Niemand kann mich zwingen, auch dieser wahnbesessene Pfaffe nicht. »Und wenn ich mich weigere?«

Der Dolch sprang in die Hand des Priors. »Das wäre dein Ende.«

»Vor dem Tod fürchte ich mich nicht.«

»Es wäre auch das Ende deiner Katharina«, flüsterte Jacobus bekümmert. »Die schöne Frau. Ich habe mir erlaubt, zwei Gäste in deinem Haus einzuquartieren. Sie warten nur auf meinen Befehl.« Er ließ den Dolch wieder im Kuttenärmel verschwinden. »Aber wenn du deine Sache erfolgreich und mit Hingabe durchführst, müssen solche häßlichen Dinge sicher nie in Auftrag gegeben werden.«

»Woher weiß ich, daß Ihr die Wahrheit sagt?«

Der Prior griff in die Tasche seiner Kutte und reichte Tile eine Haarsträhne. »Beinah hätte ich es vergessen. Sie gab mir dies als Zeichen ihrer Liebe für dich mit. Nicht ohne Tränen bittet sie dich, mir zu gehorchen. Damit es ein Wiedersehen gibt.«

Kein Zweifel, so oft hatte Tile den Duft dieses samtweichen Haars geatmet, es gestreichelt. Er führte die Strähne an die Lippen. »Ich bin in Eurer Hand. Und beuge mich Eurem Willen. Was auch geschieht, ich flehe Euch an, fügt meiner Frau kein Leid zu.«

»Es liegt allein bei dir.« Jacobus verschränkte die Arme. »Nun aber sollten wir sofort mit den Vorbereitungen beginnen.«

Tile mußte sich erheben, im grauen Gewand durch den Raum schreiten, die weite Kapuze über das Haar ziehen und sie wieder abstreifen. Als Schuhwerk bat er um seine Holzsandalen. Der Prior zeigte sich mit dem Erscheinungsbild zufrieden. Ob nun Kaiser oder einfacher Bürger, während einer Pilgerfahrt trugen Reich und Arm die gleiche schlichte Kleidung. Niemand würde Anstoß nehmen, wenn Friedrich so zurückkäme.

Tile schwankte. Der schale Geschmack in seinem Mund verursachte ihm Übelkeit; er hockte sich auf die Kante der Bettstatt. »Verzeiht, mein Verstand hält nicht Schritt. Lücken klaffen, und das Neue stürzt zu schnell auf mich ein. Habt Nachsicht, helft mir, die Gedanken zu ordnen.«

Mitfühlend nickte der Prior. »Zwar darfst du nur das Notwendigste von mir erfahren, aber frage, was dich bedrückt.«

Eine Woche hatte Tile unter Einwirkung eines Betäubungsmittels dahingedämmert. In dieser Zeit war er auf einem Schiff den Rhein hinuntergebracht und schließlich in einer Kutsche zu diesem Ort gefahren worden.

»Wir sind Gäste des Abtes von Brauweiler, mein Freund, im Westen der Stadt Köln. Uns wurde ein Gästehaus auf einem Fronhof außerhalb des Klosters zur Verfügung gestellt. Keine unnötigen Fragen; es genügten einige Silberstücke und die Auskunft, daß ich aus Barmherzigkeit einen kranken alten Mann gesund pflegen wollte. Wir sind also unbeobachtet.«

Köln, so weit fort von Weißenburg. An meinen kurzen Aufenthalt damals wird sich niemand erinnern können. Dieser Pfaffe hat alles vorausgeplant, dachte Tile, ich bin wirklich nur eine Figur in seinem Spiel und kann nicht entfliehen. »Um Katharinas willen habt Ihr mein Wort. Ich bin bereit, Euch zu gehorchen. Wie aber soll ich beginnen? Und wo?«

»Der einfachste Weg ist auch der sicherste.« Als plane er nichts als einen Ausflug, so beschrieb er heiter und gelassen, bis zu welchem Stadttor sie gemeinsam fahren würden. »Dann wanderst du allein weiter.« Zwar würde er stets in der Nähe sein, Tile beobachten, doch ganz gleich, wie es ihm erginge, Hilfe könne er nicht erwarten. »Erst wenn du Erfolg hast, werde ich Euch, dem großen Friedrich, meinen Dienst anbieten.« Er bestimmte den Neumarkt. Dort sollte der Greis sich dem Volk offenbaren. »Wie ein Kaiser seine Untertanen in Bann zieht, wißt nur Ihr selbst, Majestät.«

Tile bedeckte das Gesicht. Lüge, wie soll ich solch eine Lüge über die Lippen bringen? »Verzeiht, ich fürchte, daß mich der Mut noch vor dem ersten Satz verläßt. Ich eigne mich schlecht zum Betrüger.«

»Betrüger?« fuhr ihn der Prior an. »Sprich dieses Wort nie mehr aus, ja denke es noch nicht einmal! *Du bist Friedrich, der Kaiser!*« Gleich wurde sein Ton wieder milde. »Ja, ich ahne, wie schwer der Anfang sein wird. Aber verzage nicht, ehe wir uns trennen werden, gebe ich dir eine Arzenei, die dich beflügelt und über deine Angst hinweghebt.«

»Wieviel Zeit bleibt mir noch?« Die Stimme gehorchte kaum.

»Zu langes Grübeln gefährdet unser Vorhaben. Morgen, Majestät. Als Euer Ratgeber halte ich den morgigen Tag für den richtigen. Und nun entschuldigt mich, ich habe noch Vorbereitungen zu treffen.« Prior Jacobus verneigte sich – nein, keine Frage mehr – und hatte das Zimmer verlassen.

Benommen saß Tile da. Ich sehe mir zu, bin es selbst und bin gleichzeitig in einem bösen Traum. Oder? Er betastete seinen Kopf wie den eines Fremden. Es gibt Menschen, deren Geist von einem Augenblick zum nächsten ihrem Körper entrückt. Sie befinden sich dann in einer anderen Wirklichkeit, sprechen an fernen Orten mit Personen.

Wer bin ich? Tile versuchte die Antwort: »Ich bin Friedrich, von Gottes Gnaden immer erhabener Kaiser ...« Er brach ab und sah die Haarsträhne in seiner Hand. Kein Traum, keine qualvolle Verzückung. Niemand weckt mich auf, ich bin wach, muß mit all meiner Kraft Friedrich sein; nur so kann ich Katharina und unser Glück retten.

Der Arzt hatte seinen Lohn erhalten – mehr noch, als ihm versprochen worden war –, und während er in Begleitung seines frommen Auftraggebers aus dem Haus trat, befühlte und wog er den prallen Beutel in seiner Rocktasche. »Falls Ihr meine Dienste noch einmal benötigt, stehe ich Euch jederzeit zur Verfügung, hochwürdiger Herr.«

Prior Jacobus gab keine Antwort. Er summte vor sich hin. Leicht tänzelnd führte er den Arzt hinter die Gästeunterkunft. Hier, weit entfernt vom Hauptgebäude des Fronhofes und geschützt vor neugierigen Blicken, hatte sein Gehilfe Peter das Pferd eingespannt. Die Holzkiste mit den Mörsern und Stößeln, den Töpfchen und Fläschchen war bereits in der Kutsche verstaut.

»Ist es nicht ein stimmungsvoller Anblick«, der Prior wies zur Abteikirche auf dem Hügel, »wie schlank sich die Türme gegen den Abendhimmel abheben.« Andacht schwang in seiner Stimme. »Ja, jetzt naht die Zeit der Einkehr und des Gebetes.« Nach einem Seufzer wandte er sich wieder dem Arzt zu. »Ehe wir Abschied nehmen, bitte, hilf meinem Gedächtnis. Schließlich hätte ein Fehler fatale Folgen.« Er zog zwei Holzdosen aus der Kutte, die Deckel waren mit Farbtupfern gekennzeichnet. »In der blauen befindet sich die Droge der Freude. Ist das richtig?«

Der Arzt bestätigte: »Auch wenn Ihr Euch der Farbe irgendwann nicht sicher seid. Die beiden Mittel sind nicht zu verwechseln. Jedes einzelne Stück des tödlichen Präparats habe ich mit einem Kreuz versehen.«

»Wie umsichtig.« Stirnrunzelnd öffnete Jacobus die gelbe Dose und entnahm einen Würfel. »Du bist sicher, daß es sofort wirkt?«

»Dafür bürge ich mit meinem Ruf. Weit und breit findet Ihr keinen Medicus oder Apotheker, der mich übertrifft, wenn es um das Brauen eines Heiltranks und die Herstellung jeder beliebigen Droge geht.«

»Gewiß, gewiß. Und wenn du dich diesmal doch geirrt hast?«

»Vertraut mir, hochwürdiger Herr. Ob nun aufgelöst, zerkaut oder einfach gleich hinuntergeschluckt, die gewünschte Wirkung tritt mit tödlicher Sicherheit ein.«

Der Prior schob die Unterlippe vor. »Hier geht es um eine Angelegenheit von höchster Brisanz. Dein Wort darf mir nicht genügen. Bitte, koste dieses Stück und überzeuge mich.«

Ein Scherz. Wie sollte er den Beweis erbringen, ohne nicht selbst zu sterben?

Der Arzt wich einige Schritte zurück und stieß gegen Peter. Sein Kopf fuhr herum. Das gleichmütige Gesicht erschreckte ihn, er blickte wieder auf den Würfel in der Hand des Priors. »Ein Hund. Gebt das Mittel einem Hund. Auch so wäre der Beweis erbracht.«

Jacobus lächelte nachsichtig und wandte sich an den Stummen. »Er hat mir nicht zugehört. Hilf ihm in die Kutsche, aber ich will keinen Lärm.«

Ein Hieb in den Magen, ein schneller Würgegriff, an sich gepreßt schleppte Peter den halb erschlafften Körper zum Wagenschlag, hob und stieß ihn hinein. Der Prior überreichte seinem Gehilfen den Würfel. »Achte darauf, daß er ihn nicht ausspuckt. Wir müssen sparsam mit unserm kostbaren Vorrat umgehen.«

Aufmerksam lauschte er den Geräuschen, die aus dem Wageninnern drangen; als sie schwächer wurden, bald verstummten und Peter die Kutsche wieder verließ, lobte er: »Nein, der Arzt hat nicht untertrieben. Er verdient seinen Ruf zu Recht.«

Vor dem Schaftor drängten sich Krämer, die Kiepen hochbepackt mit Holzkellen, Löffeln, mit Scheren und Küchenmessern, an den Seiten baumelten kleine und große Töpfe. Bauersfrauen in Kopftüchern warteten; sie hatten ihre Gemüsekörbe vor den Füßen abgestellt, und hinter ihnen standen geduldig einige Tagelöhner und Wandersleute, die in Köln heute nach Arbeit oder einer Herberge suchen wollten. Etwas abseits stützten sich Bettler auf ihre Krücken; sie gehörten keiner der mächtigen Bettlerfamilien in Köln an, wurden des Abends von den Bütteln vertrieben und kehrten jeden Morgen zurück. Diese Pforte in der Stadtmauer war zu eng für Fuhrwerke und Kutschen; wer am Morgen zu Fuß von Westen kam, stammte meist aus dem nahen Umland und konnte hier schneller in die Stadt gelangen als einen Steinwurf weiter durchs große Hahnentor. Hier gab es keine Verzögerung durch langwierige Warenkontrollen und Überprüfung der Reisedokumente. Der nieselnde Regen ließ keine Gespräche aufkommen, manchmal ein Gruß, mehr nicht; jeder war mit sich selbst beschäftigt. Keiner beachtete den Greis im Pilgergewand. Er hatte die weite Kapuze tief über die Augen gezogen und hielt den Kopf gesenkt; mit beiden Händen stützte er sich an seinem langen Wanderstab.

Das Schaftor schwang auf. Langsam schoben sich die Leute an den Wachen vorbei. Bei diesem trüben Oktoberwetter verließen die Posten nur ungern den Unterstand; der Blick genügte, und ohne nähere Kontrolle ließen sie jeden passieren.

Tile schritt in der Menge weiter. Am Ende der engen Torgasse, als die Bettler in viele Richtungen davonhumpelten, folgte er den Krämern und Bauersfrauen noch ein Stückweit, dann blieb er unbemerkt zurück. Seine Knie zitterten. Das Herz pochte hart bis in den Hals hinauf. Er mußte zu Atem kommen und lehnte den Rücken an eine Hauswand. Nichts trug er bei sich, bis auf die beiden klebrigen Würfelstücke in seiner Tasche und den Ring am Finger.

Seinen Ring. Tile strich über das Falkenbild. Lange ist es her, dachte er. Wie habe ich dich gehütet, verteidigt, du hast mir so viel Glück gebracht. Heute trug er ihn zum erstenmal nicht verwahrt im Amulettbeutel, er steckte für alle sichtbar an seiner linken Hand. Nur den Ring Friedrichs hatte ihm der Prior gelassen. »Der übrige Inhalt deines Brustbeutels ist wertloser Tand und eines Kaisers unwürdig.« Ehe Tile es verhindern konnte, lagen die drei Kiesel und der Dachszahn im Glutbecken. Die einzige Erinnerung an Farida, das kleine geschnitzte Blumenbild, wenigstens das hatte er für sich retten wollen. Es war vom Pfaffen zerbrochen und achtlos ins Feuer geworfen worden. »Du bist Friedrich und lebst, seine Erinnerungen gehören dir, nichts sonst. Du bist Friedrich und lebst.« Wieder und wieder hatte Prior Jacobus gestern abend diesen Satz dem Greis eingehämmert, ihm mit dem Wohl und Wehe Katharinas gedroht, bis Tile erschöpft zustimmte: »Ich bin es. Sorgt Euch nicht, auch vor den Leuten werde ich es sagen und Friedrich sein.«

Und jetzt lehnte er an dieser Wand, war in Köln, mußte zum Neumarkt weitergehen und fühlte sich verzagt wie nie zuvor in seinem Leben. Tile nahm einen der beiden Würfel aus der Tasche, drehte ihn zwischen den Fingern. Kauen, herunterschlucken, und dann sollte bald die Wirkung einsetzen. Gott gebe nur, daß sie stark genug sein wird. Er schob die Droge in den Mund.

»Hast du nicht mehr zu essen?« fragte eine helle Stimme neben ihm.

Er hatte das Mädchen nicht kommen hören. Besorgt blickte die Kleine zu ihm auf. Unter dem Arm trug sie ein frisches Brot. Sie brach einen Kanten ab. »Hier, alter Mann. Ich schenk' es dir. Der Mutter sag' ich, daß ich schon genascht hab'.« Gleich lief das Kind weiter; über die Schulter rief es zurück: »Keine Angst, die Mutter wird nicht böse sein.«

Tile blieb keine Zeit zu danken. Mit dem Brot in der Hand winkte er der Kleinen nach. Ein Bettler, diese Rolle scheint mir eher auf den Leib geschrieben. Langsam zerkaute er den Würfel. In diese Welt der Armen könnte ich mich leicht wieder einfinden.

Seine Zunge brannte angenehm, der süßliche Geschmack förderte den Speichelfluß; bei jedem Schluck glaubte Tile, daß die Kehle sich weitete, auch das Atmen dehnte seine Brust. Tief sog er die aufsteigenden Dünste der Straße ein. Kein Ekel, nein; Moder und Schlick hatten einen würzigen Geruch. Eine helle Stimmung verdrängte die düstere Angst in seinem Kopf. Wie konnte ich mich nur sträuben, wenn selbst Katharina mich bitten läßt, diese Rolle für eine Weile zu spielen? Kaiser Friedrich. Von allen, die noch leben, war niemand dir so nah. Das ist meine Stärke. Wenn ich von uns erzählte, hingen die Brüder im Kloster an meinen Lippen. Also warum auch nicht das Volk von Köln? Tile stieß sich von der Hauswand ab. Solange ich bei klarem Verstand bin, darf und werde ich nicht scheitern.

Wir, Friedrich, der Kaiser, kehren von langer Pilgerfahrt zurück. Sind Wir erschöpft? Nein, beschloß er, Wir sind ein rüstiger Greis. Um es sich zu beweisen, schritt Tile weit aus. Bald schon geriet er außer Atem. So hastet ein Diener, mahnte er, Seine Majestät jedoch eilt nicht, selbst im Gang zeigt er Würde und Gelassenheit. Vierunddreißig Jahre waren Wir fort; ob nun in dieser oder in der nächsten Stunde, Wir können nicht zu spät kommen.

Gemächlich setzte er einen Fuß vor den anderen, nützte den Wanderstab, um nicht im aufgeweichten Straßenschmutz auszugleiten. Er stellte eine Rechnung auf und schmunzelte. Jetzt, im Jahre 1284, stünde Friedrich vor seinem neunzigsten Geburtstag. Habt keine Bedenken, mein Kaiser, Ihr seid von den aufzehrenden Gebrechen genesen. Und überdies, ich leihe uns meinen bald achtzigjährigen Körper, Majestät, somit gewinnen wir zehn Jahre an Kraft. Das mag nicht viel sein, aber für diese Aufgabe wird es genügen.

Zwei Menschenalter tragen Wir, Friedrich, auf Unsern Schultern, sie haben Uns zwar gezeichnet, jedoch nicht gebeugt. Ihr erlaubt, großer Herrscher, vieles in Eurem Wesen zeigt sich nun abgeklärter. Der schnell aufbrausende Jähzorn ist durch innere Ruhe bezähmt, und der alles verachtende Spott hat seine beißende

Schärfe verloren. Nehmt mich in Euch auf, Herr. Unsern unbeugsamen Willen wage ich zu zeigen ...

Tile zögerte. Wie aber sollte er an das Wissen heranreichen? Nein, keine unnötigen Zweifel mehr. Er würde nur das Nötigste sprechen und sich in weises Schweigen hüllen. Andeutungen genügten, um halbgebildete Stadträte zu beeindrucken, und das Volk ist beglückt, wenn sein Kaiser sich in einfachen, wohlklingenden Worten zu ihm wendet.

Er hatte die enge Straße verlassen. Vor ihm lag der weite Neumarkt. Seit seinem ersten Besuch in Köln vor fünfzig Jahren hatte sich der Anblick kaum verändert. Links von ihm am Rande des Platzes die Klostermauern und der prächtige Kirchenbau von St. Aposteln. Rechts weiter unten die Mühle; träge drehte sich das Windrad. Ob neue Patrizierhäuser rund um den Markt erbaut waren, vermochte Tile nicht zu sagen. Damals war es Mai, überlegte er, die Bäume jünger und lindgrün; sie sind alt geworden, die Blätter jetzt herbstlich. Im trüben Wetter leuchteten ihre Farben nicht. Der Regen hatte aufgehört.

Wie von einer höheren Warte sah Tile dem Treiben eine Weile zu. Kein großer Markttag: hier einige Verkaufsbuden, dort Warentische und Gemüsestände.

Mag auch die Menge Volks nicht überwältigend sein, bei Unserm ersten Erscheinen dürfen wir nicht mehr erwarten. Kommt, steigen Wir nun hinab.

Tile schritt über den Platz; leicht war ihm, und er glaubte, eine Gasse würde für ihn geöffnet. Huldvoll nickte er den Händlern und Bürgern zu, einige blickten dem Greis verwundert nach. In der Nähe des Mühlturms blieb er stehen. Mit großer Geste streifte er die Kapuze zurück; das weiße Haar wallte ihm bis auf die Schultern. Er hob den Pilgerstab. »Ich danke euch, meine geliebten Frauen und Männer von Köln, für diesen freudigen Empfang. Ihr seht euren Herrscher hochbeglückt! Niemals habt ihr gezweifelt, die Hoffnung hat euch durch die finsteren Jahre getragen, nun geht sie in Erfüllung.«

Einige Kinder scharten sich um den Greis. Tile lächelte ihnen zu und sprach über sie hinweg die langsam vorbeischlendernden Bürger an. »So nähert euch nun in großem Vertrauen eurem Herrscher. Kommt, kommt und seht.« Seine Stimme wurde lauter: »Niemals habt ihr gezweifelt...« Salbungsvoll wiederholte er seine Begrüßung.

Einige Marktweiber verließen als erste ihren Stand. Die Arme unter dem Busen verschränkt, hörten sie der Rede zu. Handwerker, Knechte blieben stehen, Burschen und Mägde liefen hinzu, auch vornehme Bürgerinnen und Herren mit pelzbesetzten Kragen wurden aufmerksam.

»He, alter Mann!« forderte eins der Weiber. »Was soll der feierliche Sermon? Sag erst mal, wer du bist?«

Tile blickte die Frau durchdringend an. »Deine Blindheit sei dir verziehen.« Und er wandte sich an alle. »Seht her! Zu euch zurückgekommen ist Friedrich, der zweite seines Namens, von Gottes Gnaden immer erhabener Kaiser des römischen Reiches. Euer Kaiser, der dreißig Jahre auf ferner Pilgerfahrt weilte. Ihn hat euer Elend und eure Bedrückung gedauert, daß er in sein Reich eilte, um euch nun Frieden und Glück zu bringen. Ich bin Friedrich, der Stauferkaiser, den ihr herbeigesehnt habt.«

Die Kinder staunten mit offenen Mündern. Frauen und Männer waren auf der Hut. Führte der Greis sie hinters Licht? Aber was, wenn er wirklich der Kaiser...? Gaukelei oder Wunder? Jeder vergewisserte sich mit verstohlenem Blick beim Nachbarn, doch der schien ebenso unschlüssig. Nicht mehr so forsch fragte das Marktweib: »Wer soll das glauben? Sagt es uns, Herr.«

Tile setzte den Stab vor sich hin. »Muß ein Kaiser seine Person beweisen? Seht mich an und glaubt.«

Ein Schneidergeselle reckte den Arm: »Hoch lebe der Kaiser!« Als niemand mit einstimmte, stieg ihm die Scham blutrot ins Gesicht, dennoch wiederholte er tapfer: »Hoch lebe der Kaiser!« Bis auf das Händepatschen der Kinder zündete sein Funke nicht, die Leute murmelten vor sich hin. Ein Patrizier tippte dem blonden Burschen auf die Schulter: »Abwarten, Gabriel. Sonst stehst du nachher ohne Hose da. Besser, du läufst nach Haus und hilfst deinem Meister den Zwirn einwachsen.«

Die Umstehenden lachten.

Mit einer einzigen großen Geste gelang es Tile, den Spott zu ersticken. »Warum hindert ihr den jungen Mann? Er entbietet nur seinem Kaiser den pflichtschuldigen Gruß. Stimmt in seinen Jubel ein.«

Keiner ging mehr vorbei. Eine Abwechslung, Neugierde, und die Zuhörerschaft wuchs an.

»Wir verlangen Beweise!« Entschlossen schob sich der Patrizier bis zu den Kindern nach vorn. »Ehe ein Kölner seinen Hut zieht, will er genau wissen, wer da vor ihm steht.«

Tile runzelte die Stirn. Habt Geduld, Majestät, ermahnte er sich, Wir dürfen diesem ungehobelten Bürger nicht zürnen. Zu lange waren er und das übrige Volk ohne Uns. »Sei es denn. Was, guter Mann, möchtest du von deinem Kaiser wissen?«

Der Patrizier sah sich um, hoffte auf Hilfestellung; da ihm die übrigen nur erwartungsvoll zunickten, begann er nach kräftigem Räuspern: »Die einen sagen, daß der große Friedrich irgendwo unten in Italien gestorben sei. Die anderen sagen, daß er noch lebt.«

»Nun, sieh mich an. Ich bin die Antwort selbst. Hier stehe ich vor dir in Fleisch und Blut.«

»Wenn Ihr Friedrich seid, warum habt Ihr uns im Stich gelassen?«

Tile nahm sich Zeit, zeigte, wie sehr ihn die Erinnerung betrübte; dann hob er bewegt die Stimme: »Endlose Kriege, dazu der unwürdige Hader mit den Päpsten hatten meine Seele vergiftet, schließlich verzehrte Krankheit mich im fernen Apulien. Dem Tod nahe brachten mich meine engsten Getreuen auf die Burg Fiorentino. Ich durfte genesen, und aus Dankbarkeit leistete ich den Schwur, eine Pilgerfahrt zum Heilgen Grab anzutreten.« Gebannt hingen die Leute an seinen Lippen. »Es wurde eine Wanderschaft voller Trübsal und Gefahr. Die Türken nahmen mich gefangen, zwei Jahrzehnte darbte ich in finsterem Verlies. Und Tag für Tag quälte mich der Gedanke, daß mein Volk ohne meinen starken Schutz den Habgierigen ausgeliefert war, daß mein Reich ohne meine Führung zerbricht. Glaubt mir ...«

»Auseinander! Platz da!« Vier Stadtwachen verschafften sich eine Gasse. »Macht Platz!«

Tile spürte, wie der Bann zerbrach. Voll Zorn empfing er die Büttel. »Ihr Kerle wagt es, mich zu stören, meine Rede zu unterbrechen?«

Der Hauptmann maß ihn spöttisch vom Haar bis zu den Holzsandalen. »Was treibst du hier, Alter? Willst wohl die Leute aufwiegeln? Zeig deinen Reisebrief.«

»Ich benötige kein Dokument. Ich bin Friedrich, der Kaiser des Reiches.«

»Schon gut, und ich bin der Erzbischof«, grinste der Büttel. »Nehmt den Schwachkopf fest.« Einer entriß Tile den Stab, die beiden anderen packten seine Arme und bogen sie nach hinten.

»Geht wieder an die Arbeit, Leute. Der Spaß ist vorbei.«

»Ich bin Friedrich, der Kaiser!«

»Halt's Maul. Erzähl das später dem Richter. Aber jetzt hältst du dein Maul!« Die Stadtwachen stießen den Greis vor sich her.

Tile sah Gesichter, große Münder, die lachten. Der helle Raum in seinem Kopf verlor an Weite. Er klammerte sich an den einen Satz, wiederholte ihn ohne Pause: »Ich bin Friedrich.«

Niemand hatte ihn befragt, wollte zuhören. Er war in die Hacht, ins Stadtgefängnis unterhalb der Dombaustelle gebracht, dem Kerkermeister übergeben und in diese Zelle gestoßen worden. »Verhalte dich ruhig, Alter, sonst zieh' ich dir die Knute über.«

Tile hockte auf dem Lehmboden. Das spärlich ausgestreute Stroh roch nach Kot und Urin. Verzeiht, mein Kaiser, durch mein Versagen habe ich Uns in diese unwürdige Lage gebracht, aber ich werde um Unsere Anerkennung kämpfen. Glaubt mir, ich werde ...

Er stieß die Faust gegen die Stirn. Das innere Gespräch gelang nicht mehr. Die Wirkung der Droge hatte nachgelassen, und er war allein, ohne Friedrich. Ist mir ein Fehler unterlaufen? Habe ich mich verraten? Nein, nein, der Prior konnte ihm nichts vorwerfen. Auf dem Neumarkt war ihm so leicht gewesen, ein erhebender Rausch. Ich war wie Friedrich, für diesen Augenblick war ich der Kaiser selbst. Bilde dir nichts ein, Kolup, du alter Narr, schalt er sich. Kinder haben dir vielleicht geglaubt und dieser blonde Bursche. Mehr Anhänger hast du nicht gewonnen. Er war gleich am ersten Tag gescheitert. Dieser verdammte Pfaffe! Morgen wollte Tile den Betrug eingestehen, die Wahrheit bekennen und den Prior anklagen. Gleich verwarf er den Gedanken wieder. Kein Richter würde ihm Glauben schenken. Ausgerechnet einen hochwürdigen Herrn zu beschuldigen, der ihn zu diesem Auftritt gezwungen hat, das konnte nur das klägliche Märchen eines Lügners sein! Und wenn Tile sich selbst als Scharlatan entlarvte, daß er die Täuschung aus eigenem Antrieb versucht hätte, was geschah dann mit seiner Katharina? Nein, er durfte ihr Leben nicht in Gefahr bringen, nur um sich selbst aus dieser unseligen Verstrickung zu retten.

Schwer stützte Tile das bärtige Kinn auf die Faust. Er mußte Friedrich sein, solange es dem Pfaffen gefiel oder sich Gott seiner erbarmte.

Kaum waren die Stadttore geschlossen, die Geschäftigkeit in den Kontoren beendet und das Lärmen der Werkstätten verstummt, verließen die Kölner im Feierabendwams ihre Häuser. Reich und Arm flanierten durch die Straßen oder standen in Gruppen auf den Plätzen zusammen. Bis zum Nachtläuten war nun Zeit für Muße, Zeit, um Neuigkeiten auszutauschen. Heute unterblieb der gewohnte Klatsch, allein das Erscheinen dieses wunderlichen Greises beschäftigte die Gemüter. Wer ihn mit eigenen Augen gesehen hatte, war verunsichert. Das Alter könnte zutreffen, der Gestalt nach könnte er es sein. Auch wie er sprach, seine Gebärden;

ja, es war ganz gewiß etwas Kaiserliches in seinem Wesen. Sofort widersprachen die weitgereisten, nüchtern denkenden Handelsherren. Kaiser Friedrich ist tot. Seit dreißig Jahren! War es nicht Palermo, wohin seine sterblichen Überreste gebracht worden waren? »Der alte Mann ist verwirrt oder ein Betrüger. Wollt ihr denn zum Gespött im ganzen Land werden?«

Nichts fürchteten die Kölner mehr, als sich vor aller Welt der Lächerlichkeit preiszugeben.

Wir glauben nur, wenn die andern dasselbe glauben. Die Stimmung schlug um. Von einem Possenreißer, der sogleich an seiner Schellenkappe zu erkennen war, ließen sie sich gern an der Nase ziehen; ihm warfen sie dafür eine Münze in den Hut. Aber dieser Greis! So würdevoll war er aufgetreten, richtig ans Herz gingen seine Worte, und durch kein Augenzwinkern hatte er verraten, daß er nur einen Spaß trieb. Er war zu echt, und damit hatte er es zu weit getrieben. »Durchprügeln sollte der Henker ihn!« Dem ersten Vorschlag folgten weitere; bald wucherten die Strafen, mit denen diesem Betrüger Hören und Sehen vergehen sollten.

Die wenigen, die insgeheim weiter an ein Wunder glaubten, wagten nicht mehr zu widersprechen. Später beim Bier hingen sie ihrer schönen Hoffnung nach. Vielleicht war Friedrich der Retter doch zurückgekommen, zu ihnen ins heilige Köln. Er hatte ihre Stadt für seine Wiederkehr auserwählt. Köln könnte zur Kaiserstadt werden. Welch eine Ehre!

Der Ratsbeschluß am nächsten Morgen wurde einmütig gefaßt. Sofort sollte diesem Spuk ein Ende bereitet werden, so gründlich, daß auch in aller Zukunft keiner es wagen würde, die Stadt mit solch einem Auftritt zu beunruhigen. »Und selbst wenn er der leibhaftige Friedrich wäre«, seufzte einer der Herren, »mir wär's lieber, er wählte sich einen anderen Ort.« Damit sprach er seinen reichbetuchten Ratskollegen aus dem Herzen. Schon ein Kaiser- oder Königsbesuch in Kölns Mauern – gottlob, sie waren in den vergangenen Jahren selten gewesen – kostete den Stadtsäckel viel

Geld; nicht auszudenken, wenn ein Herrscher sich gar hier niederließe. Besser, sie zahlten zähneknirschend die Steuern an Rudolf, gaben dem Erzbischof, was sie geben mußten, und konnten unbehelligt ihren Geschäften nachgehen.

Ohne Anfrage des Rates kam noch während der Morgensitzung aus der bischöflichen Kanzlei die Bitte, diesen Greis aus Köln zu entfernen; keine Verhöre, schnell sollte er verschwinden. Die überraschende Übereinstimmung zwischen Rathaus und dem Palast am Dom nahm den Stadtvätern jeden Zweifel. »Hinaus mit dem falschen Friedrich!« Erst aber sollten die Bürger ihren Spaß haben.

Tile hörte Schritte. Seitdem er in der Frühe vom Kerkermeister wortlos ein Stück Brot und etwas Wasser erhalten hatte, mußten Stunden vergangen sein, und die Furcht, hier ohne jede Anhörung vergessen zu werden, war gewachsen. Jetzt endlich holten sie ihn.

Er stand auf und klopfte das schmierige Stroh vom Pilgergewand. Keine Frage durfte ihm gestellt werden. Im Saal würde er selbst sofort das Wort ergreifen, Richter und Schöffen anklagen. »Schande über Euch! Wie konntet Ihr es zulassen? Euer Kaiser, der Recht und Gesetz verkörpert, mußte wie ein gemeiner Strauchdieb in diesem Loch nächtigen ...« Tile hatte seine Rede gut vorbereitet; mit der Zungenschärfe Friedrichs wollte er ihnen einheizen, daß sie aus Furcht den Rücken vor ihm beugten. Angriff war der einzige Ausweg, der ihm blieb.

Die Schritte hielten vor der Zelle an. Schnell griff Tile nach dem Würfel in seiner Tasche. »Und du wirst mir neue Kraft geben.« Er zerkaute die Droge, sein Speichel floß zusammen, und beim ersten Schluck weitete sich die Kehle, befreiter atmete er ein.

Die Tür schwang auf. »Majestät, bitte folgt uns!« Linkisch verbeugte sich der Kerkermeister mit seinen beiden Knechten. Tile wich einen Schritt zurück. Ein übler Scherz? Nein, das wagen diese Kerle nicht. Also habe ich doch überzeugt.

»Majestät«, mahnte der Kerkermeister, »alles ist für Euren Empfang vorbereitet.« Kein Verhör. Meine Rede habe ich umsonst vorbereitet. Zuversicht, seht Ihr, Friedrich, seht, wir tauchen aus dem Dunkel endlich ins Licht.

»Dein ungehobeltes Benehmen von gestern sei dir verziehen«, versprach Tile, zog die Kapuze über und befahl: »Geh voraus. Du darfst mich geleiten.« Aus den Augenwinkeln nahm er flüchtig das Grinsen der Knechte wahr, ehe sie ihm folgten. Zeige Milde mit diesen Tölpeln, woher sollen sie höfischen Anstand gelernt haben.

Vor der Hacht drängte sich viel Volk. Johlen, Klatschen begrüßte den Greis. Holzschnarren wirbelten, und kleine Trommeln wurden geschlagen. Schnell formierten sich Spielleute, sie setzten ihre Querpfeifen an und tanzten mit schrillen Pfiffen dem Festzug voran.

Die Melodie schmerzte im Ohr, das Volk schrie, jedoch nicht im Freudentaumel. »Wo sind die Stadträte?« wandte sich Tile entrüstet an den Kerkermeister. »Warum werde ich nicht vom Erzbischof begrüßt?«

»Nun, kommt. In Köln empfangen wir den Kaiser auf unsere Art. Vorwärts, bis zum Altermarkt ist es nicht weit.«

Tile verspürte einen harten Schlag im Rücken; ehe er stolperte, packten ihn Hände und stießen ihn durch die Menge. Nicht aufgeben, befahl er sich. Verzeiht, Friedrich, auch wenn Uns nicht der gebührende Respekt gezollt wird, so müssen Wir dennoch Haltung bewahren. Im Vorbeigehen zupften und zerrten Frauen an seinem Pilgergewand. Er achtete nicht auf ihre Schmähufe. Eine Erinnerung, bunte, pralle Bilder ließen ihn schmunzeln. Wie konnte ich es vergessen, Friedrich? Damals fuhren die Kölner sogar mit Schiffen über Land Eurer, nein, Unserer schönen Kaiserin Isabella entgegen und führten sie in die Stadt. Auch damals spielte Musik, tanzte das Volk, und wilde Reiterspiele wurden aufgeführt. Ja, die Kölner begrüßen ihre Majestäten auf sonderbare Weise. Und heute feierten sie ihn!

Nein, keine Schwäche. Er wußte längst, sein Weg führte nicht zum feierlichen Zeremoniell vor den Bischofspalast. Wie ein Geschenk empfand er die Wirkung der Droge; sie half ihm, beinah gelassen und heiter den Altermarkt zu betreten. Ich bin Friedrich, was auch mit mir geschehen mag. Spott, Flüche. Einige spuckten dem Greis ins Gesicht. Ich bin Friedrich. Huldvoll nickte er nach rechts und links.

Eine Bühne war errichtet worden. An dem mannshohen Balken in der Mitte lehnte eine Leiter. Der Kerkermeister zerrte den Greis auf das Podest. Jung und Alt sind gekommen, seht nur, mein Friedrich, sie haben Uns erwartet. Für alle sichtbar streifte Tile mit beiden Händen langsam die Kapuze zurück. Sein weißes Haar, die Augen, beim Anblick der würdigen Gestalt im Pilgerrock schwieg das Volk. »Laß mich zu meinen Untertanen sprechen.«

»Wehe dir! Du hältst dein Maul!« Zur Bekräftigung umschloß der Kerl den Schlagstock an seinem Gürtel.

»Warum verweigerst du mir diese Bitte?«

»Befehl ist Befehl«, knurrte er. »Hören darf dich keiner mehr, verstanden?« Der Kerkermeister trat an den Bühnenrand: »Der Spaß geht los, ihr Leute!« Fordernd klatschte er, bis alle klatschten und die Ausgelassenheit zurückgekehrt war. »Genug!« Nur zu gern gehorchte ihm das Publikum.

Seinen Knüppel trug er wie einen Heroldsstab in der rechten Hand, so trat er vor den Greis hin: »Großer Kaiser. Weil wir Kölner uns freuen, sollt Ihr Euch auch freuen. Jetzt erwartet Eure feierliche Begrüßung, und nehmt unsere Geschenke entgegen.« Eckig verneigte er sich und stieß ihm dabei mit dem Kopf hart gegen die Brust. »Ich mach' solang' Euren Hofmeister.«

Auf seinen Wink hin bestiegen vier als Stadträte verkleidete Büttel das Holzpodest. Nacheinander traten sie vor. »Willkommen, Majestät!« Der erste zerschlug ein faules Ei auf dem weißen Haar, auch der zweite. Ohne ein Wort ertrug der Greis die Schmach. Unter dem Gekreisch der Weiber wurden ihm vom nächsten Ratsherrn zwei tote, an den Schwänzen verknotete Ratten um den Hals gelegt. Der letzte Kerl griff in einen Beutel. »Damit Ihr wirklich satt bekommt, hab' ich noch was Feines für Euch.« Damit zog er einen aufgedunsenen Fisch heraus und strich ihn dem alten Mann unter die Nase. »Ach, unser Kaiser hat keinen Hunger? Auch gut, dann friß ihn später.« Mit schnellem Griff riß er den Halssaum des Pilgerkleides auf und stopfte den Fisch hinein. Nicht genug, vom Beifall der Menge angestachelt, zerquetschte er sein Geschenk durch den Stoff auf der Brust des Greises.

Tile wagte kaum zu atmen. Fauliger Eierschleim sickerte ihm von der Stirn übers Gesicht bis in den Kinnbart; sein Körper stank. O Gott, laß diese Stunde vorübergehen, flehte er. Die vier Büttel lüfteten ihre Ratshüte, verneigten sich und genossen den Jubel des Publikums.

»Und nun zur Krönung!« kündigte der Kerkermeister an. Mit Stockschlägen zwang er den Greis, sich rücklings an die Leiter zu lehnen. Die Arme ließ er von den Bütteln festbinden.

»Musik!« Unter Pfeifen und Trommeln bestieg ein klobiger Hafenwächter, als Erzbischof verkleidet, das Podest; die Mitra saß schief auf seinem Schädel. Dümmlich grinste er den Leuten zu und drehte die aus Draht geflochtene, goldgefärbte Krone zwischen seinen Pranken. Jeder kannte den Wächter, brach in Gelächter aus, weil gerade ihm die Rolle des Kirchenfürsten zugedacht war. Er stampfte zur Leiter, reckte seine Arme: »Die wird dir passen, Kaiser!« Damit stülpte er den Reif auf das mit Eierschalen und Dotter besudelte Haupt.

Tile schloß die Augen. »Ich bin Friedrich, dein Herr!« murmelte er.

Der Hafenwächter wich zurück. »Was hat der gesagt?« Sofort schob ihn der Kerkermeister beiseite. »Schon gut. Hör nicht drauf. Du hast deine Rolle gut gespielt.« Den Bürgern rief er zu: »Unser Kaiser ist gekrönt. Wo bleibt der Jubel? Die Blumen? Erweist ihm Ehre!« Die Kölner drängelten, und jeder wollte seine Gabe aus nächster Nähe überreichen. »Hoch lebe der Kaiser!« Eier, verfaultes Gemüse trafen den Greis ins Gesicht; wer nichts mitgebracht hatte, schleuderte Dreckklumpen oder Steine. »Hoch lebe der Kaiser!«

Tile warf den Kopf hin und her. Vor Schmerz und Elend schrie er auf: »Ich sterbe! Ich, Kaiser Friedrich, sterbe!« Wiederholte es noch, als kein Geschoß ihn mehr traf: »Ich, Kaiser Friedrich, sterbe.«

»Halt's Maul!« Roh packte der Kerkermeister seinen Bart, riß eine Handvoll Haare aus, setzte das Messer an und schnitt den Rest ab. Er drohte ihm mit dem weißen Büschel: »Noch ein Wort, und ich stopf' dir das zwischen die Zähne.«

»Erbarmen«, stammelte Tile; wie Feuer brannte sein Kinn. »So hab doch Erbarmen ...«

»Unser Kaiser ist müde!« verkündete der selbsternannte Hofmeister und befahl den Bütteln: »Bringt seine Kutsche!« Der Schinderkarren rollte vor die Bühne, auf dessen Ladefläche ein Jauchefaß stand. Sie lösten den Greis von der Leiter, schleiften ihn bis zum Rand der Plattform, und das Krönungsfest erreichte seinen johlenden Höhepunkt, als er mit den Füßen zuerst in den Kot glitt, untergetaucht wurde und sein Gesicht, bis zur Unkenntlichkeit verdreckt, wieder über dem Rand erschien.

Tile sah das Volk nicht mehr, hörte kein Geschrei. Die Welt hat sich von uns entfernt. Irgendwann stellte er fest, daß der Karren rollte. Ein Stadttor. Wir entkommen, mein Friedrich. Irgendwann blieb der Karren stehen. Das Faß wurde mit ihm abgesetzt und umgestoßen. Von irgendwoher hörte er Gelächter; es entfernte sich rasch. Tile befreite sich aus dem Kotbrei, kroch ein Stück weiter, dachte noch, ich muß mich in Sicherheit bringen; dann verließ ihn die Kraft.

»Herr? Lebt ihr?« Eine jugendliche Stimme; kein Knabe, sie klang dunkler, fester, klang nach der Stimme eines Burschen. »Majestät, entschuldigt?« Wie lange er dahingedämmert hatte, wußte Tile nicht. Sein Kopf wurde leicht gedreht, die Stirn gewischt. »Bitte, hoher Herr, sagt, daß Ihr noch lebt.« Er öffnete die verklebten

Lider, und für einen Moment erkannte er über sich ein helles, besorgtes Gesicht, umgeben von wirrem, strohblondem Haar, dann verschwand es aus seinem Blick. »Ach, Kerl«, flüsterte er, »war dir der Spaß nicht genug?«

»Ich habe um Euch geweint, Majestät.«

Es dauerte, bis Tile den Sinn begriff. Majestät? Nach dieser Demütigung? Mühsam stützte er den Oberkörper hoch. Von ihm weggerutscht, lag der Bursche auf den Knien, verneigte sich immer wieder, seine Stirn berührte das Gras. »Genug, junger Mann. Laß mich deine Augen sehen.« Braun waren sie, offen der Blick; Tile betrachtete den jungen Mann nachdenklich. Du bist mir nicht fremd, dachte er. »Sage mir deinen Namen.«

»Gewiß habt Ihr mich vergessen, hoher Herr. Aber ich bin Gabriel. Gestern habt Ihr auf dem Neumarkt zu mir gesprochen.«

Der Schneidergeselle, mein einziger Anhänger, den ich in Köln gewonnen habe. Eine Laune des Schicksals: Jetzt, da der Plan gescheitert war, hockte vor ihm dieser blonde Bursche; zwanzig Jahre wird er jung sein, und weder die mir zugefügte Schmach noch mein besudeltes Äußeres schreckten ihn ab. Jedoch um Erfolg zu haben, hätte mir wenigstens die halbe Stadt zu Füßen liegen müssen. Was soll ich mit ihm allein anfangen? »Und du weißt, wer ich bin?«

»Ihr seid Kaiser Friedrich.« Sein Glaube war frei von jedem Zweifel. Der Vater hatte Gabriel schon als Kind die wundersamen Geschichten über den großen Herrscher erzählt, auch, daß er eines Tages wiederkommt und Frieden bringt und Glück für alle Menschen. »Ich hab' Euch gesehen, Eure Rede gehört, und da, da wußte ich es sofort.« Er tippte den Finger gegen seine Brust. »Hier ganz tief drinnen.«

Seine Arglosigkeit hatte etwas Erschreckendes. Im ersten Aufwallen wollte Tile den Jungen fortschicken: Er durfte nicht glauben, nicht in dieses ohnehin zerrissene Lügennetz verstrickt werden, nicht wegen einer Täuschung die Eltern und seinen Meister verlassen. Auf der anderen Seite benötige ich Hilfe, überlegte er, dringend sogar, wenigstens bis ich wieder bei Kräften bin und Zeit gefunden habe, über die nächste Zukunft nachzudenken. Ja, eine Stütze, nur für ein oder zwei Tage. Die Wahrheit durfte er Gabriel nicht sagen, niemals. Er würde ihn zur rechten Zeit mit irgendeinem Auftrag nach Köln senden, und falls der Junge zurückkäme, wäre sein Kaiser verschwunden. »Willst du mich ein Stück begleiten? Mein Samariter sein?«

»Euch, dem Kaiser dienen! Nichts wünsche ich mir mehr!« So auf den Knien bog Gabriel seinen Rücken nach hinten, ballte die Fäuste zu den Wolken und stieß einen Juchzer aus.

»Mäßige dich, mein Sohn. Schreie habe ich heute genug vernommen.« Der alte Mann ließ sich aufhelfen. Das nächste Ziel sollte eine Scheune sein, weit genug von Köln entfernt, und Wasser, viel Wasser, nicht allein um den Gestank vom Leib zu waschen, auch das Pilgergewand bedurfte der Wäsche. »Eher darf ich mich den Menschen nicht mehr zeigen.«

Der Samariter kannte einsame Viehweiden im Norden von Köln, dort gab es Heuschober und Bäche. Er führte Tile zum Fahrweg. Der hohe Herr könne getrost den Arm auf seine Schulter stützen, an nichts solle es ihm fehlen, Gabriel würde für Wasser sorgen, auch für ein wenig zu essen, und vielleicht fanden sie ja eine Decke, die ein Hirte im Unterstand zurückgelassen hatte.

Die Begeisterung ließ Tile schmunzeln. So angenehm war ihm die Nähe seines Helfers. In tiefster Not habe ich einen Erzengel gefunden, wenn auch ohne Schwert.

Hufschlag, das Holpern von Rädern! Gabriel sah kurz über die Schulter und zog den erschöpften Greis auf die Wiese. »Kein Bauernkarren. Besser, wir versuchen erst gar nicht zu fragen. Feine Leute haben's nicht gern, wenn sie angehalten werden. Und so wie wir aussehen schon gar nicht.« Er tippte sich gegen die Stirn. »Wenn die wüßten, wer hier neben mir geht!«

Fast schon auf ihrer Höhe, wurde das Pferd gezügelt. Im Schritttempo zog die Kutsche vorbei; ihr hoher Kastenaufbau schwankte leicht. Das Fenstertuch öffnete und schloß sich; dieser

Augenblick genügte, sofort hatte Tile das rundliche Gesicht erkannt. Für eine Warnung an den jungen Mann war es zu spät. Der Wagen hielt. Mit einem geschmeidigen Satz sprang der Kutscher vom Bock, hetzte zu den beiden; ehe Gabriel begriff, wurde er zu Boden gerissen, und der Stiefel des stummen Peter drückte seinen Nacken ins Gras.

Viel zu schwach, um Hilfe zu leisten, drohte Tile mit der Faust. »Rühre ihn nicht an!«

Nur kurz gestoßene Kehllaute. Der Kerl gab sein Opfer nicht frei. Vom Kutschfenster kam der Befehl: »Warte noch, Peter!« Samtweich fuhr die Stimme fort: »Majestät, bitte, auf ein Wort.«

Tile beschwor seinen blonden Retter, sich nicht zu wehren. Er würde für ihn sorgen. Das Urteil. Um mich alten Mann ist es nicht schade, dachte er. Arme, geliebte Katharina, nichts werde ich unversucht lassen, dich zu retten.

Er schlurfte näher, und beinahe belustigt musterte ihn der Prior. »Gott zum Gruß, mein Kaiser!«

»Euren Spott habe ich nicht verdient. Ich gab, was ich vermochte. Ihr hättet Euch einen geschickteren Lügner für diese Rolle aussuchen sollen. Euer Plan ist gescheitert.«

»Weit gefehlt, Majestät. Ihr wart bewunderungswürdig. Eure Haltung vor dem Pöbel, mein Kompliment. Nun sind wir auf dem richtigen Weg. Doch darüber später.« Prior Jacobus deutete auf Gabriel. »Vorher bleibt ein kleines Problem zu lösen. Gewiß habt Ihr Euch in Eurer Not diesem Knaben anvertraut. Das war gegen meinen ausdrücklichen Wunsch, nun muß ich nachdenken, womit sein Schweigen zu erkaufen ist.«

»Keine Gefahr.« Tile winkte ab. Wenn alle Kölner so von ihm als Kaiser überzeugt wären wie der junge Mann, so säße er jetzt beim Festmahl im bischöflichen Palast. »Dort liegt mein einziger Gefolgsmann.« Mit bitterem Spott setzte er hinzu: »Wir, Friedrich, der aus dem Kot Erstandene, haben Gabriel in Unsern Dienst genommen. Und Wir erwarten, daß Ihr umgehend Euren Wachhund zurückruft.«

Prior Jacobus öffnete den Wagenschlag und glitt hinaus. »Vorzüglich. Solch eine Variante hatte ich nicht einzuplanen gewagt.« Ein kleiner Wink, und Peter führte sein Opfer zur Kutsche.

Vor Zorn und Ohnmacht standen Gabriel Tränen in den Augen, sein erster Blick galt dem Greis. »Mir blieb keine Zeit, bitte verzeiht. Dieser Schuft hat mich überrumpelt.« Tapfer wandte er sich an den Prior. »Beachtet nicht das schmutzige Gewand, das Aussehen dieses Herrn. Was heute in Köln ... ach, alles ist ein Irrtum, ein großer Irrtum, ehrwürdiger Vater. Wißt Ihr, wer dieser Herr ist?«

»Ruhig, mein Sohn. Ich weiß es.« Zunächst erhielt Peter die Anordnung, eine Decke über das Sitzpolster zu legen und dem erschöpften Kaiser in die Kutsche zu helfen. Hernach musterte Jacobus mit Wohlgefallen die Gestalt des Burschen. Langsam ließ er seine Finger über die kräftigen Armmuskeln zum Nacken hinaufspielen. »Du mußt die Art meines Gehilfen entschuldigen. Auch er ist einzig um das Wohl Seiner Majestät bemüht und konnte nicht ahnen, daß du die Wahrheit noch vor allen und so schnell erkannt hast.« Er tätschelte die Wange. »Dafür erwartet dich hoher Lohn. Ja, du darfst uns begleiten. In Köln haben wir erlebt, wie Unglaube das Volk blendet. Bald, bald aber wird Friedrich wieder auf dem Thron sitzen, und du wirst in seiner Nähe sein. Sieh mich an: ein bescheidener Diener der Kirche. Auch ich hörte den Ruf des Herrn, habe mein Kloster verlassen und folgte ihm nach. Seitdem bereite ich Seiner Majestät den Weg, bin der engste Berater, Freund und Vertraute. Mag das Ziel auch noch weit entfernt sein, mein Sohn. Laß uns gemeinsam dem rechtmäßigen Kaiser wieder zur Macht verhelfen.«

Gabriel sah in die gütigen Augen. »Danke, ehrwürdiger Vater. Zwar bin ich bloß ein Schneidergeselle, doch mit all meiner Kraft werde ich dem Kaiser dienen.«

»Du tüchtiger Sohn. Gerade hast du dein Glück, ja, deine Zukunft gesichert. Von nun an stehst du unter meinem Schutz. Ich verlange Gehorsam, ohne daß du Fragen stellst. Nur so können wir die Widerstände überwinden. Vertraue mir im Namen des großen Friedrich, der sich anschickt, sein Reich zurückzugewinnen.«

Die ergreifenden Worte ließen Gabriels Herz höher schlagen. War er noch vor wenigen Augenblicken nur beglückt, dem geschundenen Kaiser Hilfe leisten zu dürfen, so erfüllte ihn jetzt die Tragweite seiner neuen Aufgabe mit Ehrfurcht. Der Prior schickte ihn neben Peter auf den Kutschbock. »Er ist stumm. Laß dich von seiner rauhen Schale nicht abschrecken. In Wahrheit ist er ein guter Mensch.«

Jacobus setzte sich zu Tile und schloß den Schlag. Gleich rollte der Wagen an. Um den Gestank in der Enge zu mildern, wedelte sich Jacobus beständig mit einem Tuch unter der Nase.

»Keine Vorwürfe?« unterbrach Tile das Schweigen. »Wohin bringt Ihr mich?«

»Zur nächsten Stadt, mein Freund.« Nicht gleich, erst wollte er dem Greis etwas Ruhe und vor allem Pflege gönnen. Zeit genug, damit das Gerücht über die Wiederkehr des Stauferkaisers sich verbreitete. Einzig diesem Zweck hatte der erste Auftritt gedient. Wahrheit oder Betrug, ein Gerücht fragte nicht danach, davon war er fest überzeugt. »Und bald wirst du in Neuss dich den Bürgern zu erkennen geben.« Gerade weil er in Köln keinen Erfolg hatte, würden sie ihm zu Füßen fallen. Streit und Mißgunst herrschte zwischen den beiden Nachbarstädten. »Wen Köln verjagt, der findet in Neuss offene Aufnahme.«

Tile fand keine Worte. Dieser Pfaffe mußte von einem bösen Geist besessen sein. Wäre ich jünger, so würde ich ... hätte er nicht Katharina in seiner Gewalt, so könnte ich ... indes, Aufbegehren nützte nichts, er war dem Willen dieses hochwürdigen Herrn ausgeliefert.

Nach einer Weile befeuchtete der Prior tief in Gedanken die Unterlippe. »Und unser schöner blonder Knabe wird uns dabei einen wertvollen Dienst erweisen. Ja, er kam zur rechten Zeit.«

Die Sonne löste den Nebel auf, bald glänzten die taunassen Dächer und Mauertürme von Neuss. Ein versöhnlicher Morgen; hatte der Oktober sich mit trübem Wetter verabschiedet, so versprach die erste Novemberwoche heiter zu werden. Der Tag war gut gewählt.

Im späten Vormittag hielten die Wachen des Obertors mit gekreuzten Lanzen einen schwarzen Reisewagen an. Kein Wappenbild zeigte die Herkunft, auch der Kutscher trug keine herrschaftlichen Farben. Einer der Posten trat zum Seitenfenster.

Kopfbedeckung und pelzbesetzter Kragen des Mantels wiesen den Fahrgast als vornehmen Kleriker aus. Tief verneigte sich der Wächter, beinah entschuldigend fragte er nach dem Woher. Das Kloster war ihm unbekannt. »Mein Sohn, Ordenshäuser gibt es im Land viele.« Die Auskunft genügte; nur weil es seine Pflicht war, wollte er wissen, aus welchem Grund der Vater die Stadt beehre. Vielleicht ein Besuch bei der Äbtissin des Quirinusstifts?

»Später, guter Mann. Zunächst möchte ich Ihn sehen und Ihm die Grüße meiner Brudergemeinschaft entbieten.« Erstaunt über das verständnislose Gesicht erkundigte sich Prior Jacobus: »Ist Er nicht eingetroffen? Oder weißt du es nicht, weil dein Kopf noch vom Bier gestern benebelt ist?«

Der Bewaffnete nahm Haltung an. »Um Vergebung, hochwürdiger Vater. Ich weiß nicht, von wem ihr sprecht?«

»Auf dem Weg hierher hörte ich die Leute von nichts anderem erzählen. Er geht nach Neuss. Nun gut, Er mag noch nicht eingetroffen sein, oder Er hat sich noch nicht zu erkennen gegeben, aber ich hoffe, daß ihr für seinen Empfang vorbereitet seid.«

Voller Unruhe blickte der Torwächter zu seinem Kameraden hinüber, der gerade einen Pilger anhielt. »Laß den Greis passieren, und hilf mir.« Sofort wurde dem Alten der Weg in die Stadt freigegeben, und mit der Verstärkung fühlte sich der Posten sicherer. »So sagt uns, hochwürdiger Vater, wer soll zu uns nach Neuss kommen?«

Jacobus ließ sich herab, näher ans Kutschfenster zu rücken.

»Kaiser Friedrich. Er wird eure Stadt mit seinem Besuch beglücken.«

Die Bewaffneten blickten sich an, tuschelten halblaut: Gab es da nicht vor einer Woche ...? Ja, aus Köln kam das Gerücht ... Der Kaiser soll dort ... Aber niemand hätte ihm geglaubt ... Und jetzt würde er zu ihnen kommen?

»So ist es, meine Söhne. Weil die hochnäsigen Kölner ihm das Tor vor der Nase zugeschlagen haben, will er nun den rechtschaffenen Bürgern eurer Stadt seine Gunst schenken.«

»Diese Kölner!« Einer der Wächter hatte es schon immer gewußt: Feist hockten sie zwischen ihren Geldsäcken und zählten; zu mehr taugten sie nicht.

Prior Jacobus pflichtete ihm bei. »Nun aber laßt mich weiter. Um nichts möchte ich den erhebenden Moment verpassen.«

Die Posten grüßten und sahen der Kutsche nach, während sie langsam durch den Torbogen holperte. Wenn es wahr ist? Nicht auszudenken. Der Kaiser in Neuss! In jedem Fall wollten sie sofort ihrem Hauptmann Meldung erstatten.

Tile war erleichtert. Durch die Ablenkung hatte er ohne Kontrolle die Stadt betreten können. Diesmal mußte es gelingen. Im Kloster Knechtsteden, auf halbem Weg von Köln nach Neuss, war er mit dem Prior und Gabriel aufgenommen worden. »Ein alter kranker Mann, der einige Tage der Pflege bedarf.« Mehr hatten die Mönche nicht über ihn erfahren. Gestern dann war Gabriel mit genauen Anweisungen vorausgeschickt worden.

O Gott, gib, daß der neue Plan gelingt, flehte Tile. Heute, gleich nach der Abfahrt von Knechtsteden, hatte ihm der Prior außer dem klebrigen Drogenwürfel zum zweitenmal eine Haarsträhne Katharinas überreicht. »Ein Gruß aus Weißenburg. Ich erhielt ihn bereits vor einigen Tagen. Deine schöne Frau ist wohlauf, berichtete mir der Geheimkurier. Und wir wollen gewiß beide, daß es auch in Zukunft so bleibt.« Jacobus mußte nicht mehr drohen; seine sanft gesprochenen Worte genügten, sie zogen die Schlinge enger. »Und nimm den Würfel erst, wenn du dein Schweigen brichst.«

Wie sauber diese Stadt ist, stellte Tile fest, wahrhaftig kein Vergleich mit Köln. Kopfsteinpflaster ohne Schmier. Selbst die Fassaden der Fachwerkhäuser erschienen ihm heller, freundlicher. Die Straße mündete am oberen Ende des Marktplatzes. Unter dem Schutz der Kapuze schätzte Tile seine Chance ab. Geschäftigkeit ohne Eile. Indes nur Kommen und Gehen, bis auf einige Mägde und Kinder, die sich vor dem Karren des Scherenschleifers angestellt hatten. Verkaufsstände fehlten, es war kein Markttag. Hier viel Volk um sich zu scharen, würde nicht leicht sein.

Prior Jacobus hatte ihm die Lage der wichtigsten Gebäude beschrieben. Dort an der Nordseite mußte sich die städtische Waage befinden, dahinter das Stockhaus, gleich rechts von ihm die Fleischhalle, ein Stück weiter dann die Brothalle. Somit befand sich das Rathaus jenseits des Marktes neben den Stiftsmauern und der etwas zurückliegenden Kirche Sankt Quirinus.

Hastiger ging der Atem. Für einen Augenblick wünschte sich Tile den Turban zurück; wieviel einfacher war es doch, Friedrich zu dienen, als nun der Kaiser selbst sein zu müssen. Schachfiguren werden geschlagen und aus dem Spiel genommen, sie aber sterben nicht, werden nach verlorener Partie wieder aufgestellt. Nimm dir nicht selbst den Mut, Kolup! Auch beim erstenmal bist du mit dem Leben davongekommen. Verzeiht, Majestät, Uns bleibt keine Wahl, Wir sind am Zug und eröffnen nun das zweite Spiel. Zögerlich betrat er den Marktplatz, nach wenigen Schritten zwang er sich zu einer aufrechten Haltung und beantwortete jeden Gruß mit einem bedächtigen Nicken.

»Aufgepaßt, Alter!«

Um ein Haar wäre er gegen den langen Balken gestoßen, den zwei Männer dicht an ihm vorbeischleppten. Wie es der Prior befohlen hatte, suchte er sich einen Platz in der Nähe des Rathauses und blieb stehen. Eine günstige, sonnige Stelle; hier sahen ihn die Leute, und gleichzeitig konnte er selbst von den Fenstern aus beobachtet werden. Warten. Wo blieb Gabriel? Warten, das Mittagsläuten setzte ein, verstummte, und niemand scherte sich um den Alten im Pilgergewand. Der Junge sollte lange vor ihm auf dem Markplatz sein.

Wenn mich doch einer der Neusser anspricht? Irgendwer wunderte sich vielleicht über ihn. Wie sollte er beginnen, überzeugen, solange das Herz so verzagt war? Tile griff nach dem Würfel und zerkaute ihn. Bald fühlte er sich aus dem engen Tal auf einen Fels gehoben. Zwar stand er nach wie vor einsam inmitten des Treibens, doch jetzt von seiner höheren Warte konnte er befreiter, in würdevoller Ruhe den Menschen zusehen. Friedrich, mein Kaiser, nur ein wenig Geduld, und ich werde diese Stadt für uns gewinnen.

»Hoher Herr!« Aus der engen Straße neben dem Rathaus näherte sich Gabriel mit einem Lehnstuhl. »Um Vergebung, ich hatte gestern schon alles abgesprochen, aber der Tischler kam gerade erst, und eher wollte seine Frau ihn mir nicht verkaufen.« Er setzte den Lehnstuhl vor Tile ab. »Hätt' ich sagen dürfen, für wen er bestimmt ist, hätte es bestimmt keine Verzögerung gegeben.«

»Niemand zürnt dir, junger Freund. Und jetzt wirst du mir helfen, so wie wir es geübt haben.« Der Greis ließ sich nieder, ein Moment der Sammlung, dann streifte er seine Kapuze zurück. »Richte mir das Haar.« Sorgfältig ordnete Gabriel die langen, weißen Locken. Aus den Augenwinkeln beobachtete Tile, wie neben ihm die ersten Leute verwundert stehen blieben. Ein guter Anfang, Majestät, dachte er, das Volk sammelt sich zur Audienz.

Etwas ungeschickt sank Gabriel vor ihm auf die Knie. Mit klarer, betont lauter Stimme fragte er: »Habt Ihr noch einen Wunsch, mein Kaiser?«

»Bringe mir einen Krug Wein.«

»Gleich, hoher Fürst.« Gabriel sprang auf, an die Umstehenden gewandt rief er: »Kaiser Friedrich ist von der langen Reise durstig! Wo gibt es eine Wirtsstube?« Den Blick fest auf den sonderbaren Greis gerichtet, deutete eine Magd zum unteren Ende des Platzes, und Gabriel eilte davon.

Tile schloß die Lider zu einem Spalt und bot allen das Bild eines ruhenden Herrschers. Inzwischen versammelte sich mehr Volk, Handwerker, Bürgerfrauen und ihre Mägde, aus den Hallen kamen Bäcker und Fischhändler herüber; der Halbkreis wuchs rasch zur dichten Traube. Einige Schritte vom Lehnstuhl entfernt standen die Neusser da, staunend, neugierig, und keiner wagte das Wort an den Weißhaarigen zu richten.

»Habt ihr schon gehört?« Die Köpfe fuhren herum. Aus Richtung des Obertors hastete ein Ratsdiener über den Markt auf die Menge zu. Eine Neuigkeit. Von den Wachen hätte er es erfahren. »Der Kaiser kommt. Heute noch.«

Ein Fleischer wischte erst die Finger an seiner Schürze sauber, dann zeigte er über die Köpfe zum Lehnstuhl. »Red nicht so viel. Ich glaub', er ist schon da.«

Sofort drängte sich der Diener nach vorn. Er sah den Greis, stockte und riß den Hut vom Kopf. »Herrgott, wenn es denn wahr ist.« Damit lief er zum Rathaus hinüber.

Mit Krug und Becher kehrte Gabriel zurück. Bereitwillig öffneten ihm die Neusser eine Gasse. »Mein Kaiser, der Wirt gibt keinen Wein her. Vielleicht genügt Euch etwas Bier?«

Tile öffnete die Augen, ein bedauernder Blick, sein kurzes Schnippen befahl Gabriel, einzuschenken, und beinah atemlos verfolgten die Leute, wie er den Becher zum Mund führte, zwei tiefe Schlucke nahm und das Gefäß zurückreichte.

Die Glocke des Ausrufers ertönte, sie befahl Schöffen und Ratsmitglieder zum Stadthaus. Erleichtertes Aufatmen ging durch die Leute. Endlich, nicht mehr lange, und Klarheit würde geschaffen werden. Die Stadtväter und Gerichtsherren sollten herausfinden, was es mit dem alten Pilger auf sich hatte. Vier atemlose Männer trafen vor dem Portal ein, mehr hatte die Glocke nicht erreicht, und in knappen Worten unterrichtete sie der Bürgermeister. Mantelspangen wurden hastig geschlossen, die breiten Samthüte zurechtgerückt, und mit gewichtigen Schritten setzte sich die Gruppe in Bewegung.

Zur gleichen Zeit rollte aus dem Hausschatten jenseits des Marktes eine Kutsche quer über den Platz. Ehe die Stadtväter sich vor dem Greis aufbauten, hielt der Wagen neben dem Lehnstuhl. Der Fuhrmann sprang ab, öffnete den Schlag, und Prior Jacobus glitt hinaus.

Beim Anblick des Greises ging ein Strahlen über sein Gesicht. Leicht tänzelnd näherte er sich, fiel nieder und küßte ihm den Fuß. »Mein Kaiser, gepriesen sei der Tag unseres Wiedersehens! Nehmt meine unterwürfigsten Grüße und die meiner Brudergemeinschaft entgegen. In Köln war es mir verwehrt, jetzt aber darf ich mich Euch wieder nähern.«

Er blieb auf den Knien und teilte, vom Glück überwältigt, den verblüfften Stadtvätern mit: »Kaiser Friedrich, der Staufer, ist zurück. Unsere Gebete sind erhört worden.« Vergeblich versuchte der Bürgermeister den frommen Herrn zu unterbrechen. »Nein, hört mich an. Ihr Neusser alle sollt es hören!« Nach seiner Ankunft im Reich war der Fürst aller Fürsten im Kloster des Priors für einige Zeit abgestiegen. Und Jacobus wurde zum Herold; durch seinen Mund erfuhren die Neusser, warum Friedrich vor dreißig Jahren der Herrschaft, wie auch seinem Reich entsagte, welche Not er durchlitten und warum er nun zu seinem Volk heimgekehrt war. »Weil ihn unsere Bedrückung durch König Rudolf dauerte. Er kommt, um uns endlich vom Joch der Habgierigen zu befreien.«

Beifall brandete auf. Gabriel rief: »Hoch lebe Kaiser Friedrich!« Erst zaghaft, dann kräftiger fielen einige der Umstehenden mit ein, bald scheute sich keiner mehr. »Hoch lebe Kaiser Friedrich!«

Nur die Ratsherren schweigen.

Tile nickte huldvoll und lächelte. Hört Ihr es, Friedrich, das Volk jubelt uns zu. Er hob die Hand und wartete, bis Stille einkehrte. »Habt Dank, hochwürdiger Vater, Eure Worte haben mich tief bewegt. Erhebt Euch, Ihr seid ein treuer Fürsprecher und Freund. Ich bin froh, Euch an meiner Seite zu wissen.«

Prior Jacobus küßte noch einmal den Fuß, dann stand er auf

und stellte sich mit gefalteten Händen rechts hinter den Lehnstuhl.

»Auch Euch, meinen geliebten Bürgern von Neuss, gilt mein Dank. Ihr habt mich empfangen ...«

»Verzeiht! Haltet ein.« Der Stadtälteste wußte nicht, ob er sich verbeugen sollte, den Hut ziehen oder wie er den Greis anreden sollte. »So einfach, Herr, könnt Ihr hier nicht ... Ich meine, woher sollen wir die Wahrheit wissen, könnt Ihr Euch vielleicht mit irgend etwas als der Stauferkaiser ausweisen?«

Murren der Handwerker und Bürgerinnen; sie glaubten, wollten glauben, daß ein Wunder zu ihnen nach Neuss gekommen war. »Hast du's nicht eben von dem ehrwürdigen Vater gehört? Er kennt den Kaiser. Sein Wort genügt.«

Tile nahm sich Zeit. Kein Zweifel, die Stimmung des Volkes ist auf unserer Seite, mein Friedrich. Das war unser Ziel. Vornehme und Kluge gleich am ersten Tag überzeugen zu können wäre sicher vermessen. Wenn es uns heute lediglich gelingt, in der Stadt aufgenommen zu werden, mehr erhoffe ich nicht. Gebt mir etwas von Eurem Geschick, mein Fürst, bat er und richtete den Blick fest auf den Bürgermeister: »Ein Ratsherr hat das Recht, sogar die Pflicht zu fragen, gewiß. Ihr seht mich im schlichten Pilgergewand. Nichts trage ich bei mir außer diesem Ring, von dem ich mich seit meiner Kindheit niemals trennte.« Er ließ ihn begutachten. »Erkennt Ihr den Falken? Meinen Lieblingsjagdvogel. Nicht allein im fernen Apulien ritt ich mit Falken auf der Faust zur Jagd, auch solange ich in Deutschland weilte, in den Wäldern rund um meine Reichsburg Hagenau. Vielleicht habt Ihr von meinem Buch erfahren, das ich über die Aufzucht und Haltung der Falken schrieb?« Sichtlich beeindruckt schwieg der Bürgermeister und schüttelte den Kopf. Gleich setzte Tile hinzu: »Ich weiß, guter Freund, säße ich hier unter der Krone des Reiches, angetan mit Purpur und Hermelin, so würdet Ihr nicht zweifeln. Heute aber kam ich als einfacher Mensch und bin dennoch Euer Kaiser. Den Schmuck meiner kaiserlichen Würde und die Macht will ich bald zurückfordern.«

Tile ahnte den Erfolg und bezog die übrigen Stadtväter mit ein. »Da ich noch ohne Hofmeister bin, will ich selbst Brauch und Sitte Genüge tun und Euch, werte Herren, bitten, mir Gastrecht zu gewähren und für eine angemessene Unterkunft Sorge zu tragen.«

Wieder klatschten die Neusser, stimmten Hochrufe an. Überzeugt oder nicht, den Ratsherren blieb keine Wahl. Jeder Aufruhr sollte vermieden werden; sie mußten, trotz nagender Zweifel, einwilligen. »Majestät«, schwer kam dem Ältesten das Wort über die Lippen. »Seid willkommen in unserer Stadt. Wenn es beliebt, so möchten wir, die Herren vom Rat wie auch die Schöffen des erzbischöflichen Hochgerichts, Euch morgen zu einer Unterredung im Sitzungssaal erwarten.«

»Mit Freuden, ich denke, wir haben viel zu besprechen.« Tile lehnte sich zurück. »Nun aber sehnt es mich nach Ruhe«, er schloß die Augen; etwas fehlt uns noch, mahnte Friedrich in ihm, »und nach einem Bad«, setzte er hinzu.

Order erging an den Wirt unterhalb des Marktes. Unverzüglich mußte er die Gäste ausquartieren und für den Kaiser, seinen Diener und Prior Jacobus das Gasthaus mit Küche, Schlafraum und Schankstube zur Verfügung stellen. Die Kosten gingen zur Last des Stadtsäckels, wenigstens für diese Nacht und den morgigen Tag. »Und wer zahlt dann?« wollte der Wirt wissen. Achselzuckend riet ihm der Kämmerer, sich zu gedulden. »Dein Schade wird es nicht sein, Volkbert. Du beherbergst jetzt den Kaiser. Das ist eine Ehre.« Wer später für die Rechnung aufkäme, würde bald geklärt werden.

Neuss geriet in Aufregung. Vor dem Gasthaus drängte sich das Volk; wenig später sah sich der Rat genötigt, zwei Wachen vor der Tür zu postieren. »Kaiser Friedrich! Hoch! Hoch!« Mehr und mehr Bürger hatten die Neuigkeit erfahren und hofften, den hohen Gast mit eigenen Augen zu sehen. Er trat nicht hinaus, zeigte sich nicht am Fenster.

Während Tile unten in der Schankstube still im Lehnstuhl ruhte, umsorgt von Gabriel und beschützt von Peter, dem just ernannten Hauptmann der Leibgarde, hatte Prior Jacobus die Herberge, Hof und Stall begutachtet und nahm jetzt ein Zimmer nach dem anderen in Beschlag. Er trieb den Wirt mit seinen Knechten an, eine würdige Unterkunft für den Kaiser herzurichten.

Oben befand sich der einzige Schlafraum; dort nächtigten gewöhnlich die Reisenden gemeinsam auf einem breiten, etwas erhöhten Holzpodest. Besen, Lappen und Wasser. Spinnweben wurden von den Fensterluken beseitigt, die Koteimer geleert und ausgespült. »Stopft die Matratze mit neuem Heu. Keine Decke, besorgt ein Federbett und ein wollenes Nachthemd. Seine Majestät ist betagt, er darf nicht frieren.« Jacobus ließ eine Leine von Wand zu Wand spannen, durch Tücher wurde ein schmaler Raum abgetrennt. Hier mußte sein eigenes Lager aufgeschlagen werden, ebenso weich und bequem.

Endlich zufrieden, stieg der Prior die enge Treppe hinunter in den Schankraum. Ihm folgten verschwitzt und mißgelaunt Wirt Volkbert und die Knechte. »Haltet euch zurück.« Ganz in seinem Element, tänzelte er zum Lehnstuhl und verneigte sich. »Mein Kaiser, Eurer Gemach ist bereitet. Keine Pracht erwartet Euch. Dafür fehlte die Zeit.« Höflich, aber bestimmt bat er den Herrscher, sich nach oben zu begeben. Tiles gemurmelte Fragen waren ihm Befehl. Das Nachtmahl würde zubereitet und im Schlafraum serviert. Ja, auch ein Zuber würde beschafft, und später sollte Wasser fürs Bad gewärmt werden. Die Verbeugungen waren formvollendet.

Kaum hatte Gabriel seinen Herrn die Stiege hinaufgeführt und sich Peter an der untersten Stufe postiert, verlangte Prior Jacobus vom Wirt, auch den Schankraum gründlich zu reinigen. Tische und Hocker ließ er hinaustragen, Platz mußte geschaffen werden. Volkbert schnaubte vor Zorn, doch der fromme Herr übersah es lächelnd. Beim Abendläuten stand der Lehnstuhl als Thronersatz an der Stirnwand, sonst war die Stube leer. »Bis wir demnächst große Gesandtschaften empfangen, bescheiden wir uns mit dieser Empfangshalle.« Der Prior trommelte die Fingerkuppen gegeneinander. »Ohne Kanzlei jedoch kann unser Hofstaat seine Arbeit nicht beginnen.« Zielstrebig schritt er auf eine niedrige Tür zu.

»Halt!« Der Wirt stürzte an ihm vorbei und stellte sich mit dem Rücken davor. »Da dürft Ihr nicht rein. Im Hinterzimmer da schlafen meine Frau und ich.« Milde sah Jacobus ihn an. »Guter Mann, bisher hatte ich keinen Grund zur Klage. Soll ich den Leuten draußen vor deinem Gasthaus berichten, daß du eigensüchtig dem Kaiser vorenthältst, was er benötigt? Ich glaube, sie würden dir es nie verzeihen. Also bewahre dir meine Gunst und öffne die Tür.«

Lange hielt Volkbert dem Blick der bernsteinfarbenen Augen nicht stand und trat beiseite. Das Hinterzimmer war zwar klein, aber wenn Bett, Truhe und die persönliche Habe des Ehepaars entfernt, dafür Schreibpult, Hocker und ein Tisch hineingestellt würden ... ja, der Prior war einverstanden, dieser Raum sollte die Kanzlei sein.

»Wo bleiben denn ich und meine Frau?« Volkbert ballte die Faust. »Wohin mit uns?«

»Lediglich zwei Schweine stehen im Stall, wie ich weiß. Dort ist Platz genug.«

»Ehrwürdiger Vater! Ihr, Ihr kommt hierher und stellt alles auf den Kopf. Das ist mein Haus!«

»Wie konnte ich nur mit deiner Selbstlosigkeit rechnen?« Jacobus zog einen prallen Lederbeutel unter dem Mantel vor und entnahm eine Münze. Beim Anblick des Silbers öffnete der Wirt die Faust. »Wenn's so ist. Dachte schon, Ihr wollt alles anschreiben lassen.«

»Allerdings«, bestätigte der Prior. Seine Majestät habe selbstverständlich unbegrenzten Kredit, darauf müsse der Wirt sich einstellen. Erst bei der Abreise werde über die entstandenen Kosten verhandelt. Indes kein Grund zur Sorge, Kaiser Friedrich sei ein großzügiger Herrscher. Dieses Silberstück erhalte Volkbert aus der Privatkasse. »Eine Entschädigung für deine Hilfe. Und wenn du mir weiter Freude bereitest, gibt es bei Gelegenheit mehr davon.«

»Wenn's so ist, sieht es noch besser aus.« Volkbert befahl seinen Knechten, das Hinterzimmer auszuräumen.

Vergeblich hatten die Neusser vor der Herberge ausgeharrt, bis der Nachtwächter sie nach Hause schickte. Stille war eingekehrt. Beim Schein einiger Öllichter saß Tile im Badezuber. Er genoß die Wärme und ließ sich von Gabriel den Rücken waschen. Hin und wieder sah er zum Prior hinüber, der im Halbdunkel vor dem durch Tücher abgetrennten Raum stand. Seine Miene war nicht zu erkennen, dennoch spürte Tile den Blick.

Während des Nachtmahls hatte Jacobus über den Erfolg gesprochen und das Vorgehen am nächsten Tag; kein Befehl, sein Ton war im Beisein Gabriels und Peters stets unterwürfig geblieben: Mein Fürst, wenn Ihr erlaubt ... Mein Fürst, ich würde dringend empfehlen ..., ganz so wie es sich für den Ratgeber eines Kaisers geziemte. Dieser Pfaffe ist unberechenbar, dachte Tile, er paßt sich besser an als eine Echse, die ihre Farbe wechseln kann. Ob Katharina geahnt hat, welchem Satan ich nun ausgeliefert bin? Sicher nicht, nie hätte sie mir geraten, diese Rolle zu spielen.

»Hoher Herr?« Gabriel stand unschlüssig neben dem Bottich. »Was jetzt? Soll ich Euch abtrocknen, oder macht Ihr das allein?«

»Schon gut, hilf mir hinaus.« Tile wollte nach dem Tuch greifen, ließ es dann und sah seufzend an sich hinunter, faltige Haut, ein kleiner Bauch, so dünn die Beine, wahrhaft keine stattliche Figur mehr. Aber er war der Kaiser. »Reibe mich ab, mein Junge. Solange du mein Kammerdiener bist, gehört es zu deiner Aufgabe, meinen Körper zu pflegen, mich zu kleiden; jeden Wunsch mußt du mir erfüllen. Ich weiß, dieser Dienst kann manchmal schwer sein. Hab keine Furcht vor Fehlern, hörst du, Junge? Denn ich werde dich einweisen, mit mehr Geduld, als ich meine Leibdiener früher behandelt habe. Jeden Handgriff wirst du von mir lernen.«

»Danke, hoher Herr. Weil Ihr so gütig seid, hab' ich keine Bange.« Gabriel schlang das Tuch um den Greis und trocknete ihn. Bald konnte sich Tile, angetan mit dem wollenen Hemd, unter dem Federkissen ausstrecken.

Unvermittelt trat Prior Jacobus ans Lager. Er strich Gabriel leicht über den Rücken und griff fester nach dem Muskel des

Oberarms. »Nun komm, Sohn. Lassen wir den Kaiser ungestört. Nimm Strohsack und Decke. Du darfst in meinem bescheidenen Raum nächtigen.«

So erschöpft Tile war, der lüsterne Unterton ließ ihn aufhorchen und rief Erinnerungen an die eigene Klosterzeit wach. Nicht meinetwegen, nicht um mich zu überwachen, hat der Prior dort schweigend ausgeharrt. »Ihr meint es gut, hochwürdiger Vater. Allein, der Kammerdiener muß stets neben meinem Bett liegen. So bin ich es gewohnt, und so soll es künftig auch bleiben.«

Wie ertappt ließ Jacobus die Hand sinken. Eine Verbeugung, »Gute Nacht, Majestät«, und wortlos zog er sich hinter seinen Vorhang zurück.

Gabriel hatte nichts bemerkt. Er legte sich neben dem erhöhten Bett auf seine Matratze.

Tile schloß die Augen. O Gott, womit habe ich diese Strafe verdient? Genügt es nicht schon, daß ich dem Pfaffen und seinem wahnsinnigen Plan ausgeliefert bin? Er will auch noch den Jungen! Nur ein Teufel hat so viele Fratzen.

Die jähe Erkenntnis ließ Tile schaudern. Bisher hatte Jacobus stets im voraus gewußt, was geschehen würde; deshalb hat er die Niederlage in Köln gelassen hingenommen, deshalb gewann er hier in Neuss das gewagte Spiel. Kein menschliches Wesen war befähigt, das Schicksal so genau zu berechnen. Vielleicht war der Prior kein Prior, vielleicht verbarg sich hinter der frommen Maske wirklich ein Abgesandter der Hölle? Mein Kaiser, ich ahne das Zucken Eurer Mundwinkel, Ihr hättet nur Spott für solch einen Gedanken übrig, aber verzeiht, mir bereitet er Angst. Tile faltete die Hände. Gott beschütze meine arme Katharina, flehte er. Dafür werde ich Kaiser sein, solange es der Peiniger verlangt. Und gib mir die Kraft, meinen unbefangenen Erzengel vor seiner Geilheit zu bewahren.

Das Morgenläuten weckte Tile. Einen Moment lang hoffte er aus einem bösen Traum zu erwachen, den er nun abschütteln konnte, um in sein beschauliches Leben zurückzukehren. Er öffnete die Lider. Am Fußende des Bettes stand Prior Jacobus, lächelnd, die gelbbraunen Augen strahlten Güte aus. »Mein Fürst, Euer Tag beginnt mit Freude.« Die Bürger von Neuss hatten Geschenke zur Herberge gebracht. Schinken, Würste, frisches Brot und Töpfe randvoll mit honiggesüßten Beeren. Seit Tagesanbruch war der Wirt beschäftigt, die Körbe in seine Vorratskammer zu schaffen. »Ihr habt die Herzen des Volkes gewonnen, Majestät.«

Tile setzte sich auf. »Was nützt uns die Gunst der einfachen Leute? Gleich werde ich im Rathaus erwartet, und den Zweifel der Herren auszuräumen wird um vieles schwerer sein.«

»Zerbrecht Euch nicht meinen Kopf!« Gleich wurde die Stimme wieder sanft. »Vertraut mir, Majestät. Solange Ihr meinen Ratschlägen folgt, sehe ich keine Gefahr.«

Der Ratgeber teilte seinem Fürsten den Plan für diesen und die nächsten Tage mit. Nachdem er geendet hatte, sagte Tile: »Ich wage nicht zu widersprechen, hochwürdiger Vater. Vielleicht mag Kühnheit der richtige Weg sein. Was aber wird meine Aufgabe sein? Soll ich derweil tatenlos hier eingesperrt bleiben?«

»Mein Kaiser!« Eine tiefe Verbeugung. »Ihr werdet Euch am Mittag und am Abend kurz den Untertanen zeigen und ihnen zuwinken. Das schürt Ungeduld im Volk und beschleunigt den Entscheidungswillen des Rates. In der übrigen Zeit werdet Ihr Kräfte sammeln, und«, er zeigte zum Tisch, »Ihr werdet Euch – wie könnte es bei Friedrich anders sein – in Euren Mußestunden mit den schönen Künsten beschäftigen.«

Tile erkannte Schnitzwerkzeug und eine Holzplatte. »Darin irrt Ihr, hochwürdiger Vater. Seine Majestät malte und zeichnete hin und wieder, meist aber widmete er sich seinen Studien.«

»Wart Ihr, großer Friedrich, nicht geradezu besessen, Euch immer wieder an Neuem zu versuchen? Sorgt Euch nicht. Solange Ihr die Menschen in Erstaunen versetzt, bleibt Ihr Eurem Ruf treu.«

Keine Schachfigur, keine Holzschuhe; der Prior verlangte von

Tile, das kaiserliche Siegel in die Platte zu kerben, als Vorlage für den Kunstschmied. Jedes Schreiben der zukünftigen Hofkanzlei mußte mit Friedrichs persönlichem Abdruck in Wachs versehen werden. »Ich erwarte von Euch die genaue Umschrift, den Herrscher unter der Krone auf dem Thron sitzend, Reichsapfel und Zepter in den Händen. Die zweite Arbeit wird die Rückseite zeigen. Was war dort abgebildet?«

»Rom mit seinen Türmen.«

»Ihr beschämt mich, Majestät.« Jacobus zollte Bewunderung. »Eure Kenntnis übertrifft die Eures bescheidenen Ratgebers.« Kühl setzte er hinzu: »Bis morgen erhoffe ich die Vorlagen, damit das Siegel uns nächste Woche zur Verfügung steht.«

Schnitzen, für einen Augenblick wieder ich selbst sein! Tile betrachtete seine Hände. Zum erstenmal hatte ihm der Prior eine Freude bereitet.

Von Gabriel wurde die Morgenspeise gebracht. Überhastet löffelte der hohe Herr das in Hirse gedünstete Hühnerfleisch hinunter. Nein, er wollte sich später erst ankleiden, so im Nachtkleid griff er zum feinen Stecheisen.

Wenig später klopfte der Ratsdiener und wurde vom Prior unten in der Halle empfangen. Seine Majestät bedaure, der Einladung nicht Folge leisten zu können. Ohne standesgemäße Kleidung wäre es ihm unmöglich, vor den Herren zu erscheinen. Der Diener solle den Stadtvätern mitteilen, zunächst müßte umgehend für Schuhe, Beinkleider, ein Wams aus gutem Tuch und einen purpurnen Schulterumhang gesorgt werden. Das sei das mindeste an Ausstattung, was Friedrich von seinen Gastgebern erwartete.

Die Nachricht spaltete Rat und Schöffen. Entschieden verlangten einige der besonnenen Juristen, erst sollte sich der fremde Greis vor ihnen als Kaiser beweisen. Ein heftiges Wortgefecht entbrannte. Wie konnte der Kaiser überzeugen, wenn nicht das Äußere seiner Würde entsprach? Dem Wunsch Seiner Majestät zu entsprechen war vornehmste Bürgerpflicht! Und überdies, wie stand Neuss da, wenn bekannt würde, der Rat hätte den hohen

Gast im Bußgewand belassen? Die Mehrheit stimmte dafür, erst Kaiser Friedrich einzukleiden.

»So bringt in Gottes Namen das Gewünschte zur Herberge, und laßt anfertigen, was wir nicht auftreiben können!« Der Bürgermeister warnte Schöffen und Ratsherren. »Übereilt nichts, geschätzte Kollegen. Wir werden zum Gespött, wenn dieser Mann ein Betrüger ist. Unsere Stadt wird Ansehen verlieren und großen finanziellen Schaden erleiden.«

»Ich erbitte das Wort!« Der Kämmerer erhob sich, zwirbelte die Enden seines Lippenbarts und entrollte ein Pergament. »Auch ich fand keinen Schlaf, wie sicher viele hier im Saal. Jedoch nicht, weil mich die Frage beschäftigte: Ist der Greis nun unser Kaiser? Diese Frage, meine Herren, mit Verlaub, halte ich für zweitrangig.« Geduldig wartete er, bis wieder Ruhe eingekehrt war. »Meine Pflicht ist es zu rechnen, und ich bin zu folgendem Ergebnis gekommen.« Weit holte er aus, nannte zunächst Abgaben und Steuern, die von der Stadt an König Rudolf und an Erzbischof Siegfried zu leisten waren, eine riesige Summe, die von Jahr zu Jahr anstieg. »Jeder Kaufmann, jeder Gutsherr unter uns weiß davon ein Lied zu singen. Nun aber beherbergt Neuss den Kaiser. Für diese Zeit sind wir von der Steuerlast befreit, das steht uns nach altem Reichsrecht zu.«

Die Stadtväter sahen sich verblüfft an und ließen sich von den anwesenden Richtern das Gesetz bestätigen. Selbst der Bürgermeister horchte auf.

»Den sonst so geschäftstüchtigen Kölnern scheint diese Tatsache entgangen zu sein. Wohl wahr, wäre unser Gast mit großem Gefolge gekommen, käme das einer Heimsuchung unseres Stadtsäckels gleich. Er aber kam als Pilger, mit nur zwei Dienern und dem hochwürdigen Prior, der, wie wir annehmen dürfen, sein Berater ist.« Der Kämmerer ließ eine Pause, ehe er fortfuhr: »Geben wir unserm Gast einen Hofstaat, dessen er sich nicht schämen muß und den wir uns leisten können, so stehen wir nach meiner Berechnung weit besser da, als wenn wir weiter den Zins an Krone und Kirche abführen. In diesem Sinne hoffe ich, daß Friedrich uns erhalten bleibt. Lang lebe der Kaiser!«

Ein Atemzug lang herrschte Stille, dann begriffen die ersten, erklärten es dem Nachbarn, das Stimmengewirr nahm zu, und einer ließ sogar den Kämmerer hochleben. Zustimmung; ja, der hohe Gast war willkommen, gleichzeitig eilte die Phantasie voraus: Vielleicht würde Neuss zum Anziehungspunkt des Adels, von weither kämen Besucher. Handel und Geschäfte würden ungeahnten Aufschwung nehmen.

Der Bürgermeister schwang die Glocke, endlich fand er Gehör: »Aber wir werden ihn dennoch bitten, uns etwas mehr Gewißheit zu geben.«

Tag für Tag versammelte sich während des Mittags- und Abendläutens vor der Herberge eine Menge Volks. Arm und Reich, wer nur Zeit hatte, wollte den Augenblick nicht verpassen. Mit Verstummen der Glocke öffnete sich das Fenster. »Hoch dem Kaiser! Er lebe!« Wie majestätisch weißes Haar sein Haupt umwallte! Wie ernst und doch so gütig der Blick! Seht doch, diese feingeschnittenen Züge! In ihrem Schwärmen verklärten die Frauen das Bild des Greises. Jetzt hob er die Hand, und jede glaubte, daß er nur sie allein grüßte. Der hohe Herr zog sich zurück, und das Fenster wurde geschlossen.

»Schade! Richtig gesehen hab' ich ihn nicht«, beschwerten sich die Straßenkinder. »Wenn er sich doch länger zeigen würd'.« Nun mußten sie wieder bis zum nächsten Läuten warten.

Nach einer Woche war es dann endlich soweit. »Kaiser Friedrich wird dem Rathaus seinen Besuch abstatten.« Eilig wuschen Mütter ihren Kindern Hände und Gesicht und streiften ihnen den Sonntagskittel über. Zu traurig, im November gab es keine Blumen mehr, so mußten bunte Tücher genügen. Lange vor der Zeit bahnten Büttel eine Gasse durch die Wartenden, von der Herberge quer über den Markt bis zum Portal des Rathauses.

Da es regnete, war eilig aus dem Quirinusstift ein Baldachin beschafft worden. Gewöhnlich schirmte er bei Prozessionen die Reliquien, heute sollte er den Kaiser vor Nässe bewahren.

Die Tür öffnete sich, die Wachen standen stramm, und Tile trat ins Freie. Schweigendes Staunen empfing ihn. Die Goldspange unter seinem Hals hielt den purpurnen Schulterumhang, darunter trug er ein tiefblaues Gewand, dessen Saum den Schaft der weichen Lederstiefel bedeckte. Auf seiner Zunge schmeckte Tile noch die Süße des Würfels, und beim Anblick der festlich gekleideten Menge öffnete sich das Herz. Mein Friedrich, seht Ihr das Leuchten in den Augen? Hier sind wir willkommen. Als vier Burschen den Baldachin über ihn spannten, hob er leicht die Hand zum Gruß. Jubel dankte ihm für diese Geste. Angeführt von beiden Stadtwachen, begab sich Tile auf den Weg durch das Spalier; nun sah er nicht mehr nach rechts und links. Ihm folgte Prior Jacobus, der sich dem Regen aussetzen mußte, und in respektvollem Abstand schritten Gabriel und Peter nebeneinander. Verzeiht, Friedrich, denke ich zurück an Eure Umzüge in Cremona, so erscheint mir das Gefolge heute äußerst bescheiden. Doch seid gewiß, wenn wir den Rat gewinnen, werde ich unsern Hofstaat erweitern lassen.

Die Begrüßung des Stadtältesten nahm er kaum wahr, wohl aber die lodernden Wandfackeln und vor der Stirnseite des Saals seinen Lehnstuhl. Er war aus dem Gasthaus hierhergebracht worden, mit einem roten Kissen hatte man ihn gepolstert. Ein gutes Zeichen. Tile ließ sich nieder. Nach einer tiefen Verbeugung trat Prior Jacobus zur Seite und faltete die Hände. Wie selbstbewußt seine Miene ist, stellte Tile fest, als wüßte er genau, daß ich Erfolg haben werde. Und er hat recht, ja, Friedrich, Euch war Zaghaftigkeit stets ein Greuel; laßt uns nicht länger zögern und das Glück herausfordern.

Im Halbrund standen Schöffen und Räte vor seinem Thron. Prüfend ließ er den Blick von einem Gesicht zum anderen wandern. »Werte Herren, so viele Fragen lese ich aus Euren Mienen, indes, laßt mich zunächst meinen Dank aussprechen. Dank für Eure Nachsicht mit einem erschöpften Greis. Selbstlos habt Ihr ihn beherbergt, ihm Zeit gegeben, Kräfte zu sammeln, ihn gekleidet, nun sitzt er als Euer Kaiser vor Euch und kann gefaßt sich wieder dem mühseligen Staatsgeschäft zuwenden. Erwartet keinen schnellen Erfolg.« Tile preßte seine Faust gegen die Stirn, kein Suchen nach Worten mehr, Friedrich sprach aus ihm: »Während meiner langen Abwesenheit haben zwei schwächliche Könige unsere deutschen Lande verkommen lassen. Fürsten, Herzöge und Grafen – erspart mir, sie beim Namen zu nennen – nützten die Verwirrung und rissen Macht an sich, aus Geldgier, aus Eigensucht und nicht zum Wohl der Städte, der fleißigen Bauern und Handwerker. Nun herrscht der neue König, Rudolf von Habsburg.« Im tiefen Blau der Augen entstand ein Glitzern. »Wer von Euch hat ihn je zu Gesicht bekommen? Niemand, Ihr kennt allein seine Steuerbeamten, wenn sie Geld eintreiben, mit dem er kostspielige Kriege finanziert. Auch Rudolf sorgt sich nicht um das Elend im Reich. Diese Mißstände müssen beseitigt werden. Ihr seht, welch harter Weg vor mir liegt. Trotz meines hohen Alters aber muß ich ihn gehen, weil das Herz mich dazu verpflichtet.« Tile hielt inne. Seine Rede hatte ihn selbst und die Anwesenden tief beeindruckt. In das Schweigen sagte er: »Zunächst jedoch muß ich meine Anhänger wieder um mich scharen; denn ohne Hilfe bleibt auch ein Kaiser schwach. Von dieser Stadt aus beginne ich den Feldzug der Briefe und Botschaften. Das ganze Land muß erfahren, daß Friedrich in Neuss weilt. Auch Eure Unterstützung benötige ich. Ihr sollt die Kunde von meiner Rückkehr...«, er brach ab, schenkte den Herren ein offenes Lächeln und lehnte sich zurück. »Verzeiht meine Leidenschaft. Ihr habt Euch nicht hier eingefunden, um eine Thronrede zu hören. Fragen wolltet Ihr mich, ob ich der bin, der ich bin. So beginnt, und keine Scheu; es ist Euer gutes Recht.«

Der Bürgermeister zog ein Blatt aus der Rocktasche und studierte sichtlich verlegen Punkt für Punkt. Lange hatten die Ratsherren gegrübelt, zusammengetragen, welche Auskünfte ihnen der Greis geben sollte. Kaum einer wußte Genaues über die Politik Friedrichs; seine Herrschaft war nun schon bald ein Menschenleben her. Solche Fragen könnten leicht zur Blamage für den Fragesteller werden. Nach den erbauten Burgen, nach den Kriegen unten im fernen Italien zu fragen erschien dem Ältesten mit einem Mal unwürdig.

Er entschloß sich für einen Punkt; diesen Sachverhalt hatte der Stadtschreiber in alten Archivbüchern nachgelesen. »Hoher Herr, ich will nicht verhehlen, daß Euer Erscheinen mich beunruhigte. Jetzt, nach Eurer Rede, und dies gestehe ich gern, ist mein Mißtrauen geschwunden. Ich setze das Einverständnis meiner Freunde und Kollegen voraus und erbitte nur eine Antwort. Sagt uns, welcher Erzbischof hat Euch damals zum deutschen König gesalbt? In welchem Jahr? In welcher Stadt?«

Gott, steh mir bei! Tile stützte die Stirn in seine Hand und schirmte das Gesicht. Von Friedrich in ihm erhielt er keine Auskunft. »Habt Geduld, werte Herren, meine Krönung liegt schon so lange zurück.« Durch den Spalt der Finger sah er zum Prior hinüber. Alle Farbe war ihm aus den rundlichen Wangen gewichen. Zum erstenmal hatte Jacobus seine Selbstsicherheit verloren. Hilfe kann ich von ihm nicht erwarten. Dieser Neunmalkluge, wie herablassend er gestern noch über die einfältigen Stadtväter gespottet hat. Und nun drohte sein Plan an einer einzigen Frage zu scheitern. Die Rettung liegt allein bei mir. Damals war ich schon Küchenjunge in der Kaiserpfalz Hagenau. Erinnerungen tauchten auf, und Lupold hatte ihm viel später von dem wundersamen Siegeszug des jungen Friedrich erzählt. Jetzt war es leichter, die Einzelheiten zu ordnen. Tile hob den Kopf.

»Es waren aufregende Zeiten, werte Herren. Zweimal wurde ich gekrönt. Die erste Zeremonie fand im Dezember 1212 zu Mainz statt; es war der falsche Ort, außerdem fehlten die echten Insignien. Drei Jahre später, nachdem der Welfe Otto vertrieben war, konnte ich in Aachen Einzug halten.« Er legte beide Arme auf die Lehnen. Zögere nicht, befahl ihm Friedrich, Wir können Uns auf Unser Gedächtnis verlassen. »Der Juli neigte sich dem Ende zu. Es war ein strahlender Tag, daran erinnere ich mich gut. Vom Mainzer

Erzbischof Siegfried wurde mir die Deutsche Krone aufs Haupt gesetzt, da der Kölner Hirtenstuhl zu dieser Zeit verwaist war.«

Der Bürgermeister blickte kurz auf sein Blatt und ließ es sinken. »Verzeiht, daß ich Euch belästigt habe. Wie konnten wir zweifeln?« Sogar mehr hatte der Fürst berichtet, als in den Neusser Annalen festgehalten war. Mit energischem Räuspern wandte er sich an seine Kollegen; gemeinsam entblößten sie die Häupter und sanken vor dem Thron nieder. »Gott schütze Euch, großer Kaiser! Seid willkommen in unserer Stadt!«

»Hochwillkommen!« setzte der Kämmerer betont laut hinzu, und keiner der Herren wagte ihn anzusehen.

»Ich danke Euch.« Tile fühlte sich erschöpft; die Leichtigkeit in ihm ließ nach. Er winkte den Prior näher. »So besprecht nun mit dem hochwürdigen Vater das Notwendige. Er genießt mein volles Vertrauen.« Damit hob der Herrscher den Blick über die Versammelten.

Es dauerte nur einen Moment, und Prior Jacobus hatte die Erstarrung abgeschüttelt. Ohne Schärfe trug er seine Forderungen vor: Die Handlungsfähigkeit des Hofes mußte stets gewährleistet sein. Pferde und Kuriere wurden ihm zugesagt; der Ratsschreiber sollte sich nun auch für die kaiserliche Kanzlei bereithalten. Wenn an Friedrich ein Rechtsstreit herangetragen würde, so könnte er ihn je nach Belieben dem Oberhof zur Entscheidung überlassen oder selbst den Richterstuhl einnehmen. »Jedoch seid versichert, Ihr geschätzten Schöffen, Seine Majestät wird die Selbständigkeit des Gerichts nicht beschneiden.« Was die unmittelbare Umgebung des Fürsten betraf, blieb Jacobus, sehr zur Freude der Herren, äußerst bescheiden: Zwei Küchenmägde, die der Wirtin zur Hand gingen, wären fürs erste genug. Solange der Hof seinen Bedarf von Bäckern, Fleischern und Bauern erhielt, bedurfte er keine eigenen. Bis demnächst ein Hofmeister gefunden war, könnte einer der Patrizier bei offiziellen Anlässen dieses Amt übernehmen. »Mein Kaiser sieht es als seine vornehmste Pflicht an, Eure Gastfreundschaft und den Stadtsäckel nicht über Gebühr zu strapazieren.«

»Das höre ich gern!« Der Kämmerer zwirbelte seine Bartspitzen.

»Dennoch«, fuhr Jacobus fort, »geht es nicht an, daß Seine Majestät um jedes Goldstück bitten muß.«

Nach kurzer Beratung war sich die Versammlung einig. Zwanzig Kölner Mark gab Neuss als Begrüßungsgeschenk, und weitere fünfzig sollten der Kanzlei als Darlehen mit unbegrenzter Dauer überlassen werden. Zur Zufriedenheit aller wurde die Sitzung beendet.

Den Rückweg des Kaisers begleiteten Hochrufe und Jubel. Kaum hatte Tile das Gasthaus betreten, befahl der Prior dem stummen Leibwächter und Gabriel zurückzubleiben. »Auf ein Wort, Majestät.« Er geleitete den Greis ins Hinterzimmer und schloß fest die Tür. »Ihr wart so überzeugend, wie ich es kaum zu hoffen wagte.« Dicht trat er vor Tile hin. »Wer seid Ihr?«

Das Blau der Augen verdunkelte sich. »Ihr wißt es nicht, hochwürdiger Herr?«

Lange hielt der Prior dem seltsamen Blick nicht stand. »Verzeiht, mein Kaiser. Unser Erfolg hat mich sicher verwirrt.«

D as kaiserliche Siegel war gestochen. Im Beisein des Kunstschmieds drückte Tile den münzgroßen, aus Messing gefertigten Stempel zum erstenmal ins Wachs. »*Fridericus Dei Gratia Imperator Romanorum et Semper Augustus*«, vervollständigte er die Kürzel der Umschrift. Das Bild des thronenden Herrschers war deutlich zu erkennen, auch die Rückseite ließ keine Beanstandung zu. »Sehr gute Arbeit. Du verstehst dein Handwerk.«

»Danke, Majestät. Ich erhielt eine ausgezeichnete Vorlage. Euer Lob muß ich mit dem Künstler teilen, der sie lieferte.«

Leicht schmunzelte Tile und entlohnte den Schmied fürstlich. In den folgenden Wochen ergingen mündliche Einladungen an alle rheinischen Gutshöfe, Burgen und Klöster. »Kommt und seht! Überzeugt Euch selbst.« Auch unterwegs verkündeten die Boten auf jedem Marktplatz in jedem Dorf, daß Kaiser Friedrich, der Staufer, in Neuss erschienen sei. Wer von dem Wunder hörte, erzählte es nach seiner Vorstellung weiter: Er ist auferstanden aus dem Reich der Toten. Er ist heimgekehrt von langer Bußfahrt. Und bald verbreitete sich die Nachricht im ganzen Erzbistum, eilte mit fahrenden Sängern und Handelskarawanen über die Grenzen hinweg.

Ein Bittschreiben an die benachbarten Herzogtümer und die europäischen Königshöfe mußte entworfen werden. Prior Jacobus hatte eine lange Liste zusammengestellt. Kleve, Holland, Brabant, vor allem das schwäbische Stammland der Staufer, selbst Italien, Frankreich und England, ganz gleich welche politische Partei die Fürsten auch jetzt in den deutschen Landen unterstützten, sie alle sollten wissen: Kaiser Friedrich ist zurück und erwartet in Neuss ihre Hilfe.

»Greifen wir nicht zu hoch?« fragte Tile bei Durchsicht der schillernden Namen besorgt. »Und warum ausgerechnet Graf Florenz von Holland?« Sein Vater war König Wilhelm, der gegen den letzten Staufer Konrad IV. auf den Thron gehoben und von ihm verjagt worden war. Erst nach Konrads Tod war er zur Macht gelangt, bis ihn die Friesen erschlugen. »Wie sehr muß sein Sohn den wiedererstandenen Kaiser hassen.«

»Aber Majestät. Noch seid Ihr ein Nichts auf der politischen Bühne, demnach könnt ihr nur gewinnen.« Kurz zog Jacobus an der Schlinge. »Vergeßt nicht, was persönlich für Euch auf dem Spiel steht.« Und setzte aufmunternd hinzu: »Mein Kaiser, wie ich hörte, habt Ihr Euch früher nie mit dem Wenigen begnügt. Warum also heute?« Genüßlich fuhr seine Zunge über die Unterlippe. »Im übrigen hält diese Liste eine Überraschung für Euch bereit.« Er tippte auf die Namen der thüringischen Landgrafen. »Sicher erinnert Ihr Euch nicht an Diezmann und seinen Bruder Friedrich mit der gebissenen Wange? Es sind Eure Enkelsöhne, mein Kaiser. Und deren Schwager, Heinrich der Wunderliche, ist nun Herzog von Braunschweig.«

»Um so schlimmer. Das eigene Fleisch und Blut wird schnell herausfinden, wer ihr Großvater ist.«

»Dies erhoffe ich, Majestät. Sie haben Euch nie gesehen, kennen Euch nur aus Erzählungen ihrer Mutter Margarethe. So werden sie den Gesandten des Großvaters besonders herzlich empfangen und ihm Gehör schenken.« Der Prior ließ keinen Einwand mehr zu. »Wir wagen das Ganze!«

Lange grübelte Tile über dem Text, stritt mit seinem Ratgeber, der selbst Vorschläge einbrachte; nein, in diesem farblosen Stil hätte Friedrich nie einen Brief verfaßt. Schließlich wurde der Stadtschreiber zur Kanzlei gebeten.

Tile schritt auf und ab: »Wir, Friedrich, von Gottes Gnaden Kaiser der Römer und immer erhabener Herrscher, König von Jerusalem und Sizilien, entbieten dem Grafen von Holland Unseren Gruß. Da der Schöpfer aller ...« Er schwieg und bat den Schreiber um Geduld. Welch eine Anmaßung! Verzeiht, Friedrich, meine Unbeholfenheit, aber dies ist der erste Brief, den ich für uns diktiere; Ihr werdet Euren Scharfsinn vermissen, auch ist er kein Vergleich mit den Schreiben, die Petrus Vinea für Euch verfaßte. Er ließ sich von Gabriel einen Krug Wasser bringen und trank. »Da der Schöpfer aller Dinge und Gebieter, noch ehe der Welt Ordnung entstand, aus seiner weisen Voraussicht und Machtfülle Uns ausersehen hat, das Erdenrund unter seiner Mitwirkung zu lenken und zu beherrschen, so erheben Wir jetzt, obgleich Wir lange Jahre nach Art des Wurms im Winter unter der Erde verborgen waren, wie jener Wurm zur Frühlingszeit Unser Haupt zum Wohle und Nutzen der gesamten Menschheit.« Durstig leerte Tile den Becher und schenkte sich selbst nach. Er blickte dem Schreiber über die Schulter. Nein, an der Einleitung war nichts zu verbessern. »Aus diesem Grunde erwarten Wir Eure Freundschaft, der Wir voll vertrauen. Als Zeichen Unserer Gnade erlauben Wir Euch, Uns einen Besuch abzustatten. Wir halten Uns in Neuss auf, bis Wir sowohl unsere körperlichen Kräfte wie auch Unsere Machtfülle aus den Schlünden der Erde neu hervorziehen können. Wenn Eure übergroße Treue und ein Dokument der Anerkennung Uns unterstützt, die kaiserliche Würde wiederzuerringen, so denken Wir daran, Euch später ein hohes Amt zu übertragen. Auch wird eine Geldgabe ohne Zweifel dann mit einer vielfachen Gegengabe belohnt werden. Eure geschätzte Antwort wird vom Überbringer dieses Schreibens mit Freuden entgegengenommen.«

Die Hauptarbeit war geleistet. Kein Diktat mehr. Bis zum Abend war der Stadtschreiber beschäftigt, immer wieder den gleichlautenden Text nur mit verändertem Adressaten zu Pergament zu bringen.

In der Nacht träumte Tile. Die Hofkanzlei zu Foggia. Er lag hilflos am Boden. Über ihm türmte sich ein Berg zerbrochener Schreibpulte, und Tinte tropfte unentwegt in seine Augen.

Gleich nach dem Morgenmahl kündigte Prior Jacobus an, daß er mit Peter einen Ritt zu den umliegenden Klöstern unternehmen wolle. »Wir können nicht länger für jeden kleinen Dienst die Hilfe des Rats erbitten. Unser Hof benötigt dringend eigene zuverlässige Männer.« Bis zum nächsten Abend sei er zurück. »Ich bitte, zeigt Euch wie gewohnt dem Volk am Fenster, aber verlaßt die Herberge nicht.« Seine Majestät habe genug Arbeit, denn bei der Rückkehr erwarte der Ratgeber alle Schreiben unterzeichnet und gesiegelt.

Zorn stieg in Tile auf. »Ich verbiete Euch, so mit mir zu sprechen. Ich bin nicht Euer Gefangener!«

Sofort folgte eine tiefe Verbeugung. »Das ist wahr, Majestät. Ihr seid mein Geschöpf.«

»Geht!« Vor Ohnmacht zitterte der Greis. »Sonst rufe ich die Wache!«

Milde betrachtete ihn Jacobus. »Unser Boot hat das Ufer längst verlassen. Deshalb hört auf meinen Rat und schont Eure Kräfte.« Tänzelnd ging er hinaus und ritt mit dem stummen Peter davon.

Zum erstenmal allein, seit er Neuss betreten hatte, ohne diesen Satan; und doch gelang es Tile nicht, freier zu atmen. Während Gabriel das Siegelwachs über einer Kerze erhitzte, stand er vor dem Schreibpult. Die Signatur? So oft hatte er Friedrichs Unterschrift gesehen. Nach einigen Proben wagte er sich an den ersten Brief. Ein liegendes Kreuz, rechts und links gestützt von senkrechten Strichen, die Balken versah Tile kunstvoll mit den Buchstaben seines, nein, Friedrichs Namen. Er trat zum Tisch. »Du darfst mir helfen, Junge, und sei dir der Ehre bewußt. Damals gab es in meiner Kanzlei für diese Tätigkeit nur einen einzigen dafür bestimmten Notar.«

»Aber ich weiß nicht ...«

»Still, und sieh mir genau auf die Hände!« Mit dem Messer ritzte Tile zwei Kreuze ins Pergament, trug die weiche rote Masse aus Wachs und Harz auf, daß sie etwas durch die Einschnitte drang, und sobald sie erhärtet war, würde sie nicht mehr ohne Beschädigung vom Pergament zu lösen sein. »Damit ist die Echtheit gewährleistet.« Er faßte den Steg am Rand der Siegelmünze und drückte nebeneinander die Vorder- und Rückseite ins Wachs.

Das zweite Schreiben mußte Gabriel unter kaiserlicher Aufsicht selbst siegeln, dann war Tile zufrieden und widmete sich nur noch den Signaturen.

»Hast du jemanden, der in Köln auf dich wartet?«

Gabriel zuckte die Schultern. Seine Eltern waren bei dem furchtbaren Hochwasser vor drei Jahren im Rhein ertrunken. Aus Mitleid hatte der Schneidermeister den Waisen in seine Werkstatt genommen. »Fehlen werd' ich ihm nicht. Wenn ich wegbleib', hat er einen Esser weniger.«

»Und ein Mädchen, vielleicht wartet eine Liebste auf dich?«

»Nein, hoher Herr.«

Sie schwiegen. Nur das Kratzen der Feder unterbrach die Stille. Tile kämpfte mit sich; ich habe es mir geschworen, grübelte er, und solange der Pfaffe nicht vom Ritt zurückgekehrt ist, kann ich das Versprechen einlösen. Er wartete, bis sämtliche Pergamentbögen unterschrieben und gesiegelt auf einem Stapel lagen. »Danke für alle selbstlose Hilfe, Junge.« Er legte drei Silbermünzen auf den Tisch. »Jetzt aber muß ich dich aus meinem Dienst entlassen. Nimm deinen Lohn. Ich wünsche, daß du sofort aufbrichst.«

Gabriel wich bis zur Wand zurück. »Hoher Herr. Bitte, warum sagt Ihr das? Wo soll ich denn hin, ohne Euch?«

»Ach, guter Junge. Mag auch Neuss mich noch so freundlich empfangen haben, auf deinen Kaiser wartet in Zukunft nur Ungewißheit. Du und deine Jugend, ihr habt Besseres verdient. Kehre zu deinem Meister zurück, suche dir eine Frau, und halte das Glück fest.«

Helle Tränen standen Gabriel in den Augen. »Meine Liebe gehört Euch.« Er warf sich dem Greis vor die Füße. »Selbst wenn Ihr nicht der Kaiser wärt, Ihr seid alles Glück, was ich hab'. Bitte, schickt mich nicht fort.«

Tile sah den kleinen Jungen, der mit einem Hund dem kaiserlichen Troß folgte, der sich eine Hütte im Gebüsch baute; nichts hätte ihn damals aus Friedrichs Nähe vertreiben können. Doch Friedrich war der Kaiser. Und nun ist dieser gutgläubige Bursche hier bereit, seine Zukunft für mich zu opfern? Niemals darf ich vor ihm den Betrug eingestehen. Selbst wenn, würde Gabriel inzwischen die Wahrheit bestimmt für eine Lüge halten. Ach, Katharina, glaub mir, ich wollte den Jungen retten. »Du darfst bleiben, Kammerdiener. Erhebe dich.«

Zehn Mönche hatte der Prior, mit Erlaubnis ihrer Oberen, anwerben können, tatkräftige, gelehrte Männer, die froh waren, für einige Zeit dem engen und stillen Alltag zu entrinnen. Sie nahmen Quartier im Gästehaus des Damenstifts Sankt Quirinus. Auch zwei geradegewachsene Novizen trafen in Neuss ein. Ihnen verschaffte Jacobus eine Unterkunft gleich neben der Herberge und vergewisserte sich persönlich, daß ihr Zimmer über eine Stiege frei von außen zugänglich war. »Unter den vielen wählte ich euch aus.

Seid euch der Ehre bewußt, meine Söhne. Ihr untersteht nur mir und habt euch jederzeit bereitzuhalten.« Von Stolz erfüllt packten die beiden ihr Bündel aus. Schon in der dritten Nacht mußten sie schmerzhaft erfahren, was es neben der täglichen Arbeit bedeutete, auserwählt zu sein. Keine Klage; die Novizen fügten sich den rohen Wünschen des hochwürdigen Vaters, nahmen dafür seine Geschenke und vertrauten dem Versprechen, daß sie durch ihn bei Hofe später ein wichtiges Amt erhalten würden.

Mit Beglaubigungen versehen waren die kaiserlichen Gesandten zu Pferd oder per Schiff von Neuss aufgebrochen. Wann kam ein Echo? Zähe Wochen folgten, in denen die Geduld auf eine harte Probe gestellt wurde. Bis zum Weihnachtsfest 1284 – dem neunzigsten Geburtstag des Kaisers – wartete der Prior nun schon vergebens auf eine Antwort.

Glockengeläut, Chorgesang erfüllte das Münster. Tile ließ sich mit einer Messe feiern und erinnerte Friedrich leise daran, daß er ihm zehn Jahre an Kraft und Jugend geschenkt habe. Während des Festmahls im Rathaus zeigte er sich den Gratulanten heiter und sparte bei den Damen nicht mit Komplimenten, fand für die Herren freundliche Worte. Atemlos lauschte die Gesellschaft den Geschichten über die Menagerie seiner exotischen Tiere: Löwen und Affen waren nur ein Begriff, von einer Giraffe aber hatte in Neuss nie jemand gehört. Das Tier gab keine Milch, paßte unter kein Stalldach und war bei der Feldarbeit nicht zu gebrauchen. Fest auf dem Boden stehend sollte es der Giraffe mühelos möglich sein, die reifen Früchte aus einer Baumkrone zu fressen! Unglaublich! Tile sprach dem Wein zu, fühlte sich angespornt wie im Kloster Weißenburg, wenn die Brüder andächtig vor ihrem Kaiser saßen. Diese Rolle bereitete ihm Vergnügen; ohne Unterstützung des Drogenwürfels ließen seine Worte den Prunk und die schillernde Pracht des Stauferhofes entstehen.

»Verzeiht, Majestät«, eine füllige Patrizierin in seiner Nähe nützte die ausgelassene Stimmung zwischen den Speisegängen, »darf ich fragen, ob es wahr ist, das mit den Frauen?«

Sofort trat Stille ein. Erschreckt drehten die Herren den Becher in der Hand. Ein verstohlener Blick zu ihren Freundinnen bestärkte die Fragerin; alle waren eingeweiht, hatten sie als die Mutigste ausgewählt und brannten darauf, nun die Wahrheit zu erfahren. Die Patrizierin hob den Busen. »Hier wird erzählt, daß Ihr stets einen Harem mitführtet. Lauter Liebesdamen mit einer dunklen Haut.«

Eine Weile schmunzelte Tile vor sich hin. Ach, Friedrich, habt Ihr bei Eurer ungezügelten Begierde je so geliebt, wie ich heute noch meine Katharina liebe? Aber Recht geschieht mir, ich muß für uns in einer Sache vermitteln, in der wir uns sehr unterschieden. »Mag sich von der Warte meines hohen Alters betrachtet manche Sünde verklären, ohne Reue will ich eingestehen: Oft bin ich dem Reiz der Lust erlegen und habe stets Schönheit um mich versammelt.« Er schenkte erst der Patrizierin, dann den übrigen Damen einen langen Blick und setzte hinzu: »Trotz Falten und weißen Haars, im Innern spüre ich auch heute hin und wieder noch den Frühling.«

Befriedigtes Seufzen der Frauen, erleichtertes Aufatmen bei den Männern. Seine Majestät hatte geantwortet, offen genug für die Neugierde und so verhalten, daß keine Peinlichkeit entstanden war.

Schnee rieselte am Neujahrsfest und überzog die Dächer von Neuss mit einer dünnen Schicht; in den Straßen und auf dem Marktplatz jedoch blieb er nicht liegen. Gegen Mittag des nächsten Tages hastete ein Torwächter zur Herberge. »Eine Gesandtschaft fragt nach einer Audienz!« meldete er dem Prior und verzog das Gesicht. »Reiche Juden sind es. Sie kommen aus Köln.«

»Geleite sie sofort hierher. Sie sollen sich draußen ein wenig in Geduld fassen. Seine Majestät ist vielbeschäftigt. Richte ihnen aus, sobald die Besprechung mit den Hofjustitiaren beendet ist, wird die Gesandtschaft empfangen.« Er drohte dem Wachposten. »Und kein abfälliges Wort zu ihnen, sonst lass' ich dich auspeitschen.«

Kaum hatte sich der Bewaffnete entfernt, schrie Jacobus nach dem Wirt: »Leg neue Scheite aufs Feuer!« und eilte die Stiege hinauf. »Majestät, endlich!« Gabriel mußte dem Greis das blaue Gewand überstreifen, ihm den purpurnen Mantel umlegen. »Warum diese Hast?« fragte Tile.

»Mein Kaiser«, das rundliche Gesicht strahlte, »jetzt geraten die Dinge in Bewegung. Wenn Juden zu Euch kommen, dauert es nicht mehr lange, und wir werden auch den Adel zu Gast haben. Sie erspüren jede Veränderung zuerst. Denn stets bewegt sich das Geld vor der Politik.«

Tile hatte sich auf dem Lehnstuhl an der Stirnwand des kleinen Saals niedergelassen. Sein Ratgeber stand rechts von ihm. Das Feuer prasselte.

Vom Hauptmann der Leibgarde wurde die Gesandtschaft hereingeführt. Vier in Pelze gehüllte Herren, gefolgt von zwei mit Truhen beladenen Dienern, näherten sich dem Thron. Sie nahmen ihre spitz zulaufenden gelben Hüte ab und beugten die Knie. Einer von ihnen übernahm das Wort: »Großmächtiger Herrscher, wir, einfache jüdische Händler, wagen uns in Demut zu nähern und entbieten Euch den Gruß unserer Gemeinde. Unsägliche Freude erfüllte uns, als wir von Eurer Rückkehr hörten.«

»Seid willkommen.« Sie durften sich erheben, und schweigend betrachtete Tile seine Gäste. Warum sprach der Wortführer nicht weiter? Du mußt ihm die Erlaubnis geben, mahnte Friedrich, sonst bleibt er stumm.

»Was führt Euch her?«

»Um Vergebung, großmächtiger Fürst, erlaubt mir an die lange zurückliegenden glanzvollen Jahre Eurer Regentschaft zu erinnern. Ihr habt uns jüdische Geschäftsleute zu Euren kaiserlichen Kämmerern erhoben und uns dadurch unter Euren persönlichen Schutz gestellt. Solange Ihr herrschtet, durften unsere Väter ungehindert freien Handel treiben, nicht zuletzt auch zum Wohle Eurer Krone. Dieses Recht, den Propheten sei es geklagt, wird uns, den Söhnen, von König Rudolf verwehrt. Euren weisen Beschluß legt er nach seinem Gutdünken aus. Der Habsburger beschränkt unsere Bewegungsfreiheit. So sind wir zu Sklaven des Hofes geworden, und darunter leidet das Geschäft.«

Tile verstand die Andeutung des Juden nicht, hüllte sich in Nachdenklichkeit und wartete ab.

Sein Zögern veranlaßte den Großkaufmann zum nächsten Schritt. »Erlauchter Fürst, Eure Kämmerer sind nicht mit leeren Händen gekommen.« Auf seinen Wink hin wurden die beiden Truhen von den Dienern zum Thron gebracht und geöffnet. Aus der größeren quollen Pelze und Seidenstoffe, die andere war bis zum Rand mit Perlen, Edelsteinen und Gold gefüllt.

Vom Anblick überwältigt, wollte der Greis aufspringen. Bezähme dich, hielt ihn Friedrich rechtzeitig zurück. Ja, ja, schon gut, beruhigte Tile den Lehrmeister seines Denkens, ich halte mich an unsere Rolle. Aber Ihr müßt verstehen, selbst wenn ich drei mal achtzig Jahre in der Schreinerei gearbeitet hätte, nicht einmal der Bruchteil dieses Reichtums wäre mir beschieden gewesen. Ein Blick zur Seite. Auch Prior Jacobus zeigte keine Begeisterung, gleichmütig betrachtete er den Inhalt der Truhen. Mein Dank darf nicht überschwenglich ausfallen, beschloß Tile.

Zu lange dauerte das Schweigen, und der Jude verständigte sich flüsternd mit seinen Partnern. »Wir sind uns Eurer schwierigen Lage wohl bewußt, erlauchter Fürst. Betrachtet diese geringe Gabe als Begrüßungsgeschenk. Da wir beauftragt sind, auch namens unserer jüdischen Geschäftsfreunde in den anderen Reichsstädten zu sprechen, dürfen wir Euch versichern, daß Ihr zukünftig regelmäßig mit ausreichend finanziellen Mitteln versorgt werdet.« Sie wollten Darlehen gewähren, den kaiserlichen Hof stärken, damit Friedrich schnell seine Macht wiedererlangte.

Tile winkte den Prior näher. Nicht an seine Seite, der Ratgeber mußte sich direkt vor den Thron stellen und ihn mit seinem Rücken abschirmen. »Was erwarten die jüdischen Kaufleute von mir?« raunte er.

»Sagt Ihnen Schutz und Eure immerwährende Gunst zu.«

»Mehr nicht?«

»Das genügt.« Nach einer Verbeugung kehrte Jacobus wieder auf seinen Platz zurück.

Tile straffte den Rücken. »Stets haben Wir während Unserer Herrschaft das Los der Juden mit Sorgfalt betrachtet und Uns bemüht, ihnen größtmöglichen Schutz vor Anfeindungen zu gewähren. Neid und Haß sind Uns ein Greuel. Ihr, Unsere geschätzten Kämmerer, überbringt euren Glaubensbrüdern Unsern Trost: Friedrich wird später nicht vergessen, was sie heute für ihn leisten.« Er sicherte ihnen uneingeschränkte Bewegungsfreiheit ihres Handels zu. »Ein Privileg dieses Inhalts wird euch von Unserer Kanzlei sofort ausgefertigt und gesiegelt werden. Habt Dank, und reist voller Zuversicht.« Tile erhob sich, wartete die Kniefälle ab und schritt langsam an der Gesandtschaft vorbei. Von seinem Diener ließ er sich die Stiege hinaufhelfen.

Am Abend saß der Greis im dampfenden Badezuber. Trotz des warmen Wassers wich die Kälte nicht aus seinen Beinen. Gabriel mußte ihm die Fußsohlen mit einer Bürste reiben. Wie stets beobachtete sie der Prior aus dem Halbdunkel, wie stets würde er sich erst entfernen, wenn Seine Majestät zu Bett gebracht war. Zwar zog er sich in den letzten Wochen nicht immer sofort hinter den Vorhang zurück, doch irgendwann würde ihn Tile hören müssen. Längst wußte er von seinen Besuchen bei den jungen Novizen, mit Ekel erfüllte ihn das Grunzen und Schnauben, wenn Jacobus sich weinschwer zu später Stunde aufs Lager warf. Der Greis ballte seine Hände unter Wasser zu Fäusten. Die lauernde Gegenwart des Pfaffen war ihm unerträglich. »Tretet ins Licht, hochwürdiger Vater.«

Lautlos glitt Jacobus näher. »Ihr habt noch einen Wunsch, mein Kaiser?«

»Kein Wunsch, eine Veränderung, die Euch gewiß Freude bereitet. Dank meines Geschicks haben uns die Juden heute mit Reichtum überschüttet.« Der Hofstaat sei nun in der Lage, auch für angemessene Wohnverhältnisse zu sorgen. »Ich beanspruche ein Gemach, in dem ich mich unbeobachtet aufhalten kann. Ihr werdet Euch morgen eine eigene Unterkunft anmieten.« Kühl lächelte Tile ihn an. »Wie wäre es mit dem Haus gleich neben der Herberge? Ich bin sicher, gegen Geld werden die Besitzer sich gerne einschränken und Euch ihre Wohnstube überlassen.«

Das Gelb in den Augen glitzerte hart. »Um Vergebung, meine Pflicht befiehlt es mir, in Eurer unmittelbaren Nähe zu bleiben.«

Tile hielt dem Blick stand. Du wirst mir gehorchen, dachte er, ich bin der Kaiser, und vor Gabriel wagst du keinen Widerspruch. »Die Fürsorge ehrt Euch, treuer Freund. Sollte ich des Nachts Eure Hilfe benötigen, schicke ich den Kammerdiener. Lange genug habt Ihr um meinetwillen auf Freiheit und Bequemlichkeit verzichtet. Deshalb wünsche ich, daß Ihr, umsorgt von Euren klösterlichen Pagen, über eigene Räume verfügt. Außerdem, hochwürdiger Vater, findet Ihr dort endlich Ruhe für Euer Morgen- und Abendgebet, in das Ihr Euren Kaiser gnädig einschließen mögt.«

Jacobus gab sich geschlagen. »Danke, mein Fürst. Ihr seid mir zuvorgekommen, denn morgen hätte ich Euch diesen Vorschlag selbst unterbreitet.« Die Verneigung gelang nicht so elegant wie gewöhnlich; hastig durchquerte er das Schlafgemach, und sein Schritt polterte die Stiege hinunter.

Tile lehnte sich im Badebottich zurück. Bis in die Zehen fühlte er mit einem Mal wohlige Wärme. »Leg die Bürste beiseite, mein Junge, und trockne mich ab.«

Wenig später lag er nackt auf dem Bett, und Gabriel rieb duftendes Rosenöl in seine Haut. »Herr, darf ich etwas fragen?«

»Nein, Junge, nicht jetzt.« Auch wenn ich dem Satan ausgeliefert bin, wenigstens bei Nacht habe ich mich seiner entledigt. Und dieser kleine Sieg war möglich geworden, weil die Juden mich anerkannten. Erschreckt hielt er inne. Vergib, Friedrich, sie haben vor Uns, dem von Gottes Gnaden immer erhabenen Kaiser, das Knie gebeugt. Wir dürfen zufrieden sein, und von Erfolg zu Erfolg wird meine Kraft und Unsere Macht gestärkt. Tile ließ den Traum wachsen. Vielleicht kommt der Tag, an dem ich mich als Friedrich von meinem Peiniger selbst befreien kann.

Nach dem zweiten Morgenläuten verließ der Kaiser, in einen langen Pelzmantel gehüllt, die Herberge, begleitet von seinem Kammerdiener und bewacht von Hauptmann Peter mit zwei Bewaffneten der Leibgarde. Schnee bedeckte knöcheltief die Straßen. »Von heute an werde ich einmal in der Woche einen Rundgang durch mein Neuss unternehmen«, hatte er den Prior wissen lassen.

Bisher kannte er die Bürger nur, wenn sie festlich gekleidet in Hochrufe ausbrachen, nun wollte er zu ihnen, sie in ihrem Alltag besuchen. Abseits jeden Trubels hoffte er, ihre wahren Gesichter zu sehen, und das Volk sollte ihm von den Sorgen und Nöten berichten.

Tile stapfte durch die winterlichen Straßen und Gassen. Kaum hatte er das Hafengelände betreten, unterbrachen Packer und Schiffsknechte die Arbeit, sie zerknautschten ihre Kappen in den klobigen Händen und wußten nichts zu antworten. »Ich werde wiederkommen«, versprach er. Aus den Werkstätten traten eilfertig die Meister mit ihren Frauen. »Welch eine Gnade!« Mehr Worte fanden sie nicht. Wo der Kaiser auch stehen blieb, empfing ihn ehrfürchtiges Schweigen.

»Die Leute sind es nicht gewohnt, daß sich ein Fürst zu ihnen begibt«, erklärte Tile seinem Diener, »aber Geduld, mit der Zeit werden sie es lernen und ihre Scheu ablegen.«

Gabriel sah sich nach Hauptmann Peter um; der Stumme folgte ihnen mit seinen Bewaffneten außer Hörweite. »Darf ich jetzt etwas fragen?«

»Was beschäftigt dich?«

»Habt Ihr früher, ich meine an Eurem großen Hof, auch solche Herren gehabt?« Gabriel senkte die Stimme. »Solche wie den ehrwürdigen Vater Jacobus?«

Die Frage überraschte Tile. Hatte er sich in seinem unschuldigen Erzengel getäuscht? »In der Hofkanzlei und natürlich im Stab meiner engsten Berater gab es viele kluge Männer der Kirche.«

Gabriel kämpfte mit sich, dann flüsterte er: »Bitte verzeiht, ich bin ja nicht so gescheit. Ich meine nur, weil ich gemerkt hab', wie Ihr Euch schon oft über den ehrwürdigen Vater geärgert habt. Deshalb.«

Dieser Junge gefällt mir von Woche zu Woche mehr, dachte Tile, er hat ein wachsames Herz. Früher hätte ich selbst solch eine Frage stellen können, nicht an Friedrich, wohl aber wäre ich damit zu Lupold gegangen.

»Du bist mein Kammerdiener, Junge. Nie darfst du vor anderen solch einen Gedanken aussprechen«, ermahnte er und fuhr fort: »Soviel aber sollst du wissen: Selten findet ein Kaiser wirkliche Freunde bei Hof. Denke ich zurück, so bleiben mir eine Handvoll, von denen ich nicht enttäuscht wurde. Hofämter werden von dafür geeigneten Personen bekleidet, ihre Treue und Ergebenheit gilt dem Wohle des Reiches und seinem Herrscher. Dieser Pflicht kommt Prior Jacobus bisher ohne Tadel nach. Mag sein Wesen mir auch hin und wieder fremd sein.«

»Meine Liebe gehört Euch, hoher Herr, Euch allein.«

»Das weiß ich, Junge. Und nun genug davon.«

Am Rand des Viehmarkts entdeckte Tile einige Bettler. Die Lumpen schützten sie kaum vor der Kälte. »Ihre Not muß gelindert werden.« Noch heute wollte er den Stadtrat veranlassen, eine Kleidersammlung bei den Wohlhabenden durchzuführen. »Und deine Aufgabe, Gabriel, wird es sein, die Armen mit den Geschenken zu versorgen.«

Kurz nach ihrer Rückkehr ins Gasthaus traf ein berittener Kurier ein. Er überbrachte dem kaiserlichen Hof ein Schreiben der Fürstäbtissin Bertha von Essen. Ehe Prior Jacobus das Siegel erbrach, ließ sich Tile den Brief aushändigen und überflog die Zeilen. »Ein glücklicher Tag. Ihr hattet es vorausgesagt, hochwürdiger Vater, unsere Sache gerät in Bewegung.«

»Was schreibt diese Dame?« Fordernd streckte Jacobus die Hand aus.

»Wichtig erscheint mir, daß sie mich als ihren Kaiser anerkennt und um eine Audienz bittet. In einer Angelegenheit ...«, Tile suchte die Stelle, »... den Grund erwähnt sie nicht, schreibt nur: ›… da der Erzbischof Siegfried von Köln sich widerrechtlich anmaßt, meine Befugnisse zu beschneiden …‹«

»Majestät!« Kaum gelang es dem Prior, die Fassung zu bewahren. »Darf ich Euch in die Kanzlei bitten.«

Verwundert folgte ihm Tile. Kaum waren sie allein, riß Jacobus den Brief an sich, las und zerknüllte das Pergament in der Faust. »Diese hinterlistige Schlange«, stieß er zwischen den Zähnen vor.

»Ich fordere eine Erklärung, hochwürdiger Vater.«

Jäh wandte sich der Prior ab. »Jeder Besuch ist uns willkommen. Dieser Dame aber werden wir jede Audienz abschlagen.« Er fuhr herum. »Habt Ihr mich verstanden, Majestät?« Tile sah ihn entrüstet an, und wieder beherrscht wischte er sich mit dem Handrücken über die Stirn. »Um Vergebung, mein Kaiser. Die Sorge ließ mich die gebotene Höflichkeit vergessen. Äbtissin Bertha kann unser Vorhaben gefährden. Seit Jahren bekämpft sie den Erzbischof, und auf keinen Fall dürfen wir uns in diesen Streit einmischen.«

»Was verbindet Euch mit Siegfried von Köln?«

Kein Zucken der Brauen, nicht das kleinste Anzeichen von Unsicherheit, ölig glatt antwortete Jacobus: »Seine Stimme hat Gewicht im Reich. Und wir sollten uns um die Anerkennung der Mächtigsten bemühen, anstatt sie unnütz herauszufordern. Vertraut mir, Majestät, und überlaßt Eurem Ratgeber das politische Geschäft.«

»Nichts anderes bleibt mir übrig«, sagte Tile und dachte, noch nicht, du Pfaffe. Diese Dame behalte ich fest im Gedächtnis. Wenn sie dich beunruhigt, so bedeutet sie mein erstes Pfand gegen dich. »Hochwürdiger Vater, was tun? Der Bote wartete auf Antwort.«

»Wir weisen die Dame nicht ab, entschuldigen uns mit Zeitmangel und halten sie hin.« Eine Verbeugung. Als Jacobus sich aufrichtete, verzog ein breites Grinsen seine Mundwinkel. »Großer Fürst, Ihr solltet ausruhen. Sicher hat Euch der Spaziergang ermüdet.« Er geleitete Seine Majestät aus dem Hinterzimmer durch den Saal. »Mein Gepäck wurde ins Nachbarhaus gebracht. Oben ist alles für Euch gerichtet.« Am Fuß der Stiege blieb er stehen. »Ich habe über Euren Wunsch nachgedacht, warum Ihr des Nachts allein sein wollt.« Er benetzte die Unterlippe. »Verzeiht, ich war ein blinder Narr, sonst hätte ich viel früher auf Euer Bedürfnis Rücksicht genommen. Bitte erlaubt mir dies eine Mal noch, Euch hinaufzuführen.«

Kaum hatten sie das Schlafgemach erreicht, wies der Prior mit einer einladenden Handbewegung zum kaiserlichen Lager. Tile schloß die Augen und öffnete sie wieder. Keine Täuschung. Im Bett saß eine junge Frau. Sie war nackt. Rund um ihre Hüften lag flauschig gesteckt die Daunendecke. Ein durchgebogener Rücken. Braune Haarlocken kräuselten sich auf den weißen Schultern. Die Brüste rund und fest. Von ihrem Gesicht erkannte Tile nur die feingezeichnete Linie; sie führte vom Kinn über Lippen und Nase hinauf zur Stirn.

»Mein Kaiser, ich hoffe, die Überraschung ist mir gelungen«, hörte er neben sich die Stimme des Priors.

»In der Tat«, murmelte Tile, ohne den Blick von der Schönen abzuwenden.

»Sie ist willig und in ihre Aufgabe eingewiesen, hat mir die Äbtissin versichert.«

»Welche Äbtissin?«

Jacobus schob sich vertraulich näher. Die junge Nonne entstammte einer vornehmen Familie und wohnte nebenan im Damenstift Sankt Quirinus. Strenge Zucht sei dort, wie in vielen Frauenklöstern, nur äußerer Schein. »In Wahrheit führen die Schwestern ein recht zügelloses Leben. Keiner Sinnesfreude versagen sie sich. Wenn Ihr versteht, Majestät, was ich damit andeuten möchte.«

»Das Gerücht ist mir bekannt.«

»Mit der Frau Äbtissin bin ich übereingekommen, daß Ihr jederzeit nach einer anderen Dienerin verlangen könnt, sollte Euch diese nicht mehr zusagen.«

Langsam wandte sich Tile dem Prior zu. »Ihr erstaunt mich immer wieder. Habt Dank, und geht jetzt.«

Er wartete, bis Jacobus die Stiege hinuntergetänzelt war. Für einen Moment ratlos, betrachtete er die Schöne. Eine Augenweide, ohne Frage. Selbst wenn ich Katharina vergessen wollte, was habe ich alter Mann dieser jugendlichen Frische zu bieten? Ein wenig Lust vielleicht, sonst aber eckige Knochen und erschlaffte Haut.

Vergeblich blickte er sich nach seinem Kammerdiener um und rief ihn. Gabriel trat aus dem durch einen Vorhang abgetrennten Teil des Schlafgemachs. »Warum versteckst du dich?«

Das Blut stieg dem jungen Mann ins Gesicht. »Wegen ihr. Weil ich ... na ja, als ich kam, saß sie schon da, und ich ...«

»Keine Scheu«, ermunterte ihn Tile, »wir werden uns gemeinsam dieser Gefahr nähern.«

Sie hob den Kopf; Furcht war in den grauhellen Augen zu lesen. Sie wagte ein Lächeln, und als der Kaiser es nicht erwiderte, kreuzte sie die Arme vor ihren Brüsten. »Gefalle ich Euch nicht, hoher Herr?«

»Du bist ein schönes Kind. Sag mir deinen Namen.«

»Hedwig.« Sie schluckte heftig. »Bitte, schickt mich nicht fort. Die Mutter Äbtissin wird mich sonst bestrafen.«

Auch das noch, dachte Tile. In ihm entbrannte ein Streit mit Friedrich. Sein Kaiser hätte sich früher ohne Zögern zu dem Mädchen gelegt und die Lust ausgekostet. Früher, Friedrich! Heute aber sind wir alt. Diese Tatsache dürft Ihr nicht außer acht lassen. Und vergeßt nicht, ich bin es, der uns seinen Körper zur Verfügung stellt. Meine Begierde unterscheidet sich von der Euren.

»Gefalle ich dir, Hedwig?«

Sie sah ihn an, sah zu Gabriel und senkte die langen Wimpern. »Eure Gestalt läßt mein Herz höher schlagen.«

»Wie schmeichelhaft.« So geriet das Gespräch in die falsche Richtung. Tile rieb die Falten auf seinem Nasenrücken. Befehle ich ihr zu gehen, erwartet sie im Damenstift die Strenge der Mutter Äbtissin und vielleicht das Gespött ihrer frommen Mitschwestern.

Aus den Augenwinkeln bemerkte er, mit welchem Blick Gabriel das Mädchen anstarrte. Ein Gedanke ließ ihn schmunzeln. Der Kaiser hat für die Seinen zu sorgen.

Tiles Entschluß stand fest, und er setzte sich zu ihr. »Du darfst mir dienen, mein Kind. Nein, versuche nicht, mich von deinem Lächeln zu überzeugen. Ich ahne, wie schwer es dir fällt.« Er stellte ihr Gabriel vor. Mit ihm gemeinsam müsse sie zukünftig den Kaiser kleiden und seine Wünsche erfüllen. Da eine Kammerzofe ungewöhnlich in der Umgebung des Herrschers sei, solle Hedwig nach außen hin als seine Gespielin gelten. »Hast du mich verstanden?«

»Ja, Herr. Habt Dank.« Im Überschwang griff sie nach seiner Hand und küßte den Falkenring. »Ihr seid so gütig zu mir.«

Tile strich leicht über die braunen Locken. »Einen Dienst aber werde ich dir jeden Abend in meinem Bett abverlangen.« Sofort spürte er ihr Erschrecken, löste es aber nicht. »Ich muß darauf bestehen, mein Kind, und erwarte Gehorsam.«

Tapfer nickte sie.

»Mein Körper ist alt, die Glieder frieren. Deshalb sollst du, ehe ich mich niederlege, das Bett anwärmen. Ich denke, dein Leib verbreitet mehr Wohligkeit, als es der heiße Stein vermag, den Gabriel mir bisher unter die Decke steckte.«

Es dauerte einen Moment, dann lachte Hedwig hell auf. »Ihr werdet nicht mehr frieren, hoher Herr. Dafür sorge ich gern.«

Ende Februar hatte der Troß die Pfalzburg Eger im westlichen Böhmerland verlassen. Auf den Weiden entlang der Handelsstraße klebte fahlbraunes Gras, zerdrückt von der geschmolzenen Schneelast; weiter entfernt bedeckte letztes Weiß die Höhenrücken des Fichtelgebirges. Es roch nicht nach Frühling.

König Rudolf ritt vorn bei seinen Hauptleuten. Der Sechsundsechzigjährige war froh, endlich die Prunkgewänder wieder gegen Harnisch und sein graues Wollwams eingetauscht zu haben. Die Wochen im Winterquartier hatten ihn gelangweilt. Ein Fest nach dem anderen: Erst die Vermählung seiner kleinen Tochter Guta mit dem unmündigen Böhmenkönig Wenzel. Kinderspiele mit Gauklern und Possenreißern! Natürlich war die Verwandtschaft zahlreich erschienen; abgesehen von den Geschwistern der Braut hatten sich Herzoginnen, Markgräfinnen nebst Gatten und Gefolge auf der Burg hoch über der Flußkehre eingenistet und auch die zweite Hochzeit zwischen Rudolfs Nichte und einem Herzog in Saus und Schlemmerei genossen. Für sich selbst verabscheute der König jeden Prunk; oft genügte ihm der Rübenbrei, den auch die einfachen Fußknechte aßen. Seine Hofhaltung aber ließ die königliche Kasse zum Faß ohne Boden werden.

Ungebeugt vom Alter saß Rudolf im Sattel. Ein großer, schlanker Mann mit feingliedrigen Händen. Braunes, silbergesträhntes Haar umgab den kleinen Kopf. Hohe Brauenbögen standen über scharfblickenden Augen; im Zusammenspiel der schmalen Lippen, der eingekerbten, nach unten gezogenen Mundwinkel wirkte seine Miene meist sorgenvoll und nachdenklich, lächelte er aber, so verriet sie Leutseligkeit und Humor. Seine Adlernase jedoch beherrschte das Gesicht; wie einen mächtigen höckrigen Erker trug er sie vor sich her.

Nahe des kleinen Städtchens Kemnath am Fuß des Fichtelbergs erreichte ein Eilkurier den Troß und wurde von der Vorhut zum Habsburger geleitet. Kein Halt; neben dem König reitend mußte er die Botschaft überbringen. »Graf Eberhard von Katzenellenbogen entbietet Euch durch mich untertänigste Grüße. Möge der Himmel Euch ...«

»Wir sind hier nicht im Thronsaal«, unterbrach ihn Rudolf. »Laßt das Geschnäbel, Baron, und kommt zur Sache. Was veranlaßt meinen treuen Vasall, Euch schon so früh im Jahr auf die Reise zu schicken?« Geräuschvoll sog er den Atem durch die

Nüstern. »Betrifft es wieder Erzbischof Siegfried? Gibt es erneut Zank um den Rheinzoll bei Boppard?«

»Weit schlimmer, mein König. Ich bin beauftragt, Euch in einer Sache zu unterrichten, die Graf Eberhard tief besorgt und die zur Gefahr für das Reich erwachsen kann. In Neuss ist ein Greis aufgetaucht, der von sich behauptet, Kaiser Friedrich zu sein.«

Rudolf lachte. »Deshalb die Aufregung? Solche Scharlatane hatten wir in den letzten Jahren einige. Sie erscheinen und verschwinden.«

»Dieser aber hat sich festgesetzt«, warnte der adelige Kurier. Ernst beschrieb er, wie der Neusser Rat den Greis gläubig aufgenommen und ihm einen Hofstaat gegeben hatte. Briefe und Boten an die verschiedenen Fürstenhöfe wären entsandt worden. Im Rheinland und weit darüber hinaus hätte sich die Kunde vom wiedererstandenen Kaiser verbreitet.

Rudolf bezwang seine Heiterkeit. »Mit welchem Erfolg?«

»Mein Herr läßt Euch sagen, daß gerade der unfaßliche Erfolg dieses Mannes ihn beunruhigt.« Das einfache Volk lag ihm zu Füßen. Ungeniert hielt er Hof, angetan mit Purpur saß er zu Gericht. Seine Kanzlei stellte wahllos Privilegien aus. Täglich trafen Ritter in Neuss ein. Sie huldigten ihm und boten Arm und Schwert. Meist waren es zwielichtige Burgherren, umgeben von bewaffneten Halunken, die den Unterhalt mit Raub und Plünderung bestritten und jetzt hofften, durch diesen Friedrich ihre Verbrechen zu legitimieren. »Graf Eberhard eilte nach Neuss und nahm an einer Audienz teil. Dort konnte er sich selbst überzeugen, welch einen Zulauf der Greis genießt, wie schnell seine Anhängerschar wächst.« Verblüffend echt sei vor allem die äußere Ähnlichkeit mit Friedrich, in Gestalt, Gesten und Sprache.

König Rudolf schlug die flache Hand auf den Sattelknauf: »Ihr seid zu spät eingetroffen, Baron. Eure Geschichte hätte die Unterhaltung während der Hochzeitsfeiern aufs Beste bereichert. Und wie finanziert der Scharlatan seine Hofhaltung? Vielleicht kann ich von ihm lernen?«

Unbeirrt nahm der Kurier den Spott hin. Die Juden zahlten Schutzgelder. Überdies erhalte er von Gutsbesitzern und Kaufleuten wertvolle Geschenke. Selbst die herzöglichen Enkelsöhne des Stauferkaisers hätten hocherfreut ihrem Großvater beachtliche Summen geschickt.

Rudolf sah zum Himmel. »Unser Herrgott in seiner unergründlichen Weisheit gibt jedem tüchtigen Manne etwas, damit er sich nähren kann.«

»Mein König, so glaubt mir, dort in Neuss kann Euch ein Gegner erwachsen.«

»Ich schätze Graf Eberhard als einen rechtschaffenen Freund. Aber was diese Person betrifft, so verwechselt er einen kleinen Wurm mit einem Drachen.« Nachdenklich fuhr Rudolf fort: »So oft habe ich früher das Antlitz des großen Friedrich mit eigenen Augen geschaut. Er war mein Pate und Vorbild. Nun gut, Baron, Eure Reise soll nicht vergebens gewesen sein.« Mehr um Graf von Katzenellenbogen nicht zu verletzen, gab er den Auftrag: »Sagt Eurem Herrn meinen Dank. Er möge den Kölner Erzbischof in meinem Namen bitten, das ungute Spiel dieses Betrügers in seinem Sprengel zu beenden. Er möge den Mann zu mir bringen, doch unversehrt. In jedem Fall will ich ihn kennenlernen und mich selbst überzeugen, ob er Friedrich ist oder nicht.«

Eine Staubwolke am Horizont? Geblendet schirmten die Späher auf dem südwestlichen Wehrgang von Neuss ihre Augen gegen das schräg einfallende Licht. Um freies Blickfeld zu haben, stand selbst mittags die Märzsonne noch nicht hoch genug. Wertvolle Zeit verstrich. Dann kein Zweifel mehr: Helme und Lanzenspitzen blinkten; aus Richtung Köln näherte sich ein Reitertrupp, und wenig später waren Fahnen und Standarten des Kirchenfürsten zu erkennen. Alarm! Die hart gestoßenen Hornsignale schreckten Neuss aus der Mittagsruhe.

Im Galopp preschte ein Wachposten zum Rathaus. »Gefahr, höchste Gefahr. Erzbischof Siegfried kommt mit seinen Reisigen!«

»Warum, beim Teufel?« stammelte der Bürgermeister. Kein Krieg war angesagt, keine Fehde mußte ausgetragen werden. Zwar schwelte ständiger Streit zwischen Neuss und dem Kirchenfürsten, aber bisher war er nie Anlaß für einen Waffengang gewesen. Langes Nachdenken vergrößerte die Gefahr, sofort mußte gehandelt werden: »Schließt alle Tore!« befahl der Bürgermeister. »Laßt die Stadtschützen hinter den Mauerzinnen Stellung beziehen!«

Fahrig legte er seine goldene Amtskette an. Im Sturmschritt erreichte er mit den Ratskollegen das Obertor und stieg ihnen voran über die Leitern zur Wachstube hinauf.

Der Trupp hatte außer Schußweite angehalten. Fünfzehn Berittene. Zu wenige, sie konnten Neuss nicht wirklich bedrohen. Die Mienen der Ratsherren entspannten sich; etwas gefaßter sahen sie dem Ausrufer entgegen, der, einen weißen Wimpel tragend, aufs Tor zuritt.

Den Lärm draußen in der Stadt hatte Tile kaum wahrgenommen. Er saß in seiner Kanzlei über das Antwortschreiben des Grafen von Holland gebeugt. »Nichts als Hohn und Spott«, murmelte er. Beinah anklagend zitierte er Prior Jacobus wieder aus dem Inhalt. »›Wir, Florenz, Graf von Holland, entbieten dem unvermutet aufgetauchten Gespenst, das sich für Friedrich, weiland römischer Kaiser, in betrügerischer Weise ausgibt, Unsern Gruß.‹« Die Anrede allein war schon vernichtend. Mit dem Finger unterstrich Tile die nächsten Stellen. »›... da du noch geringer als ein Mensch bist, weil du dir Stand, Person und Würde eines Toten anmaßt ...‹ Ja, hört nur zu, hochwürdiger Vater, hier schreibt der Graf: ›... Bist du nicht Friedrich, so ist dein Vorgehen schamloser Schwindel und Arglist. Bist du es aber wirklich, dann bist du aus der Kirche wegen teuflischer Ungeheuerlichkeiten und Verbrechen ausgestoßen und des Reiches für verlustig erklärt ...‹« Er blickte über das Blatt hinweg. »Ganz gleich wer ich bin, Graf Florenz verdammt den Kaiser ebenso wie den Betrüger.«

»Verliert nicht Euren Mut, Majestät.« Jacobus faltete die Hände. »Nur ein kleiner Mißerfolg. Er schmälert nicht unsern triumphalen Aufstieg. Ihr seid auf diesen Wichtigtuer nicht angewiesen.«

»Ich hatte Euch gewarnt. Vor allen anderen muß Florenz von Holland in Anbetracht des Vergangenen das Geschlecht der Staufer hassen. Und Ihr, Ihr habt diese Schmach zu verantworten.«

Jacobus beugte sich nah ans Ohr des Greises. »Um Verlaub, mein Fürst«, fauchte er, »mir scheint, ich habe Euch in letzter Zeit zu viele Freiheiten gestattet. Jede Kritik an meinem Plan ist Euch untersagt.«

»Wie weit wärt Ihr denn ohne mich?« begehrte Tile auf. »Ohne meine Person hättet Ihr dieses politisches Ränkespiel erst gar nicht beginnen können!«

»Wagt es nicht, diesen Ton anzuschlagen! Denn ich bin der Herr über Euer Schicksal und das Leben einer gewissen Frau Katharina.«

Sofort warf Tile den Brief auf die Tischplatte. Dieser Satan hielt das Henkersschwert in der Faust. Ich füge mich, dachte er, aber ich bleibe dabei, unser Bittgesuch an den Holländer war ein großer Fehler.

Mit einem Mal bemerkte Tile die Aufregung draußen vor der Herberge. Hart dröhnte Klopfen an der Tür, und ein Mann der Leibgarde meldete: »Der Bürgermeister bittet Seine Majestät sofort um ein Gespräch.«

»Laß ihn herein.«

Gerade gelang es Jacobus noch das Blatt im Kuttenärmel zu verbergen, als der Stadtälteste hochrot die Kanzlei betrat. »Mein Kaiser, ein Unglück bedroht unsere Stadt. Vor den Toren steht Erzbischof Siegfried mit Schwerbewaffneten und fordert Eure Auslieferung.« Die Worte fielen ihm schwer. »Er nennt Euch einen Scharlatan.«

Tile seufzte still. Nun zerreißt der Traum, mein Friedrich. Ich ahnte es, als wir den Brief erhielten, und jetzt kommt der mächtigste aller Kirchenfürsten, um Uns in Ketten abzuführen. »Sei es denn. Wir wollen Siegfried nicht warten lassen.«

Prior Jacobus glitt vor die Knie des Greises und hinderte ihn daran, sich zu erheben. »Übereilt nichts, Majestät. Der Erzbischof soll warten. Im übrigen ist es unter Eurer Würde, auf solch ein freches Begehren persönlich zu antworten.« Entrüstet wandte er sich an den Bürgermeister. »Wie kleinmütig Ihr seid!« Da beherberge Neuss den ersehnten Retter des Reiches, bald werde das ganze christliche Abendland auf die Stadt blicken, und schon beim ersten kleinen Windhauch zitterten die Ratsherren wie trockenes Schilf.

»Verzeiht, dieser Erzbischof wird schnell zum Sturmwind, der uns alle vernichten kann.«

Mit einer großen Geste wies Jacobus auf den teilnahmslos dasitzenden alten Mann. »Solange Kaiser Friedrich in diesen Mauern weilt, ist die Stadt uneinnehmbar.« Mienenspiel und Tonfall bewiesen den jeder Situation gewachsenen Ratgeber. »Vertraut mir, denn ich kenne das politische Geschäft. Selbst Siegfried von Köln wird es nicht wagen, sich durch einen Angriff des Reichsfrevels schuldig zu machen.«

Halb überzeugt, betastete der Stadtälteste seine Amtskette. »Nichts wünschte ich mehr. Vielleicht habt Ihr recht.«

»Nicht vielleicht, ganz sicher verhält es sich so.« Prior Jacobus lächelte aufmunternd und geleitete ihn am Arm hinaus. »Seid stark, bietet die Stirn und beweist, daß ihr nicht Knecht des Kölners, sondern der Herr des stolzen Neuss seid.«

Es ging also um eine Frage der Ehre! Dieser Stachel saß tief. Auf dem Weg zum Obertor wühlte er im Gemüt des rechtschaffenen Stadtvaters. Wie konnte er zögern? Niemand außer dem Rat hatte über die Belange von Neuss zu entscheiden. Punktum! Wieder oben in der Wachstube, übertrug sich der Kampfmut des Bürgermeisters auch auf seine verzagten Ratskollegen. »Damit sind wir uns einig«, knurrte er und zwängte den Kopf durch das schmale Turmfenster. »Hört! Hört die Antwort der Neusser!« rief er zum Herold hinunter. »Sagt Eurer Eminenz, wir bedauern sein ungebührliches Ansinnen und werden seiner Forderung niemals nachkommen. Warum sollen wir dem Knecht gehorchen, wenn der Herr selbst im Haus ist?«

Wortlos wendete der Herold sein Pferd und erstattete Bericht. Die Spannung in der Wachstube wuchs, und schnell verflog der neugewonnene Mut. Um die eigene Furcht nicht zu verraten, wagte keiner dem andern ins Gesicht zu sehen.

Bald darauf näherte sich der erzbischöfliche Ausrufer wieder dem Obertor. »Eure Verweigerung des Gehorsams betrübt meinen Herrn tief. Er wird Klage vor König Rudolf gegen Neuss führen; dessen ungeachtet setzt er für Rat und Bürgerschaft einen Gerichtstag an, auf dem sie sich verantworten müssen und das Maß ihre Strafe festgesetzt wird. Der Termin wird Euch in den nächsten Wochen mitgeteilt.«

Mehr nicht? Keine Belagerung, nicht einmal die Drohung, zukünftig den Handel der Stadt zu behindern. So kannten die Neusser ihren streitsüchtigen Kirchenfürsten nicht. Er beugte den Nacken vor Kaiser Friedrich, eine andere Erklärung konnte es nicht geben.

Vom Fenster aus beobachtete der Stadtälteste, wie die Gäule herumgelenkt wurden. Das Signal des Hornisten war Musik für ihn. Als die Fahnen sich flatternd entfernten, die schwergerüsteten Panzerreiter in Richtung Köln davonstoben, zog er den Kopf zurück. Voll Stolz legte er die Hand auf seine Amtskette: »Meine Freunde. Dies ist ein Sieg unserer Ehre.«

Den Gerichtstag fürchteten die Herren nicht. Wer durfte sie bestrafen, wenn sie Kaiser Friedrich Schutz gewährt hatten und selbst unter seinem Schutz standen? Ganz sicher würde der kluge Berater Seiner Majestät in der Verhandlung für die tapferen Neusser das Wort erheben.

Am Abend wurde ein Fest gegeben. Nie schmeckte der Braten besser, nie waren die Kehlen durstiger, wie nach einer siegreich überstandenen Gefahr. »Hoch lebe Kaiser Friedrich!« Patrizier, Schöffen und Ratsherren tranken dem Herrscher zu und schlugen ihre geleerten Becher auf die Tischplatte.

Erst spät kehrte Tile mit Prior Jacobus und Gabriel zur Herberge zurück. Unten in der engen Halle bat er seinen Kammerdiener, schon hinaufzugehen, dann fragte er: »Woher nahmt Ihr heute diese Sicherheit, hochwürdiger Vater?«

Weinselig tänzelte der Pfaffe auf und ab, ehe ihm eine tiefe Verbeugung gelang. »Ich ... ich glaube an Eure Wiederkehr, mein Kaiser.« Mit einer Drehung richtete er sich auf und streckte den Finger zur Decke. »Triumph! Der Rückzug Siegfrieds gleicht einer Anerkennung. Triumph. Unser Plan ist durch nichts mehr zu erschüttern.« Er näherte sich; Schweiß perlte auf dem rundlichen Gesicht, und sein Atem roch säuerlich. »Weg mit dem Ärger, Fürst. Vergeßt den Brief des Holländers. Nicht nur das dumme Volk, nicht nur Ritter und Kaufleute, selbst Eure Enkel glauben an Euch. Das eigene Fleisch und Blut!« Ein Gedanke ließ ihn zurücktreten. Er streifte den rechten Ärmel hoch, und ohne auf Tiles erschreckten Blick zu achten, zog er aus der Lederschlaufe, die den Dolch hielt, ein Röhrchen, zupfte eine Haarlocke heraus. »Zur Versöhnung für meine harten Worte heute nachmittag.«

Das Pfand brannte Tile zwischen den Fingern. »Wann ist es genug?« murmelte er. »Wann endlich entlaßt Ihr mich aus dieser Rolle?«

Sofort ernüchtert hob der Prior die Brauen. »Entlassen? Niemals, Majestät. Sobald Euer Erscheinen die gewünschte Unruhe im Reich bewirkt hat, dürft Ihr auf Euren Thronanspruch verzichten. Also habt Geduld.« Er kündigte an, gleich morgen früh mit Hauptmann Peter nach Köln zu reisen, um zu erfahren, wie die Weigerung der Neusser von der erzbischöflichen Kanzlei aufgenommen worden sei.

Oben im Schlafgemach setzte sich Tile aufs Bett. Kaum nahm er von Hedwig Notiz, die neben ihm nackt unter dem Federbett herauskroch. Nein, Gabriel durfte ihn nicht entkleiden. »Laßt mich allein, Kinder.« Nur zu gern schlüpften die beiden hinter den Vorhang.

Tile preßte die Lippen auf die Haarlocke in seiner Hand. »Ich will nicht länger warten.« Er legte sich zurück. Gewißheit, irgendein Zeichen von Katharina, von seinem Zuhause, das mehr war als dieses Pfand, danach sehnte es ihn.

Lange grübelte er. Von wem erhielt der Prior immer wieder eine neue Strähne? Wer war sein Geheimkurier am Neusser Hof? Wenn er diesen Mann enttarnen könnte! Tile starrte in die Dunkelheit und wägte das Für und Wider ab. Eine offene Untersuchung? Nein, die Gefahr war zu groß, niemals durfte der teuflische Pfaffe mißtrauisch werden. Ich muß geschickt vorgehen, selbst einen Weg finden. Und endlich, beim Morgengrauen, war der Plan gereift.

Kurz nachdem Prior Jacobus in Begleitung seiner beiden Novizen die Kutsche bestiegen und Hauptmann Peter den schwarzen Wagen aus dem Hof gelenkt hatte, ließ der Greis einen Mönch seiner Kanzlei zu sich rufen, der kräftig, reiseerfahren und vor allem sattelfest war. Vater Albertus: kluge graue Augen; seine etwas zu groß geratenen Ohrmuscheln standen vom kurzgeschorenen Kopf ab und verliehen dem Vierzigjährigen den Anschein ständiger Aufmerksamkeit. »Ich habe dich hergebeten, Vater, weil mich dieses Haus langweilt«, begann Tile leicht. »Keinen Zierat besitze ich. Nirgendwo sehe ich Schmuck an den Wänden. Nichts erinnert mich hier an meine frühere Pracht.« Es wäre wünschenswert, wenigstens die kargen Räume würdevoller zu gestalten. Da aber Prunksucht beim jetzigen Stand der Dinge noch verfrüht sei, erwarte er äußerste Verschwiegenheit.

Ein Stirnrunzeln; mehr Erstaunen verriet der Mönch nicht. »Was Ihr auch befehlt, großer Fürst. Ich werde Euch nicht enttäuschen. Kein unvorsichtiges Wort kommt über meine Lippen.«

»Du scheinst mir der richtige Mann für diese Aufgabe zu sein«, schmunzelte Tile. »Meine kleine Schwäche nach schönen Dingen ist bei dir gut aufgehoben. Deshalb schicke ich dich auf eine Reise.«

Gewissenhaft notierte Albertus die Wünsche: Eine Decke, feingewebt, wenn möglich mit einer Jagdszene. Zwei silberne

Wandleuchter, Löffel und Becher. Wahllos zählte Tile auf, beachtete nur, daß die Gegenstände klein genug waren, um in einer Satteltruhe transportiert zu werden. »Suche keinen Kölner Händler auf, auch keinen anderen im Bereich des Erzbistums«, bestimmte er. Unnötige Neugierde müsse vermieden werden. Worms oder Speyer schienen besser geeignet. »Wenn dich jemand fragt, so bist du für deinen Abt unterwegs.«

Tile gab ihm eine pralle Geldkatze. Die Mittel waren ausreichend für Waren, Unterkunft und Verpflegung. »Damit du schnell zurück bist, besteigst du auf dem Rückweg ein Rheinschiff. Zehn, höchstens zwölf Tage Zeit gebe ich dir.«

Ein sonderbarer Auftrag, Vater Albertus zog es vor, nicht nachzufragen und dienerte. »Ich werde früher zurück sein.«

»Warte noch. Ein Schachspiel fehlt mir. Ja, ausdrucksstarke Figuren will ich haben.« Zögernd strich Tile über den Nasenrücken. »Dieser Schnitzer, wer hat mir denn von seinen bewundernswerten Schachfiguren berichtet? Ganz gleich. Nur fällt mir ein, daß der Künstler nicht weit von Speyer und der Burg Trifels im Reichskloster Weißenburg leben soll. Suche ihn auf, und erwerbe mir seine beste Arbeit.«

Noch einmal schärfte Tile dem Mönch ein, daß nichts über diese Reise bei Hofe bekannt werden durfte; selbst der hochwürdige Prior sollte in Unkenntnis bleiben. Er bemerkte den leicht beunruhigten Blick und setzte hinzu: »Sieh es als Prüfung an; wenn du sie bestehst, werde ich dich bei Gelegenheit mit wichtigeren Missionen betrauen.«

Röte überzog die großen Ohren. »Jetzt begreife ich endlich, mein Kaiser.« Dieser Ritt war nur ein Vorwand, in Wahrheit aber verlangte der hohe Herr eine Probe seiner Verschwiegenheit. Ja, mit allem Geschick wollte Vater Albertus sie meistern.

Die Qual des Wartens betäubte Tile in den folgenden Tagen durch Geschäftigkeit. Nach der allmorgendlichen Audienz dehnte er seinen täglichen Rundgang aus, sprach länger mit Handwerkern, besuchte die Schiffsknechte und kostete in den Brothallen vom frisch Gebackenen.

Auf dem Viehmarkt traf er zwei Bauern bei einem heftigen Streit an. Sie schrien, verfluchten sich gegenseitig und schwangen ihre Stöcke. Ehe der Kampf entbrannte, ließ der Kaiser sie von einem Leibwächter herbringen. Zwei ungleiche Gegner: der eine klein, er zerrte am Strick ein mageres Kalb hinter sich her; dem anderen, breitschultrigen Bauern sprang ein junger zottiger Hund um die Beine.

»Warum führt ihr euch wie Kampfhähne auf?«

Beide starrten zu Boden. Neugierig schoben sich Marktleute näher und bildeten einen Ring.

»So antwortet!« ermahnte der Kaiser. »Ich bin das Gesetz und will euren Streit schlichten. Was ist vorgefallen?«

Gleichzeitig begannen sie, nichts war zu verstehen; schließlich wies Tile auf den Breitschultrigen: »Du schweigst!«, und erteilte dem schmächtigen Bauern das Wort. »Aber fasse dich kurz.«

Sie waren Nachbarn, halfen sich gegenseitig mit dem Pflug aus, ernteten gemeinsam; bisher lebten sie friedvoll nebeneinander. »Meine Kuh war trächtig, Herr Fürst. Vier Monate sind's her. Als sie kalben wollte, hab' ich den Kerl da, wie wir's immer machen, gerufen.« Mit seinem jungen Hund sei er rübergekommen. Alles sah gut aus. Die Kuh stand ruhig und drückte schon den Kopf raus. Dann wär's ihr schwer geworden. Beide hätten zugegriffen und das Kalb langsam gezogen. »Auf den Köter haben wir nicht geachtet.« Während sie der Kuh noch halfen, hatte der Hund die lang heraushängende Zunge des Neugeborenen angefressen. »Als wir das Kalb hatten, war die Zunge zur Hälfte weg.«

»Was kann ich dafür?« Der Breitschultrige verschränkte die Arme. »Mein Hund hatte noch keinen Verstand.«

»Das ist mir gleich. Das Kalb konnte nicht bei der Mutter trinken, keinen Grashalm kriegt es allein ins Maul. Ich hab's aufgezogen, so gut es ging. Aber es bringt mir keinen Preis, weil's so mager ist.«

»Nicht meine Schuld.«

Für einen Augenblick schreckte Tile vor dem Bild zurück. Hagenau. Die abgeschnittene Zunge des Rentmeisters. Er mußte sich zwingen, seine Hand zu erheben. »Kniet nieder«, befahl er den Bauern. Nachdenklich schritt er auf und ab. Gab es einen gerechten Spruch?

Die Umstehenden schwiegen gespannt, etwas weiter entfernt blökte ein Schaf, grunzten Schweine, und irgendwo gackerten Hühner.

»So hört das Urteil.« Er blickte auf den Besitzer des Kalbs. »Kein Unrecht ist dir widerfahren. Da der junge Hund das Blut roch, folgte er seinem natürlichen Hungertrieb. Verkaufe das Kalb, soviel es wert ist, und trage den Verlust.«

Zufrieden grinste der kräftige Bauer.

»Du aber«, fuhr ihn Tile an, »du aber hast Schuld auf dich geladen, weil du deinen Hund nicht rechtzeitig in die Pflicht nahmst. Das erste Gebot ist es, einem jungen Wachhund Respekt vor dem Leben der anderen Tiere auf einem Hof beizubringen. Er soll das Vieh schützen, nicht es bedrohen. Deshalb verurteile ich dich zu zehn Stockhieben. Die Strafe wird jetzt und hier vollzogen.« Tile, der Kaiser, hob seine Stimme, daß alle Marktleute ihn hörten: »Dies geschieht allen Pflichtbewußten zur Mahnung, den Nachlässigen unter euch aber zur Warnung!«

Kurz nickte er seinen Leibwächtern.

Ehe der Bauer begriff, hatten sie ihm den Rücken entblößt, und mit seinem eigenen Stock wurde die Züchtigung vorgenommen.

Nach außen hin ungerührt, sah Tile zu. Mein Friedrich, nun stehe ich an Eurer Stelle hier. Bis heute weiß ich nicht, wie sehr Euch eine Hinrichtung oder Folter, die Ihr verhängt hattet, nahegegangen ist. Mir fällt es schwer, selbst diese harmlosen Hiebe mit ansehen zu müssen.

Der Geprügelte erhob sich. Nicht vor Schmerz, mehr aus Scham bebten seine Lippen.

»Gebt Euch die Hand«, forderte der Kaiser.

Sie traten zögernd aufeinander zu; der Schmächtige wagte ein Lächeln, schließlich fügte sich der Breitschultrige und besiegelte die Versöhnung.

Ernst nickte Tile. »Nie darf der Vorfall zwischen euch zum Anlaß eines neuen Streites werden. Haltet Frieden, und bemüht euch, wieder gute Nachbarn zu sein.«

Er hob den Kopf und schritt davon, in seinem Rücken hörte er, wie Viehhändler und Käufer ihm Beifall klatschten und seinen Richterspruch lobten.

Lauer Frühlingswind strich durch die Gassen, Hausfrauen öffneten Türen und Fenster, ohne Wollmützen spielten die Kinder wieder draußen, und in den Gärten leuchteten Narzissen und Tulpen.

Zwei Wochen vor Karfreitag lief ein großer Rheinsegler aus Basel, mit Zwischenhalt bei Straßburg, Worms und Mainz, im Neusser Hafen ein. Fernhändler bewachten das Ausladen ihrer Warenkisten. Rufen, Befehle, jeder wollte zuerst bedient werden. Im lebhaften Gedränge zog Vater Albertus unbeachtet sein Pferd an Land. Der Zöllner erkannte den kaiserlichen Hofbeamten, verzichtete auf das Öffnen des Sattelkorbes und gab den Weg durchs Hafentor in die Stadt frei.

Vorsorglich stellte Albertus das wertvolle Gepäck auf dem Gelände des Quirinusstifts unter, dann suchte er nach einer Gelegenheit, den Fürst von seiner Rückkehr zu informieren.

Beim heutigen Rundgang ließ Seine Majestät sich an der Stadtwaage vom Prüfmeister die Maße und Gewichte vorführen. Diskret trat Gabriel hinter ihn. »Verzeiht, hoher Herr«, raunte er, »Vater Albertus läßt Euch melden, der Auftrag sei ausgeführt.«

Hart, schmerzhaft schlug das Herz. Tile zwang sich zur Gelassenheit. »Noch bin ich beschäftigt«, gab er leise zurück. »Wo hält sich mein Berater auf?« Prior Jacobus sei auf einer Sitzung im Rathaus, informierte ihn der Kammerdiener.

»Gut so. Seine Gegenwart ist in dieser Angelegenheit nicht

vonnöten.« Tile wandte kurz den Kopf. »Vater Albertus soll im Schlafgemach auf mich warten. Hilf ihm dabei, durch den Hinterhof ohne Aufsehen dorthin zu gelangen.«

Gabriel hatte verstanden und entfernte sich.

Laut zählend hängte der Prüfmeister die geprägten Gewichte an die Waage, bis der Mehlsack auf dem Wiegebrett sich hob. »Seht, Majestät, der Müller hat gewissenhaft abgefüllt. Sogar etwas mehr hat er dazugegeben.«

»Ich bin zufrieden«, lobte der Kaiser. Ehe ein Weinfaß auf die vorgeschriebene Füllmenge kontrolliert wurde, winkte er ab. »Das genügt, mein Freund. Die bisher vorgenommenen Stichproben haben mich überzeugt: in Neuss wird gerecht gewogen und abgemessen. Nimm meine Anerkennung als Dank.«

Er preßte den Handrücken gegen die Stirn und täuschte eine plötzliche Müdigkeit vor. Der Spaziergang sollte abgebrochen werden, und von seiner Leibgarde ließ er sich direkt zur Herberge geleiten.

Gabriel erwartete ihn in der Halle. Auf den fragenden Blick antwortete er mit einem Nicken.

»Keine Störung!« schärfte Tile dem Wachposten am Fuß der Treppe ein. »Von niemandem. Das ist ein Befehl.« Und sein Kammerdiener half ihm die Stiege hinauf.

Grelle Sonnenbalken fielen durch beide Fenster des Schlafgemachs; einer erfaßte das Bett, der andere brannte eine scharfgerissene Bahn über die Bodendielen, in deren Licht der geschlossene Korb stand. Vater Albertus kniete nieder. »Erlauchter Fürst, Euer Knecht meldet sich zurück.«

»Erhebe dich!« Prüfend musterte ihn Tile. »Du kommst spät. Gemäß unserer Verabredung hatte ich dich vor drei Tagen erwartet.«

»Verzeiht, aber der Ritt ...«

»Warte noch.«

Hedwig mußte das Federbett abdecken und sich dann mit Gabriel in die Kammer hinter den Vorhang zurückziehen.

»Lege die Waren aufs Lager, und erzähle, wo du sie erworben hast.«

Zunächst breitet Vater Albertus eine Decke aus. »Ich fand sie bei den Beginen in Worms. Die Schwestern wollten sich kaum von dieser Arbeit trennen.«

Tile bestaunte andächtig den Jäger, der seinen Speer dem Hirsch nachschleuderte; vorn im Bild zwischen Blumen wartete eine Schöne auf die Rückkehr ihres Liebsten. »Bei Gott, ein wahres Kunstwerk.«

Das Lob trieb helles Blut in die Ohrmuscheln. Albertus beschenkte die Jungfrau auf der Sonnenwiese mit dem edelsteinbesetzten Gürtel, den silbernen Bechern und den übrigen Kostbarkeiten. Die beiden Leuchter stellte er ihr zu Füßen. »Man schickte mich von einem Kunstschmied zum anderen, bis ich endlich alle Eure Wünsche befriedigen konnte.«

»Der Anblick erfüllt mich mit Freude.« Tile sah zum Korb. »Und nun zeige mir das Schachspiel.«

Während der Mönch eine flache Holzkiste heraushob, sagte er: »Da mein Ritt nach Weißenburg nicht erfolgreich war, habe ich auf dem Rückweg in Landau diese Figuren für Euch erworben.« Er öffnete den Deckel.

Tiles Hand zitterte, kaum vermochte er den König zwischen seinen Fingern zu halten. »Ein schönes Stück«, flüsterte er. »Auch dieser Schnitzer versteht, mit dem feinen Stechbeitel umzugehen. Dennoch reicht seine Kunst nicht an den Mann heran, zu dem ich dich schickte.«

»Um Vergebung, mein Kaiser, alles habe ich versucht, doch es war umsonst.«

Eine Schwäche zwang Tile auf den Bettrand. Er betrachtete den König in seiner Hand. »Berichte.«

Wie befohlen, hatte Albertus das Reichskloster aufgesucht und an der Pforte nach dem Schnitzer gefragt. Er sei zu spät gekommen, war die Antwort. Noch bis zum Herbst lebte der alte Mann mit seiner Frau im Wald oberhalb von Weißenburg.

»Ist das Paar weggezogen? Wohin? Hast du den Ort erfahren können?«

»Nein. Bei einem Unwetter traf ein Blitz das Haus, sagte der Bruder Pförtner. Beide sind in den Flammen umgekommen. Auch das Vieh.«

Behutsam legte Tile die Schachfigur der sitzenden Schönen in den Schoß.

Vater Albertus ertrug das betroffene Schweigen nicht. »Bitte, glaubt mir, ich habe mich mit dieser Auskunft nicht begnügt und bin zur Lichtung hinaufgeritten. Kein Balken stand mehr. Die Flammen haben Gebäude und alles Leben vernichtet. Brennesseln überwuchern den Aschenhaufen. Der Schnitzer und seine Frau sind tot.«

»Tot«, murmelte Tile. Mit letzter Kraft gelang ihm ein Lächeln. »Du hast deine Probe bestanden, Vater. Ich danke dir für die wunderbaren Schätze und werde deine Tüchtigkeit wieder in Anspruch nehmen. Doch nun ...« Er brach ab. Erst nach heftigem Schlucken gehorchte seine Stimme. »Laß mich allein.«

»Ist Euch nicht wohl?«

»Eine kleine Schwäche, mehr nicht.« Beinah flehend bat Tile: »Geh jetzt, Vater. Und schweige über die Reise. Mein Diener wird mich umsorgen.«

Albertus verneigte sich und huschte lautlos davon.

Tile wollte die Augen schließen, seine Lider blieben offen; er wollte rufen, seine Kehle war zugeschnürt. Hilflos saß er da und fühlte eine Geschwulst in der Brust wuchern; sie drohte ihn zu ersticken. Katharina. Ich habe dir nicht Lebewohl gesagt, als ich ging, verzeih. Und wir wollten blauen Stoff kaufen, oder war es ein grüner? Ein neues Kleid zum Erntedank. Ja, ich schenke es dir, selbst wenn ich keinen Käufer für meine Schachfiguren finde.

»Herr?«

Die Stimme rief ihn zurück, und langsam wandte er den Kopf. Durch einen Schleier erkannte er Gabriel, der besorgt mit Hedwig neben ihm stand.

»Herr, Ihr weint?«

»Nein, nein, es sind nur Tränen im Auge.« Du bist der Kaiser, ermahnte er sich, bewahre Würde und Haltung. Deinen Schmerz darfst du mit niemandem teilen. Er deutete zum Fenster. »Weil die Sonne mich blendet, Junge. Hänge ein Tuch davor.«

Er winkte dem Mädchen. »Und du, mein Kind, lege diese schönen Dinge zurück in den Korb. Und dann will ich für eine Weile ausruhen.«

Schweigend gehorchten sie. Hedwig gab sich nicht zufrieden. »Darf ich das Bett wärmen?«

Er wehrte ab.

»Vielleicht habt Ihr Durst?«

Nein, er wollte kein Getränk, auch keinen Medicus, nur allein sein und Schlaf finden. »Sorgt dafür, daß keiner meine Ruhe stört. Wenn der Prior nach mir fragt, so sagt ihm, der Kaiser fühle sich schwach und wolle ihn morgen wieder empfangen.«

Stunden der Tränen. Erinnerung, Verzicht und Wehmut; erst lange nach dem Abendläuten von St. Quirinus versickerte der Strom. In die leere Stille drängten sich Fragen, laut, fordernd. Tile preßte seine Hände gegen die Schläfen. Wer gab mir den Wein? Wer ließ mich glauben, Katharina wäre mit diesem Kaiserspiel einverstanden? Wer hat sie getötet? Schauder befiel ihn. O Gott, die Haarlocken! Schon die erste war ein letzter Gruß und nicht das Versprechen auf ein Wiedersehen. Um mich für seine Zwecke zu benützen, hat dieser Satan meine Liebe gemordet, hat mein früheres Leben ausgelöscht. Nicht weiter! Er fühlte erneut Tränen aufsteigen und rief nach Gabriel. »Zünde Öllampen an. Bringe mir Wasser.«

Schweigend stellte der Kammerdiener Becher und Krug auf einem Schemel ab. Ehe der Kaiser ihn bat, sich wieder zu entfernen, ließ er noch zwei Kissen hinter seinen Rücken stecken.

Durstig leerte Tile den Becher. Die Kühle erfrischte ihn etwas. Eine Erinnerung wurde wach. Damals als Kind, damals hatte er von seinem Hund gelernt, gegen Mutlosigkeit anzukämpfen. Ich kratzte im roten Haarschopf und schüttelte mich wie Nico. Damals hoffte ich; obwohl das Leben aussichtslos schien, glaubte ich unerschütterlich an mein Glück.

Er drehte den Falkenring an seinem Finger. Was blieb ihm jetzt, da nichts übrig war? Sich zurücklegen, einfach loslassen. Die Vorstellung entführte ihn für einen Augenblick. Wer bist du, Kolup, schalt er sich dann, woher nimmst du das Recht, nach all den Kämpfen, nach so viel geschenktem Gewinn jetzt als Greis dein ausgefülltes Leben abzubrechen? Der Knabe Tile gab nie auf, dein Kaiser bot jedem Schicksalsschlag die Stirn, bis ihn seine Krankheit abrief. Beide trägst du in dir, alter Mann, und bist ihnen verpflichtet.

Mit der Handmulde schöpfte Tile Wasser aus dem Krug und kühlte das Gesicht. Ja, mein Friedrich, ich gebe nicht auf, ich will. Er wollte die Herren und ihr politisches Ränkespiel herausfordern, ihre Bühne betreten und nach dem Thron greifen, allein, nicht mehr länger als Puppe des Priors. Ich entscheide nun selbst für uns, mein Kaiser. Erschreckt nicht, ich werde Dinge tun, zu denen Ihr und all die Fürsten nie Zeit fanden. Weiß ich auch keinen Staat zu lenken, so werden wir ein offenes Ohr für die Armen und Bedrückten haben. Wer weiß, wie lange dies geduldet wird, und vielleicht erwartet mich Urteil und Tod. Doch jeder Schritt auf meinem Weg dorthin soll die Herren in Unruhe stürzen, und selbst ein gewaltsames Ende wird mein Sieg sein.

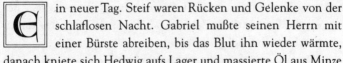in neuer Tag. Steif waren Rücken und Gelenke von der schlaflosen Nacht. Gabriel mußte seinen Herrn mit einer Bürste abreiben, bis das Blut ihn wieder wärmte, danach kniete sich Hedwig aufs Lager und massierte Öl aus Minze und Rosmarin in die gerötete Haut. »Fühlt ihr Euch besser heute?«

Tile drehte sich auf den Rücken. »Deine Hände sind mir angenehm, mein Kind. Was kann sich ein Greis mehr wünschen, als von einer jungen Frau so gepflegt zu werden. Sorge dich nicht, ich habe frische Kraft gefunden.«

Prior Jacobus ließ durch den Hofmeister melden, er wünsche noch vor der Morgenmahlzeit mit Seiner Majestät zu sprechen.

Im tiefen Blau der Augen glitzerte Kälte. »Der hochwürdige Vater muß sich gedulden, bis ich gewillt bin und nach ihm rufen lasse. Wie es seine Pflicht ist, soll er in der Kanzlei die morgendlichen Audienzen vorbereiten. Keine Scheu, Hofmeister, richte ihm das mit diesem Wortlaut aus.«

Insgeheim bedauerte Tile, das Gesicht des Priors nicht sehen zu können, wenn ihm der Befehl überbracht wurde. Mit gutem Hunger frühstückte der Herrscher einen Brei aus gedünstetem Gemüse, Hafer und ein wenig warmes Brustfleisch vom Huhn, dazu trank er Honigmilch.

»Führe mich hinunter«, bat er Gabriel – indes, nicht zur Kanzlei; er verlangte, unverzüglich das Gesinde im Hinterhof der Herberge zu sehen. Die geplagten Leute fürchteten Tadel oder ein Strafgericht; warum sonst sollte sich der hohe Fürst persönlich zu ihnen herablassen?

Nach einem kurzen Gruß wandte er sich an den Wirt: »Bisher fand ich keine Zeit, dir für Umsicht und Fleiß zu danken. Gern genieße ich das Gastrecht in deinem Haus, und ich weiß sehr wohl, wieviel Mühe es dich kostet.«

Überrascht trat Volkbert einen Schritt zurück. »Ist keiner Rede wert, Majestät.« Schnell erholte er sich von dem Lob und brummte in seinen Bart: »Wär' ja alles nicht so schlimm, wenn's wirklich nicht soviel kosten würde. Ich mein', die Rechnung wächst.« Der Aufwand des Hofstaates überstieg inzwischen bei weitem die wöchentliche Zahlung aus der Stadtkasse. »Da kann's einem schon schwindlig werden.«

»Dein Kaiser bleibt dir nichts schuldig, mein Freund. Sobald die Zeit reif ist, müssen alle Rechnungen beglichen werden. Gedulde dich noch eine Weile.« Tile dankte der Hausfrau für ihre Kochkunst, lobte Mägde und Stallknechte, selbst den Wäscherinnen zollte er Anerkennung. »Und nun geht wieder an die Arbeit, Leute.« Tuscheln, leises Lachen; beschwingter als in den Wochen zuvor begann das Gesinde den harten Tag.

Tile schmunzelte. Seht Ihr, Friedrich, etwas Zuwendung reicht aus, um Herzen zu gewinnen. Nun aber steht uns eine weit ernstere Aufgabe bevor.

Er schickte nach dem Hauptmann der Leibgarde. Mit wiegenden Schultern betrat Peter den Innenhof, dienerte und erwartete die allmorgendlichen Befehle.

Offen betrachtete Tile das vernarbte Gesicht. »Wer bist du?«

Der stumme Mann stieß kehlige Laute aus, sein Blick verriet Unsicherheit.

»Ich weiß, vom Henker wurde dir die Zunge abgetrennt. Ob zu Recht, will ich nicht herausfinden. Du versiehst das dir übertragene Amt sehr zu meiner Zufriedenheit.«

Die Augen wurden ruhiger.

»Dennoch verlange ich Antwort auf meine Frage. Du bist der Gehilfe des hochwürdigen Vaters, so lernte ich dich kennen, und bist von ihm zum ersten Leibwächter des Kaisers bestimmt worden. Diesen Posten hast du nicht durch meine Gnade erhalten. Zwei Herren kannst du nicht länger dienen. Deshalb wähle.« Entschied er sich für den Prior, so wäre er ab sofort von allen Pflichten entbunden und dürfe sich nicht mehr in der Nähe des Regenten aufhalten. »Willst du hingegen allein meinem Befehl gehorchen, selbst wenn er irgendwann nicht den Wünschen des hochwürdigen Vaters entspricht, so werde ich dich hier und jetzt als Hauptmann der Garde in meinen Dienst nehmen. Also: Wer bist du?«

Peter preßte die Faust gegen die Brust, dem Tonfall seiner ausgestoßenen Laute war zu entnehmen, daß er sich für den Kaiser entschied; sein heftiges Nicken bekräftigte die Wahl. Nicht genug, er zückte das Schwert, mit dem Griff voran überreichte er es dem Herrscher und fiel vor ihm auf die Knie.

»Schwöre den Eid der Gefolgschaft auf diese Klinge. Nie wirst du das Schwert gegen mich, deinen einzigen Herrn, richten. Du wirst sein Leben schützen und für ihn selbst den Tod hinnehmen. Leiste deinen Schwur bei Gott dem Allmächtigen.«

Peter lallte inbrünstig und schlug das Kreuz. Aus der Hand des Kaisers empfing er seine Waffe zurück. »Erhebe dich, Hauptmann der Leibgarde.«

Die Zeremonie hatte den Stummen sichtlich erschüttert. Er nahm Haltung an, und als sein Fürst ihn entließ, schritt er gemessen, stolzgeschwellt aus dem Innenhof.

Ich kenne den Blick eines Menschen, dachte Tile. Ganz gleich, welches Leben dieser rohe, gefährliche Mann auch geführt hat, er wird in Zukunft mir gehorchen, nur mir.

Die Hintertür wurde aufgestoßen. Prior Jacobus kam tänzelnd in den Hof. »Majestät, endlich finde ich Euch? Dies ist kein Ort, an dem Ihr Euch aufhalten solltet. Gerade begegnete ich meinem tüchtigsten Gehilfen. Er nahm mich kaum wahr. Was ist ihm widerfahren?«

»Nichts von Belang. Ich habe meinen Hauptmann der Garde auf seine Pflichten hingewiesen.«

Milde lächelte der Berater. »Die Unpäßlichkeit gestern scheint nicht ganz überwunden. Deshalb wollt Ihr Euch mit Strenge über die Schwäche hinweghelfen. Selbst ich mußte heute schon eine Kostprobe Eures schroffen Tons erdulden. Wie gut ich Euch verstehe, Majestät. Nehmt Rücksicht auf Eure Gesundheit, und schont Euch.« Er schlug vor, die angemeldeten Besucher stellvertretend zu empfangen. Keine ausländische Gesandtschaft werde heute erwartete, lediglich Bittsteller aus dem Volk, einige Ritter hofften auf Privilegien, und die jüdischen Händler brachten so nah vor dem Passahfest wieder Geldmittel, um sich der Gunst des Staufers zu vergewissern. Jacobus verneigte sich elegant. »Das Staatsgeschäft dürft Ihr heute vertrauensvoll Eurem bescheidenen Diener überlassen. Genießt den Tag bei einem Spaziergang, gutem Essen und Schlaf.«

Wie glatt dieser Pfaffe ist. Im ersten Moment wollte Tile ablehnen, dann aber gefiel ihm der Vorschlag. Ich werde deine Überheblichkeit nützen. »Habt Dank für Euer Verständnis. Es ist keine Laune, eher dieser bohrende Schmerz, der gestern jäh die Brust und den Kopf heimsuchte. Gewiß werde ich ihn bald besiegt haben.«

Ohne Gruß kehrte Tile ins Haus zurück. Gabriel mußte ihm den Mantel umlegen, und bald darauf verließ er mit seiner Eskorte die Herberge. Draußen vor der Tür harrten die Besucher in einer langen Schlange. Bei Erscheinen des Kaisers beugten sie das Knie. Unnahbar, den Blick erhoben, wehte er an ihnen vorbei. Erst als hinter ihm der Hofmeister mit lauter Stimme den Beginn der Audienz ankündigte, verlangsamte Tile seinen Schritt und winkte Gabriel zu sich. »Suche Vater Albertus auf. Er soll sich sofort im Rathaus einfinden.«

Die Neusser Kanzlei diente gleichzeitig als Archiv. Regale vollgestopft mit Pergamentrollen und verstaubten Büchern. Gefolgt von Albertus, trat der Greis ein. Der Stadtschreiber begrüßte überrascht den hohen Besuch. »Kann ich Euch meine Dienste anbieten, Majestät?«

Tile dankte und verwies auf den Mönch. »Er wird für eine kurze Zeit sich ans Pult stellen und mein Diktat aufnehmen. In letzter Zeit habe ich zu oft deine Arbeitskraft in Beschlag genommen.« Es bedurfte keines Befehls; der Stadtschreiber hatte verstanden und überließ dem Kaiser die Kanzlei.

»Wundere dich nicht, Vater, gleich heute von mir gerufen zu werden.« Tile verschränkte die Hände auf dem Rücken. »In der vergangenen, so unruhigen Nacht bewegten mich viele Gedanken. Und einer beschäftigte sich mit deiner Person.« Beiläufig trat er zum Fenster. Vor dem Stadthaus stand Gabriel bei den Leibwächtern. Falls wider Erwarten der Prior einen Boten nach dem Kaiser schickte, würde der Kammerdiener ihn aufhalten und sofort Nachricht in die Kanzlei geben. Tile kehrte zurück. »Da ich ein Mann von rascher Entschlußkraft bin, will ich dich nicht lange auf die Folter spannen. Ich habe Vertrauen zu dir gewonnen, Vater, und möchte dich zu meinem ersten Geheimschreiber ernennen.

Nein, danke mir nicht. Dieses Amt hat nicht allein Vorteile, sondern bedingt Mühe, Bereitschaft bei Tag und Nacht, absolute Diskretion und nicht zuletzt den Verzicht auf die Bequemlichkeit eines gewöhnlichen Hofbeamten.«

Wären nicht die Ohren sichtbares Signal seiner Erregung, hätte Vater Albertus die Freude ganz verbergen können. »Großer Fürst, betrachtet mich als Knecht, der keine Last scheut und Euch mit Aufopferung dienen wird.«

»Diese Antwort habe ich erwartet.« Tile deutete zum Stehpult. »Wir werden einen Brief aufsetzen.« Sobald die Tinte getrocknet war, sollte der Vierzigjährige mit ihm losreiten.

»Wir Friedrich, von Gottes Gnaden immer erhabener Kaiser...« Die Feder kratzte über das Pergament. »... entbieten Euch, Bertha, der wohlehrwürdigen Fürstäbtissin Unserer Reichsabtei Essen Unsern freundlichen Gruß. Nicht vergessen ist Euer dringliches Gesuch um eine Audienz. Mit Wohlwollen erwarten Wir Euren Besuch in der vierten Woche, die auf das Osterfest folgt. Ihr werdet Uns offen finden für Eure Klagen...«

Der blühende Frühling erlaubte ungefährdetes Reisen und ermöglichte auch den weit entfernten Städten und Fürstenhöfen, sich endlich Gewißheit zu verschaffen. Wer war dieser Greis? Von England segelte eine Gesandtschaft nach Neuss; die Flußregionen Main, Lahn und Oberrhein, vor allem das staufertreue Elsaß schickten Boten; und über die Alpen kamen Abordnungen aus der Lombardei. Und der Kaiser empfing sie, wußte auf jede tief ausgegrabene Frage nicht nur eine Antwort, leutselig und in abgeklärter Gelassenheit wartete er darüber hinaus mit Einzelheiten auf, die nur Friedrich selbst geben konnte. Die Stadt Cremona entsandte neben zwei Adeligen der Bürgerschaft auch einen grauhaarigen Feldhauptmann. In vielen Kriegen hatte er an der Seite des großen Kaisers gekämpft.

Tile sah ihm entgegen, während er sich dem Thronsessel näherte. Ist uns das Gesicht nicht bekannt, mein Friedrich? Erinnere dich an die Schlacht bei Cortenuova, flüsterte der Fürst in ihm, damals als wir den rebellischen Lombarden die Niederlage beibrachten. Bei jeder Lagebesprechung war dieser tüchtige Krieger anwesend. »Leonardo, du treuer tapferer Freund!« begrüßte Tile den Alten.

»Ihr habt meinen Namen nicht vergessen?« Das bärtige Kinn zitterte.

»Aber wie sollte ich einen Mann aus dem Gedächtnis verlieren, der neben mir im Gewalttritt unsere Hauptmacht anführte, mit dem ich rechtzeitig zur Straße nach Cortenuova gelangte, um die Mailänder das Fürchten zu lehren. Leonardo, ein Wiedersehen nach so langer Zeit. Welch glückliche Stunde!«

Der Veteran stand wie angewurzelt, sah nur seinen Kaiser und konnte den Blick nicht abwenden. Erst eine leise Ermahnung der Begleiter weckte ihn. Die Aufgabe bereitete ihm Unbehagen. »Verzeiht, großer Caesar. Man verlangt, also nur weil ich fragen soll, frage ich ...«

»Schäme dich nicht, Leonardo.«

»Euer Kriegselefant, darum geht es. Wo habt Ihr ihn zurückgelassen?«

»Du weißt es, wie ich. Als er alt war, gab ich ihn der Stadt Cremona zur Pflege. Dort verendete das Ungetüm, wie mir berichtet wurde, an Schwäche und Wassersucht.«

Leonardo trat näher zum Thron; bewegt sank er nieder und küßte seinem Herrscher den Fuß.

Die Huldigung des Hauptmanns überzeugte alle Anwesenden im Saal. Und der Adel Cremonas nahm die Gewißheit mit zurück über die Alpen: Kaiser Friedrich, der zweite seines Namens, lebt. Sie hatten ihn von Angesicht zu Angesicht gesehen.

Prior Jacobus war beunruhigt. Zwar verlief das große Spiel in seinem Sinne, doch entwickelte die Kaiserfigur ein Eigenleben. Bis vor zwei Wochen bedurfte jeder Zug einer Erklärung, ohne sein Dirigieren bewegte sich nichts am Neusser Hof. Jetzt aber nahm sich der Greis selbstherrlich das Recht eines Regenten, lehnte Ratschläge ab, und nie wurde er schroff während der kurzen persönlichen Unterredungen. »Ihr seid ein scharfer Denker, hochwürdiger Vater. Eure Meinung möchte ich nicht missen. Allein in dieser Sache bin ich zu einem anderen Entschluß gekommen. Geht und handelt nach meinem Wunsch.«

Solange der Erfolg von Tag zu Tag wuchs, wagte der Prior nicht einzugreifen. »Du bist und bleibst mein Geschöpf«, zischte er eines Abends auf dem Weg hinüber ins Nachbarhaus und beschloß, bei nächster Gelegenheit die Schlinge wieder enger zu ziehen. Das Vorhaben sollte nicht gefährdet werden, aber er wußte, womit er den alten Mann erschrecken und zurück in den Gehorsam zwingen konnte.

Nahe der Landwehr von Neuss, dem mit Dornengestrüpp bewachsenen Wall außerhalb des Mauerrings, hatten die sechs Friesen ihre Zelte aufschlagen dürfen. Ein Quartier in der Stadt war ihnen verweigert worden. Allein das Aussehen des Boten, den sie voraus zum kaiserlichen Hof geschickt hatten, war Anlaß genug gewesen, um Frauen und Kindern Furcht einzuflößen.

»Empfangt sie nicht, Majestät.« Prior Jacobus strich die Friesen von der Audienzliste. »Dieser Stamm aus dem Norden ist für unser Ziel ohne Belang. Vergeuden wir nicht wertvolle Zeit. Reichspolitik wird nur in den südlichen Regionen Deutschlands entschieden. So war es früher, und daran hat sich bis heute nichts geändert.«

»Vielleicht ist dies ein Fehler, werter Freund. Suchen wir beide nicht einen neuen Weg?« Tile spürte, wie sehr dem Prior die Belehrung zusetzte und verstärkte den sanften Ton. »Nur das Alte wiederzuerlangen scheint mir zu wenig. Ich will Regent meines Volkes sein. Aus diesem Grund werde ich mich auch um solche Belange kümmern, die mir keinen rechenbaren Machtvorteil bringen.« Er ordnete an, die friesische Gesandtschaft am Nachmittag in einer eigens für sie anberaumten Audienz zu empfangen.

Ehe die sechs Männer den kleinen Saal der Herberge betreten duften, mußten sie bei Hauptmann Peter ihre Schwerter zurücklassen. Wilde, abgerissene Gestalten näherten sich dem Thronsessel: Fellumhänge, darunter verrostete Kettenhemden, das Haar lang und struppig, unruhig ihr Blick, und in den bärtigen Gesichtern stand Niedergeschlagenheit. Ein säuerlicher Dunst nach Stall und Schweiß ging von ihnen aus.

»Nicht weiter«, befahl ihnen der Hofmeister mit gerümpfter Nase und verkündete: »Majestät, zu Euch gekommen ist Hauke, Stammeshäuptling der Westfriesen, mit seinen Mannen.«

Sie beugten das Knie, als wäre der Demutsbeweis für sie eine ungewohnte Geste.

»Erhebt euch. Seid Uns willkommen.« Aus den Augenwinkeln nahm Tile die abschätzige Miene des Priors wahr; um so freundlicher bat er den Anführer: »Was führt dich vor den Thron?«

Hauke griff in seinen Fellumhang und brachte ein mit Ranken aus gehämmertem Kupfer verziertes Trinkhorn zum Vorschein. »Großer Fürst, nehmt dies Geschenk in Gnade an.«

Achtlos wollte der Hofmeister das geschwungene Metgefäß beiseite legen, allein Tile verlangte es zu sehen. »Eine kunstvolle Arbeit. Hab Dank. Wir werden sie in Ehren halten.« Er reichte die Gabe dem Ratgeber. »Gewiß teilt Ihr meine Freude, hochwürdiger Vater.«

Mit spitzen Fingern nahm Jacobus das Geschenk an sich und nickte.

»Genug der Höflichkeit.« Tile wurde ernst. »Wir lesen in deinen Augen, daß Sorge dich hergeführt hat. Entlaste dein Herz ohne Scheu.«

»Wir erflehen Euren Beistand, großer Fürst.« In unbeholfenen Worten berichtete Hauke von der Bedrängnis seines Volkes durch den Grafen von Holland. Wie schon sein Vater versuchte auch Florenz die Westfriesen unter seine Herrschaft zu bringen. Erbittert leisteten sie Widerstand. Vor drei Jahren nun hatte der Graf an ihrer Gebietsgrenze eine gewaltige Zwingburg errichten lassen.

Von dort aus überzog er das Land immer wieder mit Krieg. Plünderung, das Vieh wurde abgeschlachtet, die Boote und Netze der Fischer zerstört, Hütten gingen in Flammen auf. Kaum ein Tag verging, an dem nicht berittene Horden ein Dorf heimsuchten. »So schnell meine Kämpfer auch sind, immer kommen wir zu spät, und die Mordbrenner haben sich längst wieder in ihrer Festung verschanzt.« Der Häuptling krallte die schwielige Faust in seine Haarmähne. »Es ist eine verdammte Zeit. Schwer haben es unsere Frauen, die Kinder aufzuziehen.« Von vieren blieben meist nur zwei. In seinem Land gab es keine Berge mit verschwiegenen Tälern, in denen es möglich war, Schutz zu suchen. Wälder gab es, doch der Himmel sei weit bei den Friesen und jedes Feuer schon aus der Ferne zu entdecken. Also blieb den Familien nur ständige Flucht von einem Versteck zum nächsten. »Dabei wollen wir nur Freiheit, wollen uns selbst bestimmen. Großer Fürst, wir sind Bauern und Fischer, wir nehmen uns kein fremdes Land, unsre Wiesen und Äcker und der Strand reichen uns. Der Kampf um Nahrung Tag für Tag ist Mühe genug.« Aber dieser Holländer zwang sie, Felder und Netze zu vernachlässigen und statt dessen mit dem Schwert das Leben von Weib und Kind zu verteidigen. »Wie soll da ein Mann froh werden? Hilf uns, Friedrich, du Kaiser! Du bist unsere einzige Hoffnung.«

Entrüstet stieß der Hofmeister den Stab auf den Boden. »Befleißige dich der höflichen Anrede, Kerl! Du bist hier nicht in einem friesischen Stall.«

»Schweigt, Hofmeister!« fuhr ihn Tile an. »Eure Maßregelung ist hier fehl am Platz. Wenn das Herz überladen ist von Sorge, kann Höflichkeit warten.« Er stützte seine Stirn in die Hand. Was nun, mein Friedrich? Säßet Ihr selbst und nicht ich an Eurer Statt jetzt hier, würdet Ihr Mitleid empfinden und deshalb gegen den Holländer vorgehen? Verzeiht das Wort Mitleid, dieses Gefühl bestimmte nie Euer Handeln. Nun aber, da Ihr mit mir alt geworden seid, müßt Ihr zumindest mit mir Nachsicht üben. Ich bin kein kühler Staatsmann, der über Macht verfügt, schon gar nicht tauge ich zum Feldherrn, laßt mich dennoch klug vorgehen und das Wenige versuchen.

Tile richtete sich im Sessel auf. Offen blickte er den Friesen an. »Deine Not und die deines Volkes dauern Uns tief. Ehe Wir aber Truppen anwerben, wollen Wir Uns bemühen, auf diplomatischem Weg den Grafen von Holland zu mäßigen. Kehre nach Friesland zurück, und vertraue deinem Kaiser.«

Ein Strahlen erhellte die Mienen; voll neuer Hoffnung schritt Hauke mit seinen Mannen aus dem Saal. Der Hofmeister schloß fest die Tür hinter ihnen.

Prior Jacobus glitt vor den Thron. »Majestät, mein Kompliment. Es war köstlich anzuhören, wie Ihr Euch dieser hergelaufenen Strauchdiebe entledigt habt.«

Tile hob die Brauen. »Entledigt? Konntet Ihr meinen Worten nicht folgen? Begleitet mich in die Kanzlei, hochwürdiger Vater. Ihr werdet mit eigener Hand den Brief zu Pergament bringen.«

Kaum waren sie im Hinterzimmer allein, baute sich Jacobus vor dem Greis auf. »Ihr dürft nicht; ich verbiete Euch, für die Westfriesen Partei zu ergreifen.«

»Mäßigt Euren Ton, und nehmt die Feder.«

»Majestät! Nicht lange ist es her, da habt Ihr mich getadelt, weil ich Verbindung zum Holländer aufnahm. Wagt es nicht, meinen Rat zu mißachten, sonst sehe ich mich gezwungen ...«

»Die Zeit der Drohungen ist vorbei, werter Herr«, unterbrach ihn Tile kühl. »Ihr habt mir zu gehorchen. Oder muß ich erst den Hauptmann der Leibgarde rufen?«

Sofort schlug Prior Jacobus zurück: »Peter ist mein Mann, mein willenloses Werkzeug. Er gehorcht allein meinem Befehl.«

»Seid Ihr Euch sicher? Ich fürchte, Eurer Wachsamkeit sind entscheidende Veränderungen an meinem Hof entgangen.«

Blässe überzog das rundliche Gesicht. Für einen Augenblick schloß der Prior die Lider; als er sie öffnete, stand wieder Güte in den bernsteinfarbenen Augen. »Verzeiht die unbedachten Worte, mein Fürst. Die Sorge um unser Ziel trieb mich. Allein, erinnert

Euch, wie sehr gerade Florenz von Holland Euch mit Spott überhäufte.«

»Ich habe die Schmach nicht vergessen. Hier aber geht es um Leid und Unrecht. Dies zu lindern ist die vornehmste Pflicht eines Kaisers.« Mit einem Handschlenker bedeutete Tile dem Pfaffen, sich ans Pult zu begeben. »Ihr dürft schweigen, hochwürdiger Vater, während ich diktiere.«

Kein Brief an Graf Florenz; er würde ihn vielleicht gar nicht lesen. Tile wandte sich an dessen obersten Kirchenherrn.

»Friedrich, von Gottes Gnaden römischer Imperator und Kaiser, bietet dem untadeligen Herrn, dem Bischof zu Utrecht, seine Huld und Gnade. Da es der kaiserlichen Macht obliegt, allen Streit zu schlichten und Gewalt zu ahnden, fordern Wir Euch auf, Florenz, Graf von Holland, dringlichst zu ermahnen ...« Ohne Mühe, rasch fand Tile die Sätze. Der Bischof sollte seinen guten Einfluß nützen und die Übergriffe in Friesland beenden, ansonsten müßte der Kaiser gegen den Gewalttäter mit Heeresmacht vorgehen. Sei der Graf aber im Besitz verbriefter Ansprüche auf das Land der Friesen, so möge Florenz sie persönlich vorlegen. »... damit solches Recht geprüft werden kann, gebieten Wir Euch, diesem Euch unterstehenden Grafen zu befehlen, binnen 42 Tagen vor Unserm kaiserlichen Gerichtshof in Neuss zu erscheinen. Gegeben im April des Jahres 1285 ...« Tile beugte sich über das Pergament, las und war zufrieden. »Beendet den Brief in gewohnter Form, werter Freund, und erhitzt das Siegelwachs.«

Der Prior biß sich auf die Unterlippe, gehorchte wortlos.

Am Abend speiste Tile allein. Weil Met ihm zuwider war, hatte er sich vom Wirt das spitzzulaufende Trinkhorn mit Bier füllen lassen. Nach drei Schlucken wollte er es absetzen, doch in der Tischplatte fehlte das notwendige Loch. »Wäre ich jünger und ein Friese, so könnte ich das Gebräu in einem Zug hinunterschütten.« Er bat Gabriel, das Bier in einen Krug umzufüllen. Becherweise und langsam getrunken sei es für ihn bekömmlicher.

Tile war mit dem Tag zufrieden. Seine einzige Möglichkeit, dem bedrängten Volk im Norden zu helfen, hatte er wahrgenommen, und vielleicht würde das Schreiben den Bischof von Utrecht tatsächlich beeindrucken.

Ein Wachposten kam die Stiege hinauf: »Hochwürden Prior Jacobus bittet den Kammerdiener Seiner Majestät, ihn zwecks einer persönlichen Angelegenheit in seiner Unterkunft aufzusuchen.«

Leicht schmunzelnd schüttelte Tile den Kopf. »Der Vorfall heute beschäftigt den Pfaffen«, flüsterte er und forderte Gabriel auf: »Geh, Junge, höre dir geduldig an, was der hochwürdige Vater zu sagen hat. Sonst findet er keinen ruhigen Schlaf.«

Gabriel betrat das Nachbarhaus. Ein düsterer Flur; das schwache Öllicht wies ihm den Weg. Stille. Vorsichtig pochte er, und die Tür schwang weit auf. Einen Augenblick war er geblendet. An den Wänden strahlten ungewöhnlich viele Kerzen, spiegelten sich in den Silberschilden ihrer Leuchter.

»Komm näher, Kammerdiener.« Von seinem Sessel nahe des Tisches winkte Prior Jacobus.

Nach drei Schritten wurde Gabriel von hinten am Haar gepackt und sein Kopf zurückgerissen. Im gleichen Moment fühlte er eine Klinge an seiner Halsseite. »Schreie nicht, wehre dich nicht«, raunte eine Stimme neben ihm, »dann ersparst du dir zusätzliche Schmerzen.« Aus den Augenwinkeln erkannte er einen der beiden Novizen, sein Oberkörper war entblößt. Die Tür fiel ins Schloß. Jetzt tauchte der zweite Diener des Ratgebers neben ihm auf, auch er war bis zur Hüfte nackt.

»Führt ihn vor den Tisch, ihr göttlichen Buben, und entkleidet unsern Gast«, bat der Prior.

»Was, was habt Ihr mit mir vor, Herr?« Schmerzhaft fühlte Gabriel die Spitze des Stahls und schwieg.

Während er seines Kittels und der Hose entledigt wurde, plauderte Jacobus: »Ich habe meinen Buben neue Namen gegeben. Natürlich nur, wenn wir allein sind. Der dich gerade so gewissenhaft von den Kleidern befreit, das ist Pollux. Der andere hört auf den Namen Castor. Wahrhaft herrlich, wie Vater Zeus sich als Schwan der Leda näherte und mit seinem langen Hals in ihren Leib fuhr. Gewiß sind dir die unzertrennlichen Zwillinge als Studiosus begegnet.« Er schnippte kurz. »Ach, verzeih, ich vergaß. Du bist ja ohne Bildung zu hohen Ehren an unserm Hof aufgestiegen«, und wies zum Tisch: »Bindet ihn!«

Am Haar zog Castor den Nackten rücklings auf die Platte, und Pollux fesselte seine Hände in Kopfhöhe an je ein Ende des Stützbocks. Gabriel war wehrlos. Entsetzt mußte er erdulden, daß nacheinander seine Beine angewinkelt, hochgehoben und ihm Kniekehlen und Füße mit den Handfesseln verstrickt wurden. Die Scham, auf diese Weise entblößt zu sein, trieb dem jungen Mann Tränen in die Augen.

Prior Jacobus ließ seine Helfer etwas beiseite treten und erhob sich. Er begutachtete die Geschlechtsteile, schließlich begann er in wohlwollendem Ton: »Mein starkgebauter Freund, ich habe dich hergebeten, um eine Auskunft von dir zu erhalten.«

»Warum fragt Ihr nicht einfach?« preßte Gabriel heraus. »Warum muß ich so vor Euch liegen?«

»Weil ich dich kenne.« Wieder sah Jacobus zwischen die gespreizten Schenkel. »Und dennoch nicht kenne.« Er wippte den Hodensack in der Hand und drückte zu.

Gabriel brüllte, warf seinen Kopf hin und her. Als das Stechen nachließ, sah er hastig wieder zu den beiden Novizen rechts und links von ihm. Feine Narben überzogen ihre Oberkörper, auch die Muskeln der Arme zeigten rote Linien.

»Mein Interesse betrifft den Stimmungswechsel Seiner Majestät. Was ist vorgefallen? Er scheint das Vertrauen in mich, seinen Ratgeber, verloren zu haben. Sage mir, was du weißt.«

»Gar nichts, Herr. Nichts weiß ich, und ... und selbst wenn, dürfte ich's nicht sagen.«

»Dies habe ich erhofft, mein schöner Jüngling. Treue und Verschwiegenheit sind die Tugenden eines guten Kammerdieners.« In aller Ruhe streifte er den rechten Ärmel der Kutte zurück, das Messer glitt in seine Hand.

Gabriel weitete die Augen. »Nicht, ehrwürdiger Vater. Bitte, ich flehe Euch an.«

Hastig beugte sich Castor über ihn. »Bleibe entspannt, dann schmerzt es nicht so sehr. Glaub mir, nur beim erstenmal ...«

»Untersteh dich!« blaffte Jacobus. Sofort wich der Novize zurück auf seinen Platz.

»Da du vergessen hast, Kammerdiener, wem du in Wahrheit unbedingten Gehorsam schuldest, muß ich deinem Gedächtnis nachhelfen.« Der Prior ritzte Kreise um die Brustwarzen. Ein langer Schmerz, nicht so, daß Gabriel aufschrie, nur stöhnte.

»Wem also hast du zu gehorchen?«

»Meinem Herrn, dem Kaiser.«

Mit schnellen Schlenkern zeichnete Jacobus die Rippen nach. Das Brennen nahm zu, bald stand die ganze Brust in Flammen. Gabriel keuchte, beteuerte stammelnd, nichts zu wissen, er wisse nicht einmal, worüber der ehrwürdige Vater so entrüstet sei.

Die Klinge arbeitete sich tiefer. Bei jedem neuen Schnitt zuckte die Bauchdecke. Gequält zerrte der Kammerdiener an den Fesseln, spannte die Beine; sein Gesäß hob und senkte sich.

»Ja, zapple nur, du unfolgsamer Sohn.« Scharf schlürfte der Satan den Speichel durch die Mundwinkel zurück.

Die Glut zog sich von den Hüften nach unten zusammen, vor den Schamhaaren hielt sie inne. Mit der freien Hand umschloß Jacobus das Glied und fuhr auf und ab. »Ich will eine Antwort.«

»Was denn, Herr?« wimmerte Gabriel. »So sagt mir doch, was ich antworten soll.« Das Brennen der Haut und die Handstriche vereinigten sich jäh in ein quälendes Lustgefühl.

»Wie dumm du bist! Ich hatte dir eine strahlende Zukunft versprochen, solange du mich als deinen obersten Herrn liebst.« Sobald dem Kammerdiener der Atem flog, er das Auf und Ab sogar unterstützte, gab der Prior den Schwanz frei. Hochgereckt glänzte die pralle Kuppe »Nur ich entscheide über dein Glück.« Leicht schlug er mit der flachen Seite des Dolches gegen den Schaft. »In meiner Macht liegt es, dich wieder ins Nichts der ärmlichen Schneiderstube zu stoßen. Willst du das?«

»Habt Erbarmen, ehrwürdiger Vater!« Angstvoll starrte Gabriel auf die Klinge. »Ja, ich bin nicht klug, erfülle nur meine Pflichten.« Der Kaiser habe sich vor Wochen unwohl gefühlt, aber das wäre am nächsten Morgen vorbei gewesen. »Mehr weiß ich nicht. Der hohe Herr ist freundlich zu mir, aber er spricht nicht über Politik, wenn wir allein sind.«

»Diesmal will ich mich damit bescheiden«, Prior Jacobus stach den Dolch in die Tischplatte, und Gabriel wagte freier zu atmen. »Jedoch nur dieses eine Mal. Du wirst zukünftig aufmerksamer sein und mir selbst über Unwichtigkeiten berichten. Nur so kann Schaden von Seiner Majestät abgewehrt werden.«

»Ja, hochwürdiger Vater.«

In den Mundwinkeln entstand ein Zucken; langsam benetzte der Prior die Unterlippe, seine Hand glitt an dem harten Schwanz hinunter und schloß auch den Hodensack ein. »Spiele verspreche ich dir, Junge, ungeahnte Lüste.« Mit breiter Zunge leckte er über die Eichel. »Sieh dir Castor und Pollux an. Waren sie zu Beginn auch erschreckt von den Künsten ihres Meisters, sie haben schnell gelernt. Jetzt dienen sie mir mit Freude. Denn erst die Qual öffnet das Tor zur wahren Begierde.« Er bog, ohne seinen Griff zu lockern, den Hintern des Kammerdieners höher. »Und ich weiß womit junge, verstockte Hunde zu erziehen sind.« Damit stieß er den Mittelfinger der anderen Hand tief zwischen die Backen.

Gabriel konnte nicht mehr schreien; sein Verstand, sein Leben drohte zu zerspringen. Wieder dieser Schmerz, und wieder. Endlich ließ der Prior von ihm ab. »Das war die erste Lektion. Bald werde ich dir mit meinem weit dickeren Schwanenhals in den Leib fahren.« Leicht tänzelnd ging er zu den Leuchtern an der hinteren Wand und begann die Kerzen zu löschen. »Rasch, ihr Buben. Löst die Fesseln, und kleidet unsern Gast. Gewiß wird ihn Seine Majestät schon vermissen.«

Wortlos halfen Castor und Pollux dem Geschundenen.

»Ehe du diesen Raum verlassen darfst«, Jacobus erstickte eine Flamme zwischen den Fingern, »ermahne ich dich eindringlich, über unser kleines Vergnügen zu schweigen. Ansonsten wirst du vom Hofe entfernt, und ich muß mir die junge Gespielin des Kaisers als Vertraute heranziehen.« Er blickte über die Schulter. »Warum so erschreckt?« Geballte Fäuste, neue Verzweiflung verrieten den Unglücklichen, und ohne Suche hatte der Prior ein sicheres Druckmittel gegen ihn gefunden. »Aber was kümmert dich eine kleine Stiftsdame? Allein aus Klugheit wirst du gehorchen. Entferne dich jetzt.«

Gabriel taumelte durch den Flur. Draußen in der Dunkelheit brach er in Schluchzen aus, und erst als er die Tränen trocknen konnte, wagte er sich hinauf ins kaiserliche Schlafgemach. Hedwig saß auf der obersten Treppenstufe. »Du bist spät, Liebster«, flüsterte sie. »Der Hohe Herr hat sich schon niedergelegt. Keine Angst, ich habe ihn für dich gebadet und zugedeckt.«

Er antwortete nichts.

Spät in der Nacht weckte Tile leises Weinen, und er stützte sich hoch. Die Stimme drang aus der Kammer hinter dem Vorhang. Meine Verliebten, dachte er zunächst, dann stiegen Zweifel. Nein, so weinte keine Frau in den Armen eines Mannes. »Gabriel!«

Das Wimmern brach ab, indes, der Leibdiener folgte dem Ruf nicht.

Entschlossen verließ Tile das Bett, tappte durch den halbdunklen Raum und öffnete den Vorhang. Gabriel lag ausgestreckt da. Mit einem Lappen kühlte Hedwig die Schnittwunden auf seiner Brust. »O Gott, wer hat dich so zugerichtet?«

Die junge Frau wandte den Kopf. »Er ist überfallen worden. Verzeiht, Majestät, wenn ich Euren Schlaf gestört habe. Ich will still sein.«

»Versorge ihn, Kind.« Tile trat hinzu und beugte sich über Gabriels Gesicht. »Was ist geschehen? Antworte!«

Der Kammerdiener schloß die Lider. »Drei Kerle. Sie haben mir aufgelauert.«

Wer sie waren, könne er nicht sagen. Es sei dunkel gewesen. Das Lügen war unbeholfen, durchsichtig, und Tile wußte sofort die Wahrheit. Er strich seinem Erzengel übers Haar. »Von nun an wird Hauptmann Peter dir nicht von der Seite weichen, wenn der hochwürdige Vater dich zu sich bittet.«

»Danke«, murmelte Gabriel. »Ihr seid so freundlich.«

Unmerklich schüttelte der Greis den Kopf. Das genügt nicht mehr, dachte er, ich trage Verantwortung für diesen Jungen und muß wachsamer sein. Der Satan hat ihn geschändet, weil er mich nicht aus den Klauen verlieren will. »Die Schnitte werden rasch heilen. Und ich hoffe, Hedwig wird es bald gelingen, die Wunde tief in deinem Herzen zu schließen.«

Ehe er die Kammer verließ, wandte er sich noch einmal um. »Eine schwere Zeit steht uns bevor. Verliert nicht den Mut; was auch geschieht, am Ende werdet ihr beide euer Glück gefunden haben.«

Alter Narr, schalt er sich, während er wieder ins Bett stieg, bis jetzt hast du nichts für die Zukunft der Kinder unternommen. Was nützt ihnen ein freundlicher Kaiser? Ja, Friedrich, du konntest mich vor deinem Sterben großzügig bedenken. Naht aber unser zweiter Tod, so wird gewiß der Henker neben mir stehen, und jedes Testament verliert seinen Wert.

Nein, er durfte nicht warten. Aus seiner Machtfülle würde er den Eltern Hedwigs die Heirat ihrer Tochter mit dem kaiserlichen Kammerdiener bekanntgeben. Ein schöner Auftrag, den Vater Albertus in den nächsten Tagen erledigen mußte. Das nötige Vermögen für Haus und Hof wollte Tile aus seiner noch überfließenden Privatschatulle beiseite legen.

Er horchte zur Kammer. Hedwig weinte nicht mehr.

Am Tag nach Christi Himmelfahrt erschallten Fanfarenklänge im Hafen von Neuss. Ein Fährschiff ging längsseits, sein Bug war mit

Girlanden aus Flieder geschmückt. Erst führten zwei Hornisten ihre Pferde über den breiten Steg an Land, ihnen folgten leicht bewaffnete Reiter. Eine verschleierte Dame blieb an Bord zurück. Fahnen flatterten. Blinkende Helme und Rüstungen. Mann und Roß trugen gleiche Farben, ihre Schilde das gleiche Wappen. Der Trupp formierte sich.

Wenig später trabte ein Herold durchs Hafentor; Kinder rannten neugierig neben ihm her und begleiteten ihn zur Herberge am Marktplatz. Vom Sattel aus verkündete der Reiter, wem er diente und welches Begehr seine Herrschaft an den Kaiser richtete.

Der Wachposten bat ihn, zu warten, gab die Botschaft weiter, und im kleinen Saal meldete der Hofmeister: »Ihre Erlauchtheit Gräfin Bertha, Fürstäbtissin der Reichsabtei Essen bittet untertänigst Seiner Majestät Friedrich ihre Aufwartung machen zu dürfen.«

Prior Jacobus entglitt das Pergament, dessen Inhalt er gerade seinem Kaiser vortrug. »Diese aufsässige Dame wagt es! Ohne Einladung will sie sich Zutritt verschaffen. Mit Eurer Erlaubnis, mein Fürst, werde ich sie in aller Schärfe abweisen.«

»Ereifert Euch nicht unnötig, werter Freund.« Tile rieb den Falkenring an seiner linken Hand. »Ich habe die Dame zu ihrem Besuch ermuntert.«

»Zur Hölle ...« Sofort erstickte der Pfaffe den Fluch, stürmte zum Fenster, kehrte hochrot zurück. »Ihr habt ...? Nein, ich will es nicht glauben.«

»Besitzt Ihr die Kühnheit, an meinem Wort zu zweifeln?« Langsam hob der Kaiser den Kopf.

Sein Blick ließ Jacobus zurückweichen. »Verzeiht, Majestät«, flüsterte er, »also ist es wahr. Ihr habt gegen meinen Rat gehandelt«, die Unterlippe bebte, »eigenmächtig, ohne mich zu informieren.«

»Fühlt Ihr Euch nicht wohl, lieber Freund?«

»Nur ein leichter Schwindel. Laßt mir etwas Zeit, und wartet mit Eurer Antwort an diese Frau.« Prior Jacobus wandte sich ab.

»Jedes Zögern wäre unhöflich.« An den Hofmeister gerichtet, befahl Tile: »Laßt die wohlehrwürdige Mutter wissen, welche Freude den Kaiser erfüllt, sie zu begrüßen. Nur bittet er um etwas Geduld, bis alle Vorbereitungen für den festlichen Empfang getroffen sind.« Nicht in der Herberge, im großen Saal des Stadthauses sollte die Begegnung stattfinden. Für den Abend wünschte Seine Majestät ein großes Mahl, in Anwesenheit der Neusser Räte und Schöffen.

Geschäftig eilte der Hofmeister hinaus.

»Nun, werter Freund? Seid Ihr wieder zu Atem gekommen?«

Auf dem Stiefelabsatz fuhr Jacobus herum und verbeugte sich. »Nicht nur zu Atem, Majestät. Meine Warnung hat Euch nicht beeindruckt, was ich tief bedaure, dennoch füge ich mich.« Sein Ton gewann an Glätte und Güte. »Als Euer bescheidener Diener bleibt mir die Aufgabe, den Schaden zu begrenzen. Erlaubt, daß ich mich für eine Weile entferne.« Wie verhaßt ihm die Dame auch sei, er wollte sich für den Empfang festlich kleiden.

Tile stieg mit Gabriel hinauf ins Schlafgemach. Purpurmantel, Broschen, das enganliegende Seidengewand und die mit Perlen bestickten Schuhe lagen bereit, außerdem eine Krone, an jeder ihrer Goldzinne glühten Rubine. Seine jüdischen Großkaufleute hatten sie ihm bei ihrem letzten Besuch als Geschenk dargebracht.

Nach dem Mittagsläuten meldete der Hofmeister: Alle Befehle seien weitergegeben und ausgeführt worden. Der Saal des Rathauses sei gereinigt und gelüftet. Unterdes schleppten Knechte körbeweise Gemüse, Fleisch und Brot in die Küchen. Dem Festtag stehe nichts mehr im Wege.

»So laßt uns beginnen.«

Am Fuß der Stiege empfing Jacobus, angetan mit einer weichfallenden schwarzen Kutte, den Kaiser. »Welche Würde strahlt von Euch aus, Majestät.« Er strich über ein Lederkästchen, das er unter dem Arm trug. »Ehe Ihr Euch hinüber zum Rathaus begebt, noch ein Wort.« Tile zögerte, willigte dann doch ein und folgte seinem Ratgeber ins enge Kanzleizimmer.

»Majestät, zum erstenmal werdet Ihr heute einer Dame aus höchstem Adel begegnen. Sie ist gefährlich, habgierig und weiß wie ein Landesfürst ihren politischen Vorteil zu nützen.«

»Diese Litanei habt Ihr mir schon vorgebetet. Worauf wollt Ihr hinaus?«

»Zürnt mir nicht länger, denn auch ich sehe nur unser Ziel.« Jacobus klappte die Schatulle auf und entnahm zwei Holzschachteln, gekennzeichnet mit einem blauen und einem gelben Punkt. Nach langer Zeit halte er es heute wieder für angebracht, daß Tile mit Hilfe einer Droge seine Stimmung hebe. Er öffnete die gelbe Schachtel und entnahm einen Würfel. »Dieses Mittel ist wirksamer als die Droge, die Ihr bisher kanntet. Nicht allein schnelles Glücksgefühl wird Euch zuteil, sie schärft überdies den Verstand. Zerkaut die Droge gleich hier.«

Tile drehte den Würfel zwischen seinen Fingern, betrachtete nachdenklich das eingeritzte Kreuz. Wie angenehm leicht war mir, erinnerte er sich, meine Angst vor dem ersten Schritt fiel von mir ab, und ich wuchs mit Friedrich über mich selbst hinaus. Was erwartete mich gleich? Zweifel kamen. War er wachsam genug, um politische Winkelzüge zu durchschauen? Vielleicht sollte er auf den Rat des Priors hören?

»Eilt Euch, mein Kaiser«, mahnte Jacobus. »Vermeidet einen zweiten Fehler, und geht nicht unvorbereitet zur Audienz.«

Der überhebliche Ton ärgerte Tile. Dieser Pfaffe. Von ihm ließ sich er sich nicht mehr bevormunden. »Seid unbesorgt, längst bin ich nicht mehr der alte Mann, den Ihr aus seinem Frieden entführt habt.« Er warf den Würfel zurück in die gelbe Schachtel. »Ich bin Friedrich, der Kaiser. Diesen Satz habt Ihr mir beigebracht. Jetzt da ich es bin, benötige ich keine Droge mehr. Dennoch, habt Dank für Eure Mühe. Kommt, wir wollen offenen Herzens die Äbtissin empfangen.«

Viel Volk war auf dem Marktplatz zusammengelaufen. Laue Luft und ein strahlender Maihimmel steigerten die Freude, und mit

Rufen und Winken empfing Neuss den hohen Besuch. Weiß war die Nonnentracht, weiß der luftige Reiseschleier, unter dem sich Haube und Gesicht verbargen. Vom Sattel aus grüßte Bertha die Leute durch leichtes Fingerwedeln nach rechts und links.

Die Eskorte hielt vor dem Rathaus. Zwei Reiter saßen ab. Einer reckte hilfreich seinen Arm, der andere ließ sich neben dem Pferd auf Knie und Hände nieder, und die Fürstäbtissin glitt aus ihrem Sitz, ihre Füße fanden auf dem gewölbten Rücken sicheren Stand, langsam senkte er sich, und wie von der letzten Stufe einer Treppe stieg sie zur Erde. Beim Anblick der langen hageren Gestalt in der leuchtenden Tracht vergaßen die Kinder den Mund zu schließen. Reglos wartete Bertha, bis ihr der Schleier abgenommen war, dann schritt sie, geführt von den beiden Rittern, ins Rathaus.

Vor dem Saal empfing sie der Hofmeister, verneigte sich stumm, und auf seinen Wink hin öffneten Pagen weit die Flügeltür. Dreimal stieß er seinen Stab auf den Boden. Name und Titel schallten durch den Saal. Die anwesenden Räte, Schöffen und Kanzleibeamten bildeten ein Spalier, und vom erhöhten Stuhl aus gewährte Kaiser Friedrich der Besucherin mit einer Geste huldvoll den Einlaß.

Die Fürstäbtissin erschien, trat drei Schritte in den festlich geschmückten Saal, stand einen Moment, bis alle Augen auf sie gerichtet waren, dann suchte sie den Blick des Herrschers und sank auf die Knie. In dieser Haltung bewegte sie sich vorwärts; den dürren Oberkörper leicht vorgebeugt, rutschte Bertha durch die Gasse der Schweigenden auf den Thron zu.

Aus einem ersten Impuls heraus wollte Tile die mühselige Demutsbezeugung abkürzen, beherrschte sich aber rechtzeitig. Mein Friedrich, seht Ihr diese Dame? Sie begrüßt uns, wie wir es selbst an Eurem Hof nur selten erlebt haben. Für mich, Euren Sarazenen, der stets zu Boden blicken mußte, waren solche Besucher eine willkommene Abwechslung unter seinem Turban.

Bertha näherte sich. Ihre Kopfhaube erlaubte nur einen Blick auf das Gesicht. Schmale Lippen, eingefaßt von tiefen Falten, eine unscheinbare Nase, doch der herrschsüchtige Wille in den schwarzen Augen warnte Tile. Diese Dame war weit entfernt vom Stundengebet ihrer Nonnen.

»Großmächtiger Friedrich, den Gott in seiner Allmacht zurückgesandt hat, um Recht und Gerechtigkeit den Bedrückten zu schenken«, grüßte sie mit durchdringender Stimme, »seht, Eure Dienerin kriecht im Staub zu Euch und erfleht Eure Huld und Gnade.« Vor den perlenbesetzten Schuhen sank sie vollends nieder.

»Wir danken Euch, wohlehrwürdige Mutter Äbtissin. Erhebt Euch, und seid Unserer Gunst versichert.« Die Förmlichkeiten waren ausgetauscht. Tile bewunderte im stillen, wie geschmeidig die große Frau sich aufrichtete und vor ihm stand. Ihr Alter ist nicht zu schätzen, überlegte er, in keinem Fall aber nagt es schon an ihr. Genug gewartet, mahnte Friedrich in ihm.

»Wohlehrwürdige Mutter, offenbart nun vor Uns und Unserm Ratgeber Euren Kummer.«

»Die Klage gilt Siegfried, Erzbischof zu Köln, meinem obersten Kirchenherrn, dem zu dienen und zu gehorchen jeder christlichen Seele ein Greuel ist. Sein Verhalten gleicht dem eines streitsüchtigen Raubritters, schlimmer noch ...«

»Dämpft Eure Stimme, Mutter Äbtissin«, unterbrach sie Prior Jacobus und preßte die gefalteten Hände über seine Bauchwölbung. »Bedenkt, welchen Herrn ihr anklagt. Im Saal befinden sich Richter und Schöffen seines Oberhofgerichts.«

»Ginge es nach meinem Willen«, fuhr sie verhaltener fort, »so würde ich meine Vorwürfe so laut herausschreien, daß sie in allen Himmeln vernommen werden.«

Tile lehnte sich zurück. »Eure Not scheint groß«, beschwichtigte er, »dennoch erlauben Wir Euch, in vertraulichem Tone Uns ins Bild zu setzen.«

Einem alten Brauch folgend, bestimmte die Äbtissin von Essen gemeinsam mit den Nonnen, welcher Vogt das reiche Stift verwaltete. Meist unterstellten sie sich dem Kirchenfürsten von Köln, ihrem direkten Herrn, doch Bertha hatte König Rudolf zu ihrem Beschützer erkoren.

»Ein Akt der Beleidigung!« stieß Jacobus hervor. »Darf ich Euch belehren, Mutter Äbtissin. Ihr habt in böser Absicht gehandelt. Eure Entscheidung fußte auf keinem verbrieften Recht.«

»Niemand darf es wagen, meine Freiheit anzutasten, werter Prior. Abtei und Lehnsgüter unterstehen dem Reich und nicht dem Erzbistum.«

»Mit Verlaub, trieb Euch nicht Stolz? Als geborene Gräfin von Arnsberg wolltet Ihr nicht Äbtissin, sondern selbstherrliche Fürstäbtissin sein.«

Bertha richtete sich zur vollen Länge auf und sah den Kaiser an. »Ich glaube, hier geneigte Ohren zu finden, statt dessen fühle ich Kälte.«

»Laßt Euch nicht beirren«, entgegnete Tile ernst. Ihm gefiel das Wortgefecht. Je heftiger der Streit zwischen den beiden, um so weniger blieb der Dame Zeit zu taktieren. So kann ich mir in Ruhe über den Sachverhalt ein klares Bild verschaffen, dachte er; auch Friedrich hörte stets zu, beobachtete lange, ehe er in eine Diskussion eingriff. Wir wollen uns ebenso weise geben, mein Kaiser, mehr aber noch interessiert es mich, warum dieser Pfaffe sich so erregt. »Habt Verständnis, hochgeschätzte Mutter. Politik ist keine Freude, sondern ein Geschäft mit dem Vorteil. Und dieses weiß mein Ratgeber vortrefflich zu führen.« Wohlwollend lud er beide ein: »Fahrt also fort, bewahrt aber das notwendige Maß an Höflichkeit.«

Verblüfft über die Parteinahme verneigte sich Prior Jacobus tief vor dem Thron, ehe er sich seiner Gegnerin wieder zuwandte. »Wie ich informiert bin, ehrwürdige Mutter, wurde Erzbischof Siegfried durch ein klares Votum Eurer Mitschwestern zum Stiftsvogt bestimmt.«

»Durch Betrug und infame Erpressung meiner Nonnen! Er hat die Wahl verfälscht. Sie ist ungültig. Darüber hat König Rudolf längst entschieden. Nicht von ungefähr enthob er Siegfried von diesem Amt und setzte bis zur endgültigen Klärung einen Verwalter über das Stift.«

»Warum klagt Ihr dann noch?« Der Prior zeigte sein gütiges Lächeln. »Euer Feind hat sich zurückgezogen.«

Bertha ballte die Fäuste. »Nur um Rudolf nicht zu reizen, weil er dessen Heeresmacht fürchtet. In Wahrheit aber sammelt er hinterrücks Verbündete gegen den Verwalter. Es wird nicht lange währen, und Siegfried nimmt sich mein Stiftsgebiet mit Gewalt und plündert es aus.«

»Wie steht es mit Euch, Mutter Äbtissin? Seid Ihr reinen Herzens? Nein, ich will nicht wieder von Ehrsucht sprechen. Laßt mich vermuten: War es nicht klug gedacht, einen Herrn zu wählen, der sich weitab von Essen befindet? Damit Ihr selbst ungestört die Bauern um Lohn und Ernte bringen könnt. Jeder weiß, wie unersättlich Ihr Euch über den Pfründetrog beugt und nicht dem Vogt gebt, was dem Vogt zusteht.«

»Herr! Ihr wagt es …«

»Genug!« Tile schlug die flache Hand auf die Thronlehne. Der Hieb riß Höflinge, Räte und Schöffen im Saal aus ihrer geduldigen Langeweile. »Wir haben genug gehört. Wohlehrwürdige Mutter, tragt Uns Eure Bitte vor.«

Sie rang um Fassung; ihre Miene zeigte, daß sie verloren hatte. So weich die Stimme es erlaubte, flehte Bertha: »Beendet diesen unseligen Zustand, großmächtiger Kaiser. Gebt mir ein gesiegeltes Privileg, in dem unwiderruflich mir die freie Wahl des Stiftsvogtes übertragen wird. Nur darum bitte ich in aller Demut.«

Kaum vermochte der Prior seinen sicheren Triumph verbergen. »Majestät, ich als Euer Diener und besorgter Ratgeber, hoffe Euch von der Tragweite solch einer Begünstigung überzeugt zu haben. Erzbischof Siegfried wird auf seinem Anspruch bestehen. Ein Unglück für das Reich könnte heraufbeschworen werden.«

Tile bat die Dame und den Prior, sich etwas zu entfernen. Er schloß die Augen. Eine Entscheidung? In ihrer Machtgier stand

Äbtissin Bertha dem Kölner nicht nach. Soviel hatte er begriffen. Das Gewicht der Krone verursachte ihm mit einem Mal Kopfschmerzen. Warum sollte er sich einmischen? Hier ging es nicht um wirkliche Not. Ein politischer Schachzug, bei dem in jedem Fall die Bauern des Essener Stifts das Leid tragen mußten. Auch deine Katharina ist solch einem Zug bedenkenlos zum Oper gefallen, ermahnte er sich streng. Ruhe findest du nicht mehr, alter Mann. Hast du nicht beschlossen, die Mächtigen herauszufordern, dein Spiel ihnen aufzuzwingen, bis es von ihnen beendet wird? Jetzt bietet sich dir eine Möglichkeit. Ja, Unruhe ist besser denn Ruhe. Verzeiht, Friedrich, diesem Satz würdet Ihr als Herrscher gewiß nicht zustimmen. Mich aber bringt er dem Ziel näher.

Er richtete sich auf. »Vernehmt meinen Willen. Hiermit übertragen Wir, Friedrich, der wohlehrwürdigen Fürstäbtissin Bertha jetzt und künftig das alleinige Recht, frei und nach ihrem Gutdünken über die Wahl des Vogtes im Reichsstift Essen zu bestimmen. Das Privileg wird noch an diesem Tage ausgefertigt.«

Sie sank in die Knie. »Danke, habt Dank. Gott segne Euch, mein Kaiser.«

Jacobus verschränkte die Arme vor der Brust, seine Hände krallten sich in die Kuttenärmel. Der Stoff zerriß.

Nichts war mehr wie am Tag vorher. Des Morgens erwartete der Prior den Kaiser nicht, um die Besucherliste vorzulegen; er ließ sich wegen einer körperlichen Schwäche entschuldigen. Gern verzichtete Tile auf seine Anwesenheit, und Vater Albertus übernahm stellvertretend die Leitung der Hofkanzlei. Auch gegen Mittag, auch beim abendlichen Mahl zeigte sich der Ratgeber nicht. Nach drei Tagen schickte Tile aus Höflichkeit gleich nach dem ersten Läuten einen Boten hinüber ins Nachbarhaus, der die beiden Novizen zwar reisefertig, aber allein vorfand.

»Der ehrwürdige Vater hat sich ins Münster St. Quirinus begeben, um morgendliche Einkehr zu halten«, meldete der Laufbursche. »Er läßt ausrichten, er müsse heute noch in einer dringenden

Angelegenheit Köln einen Besuch abstatten, nach seiner Rückkehr wolle er das Hofamt nach besten Kräften wieder ausfüllen.«

»Wir billigen diese Reise«, nickte Tile, als wäre er vorher schon in Kenntnis gesetzt worden. Keiner seiner Höflinge sollte über ein Zerwürfnis zwischen ihm und dem Pfaffen Vermutungen anstellen. Sonderbar, diesen gottlosen Schänder meines Erzengels treibt es mit einem Mal zum Gebet in die Kirche, überlegte er, wie tief muß ihn meine Entscheidung für die Fürstäbtissin betroffen haben? Oder gab es eine Verbindung zwischen ihm und dem Kölner? Als dessen geschickter Advokat war er gegen Bertha aufgetreten.

Tile schob den Gedanken beiseite. Nein, nein, der Pfaffe war nur erbost, daß ich nicht seinen Rat eingeholt habe. Warum sonst versuchte er mich, als es soweit war, mit der Droge für die Begegnung aufzumuntern? Sein genau durchdachter Plan zielt auf König Rudolf; dessen Macht soll durch mich ins Wanken geraten. Mein gewährtes Privileg ist nur ein beschriebenes Pergament, so oder so, es wird den Kölner nicht zurückhalten, und damit wächst die Unruhe. Tile seufzte. Auch ohne Krone verursachte Politik ihm heftiges Stechen im Kopf.

Sobald Prior Jacobus wieder in den Hof der Neusser Herberge eingeritten war, bat er, noch im Reisemantel, den Kaiser um ein vertrauliches Gespräch.

»Gute Nachricht, mein Fürst.« Elegant verbeugte er sich vor Tile und tänzelte im engen Hinterzimmer auf und ab. Schließlich warf er mit Schwung den Umhang von den Schultern.

»Muß ich raten, hochwürdiger Vater? Oder wollt Ihr Eurer Ratgeberpflicht nachkommen?«

»Um Vergebung, meine Gebete wurden erhört, wie ich es nie zu hoffen wagte.« Kurz schlürft er den Speichel aus seinen Mundwinkeln und stellte sich in Positur. »Majestät, Euer Diener darf Euch verkünden, daß nicht länger allein Neuss zu Euren Füßen liegt. Es haben sich wichtige Städte im Herzen des Reiches von

Rudolf losgesagt und neigen dazu, Euch als ihren rechtmäßigen Regenten anzuerkennen.«

Beinah erschreckt schloß Tile die Lider. »Warum sollten sie das tun?« murmelte er.

»Weil Ihr Friedrich seid!« Der Prior atmete tief und genoß die wunderbare Nachricht; sie floß ihm über die Unterlippe: Auslöser des Widerstands war die unmäßige Vermögenssteuer, der dreißigste Pfennig auf jeden Besitz, den Rudolfs Steuerbeamte rücksichtslos den Städten abforderten. Im Elsaß begann der Aufruhr. »Colmar, die herrliche Stadt, verweigert jede Zahlung.« Dem Beispiel folgten Bern und das habsburgische Freiburg. Die Bürgerschaft der Stadt Hagenau hatte den königlichen Landvogt mit Waffengewalt aus der Reichsburg vertrieben.

»Selbst Hagenau?« Tile betrachtete den Falkenring an seinem Finger. »Welch schöne Erinnerungen verbinden mich meiner Kaiserpfalz. Gern wäre ich noch einmal in diesen Mauern.«

»Habt noch etwas Geduld, Majestät, und bald werdet Ihr dort hofhalten können. Hört weiter, was ich in Köln erfahren habe.« Frankfurt, Friedberg und Wetzlar hatten am 9. Mai ein Bündnis geschlossen zum gegenseitigen Schutz, so als gäbe es für sie keinen König mehr. »Sie alle blicken nach Neuss, mein Fürst.«

»Weil ich keine Steuern verlange?«

»Vielleicht mag dies einer der Gründe sein, mehr aber – und Ihr dürft meinem Weitblick vertrauen –, weil sie sich nach einem dem Volk liebevoll zugewandten Herrscher sehnen.«

»Und der soll ich sein?« Tile hob die Brauen. »Euer Geschöpf, wie Ihr mich zu Beginn unseres Weges, ja, noch vor wenigen Wochen nanntet?«

»Vergeßt meine unbedachten Worte. Ihr besitzt diese Fähigkeiten, das gestehe ich unumwunden. Mit Euch erreiche ich das höchste Ziel, und hernach dürft Ihr in Frieden abdanken.«

Prior Jacobus entwarf das nächste Vorgehen. Neuss dürfe nicht länger der Sitz des Hofes bleiben. »Hier seid Ihr zu weit ab von den Ereignissen. Ihr müßt Euch ins Herz des Umbruchs begeben. Ein neuer Standort. Die Städte benötigen Eure Nähe als Ermunterung, weiter tapfer dem Habsburger die Stirn zu bieten.«

Nachdenklich drehte Tile den Ring. »Euer Vorschlag hat etwas Bestechendes. Warum sollte ich nicht gleich alle Fürsten Deutschlands zu einem Hoftag nach Frankfurt einberufen. Auch König Rudolf. Er muß sich mir dort unterwerfen und erhält Würde und Krone als Lehnsmann aus meiner Hand.«

Prior Jacobus fuhr zurück. »Ihr wollt es wagen, den Stier gleich bei den Hörnern zu fassen?«

»Wie sonst kann bei Gewitter ein Gespann zum Halten gebracht werden?« Auf diese Weise, dachte er im stillen, erreiche ich schneller mein ersehntes Ziel.

»Mit Bewunderung stehe ich vor Euch.« Jacobus verneigte sich. »Die Einladungen werden in den nächsten Tagen durch Eilkuriere an die deutschen Fürstenhöfe abgesandt. Und wir brechen so bald als möglich auf.«

»Nicht ohne meinem Neuss einen festlichen Abschied zu bieten«, ordnete Tile an. Diese Stadt habe den einfachen Pilger aufgenommen, ihr gebühre kaiserlicher Dank. Der Prior willigte voll Eifer ein, auch diesem Wunsch zu entsprechen.

»Sagt, ehrwürdiger Vater«, scharf blickte ihm Tile ins Gesicht, »wie hat Erzbischof Siegfried auf meine Entscheidung reagiert?«

Sofort wandte sich Jacobus zur Seite. »Die Ereignisse überschlagen sich, mein Kaiser. Ich hoffe, die Frage des Stiftsvogtes wird, in Anbetracht der veränderten Lage, von Siegfried zunächst nicht so aufmerksam verfolgt werden. Nur eins ist mir jetzt noch wichtig, Majestät: Entzieht mir nicht Euer Vertrauen.« Er kehrte zurück und hatte ein Röhrchen mit einer Haarlocke in der Hand. »Zu Eurer Freude erhielt ich wieder einen Gruß ...«

»Steckt es weg!« befahl Tile barsch. Wie ein Stich traf ihn der Anblick; du bist wirklich eine Ausgeburt der Hölle, hinter deinem Lächeln versteckt sich die Teufelsfratze. Endlich wieder ruhig, versicherte er: »Sorgt Euch nicht, Prior. Ich werde Euch stets vertrauen, wie Ihr es verdient.«

Genügend Ritter waren angeworben. Während Rudolfs Sturmzug von Nürnberg quer durchs obere Schwabenland hatten seine Werber keine Burg ausgelassen. Hoher Sold und Beuteversprechungen versüßten die Lehnspflicht, und fünfzig Reisige mit Knappen, dazu mehr als hundert Fußknechte lagerten Anfang Juni 1285 in den Gauen vor Speyer, bereit, die rebellischen Reichsstädte weiter oben im Elsaß wieder unter den Gehorsam zu zwingen. Das erste Strafgericht sollte Colmar ereilen.

Nur noch wenige Tage bis zum Abmarsch. Wurfmaschinen, Mauerbrecher und Sturmleitern wurden auf Karren verladen, Pech in Holztiegel abgefüllt, Brandpfeile mit Stroh umwickelt. Bei der Arbeit tauschten die Bewaffneten derbe Zoten aus; sie lachten dabei und überboten sich gegenseitig.

»He, ihr emsigen Hausweiber, seid mir gegrüßt!« Feixend näherte sich ein beleibter Roßhändler der Knappengruppe vor dem königlichen Zelt. Des Königs Kettenhemd hing über einem Holzkreuz; so war es einfacher, die Ringe zu reinigen. Einer der Knappen schärfte das lange Schwert, andere fetteten Lederschlaufen an Bein- und Armschienen.

Der Roßhändler trat zu den Dienern im Unterzeug, die, auf Schemeln hockend, sich mit dem Ausbessern von Kleidungsstücken beschäftigten. Unvermittelt klatschte er die hohlen Hände gegeneinander. »Daß ihr euch nur nicht in den Daumen stecht!« spottete er. »Schon gut. Wo finde ich unsern König?«

Keiner antwortete ihm.

»Hört ihr schlecht? Wer meldet mich? Zehn schöne Gäule bring' ich aus Speyer. Der Stallmeister sagt, Seine Majestät will selbst über den Preis verhandeln. Also, wo ist der Herr?«

»Du stehst vor ihm.«

»Laß die Scherze.« Er näherte sich dem Mann, der, über ein graues Wollwams gebeugt, einen Riß flickte. »Oder soll ich deinem Riechzinken einen zweiten Höcker verpassen.«

»So?« Rudolf hob das Gesicht. Ein einziger Blick genügte, um dem Aufgeblähten wie einer Schweinsblase die Luft herauszulassen. »Du willst dich als Knochenflicker bewerben. Und ich dachte, Kerl, du wolltest mir Pferde verkaufen.«

»Will ich ... verzeiht, ich konnte ja nicht ... wußte nicht, daß Ihr ...« Er deutete auf Nadel und Faden. »Daß Ihr selbst diese niedere Arbeit verrichtet.«

»Du solltest von deinem König lernen, der sich nicht schämt, das zu tun, was er auch seinen Dienern abverlangt. Vielleicht hinge dann nicht soviel Speck an deinem Leib, bester Freund. Und nun warte.« Geschickt führten seine schlanken Finger die Nadel, zum Abschluß biß er den Wollfaden durch. Rudolf erhob sich, streifte das schlichte Wams über und folgte, begleitet von seiner Wache, dem Roßhändler zur Koppel.

Gemächlich grasten Pack- und Kampfpferde der Ritter auf der Weide. Nahe einem Futterkarren standen die neuen Gäule nebeneinander vor dem Gatter.

»Meine besten Tiere«, lobte sich der Verkäufer. »Beste Zucht. Gut im Futter, schnell und doch ausdauernd, unter keiner Rüstung brechen die zusammen. Wahre Prachtexemplare, Majestät.«

»Gleich weiß ich mehr. Führe sie vor!«

Der Roßhändler pfiff scharf nach seinem Knecht.

»Hast du nichts gelernt?« erinnerte ihn Rudolf. »Übernimm selbst die Arbeit.«

Nicht länger nur König, ein in der Sache und in allen Schlichen des Pferdehandels kundiger Käufer prüfte jedes Tier, befühlte den Bauch, untersuchte Gelenke und Huf. Der Händler mußte die Nüstern pressen, und Rudolf bog das Maul auf, um die Zähne zu begutachten. »In der Tat, du hast mir schöne, gesunde Pferde geliefert. Sie sind ihren Preis wert.«

Schon streckte der Fette die Hand aus, besann sich und dienerte.

»Bis auf dieses Tier.« Ruhig strich der König dem drittletzten Gaul über die Kruppe. »Es riecht sauer aus dem Maul. Gewiß gabst du ihm etwas Hefe ins Futter und viel zu saufen, damit es gut genährt erscheint. Außerdem ist die böse Narbe an der rechten

Hinterhand mit braunem Harz vertuscht worden.« Er lächelte in das entsetzte Gesicht. »Du wolltest mich täuschen, werter Freund?«

»Ein Fehler. Nur ein Versehen von meinem Knecht. Der Schinder gehört nicht hierher.«

»Ich dachte es mir. Jetzt berichtige den Fehler und bringe mir dein eigenes Pferd.«

So schnell es seine Körperfülle zuließ, rannte der Händler hinter den Futterkarren und führte einen weißen Hengst vor den König.

Hörbar sog Rudolf den Atem durch die Nase. »Von guten Pferden verstehst du wahrhaft viel. Dieser Rücken wird mich selbst nach Colmar tragen. Du aber darfst belohnt in die Stadt nach Hause reiten.«

Er ließ den verabredeten Preis auszahlen, dann gab er seiner Wache Befehl: »Setzt diesen Fleischkloß rücklings auf die erbärmliche Mähre, bindet seine Hände an den Schweif, daß er nicht hinunterfällt, und jagt ihn mit seinem Knecht aus dem Lager.« Rudolf wandte sich ab; keine Miene verzog er, als hinter ihm das Gezeter einsetzte, bis es vom Grölen der Wachen übertönt wurde.

Zwei Feste für Neuss. Im Saal des Rathauses bogen sich die Tische. Gurkensuppe in Safran gekocht, scharf gepfeffert und doch süß vom Honig. Knusprige, mit Brot gefüllte Kapaune, Eier auf hölzernen Spießen und gesottener Rheinaal, Salate als Zwischenmahlzeit, hernach gefüllte Schweinsköpfe; ihnen folgte ein Fleischgemüse aus Kuhleber und Euter, und nach den kandierten Trauben krönten zuckrige in Öl gebackene Brezeln das Mahl für die Patrizier.

Tile kostete wenig; abwesend saß er an der Tafel, lauschte den Lautenspielern und ertrug das Kauen, Schlucken und Rülpsen der vornehmen Damen in seiner Nähe. Am Morgen hatte er vor Ratsherren und Schöffen die Abschiedsrede gehalten. Bewegende Worte beschrieben den Aufenthalt in ihrer Stadt, erinnerten an den stolzen Mut, mit dem die Stadtväter Erzbischof Siegfried das Tor verschlossen hatten. »... dafür gebührt Euch hohes Lob, und seid versichert, nie wird Euer Kaiser vergessen, daß Ihr ihm selbstlos Euer Herz geöffnet habt.«

Manch einer der Herren wischte sich heimlich Tränen aus den Augenwinkeln. Auch der Kämmerer strich seinen Lippenbart. Er hatte gerechnet und war zufrieden. Durch die Freigebigkeit der Bürgerschaft hatte der Stadtsäckel sogar weniger gelitten als erwartet, die Feste schon mit einbezogen. Bliebe die Rechnung des Wirtes für Unterkunft und Verpflegung, ein Problem, das er noch mit Geschick zu lösen hatte.

»Verzeiht, Majestät. Darf ich eine Frage an Euch richten?« Wieder war es die füllige Patrizierin, die stellvertretend für ihre Freundinnen das Wort führte. Tile wandte sich ihr zu. Noch ehe sie weitersprach, wurde den anwesenden Männern unbehaglich.

»Wann dürfen wir Euch wieder in Neuss begrüßen?«

Erleichtertes Aufatmen in der Tischrunde.

»Schöne Dame«, Tile zögerte, er wollte das Nie vermeiden, »wenn Gottes Wille mich wieder an den unteren Rhein führt, wird nicht Köln, sondern Eure Stadt mein Domizil sein.«

Hochrufe, Klatschen brandeten auf, die Begeisterung hatte sich kaum gelegt, als die Patrizierin den Busen hob. »Und Eure junge Gespielin? Darf sie Euch in den Süden begleiten, oder schickt Ihr sie zurück ins Damenstift von St. Quirinus?«

Wie ein plötzlicher Donnerschlag verschlug die Frage den ehrbaren Männern den Atem. Im ersten Moment war auch Tile überrascht. Woher wußte sie von Hedwig? Sei nicht töricht, ermahnte ihn Friedrich, unsere geheimsten Liebesangelegenheiten waren und sind immer erstes Thema in Damenzirkeln. Ja, ehe wir unser Zepter hoben, war der Staatsakt für sie längst schon vollzogen. Nicht unser Zepter, gab Tile zu bedenken, Ihr meint den Euren, mein Friedrich. Und jetzt, da wir alt sind, muß ich Euren Ruf mir angleichen. »Schöne Dame und Ihr liebreizenden Frauen, der Gerechtigkeit wegen möchte ich Euch gleichzeitig ins Vertrauen ziehen, bitte aber, darüber Stillschweigen zu bewahren.« In ihrer Neugierde merkten sie den Spott nicht, die Patrizierinnen nickten ernst.

»Hedwig wird mich begleiten.« Tile kostete die Blicke aus, ehe er hinzusetzte, das Mädchen habe mit Einverständnis seiner Eltern und der Äbtissin dem Klosterleben für immer Lebewohl gesagt. »Gestern hat im stillen eine Vermählung der jungen Frau stattgefunden.«

Die Patrizierin griff mit beiden Händen an ihren Busen, als fürchtete sie, die Nachricht könnte ihn bersten lassen. »So eine Freude«, seufzte sie, und ihre Freundinnen stimmten in den Seufzer mit ein.

»Auch mir bereitet diese Heirat ein gewisses Behagen.« Sein Ernst war Vorbedingung für das Spiel. Noch einen Knoten mehr wollte Tile schlingen. »Morgen abend, beim Fest für das einfache Volk, werde ich die Vermählung bekanntgeben; dann soll gefeiert werden.«

»Um Vergebung, Majestät«, platzte die Patrizierin heraus. »Warum nicht hier, nicht mit uns? Wir sind doch die angemessene Gesellschaft für solch ein Ereignis.« Alle Frauen, auch die Herren zeigten sich betroffen.

Beinah entschuldigend wandte sich der Kaiser an die Tischrunde: »Nie hätte ich geahnt, daß die Hochzeit meines Kammerdieners«, er wies auf Gabriel, der hochrot hinter ihm stand, »auf solches Interesse stößt.«

Es dauerte. Umdenken nach Völlerei und Wein war nicht leicht. Nach und nach lösten sich Getuschel und Gemurmel in Lachen auf. Also nicht der Kaiser, sondern ... Natürlich, es war ein Scherz! Wie schön, Seine Majestät beliebte die Vornehmen von Neuss aufs köstlichste zu unterhalten.

Allein, an der Patrizierin nagte weiter die Neugier. »Welch ein Abstieg für das Mädchen! Mir wäre schwer ums Herz. Erst so hoch in Eurer Gunst und sie dann wieder zu verlieren.«

Tile fühlte Müdigkeit, dennoch gab er sich heiter, so sollten die guten Leute ihren Kaiser in Erinnerung behalten. »Zu guter Letzt will ich noch ein Geheimnis preisgeben.« Als er geendet hatte, sah er gerührte Mienen. »Nun ziehe ich mich zurück und bin sicher, mein Bett ist schon vorgewärmt.« Die Gesellschaft erhob sich. Flöten und Lautenspiel begleiteten den Greis aus dem Saal.

Flüche im Hof, Töpfe gingen zu Bruch! Gerade hatte der Stadtkämmerer die Herberge verlassen, und zurück blieb ein wutentbrannter Volkbert. Sein Toben dauerte den Vormittag an, mal schallte es aus der Küche, dann im Stall, dann wieder aus dem Hof.

Tile unterbrach seine Besprechung mit dem Prior. »Laßt nachsehen, ehrwürdiger Vater.«

Wenig später brachte Jacobus den Wirt ins Hinterzimmer. »Majestät, dieser unverschämte Kerl führt sich wie ein Unhold auf. Dabei hat ihm der Stadtkämmerer die Sachlage erläutert, und ich habe sie bestätigt. Selbst mir schenkt er keinen Glauben und will nicht eher Ruhe geben, bis er aus Eurem Mund hört, daß er außer Dank keine weiteren Zuwendungen erhalten wird. Die kaiserliche Kasse ist leer.«

»Geplagt hab' ich mich!« heulte Volkbert auf. »Im Stall gehaust bei meinen Säuen! Alle haben gefressen und gesoffen. Wer ist der Idiot, der verdammte Blöde? Ich!« Er faßte sich etwas und stürzte vor Tile hin. »Ach, gnädiger Herr. Ihr habt versprochen, alle Schulden sollten bezahlt werden. Alle haben's mir versprochen. Stillhalten sollte ich, anschreiben lassen. Und jetzt, kaum seid Ihr fort, werden mich Bäcker, Metzger und wer alles noch in die Klauen nehmen.«

Der Prior stieß ihn mit dem Fuß an. »Nimm Vernunft an, Kerl. Ein Kaiser genießt freies Gastrecht. Und so manche Silbermark ist ohnehin in deine Tasche gewandert.«

»Es reicht nicht aus für die offenen Rechnungen.«

»Finde eine gütliche Einigung mit deinen Gläubigern, und nun scher dich weg!« warnte Jacobus. »Oder muß ich dir noch am letzten Tag meine Güte entziehen?«

»Davon wird's auch nicht schlechter, Vater!«

»Schluß damit!« Tile bedeutete dem Wirt aufzustehen. Offen sah er ihn an. »Das Wort deines Kaisers gilt, mein Freund. Vertraue ihm.«

»Seid nicht böse, Herr, aber wie denn? Der Vater hat gesagt, daß die Kasse leer ist. Da kann auch ein Kaiser nicht so schnell was dran ändern.«

»Warte ab. Ehe ich morgen die Stadt verlasse, sollst du für deine Gastfreundschaft reichlich entlohnt werden.«

Wenig getröstet schlurfte Volkbert aus der Kanzlei.

Prior Jacobus wies auf die gepackten Kisten. »Majestät, warum wollt Ihr unnötig Geld verschwenden? Wir benötigen jeden Heller. Noch ist nicht sicher, ob die Bürger von Wetzlar uns ebenso gebefreudig empfangen werden. Bedenkt, Ihr werdet dort nicht als Pilger, sondern als Kaiser Friedrich Einzug halten müssen. Mit Prunk und einem stattlichen Troß.«

»Wir besitzen genug«, unterbrach ihn Tile nachdenklich. »Der Wirt muß entlohnt werden, ich verlange es.«

»Aber Majestät, soll ich als Lügner vor ihm stehen?«

»Bitte schweigt einen Moment!«

Mit Prunk und schillerndem Gefolge werden wir in diese Stadt nahe Frankfurt einziehen, überlegte Tile. Mein Friedrich, mich ärgert das spöttische Zucken um Eure Mundwinkel. Auf den Glanz früherer Zeiten müßt Ihr verzichten, findet Euch damit ab. Er fuhr mit dem Finger über seinen Nasenrücken. Am Morgen war er von dem Brautpaar geweckt und angekleidet worden. Diese Blicke! Seine Verliebten freuten sich auf die abendliche Feier, und nichts durfte ihr Glück trüben. Wie aber konnte er den Prior von der Geselligkeit fernhalten, ohne ihn unnötig zu demütigen? Noch bedurfte er seiner Unterstützung. Das Problem beschäftigte Tile seit Stunden.

Wieder drängte sich der Gedanke an das kaiserliche Gepränge in den Vordergrund, und er sah die verschleierten Haremsdamen, die Menagerie seltsamer Tiere ... Mit einem Mal war der Schlüssel gefunden. Er schmunzelte unmerklich, mehr sogar, eine Lösung für gleich drei Probleme bot sich an: Der Wirt würde zufriedengestellt, das Brautpaar dürfte unbeschwert lachen. Ja, auch uns, mein Friedrich, soll überdies ein Hauch exotischer Pracht geboten werden, nicht erst bei Wetzlar, noch hier in Neuss will ich beim Abschied staunende Augen sehen.

»Nichts liegt mir ferner, als Euch vor dem Wirt bloßzustellen.« Heiter nahm Tile das Gespräch wieder auf. »Allerdings müßt Ihr selbst ein wenig Phantasie beweisen.«

Im frühen Nachmittag rollte die schwarze Kutsche aus dem Neusser Obertor. Der Ratgeber des Kaisers habe noch einen dringen Auftrag zu erledigen, war in der Kanzlei verbreitet worden, zur Abreise des Hofstaates sei er rechtzeitig zurück.

Ein Fest, nicht für die Vornehmen, ein Fest für uns! Hinter den angelehnten Türen warteten Frauen und Männer, Mädchen und Burschen, ungeduldig und im Sonntagsstaat. Endlich vernahmen sie das helle Schellen. Feierlich schritt der Stadtrufer durch die Straßen; auf jeder Kreuzung, in jedem Gassenwinkel schwang er seine Glocke, und die Leute verließen ihre Häuser und strömten zum Markt.

Lange Tischreihen erwarteten sie. Lampions schaukelten. Bunte Fähnchen drehten sich. Die Älteren suchten sich gleich einen Platz, die anderen spazierten an den offenen Feuerstellen vorbei; der Blick auf die goldgelben Spießbraten verursachte ein angenehmes Ziehen im Magen. Bierstände lockten zum ersten Schluck. Neben der Tanzfläche war von den Stadtwachen eine Kegelbahn eingerichtet worden. Für Unterhaltung war aufs Beste gesorgt.

»Keine Unterschiede in Stand und Ansehen, jeder, der will, ist eingeladen!« Diese Losung galt für den milden Juniabend. Jedoch nur ehrbare Bürger waren gekommen. Bald schritten Fiedler und Sackpfeifer durch die Tischreihen, spielten für schöne Mädchenaugen, bis eifersüchtige Burschen den Musikanten heimlich die Faust zeigten.

Als der Bratenduft von den Feuerstellen aufstieg, sich in allen Nasen einnistete, hielt es die Zerlumpten rund um den Platz nicht länger, und Schritt für Schritt wagten sie sich aus ihren Hausecken; wie hingezogen, kannten sie nur ein Ziel. Keine Stadtwache jagte die Bettler davon. »Nehmt nur. Der Kaiser bewirtet euch. Heute seid ihr seine Gäste.«

Einer nahm vorsichtig das angebotene Fleischstück; sein Blick blieb wachsam, bis er es sicher in den Mund geschoben hatte, und endlich glaubten auch die Kumpane dem Wunder. Sattessen, den Bauch füllen, und dazu Bier, viel Bier! Kaum achteten sie auf die kurze Ansprache Seiner Majestät, nur in den Jubel stimmten sie mit vollgestopften Mäulern ein.

Der Kaiser war längst zur Herberge zurückgekehrt; auf dem Tanzboden wiegten und drehten sich die Paare um das Hochzeitspaar in ihrer Mitte. Gabriel drückte Hedwig fest an sich. »Nie will ich ohne dich sein.«

Und immer noch waren Fleisch und Bierstände von den Ärmsten der Stadt umlagert. Inzwischen kauten sie langsamer, legten Pausen ein, in denen sie den fetten Bissen ausgiebig Bier nachschütteten.

Tief in der Nacht neigte sich das Fest. Die müden Musikanten spielten zum letztenmal auf, und die Paare schlenderten beseligt Arm in Arm nach Hause.

Den Bettlern war jeder Weg zu weit. Sie krochen auf die noch warme Tanzfläche, rollten sich ein, und in ihren Köpfen und Bäuchen drehte sich das Fest weiter, bis sie schliefen.

Jenseits des Rheins, weit im Osten, färbte sich der Himmel. Gravitätisch stieg in Neuss ein Hahn auf den Mist, spreizte die Flügel, plusterte sich und krähte. Sofort antwortete ein zweiter; ihrem Beispiel folgten gleich vier Gockel, wetteiferten, und wenig später stimmte die Münsterglocke dumpf in das Morgenkonzert mit ein.

So kurz die Nacht auch gewesen sein mochte, an Schlaf war nicht mehr zu denken. Fensterläden klappten, da und dort beugte eine Hausfrau verstohlen den Kopf hinaus. Kein Büttel hielt sich in der Nähe auf, und mit Schwung entleerte sie den gefüllten Nachttopf auf die Straße. Ein Verstoß gegen die strenge Stadtordnung; gelang er unentdeckt, so hob er die Stimmung. Ein guter Tag begann.

In den Werkstätten, Brot- oder Fleischhallen blieb es still. Kein Schmied schürte die Esse; erst sollte der Kaiser zum Hafen geleitet und verabschiedet werden, so lange mußte die Arbeit warten.

Vor dem Schweinestall der Herberge stand Volkbert. Seine Nacht war schlecht gewesen, und der Tag schien noch übler zu werden. Die beiden hochbeladenen Planwagen hatten gestern bereits den Innenhof verlassen. Streng bewacht und gutvertäut befanden sie sich auf dem Lastkahn. »Verdammt, wenn alles Gepäck schon weg ist«, schimpfte er vor sich hin, »dann seh' ich mein Geld nie mehr.«

Je lauter die freudige Aufregung vom Marktplatz herüber drang, um so düsterer wurde seine Laune. Nie mehr wollte er sein Wirtshaus für solche Gäste zur Verfügung stellen, ganz gleich ob Kaiser oder König, er würde rechtzeitig vor ihnen die Tür zunageln. »Da schenk' ich lieber irgendeinem Landstreicher kostenlos Bier aus.«

Oben im Schlafgemach fragte der Hofmeister zum zweitenmal an, wann Seine Majestät geruhen werde, sich hinunterzubegeben. »Nichts steht dem Aufbruch mehr entgegen. Bürgermeister und die Vornehmen der Stadt haben sich eingefunden. Längst säumt das Volk Euren Weg bis zur Anlegestelle.«

»Wir warten.« Tile schritt reisefertig auf und ab. Warum verspätete sich der Prior?

Nach kurzer Zeit wagte sein Hofmeister einen erneuten Vorstoß. »Das Lastschiff hat glücklich übergesetzt. Auf der anderen Rheinseite werden Pferde und Wagen an Land gebracht. Auch Euer Fährmann fragt...«

Lärm, Rufen vom Markt unterbrach ihn.

Schnell trat Tile ans Fenster. Erleichterung hellte seine Miene auf. »Seht, Hofmeister, nun steht meine Abreise unmittelbar bevor.«

Die Kutsche des Priors rollte durch die Menge zur Herberge, doch nicht ihm galt das Staunen. Hinter dem schwankenden, hohen Kasten folgten zwei Reiter: Turbane, rote und gelbe Seidengewänder; ihre Gesichter glänzten schwarz, sie führten ein Saumtier am Zügel. Die Kinder wichen vor den Wesen zurück, Frauen und Männer erstarrten; erst als die Fremden sich ein Stück von ihnen entfernt hatten, wachten sie auf, und eine Woge des Staunens brandete über den Marktplatz.

»Mohren, dort kommen Mohren«, stammelte der Hofmeister.

»Keine gewöhnlichen Mohren, mein Freund.« Tile wandte sich um. »Wie Ihr wißt, pflegte ich früher engen Kontakt mit den Völkern jenseits der Meere«, erklärte er leichthin. Dies wären zwei Gesandte eines afrikanischen Sultans, deren Eintreffen er schon vor Wochen erwartet habe. »Ihr werdet Euch an den Anblick gewöhnen müssen. Geht, führt sie und meinen Ratgeber herein.«

Unten im kleinen Saal verneigten sich die beiden Dunkelhäutigen vor dem Kaiser und boten ihm eine Schatulle dar. Tile nickte ihnen huldvoll zu, murmelte für den Hofmeister geheimnisvolle Worte, und sie erhoben sich. Nach einer unmerklichen Verständigung mit Prior Jacobus schickte Tile seinen Kammerdiener nach dem Wirt.

Volkbert kam im Sturmschritt herein, stockte beim Anblick der seltsamen Gestalten und wagte sich nicht weiter.

»Keine Scheu, guter Mann.« Tile wies auf die Schatulle. »Darin befindet sich, worum du seit Tagen und Nächten gebangt hast. Öffne den Kasten!«

Wie gefährlichen Hunden näherte sich Volkbert den Mohren, jederzeit bereit zurückzuspringen. Mit langen Armen klappte er den Deckel auf. Gold- und Silberstücke blinkten.

»Dein Kaiser hält sein Wort. Keine Scheu, nimm, was dir zusteht.«

Volkbert faßte den Anblick nicht. »Ein Wunder«, hauchte er und fiel auf die Knie.

Dem Prior wurde das Zögern lästig. »Kerl, die Geduld Seiner Majestät währt nicht lange. Entweder ...«

»Verzeiht.« Der schroffe Ton brachte Volkbert in die Wirklichkeit zurück; hastig klaubte er vier Silbermark heraus, nahm noch ein Stück. »Danke, Hoher Herr! Gott sei mit Euch! Danke!« Er rutschte von der Truhe und den Mohren weg, erst in sicherem Abstand rappelte er sich hoch. »Gute Reise. Gott segne Euch. Danke.«

Tile hörte sein glückliches Gestammel noch, als er die Herberge verließ.

Jubel begleitete den Kaiser zum Hafen, Kinder streuten Blüten auf seinen Weg, Winken, lachende Gesichter, die weinten; nicht enden wollten die Rufe: »Hoch lebe Friedrich, der Kaiser! Er lebe!«

Vor dem Bootssteg wandte sich Tile noch einmal der Menge zu. »Habt Dank, Ihr guten Menschen von Neuss. Eure Liebe nehme ich mit. Sie wird mir bis zu meinem Ende im Gedächtnis bleiben.«

Der Rhein war überquert. Zehn Bewaffnete begleiteten den kleinen Troß. Um möglichst schnell aus dem Gebiet des Erzbistums Köln zu gelangen, sollte die Reiseroute über Essen durch Westfalen hinauf in den Süden nach Wetzlar führen. Tile saß schweigend in der Kutsche neben dem Prior.

»Verzeiht, wenn ich Eure Gedanken störe, Majestät.« Jacobus triefte vor Selbstgefälligkeit. »Hat Euch die kleine Vorstellung meiner beiden Novizen zugesagt? Waren sie nicht überzeugend in ihrer Verkleidung?«

»Ich bin zufrieden.« Nach einer Pause setzte Tile hinzu: »Eure Diener werden nun stets so in der Öffentlichkeit auftreten, geschwärzte Haut und in der Kleidung eines Sarazenen.«

»Wie ekelhaft. Täglich diese Paste aus Ruß und Fett auf der

Haut meiner Knaben. Dieser Aufwand gleicht einer Strafe, übersteigt das ...«

»Es ist ein Befehl. Müssen wir nicht alle unsere Rolle spielen, werter Prior? Bis wir die Novizen durch echte Sarazenen austauschen können, werden sie als Mohren unserm Troß eine exotische Farbe geben.«

Am Wagenfenster zogen wogende Kornfelder vorbei, rot leuchteten die Mohnblumen. Lange hing der Greis dem Bild nach. »Blut«, murmelte er. »Der Mohn blutet aus dem Weizen.«

Von der Höhe des Kaiserbergs wälzte sich das Heer hinunter in die Ebene auf Colmar zu. Königstreue Dörfer des Umlands lagen gebrandschatzt und verwaist; die Bürger der rebellischen Stadt hatten dem Habsburger durch diese Greueltaten ihre Verachtung gezeigt. Jeder Appell zur Aufgabe war abgewiesen, jede Drohung mit Spott erwidert worden, und der Schultheiß hatte die Tore verschlossen. Keine Steuern, nicht ein Silberstück mehr für Rudolf! Im Vertrauen auf Glück, Gerechtigkeit und nicht zuletzt die Hoffnung, daß die Waage sich dem alten Kaiser Friedrich zuneigte, wollte Colmar ihm die Stirn bieten.

Am Mittag des 14. Juni 1285 teilte sich das nahende Kriegsvolk. Übereilt flohen noch einige vornehme Familien mit ihrer Habe durch enge Mauerpforten ins Freie; gegen Abend war die Stadt eingeschlossen. Rund um Colmar flackerten die Wachtfeuer der Belagerer. Es gab kein Hinein und kein Hinaus mehr.

König Rudolf nahm sich Zeit. Das Strafgericht sollte gründlich vorbereitet, dann mit aller Härte durchgeführt werden. »Bezwinge ich Colmar«, erklärte er seinen Unterfeldherrn, dem Baseler Bischof und dem Burgvogt von Nürnberg, »werden die anderen abtrünnigen Städte im Elsaß sich vielleicht ohne Kampf wieder fügen.« Er schnaubte den Atem durch die Nase. »Und mir bleibt ein großes Loch in der Kriegskasse erspart.«

Kein Sturmangriff; während der folgenden Tage zeigten die Königlichen den Eingeschlossenen ihre schweren Wurfmaschinen und Rammböcke, bauten ohne Hast außer Reichweite der Pfeile fahrbare Holztürme, und enger zog sich der Würgegürtel.

»Führt uns zum König!« Graf Eberhard von Katzenellenbogen trieb sein schweißnasses Pferd auf die Zeltburg in der Lagermitte zu, dichtauf folgte ihm der Graf von Leiningen. »Meldet uns!«

Die Posten kreuzten ihre Speere. »Verzeiht, edle Herren. Unser Fürst ist nicht zu stören, von niemandem!« Er sei beim Abendgebet; erst wenn der Beichtvater das Zelt verlassen hatte, wollten sie nachhören.

Die Ritter saßen ab. Voller Unruhe ließen sie sich von ihren Knappen den Helm lösen. Frisches Wasser für die verklebten Gesichter, Wasser für die Gäule, und immer wieder ein Blick zum Zelteingang, derweil ihnen notdürftig Staub und Dreck von den Kleidern gebürstet wurde.

Endlich trat der Beichtvater aus der weißblauen Lagerburg.

»Jetzt meldet uns«, befahl der Graf von Katzenellenbogen, ein kleiner, kräftiger Mann mit breitstehenden Augen und hohen Wangenknochen. »Wir kommen in einer dringlichen Angelegenheit und bitten Seine Majestät, uns sofort zu empfangen.«

Im Zelt roch es nach ausgeblasenen Honigkerzen. Rudolf lächelte den Gästen entgegen. »Welch eine Freude. Nach so langer Zeit sehe ich Euch wieder, lieber Eberhard. Auch Euch, Graf Leiningen, grüße ich von Herzen. Wie geht es dem Bein? Die Wunde scheint gut verheilt zu sein.«

»Danke, Majestät, nachziehen muß ich es, aber im Sattel hindert es mich nicht.«

»Hört uns an«, drängte Graf Eberhard.

»Nicht solange Ihr wie ein unruhiger Wolf hin und her lauft.« Rudolf lud sie zum Setzen ein. »Wie eilig Eure Botschaft auch sein mag, den Gang der Dinge können wir nicht überholen, höchstens mit ihm Schritt halten.« Erst nach einem ausgiebigen Schluck Bier erteilte er dem Freund das Wort.

»Ihr müßt die Belagerung aufschieben, Majestät!« platzte Eberhard heraus. »Nicht Colmar oder Hagenau bedrohen Eure Macht. Warum nur habt Ihr meiner Warnung im Frühjahr keine Beachtung geschenkt?«

»Treuer Freund, beschäftigt Euch immer noch dieser alte Schelm, der im Norden die Neusser an der Nase zieht und tolldreiste Schreiben entsendet? Selbst mich hat er auf einen Reichstag nach Frankfurt geladen. Besäße ich nur einen Hofnarren wie ihn!«

»Mein Fürst! Ich flehe Euch an, wacht auf! Aus dem Schabernack ist längst eine drohende Gefahr erwachsen. Dieser Mann versteht sein Geschäft. Er ist ein viel gefährlicherer Feind, als Ihr annehmt.«

Rudolf wurde ernst. »Welche Nachrichten bringt Ihr?«

Der falsche Friedrich nützte den Aufruhr für seine Sache. Unterdessen ging es den Reichsstädten nicht allein mehr um die Verweigerung des dreißigsten Pfennigs. »Wißt Ihr nicht, was im Lande vor sich geht? Wie die Stimmung schwankt? Auf dem Weg zu Euch gellte es dem Leininger und mir in den Ohren: Ein Bündnis wurde in der Wetterau zwischen drei Städten und Frankfurt geschlossen. Gegen Euch und für diesen Nachäffer. Warum, glaubt Ihr, haben die Leute hier im Elsaß den Mut, sich Euch zu widersetzen? Trotz Heeresmacht? Sie wollen diesen Kerl auf dem Thron sehen!«

»Gemach, lieber Freund.« Prüfend sah Rudolf zum Grafen von Leiningen. »Ihr seid bekannt für Eure nüchterne Urteilskraft. Steht es so schlecht?«

»Ärger noch, fürchte ich. Majestät, dem deutschen Reich droht eine Spaltung, wenn die Anhängerschar des falschen Friedrich weiterhin Tag für Tag ungehindert anwächst.«

Der König setzte den Bierkrug ab. »Die Entwicklung sieht bedenklich aus, das muß ich eingestehen. Solange er aber wie ein regloser Geist im Norden bleibt, besteht keine direkte Gefahr.«

»O Gott! Deshalb sind wir geritten, haben die Gäule geschunden!« Eberhard hielt es nicht länger auf dem Schemel. »Der Geist ist aus der Flasche gefahren, mein Fürst! Kein Gespenst mehr, er ist leibhaftig. Der Nachäffer hat Neuss verlassen. Auf seinem Weg nach Frankfurt nistete er sich vor drei Tagen in Wetzlar ein!« Mit Jubel und Kränzen hatte ihn das Volk aufgenommen. Die Ordnung war aus den Fugen geraten. Dem Stadtrat und den Patriziern gelang es nicht mehr, die Begeisterung einzudämmen. Vor seinem Haus wachten Horden von Handwerkern und Gesellen, mit Eisenstangen bewaffnet. Die Vornehmen hatten sich entweder dem Pöbel gefügt oder aus Furcht die Stadt verlassen. »Und Wetzlar ist nur der Beginn des Unheils!« Graf von Katzenellenbogen geriet außer Atem. »Nicht lange mehr, und der Funke entzündet einen Flächenbrand mitten im Reich. Deshalb, deshalb sind wir gekommen.«

»Habt Dank.« Eine steile Falte auf der Stirn des Königs bewies, wie sehr die Neuigkeit ihn betroffen hatte. Lange blickte er zum Kreuz und den beiden Kerzen in der schlichten Altarnische seines Zeltes hinüber. »Herr, Gott des Himmels und der Erden, Dein Wille geschehe«, murmelte er. »Willst Du, daß dieser herrsche, so begehre ich in allen Stücken Deinem Willen zu gehorchen. Auch vermag ich Deiner weisen Lenkung der Geschicke nicht zu widerstehen. Jedoch laß mich prüfen, ob dieser oder ich vor Dir Bestand finde.«

Rudolf kehrte aus dem Gebet zu den Grafen zurück, kühl und gefaßt. »Das Maß ist voll. Ich werde mit dem Gang der Dinge Schritt halten.« Befehl erging an die Zeltwache: Unverzüglich hatten sich der Bischof von Basel und der Burggraf von Nürnberg einzufinden. »Was ist an diesem Mann?« wandte er sich wieder an Graf Eberhard. »Schon Erzbischof Siegfried kehrte entgegen meiner klaren Anweisung vor Neuss wieder um. Solch ein Verhalten setzte mich bei dem händelsüchtigen Kölner in Erstaunen.«

»Vielleicht hatte auch er die Gefahr für das Reich unterschätzt. Jetzt aber, mein Fürst, zieht er mit einem Heer den Rhein hinauf, um Euch in dieser Sache beizustehen. Wir sind an seinem Trupp vorbeigeritten.«

»Es ergibt dennoch keinen Reim.«

Die königlichen Vasallen traten ein, und knapp schilderte ihnen Rudolf die zugespitzte Lage. »Ihr Herren! Von Draufgängern wird mir oft allzu großes Einlenken nachgesagt. Viel Feind, viel Ehr! Diesem Ritterideal habe ich nie gefrönt. Auch jetzt will ich meinem Wahlspruch treu bleiben: Wer drei Fehden hat, der lege deren zwei bei. Hört meine Entscheidung.«

Gleich morgen sollten Bischof und Burgherr mit Colmar eine Sühne aushandeln: Keine Bestrafung wegen Ungehorsams oder der zerstörten Dörfer. Niemandem würde an Leib und Leben Schaden zugefügt werden. Dafür erwarte der König zuverlässige Treue und den dreißigsten Pfennig. »Sucht eine Einigung. Gebt ihnen, in Gottes Namen, eine Ermäßigung der Steuer. Ich vertraue auf Euer Geschick.

Euch, lieber Eberhard«, fuhr er fort, »entsende ich voraus nach Wetzlar. Gemeinsam mit dem obersten Richter der Wetterau und der Fürsprache von Worms, Mainz und Speyer werdet Ihr mit den besonnenen Kräften der Stadt ein ähnlich großzügiges Abkommen treffen.« Rudolf legte die schlanken Hände zusammen. »Begreift Ihr, lieber Freund, ich möchte die Steuerfrage getrennt von dem falschen Friedrich beigelegt wissen. So gelingt es mir, mich allein mit ihm zu befassen. Und dieser Gefahr werde ich, –unterstützt von dem Kölner, machtvoll zu Leibe rücken.«

Dem Schultheiß von Colmar war Angesichts der Heeresmacht in den vergangenen Tagen längst der Mut gesunken; um so freudiger ging er am 18. Juni auf das Friedensangebot ein. Noch am selben Tag brach Rudolf die Belagerung ab und zog in Eilmärschen nach Mainz.

Hier erwartete ihn bereits der Kurier des Herrn von Katzenellenbogen. Da der König des Lesens und Schreibens unkundig war, ließ er sich den Inhalt der Urkunde vortragen. »Wir, die Stadträte von Wetzlar ...« In einer Geheimsitzung hatten sich die Ältesten unter Zeugen verpflichtet, den dreißigsten Pfennig zu zahlen, und als Gegenleistung waren ihnen die Freiheiten der

Stadt bestätigt worden. Rudolf nickte zustimmend. »Damit habe ich die Umsichtigen auf meiner Seite, habe mir die Steuer gesichert. Was nützt es darüber hinaus, Untreue zu bestrafen?«

Fanfaren! Gegen Abend des 28. Juni traf Erzbischof Siegfried mit Waffengeklirr und Trommelschlägen im Lager ein. »Eure Majestät, tiefe Sorge um das Reich ließ mich nicht ruhen. Nehmt Arm und Schwert eines königstreuen Dieners, und laßt uns gemeinsam diesen Afterkaiser vernichten.«

»Eminenz, seid mir willkommen.« Rudolf betrachtete den mattglänzenden Brustpanzer, die Arm- und Beinschienen des Kölners, die silbernen Sporen, das mächtige Schwert. »Wüßte ich es nicht besser, so würde ich unter soviel Eisen nicht das warme Herz eines Kirchenvaters vermuten.«

Siegfried verzog keine Miene. »Einzig mit harter Faust kann ein Hirte die Wölfe von seiner Herde fernhalten.«

Rudolf nahm dem Gespräch die Schärfe. »Noch einmal, willkommen.« Er versprach saftigen Hirschbraten, dazu Wein aus dem Elsaß. Spielleute und Gaukler würden zu Ehren des Erzbischofs die Zeltburg in einen Festsaal verwandeln.

Mitternacht. Tile stand am Fenster des hohen schmalbrüstigen Fachwerkhauses. Die Luft über Wetzlar hatte sich nicht abgekühlt; schweißnaß klebte ihm das Nachtgewand an Brust und Rücken. Vom Fuß des Stadthügels drangen Grölen und Gelächter bis zu ihm hinauf in den dritten Stock; das Wachtfeuer nahe der Stadtmauer sah er nicht, nur seinen gelbroten Schein, der unruhig an Hausfassaden und Dachgiebeln flackerte. »Sie wollen nicht schlafen«, murmelte er, »weil sie sich vor dem Erwachen fürchten. Zumindest sind sie leiser geworden.«

Gabriel mußte ihm einen Becher Wasser bringen. »Danke, Junge. Geh jetzt hinüber zu deiner Hedwig. Ruhe dich aus.«

»Ich kann nicht, Herr. Laßt mich bleiben, bis auch Ihr Euch hinlegt.«

»So setze dich, mach es dir etwas bequem, ich erlaube es dir.«

Tile trank in kleinen Schlucken. Welch ein Unterschied, dachte er. In Neuss hatten die Menschen ihren Kaiser begeistert angenommen, waren aber bald dem gewohnten Alltag wieder nachgegangen. Hier indes hatte seit seinem Erscheinen das Leben jedes Maß verloren.

Zunächst war er nicht im Kreis der Vornehmen empfangen worden; nur eine knappe Begrüßung durch den Schultheiß auf der Torbrücke, und gleich hatte dieser dem Gast eröffnet: »Verzeiht, großmächtiger Kaiser. Zu meinem Bedauern müßt Ihr Euch mit einer bescheidenen Wohnung in unserer Stadt begnügen.« Tile entsann sich genau der gequält freundlichen Miene des Schultheißen, als dieser über Widrigkeiten mit den Burgmannen von Calsmunt oberhalb der Stadt berichtete. Ausflüchte, klägliche Versuche, der Wahrheit einen Schleier umzuhängen. Tatsache aber war: Die Besatzung stand treu zum Habsburger, hatte sich gleichwohl durch eine Urkunde verpflichtet, im Streit zwischen Rudolf und der Stadt neutral zu bleiben. Keiner – es sei denn, der König selbst – sollte derweil in der Reichsburg Aufnahme finden. »Um Vergebung, großmächtiger Kaiser, Eure Ankunft verursacht auch in den Reihen meiner Schöffen verzagte Herzen. Dennoch, seid herzlich willkommen.«

Die einfache Bürgerschaft hingegen hatte in ihm von Beginn an nicht nur den Herrscher, sondern auch den Erlöser, einen Messias, gesehen. Mit Lärm, Getöse, Jauchzen und Gesängen hatte das Volk ihn und seinen Hofstaat zu den Quartieren geleitet. Eine aufgewühlte, vom Wahn besessene Meute. Die Kanzlei, Prior Jacobus und er waren hier im selben Gebäude untergebracht. Steile Holztreppen führten zu den Stockwerken. Die Leibwache mußte gemeinsam mit Schreibern und Knechten auf den Fluren hausen. Nur Hedwig und Gabriel hatten gleich neben seinem Schlafraum eine kleine, fensterlose, stickige Kammer bezogen.

»Bist du froh, hier zu sein?« Tile wandte sich nach seinem Diener um.

»Wir sind glücklich in Eurer Nähe.«

»Antworte ehrlich, Junge.«

Gabriel zögerte, schließlich sagte er: »Angst fühle ich, auch Hedwig. Ich weiß nicht genau, warum. Aber wenn Euch diese Burschen durch die Stadt geleiten, wird mir bang. Solch eine rohe Schutzgarde habe ich noch nie gesehen. Wer nicht schnell genug Platz macht, den schlagen sie mit ihren Stangen oder Knüppeln einfach aus dem Weg. Auch der Jubel hier ist anders, wenn Ihr zu den Leuten auf dem Kirchplatz sprecht. Lauter als sonst sogar – und doch anders.« Er zuckte die Achseln. »Besser kann ich's nicht erklären.«

»Nein, Junge. Du hast genau den Punkt berührt.« Tile ließ sich im Sessel nieder. »Ihre Begeisterung für mich lodert wie ein Strohfeuer hoch und blendet sie selbst. Wer weiß, wann und wie schnell es wieder erlischt.«

Gedankenverloren drehte er den Becher in seiner Hand. Erinnert Ihr Euch, mein Friedrich, an die Nacht damals auf dem Hügel vor Rom? Ihr wart im Begriff, Papst Gregor mit Waffengewalt gefangen zu nehmen. Auch in jener Nacht wollte die Hitze nicht weichen. Ich brachte Wein. Ihr habt mit Lupold und mir auf den sicheren Sieg über Euren Widersacher angestoßen. Am nächsten Tag dann kam die Todesnachricht; Gregor war gestorben und hatte Euch um den größten Triumph gebracht. Warum muß ich jetzt daran denken? Der Greis fühlte mit einem Mal den Herzschlag, nicht schmerzend, das Pochen stieg hinauf zum Hals, wurde heftiger. »Unser Triumph, mein Kaiser«, flüsterte er, »steht unmittelbar bevor. Ja, ich ahne es. Bitte zieht Euch nicht zurück, noch nicht. Bleibt in mir, bis ich meinen Sieg durch die Niederlage errungen habe.«

Tile blickte auf Gabriel. Er hockte vor dem Bett. Sein Kopf war vornüber gesunken. »Schlaf du nur, mein blonder Erzengel.« Leise verließ Tile den Sessel, löschte die Kerze und kehrte zum Fenster zurück. Weiter unten, jenseits des Mauerrings spiegelte sich erstes Morgengrau im Wasser der Lahn.

Hornsignal. Wieder und wieder gellte es am späten Vormittag vom oberen Wehrturm über die Stadt. Der Späher hatte weit in der Hügellandschaft Truppen ausgemacht. Bald schrie er den Wachposten zu: »Der König! Gebt es weiter: König Rudolf nähert sich mit einem Heer. Fahnen über Fahnen. Ich sehe Ritter. Gott steh uns bei. Mehr als zweihundert müssen es sein. Und Fußvolk! Nicht zu zählen!«

Wer gerade noch lachte, preßte die Hand vor den Mund; wer lief, stolperte. Das ausgelassene Treiben in Wetzlar stockte jäh. König Rudolf! Er kommt, um Rache zu nehmen.

»Welche Verbrechen will er sühnen?« fragten die Schöffen zitternd ihren Schultheiß. »Wir haben uns vor wenigen Tagen verpflichtet, die Steuer zu leisten. Warum legt sich der König dennoch mit solch riesigem Aufgebot vor die Stadt?«

»Bewahrt Ruhe, werte Herren. Jeden Augenblick wird sein Herold hier sein.« Mühsam gelang es dem Schultheiß, die eigene Angst zu unterdrücken. »Wir haben uns des Hochverrats schuldig gemacht. Weil wir«, er deutete zum Fenster des Saals hinaus in Richtung des Fachwerkhauses, »weil wir ihn, den Staufer, aufgenommen haben.«

Sofort entbrannte heftiger Streit unter den Ratsmitgliedern. »Ich war dagegen!« – »Keiner wollte auf mich hören!« – »Aber du …« Einige beteuerten ihre Unschuld und bezichtigten andere; die wiederum verteidigten sich: »Unsere Stadtgründung verdanken wir dem Stauferkaiser Barbarossa. Kaiser Friedrich ist sein Enkel. Wir durften ihm nicht das Tor verschließen.«

»Haltet das Maul!« wurden sie niedergebrüllt. Parteien bildeten sich.

»Und wenn unser Gast ein Scharlatan ist? Was dann?«

»Ihr feigen Hunde! Ihr Lästerer!«

Mit hochroten Köpfen gingen sie aufeinander zu.

»Aufhören!« Der Schultheiß trommelte mit den Fäusten auf die Tischplatte. »Wenn wir uns jetzt entzweien, sind wir verloren. Nehmt Vernunft an, Freunde, niemand von uns ist schuldlos!«

Nach und nach kehrten die Herren auf ihre Plätze zurück. »Die größte Gefahr befindet sich draußen auf der Straße«, warnte der Älteste. »Zu welcher Entscheidung wir auch gezwungen werden. Das Volk darf sich nicht gegen den Rat empören, sonst gibt es ein Blutbad. Warten wir ...«

Die Tür wurde aufgestoßen. Zwei Wachen geleiteten einen Ritter in den Saal. Auf seinem Mantel prangte das Wappen des Habsburgers. Kühl nickte er in die Runde. »Mein Herrscher entbietet seiner geliebten Stadt Wetzlar den Gruß. In Euren Mauern beherbergt Ihr einen Betrüger, der sich infamer Weise als Friedrich, weiland römischer Kaiser, ausgibt und dem Reich Schaden zugefügt hat.« Rudolf verlangte die Herausgabe des Mannes bis zum Abendläuten. »Wisset, in seiner Güte rechnet Euch mein Fürst die Aufnahme dieses Lügners nicht als Verbrechen an. Mißachtet Ihr aber den Befehl, so entzieht Euch der König seine Huld und wird morgen, am 5. Juli, mit der Erstürmung Eurer Stadt beginnen. Gebt Antwort.«

Alle Blicke hefteten sich auf den Schultheiß. »Antwort? Wie kann ich eine Zusage geben? Ihr, werter Ritter, ahnt nicht, wie gefährlich die Stimmung hier in Wetzlar aufgeheizt ist. Um das Wohl der Stadt nicht zu gefährden, darf ich die Person des Kaisers nicht antasten.« Er preßte die weißen Knöchel der Fäuste gegeneinander. »Bittet den König für uns, stimmt ihn gnädig. Nur wenn er selbst in die Stadt kommt und mit Friedrich verhandelt, kann Aufruhr vermieden werden.«

»Ist das Eure Antwort?«

»Gott helfe uns. Ja.«

Auf dem Absatz wandte sich der Herold um; sporenklirrend verließ er den Saal.

Die Nachricht verbreitete sich, flog von Mund zu Mund. »Der König will unsern Kaiser!« Furcht gebar Trotz. »Niemals. Wir geben ihn nicht her!«

Vor dem Fachwerkhaus rotteten sich die schlecht bewaffneten

Bürgerhorden zusammen. Mit Gesängen und Hochrufen sammelten sie Mut und bewiesen ihre Entschlossenheit.

»Hört Ihr, mein Kaiser.« Im Kanzleizimmer glitt Prior Jacobus zum Lehnsessel und verneigte sich. »Euer Volk hebt die Stimme. Welch süßer Klang in meinen Ohren.«

»Seltsam, hochwürdiger Vater.« Verwundert sah Tile auf. »Mir klingt es wie das verzweifelte Anschreien gegen einen Riesen dort draußen vor den Toren.« Gleich nachdem ihm die Nachricht überbracht worden war, hatte er sich von Gabriel und Hedwig einkleiden lassen. Im Purpurumhang war er zur Kanzlei hinuntergestiegen. Hier wollte er bleiben und den Fortgang der Ereignisse abwarten.

Jacobus patschte vertraulich seine Hand neben Tiles Arm auf die Lehne. »Wir sind am Ziel, Majestät. Ich habe erreicht, was ich wollte. Jetzt heißt es, den verdienten Lohn einzustreichen. Mein Auftraggeber wird mich fürstlich entlohnen, und auch für Euch wird genug abfallen.«

Obwohl die Nähe des Gesichtes, der Atem Ekel verursachte, wich Tile nicht zurück. »Worüber redet Ihr?«

»Gleichgültig, ob Rudolf die Stadt nimmt oder Ihr ausgeliefert werdet, mir wird nichts geschehen, mich erwartet eine goldene Zukunft. Wer achtet schon auf einen einfachen Bettelmönch, der sich still davonschleicht.« Güte schimmerte in den bernsteinfarbenen Augen. »Aber ich habe Gefallen an Euch gefunden. Diese Tölpel dort draußen sind Eure Rettung. Laßt sie noch eine Weile in ihrem Wahn durchhalten, und ich verhelfe Euch derweil zur Flucht.«

»Ihr erstaunt mich. Mein Ziel ist noch nicht erreicht.«

»Sei kein Narr, alter Mann. Das Haus leert sich schon. Vergeblich wirst du nach deinen Schreibern und Knechten suchen. Selbst den Hofmeister sah ich, wie er sich durch die Hintertür davonschlich. Das große Spiel steht vor der Entscheidung. Und Rudolf hat den letzten Zug.«

»Mäßigt Euren Ton!« Tile schlug die Hand von der Lehne.

»Ich werde hier ausharren, wie es die Würde meines Standes gebietet.«

Sofort schlüpfte der Pfaffe wieder in die Rolle des kaiserlichen Ratgebers. »Majestät, nie würde ich an Euch zweifeln. Ehre ist das höchste Gut. Und überdies bewundere ich Eure Gelassenheit.«

Jäh schlug das Stimmengewirr vor dem geöffneten Fenster um in Flüche und wütendes Gebrüll. Ehe der Prior nachsehen konnte, stürmte der Schultheiß, gefolgt von zwei Schöffen, in die Kanzlei. »Ihr müßt uns anhören!«

Hauptmann Peter überholte sie, baute sich drohend vor ihnen auf und zückte das Schwert.

»Laß gut sein!« befahl ihm Tile. Der Stumme gehorchte nicht. »Danke, mein Freund. Geh nur hinaus. Ich habe mit den Herren zu reden.« Widerstrebend ließ Peter die Waffe sinken und zog sich zurück.

Einem der Schöffen lief Blut über die rechte Wange, dem Schultheiß hingen die Haare wirr vom Kopf, sein Mantel war verdreckt und eingerissen. Der Pöbel hatte sie gebeutelt. Allein durch eine Knüppelgasse waren sie ins Fachwerkhaus gelangt.

Prior Jacobus wies auf den festgestampften Lehmboden. »Wo bleibt der Respekt vor Seiner Majestät?«

»Nicht jetzt, Ratgeber«, wehrte Tile ab und ermutigte den Schultheiß: »Alles wird gut. Verzweiflung lese ich in Euren Mienen. Und wie mir scheint, bin ich der Anlaß.«

»Großmächtiger Kaiser. Es steht allein in Eurer Macht. Allein Ihr könnt jetzt noch Wetzlar und uns vor dem Abgrund bewahren. Helft, so helft uns.« Unterbrochen von Seufzern und Achselzucken berichtete er hastig über sein Bemühen, den König in die Stadt einzuladen. Da keine Vermittlung durch den Herold erreicht worden war, sei er selbst hinaus ins Lager geeilt. »Ich hoffte so sehr auf ein gütliches Gespräch zwischen Euch und ihm. Doch Rudolf hat abgelehnt. Um Vergebung, er fordert Eure Herausgabe. Nicht heute, dem Schöpfer sei Dank, gnädig hat der Habsburger uns Frist bis nach Sonnenaufgang gewährt.«

»Was geschieht, wenn ich mich weigere? Werdet Ihr mich dann mit Gewalt vor das Tor schleppen?«

»Niemals. Bei Gott dem Allmächtigen, nur das nicht.« Der Schultheiß zerrte an den Rissen seines Mantels. »Dann gibt es einen blutigen Aufstand. Dann sind wir in den Augen der Bürger schändliche Verräter. Eure Anhänger steinigen uns. Dann kommt es zum Kampf mit den Stadtwachen, noch ehe die Truppen angreifen.« Er fiel auf die Knie. »Schont unsere Frauen und Kinder. Wenn Ihr Euch weigert, zerbricht unsere Welt. Wir können der Übermacht dort draußen nicht standhalten. König Rudolf und der Kölner Erzbischof sind zu allem entschlossen.«

Ein Ächzen neben dem Sessel ließ Tile herumfahren. Prior Jacobus wankte vor und zurück, keuchte wie nach einem Faustschlag in den Magen; erst nach heftigen Atemzügen gelang es ihm zu stammeln: »Wer? Was sagt Ihr? Wer begleitet den König?«

»Siegfried, der Erzbischof von Köln«, klagte der Schultheiß. »Nie sah ich einen zornigeren Herrn. Er wollte uns keine Frist gewähren. Der Erzbischof verflucht Euch, großmächtiger Kaiser, sein Haß scheint mir größer noch als der des Königs. Siegfried will Euren Tod.«

Der Greis lächelte vor sich hin. »Ich freue mich, Seiner Eminenz endlich Aug' in Aug' gegenüberzustehen.«

Leise summte Prior Jacobus; im ersten Moment verwirrt, wollte Tile ihn zurechtweisen, doch die Not der Stadtväter hatte Vorrang.

»Meine Herren, seid getröstet. Wenn der König nicht zu seinem Kaiser kommt, so wird, um das Wohl Eurer Stadt zu erhalten, der Kaiser den König aufsuchen. Beruhigt die Bürger, sagt, daß es mein freiwilliger Entschluß ist. Und richtet dem Habsburger aus: ›Wenn die Sonne im Osten aufsteigt, wird Friedrich, durch Gottes Gnade immerwährender Kaiser, bereit sein, ihm seine Aufwartung zu machen.‹«

Der Schultheiß faltete die Hände. »Gesegnet seid Ihr. Habt Dank.«

Rückwärts, mit tiefen Verbeugungen entfernten sich die Erleichterten. »Habt Dank!« und hasteten hinaus.

Das vergnügte Summen nahm zu. Tile sah, wie der Prior sich langsam zur Melodie im Kreise drehte; seine Augen waren geweitet. »Glaubt Ihr Euch allein, hochwürdiger Vater?«

»Nein, nein, Majestät. Ich singe.« Er tänzelte näher. »Ich singe vor Freude. Eine kleine Weise. Kennt Ihr den Wortlaut? Laßt ihn mich vortragen: ›Der Schmerz beseelt / Und er entfesselt niedre Triebe / Die sonst dem Menschenherz gefehlt ...‹«

»Schweigt!« Entrüstet drohte ihm Tile mit dem Finger. »Ihr seid hier nicht bei Euren Lustknaben. Jetzt ist wahrhaftig nicht die Zeit ... Was geht nur in Eurem Kopf vor? Ihr dachtet an Flucht. Also gut, ich kann auf Euch verzichten.«

Die Miene des Priors wechselte. »Ihr habt mich vorhin falsch verstanden, mein Fürst. Nie wollte ich Euch im Stich lassen. Ich bin Euer treuster Knecht. Ich bleibe bei Euch, bis zum Ende.« Er verneigte sich galant. »Kleine Vorbereitungen sind noch zu erledigen. Bitte ruht ein wenig. Ich werde gleich zurück sein und dann nicht mehr von Eurer Seite weichen.«

Tile schloß die Augen, war erschöpft und doch nicht müde. »Kein Plan wird das Rad noch anhalten können.« Im Lärm, der von draußen hereindrang, ging das Klappen der Tür unter.

Prior Jacobus hastete die Stiege hinauf. In seiner Kammer hockten die Novizen neben geschnürten Bündeln. Gesicht, Hals und Arme waren geschwärzt. Sie streckten ihrem Gebieter die Hände entgegen. »Dürfen wir uns jetzt reinigen? Wann fliehen wir?«

»Flucht? Welch ein abscheuliches Wort, meine Götterbuben.« Der Prior strich um die Hocker herum. »Ich darf den Kaiser jetzt nicht alleinlassen.«

Wie aus einem Mund riefen sie: »Dann retten wir uns!« Sie forderten Geschenke; wenn schon die Aussicht auf ein Amt bei Hofe zunichte war, wollten sie Silber und Gold für ihre Dienste.

Jacobus blieb nicht stehen, tätschelte sanft das Haar der beiden. »Ich werde Euch reich entlohnen – und vermissen. Mein zungenflinker Castor, auch dich, mein Pollux; welche Lust habe ich in dir genossen!«

Hinter ihrem Rücken benetzte er seine Unterlippe. »Nein, dreht Euch nicht um. Gebt mir Zeit, meinen Dank gerecht zu verteilen.« Leicht streifte er den linken Kuttenärmel zurück, und der Dolch glitt in seine Hand. »Ihr wißt, mit welchen Freuden ich Euch stets überrascht habe.« Er stach Pollux durch den Rücken ins Herz. Der Seufzer seines Freundes ließ Castor herumfahren. »Herr …!«

»Warum bist du ungehorsam, mein Schöner?« Mit einem Schnitt durchtrennte Jacobus ihm die Kehle. »Kümmert Euch nicht um das Blut. Die Dienerschaft wird es aufwischen.«

Ohne einen weiteren Blick auf die Toten zu verschwenden, öffnete der Pfaffe seine Reisekiste und entnahm ihr zwei Holzschachteln. Er prüfte die Farbflecken und legte die blau gekennzeichnete wieder zurück.

Tile hatte Prior Jacobus nicht eintreten hören. Erst das Summen dicht an seinem Ohr weckte ihn aus den Gedanken.

»Majestät, es liegt ein aufreizender Zauber in dem kleinen Lied«, wisperte Jacobus. »Hört nur weiter: ›Der Schmerz betäubt, er kann beglücken / Er läßt mit feurigem Berücken / Ein frevelhaftes Bild entstehn.‹«

Tile wandte stumm den Kopf zur Seite.

»Nein, nein. Mir dürft Ihr nicht zürnen, mein Fürst. Ich habe den Text nicht gedichtet. Eine Geißlerin war's.« Er kicherte. »Und sie wußte, wovon sie sprach.«

»Verschont mich damit.«

»Niemand wird Euch dort vor den Mauern schonen.« Jacobus glitt um den Sessel. »Wendet Euren Blick nicht von mir ab. Wie Freunde wollen wir gemeinsam den schweren Gang antreten.« Mit spitzen Fingern öffnete er die Holzschachtel. »Hier habe ich unsere Wegzehrung.«

Forschend sah Tile in das gerötete, verschwitzte Gesicht. »Warum seid Ihr mit einem Mal so tapfer? Wollt mich begleiten? Hochwürdiger Vater, Ihr habt Euch seltsam verändert, als der Name des Kölners fiel. Ist er der Kirchenfürst, dem Ihr dient?«

»Scharfsinnig gefolgert.« Wie ein Tänzer vollführte Jacobus eine Drehung auf den Fußspitzen. »Aber nicht scharfsinnig genug, Majestät. Denn ich diene allein Euch.« Wieder schob er sich dicht ans Ohr des Greises. »Darf ich Euch ein Geheimnis anvertrauen: Erzbischof Siegfried ist heimtückischer als der Leibhaftige selbst. Wer ihm vertraut, ihm mit Leib und Leben ausgeliefert ist, den küßt oder opfert er, gerade wie es der Vorteil gebietet. Treue kennt dieser Hirte nicht.«

Ungerührt fragte Tile: »Seid Ihr nicht von gleichem Holz?«

»Diese Kränkung habe ich nicht verdient.« Zum Beweis hielt Jacobus ihm die Schachtel hin. »Würde ich Euch sonst meine Hilfe anbieten. Nicht den einfachen Würfel, sondern die Droge von besonders nachhaltiger Wirkung. Nicht für Euch allein, auch ich will mich stärken. Und seid gewiß, wir werden Siegfried und den König um ihren Spaß bringen.« Er runzelte die Stirn. »Eins noch, Majestät, ehe wir davonschweben. Ich entführte einen alten Holzschnitzer. Glaubte es auch für einige Wochen. Von Monat zu Monat mehr aber plagte mich der Zweifel. Bitte antwortet mir, als Eurem engsten Vertrautem: Wer seid Ihr?«

»Ich fürchte, dieser Frage werde ich morgen immer wieder ausgesetzt sein.« Das Blau der Augen verdunkelte sich. »Ihr wißt die Antwort: Ich bin Friedrich, der Kaiser.«

»Gut, gut.« Mit Gekicher überspielte Jacobus seine Enttäuschung. »Wollt Ihr erfahren, wer ich bin?«

Tile schüttelte den Kopf. Ich ahne es, dachte er, die Wahrheit rettet meine Katharina nicht mehr.

Vorsichtig nahm der Prior einen Würfel heraus. »Ihr zuerst, mein Fürst.«

»Mein Verstand ist klar und wach, er benötigt keine Aufmunterung mehr. Ich fühle mich frei von jeder Furcht.«

»Ich werde Euer Vorkoster sein, edler Fürst. Ja, frei und leicht.« Mit elegantem Schwung tänzelte der Prior durchs Zimmer, wiegte die Schachtel in der einen Hand, spielte mit dem Würfel vor seinen Lippen.

»Laßt diese Komödie!«

Jacobus beachtete den Befehl nicht, summte wieder, dann sang er: »›Der Schmerz beseelt / Und er entfesselt niedre Triebe …‹ Vergiß diese Worte nicht, alter Kaisernarr.« Sein Mund schnappte die Droge. »›Der Schmerz betäubt / er kann beglücken …‹« Er kaute, schluckte. Nach zwei Tanzschritten ging ein Beben durch den Körper. Die Holzschachtel fiel. Wild zuckten die Arme, Jacobus rang nach Luft, seine Augen quollen vor, Speichel lief ihm aus dem Mund. Jäh erstarrte er und schlug zu Boden.

Tile preßte seine Hände an die Schläfen. Es dauerte einen Moment, bis er begriff. Der Pfaffe lag reglos da, stand nicht wieder auf. Kein Rauschmittel. Er hat Gift genommen. Mein Peiniger ist tot. Der Anblick des verzerrten, aufgerissenen Gesichtes rief weder Mitleid noch Genugtuung in ihm wach. Ein einziger Biß von mir, und der Satan hätte noch im letzten Moment meinen wahren Triumph vereitelt. Über mich soll und muß ein Urteil gefällt werden, von den Mächtigsten des Reiches, auf ihrer Bühne; nur dann war nicht alles vergebens.

Schwer erhob sich Tile und sammelte die verstreuten Würfel wieder ins Holzkästchen. Diese Droge? Er fand das eingeritzte Kreuz. Bevor ich Äbtissin Bertha im Neusser Rathaus empfing, bot mir der Pfaffe auch solch einen Würfel an, jedoch nicht, um mich für die Audienz besser einzustimmen.

»Das Gift wirkt schnell«, murmelte er. Entschlossen nahm er zwei Stücke und verbarg sie in einer Tasche seines Unterkleides. »Wache!«

Sofort wurde die Tür aufgestoßen. Hauptmann Peter starrte auf den Toten; entsetzt sah er die Schachtel in der Hand seines Kaisers, ohne Zögern sprang er vor und riß sie an sich.

»Du weißt also, was sich darin befindet.«

Der Stumme nickte, zeigte auf den gelben Farbfleck; dabei stieß er bellende Warnlaute aus.

»Hat Prior Jacobus mit diesem Gift während meiner Entführung auch andere Personen beseitigt?«

Wieder nickte Peter.

Arme, geliebte Katharina. So also mußtest du sterben? Tile unterdrückte seine Wehmut. Kein Zögern jetzt; gefaßt ordnete er an, den Leichnam aus dem Kanzleizimmer zu schaffen. In einem dunklen Winkel sollte er verborgen werden. »Keine der Mägde darf ihn entdecken, ehe ich das Haus verlassen habe. Decke ihn zu, Hauptmann. Danach folgst du mir ins oberste Stockwerk und wartest vor meinem Schlafgemach, bis ich dich hereinrufe.«

Gabriel lag auf den Knien. Hedwig stand hinter ihm und preßte ein Tuch vor den Mund, leise schluchzte sie.

»So nehmt Vernunft an«, drängte Tile, »ihr müßt gehen.«

»Wir bleiben bei Euch, hoher Herr.« Auch dem Kammerdiener liefen Tränen über die Wangen. »Wenn Euch auch alle im Stich lassen. Wir nicht. Ihr braucht doch meine Hilfe. Ankleiden, die Mahlzeit ...«

Hedwig zerknüllte das Tuch. »Wer soll denn für Euch das Bett anwärmen?«

»Ach, schönes Kind.« Unmerklich schmunzelte der Greis. »Das wird mir fehlen. Deine Wärme hat dem alten Leib so wohl getan. Auch du, Junge, warst mir der beste Kammerdiener, den ich je um mich hatte. Dennoch muß ich euch fortschicken. Die Gefahr ist zu groß.«

»Aber Ihr geht nur hinaus.« Gabriel hob die Hände. »Ich versteh's nicht, Herr. Ihr sagt einfach dem König, daß Ihr auf den Thron zurückkehrt, und dann wird alles gut. Dann benötigt Ihr uns doch. Oder wollt Ihr Euch andere Diener suchen?« In das Aufschluchzen seiner Frau fragte er niedergeschlagen: »Sind wir dann nicht mehr gut genug? Ich mein', für den großen Hof?«

Das ist es, dachte Tile. Angst, verstoßen zu werden, quält die beiden. Du darfst ihr Bild von dir nicht zerstören. Bleibe bei der Lüge, sie bedeutet Hoffnung und Wahrheit für die beiden. »So einfach, Junge, sind die Spielregeln der Mächtigen nicht. Nur Gott weiß, wie der morgige Tag endet. Rudolf wird mir seinen Platz nicht kampflos überlassen. Du weißt, ich bin zwar Kaiser, doch ohne Heer. Mir bleiben nur Worte gegen seine Schwerter.« Offen sah Tile von Gabriel zu Hedwig. »Kann ich überzeugen und gar gewinnen, so werde ich euch wieder zu mir rufen. Nie sollen andere Diener mich umsorgen. Darauf habt ihr mein Wort. Und nun trocknet die Tränen.«

Er befahl Gabriel aufzustehen, und die beiden mußten so rasch wie möglich ihre Habseligkeiten zusammenpacken. Ein gefüllter Handkorb, ein Schultersack. Als sie aus der engen Kammer zurückkehrten, weinten sie wieder.

Der Kaiser bat sie zu sich und reichte Gabriel einen ledernen Beutel. »Den Abschiedskummer kann ich euch nicht ersparen. Vielleicht aber lindern. Ganz gleich, was geschieht, hier in diesem Säckchen befinden sich mein Dank, euer Lohn und eine gesicherte Zukunft. Nimm, Junge!« Tile wartete, bis Gabriel sich den Beutel unter dem Kittel fest auf die Brust gebunden hatte und rief seinen Hauptmann der Leibgarde herein. »Ich vertraue dir das Leben dieser jungen Menschen an.« Peter erhielt Befehl, sie unbemerkt durch die Hintertür hinauszubringen; ein Versteck sollte er für sie suchen und erst mit ihnen die Stadt verlassen, wenn alle Aufregung sich gelegt hatte. War es dem Kaiser möglich, siegreich nach Frankfurt auf den einberufenen Hoftag zu ziehen, hätte der Hauptmann mit ihnen zu folgen. »Falls meine Person aber vom König oder sonstwem angetastet wird, man mich in Ketten legt oder Schlimmeres, so wirst du sie in ihre Heimat begleiten.« Sein Blick hielt den Stummen noch fest. »Welche Verbrechen du auch begangen hast, ehe ich dich in Dienst nahm, durch diese Tat wirst du dereinst Gnade finden. Sei künftig Schutz und Schild dieses Paares. Ich verlasse mich auf dich.«

Peter schlug die flache Hand gegen seinen Brustpanzer. Das

Gestammel ließ ahnen, wie unbedingt er den Befehl des Kaisers ausführen wollte.

»Geht jetzt.« Nein, kein Abschied. Tile wandte sich zum Fenster. In seinem Rücken schnappte die Tür, und eine bedrückende Schuld fiel von ihm ab. »O Gott, ich danke dir! Schenke diesen unschuldigen Kindern ein Leben voll Glück.«

Das Lärmen vor dem Haus war abgeebbt. Vorsichtig, Tile wollte die Stimmung der Wetzlarer nicht unnötig wieder anheizen, spähte er hinunter. Lediglich ein kleiner Haufe harrte noch aus. Dem Schultheiß mußte es derweil gelungen sein, die Bürger zu besänftigen.

»Euer Kaiser geht freiwillig hinaus«, flüsterte Tile. »Ja, getrost und aus freiem Willen.«

Hunger verspürte er nicht. Sollte er rufen, damit ihm irgend jemand, der sich nicht davongemacht hatte, beim Entkleiden behilflich war? Zuviel der Mühe. Angetan mit dem Staatsgewand legte sich der Greis aufs Bett und schloß die Lider. Einmal noch ruhen, atmen und vielleicht sogar schlafen.

T raumlose Stunden; Tile roch den Schweiß der Nacht, als er aus der barmherzigen Umarmung zurückkehrte. Durchs Fenster drang erstes Grau. Wie oft, mein Friedrich, sind wir so früh aufgestanden? Zugegeben, nicht gleichzeitig; ob es nun zur Jagd oder in die Schlacht ging, Baron Lupold und ich mußten stets vor Euch munter sein. Ihr legt Wert auf gepreßten Fruchtsaft und ein wenig kaltes Geflügel; mir war und ist ein warmer, honiggesüßter Brei bekömmlicher. Seit wir gemeinsam einen Körper nähren, mußtet Ihr auch Eure Eßgewohnheit der meinen anpassen. Haltet es unserm Alter zugute, wenn ich mich über Euren Geschmack hinweggesetzt habe.

Tile erhob sich, erfrischte das Gesicht über der Waschschüssel und kämmte mit den Fingern durchs volle weiße Haar. Keine

Kette, nichts wollte er an kaiserlichem Zierat mit hinausnehmen, auf Krone, Zepter oder goldgefaßte Smaragdbroschen verzichten, der Purpurumhang war ihm Würde genug. Und natürlich der Ring. »Mein Glücksbringer.« Er hauchte und rieb den Falken. »Mein Begleiter durch drei lange Leben.«

Tile verließ das Schlafgemach. Im Halbdunkel des Flurs erkannte er eine dunkle Gestalt und blieb stehen.

»Erschreckt nicht, großer Fürst«, beschwichtigte der Mann und näherte sich. »Ich habe vor Eurer Tür gewacht.«

»Vater Albertus. Warum bist du so unklug? Flucht wäre kein Verrat gewesen. Jeder aus meinem Hofstaat setzt sich heute einer Gefahr aus.«

»Zwar diene ich Euch, darüber hinaus aber habe ich nie aufgehört, Mönch und Priester zu sein.« Die großen Ohren leuchteten trotz des Dämmerlichtes. »Aus diesem Grund will ich in Eurer Nähe sein, wenn Ihr Beistand benötigt.«

»Danke, Vater.« Nach einer Weile setzte Tile leise hinzu: »Schwelgt unsere Kirche in dieser Zeit auch in Völlerei, Wollust und Habgier, aus Männern wie dir wird sie dereinst neu erstehen.« Er beschwor den Mönch, sich stets in sicherer Entfernung aufzuhalten. »Euer Gebet allein wird mich stützen und mir Kraft geben.«

Während sie über schmale Treppen hinunterstiegen, deutete Albertus auf die Kammer des Priors. »Dort liegen seine beiden Novizen. Sie erlitten einen gewaltsamen Tod. Ich fand sie in der Nacht, als ich Seiner Hochwürden einen Besuch abstatten wollte. Ihn aber traf ich nicht an.«

»Komm weiter, Vater. Mein Ratgeber hat sich durch Gift jeder irdischen Strafe entzogen.« Tile war nicht stehengeblieben. »Für die jungen Männer hege ich Mitleid, nicht aber für ihren Mörder. Komm, wir müssen all dies hinter uns lassen.«

Im Kanzleizimmer wartete bereits der Schultheiß mit einigen Schöffen. Schwarze, geschlossenen Mäntel, unter den dunklen Federhüten angespannte, bleiche Gesichter.

»Noch vor der Zeit?« spottete Tile leise. »Hattet Ihr Sorge, Euer Gast könnte den Zeitpunkt des Aufbruchs verschlafen?«

»Um Vergebung, großmächtiger Kaiser.« Steif verneigte sich der Schultheiß. »Wir möchten Euch nicht drängen, aber noch ist es still auf den Straßen, noch harren vor Eurem Haus nur eine Handvoll bewaffneter Bürger.« Seine Stadtwachen hatte er angewiesen, sich in den Nebengassen bereitzuhalten. Falls Tumult entstand, könnten sie ihn zu diesem Zeitpunkt leicht unterdrücken. »Wir dachten, wenn Ihr ...«

»Bemüht Euch nicht.« Tile winkte ab. »Längst durfte ich feststellen, wie unbeholfen Ihr nach taktvollen Worten sucht. Ich billige Euren Plan. Zuvor aber gönnt mir eine Stärkung.«

Gegen seine Gewohnheit verlangte er nach Brot und Wein. Die Magd hielt ihm das Tablett. Ihre Augen waren gerötet; sie verfolgte jeden Bissen, jeden Schluck, den der Hohe Herr zu sich nahm. »Warum so verzagt, gutes Kind? Sei stolz. Du wirst später deinen Kindern erzählen: Ich habe Kaiser Friedrich das Abschiedsmahl gereicht.«

Beunruhigt kehrte der Stadtälteste vom Fenster zurück. »Mehr und mehr Leute versammeln sich. Ehe das erste Morgenläuten ...«

»Ihr erstaunt mich, werter Herr!« Hart setzte Tile den Becher zurück. Der Wein wärmte sein Blut. »Anstand sollte Euch gebieten, nicht diese Eile zu zeigen. Ich bin es, der Eure Stadt vor dem Untergang retten soll. Habt Ihr diese Tatsache vergessen? Und nun geht voraus.«

Tile verließ das Fachwerkhaus. Gegen den blassen Himmel reckte sich schwarz der klobige Kirchturm über die Dächer.

»Hoch lebe Friedrich, unser Kaiser!« Ein verhaltener Ruf, müde von der durchwachten Nacht. Die wenigen vor der Tür fielen mit ein.

»Ist es wahr? Geht Ihr freiwillig zum König hinaus?«

Tile fand den Fragesteller, antwortete ihm für alle fragenden Blicke. »Deine Sorge gereicht dir zur Ehre, mein Freund. Sei getröstet, niemand bestimmt den Weg, den Kaiser Friedrich heute geht, nur er selbst. Geleite mich, und auch ihr, meine Wetzlarer, geleitet mich frohen Herzens durch die Stadt. Und gehe ich dann hinaus, so schließt mich in euer Gebet ein, wie es sich für treue Untertanen geziemt.«

Gehorsam folgte ihm der kleine Haufe, und ohne Geschrei oder Tumult erreichte Tile das westliche Tor.

Warten. Immer wieder Blicke zum Himmel. Da hob sich aus dem Osten die Sonne, ihre Strahlen bekränzten den Kirchturm. Wenig später meldete der Späher vom Wehrgang: »Reiter! Die Eskorte des Kaisers.«

»Darf ich Euch führen?« bot der Stadtälteste an, sichtlich bemüht, beim Abschied der nötigen Höflichkeit zu gehorchen. Nur bis unter den Torbogen gestattete Tile seine Begleitung.

»Lebt wohl, großmächtiger Kaiser«, murmelte der Schultheiß. »Danke für Eure Güte, mit der Ihr uns vor Unglück bewahrt habt.«

Wortlos schritt Tile weiter, atmete Morgenluft, hörte das Gezwitscher der Vögel und erreichte die Eskorte.

Zwei Bewaffnete saßen ab, mit blankem Schwert nahmen sie rechts und links des Greises Aufstellung, ein Ritter lenkte sein Pferd vor ihn. »Marschall Heinrich von Pappenheim. Ich bin beauftragt, dich vor meinen König zu bringen.« Seinen Leuten befahl er: »Bindet den Kerl an den Steigbügel.«

Tile lächelte zur der blinkenden Rüstung hinauf. »Eure Manieren sind Euch verziehen, Marschall; gewiß haben Euch die Lügen über mich verwirrt. Aber warum mich, Euren Kaiser, fesseln? Einen alten Mann? Befürchtet Ihr, ich könnte Euch und Euren Kriegern davonlaufen?«

Der heitere Ton verunsicherte den Edlen von Pappenheim. »Verzeiht, so lautet mein Befehl. Gebunden soll ich Euch bringen.«

»Nehmt einen Vorschlag an, der uns beiden gerecht wird.« Ohne abzuwarten, wies Tile auf den Strick und bat einen der Bewaffneten: »Befestige ihn am Steigbügel. Dann reiche mir das lose Ende.«

In ihrer Verblüffung vergaßen Knechte und Marschall zu widersprechen. Mit dem Strick in der Hand erklärte Tile: »Auch so bietet sich jedem Zuschauer das geforderte Bild: Heinrich von Pappenheim führt den Kaiser in Fesseln zum königlichen Lager. Ich bin bereit. Doch bitte reitet langsam, meine Beine sind nicht mehr so jung wie mein Verstand.«

Neben dem Schlachtroß schritt der Greis her, aufrecht, den Blick weit über die Zelte gehoben. Durch eine schweigende Gasse gaffender Fußkrieger erreichte die Eskorte den Mittelplatz des Lagers, und vor der weißblauen Zeltburg hielt Marschall Heinrich sein Pferd an. »Ich bringe den Schar ...« Er hieb die Faust aufs Sattelhorn. »Verdammt, was kümmert es mich? Meldet dem König, daß ich den Kaiser gebracht habe!«

Tile schloß die Augen. Verlaßt mich nicht, mein Friedrich, flehte er stumm. Alle Liebe, die ich einem Herrn geben konnte, schenkte ich Euch. Mag es auch vermessen sein, Euch nachzuahmen, Ihr wißt, ich tat es anfänglich nicht aus freien Stücken. Nie aber habe ich Eure Person entwürdigt, ich versuchte nicht, mit Eurem Glanz, Wissen und Eurer Größe zu wetteifern, was mir blieb, war Eurem Wesen ein wenig Menschlichkeit beizufügen. Nein, spottet nicht, Friedrich, sie zu zeigen bedeutet keine Schwäche für einen Herrscher. Jetzt aber gewährt Eurem Diener etwas von Eurem Scharfsinn und Witz ...

»Vorwärts!« Der Wachposten packte den Greis an der Schulter.

Jäh erwachte Tile; ein Blick nur, und sofort ließ der Bewaffnete die Hand sinken. »Ihr werdet erwartet, Herr.«

»So öffne, und gib den Weg frei.« Gemessenen Fußes durchquerte er den Vorraum und trat ins stickige Innere der Zeltburg. Gleich am Eingang blieb er stehen. Schweigen empfing ihn, unverhohlene Neugierde. Wer von den Anwesenden war sein Gegner? Die Ritter rechts und links der Leinenwände schieden aus; sie standen steif geordnet wie Höflinge und Vasallen. Weiter vorn aus der bunten Pracht der Sitzenden mußte er wählen. Den meisten von ihnen leuchteten gestickte Wappen ihres Adelsgeschlechts auf Brust und Ärmeln. Es sind Grafen, vermutete Tile, eilig berufene Richter, um über mich zu befinden. Zwischen ihnen prangte Lila, ein Kreuz, dort saß Erzbischof Siegfried, die Fäuste im Schoß, Verachtung und Haß im Blick. Kein Zweifel, du bist mein Feind.

Blieb noch der große schlanke Mann, bekleidet mit einem schlichten grauen Rock. Leicht nach vorn gebeugt, stützte er die Arme auf die Knie, sein braunsilbernes Haar fiel glatt und lockte sich nur über dem Kragen. Tile betrachtete das Gesicht. O ja, ich erkenne dich wieder. Versteckt unter meinem Sarazenenturban habe ich deine unglaubliche Nase mit Vergnügen zum Elefantenrüssel anwachsen lassen.

Die Blicke trafen sich. Eine gelassene und offene Begegnung.

Nach einer Weile hob Tile die Hand: »Wollt Ihr mir keinen Stuhl anbieten, lieber Rudolf?«

Der Erzbischof zuckte bei der vertraulichen Anrede zusammen. Sein König aber sprang auf, trug den eigenen Sessel in die Mitte des Raums. »Zwar seid Ihr nicht als Gast geladen, doch laßt Euch hier nieder.« Er selbst zog sich einen Schemel näher und wartete geduldig, bis der Greis seinen Platz eingenommen hatte. »Ihr habt Euch schwerer Verbrechen gegen den Reichsfrieden schuldig gemacht. Die Anklage ...« Rudolf unterbrach und bestaunte die Gestalt vor ihm. »Trotz allen Zorns, trotz der hohen Kosten, die für Eure Ergreifung notwendig waren, kann ich nicht verhehlen, wie auch mich diese Ähnlichkeit verblüfft.«

»Wir haben uns lange nicht gesehen.« Tile schenkte ihm ein verständnisvolles Lächeln. »Nicht allein Ähnlichkeit. Vor Euch sitzt der, den Ihr meint.«

»Majestät!« fuhr der Kölner auf. »Nehmt meinen Rat, und schenkt diesem Betrüger so wenig Beachtung wie nur möglich.«

»Geduld!« wies ihn Rudolf scharf zurecht. »Vor Neuss habt Ihr erstaunliche Langmut mit ihm geübt. Da wäre Gelegenheit gewesen, diesem Spiel ein Ende zu bereiten, ehe es gefährlich auswucherte.«

Blässe überzog das Gesicht des Erzbischofs. »Wollt Ihr mich tadeln? Ich verfuhr nach Recht und Gesetz. Neuss wird sich verantworten, ganz gewiß. Mir war daran gelegen, Blutvergießen zu vermeiden; allein aus diesem Grund mußte ich zunächst vor Euch auf dem Nürnberger Hoftag Bericht erstatten ...«

»Verzeiht, Eminenz«, lenkte Rudolf ein. »Ich schätze Euer Bemühen, in Eurem Sprengel den Frieden zu wahren. Ihr seid von mir mit der Anklage gegen diesen Mann betraut worden und werdet gleich genug Zeit finden, den Prozeß nach Eurem Gutdünken zu führen. Vorab jedoch will ich mir selbst Gewißheit verschaffen.« Er wandte sich wieder dem Greis zu. »Da ich annehme, daß Ihr nicht geständig seid und mir Euer wirklicher Name unbekannt ist, werde ich Euch Friedrich nennen, solange dieses Gericht nicht Euer Geheimnis lüftet. Verratet, wann saht Ihr mich zum erstenmal?«

Laß dich von seiner Freundlichkeit nicht täuschen, mahnte der Staufer in Tile, bleibe wachsam. Die Antwort ist einfach, mein Kaiser, es war jenes Fest, an dem ich Euch stolz meine geschnitzten Löffel überreichte. »Wenn das Gedächtnis mir keinen Streich spielt, geschah es im Jahr 1218. Mir legte Gräfin Heilwig ein nacktes, schreiendes Kind auf den Arm. Ich hielt es in der Pfalzkapelle von Hagenau über das Taufbecken und wurde Euer Pate. An diesen Tag, war er nicht sogar im Mai, werdet Ihr Euch kaum erinnern.«

Überrascht hieb sich Rudolf auf die Schenkel. »Gut pariert.« Und ein Raunen ging durch den Zeltsaal.

Gleich nützte Tile die Erregung und fuhr fort: »Euer Großvater, auch Euer Vater waren mir bis zu ihrem Ableben treue Vasallen.« Er nannte jede Heerfahrt, die sie gemeinsam überstanden hatten. »Auch an Euch, dem jungen, hochgewachsenen Ritter, als Ihr mich nach Eurer Schwertleite in Italien besuchtet, fand ich ungetrübtes Wohlgefallen. Das letzte Mal begegneten wir uns im Jahre 1245 auf einem Hoftag in Verona.«

»Eure Kenntnisse sind blendend.« Die Stimme Rudolfs verlor jede Wärme: »Jedoch Ihr lügt, Herr Friedrich.«

Kein Erschrecken, warnte der Kaiser, zeige dich verwundert und warte ab. Wenn dir ein Fehler unterlaufen ist, wird er ihn nennen.

»Nun?« forderte Rudolf.

»Euer Vorwurf kränkt mich.«

»Mein kaiserlicher Pate hat also stets Wohlgefallen an mir gefunden? Damit habt Ihr Euch entlarvt, Herr Friedrich.«

Das darf nicht sein, nicht jetzt schon, ehe der Prozeß richtig begonnen hat. Fieberhaft rief sich Tile die Bilder zurück. Rudolf, der stolze, junge Graf, gab es eine Mißstimmung? Faenza, ich erinnere mich, wir lagen vor dieser Stadt, und er hielt sich im Feldlager auf. 1244, welch ein schweres Jahr. »Ihr sprecht von jener sonderbaren Weissagung. Ja, Ihr habt recht.« Der Greis drehte den Ring an seinem Finger, während er das Ereignis beschrieb: Die Hofastrologen hatten dem überaus beliebten Habsburger eine glorreiche Zukunft vorausgesagt. Sie sahen in ihm den Nachfolger des Kaisers. Schlimmer noch, die Staufermacht würde untergehen und dafür er und sein Geschlecht in Herrlichkeit aufblühen. Kaum hörte Friedrich von der Prophezeiung, geriet er außer sich, und Rudolf reiste überhastet ab. »War ich auch damals empört, so habe ich bald schon dieser Weissagung keinen Wert mehr beigemessen. Ich besaß nur einen wahren Hofastrologen. Leider ereilte Michael Scotus ein zu früher Tod. Seinen Nachfolgern konnte ich nicht trauen.« Zur Erheiterung des Saals berichtete er von seiner Hochzeitsnacht mit der schönen Isabella in Worms. Erst zur genau berechneten Morgenstunde durfte er ihr beiwohnen. »Sie gebar keinen Sohn nach neun Monaten. Zwei Jahre später dann schenkte sie mir die Tochter Margarethe. Nein, auf diese Sterndeuter war kein Verlaß.«

Lachten auch Höflinge und Ritter, der König blieb ernst. »Die Weissagung ist in Erfüllung gegangen. Kein Staufer, sondern ich trage die Krone!«

Leicht schüttelte Tile den Kopf. »Um das zu berichten, lieber Rudolf, bin ich heute zu Euch gekommen.«

Erzbischof Siegfried sprang auf. »Hundsfott!« Durch die jähe Bewegung klaffte das lilafarbene Gewand auf, Kette und Kreuz schabten über den Brustpanzer. »Allein für diese Frechheit sollte dir die Zunge herausgerissen werden.«

»Gemach, hochwerter Freund. Wenn er der wiedererstandene Kaiser ist, so hat er nur sein Anrecht formuliert.« Halb belustigt, halb ratlos nahm Rudolf seinen Schemel. »So oder so, es darf nicht sein, weil die Weltordnung sonst aus den Fugen gerät.« Er setzte sich neben die Grafen und trocknete mit dem Ärmel den Schweiß an seiner Stirn. »Unser Gast gehört nun Euch, Eminenz. Versucht Ihr, was mir nicht gelang.«

Den ersten Sieg haben wir errungen, mein Fürst, dachte Tile befriedigt. Unruhe wollte ich auf dem Spielfeld der Politik stiften, das ist gelungen, und darüber hinaus konnte ich sogar den mächtigsten aller Herrn verwirren. Ohne klaren Beweis wird er den Stab über mich brechen müssen. Jetzt steht uns noch ein Gegner bevor, der keine ritterlichen Züge trägt. Helft mir, auch ihm die Stirn zu bieten. Unser Triumph ist der Tod, das höchste Ziel aber wäre eine Verurteilung aus Notwendigkeit, und Zweifel über meine wahre Person lebten weiter.

»Du behauptest, Friedrich, der zweite Stauferkaiser dieses Namens zu sein?«

»Ja, Eminenz. Ich bin es.«

»Dein Alter?«

»Wenn Ihr mit mir ...«

»Kein Geschwätz mehr. Antworte.«

»Neunzig Jahre trage ich auf den Schultern.«

Schnell stieß Siegfried zu: »Viele Sprachen beherrschte dieser Kaiser. Vor allem war er des Arabischen kundig. Gib eine Probe.«

Klatschen; Rudolf spendete Beifall. »Mein Kompliment. Das hätte auch mir einfallen können.«

»Danke, mein König.« Der Erzbischof schnippte. »Laß hören, Alter.«

Farida, mein brauner Stern, niemals habe ich dich vergessen, unmerklich seufzte Tile, wie gern las ich dir von den Lippen, war dein liebeshungriger Schüler. Auch nach so langer Zeit soll jeder Satz dich erreichen. »*Na-haarak sa-iid*«, begann er.

Atemlose Stille. Jeder im Zeltsaal reckte den Kopf.

»*Ha-diijal li ki in-tsdra la-challa. Schukran. Anta cha-biib. Instra ...*«

»Genug!« Triumphierend wandte sich der Erzbischof an den König: »Damit ist ein wichtiger Beweis erbracht, dieser Hexer hält Kontakt zu den Ungläubigen. Ich bezichtige ihn der Ketzerei.«

»Das dürft Ihr nicht.« Tile krallte eine Hand in den Purpurumhang. Diese Wendung durfte der Prozeß nicht nehmen. Nicht die Kirche, ein weltliches Gericht sollte über ihn befinden. »Ich bin Friedrich, der Kaiser.«

»Gut, gut. Das ändert nichts an der Anklage, denn auch er war aus der christlichen Gemeinschaft verstoßen.«

Siegfried kehrte zu seinem Sessel zurück und schlug ein Buch auf. »Wenn du also der bist, für den du dich ausgibst, so wirst du gleichfalls seine unerhörten Frevel gegen den Glauben verantworten müssen. Du Ketzer hast es gewagt zu sagen, drei Betrüger hätten die Welt hintergangen: Jesus Christus, Moses und Mohammed. Du hast es gewagt zu behaupten, alle die sind Narren, die an eine reine Jungfrauengeburt glauben. Du hast es gewagt ...« Mit schneidender Stimme verlas der Kölner eine Litanei gegen den Staufer. »Rechtfertige dich!«

Jeder Vorwurf hatte Tile verletzt; um Friedrichs willen fühlte er Zorn in sich aufsteigen. »Soll ich mich herablassen, Lügen meiner Gegner zu entkräften?« Er wies auf das Buch. »Ja, aus Euren Reihen, Eminenz, stammen diese Bosheiten. Ich weiß nicht, welcher Schreiberling sie gesammelt hat. Papst Gregor und auch Innozenz, diese falschen römischen Priester, besudelten das Ansehen des Kaisers, trachteten ihm gar wie gemeine Meuchelmörder nach dem Leben.«

»Wer bist du?« schrie der Erzbischof.

»Ich bin Friedrich, dein Kaiser!«

Zu spät, Tile wußte es, als er das haßverzerrte Gesicht sah. Das Verhör in Gegenwart des Hofes war beendet. Siegfried beugte sich zum König. Nach einem kurzen Gespräch nickte Rudolf, und der Kölner befahl die Wache zu sich: »Bringe den Scharfrichter aus Wetzlar hier her. Mit all seinem Werkzeug.«

Beinah vergnügt teilte er dem Greis mit: »Du wirst jammern, dich winden und mir schließlich die Wahrheit gestehen, wie jeder Ketzer oder Hexenmeister.«

Tile lag nackt auf dem Tisch. Von Folterknechten war er in ein Zelt am Lagerende geführt worden. Während ihr Meister die Eisennadeln und Zangen in den Gluttiegel stieß und das Seil der Streckwinde prüfte, hatten sie ihn entkleidet und seine Hände und Füße an Ringe gefesselt. Der Henker streifte die schwarze Ledermaske über; so geschützt starrte er auf sein Opfer nieder. In diesem kurzen Moment glaubte Tile, aus dem Blick tiefes Bedauern zu lesen. Der muskelbepackte Scharfrichter riß sich los, am Zeltausgang meldete er: »Alles ist vorbereitet.«

Gefolgt von einem Schreiber trat der Hirte im lila Mantel ein und näherte sich dem Foltertisch. »Da Wir, Erzbischof Siegfried, beauftragt sind, kraft Unseres Amtes die Heilige Römische Kirche und das christliche Abendland von jeder Pest der ketzerischen Verkehrtheit zu bewahren...« Er kürzte die vorgeschriebene Formel ab: »... du aber dich bisher verstockt gezeigt hast und an deiner ungeheuerlichen Behauptung festhältst, dich weiterhin Friedrich den Kaiser nennst, der als Ketzer exkommuniziert und verdammt wurde, müssen Wir dich dem ersten Grad der Tortur unterziehen. Es sei denn, du antwortest jetzt gleich. Wer bist du?«

Gefaßt sah ihn Tile an und schwieg. Auch wenn ich mich fürchte, ich gehe auch diesen Weg bis zum Ende.

»Du wirst gestehen, die Wahrheit und jede Wahrheit, die Wir von dir hören möchten.« Der Erzbischof nickte dem Schinder. »Beginne.« Nahe des Ausgangs nahm er neben seinem Schreiber Platz und fächelte sich Kühlung zu.

Ein Daumennagel wurde ausgerissen. Tile stöhnte. Brennendes Pech tropfte auf seine Brust. Er schrie. Sorgsam legte der Peiniger die Schrauben an seine Waden. Tile wimmerte, keuchte, warf den Kopf hin und her. Jetzt beugte sich der Henker mit einem glühenden Eisen über ihn. »Majestät«, raunte er unter seiner Maske. »Bitte gesteht irgendeinen Namen. Ich glaube an Euch, will Euch nicht weiter quälen.« Er stach nicht ins Fleisch, nur leicht fuhr er mit der Glut über die Arme. »Bitte, Majestät.«

Ein Name? Ich bin zu alt. Schmerz an den Beinen, in der Brust, an der Hand. Schmerz. Diese Schmerzen! »Laß von mir ab«, ächzte Tile.

Sofort warf der Henker das Eisen zurück in den Tiegel. »Er ist geständig, Herr.«

Siegfried erhob sich. »So schnell? Gute Arbeit, Meister.«

Durch einen wunden Schleier nahm Tile das lilafarbene Gewand wahr.

»Wer bist du?«

Werde ruhig, befahl Friedrich in ihm, du hast dein nächstes Ziel erreicht. Auf der Folter verschmelzen Wahrheit und Lüge in eins. Was du auch jetzt gestehst, nie werden deine Richter Gewißheit erlangen.

»Antworte!« herrschte der Erzbischof.

»Ich bin ein einfacher Mann. Ich heiße Tile Kolup.«

Sofort stürmte Siegfried zu seinem Schreiber, prüfte den Namen, kehrte zum Tisch zurück. »Das genügt nicht. Bekenne deine Sünden wider die Kirche. Hast du Bücher der schwarzen Kunst benützt, um das Volk dir gefügig zu machen?«

»Ja.«

»Hast du geheime Zaubermittel angewandt?«

»Ja.« Auf alle Fragen antwortete Tile mit leisem Ja, bis der Erzbischof die Arme vor dem Brustkreuz verschränkte. »Der Ketzer ist überführt«, diktierte er seinem Schreiber. »Aus freien Stücken hat er heute, am 6. Juli 1285, gestanden.«

Vorsorglich wies er den Scharfrichter an, für morgen einen

Scheiterhaufen zu schichten. Das Urteil würde sofort vom fürstlichen Gericht gefällt werden. »Kleide den Kerl mit dem Nötigsten. Die Lagerwache nimmt ihn bis zur Hinrichtung in Gewahrsam.« Ohne den Geschundenen noch eines Blickes zu würdigen, schritt der Kölner Hirte aus dem Zelt.

Die Folterknechte lösten Hände und Füße aus den Ringen. Kraftlos blieb Tile liegen. Mit einem Becher Wasser kam der Henker zu ihm. Er hatte die Maske abgestreift. »Schert euch weg«, knurrte er seine Gehilfen an. »Packt unser Sach zusammen.«

Behutsam hob er den Kopf des alten Mannes. »Ein Schluck wird Euch helfen, Majestät.«

Tile bemühte sich, Wasser rann ihm übers Kinn, endlich gelang es ihm zu trinken.

»So ist es recht.« Der Scharfrichter half seinem Opfer vom Tisch hinunter und streifte ihm das Untergewand über.

»Warum?« fragte Tile mühsam. »Warum?«

»Weil Ihr unser großer Kaiser seid, auch wenn ...« Er zuckte die mächtigen Schultern. »Brennen muß ich Euch. Das Herz wird mir schwer, aber brennen werd' ich Euch müssen.« Nach einem schnellen Blick auf seine Knechte trat er dicht vor den Greis hin. »Aber ich helf' Euch, Majestät, ich schwör's. Wenn ich Euch an den Pfahl binde, dann schnür' ich die Kehle ab. Dann merkt Ihr nichts vom Feuer.«

Der Schreckliche hatte ein warmes Herz. Gerührt sah Tile in das ungeschlachte Gesicht. »Ich danke dir, mein Sohn. Nein, erwürge mich nicht.« Mit der unverletzten rechten Hand tastete er nach den Würfeln in der Tasche des Unterkleids. »Erfülle mir einen Wunsch. Fessele diesen Arm nicht. Laß ihn mir.«

»Ich schwör's.« Der Scharfrichter sah ihn bewundernd an. »Ihr seid stark, Majestät.«

»Nein, guter Mann. Nur will ich selbst entscheiden. Und jetzt rufe die Wachen. Sicher hast du noch viel Arbeit, bis wir uns wiedertreffen.«

Niemand hatte gerufen, keine Glocke hatte das Signal gegeben. Bei Morgengrauen zog es die Wetzlarer aus den Häusern; durch Gassen und Straßen strömten sie zum Kirchplatz. Mütter verboten ihren Kindern jede Frage, jedes Lachen. Nicht ein buntes Tuch; dunkel waren Hauben und Mützen, bleich die Gesichter.

Hoch zu Roß thronte der Schultheiß über dem Volk, bekleidet mit der Würde seines Amtes. Ein letzter prüfender Blick auf die Schöffen – sie hatten sich vollzählig eingefunden –, dann zückte er sein Schwert, hielt es aufrecht wie das Kreuz bei einer Prozession und schnalzte. Der Hufschlag hallte auf dem Pflaster. Schnell formierten sich Patrizier und Räte, ihnen folgten ungeordnet und still die Bürger. Der Zug schob sich durchs obere Tor.

Am Fuß des Galgenbergs hielt der Schultheiß das Pferd an. Frühnebel lag noch in Schleiern auf den Hügeln ringsum. Rasch näherte sich ein Trupp. Graf von Katzenellenbogen grüßte knapp. »Die Verbrennung des Ketzers wird an geschützter Stelle nahe des königlichen Lagers vollzogen.« Auf Befehl des Erzbischofs sollte sich das Volk um den Holzstoß scharen. »Euch ist es gestattet, mit den ehrenhaften Patriziern von der Anhöhe neben Rittern und Grafen des Königs dem Akt beizuwohnen. Überdies habt Ihr dennoch für Ordnung und Wohlverhalten des Pöbels zu sorgen.«

»Der Lärm ist vorbei«, versicherte der Schultheiß. »Seit wir das Gespenst los sind, haben meine Büttel die Aufrührer gründlich zurechtgestutzt.«

»Nichts anderes war Eure Pflicht. Folgt mir.«

Die Dunstschleier hatten sich aufgelöst. Zwei Hügelzungen, bewehrt mit Wimpeln, Pferden und glänzenden Rüstungen, erstreckten sich rechts und links des schmalen Tals. Auf der Stirnhöhe direkt über dem Richtplatz wartete König Rudolf, umgeben von den engsten Vertrauten.

Das Volk stieg zum Wiesengrund hinab.

Tile sah die Menschen. Sie besuchen uns, mein Friedrich, sie kommen zu unserer letzten Audienz. Nein, habt Geduld. Er blickte auf den Holzstoß. Zwar haben die Saaldiener unsern Thron mit

Sorgfalt hergerichtet und geschmückt, jedoch zunächst muß der Hofmeister die Zeremonie feierlich eröffnen.

Neben Feuertopf und Pechfackel lagen zusammengefaltet der Purpurmantel, das blaue Seidengewand, davor standen seine perlenbesetzten, so weichen Schuhe. Die Kleidungsstücke gehörten nach getaner Arbeit dem Henker. Er wird sie in Ehren halten, dachte Tile.

Wie befohlen, sorgten Stadtbüttel für genügend Raum, zogen mit dem Speerschaft einen Kreis um die Stätte. Hinter der Linie drängten sich Frauen und Männer dicht an dicht, als bedurfte einer der Nähe des anderen. Kinder wurden auf den Arm oder auf die Schultern gehoben.

Ist es gut, wenn diese kleinen, unschuldigen Herzen so früh mit den Schrecken unserer Gerechtigkeit bekannt werden? Ich habe mich, verzeiht, Friedrich, trotz meines Alters nie daran gewöhnen können. Ein Gefühl zog seinen Blick an. Tile verengte die Lider. Nein, keine Täuschung. Halbversteckt von Frauen sah er ihre ängstlichen Gesichter. Hedwig und Gabriel. O Gott, warum sind sie nicht längst geflohen? Wo war ihr Beschützer? Ganz in der Nähe fand er Hauptmann Peter. Wieder ruhiger, nickte der Greis den beiden zu. Die kleine Geste ließ Hedwig aufschluchzen. Nicht weinen, meine Schöne.

Fanfarenstöße von der Anhöhe herab. Bewaffnete trieben eine Gasse durch das Volk. Erzbischof Siegfried trabte gemächlich auf den Richtplatz, und jedes Geflüster erstickte.

Unser Hofmeister naht zu Pferd, mein Kaiser. Er hat keine Mühe gescheut, zum festlichen Anlaß trägt er Mitra und Stab.

»Binde den Ketzer!« befahl Siegfried.

Schwer trat der Henker auf den alten Mann zu. »Gebt mir Euer Hemd.«

Tile griff in die Tasche und umschloß die Giftwürfel mit der rechten Hand. »Du mußt helfen, Freund. Meine Wunden. Mir fehlt die Kraft.«

Sorgsam streifte ihm der Scharfrichter das Unterkleid ab.

Beim Anblick der Brandmale, der blutschwarzen Beine ging ein Aufstöhnen durch die Zuschauer.

Tile ließ sich über das angelegte Stufenpodest auf den Holzstoß führen.

»Ich kann's noch gut für Euch machen«, raunte der Henker, als er den nackten, schmächtigen Körper mit einem Strick an den Pfahl schnürte. »Sagt's nur, Majestät.«

»Laß meinen Arm frei, um mehr bitte ich nicht.«

Folterknechte wickelten Strohbüschel um die Schenkel und legten Pechkränze zu Füßen des Greises nieder. Nach ihnen verließ auch der Henker den Scheiterhaufen.

»Alles fertig, hoher Herr.«

»Dann zögere nicht. Du kennst den Spruch.« Siegfried richtete sich im Sattel auf. »Stelle deine Frage.«

»Wartet!« Aus der Menge löste sich ein Mönch, hastete vor den Erzbischof. »Soll dieser armen Seele nicht Trost gespendet werden?« Die viel zu großen Ohren glühten. »Im Namen Christi: Wenn er seine Sünden bekannt hat, steht ihm Beistand zu.«

Zwischen den Zähnen stieß Siegfried hervor: »Ginge es nach mir, würde ich dich und das ganze lästige Pack der Minderbrüder mit brennen lassen.« Laut aber rief er: »Langmut und Barmherzigkeit sind die Säulen der Kirche! Geht, Bruder, und reicht dem geständigen Ketzer das Sakrament.«

Vater Albertus stieg auf den Holzstoß. Halblaute Worte, drängend, flehend.

»Bereust du?«

»Vater, vergib mir.«

Leise betete Albertus und strich das Kreuz auf die Stirn des Greises. »*Ego te absolvo ...*« Beim Abschied standen Tränen in seinen Augen. »Ich übergebe Euch der Gnade unseres Schöpfers, mein Kaiser.« Er taumelte das Podest hinunter; mit gebeugtem Haupt ging er an dem Kirchenfürsten vorbei.

Tile blickte ihm nach, bis er den Kreis verlassen und ihn die Menschen aufgenommen hatten.

»Die Frage!« befahl der Erzbischof.

»Ist dieser Mann nach Fug und Recht verurteilt zum Tod durchs Feuer?«

»Er wird dir übergeben, weil er der Ketzerei schuldig ist. Das königliche Gericht hat einstimmig das Urteil über ihn gesprochen. Fang an!«

Der Henker entzündete die Fackel im Gluttopf. An vier Stellen stieß er das Feuer ins Reisig zwischen den Holzscheiten.

Jetzt hob Tile seinen rechten Arm und grüßte zur Höhe hinauf: »Wer an Uns glaubt, Ihr Fürsten und edle Herren, der gehe voraus nach Frankfurt, dort wird er Uns nach drei Tagen wiedertreffen.«

»Schweig, Ketzer!« fauchte der Erzbischof.

»Auch Ihr seid geladen, Eminenz!« rief ihm Tile zu.

Hitze, das Feuer griff nach den Pechkränzen zu seinen Füßen.

»Nun komme ich zu dir, mein Friedrich«, flüsterte er, nahm die Würfel und zerkaute sie. Bittere Süße, der Geschmack meines Lebens. »Ich ... ich komme zu euch ...«

Der Körper am Pfahl erstarrte. Flammen leckten hoch. Sie fraßen das Stroh vom Fleisch und fackelten hinauf ins weiße Haar.

Im nächsten Frühjahr wanderte ein alter Mann durch Flandern. »Ich bin Friedrich, der Kaiser. Auferstanden aus dem kleinen Knochen, der vor Wetzlar nicht verbrannte.« Aus Stadt und Land lief das Volk der Erscheinung nach. Die Mächtigen fingen den Greis. Bei Utrecht hängten sie ihn an den Galgen.

Die Weissagung der Sibylle aber weht mit dem Wind weiter: »Er lebt, und er lebt nicht, und er lebt ...«

Personen

Erstes Buch
Die Geburt zu Jesi
(1194–1212)

Kaiser Heinrich VI., deutscher König (seit 1169), König von Sizilien (seit 1186/1189), römisch-deutscher Kaiser (seit 1191)
Konstanze von Hauteville, Gemahlin Heinrichs, Tochter Rogers II. von Sizilien
Konstantin Roger (Taufname Friedrich Roger), Sohn Heinrichs VI. und der Konstanze; der spätere Friedrich II., deutscher König (1196; Thronverzicht durch seine Mutter Konstanze 1198), König von Sizilien (1198)
Konstanze von Aragon, erste Gemahlin Friedrichs
Heinrich, Sohn Friedrichs und der Konstanze von Aragon, König von Sizilien (1212); der spätere Heinrich VII.
Lupold von Breisach, Sohn des Albertus von Breisach, Edelknappe in Diensten der Kaiserin Konstanze, zum sizilischen Baron von Collino erhoben
Sabrina, erste Zofe Konstanzes
Baron Hermann von Baden, Berater Konstanzes
Herzog Markwart von Annweiler, Reichstruchseß, Oberbefehlshaber des kaiserlichen Heeres
Feldmarschall von Kalden, Heerführer Heinrichs
Diepold von Schweinspoint, Heerführer Heinrichs
Wilhelm von Capparone, Heerführer Heinrichs
Otto von Barkenstein, Heerführer Heinrichs
Konrad von Urslingen, Heerführer Heinrichs
Margaretha von Urslingen, Gemahlin Konrads, Herzogin von Spoleto

Magister Gerhard, Erster Notar und Geheimschreiber Heinrichs
Medicus Berard, Leibarzt Heinrichs
Prälat Winfried von Heilbronn, Spitzel Heinrichs bei Kaiserin
    Konstanze in Ancona
Walther von Pagliara, Kanzler von Sizilien, Bischof von Troja,
    Vertrauter Heinrichs
Joachim von Fiore, Zisterzienserabt und Prophet
Hofnarr Heinrichs VI.
Graf Giordano von Castelgiovanni, Vertrauter Kaiserin Konstan-
    zes, Haupt des sizilischen Aufstands gegen Heinrich VI.
Bischof Roger von Catania, Mitverschwörer
Magister Wilhelm Francisius, Lehrer des jungen Friedrich
Anselm von Justingen, Ratgeber des jungen Friedrich
Berard von Castacca, Bischof von Bari, päpstlicher Legat, Ver-
    trauter des jungen Friedrich
Sibylle, Königin von Sizilien, Witwe des sizilischen Gegenkönigs
    Tankred von Lecce (1190–1194)
Wilhelm III., Sohn der Sibylle und des Tankred, Neffe Kaiserin
    Konstanzes, unmündiger König von Sizilien
Herzog Philipp von Schwaben (Staufer), jüngster Bruder Hein-
    richs VI., deutscher König (1198/1205)
Herzog Otto von Braunschweig (Welfe), als Otto IV. deutscher
    König (1198, vom Papst bestätigt 1201), römisch-deutscher
    Kaiser (1211)
Pfalzgraf Otto von Wittelsbach
Krönungsbischof Adolf von Köln
Erzbischof von Tarantaise
Papst Coelestin III. (seit 1191–1198)
Papst Innozenz III. (ab 1198); Lothar, Graf von Segni, Nachfolger
    Coelestins
Walther von der Vogelweide, Minnesänger
Tile, Findelkind aus Breisach, Sohn einer Magd und eines Lands-
    knechts
Bäuerin, Ziehmutter Tiles

ZWEITES BUCH
DAS KIND VON PÜLLE
(1212–1235)

Friedrich II., König von Sizilien (seit 1198), deutscher König
 (neugewählt 1212, gekrönt 1212/1215), Kaiser des römisch-
 deutschen Reiches (ernannt 1211, gekrönt 1220), König von
 Jerusalem (1229)
Konstanze von Aragon, Kaiserin des römisch-deutschen Reiches,
 erste Gemahlin Friedrichs
Heinrich, ihr Sohn, König von Sizilien (seit 1212), als
 Heinrich VII. deutscher König (1220, abgesetzt 1234)
Margarethe von Österreich, erste Gemahlin Heinrichs
Agnes von Böhmen, zweite Gemahlin Heinrichs
Adelheid von Urslingen, ›Adelei‹, Tochter des Konrad von
 Urslingen, Geliebte Friedrichs
Enzio, Sohn Friedrichs und Adelheids
Katharina, Tochter Friedrichs und Adelheids
Hildegard, Zofe Adelheids
Jolanthe von Brienne, Kronerbin des Königreichs Jerusalem,
 zweite Gemahlin Friedrichs
Konrad, Sohn Friedrichs und Jolanthes, Königs- und Kaisererbe;
 der spätere Konrad IV.
Johann von Brienne, Vater der Jolanthe
Anaïs, Kusine der Jolanthe von Brienne, Geliebte Friedrichs
Gräfin Bianca von Lancia, Geliebte, dann dritte Gemahlin Fried-
 richs
Manfred, legitimierter Sohn Friedrichs und der Bianca von Lancia
Lupold von Breisach, Baron von Collino, Kammerherr und eng-
 ster Vertrauter Friedrichs
Sabrina, Lupolds Frau, erste Zofe der Gemahlinnen Friedrichs
Tile, Findelkind und Bettlerjunge; zuerst beim Gesinde Friedrichs
 in der Pfalz Breisach, dann als Tile Calopidus Schüler im
 Kloster Weißenburg

Hofmeister Giselmar, in Diensten Friedrichs
Berard von Castacca, Erzbischof von Bari und Palermo, päpstlicher Legat, Vertrauter Friedrichs
Anselm von Justingen, Hofmeister Friedrichs
Werner von Bolanden, Reichstruchseß
Konrad von Scharfenberg, Bischof von Speyer und Metz, Reichskanzler Ottos IV., späterer Reichskanzler Friedrichs
Hermann von Salza, Hochmeister des Deutschherrenordens, Berater Friedrichs
Ludwig, Landgraf von Thüringen, Stellvertreter Friedrichs auf dem Kreuzzug
Leonardo Fibonacci aus Pisa, Rechenmeister
Michael Scotus, schottischer Gelehrter und Lehrer Friedrichs auf wissenschaftlichem Gebiet
Petrus von Vinea, Oberhofrichter und persönlicher Schreiber Friedrichs
Walther von der Vogelweide, Minnesänger
Graf Rudolf von Habsburg, der Ältere
Bischof von Trient
Arnold, Bischof von Chur
Ulrich, Abt von St. Gallen
Konrad, Bischof von Konstanz
Barbara, Magd am Hof des Bischofs von Konstanz
Bischof von Basel
Bischof von Straßburg
Landolf, Bischof von Worms
Engelbert, Erzbischof von Köln, Reichsverweser und Statthalter Friedrichs
Friedrich von Isenburg, Neffe des Erzbischof Engelbert
Papst Innozenz III. (seit 1198–1216)
Papst Honorius III. (1216–1227); Cenus Savelli, sein Nachfolger, der Friedrich zum Kaiser krönt
Papst Gregor IX. (ab 1227); Hugo von Ostia, sein Nachfolger
Graf von Kyburg

Friedrich, Herzog von Lothringen, Vetter Kaiser Friedrichs
Jakob, »Bettlervater« der Waisen und Straßenkinder in Breisach,
    darunter Tile
Elsa, Bettelmädchen, Leidensgefährtin Tiles
Wölfflin von Hagenau, Rentmeister der Hofkammer des Herzogs
    von Schwaben
Irmhild, Magd auf der Pfalz Hagenau, mütterliche Freundin und
    erste Geliebte Tiles
Burgvogt von Hagenau
Graf Albert von Everstein, Begleiter der Konstanze von Aragon
    auf der Reise nach Hagenau
Ludwig, Sohn König Philipp II. Augustus von Frankreich; als
    Ludwig VIII. König von Frankreich (1223)
Prälat Winfried von Heilbronn
Bruder Sebastianus, Pförtner von Kloster Weißenburg
Bernhardus, Abt von Kloster Weißenburg
Bruder Cellarius von Kloster Weißenburg
Malik al-Kamil, Sultan von Ägypten
Pelagius, Kreuzfahrer; päpstlicher Legat und Befehlshaber
Emir Ibn-Abbad, Führer der aufständischen Sarazenen auf Sizilien
Gräfin Johanna von Flandern
Balduin, Graf von Flandern, angeblich der Vater Johannas, vom
    Kreuzzug zurückgekehrt

Drittes Buch
Das Staunen der Welt
(1235–1284)

Friedrich II., König von Sizilien (seit 1198), deutscher König
    (seit 1212), Kaiser des römisch-deutschen Reiches (seit 1220)
    König von Jerusalem (seit 1229)
Heinrich VII., sein Sohn, ehemals deutscher König (ab 1220,
    abgesetzt 1234)

Adelheid von Urslingen, ›Adelei‹, Geliebte Friedrichs
Enzio, Sohn Friedrichs und der Adelheid von Urslingen, König
    von Sardinien (1239) und Statthalter über alle Reichsgebiete
    Italiens; verheiratet mit der sardischen Prinzessin Adelasia
Katharina, ihre Tochter
Hildegard, Zofe der Adelheid von Urslingen
Konrad IV., Sohn Friedrichs und Jolanthes von Brienne, deut-
    scher König (1237)
Konradin, Sohn Konrads IV. und der Elisabeth von Bayern, Enkel
    Friedrichs
Gräfin Bianca von Lancia, Geliebte, dann dritte Gemahlin Fried-
    richs
Manfred, legitimierter Sohn Friedrichs und der Gräfin Bianca,
    König von Sizilien (1257)
Isabella von England, vierte Gemahlin Friedrichs
Carlottus, Sohn Friedrichs und Isabellas
Margarethe, Tochter Friedrichs und Isabellas
Markgraf Albrecht ›der Entartete‹ von Thüringen, Gemahl
    Margarethes
Heinrich, Diezmann und Friedrich ›der Gebissene‹, Söhne
    Albrechts und Margarethes
Lupold von Breisach, Baron von Collino, Kammerherr und
    engster Vertrauter Friedrichs
Sabrina, Lupolds Frau, erste Zofe der Gemahlinnen Friedrichs
Tile Calopidus (Kolup), Diener des Baron Lupold von Collino
    und sein Gehilfe als Kammerherr Friedrichs
Farida, Sarazenin, Magd im Harem Friedrichs, Freundin Tiles
Asad, Hauptmann der Sarazenen-Wache
Umar, oberster Eunuch im Harem Friedrichs
Hofmeister Giselmar, Nachfolger Lupolds als Kammerherr Fried-
    richs
Berard von Castacca, Erzbischof von Bari und Palermo, päpst-
    licher Legat, Vertrauter und Beichtvater Friedrichs
Anselm von Justingen, Hofmeister Friedrichs

Werner von Bolanden, Reichstruchseß
Konrad von Scharfenberg, Reichskanzler Friedrichs, Bischof von
 Speyer und Metz
Hermann von Salza, Hochmeister des Deutschherrenordens,
 Berater Friedrichs
Petrus von Vinea, Oberhofrichter und oberster Schreiber Friedrichs
Michael Scotus, schottischer Gelehrter und Lehrer Friedrichs auf
 wissenschaftlichem Gebiet
Rudolf von Habsburg, Sohn Rudolfs des Älteren, Patensohn
 Friedrichs; als Rudolf I. deutscher König (1273)
Guta, seine Tochter, Gemahlin des König Wenzel von Böhmen
Bischof Landolf von Worms
Prälat Winfried von Heilbronn
Engelbert, Erzbischof von Köln
Papst Gregor IX. (seit 1227–1241)
Orsini (gen. Rosso), Senator von Rom
Papst Coelestin IV. (1241), Nachfolger Gregors
Papst Innozenz IV. (1243–1254); Graf Sinibald Fiesco, Nachfolger
 Coelestins
Kardinal Rainer, Vertrauter von Papst Innozenz
Liebhold von Schlitz, Patrizier aus Fulda
Hesekiel, jüdischer Kaufmann aus Fulda
Bruder Martinus, Stiftsbruder von St. Aposteln in Köln
Landgraf Ludwig von Thüringen
Elisabeth von Thüringen (hl.), seine Gemahlin
Konrad von Marbach, Inquisitor
Herzog von Bayern
Markgraf Ezzelino, Statthalter von Verona, Vasall Friedrichs
Pietro Tiepolo, Bürgermeister von Mailand, Führer der stauferfeindlich lombardischen Streitmacht
Minorit, Gesandter Mailands
Gräfin Caserta, Gesandte Mailands
Arnoldus, Abt des Klosters Santa Justina bei Padua

Landgraf Heinrich Raspe, erster Gegenkönig von Friedrichs Sohn
    Konrad (1246)
Wilhelm von Holland, zweiter Gegenkönig Konrads (1247)
Tibaldo, Leibarzt Friedrichs
Richard von Cornwallis, König der westlichen Länder (1257)
Alfons von Kastilien, König der östlichen Länder (1257)
Karl von Anjou, König von Sizilien (1266) nach dem Sieg gegen
    Friedrichs Sohn Manfred
Bernhardus, Abt von Kloster Weißenburg
Edelinus, Nachfolger des Bernhardus
König Ottokar II. von Böhmen

Viertes Buch
Der falsche Kaiser
(1284 *ad infinitum*)

Tile Kolup, der falsche Kaiser; einstmals Bettelkind, Freund und
    Diener Baron Lupolds und Leibdiener Friedrichs II.
Katharina, einstige Küchenmagd im Kloster Weißenburg, Tiles
    Frau
Fürstäbtissin Bertha vom Reichsstift Essen
Siegfried von Westerburg, Erzbischof von Köln
Prior Jacobus, Vertrauter des Siegfried von Westerburg
Fuhrmann Peter, gedungener Mörder in Diensten des Prior Jaco-
    bus, später Hauptmann der Leibgarde Tile Kolups
Arzt und Giftmischer in Diensten des Prior Jacobus
›Castor‹ und ›Pollux‹, Novizen bei Prior Jacobus in Neuss
Gabriel, Schneidergeselle aus Köln, späterer Kammerdiener und
    engster Vertrauter Tile Kolups
Hedwig, Nonne aus dem Damenstift Sankt Quirinus, später
    Gabriels Frau
Vater Albertus, Mönch, erster Geheimschreiber Tile Kolups
Volkbert, Wirt in Neuss

Rudolf von Habsburg, deutscher König (seit 1273)
Graf Eberhard von Katzenellenbogen, im Gefolge König Rudolfs
Graf von Leiningen, im Gefolge König Rudolfs
Florenz, Graf von Holland
Leonardo, Veteran Friedrichs II., Feldhauptmann aus Cremona
Hauke, Stammeshäuptling der Westfriesen
Bischof von Basel
Burgvogt von Nürnberg
Schultheiß von Colmar
Schultheiß von Wetzlar
Marschall Heinrich von Pappenheim, im Gefolge König Rudolfs
Scharfrichter von Wetzlar

Stammtafel des Staufergeschlechts

FRIEDRICH I. (Barbarossa)
Herzog v. Schwaben 1147
Deutscher König 1152
Römischer Kaiser 1155
(† 1190)
∞ *Beatrix v. Burgund* († 1184)

HEINRICH VI.
Deutscher König 1169
Römischer Kaiser 1191
(† 1197)
∞ *Konstanze v. Sizilien*
(† 1198)

(drei weitere Söhne)

PHILIPP
Herzog v. Schwaben
1196
Deutscher König 1198
(† 1198)
∞ *Irene v. Byzanz*

FRIEDRICH II.
Deutscher König 1196/1212
König v. Sizilien 1198
Römischer Kaiser 1220
(† 1250)
∞

(Könige v. Kastilien)

(1) *Konstanze v. Aragon*

HEINRICH VII.
Deutscher König
1220–1235
(† 1242)

(2) *Isabella v. Jerusalem*

KONRAD IV.
Deutscher König 1236
(† 1254)
∞ *Elisabeth v. Bayern*

Konradin
Herzog v. Schwaben
1254
(† 1268)

(3) *Isabella v. England*

Margarethe
(† 1270)
∞ Markgraf Albrecht
v. Meissen

Friedrich
Markgraf v. Meissen
Landgraf v. Thüringen
(† 1323)

(Söhne Friedrichs II. aus anderen Verbindungen)

Enzio
König v. Sardinien
1239
Gefangen 1249
(† 1272)

Manfred
König v. Sizilien 1258
(† 1266)
∞ *Beatrix v. Savoyen*

(Könige v. Sizilien)

Friedrich
v. Antiochia
(† 1256)

Karwoche 1814. In Europa toben die Befreiungskriege gegen Napoleon, die Welt ist in Aufruhr. Auch das Leben des westfälischen Bauernsohnes Jeremias Vogelsang, der sich mit anderen geduldeten Deserteuren in seiner Heimat aufhält, gerät aus den Fugen. Vorgeblich, weil Jeremias desertiert ist, in Wahrheit jedoch, um sich des unerwünschten Liebhabers seiner Tochter zu entledigen, ruft Amtmann Boomkamp zur Hatz auf den „Verräter" auf. Von Gendarmen gejagt, bleibt Jeremias nur die Flucht ins Moor, das auch allerlei lichtscheuem Gesindel Zuflucht bietet – eine schicksalhafte Entscheidung, wie sich bald zeigt. Denn hier kommt Jeremias einem Rätsel der Vergangenheit auf die Spur, einem Geheimnis, das sein eigenes Leben umgibt...

ISBN 3-404-14272-1